NOTES PRISES AUX ARCHIVES

DE

L'ÉTAT-CIVIL DE PARIS

AVENUE VICTORIA, 4

BRULÉES LE 24 MAI 1871

NOTES PRISES AUX ARCHIVES

DE

L'ÉTAT-CIVIL DE PARIS

AVENUE VICTORIA, 4

BRULÉES LE 24 MAI 1871,

PAR

Le Comte DE CHASTELLUX

(*Extrait de la Revue Historique Nobiliaire, 1872-1874*).

PARIS

Librairie historique de J.-B. DUMOULIN, Libraire de la société
des Antiquaires de France

13, Quai des Augustins, 13

1875

NOTES

Prises aux archives de l'État-civil de Paris.

A destruction des registres de l'État-civil, déposés aux archives de la ville de Paris (avenue Victoria), et au greffe du tribunal civil de la Seine, n'est pas seulement une cause profonde de perturbation pour les familles, elle est encore infiniment affligeante au point de vue historique. C'était la collection la plus complète de ce genre qui existât en France; elle remontait au règne de François Ier, et dans plus de cent cinquante mille registres était contenue la solution d'une infinité de questions : l'historien, le biographe, le généalogiste, le topographe, l'amateur d'autographes, y trouvaient une mine féconde et précieuse. M. Jal nous a appris tout le parti q'on pouvait en tirer[1]. Tout en versant des larmes sur les cendres de ces précieuses archives de la ville de Paris, ne pourrait-on pas songer à atténuer cette immense perte? Chaque famille, en fouillant dans son chartrier, retrouvera certainement des extraits de ces registres, et pourra les mettre au jour : ensuite les rares travailleurs qui gravissaient les cent vingt-cinq marches du dépôt de l'avenue Victoria, songeront peut-être à nous faire profiter de leurs recherches. C'est ce qui m'a déterminé à donner à la *Revue historique nobiliaire*, les notes que j'ai prises pendant plusieurs années dans les registres de l'état-civil; d'autres viendront, et nous donneront des documents plus complets et plus intéressants [2].

COMTE DE CHASTELLUX.

---

[1] *Dictionnaire critique de biographie et d'histoire*. Plon, 1867, 1 vol. in-8°. — Serait-ce trop de demander à M. Jal de nous en donner un second volume?

[2] Ces notes ont été prises surtout dans les registres des paroisses suivantes :
Saint-André-des-Arts. — S.-A.-des-A.
Saint Eustache. — S.-E.
Saint-Gervais. — S.-G.
Saint-Jacques du Haut-Pas. — S.-J. du H.-P.
Saint-Jean-en-Grève. — S -J.-en-G.
Sainte-Marie-Madeleine de la Ville-l'Évêque. — S.-M.-M. la V.-l'É.
Saint-Nicolas-des-Champs. — S.-N.-des-Ch.
Saint-Paul. — S.-P.
Saint-Roch. — S.-R.
Saint-Sulpice. — S.-S.

A.

ABANCOURT (Marie-Anne d'), morte le 29 avril 1713, à soixante ans, veuve de Daniel de Remy, baron de Rouvray (S. S.).

ABON (Charles-Auguste, comte d'), mort le 6 novembre 1785, à soixante-quinze ans (S. M. M. la V. l'É.).

ABOS (Achim, marquis d'), veuf de Louise-Jeanne-Marie-Catherine de Chavagnac, fils d'Antoine-Maximilien, baron de Bottreaux, et de Marie-Jeanne le Vavasseur, remarié le 5 avril 1780 à Louise-Élisabeth Decherade, fille d'Adrien-Alexandre-Étienne, comte de Montbron, et d'Élisabeth Le Musnier (S. S.).

ABOT (Bernard-Louis-François), né le 2 novembre 1743, fils de François, seigneur de Bazinghen, et de Marie Menin (S. R.).

ACHERY (Marie-Anne-Adélaïde d'), morte le 25 janvier 1788, à vingt-huit ans, épouse de Jean-Jacques Calminade de Chatenet (S. M. M. la V. l'É.).

ACOSTA (Joseph-François d'), né le 1er février 1784, fils de Pierre-Jacques, écuyer, comte de Beauvais en Bretagne, et de Jeanne-Françoise Lapion de la Placelière (S. E.).

ACRES (François des), sieur de la Rouillerie, veuf d'Élisabeth Lecomte, mort le 30 avril 1733 à soixante-dix ans (S. R.).

ACRES (Jean-Baptiste des), chevalier de l'Aigle, chevalier de Malte, mort le 20 septembre 1713, à trente-six ans (S. S.).

— Élisabeth-Josèphe, morte le 1er février 1724, à cinquante-quatre ans, fille de Louis, marquis de l'Aigle, et de Marie-Charlotte de Lancy de Raray (S. S.).

— Louise-Madeleine, morte le 25 octobre 1746, à trente-un ans, fille de Jacques-Louis, marquis de l'Aigle, et de Marie Chopin (S. S.).

— Louis-Espérance, né le 5 août 1764, et Augustin-Louis, né le 12 octobre 1766, fils de Louis, colonel des cuirassiers du roi, et d'Anne-Espérance Chauvelin (S. S.).

— Louis-Gabriel, marquis de l'Aigle, mort le 27 janvier 1774, à soixante-neuf ans (S. S.).

— Jacques-Louis-Joseph, né le 18 mars 1758, fils de Louis-Gabriel, comte de l'Aigle, et d'Anne-Salomé-Joseph de Waës, marié le 7 avril 1790 à Aglaé-Henriette-Flore-Calixte de Gaucourt, fille du comte Mathias-Raoul, maréchal des camps et armées du roi, et de Catherine-Henriette de Fieubet (S. S.), dont : Henriette-Espérance-Clémentine, née le 6 février 1791, et Louise-Henriette-Caroline, née le 27 avril 1792 (S. M. M. la V. l'É.).

ADAM (Pierre), gagne-denier, veuf de Jeanne Lacroix, remarié le 17 septembre 1685 à Élisabeth Nezondet, fille de Jean, laboureur à Chaumont-sur-Yonne, et d'Élisabeth Cherny (S. A. des A.).

ADIACETI (Scipion d'), ondoyé le 16 mars 1584 pour danger de mort, baptisé à Saint-Gervais le 5 mai suivant, fils de noble homme Ludovic, comte de Châteauvillain, gentilhomme ordinaire de la chambre du roi, et de noble dame Anne d'Aquaviva, comtesse et femme dudit de Châteauvillain et d'Atry, l'une des dames de la reine-mère.

ADINE (Claude), morte le 11 avril 1747, à quatre-vingts ans, veuve de Jean-Simon Ledagre, écuyer, seigneur du Mardreau (S. J. en G.).
— Antoinette-Marie, née le 26 février 1757, fille de François-Joseph, sieur de Villesavin, seigneur de Tourmont, la Ravinière, etc., et de Louise-Élisabeth Porlier de Rubelles (S. J. en G.).

AGARD (Antoine-Pierre-Marie), marquis de Maupas, capitaine du régiment de la vieille marine, mort le 20 octobre 1790, à soixante-treize ans (S. E.).

AGAY (Jean-Gabriel d'), évêque de Perpignan, comte honoraire de Saint-Claude, abbé de Sorèze, mort le 28 août 1788 à cinquante-sept ans (S. N. des Ch.).

AGOULT (Augustin-François d'), né le 16 septembre 1697, fils de Jean, écuyer, seigneur de la Grange, et de Marie-Marguerite Pasquier (S. A. des A.).
— Céleste, née le 7 mai 1779, fille du vicomte Antoine-Jean, capitaine de cavalerie, et de Marthe de Galland (S. N. des Ch.).

AIGREMONT (Antoine-Pierre d'), né le 11 janvier 1778.

AILLAUD (Antoine-Marie-Louis-Gaspard d'), né le 11 avril 1786, fils de Jean-Pierre-Gaspard, baron d'Entrechaux, et de Marguerite-Thérèse de Caritat de Condorcet (S. S.).

AILLAUD DE NAILLY (Antoine), écuyer, mort le 2 janvier 1755, à vingt-sept ans (S. J. en G.).

AILLEBOUST (Antoine d'), écuyer, sieur de Careyon, capitaine d'infanterie, mort le 31 décembre 1780, à quarante-cinq ans (S. E.).

AIMERAY (Jean d'), né le 8 juillet 1633, fils de Charles, écuyer, sieur du Petit-Maygné, et de Louise de Meignay (S. G.).

ALAINVILLE (Étienne-Frédéric d'), né le 23 mars 1779, fils de Jean-Frédéric, capitaine de cavalerie, et de Louise-Denise Grangeray (S. E.).

ALBERT (Antoine, marquis d'), mort le 10 février 1751, à soixante-quatre ans (S. E.).

— Joseph-François-Ildephonse-Raymond, conseiller au Parlement, veuf de Françoise Bosch, remarié le 22 janvier 1771 à Julie-Denise Pillet, fille d'Henri, architecte, et de Madeleine-Nicole Harpin (S. E.).

— Charlotte-Victoire, morte le 22 mai 1701, à trente-trois ans, épouse d'Alexandre-Albert-François-Barthélemy, prince de Bournonville (S. S.).

— Marie-Françoise de Sales, née le 4 août 1710; Louis-Joseph, né le 22 juillet 1713; N., né et mort le 20 août 1729; enfants de Louis-Auguste, comte d'Ailly, duc de Chaulnes, et de Marie-Anne-Romaine de Beaumanoir de Lavardin (S. S.).

— Marie-Charles-Louis, né le 24 avril 1717; Élisabeth-Angélique, née le 28 juillet 1715, morte le 2 janvier 1722; et Marie-Charlotte, née le 21 septembre 1719, morte le 11 août 1721, enfants de Charles-Philippe, duc de Luynes, et de Louise-Léontine-Jacqueline de Bourbon, princesse de Neufchâtel (S. S.).

— Charles-François, comte d'Ailly, duc de Picquigny, mort le 14 juillet 1731, à vingt-quatre ans, époux de Marie-Sophie de Courcillon, dont : Marie-Thérèse, née le 18 novembre 1730, morte le 13 mai 1736. (S. S.).

— Charles-Hercule, duc de Chevreuse, mort le 30 janvier 1734, à soixante-un ans (S. S.).

— N., né et mort le 14 octobre 1735, fils de Marie-Charles-

Louis, duc de Chevreuse, et de Thérèse-Pélagie d'Albert, morte le 5 juillet 1736, à dix-huit ans (S. S.).

— Jeanne-Baptiste, morte le 18 novembre 1736, à soixante-sept ans, veuve d'Augustin-Mainfred-Jérôme-Ignace d'Escaglia (S. S.)

— Marie-Thérèse, morte le 5 février 1743, à soixante-neuf ans, veuve de René-Ismidon, comte de Sassenage (S. S.).

— Henriette-Charlotte, née le 23 mars 1739, morte le 25 mars 1744; Charles-Marie-Léopold, né le 23 mai 1740; Marie-Paule-Angélique, née le 7 septembre 1744 ; Louis-Joseph-Charles-Amable, né le 4 novembre 1748; Charles-Casimir-Joseph, né le 5 et mort le 6 février 1754 ; Pauline-Sophie, née le 16 décembre 1756, enfants de Marie-Charles-Louis, duc de Chevreuse, et d'Henriette-Nicole d'Egmont (S. S.)

— Louis-Auguste, duc de Chaulnes, marquis d'Ailly, mort le 9 novembre 1744, à soixante-huit ans (S. S.).

— Jeanne-Thérèse Pélagie, morte le 14 janvier 1756, à quatre-vingt-un ans, veuve de Louis de Clermont, marquis de Saissac (S. S.).

— Joseph, prince de Grimberghen, mort le 8 novembre 1758, à quatre-vingt-six ans sept mois (S. S.).

— Michel-Ferdinand, duc de Chaulnes, vidame d'Amiens, baron de Picquigny, mort le 23 septembre 1769, à cinquante-quatre ans huit mois vingt-trois jours (S. S.).

— Marie-Charles-Louis, duc de Chevreuse et de Luynes, mort le 8 octobre 1771, à cinquante-quatre ans cinq mois quinze jours (S. S.).

— Pauline-Hortense, née le 1ᵉʳ août 1774, et Charles-Marie-Paul-André, né le 16 octobre 1783, enfants de Louis-Joseph-Charles-Amable, duc de Luynes, et de Guyonne-Élisabeth-Joseph de Montmorency-Laval (S. S.).

— Marie-Paule-Angélique, morte le 17 octobre 1781, à trente-sept ans deux mois dix jours, épouse de Marie-Joseph-Louis d'Albert d'Ailly, duc de Chaulnes (S. S.).

— Paul, archevêque de Sens, mort le 22 janvier 1788, à quatre-vingt-cinq ans dix-sept jours (S. S.).

ALBERTAS (Jean-Baptiste d'), né le 8 octobre 1716, fils de Henri-Renaud, et de Louise-Pauline Couet de Marignane (S. S.).

— Jean-Baptiste-Suzanne, né le 24 mai 1747, et Jeanne-Charlotte, née le 27 août 1749, enfants de Jean-Baptiste, et de Marguerite-Françoise de Montullé (S. S.).

Albon (Marie d'), née le 14 juin 1650, et Léon, né le 1ᵉʳ mai 1651, enfants du comte Gilbert-Antoine, et de Charlotte de Bouthillier (S. J. en G.).

— Marie, morte le 21 octobre 1727, à quatre-vingts ans, épouse de Gilbert de Gadagne d'Hostun (S. P.).

— Antoine-Jean, né le 5 octobre 1763, fils de Camille-Marie-Alix-Éléonor, prince d'Yvetot, et de Marie-Jacqueline Ollivier (S. R.).

— N., né le 8 et mort le 9 septembre 1778 ; Victoire-Louise-Marguerite, née le 30 avril 1780 ; Anne-Henriette, née le 17 septembre 1781, et Alix-Camille-Louis, né le 7 janvier 1783, enfants de Claude-Camille-François, prince d'Yvetot, et d'Angélique-Charlotte de Castellane (S. S.).

— Jean-Guigues-Marie-Alexis, né à Grenoble, le 29 décembre 1803, fils du marquis André-Suzanne, et de Marie-Thérèse-Émilie-Alexandrine de Viennois, marié le 5 juin 1830 à Marguerite-Thérèse-Emma Duval, née à Breteuil, le 1ᵉʳ novembre 1810, fille de Martin, maître de forges, et de Thérèse Bailly (Xᵉ arr.).

Albouy (Anicet d'), capitaine de cavalerie, fils de Marc-Antoine, comte de Monesterol, et de Marguerite-Françoise du Cap, marié le 4 juin 1771, à Françoise-Geneviève Mallard, fille d'Hyacinthe, et de Marie-Barbe Guillot, nourrice du Dauphin (S. E.), dont : Hyacinthe-Marguerite-Françoise, née le 9 mars 1773 (S. M. M. la V. l'É.).

Aldart (Marie-Françoise d'), née le 23 mars 1749 (S. R.), morte le 2 mai 1771 (S. M. M. la V. l'É.), épouse de Philibert, marquis de Fumel, et fille de Louis-François-Joseph, baronnet d'Angleterre, seigneur de Chatre, mort le 22 janvier 1789, à soixante-trois ans (S. N. des Ch.), et de Marie de Rezé.

Alègre (Gabrielle d'), morte le 6 septembre 1676, fille de Claude, conseiller du roi, marquis de Beauvais, grand sénéchal d'Auvergne (S. A. des A.).

— Claude-Christophe, mort le 27 avril 1677, à soixante ans (S. S.).

— Élisabeth-Thérèse, morte le 16 avril 1687, à dix-sept jours, et Marguerite-Thérèse, morte le 30 décembre 1734, à trente-quatre ans, filles du marquis Yves, mort le 9 mars 1733, à soixante-seize ans, et de Jeanne-Françoise de Garraud de Caminade (S. S.).

— François-Ernest-Yves, né le 29 novembre 1737 (S. M. M. la V. l'É.), Joseph-Félicité-Émilie, née le 6 novembre 1739, et Charles-Godefroy-Yves, né le 17 novembre 1740, enfants du marquis Joseph, et de Madeleine-Geneviève de Sainte-Hermine (S. R.).

— Marie-Élisabeth, morte le 1er février 1754, à quatre-vingt-onze ans, veuve de Timoléon d'Amorezan, seigneur de Pressigny (S. R.).

ALENCÉ (Élisabeth d'), née le 10 mai 1730, fille de Denis, écuyer, et de Marie-Anne Pernet (S. R.).

ALENÇON (Antoine d'), écuyer, seigneur de Saucourt, mort le 13 avril 1689. (S. A. des A.).

— Anne-Charlotte-Pélagie, née le 25 juillet 1732, fille d'Isaac, colonel d'infanterie, et d'Anne-Thérèse Hindret de Frenneval (S. R.).

ALENCOURT (Anne d'), inhumée le 11 avril 1765.

ALÈS (Marie-Louise-Aimée d'), morte le 11 avril 1774, à soixante-dix-sept ans, veuve de Daniel de Joyeuse (S. J. du H. P.).

ALESSO (Claude-François d'), né le 1er août 1750, fils de Claude-François, comte d'Éragny, et de Jeanne-Françoise Hacquard (S. R.).

— Claude-Alexandre, seigneur d'Éragny, mort le 10 septembre 1788, à soixante-huit ans (S. S.).

ALEXANDRE (Jean-Baptiste), âgé de trente-quatre ans, fils de feu Claude-François, écuyer, sieur d'Orival, et de Catherine Héron, marié le 6 août 1715, à Perrette de Wuittmere, âgée de vingt-cinq ans, fille d'André, écuyer, capitaine-commandant au régiment suisse de Stoppa, et de Suzanne Turth (S. R.).

ALIGRE (Étienne d'), veuf de Marie-Madeleine le Peletier, remarié le 6 août 1708 à Marie-Anne Fontaine, fille d'Antoine, écuyer, seigneur des Montées, et de Françoise Boyetet (S. A. des A.), dont : Marie-Anne, née le 28 mai 1711 (S. S.).

— Madeleine-Catherine Jeanne, née le 18 octobre 1712; Charlotte-Marguerite, née le 30 novembre 1713 ; Étienne-Jean-François, né le 19 janvier 1717, enfants d'Étienne, et de Madeleine-Catherine de Boivin de Bonnetot (S. S.).

— Marie, inhumée le 3 février 1724, âgée de quatre-vingt-onze ans, veuve de Michel de Verthamon, conseiller d'État, et en secondes noces de Godefroy, comte d'Estrades, maréchal de France (S. S.).

— Étienne-François, né le 27 juillet 1727 ; Étienne-Jean-Baptiste, né le 16 août 1729, et Marie-Madeleine, née le 27 août 1731, enfants d'Étienne-Claude, chevalier, seigneur de Jaudrais et de la Rivière, et de Marie-Louise-Adélaïde Durey (S. S.).

— Madeleine-Catherine-Jeanne, morte le 14 avril 1738, à vingt-cinq ans, épouse d'Henri-François de Bretagne, baron d'Avaugour, inhumée le 16 à la communauté de Sainte-Pélagie, au faubourg Saint-Marcel (S. S.).

— N., inhumé le 27 janvier 1741.

— Étienne-Claude, mort le 8 juillet 1752, à cinquante-huit ans (S. E.).

— Marquis Michel-César, mort le 8 mars 1776, à soixante-six ans (S. S.).

— Charlotte-Marguerite, morte le 9 décembre 1780, à soixante-sept ans, veuve d'Anne-Michel-Louis le Peletier de Saint-Fargeau (S. S.).

— Abdon-Pons-Marie, né le 10 septembre 1788, fils de Pierre-Augustin, sieur de Vovelle, et de Françoise-Charlotte Doublet (S. S.).

Alincey (Augustine-Guyonne-Hortense d'), née le 30 mars 1783, et Armand-Jacques-Joseph, né le 7 avril 1786, enfants de Joseph-Jean-Baptiste, comte d'Elva, et de Claudine-Césarine du Lau (S. S.)

Allain (Louise-Alérie-Bathilde), née le 14 mai 1780, fille de Jacques-François-Pascal, écuyer, sieur de la Bertinière, capitaine d'infanterie, et d'Anne-Geneviève Gentil (S. S.).

Alleaume (Jacques-Charles d'), né à Trefforest-en-Bray, le 25 septembre 1749, mort le 20 mars 1770, fils de Barthélemy, seigneur de Trefforest, et d'Anne-Marie-Thérèse-Françoise-Geneviève du Maisniel de Sommery (S. M. M. la V. l'É.).

Allen (Catherine), morte le 10 octobre 1758, à quatre-vingts ans, veuve de Jean Oursin, écuyer, conseiller, secrétaire du roi, seigneur d'Orry-la-Ville (S. R.).

Allencourt (Marie-Madeleine-Ulphe d'), morte le 1er décembre 1781, à cinquante-trois ans, épouse d'Anne-Gabriel-Henri Bernard, marquis de Boulainvilliers (S. E.).

Aloigny (Guy d'), chevalier de Malte, mort le 19 juillet 1784, à vingt-cinq ans, fils de Charles-Guy, comte de Rochefort, et de Reine-Julie de Beauregard (S. R.).

— Jean-Baptiste-Thomas-Hippolyte, né le 6 janvier 1788, et Louis-François-Enguerrand, né le 13 octobre 1789, enfants du marquis Thomas-Marie, et de Madeleine-Bernardine du Sauzay (S. R.).

Alquin (Guichard d'), baptisé le 19 février 1639, fils de François, écuyer, sieur de la Noue, et de Christine le Fray (S. G.).

Alsace (Thomas-Alexandre-Marc-Maurice d'), baptisé le 10 septembre 1759, mort le 1er mars 1761, fils de Thomas-Alexandre-Marie, prince d'Hénin-Liétard, comte de Bossu, et de Madeleine-Charlotte le Peletier de Saint-Fargeau (S. S.).

Ambly (François d'), fils de Robert, marquis des Ayreulles, baron de Chaumont, et d'Antoinette d'Alamont, marié le 13 mars 1673 à Madeleine de Mazancourt, fille de Charles-Christophe, seigneur de Courval, et de Diane de Marmier, dont : Louis-Clériade et Louis-Armand, nés le 17 juillet 1682 (S. A. des A.).

— Marguerite-Antoinette-Françoise-Catherine, morte le 9 avril 1790, à vingt-cinq ans, épouse d'Athanase-Florimond, marquis de Flavigny (S. E.).

Amboise. (« Le 18 mars 1619, convoi général de M. d'), jadis maître des requêtes. — Le 17 février 1620, convoi de la fille de M. d'. » — (S. P.).

— Gilles-Antoine, né le 17 mai 1671, fils de Charles-Jules, seigneur du Plessis-Bourot, et de Charlotte de Gast (S. A. des A.)

Amelin (Marguerite), morte le 18 juin 1770, à soixante-huit ans, épouse de Jean-Pierre-Roger de Chalabre, maréchal des camps et armées du roi (S. E.).

Amelot (Marie-Jacqueline), née le 2 mars 1649, fille de Jean, seigneur de Bisseuil, maître des requêtes, et de Charlotte Brulart (S. J. en G.).

— Jean-Jacques, né le 30 avril 1689 ; Valence, baptisée le 22 septembre 1690, et Marie-Philiberte, née le 7 mars 1692, enfants de Denis-Jean, maître des requêtes, et de Philiberte Barillon (S. G.).

— Charles-Marie-Michel, né le 13 janvier 1715, et Jean-Baptiste-Antoine-Michel, né le 5 août 1724, enfants de Michel-Charles, marquis de Gournay, et de Marie-Marguerite-Pélagie d'Anycan (S. S.).

— Michel, ambassadeur à Venise, Lisbonne, Madrid, etc., mort le 20 juin 1724, à soixante-neuf ans (S. S.).

— Charles, seigneur de Gournay, président à mortier, mort le 25 décembre 1730, à cinquante-un ans (S. S.).

— Anne-Philiberte-Jeanne, morte le 8 décembre 1764, à quarante-trois ans, veuve de Jean-Baptiste Fleurieu, marquis d'Armemonville (S. S.).

— Antoine-Jean, époux de Françoise-Jeanne le Gendre, mort le 1er floréal an III.

Amoyezan de Pressigny (Marie-Anne-Catherine d'), morte le 27 février 1764, à soixante-onze ans, veuve de Jean Moreau de Séchelles, ministre d'État (S. R.).

Amyot (Marie-Geneviève), morte le 27 juillet 1733, à trente-trois ans, épouse de Paul-Émile, marquis de Braque (S. R.).

Ancelin de Franconville (Philippe), chevalier, sous-lieutenant aux gardes françaises, mort le 11 août 1753, à soixante-sept ans (S. J. en G.).

Ancezune (Joseph-François d'), duc de Caderousse, mort le 28 février 1730, à quatre-vingt-quatre ans onze mois six jours, veuf de Claire-Bénédictine de Guénégaud, et de Marie-Renée de Rambure (S. S.).

— Le duc André-Joseph, mort le 17 octobre 1767, à soixante-douze ans (S. S.).

Andeli (Le 5 février 1619, convoi de la fille de M. le vicomte d'). (S. P.).

Andigné (Marie-Angélique d'), morte le 30 avril 1723, à cinquante-un ans (S. P.).

— Paul-Jean-Marie, fils de Jean-René, et d'Anne-Marie de Tanouarn, marié le 21 octobre 1788 à Caroline-Clotilde-Jeanne-Marie de Rafélis, fille de Joseph-Marie, marquis de Saint-Sauveur, et de Jeanne de Bar, dont : Joséphine, née le 24 août 1789 (S. S.); Charles, né le 7 janvier 1791, et Caroline, née le 28 juillet 1792 (S. M. M. la V. l'É.).

— Charles, marquis de la Châsse, précité, marié le 11 février 1831 à Chantal-Georgine-Charlotte-Pauline de Villeneuve, née à Paris, le 5 juin 1808, fille de Clément-Louis-Hélion, marquis de Vence, pair de France, et d'Aymardine-Marie-Juliette d'Harcourt (X⁰ arr.).

Anllau (François-Léonor, comte d'), mort le 24 juin 1763, à cinquante-trois ans (S. S.).

— Anne-Catherine, née le 9 juillet 1773; Henriette-Geneviève, née le 4 décembre 1774; Élisabeth-Adélaïde-Éléonore, née le 16 juin 1777; Armand-Gaston-Félix, né le 16 novembre 1779 (S. S.); Jean-Stanislas, né le 27 décembre 1783, mort le 17 avril 1789; et Hardouin-Gustave, né le 2 septembre 1787, enfants du comte Antoine-Henri, et de Geneviève-Adélaïde-Helvétius (S. M. M. la V. l'É.).

— Gaston-Armand-Félix, mort le 3 janvier 1785, à soixante-dix-huit ans (S. J. du H. P.).

Andrault (N.), fille du marquis de Langeron, ondoyée le 20 mai 1685 (S. A. des A.).

— Charlotte, demoiselle de Langeron, première fille d'honneur de Madame la Princesse, morte le 27 juillet 1724, à soixante-dix-sept ans, inhumée en présence de son cousin issu de germain, Georges-Paul Andrault de Langeron-Maulévrier, grand'croix de Malte, ancien abbé général de Saint-Antoine (S. S.).

— Germain-Charles, né le 30 janvier 1724 (S. P.), mort le 7 janvier 1726 (S. N. des Ch.), fils de Jean-Baptiste-Louis, comte de Langeron, marquis de Maulévrier, et d'Élisabeth le Camus.

— Louis-Pierre, fils naturel de Louis-Théodore, comte de Langeron, et de Jeanne Labatte, né le 3 mai 1729 (S. S.).

— Jean-Baptiste-Louis, marquis de Langeron, comte de Maulévrier, maréchal de France, mort le 22 mars 1754, à soixante-seize ans quatre mois (S. S.).

— Charles-Étienne-Louis, né le 21 juin 1756; Louis-Christophe, né le 15 octobre 1757; Marie-Anne, née le 26 octobre 1760; Anne-Théodose, né le 12 décembre 1763, mort le 24 décembre 1768; Adélaïde-Geneviève, née le 1er juillet 1766, enfants de Charles-Claude, marquis de Langeron, et de Marie-Louise Perrinet du Peseau (S. M. M. la V. l'É.).

— « L'an mil sept cent cinquante-neuf, le deux août, fut nom-
« mée Marie-Louise-Aglaé, née du même jour, fille de Charles-
« Claude Andrault, et de Marie-Louise Perrinet, son épouse. —
« Les témoins ont été David-Pierre Perrinet, et Marie-Jeanne le
« Maître. »

(Extrait à la républicaine du registre de S. M. M. la V. l'É.).

— Louis-Alexandre, né le 13 janvier 1763, fils de Louis-Théodose, comte de Langeron, et de Marie-Thérèse de Damas (S. S.).

— Christophe, comte de Maulévrier, mort le 12 février 1768, à quatre-vingt-sept ans trois mois (S. S.).

— Amélie-Marie-Élisabeth, née le 27 mai 1765; Charlotte-Christine, née le 20 juillet 1766; Catherine-Pauline, née le 5 décembre 1767, et Alexandre-Pierre-Louis, né le 26 novembre 1772, enfants d'Alexandre-Nicolas-Claude-Hector, comte de Maulévrier, et d'Henriette de Castel de Saint-Pierre (S. M. M. la V. l'É.).

— Silvie-Angélique, morte le 11 juillet 1771, à quatre-vingt-cinq ans, veuve de Claude de Thiard, comte de Bissy (S. S.).

— N., né et mort le 16 octobre 1785, fils de Louis-Alexandre, comte de Langeron, et de Thérèse-Diane Maignard de la Vaupalière (S. M. M. la V. l'É).

— Adélaïde-Geneviève, morte le 7 octobre 1829, à soixante-trois ans, épouse de Louis-Stanislas-Kostka, prince de la Trémoille (X^e arr.).

ANDRÉ (Charles), né le 9 avril 1723, fils de Jean, écuyer, seigneur de Montgeron, et d'Anne le Clerc (S. R.).

ANDRÉE (Thérèse-Rose-Irène d'), née le 6 juillet 1788, fille du baron Paul-Narcisse-Eugène, et de Marie-Rose de Dumas (S. M. M. la V. l'É.).

ANDRÉOLY (Pierre-Antoine-Sigismond d'), né le 11 mars 1768,

fils du marquis Pierre-Marie, et de Marie-Félicité de Preycing (S. E.).

Anfry (Louis-Alexandre-Jean-Stanislas d'), inhumé le 30 novembre 1759, fils de Joseph-Alexandre, comte de Chaulieu, et de Marie-Jeanne Lenglet (S. M. M. la V. l'É.).

Angé (Anne-Louise-Hyacinthe d'), morte le 11 juillet 1745, à vingt-deux ans, épouse d'Antoine-René de Voyer de Paulmy, marquis d'Argenson (S. R.).

Angennes (Joseph d'), marquis de Poigny, mort le 19 mars 1687, à trente-quatre ans (S. S.).

— N., né le 5 février 1730, fils du marquis Gabriel-Charles-François, et de Marie-Françoise de Mailly du Breuil (S. E.).

— Marie-Élisabeth-Françoise-Catherine-Louise, morte le 1er juin 1740, à quarante-huit ans, épouse de Charles-François de Rianceur d'Orival (S. S).

Angers. — « Le 30 janvier 1618, service général pour feu M. le comte, frère de M. d'Angers. Le corps porté aux champs. » — (S. P.).

Angerville (Henri-Thomas, marquis d'), mort le 26 juillet 1788, à soixante-quatorze ans, époux de Claude-Catherine de Franqueville (S. M. M. la V. l'É.).

Anglade (Jean-Louis-Hyacinthe-Longin d'), mort le 18 mars 1788, à vingt ans, fils de Jean-Baptiste, chevalier de Saint-Louis, et de Marie-Marguerite Grenon (S. N. des Ch.).

— Hélène, née le 5 août 1787, et Augustin-Hippolyte, né le 28 août 1789, enfants du marquis Joseph-Anne, lieutenant-colonel de dragons, et de Françoise-Sophie Vieillard (S. N. des Ch.).

Anglars (Jean d'), né à Montignac, le 20 juillet 1811, fils de Jean-Baptiste, et de Renée-Anne-Marie Tassain, morte le 12 mai 1814, marié le 6 janvier 1845, à Éléonore-Colette-Perrine-Thérèse-Adélaïde Lucot d'Hauterive, née à Bastia, le 8 mars 1820, fille de Jean-Théodore, mort en février 1841, et d'Adèle-Joséphine-Fortunée de la Salle, remariée à Nicolas Tassain (Xe arr.).

Ango de Faure (Armand-Catherine-Joseph), né le 16 décembre

1782, fils de Jacques-Pancrace, chevalier, capitaine de cavalerie, et d'Amélie de Norville (S. S.).

Angosse (Louise-Pauline-Pétronille-Charlotte-Léontine d'), morte le 4 mai 1779, à huit ans huit mois, et Claude-Alexandre-Casimir, né le 14 mai 1779, enfants du marquis Jean-Paul, et de Pétronille-Louise d'Usson de Bonnac (S. S.).

Angoulême. — « Le 11 janvier 1619, mourut madame d'Angoulême. — Le 8 février 1619, service général pour madame d'Angoulême, qui mourut le vendredi 11 du janvier mois précédant celui-ci. » (S. P.).

Angran (Augustin), baptisé le 6 février 1672, et Jacques-Augustin, mort le 12 juillet 1674, enfants de Jacques, seigneur de Fonspertuis, et d'Angélique Crespin (S. A. des A.).

— Jacques, seigneur et vicomte de Fonspertuis et de Lailly, etc., mort le 22 mars 1674 (S. A. des A.).

— Louis, conseiller du roi au Parlement de Metz, fils de N., vicomte de Fonspertuis et de Lailly, et de Catherine Taignier, marié le 22 novembre 1672, à Françoise Mareschal, fille de Denis, conseiller du roi, et de Clémence Briçonnet, dont : Françoise-Elisabeth, née le 16 janvier 1675, Louis-Euverte, né le 10 juillet 1678, et Clémence-Angélique, morte le 5 mai 1684 (S. A. des A.).

— Ambroise-Euverte, né le 7 mars 1688, fils d'Euverte, et de Marie-Élisabeth le Vacher (S. G,).

— Louis, conseiller du roi, mort le 10 novembre 1706 (S. A. des A.).

— Louis-Alexandre, baptisé le 29 mai 1713, fils de Louis-Euverte, et de Marie-Elisabeth Dunoyé (S. A. des A.).

— Louis, né le 10 mai 1719, fils de Louis-Augustin, vicomte de Fonspertuis, et de Rose de Châteauvieux (S. R.).

— Louis, mort le 1er avril 1740, à six jours, et Louis, né le 27 mars 1741, enfants de Louis, vicomte de Fonspertuis, conseiller au Parlement, et de Marie-Marguerite Logues de Villers (S. R.).

— Louis, chevalier, vicomte de Fonspertuis, mort le 11 juin 1747, à soixante-dix-huit ans, époux de Rose de Châteauvieux (S. R.).

— Ambroise-Euverte, correcteur à la Chambre des comptes, mort le 10 septembre 1769, à quatre-vingt-deux ans (S. P.).

— Françoise, morte le 14 décembre 1770, à quatre-vingt-neuf ans (S. P.).

— Marie-Adélaïde, morte le 30 octobre 1814, épouse de César-Henri, comte de la Luzerne.

— Marie-Louise-Félicité, morte le 2 mai 1829, veuve de Louis Hurault, marquis de Vibraye, officier général de cavalerie.

Anjorrant (Gilles), né le 8 mai 1653, fils de Claude, conseiller du roi, et de Marie Blondeau (S. J. en G.).

— Marie-Jeanne, morte le 19 janvier 1779, à soixante-cinq ans (S. S.).

— Thérèse-Charlotte, née le 24 janvier 1781, fille du marquis Louis, et de Suzette Roussel (S. S).

Anonymes. — « Le 6 février 1618, convoi d'un gentilhomme près les Blancs-Manteaux ; le corps porté le soir bien tard en carosse aux Cordeliers. »

— « Le 8 avril 1618, convoi général d'une vieille demoiselle. »

— « Le 7 mars 1619, convoi général d'un jeune gentilhomme qui fut tué par un joueur de lut du roi. » (S. P.)

Anthoine de Saint-Martin (Pierre), mort le 10 septembre 1758, à cinquante-cinq ans, conseiller du roi élu en l'élection de Vézelay (S. P.).

Anycan (Marie-Adélaïde d'), née le 8 janvier 1721 ; François-Guy-Hyacinthe, né le 28 avril 1723, et Madeleine-Sophie, née le 31 janvier 1726, enfants de Jean-Baptiste-Julien, sieur de la Nusouarne, et de Claude-Charlotte de Tilly de Blaru (S. S.).

— Marie-Gabrielle-Henriette, née le 17 novembre 1764, fille de Marie-Josèphe-Jérôme, comte de Landivisiau, et de Marie-Françoise Théroude (S. S).

— Louis-Joseph, chevalier de Landivisiau, mort le 20 mars 1770, à soixante ans (S. J. du H. P.).

— Julienne-Marie, morte le 14 avril 1788, à quatre-vingt-deux ans, veuve d'Anne-Jean-Baptiste de Vaucouleurs, chevalier, seigneur de l'Épinay, et remariée à Jean-Pierre Thon de Mayères, écuyer, secrétaire du roi des Deux-Siciles (S. E.).

Aoust (Jules-Edmond-Joseph, comte d'), né à Arras, le 16 mars 1817, fils de Joseph-Eustache-Ghislain, et de Marie-Thérèse-Julie de Gantès, marié le 25 janvier 1845, à Henriette-Armandine-Félicie de la Croix de Chevrière, née à Paris le 1er septembre 1826, fille d'Auguste, comte de Sayve, et de Louise-Émilie du Hamel (X^e arr.).

APCHER (Claude-Annette, comte d'), mort le 12 février 1753, à soixante ans (S. S.).

APCHON (Antoine-Louis-Claude d'), né le 24 août 1749, fils d'Antoine-Marie, et de Marie-Louise de Crémeaux d'Entragues (S. S.).

APOEL DE ROMICOURT (Françoise-Madeleine), morte dans la nuit du 30 au 31 janvier 1727, à quarante-neuf ans, veuve de Pierre Rémond, seigneur de Montmort (S. S.).

APPELVOISIN (Adélaïde-Suzanne-Félicité d'), morte le 13 mai 1767, à dix-huit mois (S. M. M. la V. l'É.); Adélaïde-Charlotte-Amélie, née le 13 mars 1768 ; Anne-Henriette-Charlotte, née le 14 mars 1770; Aglaé-Louise-Charlotte, née le 19 décembre 1771; Charlotte-Jeanne-Félicité, née le 19 juillet 1773 ; Charlotte-Élisabeth-Conrad, née le 5 février 1776, enfants de Charles-Gabriel-René, marquis de la Roche-du-Maine, et d'Adélaïde-Louise-Félicité Chaspou de Verneuil (S. E.).

AQUIN DE CHATEAUMORAND (Adélaïde-Thérèse d'), morte le 16 décembre 1738 à quarante-sept ans, épouse de Jean Baudouin (S. S).

— Élisabeth-Louis, mort le 5 novembre 1775, à cinquante-trois ans (S. E.)

ARAYNES (Louis-René, et Antoine-Charles-Borromée-Henri d'), nés le 12 janvier 1754, fils d'Antoine-Jacques, écuyer, sieur de Vaudricourt, conseiller du roi, et de Marie-Élisabeth de Saint-Alban (S. P.).

ARBON (François d'), sieur de Bellou, conseiller du roi, mort le 28 août 1719, à soixante-treize ans (S. R.).

— Anne, morte le 14 juillet 1726, à cinquante ans, épouse de Charles de Salaberry, président honoraire en la Chambre des Comptes (S. R.).

ARCHAMBAULT (Françoise d'), morte le 16 janvier 1677, à vingt-huit ans, fille de Nicolas, écuyer, et de Louise de Tarfereau (S. S.).

— Antoine, capitaine de cavalerie, chevalier de Saint-Louis, mort le 9 décembre 1754, à soixante-cinq ans (S. R.).

— N., morte le 28 août 1777, à cinquante-quatre ans, veuve de N. de Cormeilles de Chambly (S. S.)

Arco (Marie-Anne-Joséphine-Barbe d'), morte le 6 février 1764, à vingt-un ans, épouse de Maximilien-Emmanuel-François, comte Van Eyck, envoyé extraordinaire de l'Électeur de Bavière (S. P.).

Arcy (Richard, baron d'), mort le 9 avril 1781, à cinquante ans (S. S.).

Arcy de la Varenne (Marie-Roselyne d'), morte le 26 avril 1788, à soixante-un ans, épouse de Claude-Matthieu, comte de Damas d'Audour (S. S.).

Arenberg (Ernest-Engelbert-Louis-Marie-François d'), né le 25 mai 1777, fils d'Auguste-Marie-Raymond, comte de la Marck, et de Marie-Françoise-Ursule-Augustine le Danois (S. S.).

— Louis-Marie, fils du duc Charles-Marie-Raymond, et de Louise-Marguerite de la Marck, marié le 30 juin 1788, à Anne-Adélaïde-Julie de Mailly, dame d'Ivry-sur-Seine, fille de Louis-Joseph-Augustin, marquis de Néelle, et d'Adélaïde-Julie d'Hautefort (S. S.), dont : Amélie-Louise-Julie, née le 10 avril 1789 (S. M. M. la V. l'É.).

— Pierre d'Alcantara-Charles-Marie, né à Paris, le 2 octobre 1790 (S. S.), fils du duc Louis-Engelbert-Marie-Joseph-Auguste, mort à Bruxelles, en mars 1820, et de Louise-Pauline-Candide-Joseph-Félicité de Brancas, morte à Paris, en août 1812, marié le 26 janvier 1829, à Alix-Marie-Charlotte de Talleyrand, née le 4 novembre 1808, fille d'Augustin-Marie-Élie-Charles, comte de Périgord, et d'Appoline-Marie-Nicolette de Choiseul (X^e arr.).

Arfeuilles (Camille d'), née le 18 juin 1790, fille d'Antoine-Jean-Baptiste, baron d'Erff, et de Marie-Anne Bourgoin (S. M. M. la V. l'É.).

Argouges (Louise-Élisabeth d'), née le 5 juin 1679, et Anne-Marguerite, née le 27 août 1680, enfants de Georges, chevalier, et d'Anne le Vasseur (S. N. des Ch.).

— Florent, né le 7 octobre 1680, fils de Florent, chevalier, conseiller du roi, et de Louise Duvau (S. N. des Ch.).

— Charles-Louis, baptisé sous condition le 29 septembre 1728, à dix-huit ans et demi; Charlotte, née le 13 mai 1711 ; Louis-François et Nicolas-Louis, nés le 2 novembre 1712 ; Marie-Anne, née le 8 janvier 1717, enfants de Louis, chevalier, marquis de Ranes, et de Catherine d'Ernothon (S. S.).

— Florent, mort le 4 janvier 1719, à soixante-onze ans (S. P.).

— Marguerite, morte le 8 mai 1730, à soixante-dix ans, épouse de François Bonhomme (S. R.).

— Anne-Élisabeth, morte le 14 mai 1745, à vingt-neuf ans, épouse d'Armand-Jean de Moneins (S. S.).

— Louis-Charles, né le 2 juillet 1747, et Charles-Pierre-François, né le 26 mai 1751, enfants de Charles-Louis, et de Marie-Claude-Angélique-Henriette de Becdelièvre (S. S.).

— Marie-Louise-Victoire, née le 7 juillet 1754, fille de Louis-François, et de Marie-Elisabeth Dauttemore d'Erville (S. S.).

— Suzanne, veuve de Louis de la Rochefoucauld, marquis de Montendre, morte le 8 juin 1759, à soixante-seize ans (S. J. du H. P.).

— Charles-Louis, marquis de Ranes, veuf de Marie-Angélique-Claudine-Henriette de Becdelièvre de Cany, remarié le 7 mai 1761, à Louise-Melchior de Carbonnières, fille de Jean-Baptiste, marquis de Saint-Brice et de Françoise-Armande de Rilhac (S. J. du H. P.).

— Jérôme-Charles-François, né le 16 décembre 1761, mort le 17 novembre 1765; Henriette-Françoise-Adélaïde, née le 1er mars 1763, et Henriette-Louise-Françoise, née le 24 mars 1767, enfants de Michel-Pierre-François, et d'Henriette-Charlotte-Marie de Courtarvel de Pezé (S. S.).

— Jérôme, seigneur de Fleury, lieutenant-civil de Paris, mort le 8 février 1767 (S. P.).

— Henri-Louis, mort le 13 janvier 1770, à quatre-vingt-un ans (S. S.).

— Nicolas-Louis, chevalier de Ranes, colonel de dragons, mort le 16 janvier 1774, à cinquante-neuf ans (S. J. du H. P.).

— Geneviève-Charlotte, morte le 14 février 1776, à quatre-vingt-seize ans, veuve de Pierre Éon de la Baronnie, comte de Cély (S. S.).

— Le comte Michel-Pierre-François, mort le 16 octobre 1786, à soixante-six ans (S. S.).

Argout (Eugène-Marie-Gabriel d'), né le 24 octobre 1787, fils du comte Robert-Maurice, et d'Anne-Élisabeth-Rose d'Osmond (S. M. M. la V. l'É.).

Arjuzon (Gabriel-Thomas d'), né le 1ᵉʳ février 1761, fils de Jean-Marie, écuyer, et d'Hélène-Geneviève du Chesnay des Prés (S. R.).

— Jean-Marie, écuyer, receveur-général, veuf d'Hélène-Geneviève du Chesnay des Prés, mort le 6 mars 1790, à soixante-dix-sept ans (S. M. M. la V. l'É.).

Arnaud (Renée d'), née le 13 mai 1729, fille de Paul-Abdias, baron de la Cassaigne, et de Renée de Bonnier (S. S.).

Arnauld (Nicolas-Simon), marquis de Pomponne, mort le 9 avril 1737, à soixante-quatorze ans (S. S.).

— Catherine-Félicité, morte le 7 avril 1755, à soixante-seize ans, veuve de Jean-Baptiste Colbert, marquis de Torcy (S. S.).

— Henri-Charles, abbé de Saint-Médard-lès-Soissons, doyen du Conseil d'État du roi, mort le 26 juin 1756, à quatre-vingt-sept ans (S. R.).

Arnault (Charles-Arnaud), né le 29 mars 1653, fils de Tanneguy, chevalier, seigneur du Bois-Clair, et de Renée Doyanne (S. J. en G.).

— Pierre, fils de Jacques, et de Jeanne Sauvestre, marié le 20 juin 1694 à Marguerite-Catherine de Vouges, fille de Pierre, trésorier de France en la généralité de Poitiers, et de Catherine Varet (S. A. des A.)

Arnoult (Pierre-Charles d'), marquis de Rochegude, mort le 16 janvier 1786, à soixante-dix-huit ans (S. S.)

Arnoux (Philippe d'), mousquetaire du roi, fils de Pierre, sieur de Courja, et d'Adrienne Cordier, marié le 5 novembre 1683, à Rose-Angélique Dumont, veuve de N. de Faury de Grandjan (S. A. des A.).

Arod (N. d'), ondoyé le 24 décembre 1779 ; Gaspard-Louis-César, né le 5 juin 1781 ; N., né et mort le 29 septembre 1782, et Stéphanie-Sidonie-Marthe, née le 5 juillet 1787, enfants de Gaspard, comte de Montmelas, et d'Agnès-Louise de Montreuil (S. M. M. la V. l'É.).

Arouet (François-Marie), baptisé le 21 novembre 1694, fils de François, et de Marie-Marguerite Daumart (S. A. des A.).

Arpajon (Louis, marquis d'), chevalier de Saint-Louis et de la Toison-d'Or, maréchal-de-camp, mort le 21 août 1736, à soixante-neuf ans (S. S.), fils de Louis, et de Charlotte de Vernon de la Rivière, marié le 28 mars 1715, à Anne-Charlotte le Bas de Montargis, âgée de dix-sept ans, fille de Claude, conseiller du roi en ses conseils, garde du trésor royal, et de Catherine-Henriette Hardouin-Mansart, dont : Philippe-Louis, né le 18 juin 1716 (S. R.) ; Louis-Charles, né le 8 mai 1719, et Anne-Claude-Louise, née le 4 mars 1729 (S. S.).

Arquistade (Élisabeth d'), née le 21 août 1746, et Louis-Henri, né le 29 et mort le 30 septembre 1747, enfants de Pierre-Henri-Benoît, sieur de Saint-Fulgent, conseiller au Parlement, et de Louise-Adélaïde Lorimier (S. R.).

Arros (Anne-Basile d'), née le 17 février 1783, fille du baron Denis, seigneur de Beaupuy, et de Marie-Anne Boutet de la Toulière (S. N. des Ch.).

Artaguiette (Renée-Jeanne-Charlotte d'), morte le 7 avril 1766, à trente-six ans, épouse de Charles-Louis, comte de Carvoisin (S. S.).
— Dominique, mort le 10 décembre 1790, à quatre-vingt-quatre ans (S. J. du H. P.).

Asinary (Charles-Théobald), marquis de Costiolle, mort le 20 janvier 1740, à trente-deux ans (S. S.).

Asnières (Jean-Baptiste-François-Auguste d'), né le 20 janvier 1785, fils de Jean, marquis de la Châtaigneraye, et d'Armande-Catherine de Montmorin (S. M. M. la V. l'É.).

Aspe (Clément d'), fils de Bernard, écuyer, seigneur d'Ancisan, et de Claire de Long, marié le 18 juillet 1678, à Louise-Éléonore de Vernède, fille de François, sieur de Bouildroux, et de Jeanne Prévost (S. A. des A.).

Aspremont (Charles-Louis-Emmanuel d'), né le 3 avril 1780, fils d'Anne-Paul-Emmanuel de Montmorency, prince de Luxembourg, et de Marie Allard (S. E.).

Assay (Jacques-Gabriel-Nicolas-Robert d'), inhumé le 7 avril 1790.

Assé (Armand, marquis d'), mort le 2 août 1765, à soixante-sept ans dix mois (S. S.).

— Antoinette-Claude, morte le 4 février 1772, à soixante-onze ans, veuve de Jacques de Gaignon, marquis de Vilennes (S. S.).

— Marie-Adélaïde-Geneviève, morte le 11 septembre 1778, à quarante-cinq ans, veuve de Victor-Marie, marquis de Gironde (S. S.).

Asselin (Caroline-Alexandrine-Élisabeth), née le 17 septembre 1767 (S. R.), et Louis-Philippe-Joseph, né le 13 décembre 1768, enfants de Charles, sieur des Parcs, gentilhomme du duc d'Orléans, et de Madeleine-Silvine de la Bussière (S. E.).

Assy (Antoine-Louis-Adolphe d'), né le 17 juillet 1797, fils d'Alexandre-Louis-Geoffroy, et d'Anne-Aimée-Chantal le Couteulx.

Astorg (Jean-Jacques-Marie, comte d'), lieutenant-colonel de dragons, fils du marquis Jean-Charles-Catherine, et de Louise-Antoinette de Galard de Terraube, marié le 13 janvier 1783, à Marie-Thérèse-Louise Éon, fille de Marie-Jérôme, comte de Cély, et de Marie-Jeanne Dufos de Méry, dont : Adrien-Louis-Antoine-Jérôme, né le 3 décembre 1783, Anne-Henriette-Jeanne-Pulchérie, née le 10 septembre 1785, et Alexandre-Eugène-Louis-François-Saturnin, né le 5 janvier 1787 (S. S.).

Aubais (Suzanne-Caroline d'), morte le 20 octobre 1773, à vingt-cinq ans sept mois, épouse de François, comte de Baschi (S. S.).

Auber (Ferdinand-Alphonse d'), marquis de Daubeuf, seigneur de Canteleu, époux de Marthe-Louise Dutot de Varneville, mort le 27 mars 1746 (S. R.).

Auberjon (Pierre-Victor d'), né le 1er mai 1773, fils d'Antoine-Victor-Augustin, comte de Murinais, et de Françoise-Mélanie Charron (S. N. des Ch.).

Aubert (Louis-Urbain), chevalier, marquis de Tourny, comte de Grancey, baron de Selongey, Neuilly, etc., conseiller d'État, mort le 28 novembre 1760, à soixante-six ans, veuf de Jeanne-Claude

Chevrouvrier des Gratières, dont : Claude-Louis, né le 29 mai 1722, Jean-Urbain, né le 5 octobre 1723, Catherine-Félicité, née le 13 février 1725, Urbain-Jean, né le 29 septembre 1729, Galliot-Louis, né le 10 avril 1731 (S. R.).

— Anne-Augustine-Bénigne, née le 19 juin 1768, fille de Galliot-Louis, marquis de Tourny, brigadier des armées du roi, et d'Antoinette-Bénigne Bouhier (S. S.).

AUBERT (Marie-Victoire), morte le 15 juillet 1788, à vingt-six ans, épouse de Jacques-Michel-Constantin de Morin de Sainte-Marie, marquis de la Rivière (S. E.).

— Joseph, seigneur du Petit-Thouars, mort le 25 juin 1740, à soixante ans (S. S).

AUBERY (Louis-Félix-Antoine), mort le 30 avril 1722, à trois ans, fils du seigneur de Vastan, et de Mlle Fontaine (S. S.),

— Marie-Jeanne, morte le 12 novembre 1752, veuve d'Armand de Béthune, comte d'Orval (S. S.).

AUBESPINE (Louis-Étienne de l'), âgé de vingt-neuf ans, fils de Claude-Étienne, marquis de Verdronne, et de Marie-Anne de Testard, marié le 21 avril 1718, à Françoise-Sabine de Grolée, âgée de vingt-sept ans, fille de Joseph-François, comte de Viriville, et de Madeleine-Sabine de la Tour de Gouvernet (S. R.).

— Charlotte, veuve de Claude de Saint-Simon, duc et pair de France, morte le 7 octobre 1725, à quatre-vingt-quatre ans.

— Marie-Anne, morte le 16 mars 1729, à quatre-vingt-sept ans, veuve de Louis de Harlay, marquis de Champvallon (S. S.).

— Louise-Françoise-Maximilienne, née le 17 janvier 1750, fille du comte Charles-François, et de Madeleine-Henriette-Maximilienne de Béthune-Sully (S. S.).

— Hélène-Angélique-Rosalie, morte le 10 octobre 1770, à soixante-dix-neuf ans neuf mois quatorze jours, veuve de Jérôme Phélypeau, comte de Pontchartrain (S. S.).

— Charles-François, mort le 20 avril 1790, à soixante-dix ans, époux de Madeleine-Henriette-Maximilienne de Béthune-Sully.

AUBIGNÉ (Marie-Élisabeth d'), morte le 27 mars 1734, à cinquante-cinq ans, fille de Louis, marquis de Tigny, et d'Elisabeth Petit de la Guerche (S. S.).

— Le marquis Louis-Henri, mort le 20 juin 1770, à cinquante-quatre ans (S. M. M. la V. l'E.), époux de Marie-Cécile de Boufflers, dont : Adrien-Louis-Madeleine, né le 31 mai 1750 (S. S.)

Aubourg de Boury (Marguerite-Thérèse), veuve de Dominique de Gourgues, conseiller au Parlement de Paris, et remariée à Louis de Neyret de la Ravoye, marquis de Vayres, commandeur de l'ordre de Saint-Lazare, morte le 1er juillet 1787, à quatre-vingt-treize ans (S. G.).

Aubry (Louise-Michelle), morte le 2 novembre 1719, à cinquante-trois ans, veuve de Charles de Rochechouart, marquis de Montpipeau (S. P.).

Aubusson (Philibert d'), seigneur de Fumel, mort le 27 juin 1685 (S. A. des A.).

— (Louise-Anne-Gabrielle d'), morte le 11 août 1731, à six mois treize jours (S. R.)., et Hubert, mort le 27 décembre 1741, à douze ans quatre mois vingt-trois jours; Louis-Charles-Armand-Rose, mort le 28 janvier 1752, à seize ans et demi, enfants d'Hubert-François, comte de la Feuillade, et de Catherine-Scolastique Bazin de Bezons (S. S.).

— Pierre-Jacques-Alexandre, né le 16 mars 1763, fils de Pierre-Arnaud, vicomte de la Feuillade, et de Catherine de Pussemothe de l'Etoile (S. S.).

— Joseph, officier au régiment de Beaujolais, mort le 31 octobre 1787, à vingt-huit ans (S. E.).

Audiffret (Charles-Louis-Gaston d'), né le 10 octobre 1787, fils du marquis Louis-Guillaume-Joseph-François, et d'Amélie-Catherine le Séneschal (S. N. des Ch.).

Augeard (Auguste-Matthieu), mort le 1er novembre 1784, à quinze ans (S. E.), et Charles-Gabriel-Matthieu, né le 17 mai 1772 (S. R.), enfants de Jacques-Matthieu, chevalier, conseiller d'État, et d'Anne-Sophie Serres de Saint-Roman.

— Geneviève-Marie, morte le 1er avril 1787, à cinquante-un ans, veuve d'Antoine-Nicolas le Camus, marquis de Branges, brigadier des armées du roi (S. E.).

Auger (Jean), écuyer, seigneur de Boissy, fils de Paul, gentilhomme servant ordinaire du roi et surintendant de la musique de Sa Majesté, et de Marie le Camus, marié le 30 septembre 1687 à Louise-Geneviève Cousinet, fille de Robert, maître ordinaire en la chambre des comptes, et d'Élisabeth-Catherine Rousselet, dont : Élisabeth-Louise, née le 13 août 1688, entre six et sept heures du matin, baptisée le même jour. Parrain : messire Paul Auger, docteur de la maison et Société de Sorbonne, prieur de Notre-Dame de Rouget. Marraine : demoiselle Élisabeth-Catherine de Rousselet (S. J. en G.).

Aulier (Jean-Baptiste d'), écuyer, sieur de la Salle, mort le 15 août 1749, à soixante-dix ans (S. J. en G.).

Aumont (Louis-Marie d'), né le 9 décembre 1632, fils d'Antoine, seigneur de la Rochebaron, et de Catherine Scarron (S. G.).

— Louis-Marie, né le 26 septembre 1691, mort le 5 novembre 1723, fils de Louis-Marie, marquis de Villequier, et d'Olympe de Brouilly de Piennes (S. G.).

— Nicolas-Olympe, né le 19 juin 1715 (S. R.), inhumé à Saint-Sulpice, le 29 novembre 1724, et Marie-Louis-Hippolyte, mort le 2 août 1720, à neuf ans, fils de Louis-Marie, duc de Villequier, et de Catherine de Guiscard (S. R.).

— Le duc Louis-Marie, mort le 6 avril 1723, à cinquante-sept ans (S. G.).

— Anne-Charlotte-Fare, morte le 15 avril 1724, à cinquante-neuf ans, veuve de François-Joseph, marquis de Créqui, lieutenant-général des armées (S. S.).

— Jeanne-Louise-Constance, née le 11 février 1731.

— Louise-Félicité-Victoire, née le 22 octobre 1759, fille de Louis-Marie-Guy, duc de Mazarin et de la Meilleraye, et de Louise-Jeanne de Durfort de Duras (S. S.).

— Victoire-Félicité-Françoise, née le 29 janvier 1760, morte le 12 septembre 1765 ; Louis-Marie-Céleste, né le 7 septembre 1762 ; N., née le 8 mai 1765, morte le 29 mai 1766, enfants de Louis-Alexandre-Céleste, duc de Villequier, et de Félicité-Louise le Tellier de Montmirail (S. S.).

— Louise-Antoinette-Aglaé, née le 21 décembre 1773 ; Louise-Henriette-Victorine, née le 8 décembre 1776 ; et Emmanuel-Louis-Thérèse, né le 15 janvier 1780, enfants de Louis-Alexandre-Céleste, duc de Villequier, et d'Antoinette-Marguerite-Henriette de Mazade (S. M M. la V. l'É.).

— Le duc Louis-Marie, mort le 13 avril 1782, à soixante-treize ans (S. M. M. la V. l'É).

— Louis-Marie-Céleste, duc de Piennes, âgé de dix-huit ans, fils de Louis-Alexandre Céleste, duc de Villequier, et de Félicité-Louise le Tellier de Montmirail, marié le 6 août 1781, à Mélanie-Charlotte de Rochechouart, fille d'Émery-Louis-Roger, marquis de Faudoas, et de Mélanie-Henriette de Barberie de Courteilles, dont : Louis-Mélanie-Antoine-Ernest, né le 25 octobre 1782, et Adolphe-Henri-Émery, né le 11 avril 1785 (S. S.).

Authier (Jeanne-Henriette du), née le 28 novembre 1786, fille du vicomte Henri, et d'Éléonore-Renée Courtin du Saulsoy (S. R.).

Aux (Marie-Modeste d'), morte le 5 décembre 1769, à vingt-un ans, épouse de Louis-Auguste de Robineau de Bugnais (S. E.).

— Rose-Marie-Josèphe, morte le 9 février 1785, à seize ans, fille de René, chevalier, et de Marie-Anne Godet de Châtillon (S. E.).

Auzel (François-Antoine-Joseph), fils de François-Augustin-Gérard, seigneur de Grandval, et de Marie-Marthe de Chérie, marié le 26 février 1771, à Marie-Jeanne-Madeleine d'Auzel, sa cousine au quatrième degré, veuve de Jean-Baptiste-Jacques le Fèvre, seigneur de Hodant (S. J. du H. P.).

Avergo (Louise d'), morte le 23 janvier 1784, à vingt-neuf ans, épouse de Guillaume-François Perrier, seigneur de la Gennevraye (S. E.).

Avice (Louis-Henri), écuyer, fils d'Henri, aide-de-camp des armées du roi, et d'Élisabeth Lecour, marié le 16 juin 1688, à Nicole-Anne-Françoise de Florette, fille de François, chevalier, seigneur de Bussy, et d'Anne de Graindorge Saint-Gabriel (S. A. des A.).

— Gilles-René, seigneur de Tortonville, Renneville, etc., veuf de Marie-Charlotte de Beauvallet, remarié le 1er octobre 1785, à Catherine-Elisabeth de Tressan, veuve de Jean-Noël Duval de Raumont (S. S.).

Avout (Marthe d'), morte le 16 avril 1701, à soixante-dix ans, femme d'Yves Bernard, écuyer, sieur de la Fosse (S. S.).

— François-Charles-Sébastien, mort le 26 septembre 1750, à vingt-un ans, fils de Sébastien-François, seigneur de la Masselière, et d'Anne-Françoise le Noir (S. R.).

Avrange (Thaïs-Ernestine-Charlotte d'), morte le 1er janvier 1811, à vingt-un ans, fille de Jean-Pierre, et de Françoise-Hélène Chupiet, et épouse de François-Joseph-Tobie-Machabée de Toustain, receveur-général (X° arr.).

Avril (Bonaventure-Jean), écuyer, seigneur de Charnacé, mort le 18 octobre 1762, à soixante-huit ans (S. R.).

Aydie de Riberac (Marie-Ambroise d'), morte le 15 avril 1773, à soixante-quatorze ans et demi, ancienne prieure du Pont de Gennes, et abbesse de Saint-Cyr, religieuse de la Visitation depuis vingt ans (S. J. du H. P.).

Aymeret (Élisabeth), baptisée le 11 septembre 1605, fille de noble homme Paul, conseiller du roi et maître ordinaire en sa chambre des comptes, et de demoiselle Marie le Clerc (S. G.).

— Claude-Auguste, baptisée le 11 janvier 1639, fille d'Augustin, sieur de la Morandière, gentilhomme ordinaire de la chambre du roi, et d'Anne de Saint-Martin (S. G.).

— Anne-Adélaïde, née le 26 mars 1735, fille de Jean, seigneur de Gazeau, et d'Anne-Louise-Françoise de Montpellier (S. R.).

B.

Babaud de la Chaussade (Louise-Rose), née le 31 mars 1747, et N., né et mort le 9 mars 1748, enfants de Pierre, écuyer, seigneur de Guérigny, baron de Frasnay-les-Chanoines, et d'Anne-Rose le Conte de Nonant de Pierrecourt (S. R.)

Bachelin (Angélique-Élisabeth-Remy), morte le 19 janvier 1791, à dix-neuf ans, fille de Pierre-Jean, chevalier d'Agès, et de Jeanne-Thècle de Rouard (S. E.)

Bachmann (Rosalie-Charlotte-Françoise-Élisabeth de), née le 26 septembre 1773, fille de Charles-Antoine-Joseph-Léger, conseiller d'État du canton de Glaris, et de Marie-Anne-Joséphine-Antoinette de Freuller. (S. M. M. la V. l'É.)

Baconnière de Salverte (Anne-Marie-Élisabeth), née le 14 juin 1766, Jean-Marie-Eustache, né le 26 mars 1768 (S. R.) et Anne-Joseph-Eusèbe, né le 18 juillet 1771 (S. E.), enfants de Jean-Marie-Eusèbe, écuyer, seigneur de la Houssaye, et d'Élisabeth Faure.

Baglion (Matthieu-Ignace-Alexandre de), comte de la Salle, mort le 28 janvier 1738, à cinquante-deux ans (S. S.)

Baillet (Renée), morte en août 1592, enterrée le 8 novembre suivant, veuve de Jean de Thou, sieur de Bonveil (S. A. des A.)

— Marie-Gabrielle, née le 7 mars 1723, fille de Jean-Baptiste-Gaston, marquis de Panphou, et de Marie-Madeleine de la Roche (S. S.)

— Anne, morte le 7 mars 1737, à soixante-douze ans, deux mois, quatre jours, veuve d'Antoine-Charles, duc de Gramont (S. S.)

— Adélaïde-Marie-Geneviève-Jeanne, née le 11 novembre 1788, fille de Gaston-Louis-Alexandre, comte de Vaulgrenant, et d'Anne-Marie-Françoise-Joséphine de Brunet. (S. N. des Ch.)

Bailleu-Picot (Louis-Henri), seigneur d'Éguisy, Miserey, etc. mort le 19 avril 1788, à 39 ans (S. G.)

Bailleul (Claude-Alexis de), né le 16 juillet 1653, et Bénigne, né le 19 février 1655, fils de Louis, seigneur de Soisy, et de Marie le Ragois (S. J. en G.)

— Pierre-Louis, né le 7 mai 1664, à Bailleul au Maine, baptisé à Paris en 1680, fils de Pierre, chevalier, et de Marguerite le Féron (S. A. des A.)

— Nicolas-Louis, marquis de Châteaugontier, mort le 17 avril 1714, à soixante-deux ans (S.-Victor.)

— Charles-Louis, prieur de Chastelart, mort le 26 mai 1727, à quarante-cinq ans (S. S.)

— Louis-Émeric, abbé de Barzelles, mort le 18 septembre 1769, à soixante ans (S. P.)

Baillif (Henri-Nicolas le), seigneur de Cocherel, mort le 20 janvier 1790, à quatre-vingt-quatre ans, veuf d'Austreberte-Claude Durand (S. G.)

Baillif de Mesnager (N. le), mort le 24 avril 1792, à trente-huit mois, fils de Marie-Nicolas-Guillaume-Jacques, chevalier de Saint-Louis, et d'Adélaïde-Marie-Jacqueline-Louise Bourdic de Belleran (S. T. d'A.)

Baillot (Marie-Charlotte), morte le 17 avril 1756, à seize ans, fille de défunts Charles-Hugues, seigneur de Villechavant, conseiller du roi, et de Marie-Élisabeth-Gabriel de Saint-Georges (S. P.)

Baiq (Célestine-Claudine-Charlotte de la), née le 20 novembre 1784, et Célénie-Jacobine-Marie-Louise, baptisée le 8 juillet 1786, filles de Louis-Pierre-Charles, comte de Viella, et de Claudine-Julie des Bretz (S. S.)

Balathier (Élie-Antoine de), comte de Lantage, mort le 17 août 1761, à cinquante-cinq ans, inhumé en présence de son parent, Jacquart chevalier de Jaucourt (S. S.)

Balbes de Berton (Louis-Pierre-Nolasque-Félix), marquis de

Crillon, colonel de grenadiers, veuf de Marie-Sophie-Joséphine de la Briffe, inhumée le 9 mars 1770, remarié le 27 juin 1771 à Angélique-Madeleine de Valois, fille de Charles-Philippe, marquis de Mursay, baron d'Autricourt, et de Jeanne-Suzanne de Paris (S. N. des Ch.), dont : Émilie-Louise-Suzanne, morte le 15 mars 1784, à dix ans (S. S.)

— Athanasie-Françoise de Paule-Louise-Virginie, née le 10 octobre 1771, et Louis-Antoine-François de Paule, né le 15 mai 1775, enfants de Louis, duc de Crillon, et de Rose-Joseph-Athanase-Roman-Gusman-Monsara-Espinosa de los Monteros (S. S.).

— Marie-Louise-Dorothée-Gérard-Bonne-Charlotte-Sophie, née le 12 septembre 1775 (S. S.), morte le 9 août 1790 (S. M. M. la V. l'É.); Louis-Félix-Alexis-Marie-Gérard, né le 12 novembre 1779, mort le 5 avril 1781 ; Marie-Gérard-Athanase-Félix-Jules, né le 23 octobre 1781, mort le 6 octobre 1782; Marie-Gérard-Louis-Félix-Rodrigue, né le 15 décembre 1782; Louis-Marie-Félix-Prosper, né le 30 juillet 1784, enfants de François-Félix-Dorothée, comte de Crillon, et de Marie-Charlotte Carbon (S. S.).

Balbi (Marie-Françoise-Artémise de), morte le 6 novembre 1784, à trois ans, fille du marquis Jacques-François-Marie, et de Marie-Françoise Laurens de Sainte-Agnès (S. M. M. la V. l'É.)

Baldelli (Jean-Baptiste-Curtius-Melchior, comte de), fils de Jérôme, et d'Élisabeth Boni, marié le 22 avril 1789 à Thérèse-Julie de George d'Ollière, fille d'Henri-Gaspard, seigneur de Luminy, et de Marguerite-Thérèse d'Alby (S. S.)

Ballet (Renée), morte le 23 juin 1745, à soixante-trois ans, veuve en premières noces de Jean-Louis le Mairat, et en secondes noces d'Anne Érard, marquis d'Avaugour (S. P.)

Ballidart (Jean-Baptiste-Alexandre, comte de), né le 21 novembre 1790 (S. R.), mort le 27 février 1859 à Auteuil, fils de Jean-Baptiste-David, député, et de Marie-Perrette-Élisabeth de Mosseron d'Amboise.

Banne (Françoise-Louise de), née le 31 août 1710; Charles-Louis, né le 10 novembre 1712, mort le 27 septembre 1713; Catherine-Augustine, née le 13 octobre 1715; Marie-Thérèse, née le 14 octobre 1716; Philippe-Anne, né le 15 mars 1719; Angélique-

Marie, née le 15 juin 1720; Marie-Joseph, né le 13 avril 1722, mort le 16 mars 1723 ; N., né et mort le 24 janvier 1725, enfants de Louis, comte d'Avéjan, et de Marie-Angélique Dufour de Nogent (S. S.)

— Louis, comte d'Avéjan, mort le 23 mai 1738, à cinquante-trois ans (S. S.)

— Charles, évêque d'Alais, mort le 23 mai 1744, à cinquante-six ans (S. S.)

— Suzanne. morte le 18 décembre 1792, à vingt-cinq ans, fille de Jean, comte d'Avéjan, maréchal de camp, et de Marie-Geneviève-Silvie Thouroux d'Arsilly (S. R.)

Bar (Jean-Charles, comte de), chevalier, seigneur de Bonnebuche, Billerot, la Vauville, etc., âgé de quarante ans, veuf de Françoise Gibieuf, remarié le 8 août 1715, à Françoise Veuze, âgée de dix-neuf ans, fille de Laurent-François, sieur de Vaulogé, conseiller du roi, et de Louise de Bouteros (S. R.)

— Élisabeth, morte le 10 avril 1728, veuve de Jean-Jacques de Bougy, marquis de la Longe (S. S.)

Barbançois (Gabrielle-Claire-Charlotte de), née le 31 juillet 1758, fille de François-Léon, comte de Villegougis, et d'Hélène le Ferron (S. J. en G.)

— Charles-Hélion, frère de la précédente, marié le 24 février 1789 à Guillelmine-Sophie-Louise Coustard, fille de Guy-Pierre, colonel d'infanterie, et d'Anne-Laurence Duvivier-Bourgogne (S. S.)

Barbarat (Charles-François-Antoine de), comte de Mazirot, veuf de Louise-Marie-Madeleine de Bellanger, mort le 23 juillet 1788, à quarante-neuf ans, laissant de sa seconde femme, Marie-Charlotte-Armande-Étiennette de Chastenay : Antoinette-Charlotte-Armande, née le 6 juillet 1785 ; Antoinette-Armande Charlotte-Françoise, née le 4 juillet 1786 (S. R.), et Anne-Antoinette-Armande, née le 31 juillet 1788 (S. S.)

Barberie (Claude de) née le 7 décembre 1678, fille de Michel, seigneur de Saint-Contest, et de Marie Daurat (S. A. des A.)

— François-Dominique, chevalier, conseiller, maître des requêtes, intendant de Bourgogne, baptisé à S. A. des A., le 27 juin 1701, fils de Dominique-Claude, chevalier, seigneur de Saint-Contest, inhumé aux Blancs-Manteaux le 24 juin 1730, et de Marie-Françoise le Maistre, marié le 27 septembre 1735 à Jeanne-Monique-Philippe Desvieux, fille de Louis-Philippe, et de Bonne-Madeleine le Couturier (S. M. M. la V. l'É.), dont : Dominique-Louis, né le 5 mai 1737, et Dominique-Victor-Étienne, né le 15 novembre 1742, et mort le 15 janvier 1746 (S. R.)

— Charles-Dominique, né le 18 mai 1735, et Geneviève-Henriette, née le 14 décembre 1737, enfants de Dominique-Jacques, marquis de Courteilles, maître des requêtes, et d'Henriette-Geneviève Savalette (S. R.)

— Claude-Dominique-Philibert, né le 4 décembre 1749, fils du précédent et de sa seconde femme Madeleine-Mélanie Fyot (S. R.)

— Louise-Marie-Madeleine, morte le 26 juin 1771, à trente-deux ans, épouse de Charles-Louis-Joseph-Alexandre de Canouville, marquis de Raffetot (S. J. du H. P.)

— Jean-François-Thomas, seigneur de Dompierre, mort le 30 avril 1782, à cinquante-huit ans (S. E.)

Barberin (Antoinette-Louise de), née le 28 février 1781, fille du comte Marie-Antoine, et de Marie-Louise Guesnon de la Chanterie (S. S.)

— De Reignac (Marie-Louise-Angélique), morte le 26 janvier 1777, à soixante-quinze ans, épouse de Joseph-Auguste de Montmorency, marquis de Laval, et veuve en premières noces de N. Campet de Saujon (S. S.)

Barberot (Charlotte-Éléonor-Louise), née le 8 juin 1732, fille de Claude-Alexandre, sieur de Tavaux, écuyer, et de Marie-Louise de Vaudrey (S. S.)

Barbeyrac Saint-Maurice (Adolphe-Louis-Joseph-Charles de), né le 9 septembre 1791, fils de Charles-Marie, et de Louise-Marie-Bonne de Colheux de Longpré (S. M. M. la V. l'É.)

Bardicon (Pierre), perruquier, fils de feu Jean, sieur de la Combe, et d'Élisabeth Andret, marié le 3 août 1682, à Madeleine-Angélique Dubois, fille de feu Florent, et de Marguerite Potrimol (S. A. des A.)

Bardon (François de), seigneur de Morange, mort le 29 avril 1725, à quatre-vingt-douze ans (S. S.)

Barentin (Marie), née le 6 novembre 1655, fille d'Achille, conseiller du roi, et de Marie Luatchomme (S. J. en G.)

— Louise-Jacqueline, née le 17 juillet 1656, fille de Jacques-Honoré, conseiller du roi, et de Louise de Boislève (S. J. en G.)

— Charles-Amable, né le 27 mai 1703, fils de Charles-Honoré, et de Marie-Reine de Montchal (S. A. des A.)

— Anne, morte le 13 janvier 1728, à soixante-onze ans, veuve de Jacques-François Tardieu de Maleissye (S. S.)

— Charles-Amable-Honoré, seigneur d'Hardivilliers, mort le 9 juin 1762, à cinquante-neuf ans (S. P.)

Barfeknecht de Ponteil (Jean-Baptiste-Dotto-Casimir), veuf de Charlotte-Valence de Lers, remarié le 23 septembre 1782, à Adélaïde-Anne-Charlotte du Barail, fille du marquis Louis-Jacques-Charles, et d'Adélaïde-Henriette-Philiberte Orry de Fulvy (S. J. du H. P.)

Bargedée (Marie), sœur de la communauté des Nouvelles-Catholiques, morte le 12 novembre 1721, à soixante-dix ans (S. R.)

Barillon (Henri), né le 11 mars 1695, et Marie-Madeleine, née le 11 août 1714, enfants d'Antoine, seigneur d'Amoncourt, et d'Anne Doublet (S. P.)

— Gabrielle-Élisabeth, morte le 14 avril 1700, épouse de Jean-François de Gourgues, marquis d'Aulnay (S. P.)

— Bonne, morte le 13 août 1755, à cinquante-cinq ans, veuve de François-Germain le Camus, seigneur de Bligny (S. S.)

— Antoine-Pierre, seigneur de Mancy, Morangis, conseiller en la grand'chambre du Parlement, époux de Françoise-Nicole de Landes de Houville, mort le 18 février 1768, à soixante-deux ans, et inhumé en présence de son fils Antoine-Marie, conseiller au Parlement (S. P.)

Barjot (Marie-Joséphine-Caroline), née le 22 décembre 1759, fille de Paul-Jean-Baptiste-Alexis, comte de Roncée, seigneur d'Yèvre, et d'Adélaïde-Julie-Sophie Hurault de Vibraye (S. S.)

Baron (Louise-Marie-Jeanne-Jacqueline), née le 21 janvier 1779, fille d'Étienne, comte de Bissy, et de Gabrielle-Henriette-Catherine Thornhill (S. S.)

Baroncelli (Paul de), chevalier de Javon, grand'croix de Malte, bailli de Manosque, mort le 6 décembre 1779, à soixante-quinze ans (S. E.)

— Marie-Alexandrine-Pauline, née le 17 janvier 1783, et Alexandrine-Marie-Joséphine, née le 28 février 1789, filles d'Alexandre-Joseph-Félicien, marquis de Javon, et d'Alexandrine-Marie-Catherine Orré (S. R.)

Barral (Pierre-François-Paulin de), né le 30 décembre 1745, Jeanne-Sophie-Barbe, née le 2 décembre 1759, et Charlotte-Louise-Françoise-Sophie, née le 18 juillet 1763, enfants de Jean-Baptiste-François, chevalier, comte de Montferrat, marquis de la Bastie, et de Marie-Charlotte-Françoise-Antoinette de Chaumont-Quitry (S. S.)

— Eugène-Marie-Jean-Baptiste-Népomucène-Léon, né le 10 novembre 1774, fils de Pierre-François-Paulin, et de Marie-Séraphine Guillaud de la Motte (S. S.)

Barrault (Catherine), morte le 11 février 1759, à quarante-un ans, mariée à messire François de Berbezier de l'Albarède, écuyer (S. P.)

Barre (Louis-René de la), mort le 9 novembre 1791, à cinquante-sept ans, époux de Françoise-Louise-Ambroisine de Vrigné (S. T. d'A.)

— Paul, seigneur de Courson, mort le 4 août 1760, à cinquante-neuf ans (S. P.)

Barres (Bonne-Bénigne des), née le lundi 20 décembre 1719, à quatre heures et demie du soir, au château de Corgoloin, fille de haut et puissant seigneur messire Henri-Bénigne, chevalier, seigneur et baron de Cussigny, capitaine de cavalerie et chevalier de l'ordre militaire de Saint-Louis, et de haute et puissante dame madame Judith de Saint-Chamans; baptisée à Paris le 2 avril 1731. Parrain : très-haut et très-puissant seigneur Son Excellence monseigneur Louis-Bénigne de Beaufremont, prince de Listenois, chevalier de la Toison-d'Or, brigadier des armées du roi, duc de Pontevaux, marquis de Mirebeau, etc. Marraine : haute et puissante dame madame Bonne de Chatellux, veuve de haut et puissant seigneur messire François, comte de Saint-Chaman, chevalier, seigneur et marquis de Méry, etc. L'acte est signé : Bonne-Bénigne des Barres — Beau-

fremont — Bonne de Chastellux — Saint-Chaman des Barres. —
J. Bence (S. R.)

— Geneviève-Guillaume-Félicité, né le 11 octobre 1751 ; Adrienne-Madeleine-Félicité, morte le 1er septembre 1782 ; Henri-François, mort le 14 septembre 1771, à vingt-deux ans, et inhumé en présence de Jean-Dominique Testu de Balincourt, chanoine régulier de Sainte-Croix de la Bretonnerie, oncle maternel, de Philippe-Louis, marquis de Chastellux, cousin issu de germain, et d'Henri-Georges-César, comte de Chastellux, colonel d'infanterie, cousin ; enfants du marquis Antoine-Henri-Claude, et d'Agnès-Henriette-Félicité Testu de Balincourt (S. S.)

Barrin (Gabrielle-Eulalie), morte le 11 juillet 1725, à vingt-sept ans, épouse de Pierre Cailleteau, seigneur de la Chasseloire (S. S.)

— Madeleine-Perrette-Louise, née le 30 mars 1756, fille d'Achille-Marc, chevalier, seigneur du Pallet, et de Louise-Madeleine-Charlotte-Émilie de Pechpeyrou de Comminges-Guitaut (S. S.)

— Aglaé-Françoise-Rosalie, née le 8 septembre 1780, et Amélie-Thérèse, née le 16 juillet 1785, filles d'Augustin-Félix-Elisabeth, comte de la Gallissonnière, et de Jeanne-Charlotte Paisson de Malvoisin (S. S.)

— Roland-Marie, né le 4 juillet 1791, fils d'Athanase-Scipion, marquis de la Gallissonnière, et de Bonne-Laurence-Elisabeth de Mauger (S. E.)

— Marie-Rosalie-Anastasie, demoiselle de la Gallissonnière, morte le 6 avril 1792, à cinquante-quatre ans (S. T. d'A.)

Barruel (Antoine-Joseph, comte de), capitaine de dragons, fils de Charles-Joseph, et de Jeanne de Rivarol, marié le 31 janvier 1786 à Anne-Blanche-Victoire Cochon de Maurepas, veuve de Louis, marquis de Coutances, seigneur de la Celle (S. S.)

Barry (Achille-Alexandre-Benoît du), né le 14 juin 1777, mort le 15 septembre 1777, fils du vicomte Jean-Baptiste, cornette des chevau-légers de la garde du corps, et de Marie-Rose-Hélène de Tournon (S. R.)

Barthe (Jean-Anne, vicomte de la), capitaine d'infanterie, fils de Jean-Bernard, seigneur de Giscars, et de Marie-Anne de Boncarrès, marié le 24 mars 1770 à Marie-Anne-Louise Varnier, fille d'Antoine, conseiller du roi, et de Marie-Madeleine Roman-Coppier, dont : Marie-Louise, née le 6 janvier 1772 ; Alexandre-Jean-Marie, né le 25 mars 1773 ; François-Alexandre, né le 8 janvier 1779 (S. E.)

Barton (Jean), comte de Montbas, seigneur de Corbeil-Cerf, marié le 26 février 1688 à Louise de Brinon, fille de feu Charles, et de Suzanne de Calouart (S. A. des A.)

Bas de Courmont (Louis-Dominique le), écuyer, conseiller du roi, mort le 20 novembre 1777, à soixante-onze ans, époux de Louise-Élisabeth le Noir, dont : Charlotte, née le 29 mai 1746 ; Charles-Claude, né le 17 juin 1747 ; et Antoine-René, mort le 16 juin 1759 (S. R.).

— N., née le 11 novembre 1781, et Alexis-Louis, né le 1er août 1784, enfants de Charles-Claude, trésorier général et payeur des rentes, et d'Augustine-Madeleine-Marie Duval (S. M. M. la V. l'E.)

— Élisabeth-Louise, morte le 18 avril 1782, à 38 ans, épouse de Jacques-François, marquis de Croismare (S. R.)

— Marie-Louis-Jules, né le 15 février 1789, fils de Louis-Marie, seigneur de Pomponne, et d'Adélaïde-Louise Monmerqué (S. E.)

Bas de Girangy (Anne-Madeleine le), née le 7 juin 1721, fille de Louis, seigneur de Claye, et de Catherine Cantin (S. S.).

— Louis, seigneur de Claye, mort le 16 décembre 1722, à soixante-un ans (S. S.)

— Pierre-René, chevalier de Saint-Louis, capitaine de cavalerie, mort le 28 avril 1769, à cinquante-quatre ans, époux de Marie-Anne-Suzanne Roualle, dont : Charles-Pierre, né le 8 septembre 1760, et Anne-Nicole, née le 8 janvier 1762 (S. S.)

Baschi (Charles-François-Louis-Aimé de), né le 21 juillet 1747, et Jeanne-Louise-Madeleine, née le 22 septembre 1750, enfants de François, comte de Saint-Estève, et de Charlotte-Victoire le Normant (S. R.)

— François-Ugolin-Henri, né le 14 décembre 1770, fils du marquis François, et de Suzanne-Caroline de Baschi d'Aubais (S. S.)

— Achille-Pierre-Antoine, né le 17 février 1775, fils d'Hercule-Philippe-Étienne, et d'Élisabeth-Suzanne de Jaucourt. Parrain : Pierre-Antoine, marquis de Jaucourt, bisaïeul maternel (S. S.)

— Charles-François-Renier, fils du comte François, et d'Anne-Victoire le Normant, marié le 23 mai 1786 à Émilie-Rose-Marguerite de Riquet, fille de Victor-Maurice, comte de Caraman, et de Marie-Anne-Gabrielle-Joseph-Françoise-Xavière d'Alsace Hénin-Liétard, dont : Amélie-Angélique-Marie-Anne, née le 3 mai 1788, et Cécile-Rose, née le 4 septembre 1789 (S. S.)

Bascle (Jean-Louis-Marie le), fils de Jean-Louis-Nicolas, comte d'Argenteuil, et de Marie-Angélique-Philippe le Veneur, marié le 29 novembre 1779, à Marie-Joséphine-Caroline Barjot de Roncée, fille de Paul-Jean-Baptiste-Alexis, et d'Adélaïde-Julie-Sophie Hurault de Vibraye, dont : Hippolyte-Louis-René-Charles, né le 25 novembre 1780 (S. S.)

Bassompierre (François, marquis de), mestre de camp de cavalerie, mort le 1ᵉʳ octobre 1720, à quarante-quatre ans (S. S.)

— Marie-Louise-Amélie, née le 12 janvier 1779 ; Henriette-Françoise-Marie, née le 26 octobre 1780 ; et Adolphe-Marc-Élisabeth, né le 10 mars 1783, mort le 2? avril 1789, enfants de Jean-Anaclet, chevalier, maréchal des camps et armées du roi, et de Marie-Jeanne-Denise-Elisabeth Rigoley d'Ogny (S. E.)

Bastard (François de), chevalier, conseiller d'État, chancelier du comte d'Artois, mort le 16 janvier 1780 à cinquante-huit ans (S. E.)

Bastonneau (Madeleine), morte le 30 janvier 1614, entre trois et quatre heures du matin, veuve de messire Gabriel Miron, conseiller du roi et lieutenant civil de la prévôté et vicomté de Paris, enterrée le même jour à Sainte-Marine, dans le chœur.

Batz (Louis-Gabriel de), marquis de Castelmore, mort le 15 août 1783 à soixante-treize ans (S. E.).

Baude (Émilie de), née le 4 juillet 1779 ; Antoine-Henri, né le 18 juillet 1780 (S. M. M. la V. l'É.); Hippolyte, né le 8 octobre 1781, et Adélaïde-Marie-Cécile, née le 13 juillet 1783, enfants de Jean-Georges-Claude, baron de Pont-l'Abbé, et de Marie-Louise Thierry (S. S.).

— Auguste-Joseph, lieutenant aux gardes françaises, fils d'Étienne-Auguste, maréchal des camps, et de Thérèse-Joséphine Butler, marié le 18 janvier 1791 à Louise-Victoire-Rose-Parfaite du Cheylar, veuve de Nicolas-François-Camille de Lambertye, et fille de Jean-Antoine, et de Marie-Anne-Claude de Rochechouart (S. S.).

Baudéan (Suzanne de), morte le 15 février 1700 à soixante-quinze ans, veuve de Philippe de Montaut, duc de Navailles (S. S.).

— Alexandre, né le 24 décembre 1761 ; Alexandre-César, né le 24 mai 1766, et Adélaïde-Julie-Amélie, née le 20 juillet 1770, enfants de Louis-Barnabé, comte de Parabère, et de Jeanne-Claude-Bernardine-Marie Gagne de Périgny (S. R.).

Baudenet (Barbe-Catherine), morte le 12 janvier 1776 à cinquante-sept ans, épouse de Pierre-Charles marquis de Pons (S. R.).

Baudequin (Marie-Geneviève), morte le 16 septembre 1786, à soixante-sept ans, veuve de Jean Gastebois de Maridor, écuyer (S. J. du H. P.).

Baudon (Jean-François-Charles), né le 2 avril 1760, fils de François, écuyer, et d'Anne-Marguerite-Charlotte de Ligniville (S. R.).

Baudouin de Soupir (Antoine-Séraphin), chambellan du roi Stanislas, mort le 22 décembre 1770 à soixante-treize ans (S. E.).

Baudry (Philibert-Bernard), abbé de Saint-Fulcian-aux-Bois, mort le 1er juin 1769 à soixante-six ans cinq mois (S. S.).

Baudus (Marie-Jean-Louis-Amable de), fils d'Hugues-Guillaume-Joseph, et d'Anne-Marie de Malartie, marié le 24 août 1784 à Dauphine-Françoise-Thérèse Forien, fille de Jean-Élie et de Dauphine-Catherine de la Gauderie (S. J. du H. P).

Bauffremont (Pierre de), marquis de Listenois, mort le 29 août 1685, à vingt-trois ans (S. S.).

— Louis, né le 20 novembre 1712 à Ruffey, diocèse de Langres, et baptisé à Paris en août 1716; Charles-Roger, né le 4 octobre 1713 ; Joseph, né le 25 septembre 1714; Louise-Geneviève, née le 24 octobre 1715; François-Auguste, né le 27 novembre 1718 ; Louise-Catherine, née le 25 novembre 1720, enfants de Louis-Bénigne, prince de Listenois, et d'Hélène de Courtenay (S. S.).

— Louise-Françoise-Bénigne-Octavie-Marie-Jacqueline-Laurence, née le 4 novembre 1750, fille du marquis Louis et de Marie-Suzanne-Simone-Ferdinande de Ténare (S. S.).

— Louis-Bénigne, prince de Listenois, mort le 18 juillet 1755, à soixante-treize ans (S. S.).

— Louis, prince de Listenois, mort le 13 mai 1769, à cinquante-six ans cinq mois (S. S.).

— Hélène-Adélaïde-Marie-Charlotte, née le 26 décembre 1770; Alexandre-Emmanuel-Louis, né le 27 avril 1773, filleul de Joseph-Marie-Louise-Geneviève-Julie de Chaponay, épouse d'Alexandre-Charles de Jaucourt, enseigne des gendarmes écossais; Hélène, née le 9 avril 1774; Joseph-Henri-Octave, né le 14 mai 1779, mort le 26 novembre 1791; Hortense-Geneviève-Marie-Anne, née le 18 janvier 1782, enfants de Joseph, prince de Listenois, et de Louise-Bénigne-Françoise-Octavie-Marie-Jacqueline-Laurence de Bauffremont (S. S.).

Baugy (Marie-Thérèse-Henriette-Eugénie de), née le 28 décembre 1748, fille de Jacques-Henri et de Marie-Louise-Thérèse de Bougainville. Parrain : son oncle Louis-Eugène de Baugy, seigneur de Villecien, Villevallier, Le Fey (S. R.).

Baume (Charles de la), né le 6 février 1682, fils de Nicolas-Auguste et de Marie Mahauni (S. A. des A.).

— Marie-Angélique, née le 28 octobre 1682, fille de Louis, écuyer, sieur de la Morlière et de Françoise Jean (S. A. des A.).

— Catherine-Thérèse, morte le 21 août 1739 à quatre-vingt-sept ans, veuve de Pierre de Tourmont (S. S.).

Baume le Blanc (Charles-Marie de la), né le 18 janvier 1736, et Jean-Charles-Marie, né le 10 novembre 1737, enfants de Louis-César, duc de la Vallière et de Vaujours, et d'Anne-Julie-Françoise de Crussol d'Uzès (S. R.).

— Charles-François, duc de la Vallière, mort le 22 août 1739, à soixante-dix ans, époux de Marie-Thérèse de Noailles (S. R.).

— Louis-César, duc de la Vallière, mort le 16 novembre 1780, à soixante-treize ans, époux d'Anne-Julie-Françoise de Crussol d'Uzès (S. S.).

Baume-Montrevel (Florent-Alexandre-Melchior de la), âgé de seize ans, fils de Melchior-Esprit, comte de Montrevel, Lugny, etc., et de Marie-Florence du Châtelet, marié le 10 février 1752 à Élisabeth-Céleste-Adélaïde de Choiseul, âgée de quinze ans, fille du comte César-Gabriel et de Marie de Champagne (S. S.).

— Esprit-Emmanuel-Melchior, marquis de Montrevel, mort le 3 juillet 1754, à vingt-un ans (S. S.).

BAUME-PLUVINEL (Charles-Alexandre-Séraphin-Victor, marquis de la), né à Paris le 31 mars 1817, fils de Séraphin-François-Gabriel-Victor, et de Marie-Antoinette-Amélie la Carrière de Comblat, marié le 26 mai 1845 à Marie-Marguerite-Joséphine de Viella, née à Paris le 19 mars 1827, fille du comte Louis-Henri, contre-amiral, mort en mai 1840, et de Barbe-Pauline de Chastenet de Puységur, morte à Paris en mars 1827 (X^e arr.).

BAUQUET DE SURVILLE (Bon-Charles-Louis de), fils d'Exupère-Jacques-Louis, marquis de Campigny et de Catherine-Henriette du Hamel de Saint-André, marié le 10 avril 1776 à Charlotte-Louise-Adélaïde de Salignac de la Mothe, fille de François-Louis, marquis de Fénelon, lieutenant-général des armées du roi, et de Marie-Charlotte de Malon (S. S.).

BAUSSAN (Adrien-Charles de), né le 15 juin 1680, fils de François, chevalier, et de Marguerite de Marescot (S. N. des Ch.).

— Françoise-Marie, morte le 31 mai 1779, à quarante-sept ans, veuve d'Alexandre de Baussan, maître des requêtes, et remariée à Joseph-Louis-Charles-Roch-Palamède de Forbin, baron d'Oppède (S. J. en G.).

BAUSSANCOURT (Charles-Marie-Louis de), né à Roanne le 12 octobre 1797, capitaine au 7e cuirassiers, fils du comte Henri-Charles, et de Marie Nicolas de Chavannes, marié le 25 mars 1829 à Joséphine-Mathilde Bernard, née à Paris le 24 mai 1811, fille de Claude-Henri-Étienne, marquis de Sassenay, et de Fortunée-Prudence-Claudine Breton des Chapelles (1er arr.).

BAUSSET (François-Louis-Nicolas de), né le 22 mars 1764, fils du marquis Nicolas-Mathieu, et d'Adélaïde Constance de Selle (S. R.).

— Le marquis Gabriel-Jean-Baptiste-Nicolas, mort le 20 avril 1789, à trente-sept ans (S. S.).

— Antoine-Hilarion, mort le 21 décembre 1790, à soixante-cinq ans (S. S.).

BAUTRU (Marie-Marguerite-Thérèse de), morte le 30 mars 1726, à quatre-vingt-cinq ans, veuve de Nicolas de Bautru, marquis de Vaubrun (S. S.).

— Madeleine-Diane, morte le 6 février 1753, à quatre-vingt-six ans, veuve de François-Annibal, duc d'Estrées (S. S.).

BAUYN (Prosper-André-Louis-Nicolas de), né le 27 avril 1756, fils de Charles-Prosper, chevalier, seigneur de Perreuse, et de Marie-Louise-Constance Terrier (S. P.).

BAVIÈRE (Anne, palatine de), morte le 23 février 1723, veuve d'Henri-Jules de Bourbon, prince de Condé; portée le 3 mars chez les Carmélites de la rue St-Jacques (S. S.).

— Sophie, morte le 19 septembre 1736, à soixante-douze ans, veuve de Philippe de Courcillon, marquis de Dangeau (S. S.).

— Augustine-Jeanne-Amélie-Marie-Joseph-Ferdinand, née le 24 février 1777; Albert-Charles-Maximilien, né le 3 juillet 1778; Thérèse-Françoise-Théodore, née le 28 avril 1780, enfants de Léonard-François-Hubert-Dominique, comte de Grosberg, baron de Machelen, seigneur de Ruysbeck et Gravenstein, colonel d'infanterie, et de Jeanne-Amélie Blondel d'Azaincourt. — N. B. Ce comte de Bavière-Grosberg avait épousé la fille de Barthélemy-Augustin Blondel d'Azaincourt, chevalier, lieutenant-colonel d'infanterie, et de Catherine-Charlotte-Edmée de la Haye; il était fils de Marie-Ferdinande-Rose, baronne de Colins, fille d'Antoine, baron de Colins, et d'Anne-Éléonore Edwarts, dite Trévor (S. N. des Ch.).

BAYLENS (Philippe de), né à Niort, le 26 décembre 1687, et baptisé à Paris le 15 décembre 1710, fils d'Antoine, marquis de Poyanne, et de Marie-Bérénice Avice de Mongon (S. S.).

— Marie-Éléonore-Rosalie, née le 15 octobre 1746; Rosalie-Henriette, née le 24 novembre 1748; et Marie-Caroline-Rosalie, née le 5 janvier 1760, fille de Charles-Léonard, marquis de Poyanne, et de Charlotte-Louise du Bois de Finnes (S. S.).

BAYNAC (Marie de), morte le 2 juin 1770, à soixante-dix-sept ans, veuve de César-Phébus-François, comte de Bonneval (S. S.)

BAZAN DE FLAMANVILLE (Marie-Jeanne-Françoise-Élisabeth), morte le 12 avril 1761, à trente ans, épouse de Jean-Joseph le Conte de Nonant, marquis de Raray (S. R.).

BAZIN (Armand), né le 30 mars 1701; et Jacques-Étienne, né le

13 décembre 1709, enfants de Jacques, comte de Besons, et de Marie-Marguerite le Ménestrel de Hoguel (S. S.).

— Marie-Suzanne, morte le 20 juin 1726, à trente ans, épouse de Jean-Hector du Fay (S. S.).

— Marie-Madeleine, demoiselle de Besons, morte le 6 décembre 1761, à trente-cinq ans (S. S.).

Beasse de la Brosse (Albert-Laurent), mort le 10 mai 1785, à quatre-vingt-quatre ans (S. M. M. la V. l'É.).

Beauchamp (Catherine de), morte le 13 mai 1727, à douze ans, fille de René-César, seigneur de Faucheray, et d'Anne-Élisabeth de Chartres (S. S.).

Beaudet de Beaumont (Antoine-Henri), né le 7 décembre 1698, fils d'Antoine et de Marie-Henriette le Leleu (S. A. des A.).

Beauffort (Eugénie-Françoise de), née le 10 avril 1761, fille de Louis-Eugène-Marie, comte de Moulle, et de Catherine-Élisabeth-Henriette de Lens de Recourt (S. S.).

— Alfred-Julien-Philippe, né à Tournay le 5 mars 1805, fils du marquis Philippe-Ernest, et de Jeanne-Joséphine-Catherine de Wignacourt, marié le 20 avril 1830 à Marie-Élisabeth-Rose-Léontine le Clerc, née à Beuzeville-la-Bastille le 15 juin 1806, fille d'Étienne-Charles-Olivier, comte de Juigné, et d'Andrée-Louise-Aimée de Thiboutot, morte à Beuzeville en juin 1809 (X⁰ arr.).

Beaufort (Armand-Louis-Joseph de), né le 12 novembre 1783, et Achille-Louis-Victor, né le 11 mars 1787, fils d'Antoine-Joseph-Ermance, et de Madeleine-Françoise de Logras (S. M. M. la V. l'É.)

— Marie-Catherine, morte le 2 novembre 1786, à soixante-neuf ans, veuve de François Bouron, écuyer, conseiller du roi (S. E.).

Beaufort (Frédéric-Auguste-Alexandre, duc de), marquis de Spontin, fils de Charles-Albert, et de Marie-Marguerite-Rose-Dorothée-Victoire, comtesse de Glime, marquise de Florenne, marié le 7 janvier 1783 à Marie-Léopoldine-Christine-Anne-Manuelle-Joachim-Joseph-Thérèse-Pétronille-Antoinette-Vincent-Bonaventure-Françoise-Symphorose-Diègue-Sébastienne-Raphaël-Barbe-Camille-Isidore-Andrée-Gaëtane-Bibiane de Tolède, veuve de François-d'Assise d'Ajan et Silva Fernandès de la Cuera Diezaux Armandarès Afas de Rivera et Recalde, marquis d'Elviro et de Cadreyto, comte de la Torre, seigneur de la ville de Guillena, etc., grand d'Espagne de première classe, et fille de Pierre d'Alcantara, duc de l'Infantado, marquis de Tabara, duc de Lerme, et de Marie-Anne de Salm-Salm. De ce mariage : Pierre-Marie-Ignace-Frédéric, né le 1ᵉʳ février 1784 (S. S.); Françoise-Philippine-Thomas, née le 7 mars 1785 (S. M. M. la V. l'É.).

Beaufranchet de Beaumont (Marie-Valérie de), morte le 12 février 1769, à trente-deux ans et demi, ayant été onze ans religieuse à la Visitation (S. J. du H. P.).

Beauharnais (Marguerite de), morte le 9 novembre 1725, à quatre-vingts ans, veuve de Guillaume de Nesmond, seigneur de Coubron (S. R.).

— Alexandre-François-Marie, né à la Martinique le 28 mai 1760, sur la paroisse de Saint-Louis de la ville du Fort-Royal, baptisé à Paris le 16 janvier 1770, fils d'Alexandre-François-Marie, marquis de la Ferté-Beauharnais, et de Marie-Anne-Henriette Pyvart de Chastulé (S. S.).

— Adélaïde-Françoise, née le 1ᵉʳ mai 1779 (S. S.); Françoise-Julie-Mélanie, née le 21 et morte le 29 février 1780 ; Émilie-Louise, née le 28 janvier 1781 (S. E.); Amédée-François-Emmanuel, né le 31 août 1782 (S. M. M. la V. l'É.) mort le 23 février 1784 (S. S.); enfants de François, capitaine au régiment de Belzunce, marquis de la Ferté-Beauharnais, et de Marie-Françoise de Beauharnais.

— Hortense-Eugénie, née le 10 avril 1783, fille du vicomte Alexandre-François-Marie, et de Marie-Rose-Joseph de Tascher de la Pagerie (S. M. M. la V. l'É.).

— Claude, comte des Roches de Beauharnais, chevalier de Saint-Louis, chef d'escadre des armées du roi, mort le 25 décembre 1784, et inhumé en présence de son fils Claude, officier aux gardes françaises, et de son neveu François, marquis de Beauharnais, capitaine de dragons (S. E.).

— Albéric-Jules-Albert, né le 23 août 1787, fils du comte Claude, et de Claude-Françoise-Gabrielle-Adrienne de Lezay-Marnésia (S. E.).

Beaujeu (Louis-Charles-Marie de), mort le 22 août 1760, à huit ans, fils du comte Charles-Raymond, et d'Apolline de Berman (S. M. M. la V. l'É.).

Beaulieu — « Le 2 mai 1618, convoi général de M. de Beaulieu le père. » (S. P.).

— Augustine-Marie, née le 1ᵉʳ mai 1770, baptisée à S. J. du H. P., fille de Louis-Florentin, chevalier, seigneur de Lajesse, et d'Angélique Lauvin (S. S.).

— Louis-Florentin, gentilhomme du feu prince de Conti, mort le 13 février 1778, à quarante-deux ans (S. J. du H. P.).

Beaumanoir-Lavardin (Marie-Louise-Henriette de), inhumée le 15 décembre 1755.

Beaumer (Françoise-Émilie de), née le 1ᵉʳ et morte le 13 décembre 1715, fille de Michel, écuyer, sieur de Chanteloup, et d'Émilie de Launay (S. R.).

Beaumont (Claude-Charles de), marquis de Saint-Étienne, chevalier, maréchal des camps et armées du roi, mort le 9 décembre 1676 (S. A. des A.).

— Charles-Antoine, né à Achères-le-Marché, le 12 octobre 1733, baptisé à Paris le 7 février 1752, fils d'Isaac-Antoine, écuyer, seigneur des Pâtis, gendarme de la garde du roi, et d'Élisabeth de Beauclerc (fille de Charles, seigneur et baron d'Achères et de Rougemont) (S. J. en G).

— François, écuyer, conseiller, secrétaire du roi, époux de Madeleine-Colombe de Boistel, mort le 21 juillet 1761, à soixante-quinze ans (S. R.).

— Armand-Christophe, mort le 31 décembre 1768, à trois ans ; Christophe-Armand, né le 8 novembre 1769 ; Christophe-Armand-Paul-Alexandre, né le 30 décembre 1770 ; Marie-Élisabeth, née le 23 décembre 1774, enfants du marquis Christophe et de Marie-Claude de Beynac (S. S.).

— Joséphine-Marie-Anne-Louise-Xavière, née le 17 août 1773 (S. S.); Armande-Louise, née le 19 mars 1775 (S J. du H. P.); Christophe-Amable-Louis, né le 6 mars 1776 ; Christophe-Louise-Aglaé, née le 29 décembre 1782 ; Amable-Marie-Stéphanie, née le 16 septembre 1784 ; enfants du vicomte Antoine-François et d'Élisabeth-Françoise-Amable de Caylus (S. S.).

— Joseph-Jacques, fils d'Antoine-Eulalie-Joseph, comte d'Autichamp et d'Agathe-Jacquette Greffin de Bellevue, marié le 2 juin 1783 à Marie-Bathilde-Eugénie de Chaumont, fille d'Antoine, comte de la Galaisière, et de Marie-Geneviève-Perrine Maussion de la Courtaujay (S. S.).

— Christophe-François, fils du marquis Jacques et de Claire-Marguerite Riché de Beaupré, marié le 25 septembre 1786 à Marie-Michelle-Frédérique-Ulrique-Pauline de Montmorin, fille d'Armand-Marc, comte de Saint-Hérem, et de Gabrielle-Françoise de Tana (S. S.).

— Adrien-Jacques-Joseph-Charles, né le 19 janvier 1784, fils du baron Guillaume-Joseph et de Sophie du Lauvet (S. S.).

Beaunay (N. de), né et mort le 20 décembre 1786 (S. M. M. la V. l'É.) et N. morte le 18 janvier 1792, à cinq semaines, enfants du comte Jean-Baptiste-François, officier de la marine, et de Laurence-Pauline-Claudine Baron de la Chevalerie (S. R.).

Beaupoil (Thérèse-Eulalie), inhumée le 3 novembre 1739, à trente-quatre ans, épouse d'Anne-Pierre d'Harcourt, comte de Beuvron (S. S.).

— François-Joseph, marquis de Sainte-Aulaire, mort le 17 décembre 1742, à cent ans (S. S.).

— Pierre, officier dans la milice de Paris, mort le 22 mai 1756, à trente-trois ans (S. R.).

— Charles, aumônier de la reine, mort le 29 juin 1756, à quatre-vingt-quatre ans (S. S.).

— Jean-Baptiste-Front-Yrieix, né le 22 mai 1763, fils de Philippe-François, et de Marie-Catherine de Bréard (S. R.).

— Yrieix, abbé de Saint-Georges-sur-Loire, mort le 19 janvier 1766, à soixante-dix-neuf ans deux mois (S. S.).

— Marie-Anne, morte le 6 mai 1780, à vingt-six ans, fille de Martin, marquis de Sainte-Aulaire, et de Thérèse de Scaulmier (S. E.).

— Catherine-Louise-Adélaïde, née le 22 juillet 1781, et Louis-Côme-Frédéric-Luce, né le 20 décembre 1782, mort le 27 août 1790, enfants de Côme, comte de Sainte-Aulaire, maréchal des camps et armées du roi, et de Marie-Madeleine de Saint-Janvier (S. E.).

— Jeanne, morte le 24 juillet 1792, à quatre-vingt-dix-huit ans, veuve de Joseph Quéru des Chapelles, capitaine d'invalides (S. E.).

Beauregard (Marie-Madeleine de), née le 23 octobre 1720, fille de Claude-Michel-Bernard, colonel de cavalerie, et de Marie-Angélique de Saint-Just (S. S.).

Beaurepaire (Marie-Ursule de), morte le 27 décembre 1723, fille de François, et de Catherine Henry (S. S.).

— François-Auguste, écuyer, mort le 25 mars 1724, à soixante-dix ans, époux de Suzanne de la Farge (S. S.).

— Charles-Jean-Joseph, âgé de trente-neuf ans, lieutenant d'infanterie, fils de Charles-Louis, seigneur de Croizart, et de Marie-Jeanne le Bœuf, marié le 7 novembre 1781 à Marie-Françoise-Catherine-Henriette de la Houssaye, âgée de dix-huit ans, fille de Louis-François, vicomte de Mezicourt, et de Marie-Catherine François (S. S.).

Beaussier-Cuvray (Louis-André, comte de), fils de Louis, comte de Châteauvert, seigneur de Boissy, et de Séraphine Jacquet de Cavray, marié le 1er septembre 1789 à Marie-Geneviève-Victorine du Fos, fille d'Alexandre-Louis-Victor, comte de Méry, et de Marie-Dieudonnée Cuperlier (S. S.).

Beauvais (Michel-Gabriel-Raphaël, baron de), seigneur de Gentilly, mort le 30 mars 1766, à quatre-vingt-trois ans (S. P.).

Beauvau (Gabriel, marquis de), chevalier, capitaine des gardes de Monsieur, fils de feu François, et de Louise de la Baume-le-Blanc, marié le 20 octobre 1682 à Marie-Angélique de Saint-André, fille de feu Pierre, et de Marie Aymédieu (S. A. des A.).

— Henri-Louis, baptisé le 6 juillet 1704, fils d'Henri-Gabriel, marquis de Montgoger, et de Marie-Madeleine de Brancas (S. S.).

— Marie-Anne-Élisabeth, née le 31 janvier 1712, fille de Pierre-Madeleine, marquis du Rivau, et de Marie-Thérèse de Beauvau (S. S.).

— Louis-Constant, né le 10 août 1721, fils de Robert, et d'Henriette-Charlotte de Feillens (S. R.).

— Élzéar-Placide, chanoine d'Angers, mort le 21 novembre 1728, à dix-neuf ans (S. S.).

— Élisabeth, morte le 2 mars 1735, à soixante-dix-huit ans, fille du marquis Jacques, et de Diane de Campet de Saujeon (S. S.).

— Marie-Thérèse, morte le 7 septembre 1736, à cinquante-un ans, veuve de Pierre-Madeleine de Beauvau, marquis de Rivau (S. S.).

— Henriette-Louise, morte le 28 mars 1737, à cinquante-un ans, veuve d'Hubert de Choiseul, seigneur de la Rivière (S. S.).

— Gabrielle, morte le 16 mai 1737, à quatre-vingt-dix ans, veuve de Claude de Raucourt (S. S.).

— François-Vincent-Marc, comte de Craon, mort le 9 juin 1742, à vingt-huit ans (S. S.).

— Françoise, morte le 23 avril 1743, à cinquante-cinq ans (S. S).

— Anne-Agnès, morte le 3 mai 1743, à quarante-cinq ans, épouse d'Agésilas-Gaston de Grossolles, marquis de Flamarens (S. S.).

— Anne-Louise-Marie, née le 1er avril 1750, fille de Charles-Juste, et de Marie-Sophie-Charlotte de la Tour d'Auvergne (S. M. M. la V. l'É.).

— Louise, morte le 14 juillet 1753, à soixante-douze ans, veuve de François, comte de Rochefort (S. S.).

— Marie-Louise-Madeleine, morte le 11 juillet 1763, à soixante ans, veuve de Pierre-Louis de Rochefort, comte d'Ailly (S. S.).

— Marc-Étienne-Gabriel, né le 22 septembre 1773, fils de Ferdinand-Jérôme, prince de Craon, et de Louise-Étiennette Dexmiers d'Archiac de Saint-Simon (S. E.).

— Gabrielle-Élisabeth, morte le 24 avril 1778, à soixante-douze ans, épouse de Joseph-Louis-François de Pardieu, comte d'Avremenil (S. J. du H. P.).

— Charlotte-Nicole, morte le 9 novembre 1787, à soixante-dix ans, veuve de Léopold-Clément, marquis de Bassompierre (S. M. M. la V. l'É.).

— Ferdinand-Jérôme, prince de Craon, mort le 8 octobre 1790, à soixante-sept ans (S. M. M. la V. l'É.).

BEAUVILLIER (François de), duc de Saint-Aignan, mort le 16 juin 1687, à quatre-vingts ans (S. S.).

— Marie-Paule-Françoise, née le 17 janvier 1720; Marie-Anne-Paule-Antoinette, née le 26 juillet 1721, et Paul-François-Honoré, né le 7 janvier 1724, enfants de Paul-Hippolyte, duc de Saint-Aignan, et de Marie-Geneviève de Montlezun (S. S.).

— Marie-Antoinette, morte le 13 novembre 1729, à soixante-dix-neuf ans, veuve de Louis Sanguin, marquis de Livry (S. S.).

— Le duc Paul-François, mort le 7 janvier 1742, à trente-deux ans (S. S.).

— Charles-Paul-François, né le 17 décembre 1746; Colette-Marie-Pauline-Hortense-Bernardine, née le 20 août 1749, et Anne-Paul-François, mort le 13 mai 1750, à deux ans et demi, enfants du duc Paul-Louis, et d'Auguste-Léonine-Olympe-Nicole de Bullion de Fervaques (S. S.).

— Marie-Françoise-Hortense, née le 12 octobre 1764; Paul-Marie-Victoire, né le 2 août 1766; Anne-Augustine, née le 14 août 1769; Andrée-Étiennette-Madeleine, née le 6 et morte le 13 janvier 1771, filleule de Françoise-Hélène-Étiennette Turgot, épouse de Paul-Hippolyte de Beauvillier, duc de Saint-Aignan, son bisaïeul : enfants du duc Paul-Étienne-Auguste, et de Marie-Madeleine de Rosset de Fleury (S. S.).

— Bonne-Hortense-Paule, née le 10 juin 1766, inhumée à ..... le 15 décembre 1766, et Paul-Alexandre-Étienne-Charles, né le 17 octobre 1767, enfants de Charles-Paul-François, comte de Buzançois, et de Bonne-Charlotte de Mailly (S. S.).

— Le duc Paul-Étienne-Auguste, mort le 18 octobre 1771 à vingt-six ans (S. S.).

— Paul-Marie-Victoire, duc de Saint-Aignan, comte de Montrésor, fils de Paul-Étienne-Auguste, et de Marie-Madeleine de Rosset de Fleury, marié le 9 janvier 1786 à Françoise-Camille de Bérenger, fille de Raymond-Pierre, comte du Gua, et de Marie-Françoise de Sassenage, dont : Pauline-Camille-Rémondine-Justine, née le 6 et morte le 14 février 1787; Paul-Camille-Marie-Hippolyte, né le 8 septembre 1788, et Raymond-François, né le 21 février 1790 (S. S.).

— Paul-Hippolyte, marquis de Saint-Aignan, mort le 30 novembre 1788, à soixante-seize ans, époux d'Adélaïde-Louise Vatboy du Metz de Ferrières (S. S.).

— Raymond-François, duc de Saint-Aignan, mort le 3 mai 1811 à vingt-un ans, marié à Emma-Victurnienne-Nathalie de Rochechouart, dont : Élodie-Pauline-Victurnienne, née le 4 avril 1811, morte le 29 décembre 1834, épouse d'Élie-Roger-Louis de Talleyrand-Périgord, prince de Chalais (X[e] arr.).

BEAUVISAGE (Angélique de), religieuse de Château-Thierry, morte le 28 juin 1746, à quarante-cinq ans (S. R.).

BEAUVOIR (Charlotte-Élisabeth Louise de), morte le 23 juin 1751, à trente ans, fille de Jean, seigneur d'Herblay, et d'Élisabeth-Louise Galez (S. M. M. la V. l'É.).

Becdelièvre (Pierre, marquis de), fils de Pierre, premier Président en la cour des Aides de Normandie, seigneur de Quévilly, et de Madeleine Denoy, marié le 20 mai 1672 (S. A. des A.).

— Marie, morte le 24 décembre 1740, à trente-deux ans, veuve de Charles-Jean-François, marquis de la Rivière (S. R.).

— Marguerite-Lydie, morte le 3 avril 1742, à vingt-huit ans, épouse de Louis Roger marquis d'Estampes (S. S.).

— Louis-Pierre, comte de Cany, mort le 29 mai 1767, à vingt-huit ans (S. S.).

— Armande-Louise-Marie, née le 20 juillet 1769, et Marie-Henriette, née le 5 juin 1771, filles d'Anne-Louise-Roger, comte de Cany, et d'Élisabeth-Marie Boutren d'Hattanville (S. S.).

— Pierre-Louis-Jacques, marquis de Cany, mort le 5 octobre 1771 à cinquante-quatre ans (S. S.).

— Charles-Jacques-Denis, curé d'Ouainville au diocèse de Rouen, mort le 29 septembre 1779, à quarante-quatre ans (S. S.).

— Anne-Louis-Roger, marquis de Cany, d'Ecquevilly, brigadier des armées du roi, chevalier de Saint-Louis, mort le 26 juin 1789, à cinquante ans, époux d'Élisabeth-Marie Boutren d'Attanville (S. E.).

— Gabriel-Antoine, fils de Jean-Marie, seigneur de Penhouet, et de Suzanne Lattulaye, marié le 14 septembre 1790 à Félice-Marie-Thérèse de Macdonogh, fille d'un gentilhomme irlandais, et d'Anne-Marie Stevens (S. S.).

Béchamel (Marie-Louise de), morte le 2 avril 1740, à soixante-neuf ans, veuve d'Artus-Louis-Timoléon de Cossé, duc de Brissac (S. S.).

— Catherine-Marguerite-Louise-Élisabeth, morte le 28 septembre 1787, à soixante-douze ans, épouse de Thomas-Éléonore Ribault de Nointel (S. R.).

Beckvelt (Anne-Marie-Joachime de), morte le 13 février 1792, à quarante-neuf ans (S. R.).

Bedé (Agnès-Élisabeth), née le 12 janvier 1720 et Élisabeth-Charlotte, née le 18 janvier 1721, filles de Charles-Étienne, seigneur des Fougerais, et d'Élisabeth Baudoin (S. S.).

Beffroy (Charlotte-Claude-Françoise-Victorine, née le 17 octobre 1771, et Charlotte-Souveraine-Hercule, née le 22 juillet 1780, filles du marquis Louis-Paul, et d'Anne-Françoise-Victoire-Éléonore le Teurtre de Rochefort (S. R.).

Begon (Marie-Claire-Thérèse), morte le 5 octobre 1782, à soixante-dix-huit ans, gouvernante des enfants du duc d'Orléans et veuve de Joseph-Charles de Vimeur, marquis de Rochambeau (S. E.).

Beine (Marie-Louise de), née le 15 avril 1719, fille de Jacques, et de Marie-Anne Bernard (S. S.).

— Jacques, conseiller du roi, échevin, etc., mort le 14 novembre 1729 à cinquante ans (S. S.).

— Constant-Joseph-Hippolyte, né le 30 juillet 1791, fils de Louis-Hippolyte, capitaine de la cinquième compagnie du premier bataillon volontaire de l'armée parisienne, et de Marie-Adélaïde du Tertre (St-G.-l'Auxerrois).

Bel (Louis le), chevalier, seigneur de Maricourt, fils de feu Anne, seigneur de Lerafault, et de Charlotte de Boictel, marié le 30 juin 1678 à Marie-Élisabeth du Gard, fille d'Henri, chevalier, seigneur de Suzanneville, et d'Élisabeth d'Olet (S. A. des A.).

Bel de la Boissière (Honorée-Geneviève le), morte le 17 mai 1768, veuve de François Lucas, seigneur de Courbanton (S. R.)

Belfange (François-Bernard de), mort le 14 septembre 1794 à soixante-treize ans (S. R.).

Belfort (Marie-Thérèse de), morte le 17 janvier 1761, à quarante-deux ans, veuve de N. de Richemont, capitaine de cavalerie, et remariée à Gabriel de Chatenay, comte de Gissey (S. S.)

Bellanger (Antoine-Louis), né le 14 avril 1719, et Anne-Philippine, née le 9 septembre 1720, enfants de Paul, seigneur et vicomte d'Hostel, et de Louise-Marie-Madeleine Charpentier (S. S.).

Bellay (Charlotte-Marguerite du), morte le 23 avril 1722, à dix-huit ans, épouse de Charles-François d'Estaing, marquis de Saillant (S. S.).

— Catherine-Félicité, morte le 3 juin 1727 à dix-neuf ans, épouse d'Anne-Auguste de Montmorency, prince de Robecq (S. S.).

Bellegarde (Gabrielle-Thérèse de), baptisée le 18 octobre 1638, fille de Pierre, marquis de Montbrun (S. G.).

— Charlotte-Éléonore, née le 10 octobre 1722, fille de Joseph-François, et de Charlotte-Françoise Ogletorp (S. S.).

Bellemare (Catherine-Marie de), née le 23 août 1673, fille de Gabriel-Joseph, chevalier, seigneur de Duranville, conseiller du roi, et de Marguerite Rousseau (S. A. des A.).

Bellenger (Antoine-Jean-Théodore de), né le 13 janvier 1773, et Auguste-Louis-Henri, né le 10 mai 1780, fils de Jean-Jacques-Auguste, chevalier, capitaine de cavalerie, seigneur de Thourotte, et de Marie-Anne-Cécile-Henriette Géneau du Mouninet (S. S.).

Bellissen (Anne-Henriette de), née le 18 avril 1783, fille de Jean-Paul-Elzéar, et d'Anne-Perrette Laignel des Molières (S. S.).

Belloc (Jeanne-Julie), morte le 19 décembre 1781, à quarante-quatre ans, veuve de Joseph-Louis-Hyacinthe de Mazin, marquis de Mancan (S. M. M. la V. l'É.).

Bellou (Dominique de), abbé de Val-Chrétien, prieur de Saint-Nicolas de Ploërmel et de Saint-Martin de Tridion, mort le 30 avril 1782, à quatre-vingt-neuf ans (S. E.).

Belloy (Catherine de), baptisée le 8 juillet 1637, fille de Charles, sieur de Rogent et de Mesneville, et de Marie de Bessières (S. G.).

— Louis, chevalier, mort le 22 juillet 1680 (S. A des A.).

— Louis-Vincent, comte de Francières, mort le 29 mars 1761, à quatre-vingts ans (S. P.).

— Charles-Antoine, comte de Francières, vicomte de Sens, mort le 7 mai 1768 à quatre-vingt-dix ans (S. J. du H. P.).

Bellumeau de la Vincendière (Marie-Julie), morte le 26 mai 1781, à quarante-neuf ans, membre de la communauté des filles de Sainte-Agnès (S. E.).

Belsunce (Charles-Gabriel de), marquis de Castelmoron, capitaine des gendarmes Bourguignons, âgé de trente-un ans, fils d'Armand, gouverneur et grand sénéchal d'Agenois et de Condomois, et d'Anne de Caumont de Lauzun, marié le 1er mai 1715 à Cécile-Geneviève de Fontanieu, âgée de dix-neuf ans, fille de Moïse-Augustin, conseiller du roi en ses conseils, et de Catherine-Geneviève Dodun, dont : Antoine-Armand, né le 30 avril 1716; Geneviève-Cécile-Émilie, née le 7 mars 1718; Françoise-Élisabeth, née le 25 avril 1720; Suzanne-Gabrielle, née le 11 juillet 1723, et Armand-Gabriel, né le 8 mars 1728 (J. R.).

— Antonin-Louis, né le 18 août 1741, fils du comte Antonin-Armand, capitaine-lieutenant des gendarmes Bourguignons, et de Charlotte-Alexandrine d'Heudicourt (S. R.).

— Armand-Jean-Alexandre, né le 29 décembre 1764, fils d'Antonin-Louis, marquis de Castelmoron, et d'Adélaïde-Élisabeth d'Hallencourt de Droménil (S. R.).

— Alexandrine-Élisabeth-Aglaé, née le 2 novembre 1779, morte le 18 décembre 1779, fille du marquis Antonin-Louis et de Marie-Madeleine de Vergès (S. M. M. la V. l'É.).

Bénac (François de), seigneur de Villac et de Lavalades, mort le 15 avril 1691 (S. A. des A.).

Bénard de la Morandière (Marie-Perrette-Désirée), née le 17 juin 1787, fille d'Alexandre-Antoine-Charles, et d'Anne-Charlotte Collin de Mézières (S. S.).

Benard de Rezay (Marie-Madeleine), morte le 21 mars 1756 à soixante-huit ans, veuve de Charles-Louis Marc de la Ferté, comte de Reux (S. P.).

Benoist de la Barre (Henriette), morte le 24 décembre 1768 à soixante-douze ans, veuve d'Henri-Philibert Joly de Chavigny, écuyer (S. R.).

Benoît (Simon), sieur de Rochemore, lieutenant de cavalerie, mort le 19 septembre 1672 (S. A. des A.).

Béon (Gabriel-Guillaume de), mort le 3 novembre 1777, à cinquante-huit ans (S. S.).

Béon-Luxembourg (Antoinette-Louise-Thérèse de), morte le 26

novembre 1740, à soixante-dix-huit ans, épouse de Jean-Hyacinthe, comte de Beaumont (S. S.).

Bérard de Villebreuil (Claire-Marie-Colette de), morte le 2 juillet 1763, à quatre-vingts ans, veuve en premières noces de Joachim-Jacques de la Chétardie, et en secondes de Ferdinand-Augustin de Solar, comte de Monasterol (S. S.).

Béraud (Jean-Jacques), baptisé le 10 décembre 1672, fils de Joachim, conseiller du roi, trésorier-général et grand-voyer de France, et d'Anne Poitevin (S. A. des A.).

— Charlotte-Françoise, née le 25 septembre 1724, et N., né et mort le 17 mai 1726, enfants de Louis, seigneur de la Haye de Riou, gentilhomme de la chambre du roi, et d'Anne Helvétius (S. S.).

— Charlotte-Jeanne, née le 4 octobre 1738, fille de Louis, chevalier, seigneur de la Gauvrillière, La Foy, la Haye de Riou, etc., gentilhomme de la Manche du roi, et de Marie-Josèphe Minard. Parrain : Charles de Lorraine, comte d'Armagnac et de Charny, grand écuyer de France; marraine : Jeanne Minard des Alleux (S. S.).

— Louis-Denis-François, sieur de Courville, inhumé le 1er février 1786.

Berbisey (Pierre de), baptisé le 6 juin 1572, et Alexandre, baptisé le 6 mai 1574, fils de noble homme Jean-François, écuyer, chevalier de l'ordre du roi, bailli de Valois, seigneur de Hérouville, gentilhomme de la chambre de Mgr le duc d'Anjou, et de demoiselle Claude de la Gueste (S. G.).

Berchény (Clémentine-Madeleine-Valentine de), née le 26 septembre 1778, et Philippe-Henri-Ladislas, né le 12 octobre 1781, enfants du comte François-Antoine-Ladislas, magnat hongrois, et de Prudence-Adélaïde-Thérèse de Santo-Domingo (S. M. M. la V. l'É.).

Bérenger (Marie-Louise-Silvie de), baptisée le 20 décembre 1756, et N. né le 19 octobre 1761, et Raymond-Ismidon, né le 3 septembre 1762, enfants du marquis Pierre-Raymond, et de Marie-Françoise de Sassenage (S. S.).

— Antoine-Raymond, né le 20 novembre 1774, et Charles-

Raymond-Silvien, né le 28 mars 1777, fils du vicomte Charles, et de Marie-Thérèse Le Gendre de Vilmorin (S. M. M. la V. l'É.).

— Raymond-Gabriel, né le 19 juillet 1786, et Camille-Françoise, née le 8 novembre 1787, enfants du comte Raymond-Ismidon-Charles et d'Henriette-Françoise de Lévis (S. S.).

BERGERET (Marie-Thérèse-Antoine), morte le 28 juin 1778, à soixante-quatre ans, veuve d'Étienne-Charles Maussion de la Courtaujay (S. E.).

BERGERON DE LA GOUPILLIÈRE (Louis-Amable), conseiller du roi, mort le 11 mai 1721, à vingt-huit ans (S. S.).

BERGHES (Élisabeth de), morte le 9 avril 1679, veuve de Maximilien de Wignacourt, chevalier, baron de Pernes (S. A. des A.).

— Honorine-Charlotte, morte le 3 novembre 1744, épouse de Joseph d'Albert, prince de Grimberghen (S. S.).

BERKELEY (Guillaume-Auguste de), né le 3 janvier 1767, fils de milord comte Guillaume-Auguste, et de Marie-Anne-Josèphe de Libessart (S. E.).

BERINGHEN (Jacques de), né le 23 août 1719, fils de Jacques et de Marie du Puis (S. S.).

— Élisabeth-Marie, morte le 21 octobre 1765, à quatre-vingts ans (S. S.).

— Marie-Henriette, morte le 11 mars 1779, à soixante-dix-neuf ans, dix mois, un jour, veuve de François-Pierre de Varennes de Kergozon (S. S.).

BERMONDET (Emmanuel-Joseph de), seigneur de Cromiers, inhumé le 28 septembre 1763.

— Le comte Charles-Frédéric, mort le 28 octobre 1777, à quarante-cinq ans (S. S.).

BERNAGE (Anne-Marie-Renée de), morte le 8 février 1786, à soixante-onze ans, veuve de Bonaventure-Robert Rossignol (S. R.).

BERNARD DE BALLAINVILLIERS (Charles-Bernard), né le 14 avril 1757, fils de Simon-Charles-Sébastien, et de Louise-Anne de Bernage de Chaumont (S. S.).

— Simon-Charles, seigneur des baronnies de Ballainvilliers,

Cléry, Maurepas, mort le 3 mars 1767, à quatre-vingts ans, veuf de Marie-Madeleine Labbé (S. R.).

— Anne-Marie-Joséphine, née le 22 février 1783, et Élisabeth-Charlotte-Amable, née le 3 juillet 1784, filles de Charles, baron de Ballainvilliers, et de Marie-Françoise de Joussineau de Tourdonnet (S. S.).

— Charles, veuf de Marie-Françoise de Joussineau de Tourdonnet, remarié le 1er mai 1786 à Marie-Henriette-Armande Blondel, fille d'Eugène-Roland-Joseph, seigneur d'Aubers, et de Marie-Anne de Calonne (S. S.).

Bernard de Coubert (Charles-Armand-Henri-Gabriel), mort le 22 juillet 1752, à cinq ans et deux mois, fils d'Anne-Gabriel-Henri, comte de Saint-Saire, et de Marie-Madeleine de Grimoard de Beauvoir (S. E.).

— Adrien-Jacques-Gabriel-Louis, mort le 4 octobre 1752, à deux ans neuf mois, fils d'Anne-Gabriel-Henri, comte de Boulainvilliers, et d'Adrienne-Marie-Madeleine-Ulphe d'Allencourt (S. E.).

— Samuel-Jacques, comte de Coubert, mort le 22 juillet 1753, à soixante-sept ans (S. S.).

— Marie-Olive-Fortunée, née le 19 janvier 1773, fille d'Olivier-Samuel-Jacques, comte de Coubert, et de Céleste-Marie-Fortunée Fortebracci (S. E.).

— Anne-Marie-Louise, morte le 5 février 1781, à vingt-deux ans, épouse de Gaspard-Paulin, vicomte de Clermont-Tonnerre, mestre-de-camp en second au régiment de Champagne, cavalerie (S. E.).

— Bonne-Félicité, morte le 16 février 1784, à soixante-deux ans quatre mois, épouse de Matthieu-François Molé, comte de Champlâtreux (S. S.).

Bernard de Montebise (Claude), baptisée le 16 juin 1584, fille de Nicolas, conseiller du roi, et de Marie Hue (S. G.).

Bernard de Montgermont (Cécile), morte le 2 mars 1759 à quatre-vingt-neuf ans, veuve de Louis le Gay, écuyer (S. P.).

Bernard de Montigny (Charles-Claude), né le 6 juillet 1734; Anne-Charlotte, née le 2 août 1735, et Marguerite-Félicité, née le 25 septembre 1737, enfants de Charles, seigneur de Montigny, secrétaire du roi, et de Claude-Anne-Jeanne Brochet (S. R.).

Bernard de Sassenay (François), âgé de trente-un ans, fils de Jean, vicomte de Chalon, et de Judith Joly, marié le 21 août 1752, à Henriette-Flore Feydeau, âgée de seize ans huit mois, fille de Paul-Esprit, seigneur de Brou, et de Marie-Anne Le Jay (S. S.).

Bernetz (Élisabeth de), morte le 2 février 1765, à quatre-vingt-sept ans (S. J. du H. P.).

Bernin (Henriette-Madeleine), née le 25 juin 1725, fille de Louis, marquis d'Ussé, et d'Anne-Théodore-Françoise de Carvoisin (S. R.).

Berre de Saint-Julien (Marie de), morte le 21 avril 1769, à quatre-vingt-six ans, veuve de Jean de Matheron-Lescale d'Amalric (S. J. du H. P.).

Berryer (Nicole-Élisabeth), morte le 19 mai 1728, à trente ans, fille de Nicolas, seigneur de Ravenouille, et d'Élisabeth-Nicole-Ursule Darnelet de Lochefontaine (S. S.).

Bertengles (Angélique de), née le 11 juillet 1771, et Auguste-Antoine-Eugène, né le 3 octobre 1773, enfants de Marc-Antoine-Jacques-Élisabeth, seigneur et patron de Lilly, Saint-Crépin, etc., et de Madeleine-Anne Le Noir de Pasdeloup (S. E.).

Berthelot (Agnès-Victoire), née le 10 octobre 1741, fille de François, chevalier, seigneur de Baye, colonel de cavalerie, et de Cécile-Élisabeth Rioult de Curzay (S. R.).

— Charles, né le 12 octobre 1741, et Charlotte-Marguerite, née le 26 septembre 1743, enfants de Charles-Edme, chevalier, seigneur de la Villeurnoy, et d'Angélique-Marguerite d'Heu (S. R.).

— Alexandrine-Reine-Philippine, née le 2 février 1773, fille d'Alexandre-Étienne-Hippolyte, baron de Baye, et de Robertine-Jeanne-Marie-Reine Pinel du Manoir (S. E.).

— Étienne, conseiller du roi, seigneur de Saint-Alban, mort le 4 mai 1785, à soixante-cinq ans (S. M. M. la V. l'É.).

— Charles-Edme, chevalier, commissaire provincial et ordonnateur des guerres, mort le 9 janvier 1786, à quatre-vingt-dix ans (S. E.).

Berthemet (Marie-Renée de), morte le 28 février 1732, à quatre-vingt-cinq ans, veuve de Gilbert Colbert, marquis de Saint-Pouange, conseiller d'État, et grand trésorier des ordres du roi (S. R.).

Berthereau (Marie-Madeleine de), dame de la Giraudière, morte le 15 août 1763, à soixante-deux ans (S. J. du H. P.).

Bertherie (Anne de la), inhumée le 21 janvier 1682, femme de Charles de Brulart, chevalier, seigneur du Rancher (S. A. des A.).

Berthier (Louis-Pierre-Étienne de), né le 24 mars 1770, fils du comte Étienne-François, seigneur de Fougis, et de Louise-Rose Babaud de la Chaussade (S. N. des Ch.).

— Paul-César-Auguste, né à Paris le 17 mai 1801, fils du comte Louis-Gabriel-César, et de Louise-Thérèse-Augustine d'Aiguillon, marié le 24 avril 1830, à Marie-Thérèse-Antoinette-Pauline Troyer, née à Madras le 17 avril 1812, fille d'Antoine-Ferdinand, attaché à l'état-major anglais, et d'Anne-Julie-Augustine-Nancy Geslin (1ᵉ arr.).

Berthou (Émilie-Jeanne), née le 15 juin 1756, fille de Jean-François, chevalier, seigneur de La Violaye, capitaine d'infanterie, et de Jeanne-Étiennette Guillaume de Chavaudon de Sainte-Maure (S. P.).

Bertier (Louis-Claude), né le 23 octobre 1677; Marguerite-Charlotte, née le 29 décembre 1678, et Marie-Anne, née le 21 novembre 1680, enfants de Claude-Bénigne, conseiller au parlement, et de Marie de Machault (S. N. des Ch.).

— Anne-Henriette, née le 19 septembre 1714, fille de Louis-Bénigne, seigneur de Sauvigny, Tharot, etc., et de Jeanne Orry (S. P.).

— Marie-Pierre, mort le 5 février 1752, à quatre ans trois mois, fils de Louis-Jean, chevalier, seigneur de Sauvigny, Tharot, conseiller du roi, et de Louise-Bernarde Durey d'Harnoncourt (S. R.).

— Anne-Pierre, né le 14 août 1770; Antoinette, née le 8 juillet 1772; Bénigne-Louis, né le 3 mai 1777; Anne-Isabelle, née le 10 octobre 1780; Anne-Ferdinand-Louis, né le 13 mai 1782;

Blanche-Louise, née le 29 juillet 1784, enfants de Louis-Bénigne-François, conseiller du roi en ses conseils, maître des requêtes ordinaire de son hôtel, et de Marie-Joseph Foullon (S. N. des Ch.).

— Le marquis Louis-Jean, vicomte de Tharot, seigneur de Sauvigny, mort le 23 août 1788, à 79 ans, veuf de Louise-Bernarde Durey d'Harnoncourt (S. N. des Ch.).

— Fernande, morte le 20 février 1817, épouse d'André-Jérôme de la Myre, comte de Mory (X⁰ arr.).

— Marie-Dieudonné-Paul-Emmanuel-Bénigne-Louis, mort le 26 avril 1858 à seize ans, fils du comte Anne-Ferdinand-Louis, et de Marie-Louise-Pauline de Riencourt (Auteuil).

BERTIN (Nicolas), né le 24 janvier 1728, fils de Louis-Charles, chevalier, conseiller du roi, maître des requêtes, seigneur de Blagny, et d'Anne-Marie de Montigny de Congis (S. R.).

— Antoine-Samuel, né le 15 juin 1756, fils de Pierre, chevalier, seigneur de Lienville, et d'Henriette-Louise-Josèphe Lagneau (S. S.).

— Antoine-Joseph-Marie, né le 23 mai 1770, et Constance-Marie-Victor, né le 23 novembre 1772, fils d'Auguste-Louis, conseiller du roi, et de Charlotte-Bertrande Chapelle de Jumilhac (S. N. des Ch.).

— Jean-Louis-Alexis, né le 16 juin 1791, fils de Léonard-Alexis, président de la chambre des comptes, et de Marguerite-Louise Auger de Montaignac.

BERTOU (Claude de), dame de Doix, morte le 16 janvier 1681, épouse d'Étienne Daurat, conseiller du roi (S. A. des A.).

BERTRAND DE LESTANG (Marie-Félicité), morte le 27 juillet 1779 à trente ans, épouse de Louis-Charles Pichon de Wanosk de Saint-Victor (S. E.).

BERTRAND-MOLLEVILLE (Jean-Antoine-Marie de), né le 19 juillet 1775; Nicolas-Henri, né le 21 octobre 1776; Alexandre-Grégoire-Marie, né le 28 mars 1779; Marie-Eugénie-Victoire, née le 15 août 1780; Marie-Rose, née le 2 septembre 1781; Augustin-Marie-Charles, né le 26 septembre 1782; Marie-Éléonore, née le 6 avril 1784, enfants d'Antoine-François, maître des requêtes, et de Louise-Marie Vernier (S. N. des Ch.).

Bérulle (Marie-Nicole de), morte le 4 juin 1686, fille de Pierre, et de Marie-Nicole de Paris (S. S.).

— Pierre, baron de Huyancourt, seigneur de Cérilly, mort le 26 octobre 1723 à quatre-vingt-trois ans (S. S.).

— Pierre-Nicolas, premier président du parlement de Dauphiné, mort le 14 mai 1730 à quarante-deux ans, époux de Marie-Renée du Plessis, dont : Amable-Pierre-Thomas, né le 14 décembre 1725, et Suzanne-Nicole, née le 21 janvier 1727 (S. S.).

— Jacques-François, mort le 21 avril 1767 à soixante-huit ans (S. S.).

— Amable-Pierre-Albert, conseiller au parlement de Grenoble, fils du marquis Amable-Pierre-Thomas, et de Catherine-Marie Roland, marié le 1er juin 1779 à Marie-Blanche-Rosalie Hue, fille d'Armand-Thomas, marquis de Miromesnil, et de Françoise-Blanche-Rosalie Bignon (S. S.), dont : Armand-Amable-Marie, né le 15 janvier 1787 (S. R.).

Besenval (Charles-Jacques de), baron de Bronstatt, lieutenant-général des armées du roi, mort le 16 octobre 1738 à soixante-trois ans (S. M. M. la V. l'É.).

— Théodore-Élisabeth, morte le 13 novembre 1777 à cinquante-neuf ans, épouse de Charles-Guillaume-Louis, marquis de Broglie (S. S.).

— Pierre-Joseph-Victor, lieutenant-général des armées du roi, lieutenant-colonel du régiment des gardes suisses, mort le 2 juin 1791 à 69 ans (S. Th. d'A.)

— Martin-Charles-Victor-Joseph-Amédée, né à Soleure le 27 octobre 1809, fils du comte Martin-Jean-Joseph-Pierre-Louis-Bonaventure, et de Charlotte de Roll, marié le 5 octobre 1830 à Marie-Louise-Émilie de Besenval, née à Paris le 10 août 1804, fille du baron Urs-Joseph-Augustin, et d'Aglaé-Caroline-Justine de Saulx-Tavannes (1er arr.).

Bésiade (Claude-Antoine de), né le 16 juillet 1740, fils de Charles, marquis d'Avaray, et de Marguerite-Élisabeth Mégret (S. S.).

— Claude-Théophile, marquis d'Avaray, mort le 7 avril 1745 à quatre-vingts ans et demi (S. S.).

— Charles-Théophile, marquis d'Avaray, mort le 17 avril 1757 à vingt ans et demi (S. S.).

— Adélaïde-Henriette-Élisabeth, née le 2 février 1762; Augustine-Olympe-Sophie, née le 7 juillet 1765 ; Armand-Louis-Théophile, né le 11 septembre 1766 ; et Joseph-Théophile-Parfait, né le 22 octobre 1770, enfants de Claude-Antoine, chevalier, marquis d'Avaray, et d'Angélique-Adélaïde-Sophie de Mailly (S. S.).

— Olympe, morte le 25 août 1776 à soixante-dix-huit ans, veuve d'André le Picart, marquis d'Aubercourt (S. S.).

— Adélaïde-Henriette-Élisabeth, morte le 24 juillet 1785 à vingt-trois ans, épouse d'Edme-Charles-François, marquis de Grave (S. S.).

Besnier (Geneviève), morte le 22 mars 1789 à soixante-un ans, veuve de Jules-Charles Thouroux d'Arsilly, chevalier (S. E.).

Bessière (Jean-Raymond-Marc), comte de la Jonquière, lieutenant honoraire des Suisses de la garde du comte d'Artois, mort le 19 juin 1784 à cinquante-trois ans (S. E.), époux de Cécile-Françoise-Marguerite-Henriette du Moncel, dont : Louis-Marie-Spiridion-Jean, né le 7 janvier 1779 (S. M. M. la V. l'É.).

Bessuéjols (François-Rose-Barthélemy de), fils de Matthieu-Alexandre-Félix-Ignace, comte de Roquelaure, et de Jeanne-Mathiasse-Marie-Marguerite-Victoire de Barthélemy de Gramont de Lanta, marié le 15 juin 1779 à Marie-Louise-Isabelle-Claire-Eugénie de Houchin, fille du marquis Jean-Joseph-Aimé-Marie, et de Georgette-Toussainte de Kerouartz, dont : Alexandrine-Louise, née le 10 décembre 1780, morte le 19 janvier 1782, et Louis-Georges, né le 21 février 1785 (S. S.).

Béthisy (Eugène-Éléonor de), né le 25 mars 1709 ; Henriette-Eugénie, née le 17 avril 1710 ; Éléonore-Thérèse, née le 30 septembre 1711 ; Charles-Théophile, né le 4 septembre 1713, autre Charles-Théophile, né le 3 mars 1716, mort le 24 février 1753 ; Françoise-Charlotte, née le 7 juin 1718, enfants d'Eugène-Marie, et d'Éléonore-Marie-Thérèse de Toston-Ogletorp (S. S.).

— Françoise, morte le 30 janvier 1719 à quatre-vingt-deux ans, épouse de Charles de Lévis, comte de Charlus (S. S.).

— Marie-Eugène, marquis de Mézières, gouverneur d'Amiens, mort le 24 avril 1721, à soixante-trois ans (S. S.).

— Henriette-Eugénie-Perrette, née à Calais le 2 janvier 1747 et baptisée à Paris le 16 janvier 1751 ; Jules-Jacques-Éléonor, né à

Calais le 4 décembre 1748 et baptisé à Paris le 10 mai 1752 ; Marie-Étienne-Casimire, née le 14 février 1752, enfants du marquis Eugène-Éléonor, et d'Henriette-Élisabeth-Julie Tarteron de Moustier (S. S.).

— Charlotte-Marie-Eugénie-Octavie, née le 19 avril 1768, morte le 8 octobre 1769 ; Constance-Françoise, née le 11 juillet 1769, morte le 22 juillet 1770 ; Charles, né le 9 août 1770, et Anne-Julie, née le 25 juillet 1773, enfants du comte Eugène-Eustache, et d'Adélaïde-Charlotte-Marie-Octavie du Deffand (S. E.).

— Jules-Jacques-Éléonor, fils du marquis Eugène-Éléonor, et d'Henriette-Élisabeth-Julie Tarteron du Moustier, marié le 29 janvier 1784 à Marie-Françoise-Perrette-Polyxène-Élisabeth de Souchon d'Espraux, fille de Pierre-Marie, baron d'Avançon, et de Gabrielle-Marie-Ursule de Bally (S. S.).

— Françoise-Olympe, née le 7 février 1787, fille du vicomte Jacques-Jules, et de Marie-Françoise le Febvre (S. M. M. la V. l'É.).

— Charles-Théophile, chevalier non profès de Malte, lieutenant général des armées du roi, mort le 1er novembre 1788 à soixante-seize ans (S. R.).

Béthoulat de la Petitière (Louis de), abbé de Franquevaux, mort le 21 mars 1725 à soixante-quinze ans (S. S.).

Béthune (Maximilien-François de), marquis de Villebon, mort le 8 avril 1685 (S. G.).

— N..., inhumé le 20 juillet 1687 ; son père était chef d'escadre, et sa mère s'appelait Renée le Borgne d'Esquifion (S. A. des A.).

— Armand-Adrien-Jean, seigneur de Roclingain en Artois, mort le 5 août 1687 (S. A. des A.).

— Louis, fils du comte Henri, et d'Anne-Marie Dauvet des Marets, marié le 31 octobre 1708 à Marie-Thérèse Pollet de la Combe, veuve de Pierre le Moine, seigneur d'Hervillé (S. A. des A.), dont : Marie-Armande, née le 24 juillet 1709 (S. S.).

— Marie-Casimire-Thérèse-Geneviève-Emmanuelle, née le 14 février 1709 ; Marie-Françoise-Armande, née le 15 janvier 1710 ; Françoise-Angélique, née le 28 mai 1711 ; François-Marie-Césaire, né le 21 juillet 1712 ; Louis, né le 17 septembre 1713, enfants du comte Louis-Marie-Victoire, et d'Henriette d'Harcourt (S. S.).

— Madeleine-Henriette, née le 15 mars 1714, et Marie-Gabrielle-

Maximilienne, née le 30 novembre 1715, filles de Louis-Pierre-Maximilien, et de Louise des Marets (S. S.).

— Maximilien-Louis, né le 1ᵉʳ septembre 1710 ; Maximilien-Henri-Gabriel, né le 27 novembre 1713 ; Marie-Louise, née le 31 août 1715 ; Maximilien-Armand-Hilaire, né le 30 juin 1717, mort le 27 mars 1721 ; Louis-Hippolyte, né le 9 avril 1719, mort le 28 mars 1721, enfants de Louis, marquis de Chabry, et de Marie-Thérèse Martin (S. S.).

— Louis-Marie-Victoire, mestre de camp, âgé de quarante ans, fils de feu le marquis François, chevalier des ordres du roi, ambassadeur extraordinaire en Pologne, et de Louise-Marie de la Grange-Arquien, marié le 19 septembre 1715 à Marie-Françoise Potier de Gesvres, âgée de dix-huit ans, fille de François-Bernard, duc de Tresmes, et de Marie-Madeleine-Geneviève-Louise de Seillières de Boisfranc (S. R.).

— François-Joseph, né le 7 janvier 1719, fils de Paul-François, marquis d'Ancenis, et de Marie-Julie-Christine-Régine Gorge d'Entraigues (S. R.).

— Catherine, morte le 6 novembre 1725 à quatre-vingt-huit ans, veuve de Joseph de Tarcule, marquis de la Roque (S. S.).

— Marguerite-Louise, morte le 25 janvier 1726 à quatre-vingt-quatre ans, veuve de Henri de Daillon, marquis du Lude (S. S.).

— Louis, marquis de Chabry, mort le 28 février 1728 à quatre-vingt-quatre ans (S. S.).

— Marie, morte le 21 mars 1739 à quatre-vingt-cinq ans, veuve de François, comte de Rouville (S. S.).

— Anne-Marie-Louise, morte le 5 avril 1739 à quatre-vingts ans, fille du feu comte Henri-Hippolyte, et d'Anne-Marie de Dauvet (S. S.).

— Marthe-Élisabeth-Pauline, née le 3 juin 1739, morte le 16 juillet 1740, fille de François-Joseph, duc d'Ancenis, et de Marthe-Élisabeth de la Rochefoucauld (S. M. M. la V. l'É.).

— Basile, chevalier de Charost, ancien capitaine de vaisseau, mort le 2 avril 1742 (S. M. M. la V. l'É.).

— Marie-Henri, mort le 3 mai 1744 à soixante-quinze ans (S.P.).

— Louis-Marie-Victoire, mort le 19 décembre 1744 à soixante-quatorze ans (S. S.).

— Armand, duc de Charost, mort le 23 octobre 1747 à quatre-vingt-quatre ans (S. M. M. la V. l'É.).

— Alexis-Maximilien, né le 2 juillet 1750 ; Maximilien-Gabriel-Louis, né le 2 juillet 1756 ; Maximilienne-Gabrielle-Louise, née le 5 mars 1761, morte le 18 janvier 1781, enfants de Maximilien-Antoine-Armand, par la grâce de Dieu, prince souverain d'Henrichemont, et de Gabrielle-Louise de Châtillon (S. S.).

— Catherine-Pauline, née le 2 juin 1752, fille du marquis Armand, chevalier des ordres du roi, et de Marie-Edme de Boullongne (S. R.).

— Marie-Louise, née le 24 et morte le 26 juin 1753 ; Adélaïde-Joachim-Augustine, née le 8 juillet 1755 ; Marie-Augustine-Maximilienne, née le 21 mai 1757 et morte le 9 juin 1758 ; Adélaïde-Françoise-Léontine, née le 3 mars 1761, filles du comte Joachim-Casimir-Léon, seigneur de Montigny, et d'Antoinette-Louise-Marie Crozat de Thiers (S. R.)

— Marie-Casimire-Thérèse-Geneviève-Emmanuelle, morte le 3 mars 1755 à quarante-six ans, épouse de Charles-Louis-Auguste Fouquet, duc de Gisors (S. S.).

— Marie-Éléonore-Auguste, morte le 27 avril 1758 à 35 ans (*sic*), épouse du marquis de Soyecourt (S. S.).

— Armand-Louis, né le 20 janvier 1756 ; Armand-Louis-Jean, né le 30 avril 1757 ; Armande-Pauline-Charlotte, née le 18 octobre 1759 ; Armande-Louise-Adélaïde, née le 12 novembre 1761, enfants du marquis Armand, et de Louise-Thérèse Crozat de Thiers (S. R.).

— Louis-Pierre-Maximilien, duc de Sully, mort le 11 avril 1761 à soixante-quinze ans (S. S.).

— Louise-Nicole, morte le 13 août 1766 à cinquante-quatre ans, veuve de Louis-Vincent, marquis de Goësbriand (S. S.).

— Jeanne-Louise, morte le 6 janvier 1769 à quatre-vingt-quatre ans, veuve de Fabien-Albert du Quesnel, marquis de Coupigny (S. S.).

— Armand-Maximilien-Paul-François-Edme, né le 4 avril 1764, et Armand-Louis-François-Edme, né le 5 août 1770, fils d'Armand-Joseph, duc de Charost, et de Louise-Suzanne-Edmée Martel (S. S.).

— Marie-Armande, morte le 14 mai 1772 à soixante-trois ans, veuve de Jean Paris de Montmartel, marquis de Brunoy (S. S.).

— Maximilienne-Augustine-Henriette, née le 27 septembre 1772, fille d'Alexis-Maximilien, duc de Sully, et de Rosalie-Henriette de Baylens de Poyanne (S. M. M. la V. l'É.).

— Alexis-Maximilien, duc de Sully, mort le 24 juin 1776 à vingt-cinq ans onze mois vingt-deux jours (S. S.).

— Jeanne-Élisabeth, née le 3 octobre 1777 (S. E.), morte le 18 août 1778, bâtarde du marquis Maximilien, et de Jeanne *(alias* Antoinette*)* Jeannin (S. R.).

— Claude-Marie, morte le 26 mars 1783 à soixante-six ans, veuve de Jean-Antoine le Febvre, conseiller du roi, agent de change (S. R.).

— Marie-Charlotte, morte le 7 août 1783 à soixante-neuf ans onze mois vingt-trois jours, veuve de René-Marie-Cyr de Froulay, comte de Tessé (S. S.).

— Maximilien-Gabriel-Louis, fils de Maximilien-Antoine-Armand, duc de Sully, et de Gabrielle-Louise de Châtillon, marié le 11 janvier 1780 à Alexandrine-Bernardine-Barbe-Hortense d'Espinay-Saint-Luc, fille de Timoléon-Antoine-Joseph-François-Louis-Alexandre, et de Bernardine Kadot de Sebeville, dont : Maximilienne-Alexandrine-Louise, née le 6 juillet 1781, morte le 21 août 1783; et Maximilien-Alexandre, né le 20 avril 1784 (S. S.).

— Armand-Joseph, duc de Charost, veuf de Louise-Suzanne-Edmée de Martel, remarié le 17 février 1783 à Henriette-Adélaïde-Joséphine du Bouchet de Sourches, fille de Louis-François, marquis de Tourzel, et de Louise-Élisabeth-Félicité-Françoise-Armande-Anne-Marie-Jeanne-Joséphine de Croy (S. S.).

— Le baron André-Maximilien-Ghislain, chevalier, mort le 4 avril 1789 à quarante ans, époux d'Alexandrine-Élisabeth-Marie-Charlotte le Vavasseur, dont : Joséphine-Marie-Caroline, née le 21 avril 1787 (S. E.).

— Armand-Louis-François-Edme, fils d'Armand-Joseph, duc de Charost, et de Louise-Suzanne-Edmée Martel, marié le 15 juin 1790 à Maximilienne-Augustine-Henriette de Béthune, fille d'Alexis-Maximilien, duc de Sully, et de Rosalie-Henriette de Baylens de Poyanne (S. S.).

Beuzelin (Anne-Marie de), morte le 16 novembre 1752 à quatre-vingt-quatre ans, veuve d'Henri-Jacques-Nompar de Caumont, duc de la Force (S. S.).

Bidal (Claude-Étienne) né le 11 septembre 1719; Anne-Françoise-Madeleine, née le 15 mars 1722; Alexis-Guy, né le 1er avril 1723; Guillaume-François, né le 7 avril 1724 (S. R.); et Françoise-

Charlotte, née le 1er mars 1727 (S. S.), enfants de Claude-François, marquis d'Asfeld, chevalier de la Toison d'or, et d'Anne le Clerc de Lesseville.

— Anne-Charlotte-Louise, née le 12 avril 1756 ; Charlotte-Louise-Élisabeth, née le 10 mars 1757 ; Charles-Étienne-Louis, né le 9 novembre 1759, enfants de Claude-Étienne, marquis d'Asfeld, maréchal des camps et armées du roi, et d'Anne-Louise-Charlotte Pajot de Villeperrot (S. S.).

— Thècle-Félicité, morte le 23 février 1774, à soixante-dix ans, veuve de Jean le Nain (S. J. du H. P.).

Bidé de la Grandville (Pétronille-Françoise-Louise), née le 1er décembre 1767, fille de Joseph-Louis, et de Thérèse-Françoise du Cluzel (S. R.).

Biencourt (André de), né à Boisdenemetz le 3 février 1646 et baptisé à Paris en 1649, fils d'Antoine, seigneur de Poutrincourt, et de Marie d'Espinay (S. J. en G.).

— Charles, marquis de Poutrincourt, etc., veuf de Rosalie de la Haye, mort le 18 janvier 1760 à quatre-vingt-un ans (S. R.).

— Jean-Séraphin, lieutenant-colonel de cavalerie, mort le 24 juin 1764 à soixante-dix-sept ans (S. R.).

— Charles, fils de François, marquis de la Fortilesse, seigneur du Moutier-Malcart, et de Marie-Perrette de Boixe de Villemort, marié le 19 juillet 1770 à Marie-Jeanne Chauvelin, fille de Jacques-Bernard, conseiller d'État, intendant des finances, inhumé le 11 mars 1767, et de Marie Oursins (S. N. des Ch.).

Bigeard de Saint-Maurice (François-Joseph–Amédée), né le 31 décembre 1756, fils de Joseph et d'Anne-Victoire–Amédée de Villefranche (S. S.).

Bignon (Marie), baptisée le 15 mai 1623 ; Roland, baptisé le 19 février 1625 ; et Jérôme, baptisé le 12 novembre 1626, enfants de Jérôme, avocat général, et de Catherine Bachaston (S. N. du Ch.).

— Jérôme, fils de Jérôme, et de Suzanne Phélyppeaux, marié le 26 septembre 1685 à Françoise-Marthe Billard, fille de Germain, seigneur de Montataire, et d'Hélène Mestivier (S. A. des A.)

— Georges, gentilhomme de la garde-robe de Charles II, roi d'Angleterre, mort le 5 août 1701 à soixante-treize ans (S. S.).

— Jérôme, prévôt des marchands, époux de Françoise-Marthe Billard, mort le 5 décembre 1725 à soixante-huit ans (S. R.).

— François, avocat au parlement, époux de Cécile Dupons, mort le 1ᵉʳ juin 1729 à soixante-quatorze ans (S. S.)

— Suzanne-Françoise, morte le 16 janvier 1738 à trente-neuf ans, épouse de Gilles Brunet, seigneur d'Évry (S. R.).

— Armande-Marie, née le 9 octobre 1765; Angélique-Marie-Frédérique, née le 27 mars 1767; et Armand-Jérôme, né le 10 mars 1769, enfants de Jérôme-Frédéric, conseiller au parlement, et de Marie-Bernardine de Hennot du Rozel (S. R.).

— Armand-Jérôme, bibliothécaire du roi, membre de l'Académie française, mort le 8 mars 1772 à soixante-deux ans (S. E.).

— Antoine-Jean, né le 2 février 1774, fils de Pierre-Louis-Jacques, avocat au parlement, et de Jacquette-Étiennette Duval (S. E.)

— Jérôme-Frédéric, seigneur de la Meaufle et du Rozel, bibliothécaire du roi, membre de l'Académie royale des Inscriptions et belles-lettres, mort le 2 avril 1784 à trente-sept ans trois mois (S. E.).

— Anne-Louise, morte le 2 mai 1788 à quatre-vingt-sept ans, veuve de Charles-Nicolas Romé, conseiller du roi, président à mortier du parlement de Normandie (S. E.).

Bigot de Bellemare (François-Joseph-Paul-Maxime), né le 4 août 1783, fils de Maurice-François, écuyer, et d'Anne-Marie-Thérèse de Cibon (S. M. M. la V. l'É.).

Bigot de Préameneu (Eugénie), née le 5 mai 1787, fille de Félix-Julien-Jean, avocat, et d'Eulalie-Marie-Renée Barbier (S. R.).

Bigres (Louise-Françoise), morte le 26 février 1777 à soixante-treize ans, veuve d'Eusèbe-Jacques Chaspou, marquis de Verneuil (S. E.).

Billard de Lorière (Sophie-Françoise-Thérèse), née le 28 octobre 1756, fille d'Armand-Charles-Guy-Henri, conseiller du roi, et de Geneviève-Thérèse-Henriette Lejau de Chambéryot (S. S.).

— Marie-Henriette, morte le 12 août 1791 à soixante-dix-sept ans, veuve d'Antoine-Bernard de Massol, avocat général de la chambre des comptes (S. J. du H. P.).

Billard de Vaux (Michel-Pierre-Victor), mort le 17 novembre

1773 à vingt-quatre ans, fils de Pierre, seigneur de Charenton, et de Marie-Anne de Boyer (S. E.).

Billeheust (Pétronille-Marguerite de), née le 30 mai 1679; Madeleine, née le 26 juillet 1680, et Jeanne-Nicole, née le 8 octobre 1681, filles de Jacques, écuyer, sieur de Delessart, et de Marguerite Damont (S. N. des Ch.).

— Charles-Marc-Benoît, mort le 20 avril 1768 à sept ans, fils de Charles-François, seigneur de Saint-Vigor, de Sainte-Marie-des-Monts et d'Argenton, et de Marie-Thérèse-Perrette de Rogery (S. J. du H. P.).

Biotière de Chassincourt (Jean-Louis-Charles-Auguste de), né le 1er août 1760, mort le 2 mai 1778; Lucie-Perrine-Louise-Charlotte, née le 28 juillet 1765; Suzanne-Charlotte-Marie-Joséphine-Fortunée, née le 13 février 1772, enfants de Charles, marquis de Tilly, et de Marie-Anne de Durfort (S. M. M. la V. l'É.).

Bizemont (Antoine-Louis-Vespasien de), né à Paris le 17 juillet 1801, fils du comte Armand-Vespasien, et d'Antoinette-Louise-Éléonore de Cugnac de Dampierre, morte à Paris (XIIe arr.), en thermidor an XII, veuf le 11 avril 1828 d'Élisabeth-Jeanne-Désirée le Couteulx de Canteleu, remarié le 19 janvier 1831 à Louise-Joséphine-Emé de Marcieu, née à Paris le 4 juillet 1802, fille du marquis Nicolas-Gabriel-Émé, mort à Paris en avril 1830, et d'Adélaïde-Charlotte de Broglie (Xe arr.).

Blacas d'Aulps (Jean de), baptisé à Marseille le 4 janvier 1699, fils de Jean-Baptiste, et de Catherine-Rose de Tartone, marié le 3 décembre 1737 à Louise-Rose de Massin, fille d'Antoine, et de Claire-Rose de Tartone (S. M. M. la V. l'É.).

Blacas (Louis-Charles-Pierre-Casimir, duc de), né à Londres le 15 avril 1815, fils du duc Pierre-Louis-Jean-Casimir, des princes de Baux, et d'Henriette-Marie-Félicie du Bouchet de Sourches de Montsoreau, marié le 17 septembre 1845 à Marie-Paule de Pérusse, née à Paris le 2 février 1827, fille d'Amédée-François-Régis, duc des Cars, et d'Augustine-Frédérique-Joséphine du Bouchet de Sourches de Tourzel (Xe arr.).

— « Le deux mai mil huit cent quarante-neuf, à quatre heures « du soir, en l'hôtel de la mairie du premier arrondissement de

« Paris, a été publiquement prononcé le mariage suivant : Acte de
« mariage de Étienne-Armand-Pierre-Marie-François-Xavier de
« Blacas d'Aulps, propriétaire, né à Rome (Italie) le vingt-quatre
« novembre mil huit cent dix-neuf, demeurant à Paris avec sa
« mère, rue de Grenelle-Saint-Germain, 79, dixième arrondisse-
« ment, fils majeur de Pierre-Louis-Jean-Casimir de Blacas d'Aulps,
« ancien pair de France, ancien ambassadeur, etc., décédé, et de
« Henriette-Marie-Félicie de Sourches de Montsoreau, sa veuve,
« propriétaire, âgée de soixante-huit ans, présente, et consentant,
« et de Félicie-Georgine de Chastellux de Rauzan, sans profession,
« née à Paris le vingt-huit avril mil huit cent trente, demeurant
« avec ses père et mère rue d'Anjou-Saint-Honoré, 33, de cet arron-
« dissement, fille mineure de Henri-Louis de Chastellux de Rauzan,
« commandeur de la Légion d'honneur, âgé de soixante-trois ans,
« et de Claire-Henriette-Philippine-Benjamine de Durfort de Duras,
« son épouse, âgée de quarante-neuf ans, propriétaires, tous deux
« présents et consentant. Les actes préliminaires sont la publication
« du présent mariage faite à cette mairie et en celle du dixième ar-
« rondissement de Paris les dimanches vingt-deux et vingt-neuf avril
« dernier à midi, et affichée suivant la loi, sans opposition, les actes
« de naissance des époux, celui de décès du père de l'époux, de
« toutes lesquelles pièces paraphées aux termes de la loi qui demeu-
« reront annexées aux registres, il a été fait lecture ainsi que du
« chapitre du Code civil : Des droits et devoirs respectifs des époux.
« — Lesdits époux présents ont alternativement déclaré prendre en
« mariage l'un, Félicie-Georgine de Chastellux de Rauzan ; l'autre,
« Étienne-Armand-Pierre-Marie-François-Xavier de Blacas
« d'Aulps, en présence de Louis-Charles-Pierre-Casimir de Blacas
« d'Aulps, propriétaire, âgé de trente-quatre ans, demeurant à
« Paris, rue de Grenelle Saint-Germain, 79 ; Amédée-François-
« Régis de Pérusse des Cars, propriétaire, âgé de cinquante-huit
« ans, demeurant à Paris, rue de Grenelle, 79 ; Amédée-Gabriel-
« Henri de Chastellux, propriétaire, âgé de vingt-sept ans, demeu-
« rant à Paris, rue faubourg Saint-Honoré, n° 51 ; Émeric-Lau-
« rent-Paul-Guy de Durfort de Civrac de Lorge, propriétaire, âgé
« de quarante-sept ans, demeurant à Fons-Pertuis (Loiret), actuel-
« lement rue de Varennes, 31. Après quoi, nous Jacques-François
« Adam, adjoint au maire du premier arrondissement de Paris,
« officier de l'état civil, avons prononcé au nom de la loi que lesdits

« époux sont unis en mariage. Et ont les époux, la mère de l'époux,
« les père et mère de l'épouse, signé avec nous après lecture faite,
« ainsi que les témoins — Signé : F.-G. de Chastellux de Rauzan ;
« E.-A.-P.-M.-F.-X. de Blacas d'Aulps ; — H.-M.-F. de Sourches
« de Montsoreau ; — D. de Blacas ; — de Chastellux de Rauzan ; —
« P.-B. de Durfort de Duras — Blacas d'Aulps ; — Descars ; —
« Amédée de Chastellux ; — D. de Lorge ; — Adam. »

BLAIR (Louise-Pauline-Rose de), née le 17 mars 1770, fille du baron Paul et de Nicole-Françoise de Recoupée (S. R.).

— Louis-Guillaume, seigneur de Boisemont, Cernay, intendant d'Alsace, époux de Jacqueline de Flesselles, mort le 7 mai 1778, à soixante-deux ans (S. R.).

BLANC DE CLOYS (André), brigadier des armées du roi, veuf de Marie-Jeanne de Clinchamps, remarié le 7 mai 1785 à Antoinette-Thérèse de Vienne, fille du comte François-Louis, lieutenant-général des armées du roi, et d'Antoinette-Thérèse Tessier (S. S.).

BLANC DE LADEVÈSE (Louis), curé d'Aurillac, mort le 17 octobre 1763, à cinquante-huit ans (S. J. du H. P.).

BLANC DU CHATELLIER (Charles le), fils de Louis-François, seigneur du Buisson, et de Louise-Justine d'Agon de la Contrie, marié le 5 mai 1788 à Émilie-Barbe-Bonaventure Guyenot, fille de Jean-Jacques, sieur de Châteaubourg, et de Catherine Guillaume de la Neuville (S. S.).

BLANCHARD (Henri), écuyer, seigneur de Pégon, fils de Jean-Claude-Nicolas, secrétaire du roi, receveur des tailles, et d'Henriette Payneau des Noues, marié le 9 avril 1771, à Marie-Josèphe-Geneviève Dominay-Dufay de la Provenchère, baptisée le 29 décembre 1742, fille de Jacques et de Geneviève Ravenel (S. N. des Ch.).

BLANCHEFORT (Octave de), conseiller aumônier du roi, abbé de Saint-Jean des Prés, mort le 16 juin 1679, fils de François, chevalier, baron d'Asnois, et d'Étiennette Olivier (S. A. des A.).

— Charles-Joseph-Gaston, mort le 19 mars 1746, à neuf ans, fils du marquis François-Philogène, baron d'Asnois, et de Marie-Josephe Pierquet (S. S.).

BLANCHETY (Marie-Stanislas de), né le 4 septembre 1774 ; Joseph-François-de-Paule, né le 15 avril 1776 ; Henriette-Élisabeth-Marie, née le 27 juin 1777 ; Eulalie-Marie, née le 28 février 1782 ; Adélaïde-Henriette-Catherine, née le 21 septembre 1784 ; enfants du comte François-Marie-Stanislas, et d'Henriette-Catherine Perrier du Petitbois (S. R.).

BLANGY DE SAINT-VERAN (Claire-Victoire), morte le 5 février 1786, à soixante-huit ans, veuve de Paul-André, comte du Rocheret, mousquetaire de la garde du roi (S. E.).

BLAVETTE DE BRIANCOURT (Nicolas-Henri), né le 30 janvier 1678 ; François-Charles, mort le 4 mars 1678 ; Charles-François, né le 6 et mort le 9 février 1679, enfants de François, premier chambellan d'affaires du duc d'Orléans, et de Marguerite de Longueil (S. A. des A.).

BLÉ (Nicolas du), marquis d'Huxelles, maréchal de France, ministre d'État, gouverneur de la haute et basse Alsace et de la ville de Strasbourg, ancien gouverneur des ville et citadelle de Chalon-sur-Saône, et lieutenant-général pour le roi en Bourgogne, mort le 10 avril 1730, à soixante-dix-neuf ans (S. R.).

BLEGIER (Jean-François-Joseph de), comte de Taulignan de Barre, mort le 9 septembre 1776, à soixante-onze ans (S. S.).

BLOTTEFIÉR (Nicolas de), marquis de Vauchelle, seigneur de Morlancourt, mort le 31 janvier 1760, veuf de Marguerite-Louise le Gendre, dont : Louis-Charles, né le 8 décembre 1734, mort le 14 décembre 1755, et Marguerite, née le 12 septembre 1737 (S. R.).

— Marie-Alexandrine, née le 23 juillet 1772 ; Louis-Auguste, né le 24 mai 1776 ; Marie-Charlotte-Sophie, née le 31 décembre 1784, enfants de Jean-Charles-Antoine-Mathurin, seigneur de la Viéville, et de Marie-Jacqueline-Victoire Nichault (S. N. du Ch.).

BLONDEAU. — « Le 27 février 1620, convoi d'un des enfants de « M. Blondeau. » (S. P.).

— Claude-Étienne, seigneur de Villiers, conseiller du roi, mort le 16 juin 1777, à soixante-douze ans (S. E.).

BLONDEL DE BEAUREGARD (Alexandre-Louis-François), né le 2 décembre 1780, fils de Louis-Marie, et de Catherine-Perrette Maynier (S. M. M. la V. l'É.).

Boberil (Marie du), morte le 22 février 1758, à quatre-vingt-trois ans, veuve de Joseph-Joachim Dumas, marquis du Brossay (S. J. du H. P.).

Bocanne (François-Louis), mort le 5 janvier 1758 (S. M. M. la V. l'É.).

Bochard (Jacques-Charles), chevalier, marquis de Champigny, chef d'escadre des armées navales de S. M., mort le 20 mai 1754, à quatre-vingt-deux ans (S. J. en G.).
— Auguste-Jean-Gaspard, né le 6 avril 1776, fils de très-haut et très-puissant seigneur Monseigneur Jean-Baptiste-Gaspard, seigneur de Saron, président du parlement, et de très-haute et puissante dame madame Angélique-Françoise-Rosalie Daguesseau. — Parrain : messire Jean Bochart de Champigny, vicaire-général du diocèse de Mâcon, chanoine de l'église de Paris; marraine : demoiselle Marie-Jeanne-Pauline-Rosalie Bochard de Saron, sœur. Signé : Bochard de Saron; Bochard de Champigny; Bochard de Saron; Bochard de Champigny; Chastellux de la Tournelle; Margue, vicaire (S. S.). — Frère et sœurs : Marie-Jeanne-Pauline-Rosalie, née le 4 juillet 1764; Alexandrine-Gabrielle-Rosalie, née le 11 octobre 1765; Jean-Baptiste-Paul-Louis, né le 10 février 1767, mort le 31 mai 1768; Anne-Angélique, née le 23 septembre 1769 (S. S.).

Bockenhemer (Bernard), évêque d'Appolonie, abbé de Notre-Dame de la Prie, mort le 27 mai 1781, à soixante-dix-sept ans (S. E.).

Bodineau (Urbain-Pierre-Louis), baron de Meslay, mort le 3 mai 1762, à quarante-six ans (S. P.).

Bœil (Claude-Théophile, baron de), chevalier, mort le 1er octobre 1776, à cinquante-quatre ans, époux de Thérèse-Charlotte Saget, dont : Charlotte-Olympe, née le 22 novembre 1764, et Antoine-Théophile-François, né le 13 mai 1767 (S. S.).

Boëssière (Geneviève-Françoise de la), demoiselle de Chambors, morte le 24 juillet 1726, à quatre-vingt-neuf ans huit mois, veuve d'Étienne Deschamps (S. P.).

— Louis-Joseph-Jean-Baptiste, fils d'Yves-Jean-Baptiste, comte de Chambors, et de Marie-Thérèse le Petit d'Avesnes, dame d'Outrelaise, marié le 11 juillet 1786, à Alexandrine-Constance-Gabrielle de Polignac, fille du comte Louis-Marie-Alexandre, et de Constance-Gabrielle-Bonne Levicomte du Rumain (S. S.), dont : Caroline-Marie-Thérèse-Constance, née le 16 août 1787 (S. R.).

Boffin (Marie-Jeanne Félicienne de), née le 31 mai 1746; Barthélemy-Félicien, né le 31 octobre 1747, mort le 23 juillet 1753; Marie-Marguerite, née le 16 juin 1749, morte le 27 mars 1763; Noël-Félicien, né le 25 décembre 1750, et Marie-Sophie, née le 18 janvier 1752, enfants d'Aymar-Félicien, marquis de la Sone, seigneur de Chatte, la Poype, et de Marie-Anne Moufle de la Tuilerie (S. R.).

— Charlotte-Louise-Madeleine, née le 31 juillet 1776, fille de Pierre-Georges-Félicien, comte de Pusignieu, et de Louise-Adélaïde-Julie de Santo-Domingo (S. S.).

Boileau-Despréaux (Anne-Antoinette), née le 28 juillet 1756, fille de Claude, ancien officier à l'hôtel royal des Invalides, et de Perrette Champy (S. P.).

Bois de Crancé (Germain-Odile-Sébastien du), né le 24 avril 1752, et Jacques-François, né le 23 octobre 1753, enfants de Germain, écuyer, seigneur de Loisy, et de Marie-Catherine de Tarade (S. R.).

Bois de Fiennes (Charlotte-Louise du), née le 5 septembre 1726; Louis-Jean, né le 19 octobre 1727; Alexandre-Henri, né le 22 avril 1729; Antoinette-Madeleine, née le 2 octobre 1730, enfants de Louis-Thomas, chevalier, marquis de Leuville, Vandenesse, maréchal des camps et armées du roi, et de Marie Voisin (S. S.).

— Charlotte-Louise, morte le 10 juillet 1761, à trente-cinq ans, épouse de Léonard de Baylens, marquis de Poyanne (S. S.).

Bois de Villiers (Charlotte-Alexandrine du), née le 5 avril 1745, fille de Pierre-Joseph, et de Marie-Thérèse Lhuillier de Précy (S. S.).

Boisgelin (Jean-Baptiste-Amédée de), né le 11 octobre 1771, fils de Jean-Baptiste, et de Louise de Bellegarde (S. E.).

— Marie-Josephe, morte le 4 mars 1772, à vingt-huit ans, épouse d'Alain-Marie de Kergorlay (S. S.).

— Amélie-Marie-Antoinette, née le 20 septembre 1785, fille du vicomte Gilles-Dominique-Jean-Marie, et de Marguerite-Henriette-Adélaïde de Laurans (S. S.).

— Bruno-Gabriel-Paul, fils de Charles-Eugène, vicomte de Plehedel, capitaine des vaisseaux du roi, et de Sainte de Boisgelin, marié le 22 avril 1788, à Cécile-Marie-Charlotte-Gabrielle d'Harcourt, fille d'Anne-François, duc de Beuvron, et de Marie-Catherine Rouillé (S. S.).

Boisguay (Suzanne-Dominique-Louis du), mort le 18 décembre 1722, à quatre-vingt-un ans (S. S.).

Boislecomte (N. de), fils de Louis-Alexandre+Martin, écuyer, et de Jeanne-Louise de Forno, né le 7 août 1783 (S. R.).

Boisse de Mortemart (Geneviève), morte le 26 septembre 1758, à trois ans, fille de Pierre-Alexandre, consul de France à Barcelone, et de Jeanne-Louise de Marle (S. R.).

Boisse (Antoine-René, vicomte de), fils de Jacques-Joseph, et de Marthe-Ambroise de Logivière, marié le 9 septembre 1777, à Henriette-Françoise du Châtellier du Mesnil, veuve de François-Joseph de Venant, comte d'Ivergny (S. S.).

— Blanche-Barbe-Radegonde, née le 25 octobre 1778; Antoinette-Françoise-Esprit, née le 25 septembre 1784 (S. E.); Audriette-Gabrielle-Victoire, née le 11 octobre 1787, et Adélaïde-Élisabeth-Catherine, née le 22 janvier 1791 (S. S.).

Boisse (Adélaïde-Marie-Stanislas, marquis de), âgé de dix-neuf ans, fils d'Ambroise-Joseph-François-Duliem, premier gentilhomme de la chambre du roi de Pologne, et d'Anne-Marguerite de Bassompierre, marié le 9 avril 1782, à Adélaïde-Françoise de Broglie, fille du duc Victor-François, et de Louise-Augustine-Salbigothon Crozat de Thiers (S. S.).

Boissel (Thomas-Charles-Gaston de), né le 1er août 1763, fils de Thomas, secrétaire du roi, et de Marguerite-Charlotte de Bonnechose (S. J. du H. P.).

Boissière (Geneviève de la), baptisée le 9 janvier 1640, fille de

Philippe, seigneur de Sainte-Marie, capitaine des gardes des chasses, et de Marie Pebrochel (S. G.), morte le 31 août 1719, à quatre-vingt-deux ans, veuve de Louis, marquis de Culan (S. P.).

Boisson de Sainte-Marie (Françoise-Adélaïde-Geneviève), morte le 6 septembre 1770, à quarante-quatre ans, épouse d'Henri-Augustin-Antoine de Malézieu, seigneur de Meneville (S. P.).

Boissy (Aglaé-Madeleine-Pauline de), née le 14 février 1791, fille de Louis, et d'Aglaé-Élisabeth du Fouart (S. S.).

Boistel (Jean-Baptiste-Joseph-Antoine le), fils de Joseph-Claude, seigneur de l'Isle-Robert, lieutenant du roi à Montfort l'Amaury, et de Marguerite-Antoinette-Louise Percheron, marié le 8 juin 1758, à Catherine-Anne-Louise Maugis, fille de Jean-François, fermier des devoirs de la province de Bretagne, et de Catherine-Françoise Collet (S. J. du H. P.).

— Charles-Constance, morte le 16 décembre 1780, fille d'Antoine-Henri-Adélaïde, et d'Anne-Victoire de Kampffer (S. M. M. la V. l'É.).

Boivin (Alexis-Madeleine-Paul de), né le 14 août 1715, fils de Jean-François, marquis de Bacqueville, et de Pulchérie de Châtillon (S. S.).

— Antoine-Jérôme, abbé de Preuilly et de Saramon, mort le 19 janvier 1763, à quatre-vingt-neuf ans (S. S.).

— Madeleine-Catherine, morte le 15 mai 1766, à quatre-vingt-cinq ans, veuve d'Étienne d'Aligre (S. S.).

Boizot (Claude-François), abbé de Rosières et de Notre-Dame d'Hérivaux, mort le 3 février 1776, à quatre-vingt-deux ans (S. J. du H. P.).

Bollioud (François-David), chevalier, seigneur de Saint-Julien, Fontaine-Française, Chaseuil, receveur général du clergé, mort le 20 septembre 1788, à soixante-quinze ans (S. E.).

Bollogne-Capizuchi (Charles-Louis-Alexandre de), né le 20 mai 1787, fils de Jean-Baptiste, sergent aux gardes françaises, et d'Anne-Charlotte Bocquet (S. R.).

Bombelles (Joseph-Henri, comte de), mort le 9 mai 1783, à

soixante-deux ans, veuf de Jeanne le Goulon d'Hauconcourt, et remarié à Marie-Jeanne-Armande Gaudion de la Vannerie (S. S.).

Bon (Esprit, marquis de), mort le 17 janvier 1786, à quarante-deux ans, époux d'Adélaïde-Thérèse-Clotilde Alissan de Chazot, dont : Louis-François-Esprit, né le 29 juillet 1782, et Benjamin-René-Marie, né le 22 juin 1786 (S. R.).

Bonafos (Gérard de), chevalier, seigneur de Losier, fils de feu Jean, et de Claude de la Sale-Monservier, marié le 14 décembre 1681, à Anne d'Autrive, veuve d'Antoine de Siran, chevalier, seigneur de Laderu (S. A. des A.).

Bonamy-Drossin (Louise-Anne), morte le 28 février 1782, à quatre-vingt-huit ans, veuve de Claude de Châtellux, receveur-général des finances de la Rochelle (S. S.).

Bonardi (Eugène), né le 10 germinal an IV, fils de Raymond-Gaspard, comte de Saint-Sulpice, lieutenant-général, chevalier de Saint-Louis, et d'Antoinette Poursin de Grandchamp.

Bonde (Anne-Françoise de la), née le 13 octobre 1720, et Marie-Catherine-Claudine, morte le 9 mai 1729, à deux ans et demi, filles de Charles-François, chevalier, seigneur d'Herville, conseiller du roi, et de Marie-Catherine le Cordier de Bigars de la Londe (S. R.).

Bongars (Cécile-Ursule-Gabrielle de), née le 24 août 1788, fille du vicomte Joseph-Barthélemy-Clair, et d'Ursule-Jeanne-Marguerite de Magallon (S. E.).

Bonin le Chalucé (Anne-Louise), morte le 4 janvier 1732, à quatre-vingt-sept ans, veuve de Nicolas de Lamoignon (S. P.).

Bonnaire (Émilie-Charlotte de), née le 3 juillet 1769; Pierre-Charles-Hyacinthe, né le 13 juin 1770; Marie-Charlotte, née le 28 mars 1773; Louis-François, né le 18 septembre 1778; Marie-Louise, née le 28 mars 1780; Hermine-Françoise-Marie, née le 17 mai 1781; Henriette-Charlotte, née le 10 décembre 1784, enfants d'André-Charles, seigneur des Farges, conseiller du roi, et de Marie-Claude-Eulalie Hariague de Guiberville (S. E.).

— Pierre-Charles, chevalier, seigneur de Gif, conseiller du roi, mort le 18 octobre 1788, à quatre-vingts ans (S. E.).

— Antoinette-Julie-Charlotte et Louis-Charles, nés le 30 mars 1785 ; Antoinette-Marie-Olympe, née le 4 janvier 1787; Charles-Hyacinthe-Victor, né le 14 août 1789, et Louis-Théodore, né le 23 mars 1796, enfants de Marie-Charles-Louis, chevalier, seigneur de Gif, conseiller à la cour des comptes, et de Denise-Julie Quatresous de la Motte (S. N. des Ch.).

— Marie-Charles-Louis, né le 5 mars 1756, fils de Pierre-Charles, chevalier, seigneur de Marée, et de Charlotte-Françoise Nau (S. P.).

— Anne-Joseph, écuyer, seigneur de Saint-Remy, conseiller secrétaire du roi, mort le 18 janvier 1756, à soixante-deux ans (S. P.).

Bonnard (N. de), né le 8 octobre 1781, et Marie-François-Augustin, né le 7 mars 1784, enfants de Bernard, mestre de camp de cavalerie, et d'Anne-Charlotte-Sophie Silvestre (S. E.).

— Adélaïde-Louise, née le 10 juillet 1785, et Guillaume-Louis, né le 24 novembre 1786, enfants d'Étienne-Louis, avocat au parlement, et d'Élisabeth-Julie Berthollet (S. E.)

Bonneau de Rubelle (Marie), morte le 10 mars 1720 à soixante-deux ans, veuve de Charles de la Hoquette, gouverneur de Niort (S. S.).

Bonneval (Marc-Antoine, comte de), mort le 7 février 1705 (S. A. des A.).

— Claude-Henri, mort le 15 mars 1743 à soixante ans (S. S.)

— Paul-Alexandre, né le 16 février 1756, fils de Paul, et de Marie-Jacqueline de la Haye (S. P.).

— Marie-Marthe-Françoise, morte le 29 septembre 1770 à soixante-huit ans, veuve de Louis de Talaru, marquis de Chalmazel (S. S.)

Bonnevie (Marie-Madeleine-Françoise-Jacqueline de), née le 25 septembre 1734 ; Hélène-Rodolphine-Jeanne, née le 4 novembre 1735 ; et Marie-Jeanne-Olympe, née le 8 septembre 1737, enfants de Jean-Charles, conseiller au parlement, et de Marie-Françoise de Moreau de Nassigny (S. R.).

Bonnier (Marie-Rose-Alexandrine), née le 13 mai 1770 (S. R.), et Anne-Charlotte-Adélaïde, née le 6 février 1774 (S. M. M. la

V. l'É.), filles de Joseph, comte de Terrière, marquis du Breil, et de Louise-Adélaïde-Gertrude d'Arly.

— Anne-Josèphe, morte le 4 décembre 1782 à soixante-quatre ans huit mois, veuve de Michel-Ferdinand d'Albert d'Ailly, duc de Chaulnes, et remariée à Martial de Giac, conseiller du roi (S. J. du H. P.).

Bonny (Claude de), capitaine de dragons, mort le 20 mars 1729 à trente-neuf ans, veuf de Marguerite Goffre (S. R.).

Bonsens (Louis-Adrien de), né le 11 février 1732 ; Adrien-Denis-Guillaume, né le 8 novembre 1733 ; et Anne-Marie, née le 27 avril 1735, enfants de Charles-Adrien, seigneur des Espinets et de Courcy, et d'Anne-Angélique Dodart (S. R.).

Bontemps (Charlotte-Angélique), morte le 12 octobre 1733 à vingt-six ans, épouse de Louis Channeton, seigneur de Saint-Léger (S. R.).

— Élisabeth-Louise, née le 30 novembre 1735 ; Honorée-Marie-Marguerite, née le 24 juin 1737 ; et Alexandre, né le 17 novembre 1739, enfants de Louis, premier valet de chambre du roi, gouverneur des Tuileries, et de Marie Belon (S. R.).

— Françoise-Charlotte, morte le 14 décembre 1767 à soixante-douze ans, veuve de Jean-Étienne de Varannes, marquis de Gournay (S. R.).

— Élisabeth-Louise, morte le 11 décembre 1769 à trente-quatre ans, épouse de Nicolas Beaujon, conseiller d'État (S. R.).

— Élisabeth, native de Paris, morte le 17 septembre 1834 à soixante-douze ans et demi, veuve de Claude-Joseph-Gabriel, vicomte de Vaulx, lieutenant général (X^e arr.).

Bonvoust (Henri-Philippe de), marquis de Prulay, mort le 16 juin 1723 à trente-un ans (S. S.).

— Marguerite, morte le 18 septembre 1724 à quatre-vingt-neuf ans, veuve de Gabriel de Briqueville, marquis de la Luzerne (S.S.).

Bony (Catherine-Françoise de), morte le 11 janvier 1781 à quarante-six ans, veuve de Nicolas Dencel, chevalier, seigneur de la Haye (S. E.).

Borde (François-Louis-Joseph de la), né le 6 juin 1761 (S. R.) ; Louise-Josèphe-Pauline, née le 27 septembre 1767 ; Justine-Rosalie-

Josèphe, née le 26 septembre 1770 ; Alexandre-Louis-Joseph, né le 17 septembre 1773 ; et Nathalie-Luce-Léontine-Joséphine, née le 12 août 1774 ; enfants de Jean-Joseph, écuyer, vidame de Chartres, seigneur de Méréville, et de Rosalie-Claire-Josèphe de Nettine (S. E.).

— Auguste-Benjamin, né le 12 septembre 1775, fils de Jean-Benjamin, gouverneur du Louvre, et d'Adélaïde-Suzanne de Wismes (S. E.).

— Joseph, chevalier de Saint-Louis, chef d'escadre des armées navales, inhumé le 5 mars 1785 à soixante-quatorze ans (S. E.).

Borel de Charbec (Marie-Françoise de), morte le 18 février 1747 à soixante-quatorze ans, épouse de François-Thomas de Borel de Manesbe, maréchal des camps et armées du roi (S. R.).

Borio (Charles-Marie, comte de), ancien internonce de Sa Sainteté à la cour de France, époux de Françoise Gingaud, mort le 27 février 1764 (S. R.).

Borstel (Madeleine-Colombe de), morte le 29 janvier 1773 à quatre-vingt-douze ans cinq mois douze jours, veuve de François de Beaumont, écuyer, conseiller secrétaire du roi (S. R.).

Bory (Anne-Charlotte-Constance), née le 28 février 1727, et Pierre-Charles, né le 20 juillet 1731, enfants de Charles-Gabriel, chevalier de Saint-Lazare, conseiller du roi, et de Jeanne Flory de Lessart (S. S.).

Bosc (Marguerite) morte le 15 juillet 1760 à cinquante-deux ans, veuve de Bertrand-César, marquis du Guesclin (S. R.).

Bosc (Charles du) baron de Garantière, seigneur de Grossennue, mort le 14 juillet 1732 à quarante-deux ans (S. R.).

Bosc (Aglaé-Marie du), née le 6 juillet 1775, et Augustin-Léonor-Victor, né le 29 mai 1776, enfants de Jean-Léonor, chevalier, marquis de Radepont, et d'Aglaé-Louise d'Espinay-Saint-Luc (S.S.).

Bosredon (Jacques de), abbé de Saint-Benoît et de Sainte-Rotrude, mort le 11 juillet 1723 à trente-six ans (S. S.).

Bossuet (Marguerite-Bénigne), morte le 25 octobre 1728, à vingt-six ans, épouse de Louis-Antoine de la Roche, marquis de Rambures (S. S.).

— Louis, mort le 15 janvier 1742, à quatre-vingt-deux ans (S. R.).

— Jacques-Bénigne, évêque de Troyes, mort le 12 juillet 1743 (S. R.).

Botherel (René-Thérèse), chevalier, comte de la Marche, mort le 10 novembre 1748, à soixante-dix ans (S. R.).

Bottu. « — Du vingt-quatre brumaire de l'an six de la Rép[e] « française, acte de naissance de Anne-Marie-Laurence, née « le vingt-deux du courant à huit heures du soir, rue Saint-Honoré, « n° 66, fille de François-Marie Bottu, officier de cavalerie et secré- « taire de l'ambassadeur de la République en Espagne, et de Marie- « Élisabeth-Jeanne Pavie, mariés en l'an trois à la ci-devant com- « mune de Paris. Premier témoin : Laurent Truguet, âgé de « trente-neuf ans, vice-amiral des armées navales de la Rép[e] « française et ambassadeur à Madrid, dem[t] à Paris rue de la « Villelévêque, n° 1061. Second témoin : Anne-Marie Esselin, « femme de Jacques-François Pavie, âgée de trente ans, dem[t] « à Paris rue de Baune, n° 876, div[on] de la Fontaine de Gre- « nelle, sur la réquisition à nous faite par François-Marie Bottu, « père de l'enfant qui a signé avec nous et les témoins ; signé : « Bottu. — Truguet. — A. Eslin — Constaté suivant la loi par « moi officier public soussigné Aubry (1er arr.). »

Boubers (Amédée-Charles-Marie de), fils du comte Claude-Charles, et de Marie-Françoise de Brossard, marié le 22 avril 1789 à Anne-Charlotte-Élisabeth de Buissy, fille de Pierre, et d'Anne-Élisabeth Gaudin (S. S.).

Boucault (Arnaud-François-de-Paule), né le 14 août 1776, fils de Claude-François-de-Paule, et de Marie-Louise de la Porte (S. E.).

Boucher (Marie-Louise), morte le 10 novembre 1788 à cinquante-sept ans, épouse de Pierre-Nicolas-Florimond de Fraguier, seigneur du Mée (S. N. des Ch.).

Boucher de Gruminil (Marie-Madeleine le), morte le 31 mai 1754, à quatre-vingt-trois ans, veuve de Claude de Méliand, chevalier (S. J. en G.).

Boucher (Louise-Catherine), morte le 7 juin 1756, fille de Charles, comte d'Orsay, et de Marie-Françoise des Moulins de l'Isle (S. R.).

— André-Charles-Louis, né le 21 juin 1778, fils de Louis-Catherine, vicomte d'Orsay, capitaine d'infanterie, et de Marie-Marthe Boyer (S. N. des Ch.).

Bouchet (Élisabeth du), morte le 18 novembre 1723 à soixante-sept ans, veuve de Noël Bouton, marquis de Chamilly, maréchal de France (S. S.).

Bouchet de Sourches (Jacques du), abbé de Saint-Martin de Troyes, mort le 1er août 1677, à soixante-quinze ans (S. S.).

— Louise-Catherine-Agnès, née le 25 janvier et morte le 22 février 1708; N. né le 5 novembre 1710, et Louis, né le 6 mars 1720, enfants du marquis Louis, seigneur et comte de Montsoreau, et de Jeanne-Agnès-Thérèse de Pocholles du Hamel (S. S.).

— Louise-Antonine, née le 22 mars 1733; Armande-Ursule, née le 16 octobre 1734; Judith, née le 2 septembre 1736; Gabrielle-Louise-Geneviève, née le 26 novembre 1737; Marie-Louise-Victoire, née le 2 mars 1739, filles de Louis, marquis de Sourches, et de Charlotte-Antonine de Gontaut (S. S.).

— Louis-Emmanuel, né le 2 décembre 1742, mort le 22 octobre 1755; Jeanne-Madeleine-Thérèse, née le 15 octobre 1743; Louis-François, né le 7 décembre 1744; Yves-Marie, né le 9 janvier 1749, et Marie-Louise-Henriette, née le 11 octobre 1752, morte le 22 octobre 1755, enfants de Louis, marquis de Sourches, et de Marguerite-Henriette des Marets de Maillebois (S. S.).

— Anne-Louis-Hilaire, né le 9 décembre 1747; Jean-Louis, né le 17 novembre 1750, et Marie-Louis-François, né le 12 août 1753 (S. R.), mort le 24 juin 1755 (S. S.), enfants de Louis-Hilaire, comte de Sourches, et de Louise-Françoise le Vayer.

— Marie-Louise, morte le 5 avril 1749 à quatre-vingt-quatre ans, veuve de Louis Colbert, comte de Lignières (S. S.).

— Louis-Vincent, commandeur de Laon, mort le 13 février 1751, à soixante-dix-neuf ans (S. S.).

— Louis-François, comte de Sourches, seigneur de la Ronce, époux d'Hilaire-Ursule de Thiersault, mort le 29 mars 1756, à quatre-vingt-cinq ans (S. R.).

— Louise-Antonine, morte le 28 avril 1761, à vingt-huit ans, épouse de Philippe-Joseph-Alexandre de Guesnoval, baron d'Esquelbuq (S. S.).

— Jeanne-Madeleine-Thérèse, morte le 21 février 1765 à vingt-un ans, épouse de Cérice-François-Melchior, comte de Vogüé (S. S.).

— Henriette-Adélaïde-Joséphine, née le 4 novembre 1765 ; Anne-Louise-Joséphine, née le 24 juin 1767 ; Charles-Louis-Yves, né le 27 août 1768 ; Joséphine-Marie-Madeleine, baptisée le 20 octobre 1769 ; Marie-Charlotte-Pauline-Joséphine, née le 15 octobre 1771 ; Emmanuel-Louis-Joseph, né le 3 decembre 1774, enfants de Louis-François, marquis de Tourzel, et de Louise-Élisabeth-Félicité-Françoise-Armande-Anne-Marie-Jeanne-Joséphine de Croï (S. S.).

— Armande-Ursule, morte le 2 décembre 1768 à trente-quatre ans, veuve de Louis-François-René, comte de Virieu (S. S.).

— Jean-Louis, fils de Louis-Hilaire, comte de Sourches et de Louise-Françoise le Vayer, marié le 15 mars 1777 à Marie-Anne-Antoinette de Riquet, fille de Victor-Maurice, comte de Caraman, et de Marie-Anne-Gabrielle-Joseph-Françoise-Xavier d'Alsace d'Hénin-Liétard, dont : Antoine-Gabriel-Louis, mort le 18 mai 1784 à cinq ans (S. S.).

— Henriette-Marie-Félicie, née le 20 février 1780, fille d'Yves-Marie, comte de Montsoreau, et de Marie-Charlotte-Françoise Lallemant de Nantouillet (S. R.).

— Louis, marquis de Sourches, mort le 9 avril 1788 à soixante-seize ans (S. S.).

— Olivier-Henri-Charles-Roger, marquis de Tourzel, né à Paris le 23 juillet 1804, fils de Charles-Louis-Yves, mort à Paris le 4 avril 1815, et d'Augustine-Éléonore de Pons, marié le 2 mai 1832 à Victurnienne-Anastasie-Victorine de Crussol, née à Paris le 24 juin 1809, fille d'Adrien-François-Emmanuel, et de Catherine-Victurnienne-Victorine de Rochechouart, morte en juillet 1809, dont un fils né et mort le 10 juin 1834 (x^e arr.).

Boucot (Jacques), receveur général des domaines de la ville de Paris, époux de Louise-Marie-Thècle de Moreton de Chabrillan, mort le 30 décembre 1762 à cinquante-huit ans (S. R.).

Bouet de Martange (Marie-Joseph-Xavier-Antoine), né le 14 novembre 1759, fils de Marie-Antoine, colonel d'infanterie, et de Jeanne-Marie-Marguerite Dufour (S. S.).

Bouette de Blémur (Marie-Jeanne), femme de Nicolas Monnerot, morte le 12 mai 1701, à trente-six ans (S. S.).

Boufflers (Joséphine-Eulalie de), née le 4 septembre 1727 (S. R.), morte le 8 juin 1742 (S. M. M. la V. l'É.); Charles-Joseph, né le 17 août 1731 (S. S.), enfants du duc Joseph-Marie, pair de France, et de Madeleine-Angélique de Neuville de Villeroy.

— Charles-François, seigneur et marquis de Remiencourt, mort le 18 décembre 1743 à soixante-trois ans (S. M. M. la V. l'É.).

— Anastase-Amable-Régis, mort le 24 août 1745 à trois jours, fils de Louis-François, seigneur de Remiencourt, et de Catherine de Beauvau (S. M. M. la V. l'É.).

— Olympe, née le 23 avril 1749 (S. M. M. la V. l'É.), morte le 4 mai 1751 (S. E.), fille du duc Charles-Joseph, et de Marie-Anne-Philippine-Thérèse de Montmorency.

— Le duc Charles-Joseph, mort le 13 juillet 1751, à vingt ans (S. E.).

— Amélie-Joseph-Emmanuel-Édouard-Hippolyte, né le 16 novembre 1785 (S. M. M. la V. l'É.), mort le 5 avril 1858 à Auteuil, fils du comte Louis-Édouard, et d'Amélie-Constance Puchot des Alleurs

Bouhier (Marie-Thérèse), morte le 20 janvier 1750, à cinquante-cinq ans, veuve de François-Paul, marquis de Rouvray (S. S.).

Bouillé (Marie-Hélène-Anicet de), née le 3 mars 1771, et Antoine, mort le 14 mars 1779 à trois ans, enfants du marquis Charles-Pierre-Antoine, et de Marie-Françoise le Chat (S. E.).

— Adèle-Slanie-Julie-Louise, née le 15 septembre 1786, fille du comte Pierre-Christophe, et de Marie-Camille-Angélique de Leyrits (S. M. M. la V. l'É.).

Bouillerot des Taboureaux (Charles-Alexandre), né le 30 juin 1751, fils de Charles-Nicolas, écuyer, gentilhomme servant ordinaire du roi, et de Marie-Madeleine le Bon (S. J. en G.).

Boulainvilliers (Marie-Françoise de), morte le 7 août 1752 à vingt-sept ans, femme de Pierre-Auguste, comte de Mastin (S. E.).

— Henri-Claude, mort le 16 mars 1775 à vingt-trois ans trois mois, fils de Gabriel, et d'Anne-Catherine de Caqueray (S. S.).

— Suzanne-Marie-Henriette, morte le 18 janvier 1776 à soixante-dix-neuf ans, veuve de Gabriel Bernard, seigneur de Rieux (S. S.).

Boulin (Marie), baptisée le 5 janvier 1638, et Geneviève, baptisée le 29 mai 1639, filles de Pierre, conseiller du roi, et de Marie de Louvencourt (S. G.).

Bouline (Charles-Augustin de), seigneur de Vigneau, mort le 22 septembre 1733 à quarante-sept ans (S. S.).

Boullanger (Louis-André le), né le 3 octobre 1721 ; Charles-Philippe, né le 15 avril 1723 ; Marie-Andrée, morte le 6 février 1727 à six ans sept mois ; Charles-Gabriel, né le 15 avril 1727 ; Claude-Jean-François-Xavier, né le 17 mars 1730 ; André-René, né le 16 mars 1731, enfants de Louis-Charles, chevalier, seigneur de Chaumont, conseiller du roi, et de Marie-Marguerite Flory de Lessart (S. S.).

Boullenc de Saint-Remy (Marie-Reine de), morte le 22 avril 1771 à quarante ans, épouse de Louis-Daniel-Antoine-Jean Viel, marquis de Lunas (S. M. M. la V. l'É.).

Boullenger des Capelles (Adélaïde-Charlotte-Louise le), née le 8 novembre 1773, et Adélaïde-Anne-Gabrielle, née le 28 septembre 1778, filles d'André-René, conseiller du roi, et de Charlotte-Louise le Clerc du Coudray (S. E.).

Boulliant (Élisabeth), morte le 6 juillet 1748 à cinquante-neuf ans, veuve de Joseph Coste de Champeron, écuyer, sieur de Tilly (S. R.).

Boulliette (Édouard-Félix-Michel), né le 4 janvier 1787, fils de Michel, conseiller du roi, auditeur des comptes, et d'Antoinette-Victoire Quatresous de la Motte (S. N. des Ch.).

Boullongne (Edme-Louis de), receveur-général des finances, mort le 28 décembre 1732 à trente ans et demi, époux de Marie Poulletier (S. R.).

— Paul-Esprit-Charles, né le 26 octobre 1758, et Jean-Marie-Henri Fortuné, né le 5 février 1763, mort le 28 juillet 1764, enfants de Jean-Nicolas, conseiller du roi, et de Louise-Julie Feydeau de Brou (S. R.).

— Jean, comte de Nogent-sur-Seine, veuf de Charlotte-Catherine de Beaufort, mort le 22 février 1769 à soixante-dix-huit ans (S. R.).

— Jean-Nicolas, comte de Nogent-sur-Seine, époux de Louise-Julie Feydeau de Brou, mort le 7 janvier 1787 à soixante-deux ans (S. R.).

Boulogne (Marguerite-Claude de), morte le 21 février 1792, veuve d'Henri-Gaspard Caze de la Bove (S. R.).

Bouquinet de Lanthes (Marie-Bonaventure) morte le 16 janvier 1770 à cinquante-cinq ans, épouse de Philippe-Bénigne Bouhier, marquis de Versalieu (S. R.).

Bourbon (Marie-Anne de), née le 18 avril 1689 à Versailles, fille de Louis, prince de Conti, et de Marie-Thérèse de Bourbon, baptisée le 17 septembre 1697 dans la chapelle de l'hôtel de Conti par Nicolas Mathieu, curé de Saint-André-des-Arts. Parrain : Henri-Jules, duc de Bourbon ; marraine : Marie-Anne de Bourbon, princesse douairière de Conti. — N. demoiselle d'Alais, née le 19 novembre 1697 à six heures et demie, ondoyée par Bouché, vicaire ; morte le 13 août 1699 et inhumée le 14 chez les Carmélites. — N. prince de la Roche-sur-Yon, né le 1er décembre 1694, mort le 25 avril 1698 à une heure du matin, inhumé le 27 chez les Carmélites du faubourg Saint-Jacques. — François-Louis, ondoyé le 27 juillet 1703 par Mathieu, curé de la paroisse, et tenu le lendemain dans la chapelle de l'hôtel par le duc de Bourbon et par Anne palatine de Bavière ; mort le 21 janvier 1704 et inhumé le lendemain chez les Carmélites (S. A. des A.).

— Louis, prince de Conti, mort le 22 février 1709, à huit heures du matin, inhumé le 6 mars dans le chœur de Saint-André-des-Arts.

— N., fille de Louis, prince de Condé, duc de Bourbon, et de Louise-Françoise de Bourbon, ondoyée le 15 septembre 1705, par M. de Momonier, vicaire. — Louis, né le 15 juin 1709, baptisé le 15 novembre 1717 dans la chapelle des Tuileries, et tenu par le Roi et madame la duchesse de Berry (S. S.).

— Marie-Anne, princesse de Conti, femme de Louis-Henri de

Bourbon, prince de Condé, morte le 21 mars 1720, transportée le 24 chez les Carmélites (S. S.).

— Louise-Léontine-Jacqueline, princesse de Neufchâtel et Valengin, morte le 11 janvier 1721 à vingt ans, et inhumée le 14, femme de Charles-Philippe d'Albert, duc de Luynes (S. S.).

— Marie-Thérèse, morte le 22 février 1732 vers les cinq heures du matin, transportée le 28 à Saint-André-des-Arts, veuve de François-Louis, prince de Conti (S. S.).

— N., prince de Condé, ondoyé le 9 août 1736, fils de Louis-Henri, duc de Bourbon, et de Caroline de Hesse-Rhinfels (S. S.).

— Madeleine, demoiselle de Busset, morte le 29 novembre 1738, inhumée le 30, veuve de Nicolas de Quélen Stuart de Caussade, prince de Carency, comte de la Vauguyon (S. S.).

— Marie-Anne, morte le 3 mai 1739, veuve de Louis-Armand, prince de Conti, ensevelie le 5 dans la chapelle de la Sainte-Vierge (S. R.)

— Louis-Henri, duc de Bourbon, mort le 27 janvier 1740 à Chantilly, rapporté à Saint-Sulpice et inhumé le 10 février à Enghien.

— Marie-Anne, demoiselle de Clermont, morte le 11 août 1741, portée le 16 chez les Carmélites (S. S.).

— Louise-Françoise, veuve de Louis, duc de Bourbon, morte le 16 juin 1743, à soixante-dix ans; portée le 18 chez les Carmélites (S. S.).

— Marie-Marguerite, née le 17 août 1752, baptisée le lendemain, tenue par Claude Sébille, gagne-denier, et Marie Melain, sa femme; Charlotte-Marguerite-Élisabeth, née le 1er août 1754, baptisée le 3 et tenue par Louis Morand, suisse de l'église, et Geneviève Doyen, épouse de François Lamotte, officier de maison, fille de Louis-Joseph de Lesquin de la Villemeneuf (nom remplacé plus tard par celui de Charles de Bourbon, comte de Charolais), et de Marguerite Caron (S. R.).

— Anne-Louise-Bénédicte, morte le 23 janvier 1753, transportée le 26 à Sceaux, veuve de Louis-Auguste de Bourbon, duc du Maine (S. S.).

— Marie-Louise-Charlotte, morte le 4 octobre 1754, à cinquante-cinq ans, et inhumée le 6, épouse de Nicolas-Étienne de Chaugy, comte de Roussillon (S. S.).

— Marie, née le 16 février 1755, ondoyée le même jour par le cardinal Armand de Rohan, baptisée le 18 juillet 1756, à l'hôtel de Condé, par Noguier, vicaire, et tenue par messire François du Gout du Bousay, écuyer, capitaine de cavalerie, gentilhomme de la chambre du prince de Condé, et par Marie-Françoise-Marguerite du Guesclin. — N., duc de Bourbon, ondoyé le 13 avril 1756 par Jean-Thomas Lamarque, aumônier du prince de Condé, en présence du curé. — N., demoiselle de Condé, ondoyée le 5 octobre 1757 par l'abbé de Messac, aumônier de la princesse de Condé. Enfants de Louis-Joseph, prince de Condé, et de Charlotte-Godefride-Élisabeth de Rohan-Soubise (S. S.).

— Louise-Anne, demoiselle de Charolais, morte le 8 avril 1758, à cinq heures du matin, inhumée le 13 chez les Carmélites (S. S.).

— Marie, demoiselle de Bourbon, morte le 22 juin 1759, à quatre ans; portée le 24 chez les Carmélites (S. S.).

— Gasparde-Louise-Henriette, née à Busset le 20 juillet 1746 et ondoyée le même jour par messire Desbrest, curé de Saint-Vincent de Busset, baptisée le 19 juin 1759, tenue par Gaspard de Clermont-Tonnerre, marquis de Vauvillars, comte d'Espinette, seigneur de Saintry, etc., chevalier des ordres du roi, maréchal de France, gouverneur de Fessart, et par Henriette-Antoinette de Bourbon-Busset, veuve de Paul de Grivel, comte d'Ouroy; morte le 18 décembre 1761 à la Visitation de la rue du Bac, et inhumée le 19. — Louis-Antoine-Paul, né à Busset le 11 novembre 1753, à quatre heures cinquante-cinq minutes du matin, baptisé le 3 juin 1762, tenu par Antoine-Paul-Jacques de Quélen de Stuart et de Caussade, duc de la Vauguyon, prince de Carency, pair de France, marquis de Saint-Mégrin et de Clain, etc., lieutenant-général des armées du roi, chevalier commandeur de ses ordres, gouverneur du duc de Berry, premier gentilhomme de sa chambre et grand-maître de sa garde-robe, gouverneur du comte de Provence, premier gentilhomme de sa chambre, grand-maître de sa garde-robe, et surintendant de sa maison; et par Claude-Louise-Jeanne d'Illiers, épouse de Louis-Auguste-Cyr, marquis de Rieux. — Marie-Anne-Julie-Louise, morte le 8 juillet 1764 à la Visitation de la rue du Bac, à seize ans neuf mois, inhumée le 9; enfants de François-Louis-Antoine, comte de Busset, de Chalus, baron de Vésigneux, et de Madeleine-Louise-Jeanne de Clermont-Tonnerre (S. S.).

— Louise-Elisabeth, morte le 27 mai 1775, à quatre-vingt-un ans, six mois, cinq jours, inhumée le 30 dans la chapelle Saint-Louis, veuve de Louis-Armand, prince de Conti (S. S.).

— Marie-Geneviève-Henriette-Gertrude, demoiselle de Malause, morte le 7 mars 1778, à quatre-vingt-six ans dix mois, veuve de Ferdinand-Joseph, comte de Poitiers, inhumée le 9 (S. S.).

— Adélaïde-Charlotte-Louise, née le 10 novembre 1780, tenue par Charles de Rohan, duc de Rohan-Rohan, prince de Soubise, maréchal de France et ministre d'État; et par Adélaïde-Charlotte-Louise (sic) demoiselle de Condé. — Louise-Charlotte-Aglaé, née le 10 septembre 1782, tenue par haut et puissant seigneur Louis-Guillaume-Angélique Gouffier, marquis de Thoix, mestre-de-camp de cavalerie, chevalier de Saint-Louis, et par Catherine Morin, épouse de Ferréol Michelot; bâtardes de Louis-Henri-Joseph, duc de Bourbon, et de Marguerite-Catherine Michelot (S. M. M. la V. l'É.).

— Antoine-Louis-Julie, né le 20 janvier 1787, baptisé le 20 février 1788, fils de Louis-François-Joseph, comte de Chalus, et d'Élisabeth-Louise Bourgeois de Boynes, tenu par François-Louis-Antoine de Bourbon, comte de Busset, et par Marie-Anne-Julie le Tonnelier de Breteuil, épouse de Charles-Henri-Jules, duc de Clermont-Tonnerre (S. S.).

— Henriette-Antoinette, morte le 16 septembre 1788, à soixante-trois ans, veuve de Paul de Grivel, comte d'Auroy; portée le 18 chez les religieuses de l'*Ave-Maria*, rue des Barrés (S. S.).

BOURDEILLES (Claude de), né le 16 juillet 1640, fils de Barthélemy, capitaine des gardes du roi, et d'Anne de Contemps (S. J. en G.).

— Le marquis Henri, mort le 1er juillet 1751, à soixante-neuf ans (S. E.).

— Henri-Joseph, mestre de camp de cavalerie, fils du comte Henri-Joseph, et de Louise-Marguerite Bouchard d'Esparbès de Lussan d'Aubeterre, veuf de Marguerite-Henriette Dexmier d'Archiac de Saint-Simon, remarié le 20 avril 1773 à Adélaïde-Thérèse d'Estampes, fille du marquis Louis, et d'Adélaïde-Godefroy-Julie de Fouilleuse de Flavacourt (S. J du H. P.), dont : N., née le 17 septembre 1777 (S. S.).

BOURDIS (Benoîte de), morte le 18 septembre 1716, à cinquante-quatre ans, femme de Claude-Louis Kadot, comte de Sébeville, seigneur de Baronie-Duplessis (S. R.).

Bourdonnaye (Louise-Antoinette de la), morte le 9 mars 1720, à vingt-trois ans, épouse de Paul-Esprit Feydeau, seigneur de Brou (S. S.).

— Louise-Catherine, morte le 7 février 1739, à huit ans, et Louis-François de Paule, né le 6 octobre 1742 ; enfants du marquis Louis-François, et de Marie-Françoise Talon (S. S.).

— Charlotte-Félix, née le 26 janvier 1741 ; Marie-Louise-Madeleine, née le 10 mai 1742 ; Marie-Charlotte, née le 14 septembre 1743 ; Anne-Charles-Marie, né le 19 novembre 1744, et Charlotte-Marie, née le 21 février 1747 ; enfants de Paul-Esprit-Marie, seigneur de Blossac, et de Madeleine-Louise-Charlotte le Pelletier de la Houssaye (S. S.).

— Catherine, morte le 10 mars 1758, à soixante-dix ans, veuve de messire Henri-François de Paule le Fèvre d'Ormesson (S. P.).

— Anne-Charles-Marie, conseiller du roi, mort le 8 mai 1767, à vingt-deux ans six mois (S. P.).

— Jean-de-Dieu-Anne-Raymond, vicaire-général d'Aix, mort le 17 juin 1777, à vingt-sept ans (S. S.).

— Aline-Charlotte-Pauline, née le 10 décembre 1782, morte le 1er avril 1783 ; Arthur-Charles-Esprit, né le 29 janvier 1785 ; Charles-Esprit-François, né le 15 janvier et mort le 5 juillet 1787 ; enfants du marquis Charles-Esprit-Clair, chevalier non-profès de Malte, et de Louise-Philippe de Chauvelin (S. M. M. la V. l'É.).

— Théodose-Esprit-Marie, né le 24 novembre 1782 ; Edmond-Esprit-Louis, né le 7 mai 1784 ; Amédée-Esprit-Eugène, né le 11 septembre 1785 ; Joseph-Isidore-Esprit, né le 8 février 1787, et Esprit-Raoul-Louis-Joseph, né le 31 mai 1788 ; enfants de Charles-Esprit-Marie, comte de Blossac, et d'Anne-Louise de Bertier (S. N. des Ch.).

— Charles-Adolphe, né à Angers le 15 juin 1806, fils du comte François-Régis, député, et d'Émilie Vollaige de Vaugirault, marié le 22 janvier 1829 à Caroline-Louise-Antoinette de Menou, née à Paris le 16 décembre 1810, fille du comte Maximilien-Louis-Gaspard, et de Marie-Auguste-Frédérique Hurault de Vibraye (X^e arr.).

Boureau des Landes (Marie-Marguerite), morte le 4 décembre 1752, à soixante-cinq ans, femme de Barthélemy Moufle de la Thuilerie, conseiller du roi (S. R.).

Bouret (Angélique), morte le 17 juillet 1782, à soixante-quatorze ans, veuve de Clair-Louis Landry, chevalier, seigneur des fiefs de Cormier et de la Ronce (S. E.).

Bouret d'Érigny (Anne-Françoise), morte le 25 octobre 1785, à vingt-un ans, épouse de Jean-Louis-Félicité de Bruyères-Chalabre, comte de Bruyères, lieutenant-colonel de cavalerie (S. E.).

Bouret de Vézelay (Étienne-Louis), né le 5 juillet 1768 ; Jean-Louis-Guillaume, né le 1er avril 1770 (S. E.) ; Clair-Louis-Étienne, né le 30 décembre 1772 ; Alexandre-Louis-Victoire, né le 21 mai 1777 (S. M. M. la V. l'É.) ; Adrien-Étienne-Charles, né le 12 et mort le 21 décembre 1783 (S. E.) ; enfants de Jacques-Louis-Guillaume, chevalier, seigneur d'Esnon, et de Marie-Louise Corby.

Boureys (Charlotte-Denise-Hélène de la), née le 2 mars 1789, fille de Denis, écuyer, seigneur de Nailly, et de Marie-Cécile Chevalier (S. R.).

Bourgeois (Marie), née le 16 novembre 1734, fille d'Étienne, seigneur de Boynes, et de Marie-Marguerite-Antoinette-Françoise Gallonié de Monthelue (S. R.).

— Marguerite, née le 3 mai 1753, morte le 28 juillet 1762 (S. P.) ; fille de Pierre-Étienne, président au parlement de Besançon, seigneur de Boynes, conseiller du roi, et de Marie-Marguerite-Catherine Parat (S. R.).

— Louis-Antoine-Pierre, né le 3 août 1770, et Pierre, né le 12 avril 1772, fils de Pierre-Étienne, seigneur de Boynes, conseiller ordinaire au conseil d'État, ancien premier président du parlement de Besançon, et de Charlotte-Louise des Gots (S. N. des Ch.).

Bourguignon-Bussière (Jean-Joseph de), marquis de la Mure, mort le 28 mars 1789 à soixante-sept ans, époux de Charlotte-Philippine de Chastres (S. M. M. la V. l'É.).

Bourlon (Alphonse de), né le 4 juin 1791, fils de Gilles-Bernard, baron de Chavanges, et de Jeanne-Françoise de Launay (S. M. M. la V. l'É.).

Bournel (Marie-Philippine de), née le 7 janvier 1719, fille de Charles, marquis de Monchy, et de Marie-Catherine Fercadel (S. S.).

Bournonville (Louis-Alexandre de), mort le 8 mars 1684 à dix mois, et Anne-Louis, mort le 21 décembre 1686, à deux ans, enfants d'Alexandre, et de Marie-Charlotte-Victoire d'Albert de Luynes (S. S.).

— Charles-François, né le 14 janvier 1725, et Anne-Henriette, née le 1er septembre 1728, enfants de Jérôme, chevalier, seigneur d'Oyselet, et de Jeanne-Henriette Hérault (S. R.).

— Marie-Françoise, morte le 16 juillet 1748 à quatre-vingt-quatorze ans, veuve d'Anne-Jules, duc de Noailles (S. R.).

— Angélique-Victoire, morte le 29 septembre 1764 à quatre-vingts ans, femme de Jean-Baptiste de Durfort, duc de Duras (S. M. M. la V. l'É.).

— Victoire-Delphine, morte le 2 avril 1774, à soixante-seize ans, veuve de Victor-Alexandre-Cyr de Mailly (S. S.).

— Marie-Lydie-Albertine, morte le 29 mars 1791, à soixante-onze ans, épouse de Frédéric-Charles de Bentheim (S. S.).

Bourrassé (Élisabeth-Denise de), née le 23 septembre 1741; fille de Louis-Jean-Matthieu, écuyer, conseiller du roi, et de Louise-Françoise-Edmée Loyson d'Alençon (S. R.).

Bourrée (Sophie-Philibert), né le 20 septembre 1750; Claude-Philippe et Thérèse-Marie, nés le 12 août 1752; N. né le 27 et mort le 30 octobre 1754; Théodore-Anne, né le 15 octobre 1756; Louis-Pierre, né le 4 mai 1758; enfants de Pierre-Daniel, chevalier, seigneur de Corberon, conseiller au parlement de Paris, et de Jacqueline-Ursule Thiroux de Gerseuil (S. J. en G.).

— Daniel-Jean-Charles, né le 31 décembre 1780, et Henri-Théodore, né le 1er octobre 1784, fils de Pierre-Philibert-Catherine, marquis de Corberon, seigneur de Rieux, et d'Anne-Marie de Nogué (S. S.).

— Auguste-Charles-Marie-Emmanuel-Antide, né le 15 mars 1784, fils de Marie-Daniel, baron de Corberon, et de Charlotte-Christine-Marie de Behmer (S. J. du H. P.).

Boussingault (Marie), morte le 17 février 1725, à quatre-vingt-un ans, veuve d'Alexandre Lhuillier, conseiller du roi (S. R.).

— Marguerite, morte le 24 mai 1730, à soixante-treize ans, veuve d'Antoine Neyret, écuyer (S. R.)

Boutault de Russy (Alexandrine-Charlotte-Renée de), née le 24 juin 1773, morte le 15 août 1774, fille de René-Honoré, écuyer, et de Charlotte-Mathurine-Jacqueline Peyrote (S. M. M. la V. l'É.).

Boutechoue de Chavannes (Guillaume-Marguerite), officier de cavalerie, fils de Jérôme-Éléonore-François et d'Henriette-Silvie de Grollier, marié le 7 février 1791 à Marie-Louise-Charlotte de Croeser, fille de Charles-Auguste, seigneur d'Audincthun, et de Marie-Louise-Charlotte des Essarts (S. S.)

Bouteroue d'Aubigny (Adélaïde-Jeanne-Françoise), morte le 9 mai 1746, à vingt-neuf ans, épouse de Louis de Conflans, marquis d'Armentières (S. S.).

Bouthillier (Armand-Denis le), seigneur de Villé, mort le 26 mai 1722 à soixante-seize ans, époux de Denise de Gondon (S. R.).

— Louise-Françoise, morte le 27 décembre 1722, à quatre-vingt-neuf ans, veuve de Philippe de Clérembault, comte de Palluau (S. R.).

— Claude-Léon, marquis de Chavigny, mort le 3 avril 1753, à cinquante-trois ans (S. E.).

— Claude-Gabrielle, morte le 30 août 1774 à soixante-quinze ans, veuve de Louis Petit, brigadier des gardes du corps, major d'Aire en Picardie, et remariée à Matthieu de Basquiat, baron de la House (S. E.).

— Élisabeth-Perrette, née le 12 février 1773; Constantin-Marie-Louis-Léon, né le 16 juin 1774; Agathe-Élisabeth-Marie, née le 9 janvier 1777; Louise-Pauline, née le 14 juin 1778; Aimée-Jeanne et Anne-Balthazar, nées le 3 et mortes le 5 septembre 1783; Charles-Marie, né le 11 août 1786; enfants de Charles-Léon, marquis de Chavigny, seigneur des Aix, et d'Élisabeth-Marie Marchal de Saincy (S. E.).

— Charles-Marie, inhumé le 20 mai 1787.

— Louis-Charles-Joseph-Léon-Stanislas, mort le 3 avril 1859, à quarante-trois ans, fils de Constantin-Marie-Louis-Léon, marquis de Chavigny, et de Claude-Nicole-Constance du Bouëxic de Pinieux (Auteuil).

Boutière (Charles de la), chevalier, fils de Michel, baron de Chagny et seigneur d'Espernières, et de Marie de Senevoy, marié le 2 septembre 1686 à Anne le Maistre, fille de Jérôme, seigneur de Bellejame, et de Marie-Françoise Feydeau (S. A. des A.).

Boutillac (Abel-François de), né le 21 mai 1627, baptisé en 1651, fils de Louis, seigneur de Cerny, et de Louise de Vezier (S. J. en G.).

Boutin (Charles-Gabriel-Jean), né le 20 novembre 1768, et Marie-Madeleine-Louise, née le 28 juillet 1770; enfants de Charles-Robert, intendant des finances, et de Jeanne-Gabrielle-Delphine-Victoire Chauvelin (S. E.).

— Marie-Renée, morte le 20 avril 1770, à soixante-quatre ans, épouse d'Étienne-Charles-Félix Lallemant de Nantouillet, comte de Marly-la-Ville (S. R.).

— Anne-Françoise, morte le 1er septembre 1770, à quatre-vingt-cinq ans, veuve d'Étienne le Texier, écuyer, conseiller-secrétaire du roi, seigneur de Mennetou-sur-Nahon (S. R.).

— Charlotte-Madeleine, morte le 21 octobre 1782, à cinquante-trois ans, veuve de Henri-Philippe de Montboissier-Beaufort-Canillac (S. R.).

Boutren (Louis-François-Jacques-Claude), chevalier, baron d'Angerville, mort le 16 juillet 1770, à cinquante-quatre ans, époux de Suzanne-Catherine-Françoise le Cornier de Sainte-Hélène (S. R.).

Bouvard (Marie-Françoise de Sales), née le 11 décembre 1706, fille de Michel, seigneur de Fourqueux, et de Marie-Françoise Rouillé (S. S.).

— Agnès, née le 10 mars 1716; Angélique-Marguerite, née le 3 avril 1718, et Michel, né le 20 août 1719; enfants de Michel, seigneur de Fourqueux, et de Claude-Marguerite Hallé (S. S.).

— Charles-Michel, seigneur de Fourqueux, conseiller du roi, mort le 9 mars 1725, à soixante-sept ans (S. S.).

— Michel, ministre d'État, seigneur de Fourqueux, mort le 3 avril 1789, à soixante-dix ans (S. G.); époux de Marie-Louise Auger de Monthyon, dont Adélaïde-Agnès-Élisabeth, née le 9 février 1745 (S. S.).

Bouyer (Bernard le), sieur de Fontenelle, doyen de l'Académie française, mort le 9 janvier 1757 à cent ans moins un mois (S. R.).

Bouzay (Charles-Maurice du), marquis de Roquépine, abbé de Saint-Nicolas d'Angers, mort le 7 décembre 1752 à quatre-vingt-six ans (S. M. M. la V. l'É.).

Boyer (Pierre), baptisé le 3 août 1584, fils de noble homme Pierre, conseiller du roi au Châtelet de Paris, sieur de Villiers-sur-Marne, et de demoiselle Marie Guiot (S. G.).

Boylesve d'Arbonne (Marie-Anne de), morte le 8 janvier 1766, à vingt-quatre ans, épouse de Louis-Henri-François Colbert (S. S.).

Boys (Antoine du), baptisé le 29 avril 1637, fils de Jean, conseiller du roi, et de Claude Fauveau (S. G.).

Boysseulh (Alexandre de), né le 22 mars 1776, et Auguste-Louis, né le 10 avril 1782, enfants de François, mestre de camp de cavalerie, et de Louise-Madeleine d'Estaing (S. S.).

— Charles, fils du comte Théophile, et de Marie-Adrienne de Boysseulh, marié le 11 décembre 1777 à Agnès-Lucie Auguste, fille de Louis, et de Lucie Estienne, dont Charles-Théophile, né le 24 août 1780, et Alexandrine-Virginie, née le 5 septembre 1788 (S. S.).

Brachet (Louis-Anne-Bonaventure de), né le 31 mai 1761, et Gilbert-Balthazar-Charles-Armand, né le 3 septembre 1762; enfants de Gilbert, marquis de Florensac, et d'Anne-Nicole Dangé (S. R.).

— Le marquis Claude, mort le 4 mai 1767, à cinquante-trois ans (S. E.).

— Marie-Césarine-Augustine, chanoinesse et comtesse de Neuville en Bresse, morte le 19 juin 1789, à vingt-huit ans, fille du comte Jean-Baptiste, et d'Anne-Louise-Élisabeth de Chastenay (S. E.).

Brachi (Antoine-Jean), capitaine au 2ᵉ grenadiers, né à Pignerol le 3 juillet 1784, fils de Jean, et de Françoise-Marie Scassola, morte à Paris en février 1806, veuf à Versailles, le 21 mars 1828, de Marie-Louise-Perrine-Joséphine Hardivillier, remarié le 2 juin 1830 à Louise-Françoise-Estelle d'Artois de Bournonville, née à Porquéricourt le 11 septembre 1802, fille d'Éloi-Joseph, officier supérieur des gardes du corps du roi, et de Marie-Louise-Charlotte de Langlois de Brouchy, morte en février 1806 (X⁰ arr.).

Bragelogne (François de), né le 13 février 1636, baptisé le 6 mars 1639 avec sa sœur Marie, enfants de Claude, surintendant général des vivres militaires, et de Marie Godefroy (S. G.).

— Pierre, mort le 15 février 1718, à quatre-vingt-six ans et demi, époux de Charlotte de Mézières (S. R.).

— Nicolas, mort le 10 janvier 1720, à soixante-dix-huit ans (S. P.).

— Marie-Claude, morte le 1ᵉʳ septembre 1720, fille de Jean-Baptiste-Camille, et de Claude-Françoise Guillois (S. P.).

— Christophe, mort le 20 février 1721, à soixante-quinze ans (S. P.).

— Marie-Jeanne-Françoise, née le 18 février 1755, fille de Jean-Baptiste-Claude, chevalier, seigneur du Soussay, conseiller du roi en sa cour de parlement, et de Marie-Anne de Loyac (S. P.).

— Le comte François-Charles, brigadier des armées du roi, inhumé le 6 juin 1762, à soixante-quatre ans (S. P.).

— Geoffroy-Dominique-Charles, abbé de Longuay, grand-vicaire et doyen de Beauvais, mort le 23 septembre 1764, à soixante-quatre ans (S. P.).

— Bernard-Christophe, seigneur d'Ognon, mort le 26 février 1769, à trente-neuf ans (S. P.).

— Marie-Madeleine, morte le 26 janvier 1790, à quatre-vingt-deux ans, veuve de Philippe de Gueullay de Rumigny, major de cavalerie, chevalier de Saint-Louis (S. N. des Ch.).

Brail (Gaspard du), seigneur de Dalou-Rieux, veuf d'Anne de Cochet, remarié le 13 mai 1697 à Paule de Montlezun, veuve d'Annet des Cars, baron de la Motte-Ocanville (S. A. des A.).

Brancas (Suzanne-Dorothée de), morte le 15 juillet 1701 à dix mois ; Louis-Bufile, né le 28 septembre 1710 ; Charles-François, né le 24 février 1715 ; Marie-Thérèse, née le 1ᵉʳ avril 1716 ; Louis-Joseph, né le 24 avril 1717 et Louis-Paul, né le 25 mai 1718, enfants de Louis-Toussaint, comte de Céreste, et d'Élisabeth-Charlotte de Brancas (S. S.).

— N. né le 14 avril 1713, et Louis, né le 5 mai 1714, enfants de Louis-Antoine, duc de Villars, et de Marie-Angélique Frémyn de Moras (S. S.).

— Louis, mort le 12 octobre 1716, à quarante-six ans, abbé de Notre-Dame des Alleux, diocèse de Poitiers (S. R.).

— Françoise-Gabrielle, morte le 26 octobre 1724, à vingt-un ans, épouse de François-Louis le Tellier, marquis de Louvois (S. R.).

— Marie-Madeleine, morte le 7 mars 1733 à soixante-cinq ans, épouse de Gabriel-Henri de Beauvau (S. S.).

— Louis-Léon-Félicité, né le 3 juillet 1733, et Antoine-Bufile, né le 15 août 1735, fils de Louis, duc de Lauraguais, et de Geneviève-Adélaïde-Félicité d'O (S. S.).

— Élisabeth-Charlotte-Candide, morte le 26 août 1741 à soixante ans, épouse de Louis de Brancas, comte de Forcalquier (S. S.).

— Jeanne-Thérèse-Candide, née le 23 novembre 1743, morte le 30 janvier 1746, fille de Louis-Basile, et de Renée-Françoise de Carbonel de Canisy (S. S.).

— N. née le 27 novembre 1744, morte le 3 janvier 1749, fille de Louis, duc de Lauraguais, et de Diane-Adélaïde de Mailly (S. S.).

— Louis-Marie-René, né le 6 juin 1750, et Françoise-Renée-Candide, née le 21 avril 1751, morte le 4 juin 1766, enfants de Louis-Paul, marquis de Céreste, et de Marie-Anne-Renée-Jacqueline Grandhomme de Giseux (S. S.).

— Le marquis Louis-Bufile, mort le 9 août 1750, à soixante-dix-neuf ans (S. S.).

— Louis-Bufile, mort le 3 février 1753, à quarante-trois ans (S.S.).

— Louis-Bufile-Toussaint-Hyacinthe, mort le 25 avril 1754, à cinquante-sept ans (S. S.).

— Louise-Antoinette-Pauline-Candide–Joseph–Félicité, née le 23 novembre 1755, et Antoinette-Candide-Pauline, née le 24 octobre 1758, filles de Louis-Léon-Félicité, duc de Lauraguais, et d'Élisabeth-Pauline le Vilain de Gand Mérode d'Isenghien de Montmorency (S. S.).

— Auguste-Camille, né le 28 août 1761 (S. S.), et Antoine-Constant, baptisé à S. R. le 7 octobre 1764, déclarés en 1786 fils de Louis-Léon-Félicité, comte de Lauraguais, et de Madeleine-Sophie Arnoud.

— Joseph-Laurent, abbé d'Aulnay, mort le 13 janvier 1766, à soixante-sept ans (S. S.).

— Antoinette-Constance-Louise-Candide, née le 21 octobre 1768 et Renée-Adèle-Candide, née le 2 mars 1777, filles du comte Antoine-Bufile, et de Marie-Louise de Lowendal (S. M. M. la V. l'É.).

— Louis-Albert, né le 8 octobre 1775, fils de Louis, duc de Villars, et de Catherine-Frédérique-Wilhelmine de Neukirchen de Nyverheim (S. M. M. la V. l'É.).

— Marie-Thérèse, morte le 4 décembre 1782, à soixante-cinq ans, épouse de Louis-Jules-Barbon Mancini-Mazarini, duc de Nivernais, et veuve en premières noces de Jean-Anne-Vincent de Larlan de Kercadio, comte de Rochefort (S. S.).

Brancas (Marie-Joseph de), marquis d'Oyse, mort le 3 mars 1783, à quatre-vingt-seize ans (S. S.).

Dry : ax-Constant, né le 11 frimaire an V, fils d'Auguste-Camille, dit de Lauraguais, et de Marie-Rose-Claudine Vincent, mariés le 20 floréal an VII (Xe Arr.).

Braque (Marie-Thérèse-Edmée de), née à Versailles le 20 mars 1728, baptisée à Paris ; Marie-Élisabeth, née le 6 mars 1731, filles du marquis Paul-Émile, chevalier, seigneur du Luat, et de Marie-Geneviève Amyot (S. R.).

— Élisabeth-Geneviève, morte le 5 juin 1731, à trente-quatre ans quatre mois (S. R.).

— Anne-Paul-Benoît, né le 13 avril 1737, mort le 23 mars 1739 ; Aimé-César, né le 5 août 1739, mort le 5 mars 1743, et Élisabeth, née le 31 mai 1741, enfants du marquis Paul-Émile, chevalier, seigneur du Luat, et d'Élisabeth de Lorimier (S. R.).

Braux d'Anglure (Anne-Marie-Charlotte de), morte le 3 septembre 1765, à vingt-deux ans, fille de Charles-Ignace, seigneur de Clamanges, et d'Anne-Marie Schaub (S. P.).

— Antoine-François-Martin, mort le 28 décembre 1767, à trente-six ans (S. S.).

Bray (Jean-Baptiste-Gaston de), sieur de la Brimondière, mort le 8 janvier 1752, à soixante-dix-huit ans, époux de Marie-Élisabeth Scalle de l'Isle (S. R.).

Brayer (Anne-Élisabeth), morte le 5 mai 1758, à quarante-six ans, épouse d'Anne-César-François de Paris, seigneur de la Brosse, marquis de Ponteaux-sous-Montreuil (S. P.).

— Marie-Anne, morte le 5 mars 1770 à soixante-deux ans, veuve de Jean-Baptiste Bochart de Saron (S. S.).

Bréard (Jean-Thomas-Bernardin de), écuyer, fils de Pierre, comte Dessires de Neuville, et de Louise-Suzanne Clément, marié le 31 décembre 1786 à Marie-Claudine-Charlotte du Dressier, fille de Claude-François-Xavier, et de Marie-Armande-Joséphine de Vallin, dont : Marie-Fidèle, née le 27 septembre 1789 (S. J. du H. P.).

Bréauté (Pierre-Jean-Laurent-Suzanne de) conseiller de la grande chambre au Parlement de Normandie, seigneur et patron de la Chapelle-Bréauté, mort le 2 novembre 1775, à quarante-trois ans, époux d'Anne-Madeleine-Claude-Constance Guillebon (S. R.).

Bréda (Antoine de), curé de Saint-André-des-Arts, mort le 16 avril 1678.

Brehan (Théodore-Cerbonnet de), né le 29 octobre 1725 ; Louise-Félicité, née le 30 novembre 1726, Louis-Auguste-Scipion, mort le 17 octobre 1735, à deux ans quatre mois, et Louise-Élisabeth, morte le 10 avril 1735, enfants de Louis-Robert-Hippolyte, comte de Plélo, et de Louise-Françoise Phélyppeaux de la Vrillière (S. S.).

— Madeleine-Angélique-Charlotte, née le 15 avril 1750, fille du marquis Marie-Jacques, et de Marie-Jeanne-Angélique Delpech (S. R.).

— Le marquis Marie-Jacques, vicomte de l'Isle, maréchal des camps et armées du roi, mort le 30 mai 1764, à quarante-neuf ans (S. P.).

— Anne-Flore-Gabrielle, née le 29 juin 1768, et Armand-Louis-Fidèle, né le 15 juillet 1770, enfants de Jean-Amalric, comte de Mauron, et d'Anne-Flore Millet (S. E.).

— Marie-Jeanne-Amalric, morte le 17 juin 1784 à neuf ans, fille du comte Bihy-Amalric, mestre-de-camp de dragons, et de Marie-Louise Bellanger (S. E.),

Breil (Jeanne-Thérèse du), née le 31 juillet 1746, fille de Claude-François, seigneur de la Brossardière, et de Marie-Thérèse de la Mare (S. R.).

Brémond (N. de), né le 19 et inhumé le 20 février 1751, fils de N. comte de Dommartin, et de Marie Vadel (S. M. M. la V. l'É.).

— François, mestre de camp de cavalerie, mort le 18 décembre 1765, à quatre-vingt-quatorze ans (S. R.).

— Pierre-Claude-Arthur, né à Niort le 20 mars 1804, fils du comte Alexandre-Jacques-Charles, et de Louise-Marguerite-Lucile Desfrancs, marié le 3 avril 1830 à Claudine-Eugénie-Delphine-Philogone-Louise Panisse, née à Saint-Domingue, le 18 mai 1807, fille de Pierre, maréchal de camp, et de Marie-Geneviève-Eugénie Bellanger des Boullets (Ier arr.).

BRET (Cardin-Charles-Provence le), mort le 28 décembre 1718 à cinq ans sept mois, fils de Cardin, et de Marguerite-Henriette de la Briffe (S. G.).

— Marie, morte le 17 avril 1756, à soixante-dix-sept ans, veuve d'Antoine-François Méliand, chevalier, conseiller d'État ordinaire (S. J. en G.),

— Marie-Geneviève-Rosalie, inhumée le 2 octobre 1759, à trente-sept ans neuf mois trois jours, épouse de Jean-Baptiste-Paulin Daguesseau de Fresnes (S. S.).

BRETAGNE (Anne-Agathe de), née le 5 février 1674, et baptisée le 29 décembre 1677, fille de Claude, pair de France, comte de Vertus et de Goëllo, et d'Anne-Judith le Lièvre. Parrain : Messire Claude du Houssay, marquis de Trichâteau et baron de Lusse, et chancelier de Monsieur, frère du roi. Marraine : Anne Faure, veuve de Thomas le Lièvre, conseiller du roi en ses conseils, maître des requêtes ordinaires de son hôtel, premier président en son grand conseil, marquis de la Grange, Fourilles, et baron d'Uriel. — Angélique, sa sœur, née le 15 juillet 1678, à dix heures du matin et ondoyée par le curé de Soucelles en Anjou, baptisée à Paris le 5 août suivant. Parrain : Philippe le Lièvre, seigneur de Valcour, gentilhomme ordinaire du roi. Marraine : Angélique de Bretagne de Chantocé (S. N. des Ch.).

— Claude, baron d'Avaugour, mort le 7 mars 1699, à soixante-neuf ans, et inhumé le 8 (S. S.).

— Angélique, demoiselle de Vertus, morte le 29 décembre 1719 à quarante-un ans; inhumée le 30 (S. S.).

— Anne-Agathe, demoiselle de la Touche, morte le 12 janvier 1720, à quarante-quatre ans et inhumée le 13 (S. S.).

— Catherine-Barthélemy-Simone, demoiselle de Châteaulin, morte le 14 janvier 1720, à trente-six ans, inhumée le 15 (S. S.).

— Armand-François, fils de Claude, baron d'Avaugour, et d'Anne-Judith le Lièvre, mort le 12 janvier 1734, présenté le 14 à Saint-Sulpice, pour être transporté à Clisson en Bretagne.

— Marie-Claire, morte le 24 octobre 1740 à soixante-quatre ans, veuve de Charles-Roger, prince de Courtenay, inhumée le 27 (S. S.).

— Henri-François, premier baron de Bretagne, baron d'Avaugour, comte de Vertus et de Goëllo, seigneur de Clisson, mort le 2 septembre 1746 à soixante-un ans, inhumé le 5 (S. S.).

BRETIGNIÈRES (Étienne et Charles-François de), nés et morts le 5 octobre 1711, fils de Pierre, et de Louise-Françoise Chevalier (S. S.).

— Gilles-Antoine, mort le 7 mai 1721, à vingt-un ans, fils d'Honoré-Antoine, sieur de Pons, et de Jeanne Saugeron de Montgevoisin (S. S.).

— Charles-Louis, né le 17 février 1768, fils de Pierre-Louis, vicomte de Courteilles, maréchal de camp, chevalier de Saint-Louis, et de Marie-Angélique Aubin.

BREUIL (Charles du), marquis du Rays, mort le 19 janvier 1765, à quatre-vingt-deux ans (S. S.).

BRIANÇON-VACHON (Marie-Justine-Angélique de), née le 2 février 1762 ; Antoine-Nicolas-François, né le 30 novembre 1763 ; Marie-Jeanne-Florimonde, née le 6 juillet 1766 ; Alexandre-Marie-François-Pierre-Thibault, et César-René-Marie-François-Rodolphe, nés le 2 mars 1770, enfants de François, marquis de Belmont, et de Jeanne-Françoise de Saint-Quintin de Blé (S. S.).

— Marie-Louis-Gabriel-Alfred-Ladislas, marquis de Belmont, né à Amiens le 10 décembre 1804, fils de César-René-Marie-François-Rodolphe, mort à Reims, le 13 mars 1814, et de Clémentine-Louise-Henriette de Choiseul-Beaupré-Gouffier, morte à Mâcon en novembre 1844, marié le 20 mai 1845 à Marie-Suzanne-Armande Posuel, née à Paris le 25 décembre 1826, fille de Pierre-Amédée, vicomte de Verneaux, et de Claudine-Mélanie Bignon (X^e arr.).

BRIÇONNET (N.), morte le 1er juin 1672, et Marie, née le 3 juillet 1673, filles de Charles, chevalier, seigneur de Glatigny, et de Madeleine Pétau (S. A. des A.).

— Jacques-François, né le 23 juin 1677, fils de François, président aux enquêtes, et de Geneviève Courtin (S. N. des Ch.).

— Charles, chevalier, seigneur de Glatigny, mort le 12 mai 1680 (S. A. des A.).

— Clémence, morte le 8 octobre 1701, veuve de Denis Mareschal (S. A. des A.).

— Alexandre-Jacques, né le 18 juillet 1705, fils de Guillaume, chevalier, comte d'Auteuil, et de Catherine Croiset (S. S,).

— Claude-Henri, marquis d'Oysonville, seigneur de Villers-le-Sec, mort le 7 octobre 1773 à soixante-trois ans (S. S.).

— François-Guillaume, conseiller d'honneur au parlement, mort le 24 octobre 1782 à quatre-vingt-quatre ans (S. E.).

Bridieu (Charles-Paul-Jacques-Joseph de), mort le 15 janvier 1762, à soixante-dix ans, époux de Marthe Raymond (S. S.).

Brière. « Le 6 mai 1619, convoi d'une petite fille du gendre de M. de la Brière (S. P.).

— Claude, sieur de l'Isle, mort le 26 octobre 1734 (S. N. des Ch.).

— Jean-Baptiste-Antoine-Marie-Rigobert, né le 12 octobre 1787, fils de Louis-Philippe, sieur du Coudray, et de Marguerite Lavigne (S. M. M. la V. l'É.).

Briffe (Anne-Catherine de la), née le 26 août 1677 ; Pierre-Arnaud, né le 21 juillet 1678 ; Marguerite, née le 8 juillet 1680 ; Pierre-Arnaud, né le 23 janvier 1682, enfants d'Arnaud, chevalier, conseiller du roi, et de Marthe-Agnès Potier de Novion (S. N. des Ch.).

— Bonne-Charlotte-Henriette, morte le 26 août 1726, à trois ans, fille d'Antoine-Arnaud, et de Marie-Charlotte Cantin (S. P.).

— Anne-Marie-Madeleine, morte le 21 mars 1756, fille de Louis-Arnaud, et de Madeleine Thoynard (S. S.).

— Marguerite-Geneviève, morte le 11 janvier 1766 à soixante ans, veuve de Charles de Choiseul, comte d'Esguilly (S. P.).

— Marie-Sophie-Joséphine, morte le 8 mars 1770 à dix-neuf ans, épouse de Louis-Pierre-Nolasque de Balbes-Berton, marquis de Crillon (S. S.).

— Pierre-Arnaud, conseiller du roi, fils de Louis-Arnaud, intendant de justice, et de Marie-Madeleine Thoynard, marié le 2 mai 1776 à Félicité-Renée-Claude de Bernage, fille de Jean-Louis, et de Marie-Élisabeth Marié (S. S.).

— Pierre-Arnauld, conseiller du roi, seigneur de Passy sur Marne, mort le 3 février 1788 à quarante-neuf ans, époux de Marie-Félicité-Reine-Claude de Bernage (S. N. des Ch.).

BRILHAC (Pierre de), fils de Nicolas, seigneur de Nouzières et de Catherine-Jeanne Auzannet, marié le 17 septembre 1693 à Marie-Anne de Chouet, fille de feu Pierre, seigneur de Genreau, et de Marie du Moley (S. A. des A.).

BRINON (Louis), écuyer, châtelain de Fomanville, conseiller au parlement de Rouen, marié le 3 février 1643 à Françoise Jubert, fille de Jacques, seigneur du Thil, Morgny, Doménil, etc., président en la chambre des comptes, et de Marie Danès (S. A. des A.).

BRION (Charles de), baptisé le 13 juin 1638, et Marc-Cyrus, né le 29 février 1640, enfants de Marc-Cyrus, écuyer, sieur de Martigny, et de Louise Godard (S. G.).

— Antoinette, morte le 16 avril 1747, à soixante-quinze ans, veuve de Charles Amelot, marquis de Combronde (S. S.).

— Le marquis Cyr, mort le 30 janvier 1765 à soixante-dix-sept ans (S. P.).

— Marguerin-Philippe, conseiller à la cour des aides, veuf de Louise-Constance-Clotilde Alexandre, remarié le 7 septembre 1776 à sa belle-sœur Marie-Espérance-Catherine-Amélie-Alexandre, fille de Jérôme-Marie-Hugues, seigneur d'Hanache, et de Jeanne-Espérance Milifiotte de Saint-Germain, dont : Antoine-Charles-Louis-Marguerin-Philippe, né le 28 août 1776 (S. S.); et Antoine-Hercule-François-Marguerin-Philippe, né le 12 janvier 1778 (S. E.).

BRIQUEMAUT (Marie de), morte le 10 octobre 1727 à quarante-deux ans, veuve d'Henri Sacriste, marquis de Tombebœuf (S. S.).

BRIQUEVILLE (Louis-Gabriel de), mort le 24 mars 1684, à vingt-cinq ans, fils de Gabriel, marquis de la Luzerne (S. S.).

— Henri-François, né le 11 mai 1696, fils d'Henri, comte de la Luzerne, et de Bonne-Gabrielle des Chervys (S. A. des A.).

— Martin, né le 11 novembre 1704 ; Philippe-François, né le 26 mai 1706 ; Mélanie-Colombe-Marguerite, née le 9 janvier 1709 ; Louise, née le 29 avril 1712, morte le 29 août 1713, enfants de François, marquis de la Luzerne, et de Catherine d'Aix de la Chaise (S. S.).

— Cyr-Antoine, marquis de Colombières, mort le 30 novembre 1707 (S. A. des A.).

— Charles-François, né le 8 juin 1719, et Louis-Gabriel, né le 4 février 1721, enfants de Gabriel-François, capitaine de cavalerie, mort le 13 juin 1724 à trente-sept ans, et de Louise de Grandpré (S. S.)

— François, marquis de la Luzerne, mort le 24 novembre 1727 à soixante-quatre ans (S. S.).

— Anne-Henriette, morte le 26 mars 1758 à soixante-douze ans (S. S.).

— Gabriel, chevalier de la Luzerne, chevalier de Malte, commandeur de Sours et Arville, maréchal des camps et armées du roi, mort le 12 juin 1764 à soixante ans six mois (S. R.).

— Bonne-Damaris, morte le 11 juin 1763 à quarante-sept ans, épouse de Paul-Louis-Jean-Baptiste Savary, comte de Brèves (S. S.).

— Aglaé-Henriette-Charlotte, née le 26 septembre 1776 (S. N. des Ch.), et Charlotte-Jeanne-Justine, née le 29 décembre 1778 (S. R.); Joséphine-Françoise-Henriette, née le 30 septembre 1782 (S. M. M. la V. l'É.); filles du comte Henri-Geoffroy-Cyrus, et de Charlotte-Rose-Françoise d'Harcourt.

Brisay (Catherine-Louise-Marie de), morte le 8 octobre 1723 à quarante ans, épouse de Charles-Louis de Rogres de Lusignan, marquis de Champignelles (S. P.).

— Paul-Marie, mort le 24 février 1756 à huit ans, fils de Louis-René, marquis de Denonville, maréchal des camps et armées du roi, et de Françoise Pinon (S. P.).

— Thérèse, dame et baronne du Puiset, morte le 27 mars 1757 à quarante-sept ans (S. R.).

— Adélaïde-Louise, morte le 27 mai 1766 à cinquante ans, épouse d'Antoine-Pierre Courtin, seigneur d'Ussy (S. P.).

— Eulalie, née le 1er octobre 1779, fille du comte Ange-René, mort le 8 mai 1787 à cinquante-deux ans, et d'Émilie-Louise Picot de Dampierre (S. M. M. la V. l'É.).

Brissart (Auguste-Simon), écuyer, seigneur de Triel, Chanteloup, morte le 19 janvier 1779 à cinquante-deux ans (S. E.).

Brisson (Charles-Nicolas-François), né le 26 mai 1749; Antoinette-Claude, née le 11 septembre 1761, et Élisabeth-Catherine, née le 14 février 1765, enfants de François, chevalier, seigneur de Montalin, et de Catherine-Madeleine Sensse (S. S.).

Brivazac (Edme-Jean-Baptiste de), comte de Beaumont, lieutenant-colonel de cavalerie, chevalier de Saint-Louis, mort le 2 août 1821 à soixante-douze ans, marié à Marie-Gabrielle de Gaudet de Blois (1ᵉʳ arr.).

Brochant (Marie-Madeleine), née le 18 juillet 1678, fille de Louis, seigneur d'Orangis et d'Angélique d'Averdouin (S. N. des Ch.).

— André-Joachim, chevalier, seigneur de Villiers, conseiller du roi, mort le 7 août 1784 à trente-neuf ans (S. E.).

— Anne-Marguerite, morte le 17 février 1789 à soixante-deux ans, veuve de Claude-Pierre le Long de Ligny, conseiller du roi (S. G.).

Brochet de Saint-Priest (Antoinette-Françoise), née le 14 août 1762, et Élisabeth, née le 1ᵉʳ mars 1764, morte le 25 mai 1764, filles de Charles, et d'Élisabeth-Louise-Victoire de Kessel (S. M. M. la V. l'É.).

Broglie (François-Victor de), né le 27 septembre 1711 ; Marie-Françoise, née le 6 décembre 1714 ; Charles-Guillaume-Louis, né le 17 juin 1716, enfants du marquis Charles-Guillaume, et de Marie-Madeleine Voisin (S. S.).

— Victor-François, né le 19 octobre 1718 ; Charles, né le 20 août 1719 ; Marie-Charlotte-Thérèse, née le 20 avril 1726, et Marie-Thérèse, née le 11 mai 1732, enfants de François, comte de Buchy et de Thérèse-Gillette Locquet de Grandville (S. S.).

— François-Raymond-Félix, comte de Revel, mort le 14 août 1720 à soixante-quatre ans (S. S.).

— François-Marie, né le 3 août 1737 ; Alexis-Pierre-Thérèse, né le 2 octobre 1738, mort le 4 janvier 1739 ; Charles-François, né le 18 novembre 1744, mort le 3 avril 1747, fils du comte, puis duc Victor-Maurice, et de Marie-Anne du Bois de Villiers (S. S.).

— Charles-Amédée-Marie, né le 26 octobre 1734 ; Charles-Guillaume-Louis, né le 6 février 1737 ; et Achille-Joseph, né le 14 juillet 1740, fils du marquis Charles-Guillaume-Louis, et de Théodore-Élisabeth-Catherine de Bezenval (S. S.).

— Joseph-Hyacinthe, abbé de Pignerol, mort le 8 janvier 1735 à quatre-vingt-un ans (S. S.).

— Françoise, demoiselle de Revel, morte le 22 janvier 1750 à trente ans (Panthemont).

— Achille, mort le 13 avril 1750 à soixante-dix-huit ans (S. S.).

— Le marquis Charles-Guillaume, mort le 12 novembre 1751 à quatre-vingt deux ans, veuf de Marie-Madeleine Voisin (S. S.).

— Louise-Augustine-Thérèse, née le 6 mars 1753 ; Charlotte-Amédée-Salbigothon, née le 12 juin 1754 ; Adélaïde-Françoise, née le 21 août et morte le 8 septembre 1755 ; Charles-Louis-Victor, né le 23 septembre 1756 (S. R.) ; Charles-Louis-Victor, né le 28 août 1765, et Victor-Amédée-Marie, né à Broglie, le 23 octobre 1772, baptisé à Paris en février 1774, enfants du duc Victor-François, et Louise-Augustine-Salbigothon Crozat de Thiers (S. S.).

— Louise-Auguste-Charlotte-Françoise, née le 25 août 1760 ; Philippine-Thérèse, née le 5 février 1762 ; Adélaïde-Charlotte, née le 29 juillet 1763 ; Auguste-Louis-Joseph, né le 30 janvier 1765, Amédée-Marie, né le 30 janvier 1766, et Elzéar-Ferdinand-François, né le 30 janvier 1768, enfants de Charles, marquis de Ruffec, chevalier des ordres du roi, lieutenant-général de ses armées, et de Louise-Auguste de Montmorency-Logny (S. S.).

— Charles-Maurice, abbé du Mont Saint-Michel, mort le 21 avril 1766 à quatre-vingt-quatre ans (S. S.).

— Charles-Louis-Victor, fils du duc Victor-François, et de Louise-Augustine-Salbigothon Crozat de Thiers, marié le 3 février 1779 à Sophie de Rosen, fille d'Eugène-Octave-Augustin, comte de Kleinroop, marquis de Rolleville, et de Marie-Antoinette-Louise-Esprit-Juvénal-Claude de Harville de Tresnel des Ursins, dont : Amélie-Antoinette-Victorine, née le 8 juillet 1781 ; Constance-Louise-Sophie, née le 29 septembre 1782 ; Thérèse-Octavie-Gabrielle, née le 10 avril 1784, et Achille-Léonce-Victor-Charles, né le 28 novembre 1785 (S. S.).

— Auguste-Joseph, âgé de dix-neuf ans, prince de Revel, fils du duc Victor-François, et de Louise-Augustine-Salbigothon Crozat de Thiers, marié le 9 avril 1782 à Françoise-Louise-Angélique de la Brousse, âgée de vingt-un ans, fille de César-Pierre-Thibault, marquis de Verteillac, et de Marie-Louise de Saint-Quintin de Blé, dont : Auguste-Victor-César, né le 16 avril 1783 ;

Alexandrine-Françoise-Victorine, née le 23 juillet 1784, Alphonse-Gabriel-Octave, né le 11 novembre 1785; Alexandrine-Simplicie, née le 18 janvier 1787; Charles-François-Ladislas, né le 18 octobre 1788 (S. S.).

— Le prince Jacques-Victor-Albert, né à Paris le 13 juin 1821, fils du duc Charles-Achille-Victor-Léonce, et d'Ida-Gustavine-Albertine de Staël-Holstein, morte à Broglie le 22 septembre 1838, marié le 18 juin 1845 à Joséphine-Éléonore-Marie-Pauline de Galard-Brassac, née à Paris le 22 juin 1825, fille de Louis-Hector, comte de Béarn, et de Coralie-Constance-Éléonore le Marois, morte à Combiers en novembre 1828 (X° arr.).

Brossard (Marie), née le 28 décembre 1672, fille de François, sieur de Beaulieu, et de Marie-Françoise Malet (S. A. des A.).

— Louise-Philippine-Fortunée, née le 16 septembre 1779; Louis-Joseph-Philippe, né le 23 janvier 1782; Aimée-Marie-Anne, née le 6 septembre 1783; François-Constantin, né le 8 juillet 1787; enfants du comte François-Constantin, premier écuyer du duc d'Orléans, et de Marie-Perrine-Étiennette d'Auvilliers (S. E.).

Brosse (Louise-Marie-Joséphine de), née le 4 mars 1783, fille de Pierre-Michel, et d'Angélique-Félicité-Colette de Bizemont (S. S.).

— Adolphe-Ignace-Joseph-François-Bonaventure, né le 31 octobre 1788, mort le 2 juillet 1790, et Antoine-René-Florian-Alphonse-Hélène-Marie-Ursule, né le 27 juin 1790; fils d'Ignace-Joseph, marquis de Montendre, député extraordinaire à l'Assemblée nationale, et de Joséphine-Marie-Louise del Lovera (S. E.).

Brossin (Alexis-Charles-Jean de), né le 7 août 1773, et Adélaïde-Charlotte, née le 25 novembre 1771, enfants du baron Jean-André, comte de Méré, et de Marie-Charlotte-Xavier Lallemant de Macquelinc (S. E.).

Brouilly (François de), marquis de Martigny, vicomte de Villers-Héron, mort le 25 novembre 1680 (S. A. des A.).

— Charles, chevalier de Malte, inhumé le 16 juillet 1682, fils de feu François, marquis de Martigny, vicomte de Villers-Héron, et de Christine d'Autry (S. A. des A.).

Brouilly-Piennes (Olympe de), morte le 23 octobre 1723, veuve de Louis-Marie duc d'Aumont (S. G.).

Brousse (Alexandrine-Marie de la), née le 4 novembre 1759;

Françoise-Louise-Angélique, née le 9 décembre 1760, et François-Gabriel-Thibault, né le 17 janvier 1763; enfants de César-Pierre-Thibaut, marquis de Verteillac, baron de la Tour-Blanche, et de Marie-Louise de Saint-Quintin de Blé (S. S.).

Bruc (N. de), mousquetaire du roi de la première compagnie, mort le 14 juillet 1740, à dix-huit ans (S. S.).

— Marie-Joséphine-Adélaïde, née le 10 mars 1784, fille du marquis Marie-François, et de Monique-Sophie-Louise le Conte de Nonant de Raray (S. S.).

— Le comte Sébastien-Armand, marquis de Goulaine, mort le 17 novembre 1785, à cinquante ans (S. S.).

— Le baron Prudent-Louis-Aimé, capitaine de cavalerie, mort le 21 février 1791, à trente-neuf ans, époux d'Agathe-Gabrielle Marion de Givry (S. E.).

— Mathilde-Caroline, native de Bruxelles, morte le 30 juillet 1834, à dix mois, fille du comte Frédéric, et de Caroline-Valentine de Querecques de Croy (X^e arr.).

— Hippolyte-Marie-Louis, né à Rozé le 27 juillet 1818, fils du marquis Marie-Auguste, mort à Guéméné en décembre 1844, et d'Olympe-Hermine-Augustine Lecorgne de Launay, marié le 9 juin 1845 à Sophie-Louise-Pauline Michault, née à Paris le 22 octobre 1821, fille de Joseph-César, vicomte de Saint-Mars, et de Sophie-Louise-Alexandrine Weltner (X^e arr.).

Brulart (Madeleine), baptisée le 27 février 1567, fille de noble homme messire Denis, conseiller du roi en sa cour de parlement, et de demoiselle Madeleine Hamigny (S. G.).

— Anne-Geneviève, morte le 27 avril 1738, à quatre-vingts ans, fille de défunts René, marquis de Genlis, et d'Anne de Longueval (S. S.).

— Gabrielle-Charlotte-Elisabeth, morte le 16 janvier 1740, à soixante-sept ans dix mois, veuve de François-Joseph de Blanchefort, baron d'Asnois (S. S.).

— Marie-Anne-Claude, morte le 15 décembre 1750 à quatre-vingt-deux ans, veuve d'Henri duc d'Harcourt (S. S.).

— Charlotte-Jeanne, née le 4 septembre 1775; Edme-Nicole-Pulchérie, née le 11 mars 1767; Casimir-Charles-Philogène, né le 12 septembre 1768; enfants de Charles-Alexis, comte de Genlis, et d'Étiennette-Félicité du Crest (S. J. du H. P.).

— Louis-Philogène, marquis de Sillery, mort le 8 décembre 1770, à soixante-dix ans (S. S.).

— Marie, morte le 31 mai 1771, à soixante-quatorze ans (S. S.).

— Adélaïde-Félicité, morte le 11 février 1786, à soixante ans, trois mois, onze jours, veuve de Louis-César, duc d'Estrées (S. S.).

Bruet (N. de), fils du comte Joseph-Clément-Marie, et de Marie-Catherine-Henriette Desjardins, né le 3 août 1784 (S. R.).

Brun (Louise-Hélène le), née le 29 janvier 1709 ; Élisabeth-Agnès, née le 17 février 1710 ; Marie-Thérèse, née le 11 avril 1711 ; filles de Guillaume, marquis de Dinteville, et d'Élisabeth Quentin de la Vienne (S. S.).

— Louis-Victor-Casimir, mort le 31 août 1766, à dix ans, fils de feu Joseph, marquis de Dinteville, et de Louise-Françoise de Rochechouart (S. S.).

— Arnoul, né le 1er juillet 1761, fils d'Arnoul, écuyer, gentilhomme du prince de Salm-Salm, et de Perpétue-Marguerite Oursel (S. J. du H. P.).

Brun de la Serre (Jean-Baptiste-Joseph de), mort le 18 janvier 1776 à trente-quatre ans (S. J. du H. P.).

Brunet (Armand-Jérôme-Joseph), né le 26 août 1753 ; Espérance-Pélagie, morte le 6 mai 1756, à cinq ans ; Agnès-Jean-Joseph, mort le 14 mai 1756, à cinq ans ; Marie-Madeleine-Jeanne, née le 2 décembre 1761, morte le 19 mars 1768, et François-Timothée-Joseph, né le 8 juillet 1765 ; enfants de Joseph-Moulins, marquis d'Évry, et de Marie-Espérance Masson de Plissay (S. R.).

— Antoine-Louis-Gilles, colonel de chasseurs, mort à Évry en octobre 1815, fils de ces derniers, marié le 16 février 1785 à Anne-Claudine-Gabrielle-Camille de Chabenat, fille de Marie-Ange-Étienne, seigneur de la Malmaison, et de Marie-Gabrielle Douet de Vichy, dont : Ange-Claude-Amédée, né le 7 décembre 1785 (S. S.), mort le 10 juin 1840 (1er arr.) ; Alexandrine-Marie-Joséphine-Camille, née le 9 août 1788 (S. S.), et Ange-Gilles-Paul, né à Moulins le 3 juin 1793, veuf à Nice le 22 janvier 1827 de Laure-Adélaïde-Louise Leroux, remarié le 18 avril 1830 (Xe arr.), à Louise-Gabrielle de Rosières, née à Paris le 17 décembre 1808, fille de Gabriel-Joseph-Éléazar, marquis de Sorans, mort à Vesoul en octobre 1817, et de Marie-Anne-Victoire de Cléron d'Haussonville, morte à Paris en avril 1826, et petite-fille du marquis de Sorans, mort à Sorans en nivôse an V, et de la marquise, morte à Paris en mars 1812, et de Joseph-Louis-Bernard de Cléron comte d'Haussonville, mort à Guercy en novembre 1806.

Brunet de Pujol Castelpers (Antoine-Léopold de), né à Albi, le 12 octobre 1762, fils de Joseph, comte de Panat, et de Marie-Françoise de la Rochefoucauld, marié le 31 juillet 1830 à Louise de la Thoison, née à Saint-Domingue le 30 septembre 1797, fille d'Antoine-Marie, et de Marie-Louise Lecarocer (Ier arr.).

Brunet de Rancy (Joseph), brigadier des armées du roi, mort le 4 décembre 1754 à soixante-sept ans huit mois (S. R.).

Brunswick (Henriette-Marie-Josèphe de), morte le 4 septembre 1687 à quinze ans, fille du duc Jean-Frédéric, et de Bénédictine de Bavière (S. S.).

Bruny de Chateaubrun (Augustin-Pierre-André), né le 31 décembre 1785, fils d'Augustin, et de Marie-Élisabeth-Charlotte de Pujol (S. E.).

— Augustin, écuyer, habitant de la Guadeloupe, mort le 2 juillet 1786 à quarante-huit ans (S. E.).

Bruny de la Tour-d'Aigues (Angélique-Geneviève-Joséphine de), morte le 19 octobre 1775 à trente-huit ans, épouse d'Antoine-Ponce-Elzéar de Sagny, baron de Sauner (S. R.).

Bruyère (Jacques-François de la), écuyer, secrétaire du roi, mort le 25 janvier 1771 à soixante-huit ans (S. R.).

Bruyères (Jean-Marthe-Félicité de), né le 26 juillet 1785, fils de Jean-Louis-Félicité, comte de Chalabre, lieutenant-colonel de cavalerie, et d'Anne-Françoise Bouret d'Érigny (S. E.).

Bryas (Charles-Eugène-Bernard de, fils de Ferdinand-Philippe-Bernard, et de Marie-Françoise-Caroline-Robertine d'Esclaibes d'Hulst, marié le 27 avril 1773 (S. G.).

Buat (Louis-Gabriel de), comte de Nançais, veuf de Marie-Thérèse de Crass, remarié le 2 mars 1778 à Marie-Sophie le Cordier de

Bigars, fillle de Louis, comte de la Heuze, et d'Hélène-Elisabeth O'Flin (S. S.).

Bucaille (Madeleine), baptisée le 11 octobre 1637, fille de Jean, sieur du Buisson, et d'Estiennette Platon (S. G.).

Budée (Marguerite), baptisée le 10 janvier 1604, fille de noble homme Eustache, écuyer, sieur d'Yar, conseiller du roi et correcteur en sa chambre des comptes, et de damoiselle Anne Fleurotte (S. G.).

— Jacques, baptisé le 30 mai 1604, fils de noble homme Nicolas écuyer, sieur de Villiers, et de damoiselle Barbe Fleuret (S. G.).

Budes (Joseph-Henri de), mort le 11 janvier 1763 à dix ans, fils de Joseph, comte de Guébriant, et de Jeanne-Marie Kergays (S. M. M. la V. l'É.).

— Charles-Louis-Alexandre-Jean-Baptiste-Spiridion, né le 12 février 1776 ; Marie-Louise-Fortunée, née le 16 mars 1777 (S. S.); Silvestre-Louis-Ange-Spiridion, né le 19 janvier 1779, et Yves-Louis-Jean-Baptiste-Spiridion-Tiburce, né le 29 mars 1781 (S. E.). enfants de Louis-Jean-Baptiste-Spiridion, comte de Guébriant, et d'Anne-Marguerite de Chabenat de Bonneuil.

— Louis-Jean-Baptiste-Spiridion, comte de Guébriant, maréchal des camps et armées du roi, premier gentilhomme du duc de Penthièvre, mort le 26 février 1786 à cinquante-quatre ans (S. E.).

Budet de Croissy (Marie-Barthélemy-Thérèse), née le 27 octobre 1767, fille d'Auguste, et de Marie-Thérèse de Sarger (S. E.).

Budos (Marie de), morte le 29 octobre 1711, fille de feu Daniel, sieur de la Marque, et de Madeleine Manechale (S. A. des A.).

Buffévant (Gabriel-Pierre de), fils du marquis Louis-Joseph, et de Spirite-Justine de Laugier de Beaurecueil, marié le 5 juin 1782 à Antoinette-Sophie de Chaumont, fille d'Antoine, seigneur de la Galaisière, intendant d'Alsace, et de Marie-Geneviève-Perrine Maussion de la Courtaujay, dont : Antoine-Marie-Félix, né le 13 novembre 1783 (S. S.).

Bugnon (Augustin-Georges), né le 28 août 1672 ; Antoine-René, né le 21 mai 1676 et deux jumeaux, nés le 24 juillet 1677, enfants d'Antoine, écuyer, sieur des Carrés et de l'Écluze, et de Geneviève-Chesneau (S. A. des A.).

— Jean, procureur en la cour de Parlement, mort le 24 mai 1686 (S. J. en G.).

— Geneviève, épouse de maître Pierre Le Moine, ancien avocat au Parlement et bâtonnier de MM. les avocats, morte le 16 août 1705 à une heure du matin, âgée de cinquante-quatre ans (S. J. en G.).

— René, sieur de Saint-Georges, lieutenant du roi au Fort-Louis, chevalier de l'ordre militaire de Saint-Louis, mort le 26 décembre 1705 (S. R.).

Buissy (Françoise-Geneviève-Pauline de), née le 26 mai 1765, fille de Paul-François, chevalier, seigneur d'Acquet, et de Marie-Charlotte-Geneviève de Buissy (S. S.).

— Anne-Charlotte-Élisabeth, née le 5 mars 1770, fille du vicomte Pierre, et d'Anne-Élisabeth Gaudin (S. S.).

Bulkeley (Henriette de), religieuse récollette, morte le 12 février 1762 à quatre-vingt-deux ans (S. S.).

— Jean-Henri-Honoré, mort le 6 novembre 1769 à un an, fils du comte Henri, et de Marie-Pauline-Christine d'Aliany (S. E.).

Bullion (Jacques-Christophe de), mort le 22 août 1699 à un an, et Louise-Charlotte, morte le 24 octobre 1699 à quatre ans, enfants de Jean-Louis, et de Marie-Geneviève Pinette de Charmois (S. S.).

— Remy-Edme, mort le 25 juillet 1701 à quatre jours, fils de Remy, et de Françoise Bailly (S. S.).

— Madeleine-Charlotte, morte le 7 août 1723 à trente ans, épouse de Paul de Roux, marquis de Courbon (S. P.).

— Henriette-Françoise, morte le 25 juin 1739 à soixante-douze ans, fille de François, et d'Henriette-Louise Rouault (S. S.).

Marie-Anne-Étiennette, morte le 9 octobre 1749 à trente-cinq ans, veuve de Charles-Anne-Sigismond de Montmorency-Luxembourg duc d'Olonne (S. S.).

— Auguste-Léonine Olympe-Nicole, morte le 27 janvier 1751 à trente ans, épouse de Paul-Louis, duc de Beauvillier (S. S.).

— Gabriel-Jérôme, mort le 21 décembre 1752 à cinquante-sept ans (S. E.).

— Anne-Marie-Marguerite, morte le 3 août 1760 à soixante-seize ans six mois quatre jours, veuve de Jean-Charles de Crussol, duc d'Uzès (S. P. de Chaillot).

— Auguste-Léon, marquis de Bonnelles, mort le 3 février 1769 à soixante-dix ans (S. M. M. la V. l'É.).

— Jacqueline-Hortense, née le 14 novembre 1769 ; Claude-Charles-Louis, né le 22 février 1771, mort le 31 décembre 1778 ; Jacques-Jean-Charles, né le 5 avril 1775 ; Joseph-François, né le 21 janvier 1777 ; enfants du marquis Charles-Thomas, seigneur de Guillerville, colonel d'infanterie, et de Perrette-Gabrielle Petitjean de Ménarchet (S. S.).

— Le comte Christophe-Louis, mort le 23 janvier 1770 à soixante-treize ans (S. J. du H. P.).

— Catherine-Marie-Anne, demoiselle d'Atilly, morte le 1er septembre 1772 à quatre-vingt-neuf ans deux mois trois jours, veuve de Pierre Rouxellin (S. S.).

Bureau (Pierre), marquis de Girac, mort le 9 mai 1776 à quarante-huit ans (S. M. M. la V. l'É.).

Burgeat (Marie-Louise de), morte le 4 janvier 1789 à soixante-dix ans sept mois, veuve de Pierre-Joseph Patineau, négociant, et remariée à Nicolas-Thomas Hue, comte de Miromesnil, maréchal des camps et armées du roi (S. E.).

Burges (Guillaume de), baptisé le 8 juillet 1588, et Gaspard, baptisé le 25 octobre 1589, enfants de Gaspard, conseiller du roi, et de Françoise Huppeau (S. A. des A.).

Burke (Jean), seigneur de Neuwfond, âgé de vingt-deux ans, fils de Dominique, et de Marie Jennings, marié le 1er décembre 1781, à Antoinette-Marie-Félicité de Belbedat, âgée de seize ans, fille de Jean-Baptiste, sieur de Launay, et de Françoise-Charlotte-Joséphine Broussel de la Neufville (S. N. des Ch.).

Burle (Reine-Louise-Pauline), née le 16 novembre 1742, fille de Pierre, seigneur de Curban, conseiller, et de Charlotte-Pauline du Gué (S. R.).

Busseuil (Louise-Nicole-Alexandrine de), née le 7 décembre 1770 fille du comte François-Guillaume, et de Marie-Anne-Sophie d'Escorailles (S. E.).

Bussière (Jean-Thomas de la), écuyer, ancien gouverneur des pages de la chambre du roi, mort le 21 février 1770 à soixante-trois ans (S. M. M. la V. l'E.).

— Madeleine–Silvie, morte le 16 janvier 1781 à cinquante ans quatre mois, épouse de Charles Asselin de Parts, gentilhomme ordinaire du duc d'Orléans (S. E.).

— Jean-Baptiste-Balthazar-Pierre-David, né le 7 février 1791, fils de Pierre-David, chevalier, officier de cavalerie, garde du corps du roi, et de Geneviève-Josèphe Gaudey (S. E.).

Bussy-Dinteville (Huberte-Renée de), morte le 20 avril 1686, veuve de Jean, marquis de Mesgrigny (S. A. des A.).

Butault (Jacques-Julien-Joseph), seigneur de Marsan, mort le 13 juillet 1728 à quarante-cinq ans, époux de Marie le Jacobin de Kéramprat (S. S.).

Butler (Alexandrine-Julie-Perrette de), née le 19 juillet 1787, et Charles–Jean-Michel, mort le 5 octobre 1790 à deux ans, enfants du vicomte Jean-Pantaléon, et de Marie-Alexandrine-Reine de Jassaud (S. M. M. la V. l'É.).

C.

Cabanel (Émilie-Henriette de), morte le 20 janvier 1772, à six mois (S. R.), et Alexandrine-Rose, née le 14 octobre 1773, filles de Jean-Baptiste, seigneur d'Anglure, et de Françoise-Catherine Cellier (S. E.).

Cabazac (Nicolas de), baptisé le 13 août 1638, et Jean-François, baptisé le 15 décembre 1639, fils de François, écuyer, conseiller et secrétaire du roi, et de Barbe Fournier (S. G.).

Cabreroles (Pierre de), mort le 12 novembre 1677, fils d'Henri, seigneur de Villepassant, conseiller du roi au parlement de Toulouse (S. A. des A.).

Cacheleu de Baromesnil (Charles-François de), chevalier de Malte, commandeur de Sours et d'Arville, mort le 7 septembre 1787 à soixante-douze ans (S. G.).

Cachet (Benoît-Jean-Claude), né le 2 février 1776 (S. M. M. la V.-l'É.), et Caroline-Marie-Françoise, née le 12 octobre 1782 (S. S.), enfants de Louis, comte de Garnerans, seigneur de Montezan, et d'Anne-Marie-Thérèse Gravier de Vergennes.

Cadeau (Anne-Catherine), née le 11 février 1750, Marie-Angélique, née le 3 mai 1753, et Madeleine, née le 9 avril 1756, filles de Jacques-Pierre, chevalier, seigneur de Cerny, major de cavalerie, et d'Anne-Catherine Issaly (S. J. en G.).

— Marie-Françoise-Paule, née le 15 avril 1757, fille de Jacques-Paul, écuyer, et de Marie-Louise Thoré (S-J.-en-G.).

Cadoine (Joseph-François de), marquis de Gabriac, lieutenant du roi en Languedoc, mort le 17 mars 1779, à soixante-quatorze ans, époux d'Antoinette-Charlotte d'Allard, dont : Joséphine-Antoinette-Françoise, née le 21 février 1765, Auguste-Charles-Joseph, né le 12 avril 1770 et Joseph-Louis-Claude, né le 16 mars 1767 (S. R.), marié le 20 mai 1790 à Marie-Élisabeth de Célésia, fille du marquis Pierre-Paul, et de Dorothée Mallet (S. S.)

—Gillette, morte le 12 octobre 1756, à treize ans, fille de François, écuyer (S. R.).

Cahideuc (Emmanuel-Bruno-Armand de), né le 27 octobre 1781, fils d'Emmanuel-Paul-Vincent, marquis du Bois de la Motte, capitaine aide-de-camp de Monsieur, et de Marie-Félicité-Michelle de Pons (S. R.).

Caillebot (Marie-Jean-Louis de), mort le 8 juin 1753, à un an et demi ; Marie-Anne-Louis, mort le 4 juin 1762 ; Marie-Claudine-Élisabeth, née le 23 octobre 1762 ; Louis, né le 31 janvier 1764 ; Marie-Charlotte, née le 31 décembre 1767 ; Charles, né le 20 février 1769, et Amélie-Victoire, née le 29 avril 1770, enfants de Marie-Louis, marquis de la Salle, lieutenant-général des armées du roi et de Marie-Charlotte de Clermont-Chaste (S.S.).

— Marie-Hélène-Charlotte, morte le 27 janvier 1766, à vingt-six ans, épouse de Joachim-Charles-Laure de Montagu, vicomte de Beaune (S. S.).

— Louis, fils de Marie-Louis, marquis de la Salle, et de Marie-Charlotte de Clermont-Chaste, marié le 17 mai 1790 à Anne-Renée-Marguerite-Henriette des Vergers de Maupertuis, fille de Nicolas-Pierre, et de Gertrude-Constance des Vergers de Maupertuis (S. S.).

Calonne (Aimée-Félicité-Pauline-Louise de), née le 21 novembre 1774, fille d'Auguste-Louis-Joseph, et de Félicité-Jacqueline de Gouffier (S. S.).

— Jean-Ferdinand, fils de Louis-Édouard, seigneur d'Avenne, et de Françoise-Renée de Bommy, marié le 26 janvier 1778 à Bonne-Madeleine de Riencourt, fille de Charles-Henri, seigneur de Villiers, et de Catherine-Élisabeth de Cacheleu (S. S.).

Calvière (Alix-Jeanne-Marie-Geneviève de), fille du comte Charles-Joseph, et d'Élisabeth-Agathe de Valette, née le 18 novembre 1789 (S. R.).

Calvimont (Auguste-Alexandre-Pierre de) né le 29 juin 1786, fils du comte Auguste-Alexandre-Armand, capitaine de cavalerie, et d'Anne-Élisabeth de Verniès (S. E.).

Cambis (Anne-Victoire de) morte le 22 septembre 1756, à trente ans cinq mois, femme de François-Fortuné d'Herbouville (S. P.).

— Dominique-Joseph-Nicolas, fils de Louis-Dominique, comte de Villeron, et de Catherine-Nicole Gruin, marié le 27 décembre 1760 à Henriette-Marie-Palatine de Dyo de Montperroux, fille de Claude-

Gustave-Éléonor-Palatin, seigneur d'Yrouerre, et de Marie-Gabrielle Achard de Joumard Tison d'Argence (S. J. du H. P.).

— Adrien-Jacques-Maurice, né le 19 août 1764, et Jacques-Étienne-Marthe, né le 22 octobre 1765, mort le 27 décembre 1774; Angélique Adhémar, née le 20 janvier 1769, enfants du comte Jacques-David, et de Marie-Antoinette Bouret de Valleroche (S. M. M. la V. l'É.).

— Gaspard, capitaine de cavalerie, fils de Jean-Louis, et de Gabrielle de Ranchin, marié le 5 novembre 1774 à Catherine-Nimpha Dyonsert (S. Laurent).

CAMBON (Marie-Suzanne-Renée de) morte le 2 mai 1787, à quarante ans, femme de Jacques-Antoine de Rivals, chevalier, seigneur de Gincla (S .E.).

CAMBOUT (Armand du) né à Vannes le 30 janvier 1689, baptisé à Paris en mai 1691, et Charles-Louis, né le 11 juillet 1691, fils du marquis René et de Louise-Françoise de Laurière (S.-A. des A).

— Madeleine-Armande, morte le 30 janvier 1721, à cinquante-quatre ans, veuve de Maximilien-Pierre-François-Nicolas de Béthune-Sully (S. P.).

— Armande, morte le 28 décembre 1724, à cinquante-huit ans, épouse de Gaspard de Monstiers, comte de Mérinville (S. S.).

— Henri-Charles, évêque de Metz, mort le 28 novembre 1732, à soixante-neuf ans (S. S.).

— Alexandre-Louis, né le 15 juillet 1759, mort le 4 décembre 1759; Élisabeth-Éléonore, née le 13 février 1761 (S. M. M. de la V. l'É.), morte le 1er mai 1761 (S. P.), enfants de Charles-Georges-René, comte de Coislin, colonel, et de Marie-Anne-Louise-Adélaïde-Mélanie-Françoise de Mailly.

— Charles-Ferdinand-Pierre, né à Angers, le 14 novembre 1822, fils de Pierre-Louis, marquis de Coislin, pair de France, mort à Flessé en juillet 1837, et de Pauline-Claude de Collasseau, morte à Paris en avril 1845, marié le 8 septembre 1845 à Élisabeth-Marie Anjorrant, née à Paris le 26 juillet 1826, fille du marquis Claude-Adolphe-Marie, et de Marguerite-Louise-Élisabeth de la Myre. X⁰ arr.).

CAMBRAY (Marie-Angélique-Euphrosine-Suzanne-Charlotte-Aimée de), morte le 31 décembre 1766, à quinze ans dix mois, fille d'Eugène-Florimond, comte de Villiers, et de Marie-Charlotte-Aimée Deztoquois de Schulembert (S. E.).

Cambronne (Jean de), écuyer, seigneur de Mons, près Montdidier, mort le 27 juillet 1683 (S. A. des A.).

Caminade de Castres (Alphonse-Marc-Auguste) né le 27 septembre 1790, fils de Claude-Olivier, écuyer, et de Flore-Félicité Lamyrault (S. E.).

Caminade de Chastenet (Alexandrine-Marie-Geneviève) née le 23 novembre 1787, fille de Jean-Jacques, et de Marie-Jeanne-Adélaïde d'Achery (S. M. M. la V. l'É.).

Camine (Aimée-Charlotte de) née le 14 novembre 1682, fille de Denis-André, sieur de Marquemont et de Louise de Puisieux (S. A. des A.).

Campet (Charlotte-Hippolyte de) née le 4 septembre 1725, fille de Charles-François, comte de Saujeon, et de Marie-Louise-Angélique de Barberin de Reignac (S. S.).

— Marie-Marguerite-Françoise-Louise-Auguste, née le 6 octobre 1787, fille de Jean-Alexandre, marquis de Saujeon, et de Marie-Françoise-Josèphe-Antoinette-Élisabeth-Adelaïde de Caire (S. E.).

Campredon (Jacques de), chevalier de Saint-Lazare et de Notre-Dame-du-Carmel, mort le 23 novembre 1759, à quarante-quatre ans (S. R.).

Camus (Louis-Nicolas), né le 6 mars 1673 ; N. mort le 25 mai 1673, et Ursin, né le 19 décembre 1674, enfants de Nicolas, sieur de Pontcarré, conseiller du roi, et de Marguerite-Hélène Durand (S. A. des A.).

— Louis-Étienne, mort le 30 juin 1724, à quinze ans, fils de Léon-Étienne, conseiller du roi, et de Catherine-Suzanne Aubert (S. S.).

— Jeanne-Geneviève, née le 6 octobre 1732, fille de Jean-Baptiste-Élie, sieur de Pontcarré et de Viarmes, et de Geneviève Paulmier de la Bucaille (S. S.).

— Louis-François-Élie, né le 13 février 1746, fils de Jean-Baptiste, seigneur de Pontcarré et de Viarmes, et de Louise-Françoise-Raoul de la Guibourgère (S. S.).

— Anne-Bonne-Geneviève, née le 23 août 1756, fille du marquis Antoine-Nicolas, et de Geneviève-Marie Augeard (S. S.).

— Nicolas-François-Marie, marquis de Pontcarré, mort le 19 janvier 1764, à cinquante-cinq ans (S. P.).

— Geoffroi-Macé, seigneur de Pontcarré, baron de Maffliers, conseiller du roi, mort le 8 janvier 1767, à soixante-huit ans (S. P.).

— Le marquis Antoine-Nicolas, mort le 7 janvier 1767, à quarante-neuf ans (S. S.).

— Anne-Angélique-Félicité, née le 16 mars 1769, et Augustin-Joseph-Nicolas-Martin, né le 14 mai 1770, enfants du comte Joseph-Charles-Auguste, brigadier des armées du roi, et d'Anne-Nicole le Camus (S. S.).

— Jean-Baptiste-Charles-Louis-Élie, né le 24 août 1771 ; Louise-Charlotte-Aglaé, née le 25 avril 1776, enfants de Louis-François-Élie, chevalier, seigneur de Pontcarré, et de Madeleine-Charlotte-Félicité-Provence de Gallois de la Tour (S.-S.).

— Louis-François-Elie, chevalier, seigneur de Pontcarré, veuf de Madeleine-Charlotte-Félicité-Provence de Gallois de la Tour, remarié le 23 avril 1785 à Marie-Paul de Vienne, veuve de Jean-Henri Rolland de Méhérenc, marquis de Saint-Pierre (S. S.).

— Anne-Angélique-Félicité, morte le 15 janvier 1786, à seize ans, épouse de Louis-Félicité-Omer, comte d'Estampes, capitaine de cavalerie (S. R.).

— Elisabeth, morte le 13 février 1787, à quatre-vingt-seize ans, veuve de Jean-Baptiste-Louis Andrault de Langeron, maréchal de France, transportée à Saint-Sulpice (S. G.).

CAMUS-DESTOUCHES (Louis), mort le 11 mars 1726, à cinquante-huit ans (S. S.).

CAMUSAT (Marie-Louise), née le 21 et morte le 24 février 1754, fille de Jean, sieur de Riancey, conseiller du roi, auditeur ordinaire en sa chambre des comptes, et de Catherine-Philippe Taboureau (S. R.).

— Jean, sieur de Riancey, auditeur en la chambre des comptes, mort le 25 janvier 1767, à cinquante-quatre ans (S. E.).

— Angélique-Pierre-Gabriel, mort le 18 juin 1769, à sept ans six mois, fils de Louis-Étienne, avocat en Parlement, et de Catherine-Thérèse Chiboust de Montigny (S. E.).

Canclaux (Marie-Madeleine-Élisabeth de), morte le 4 juin 1751, à trente-quatre ans, épouse de Louis, marquis de Colbert (S. S.), transportée à S. E.

Canette de Montdésert (Louise-Françoise), morte le 6 novembre 1749, à soixante-quatre ans, épouse de Louis Bégaud, écuyer, sieur de la Girardière (S. J. en G.).

Canouville (Marie-Louise-Bonne-Alexandrine de), née le 27 février 1757; Alexandre-Charles-Louis, né le 20 février 1759; Marie-Élisabeth-Philippine, née le 8 juillet 1760; Antoine-Alexandre-Marie-François, né le 8 juillet 1763; enfants de Charles-Louis-Joseph-Alexandre, marquis de Raffetot, mestre-de-camp de cavalerie, et de Louise-Marie-Madeleine de Barberie de Saint-Contest (S. S.).

— Antoine-Alexandre-Marie-François, précité, sous-lieutenant au régiment des gardes françaises, marié le 25 février 1783 à Amable-Louise-Félicité de Saint-Chamans, fille d'Alexandre-Louis, seigneur de Villenauxe, et de Françoise-Aglaé-Sylvie le Tellier de Souvré, dont : Alexandre-Charles-Marie-Ernest, né le 22 février 1784, et Armand-Jules-Élisabeth, né le 9 mai 1785 (S. S.).

Capelle (Pierre-Joseph de) marquis de Beaulieu, mort le 10 juillet 1783, à quarante-sept ans (S. E.).

Capellis (Auguste-Marie-Élisabeth-Thérèse-Henriette de), née le 14 novembre 1786, fille du comte Hippolyte-Louis-Antoine, et de Marie-Félicité-Alexandrine de Flahaut (S. M. M. la V. l'É.).

Capendu (François-Emmanuel de) né le 24 janvier 1750, fils d'Amable-Paul-Jean-Baptiste, marquis de Boursonne, et de Marguerite-Françoise-Victoire de Ligny (S. S.).

Capisuchi-Bologne (Jean-Baptiste de) fils d'Honoré et de Marie Signoret, marié le 31 décembre 1792, à Charlotte Bocquet, veuve de Joseph Chemidlin (S. S.).

Caradeuc (Jacquette-Antoinette-Angélique de) morte le 11 février 1767 à quarante ans, fille de Louis-René, comte de la Chalotais, et de N. Rahier (S. S.).

— Jean-Baptiste, capitaine de dragons, fils de Jacques et de Louise-Aimable Simon, marié le 25 janvier 1785, à Agathe-Jeanne-Louise de la Toison Roche-blanche, fille de Louis, et d'Ursule de Caradeuc (S. S.).

Caramilli de Jariau (Marie-Thérèse) morte le 1er janvier 1787, à quarante ans, épouse de Jean-Antoine comte de Régis (S. G.).

Carbonnel (Jean-Étienne de) mort le 29 juillet 1677 ; Madeleine-Antoinette, morte le 30 novembre 1740, à soixante-dix ans, et Madeleine-Renée-Éléonore, morte le 1er février 1744 à soixante-seize ans, enfants de Jean, seigneur de Châteauneuf, et d'Éléonore-Antoinette de Guillart d'Arcy (S. S.).

— René-Anne, fils de Claude-Gaspard, comte de Canisy, et de Charlotte de la Palluelle, marié le 20 juillet 1718, à Louise-Thérèse-Eléonore Guestre, âgée de trente-deux ans, fille de feu Michel, seigneur de Préval, et de Thérèse-Eléonore Petit de la Salle (S. R.).

— François, évêque de Limoges, abbé de Montbourg, et de Belleval, mort le 28 octobre 1723 (S. S.).

— Louis-Léonard, chevalier de Canisy, mort le 7 mai 1776, à vingt ans. (S. S.).

— François-René-Hervé, âgé de vingt-sept ans, fils de Charles marquis de Canisy et de Marie-Marguerite-Louise-Françoise de Marguerite de Vassy, marié le 30 avril 1782, à Anne-Marie-Charlotte de Loménie, âgée de dix-sept ans, fille du marquis Paul-Charles-Marie, et de Louise-Anne-Constance Poupardin d'Amausy, dont : Adrienne-Hervée-Louise, née le 5 février 1785 (S. S.).

— Louis-Antoine-Florent, né le 26 octobre 1791, fils de Louis-Victoire-Madeleine, et d'Alexandrine-Antoinette Laudigeois (S. R.),

Cardelan (Élisabeth-Gillette de), née le 2 juin 1725, fille de Jean, et d'Yves-Françoise Les Nildry (S. S.).

Cardevac (Joseph-Clément de) mort le 5 juin 1726, à dix-sept ans, fils de Pierre-François, seigneur de Gouy, et de Lucie de la Myre (S. S.).

— Charles-Philibert-Louis, né le 3 octobre 1743 ; Jeanne-Oudette-

Thérèse, née le 6 décembre 1744 ; Charlotte-Françoise, née le 17 juin 1746; Marie-Anne-Jeanne, née le 8 juin 1749, enfants de Louis, comte d'Havrincourt, et d'Antoinette-Barbonne-Thérèse Languet de Gergy (S. S.).

— Anne-Eugène-Louis, né le 6 juillet 1770, et Anaclet-Henri, né le 23 octobre 1777, enfants d'Anne-Gabriel-Pierre, marquis d'Havrincourt, et d'Étiennette-Marie-Casimire de Béthisy de Mézières (S.-S.).

Cardinal (Marie-Anne-Gabrielle), née le 30 mars 1731, fille de Charles-François, écuyer, seigneur de Cuzey, commissaire d'artillelerie, et de Marie-Nicole de Héricourt (S. S.).

Carnaset (Antoine de), marié le 25 février 1596 à Marie de Carvoisin (S. A. des A).

Carné (Hugues-Madeleine de), né le 19 décembre 1742, fils de Philippe, écuyer, seigneur de Bourneuf, et de Thérèse de Bourlais de Renne (S. R.).

— Florimond-Jean-Baptiste-Marie-Hippolyte, marquis de Coëtlogon, né à Plumieux le 7 juin 1773, fils de César-Hippolyte-Jean-Baptiste-René, mort à Rennes en mai 1825, et d'Angélique-Reine de Kermenguy de Saint-Laurent, morte à Morlaix en ventôse an XIII, veuf le 26 août 1827, d'Amélie-Marie-Rose-Augustine Leviconte de la Houssaye, remarié le 16 novembre 1829 à Joséphine-Charlotte de Lobel, née à Lille le 4 juin 1806, fille d'Henri-François-Joseph, officier de cavalerie, mort à Lille en novembre 1825, et de Thérèse-Adélaïde-Joseph Pionnier (X° arr.).

Carneville (François-Charles-Adrien-Simon, vicomte de), fils de François-Hervé-Simon, seigneur tréfoncier de Carneville, et de Françoise-Charlotte Broyer, marié le 16 juin 1789 à Josèphe-Claudine-Perrette Bergeret, fille de Pierre-Jacques, trésorier général de l'ordre de Saint-Louis et de Jeanne Viguier (S. S.).

Carolet (Marie-Denise-Éléonore), née le 21 mars 1730, fille de Jacques-Pierre-Denis, écuyer, sieur de Montigny, et de Marie-Éléonore Hémart (S. S.).

Caron de Beaumarchais (Augustin), né le 14 décembre 1768, et Aimable-Eugénie-Clarisse, née le 7 mars 1770, enfants de Pierre-

Augustin, écuyer, conseiller secrétaire du roi, et de Geneviève-Madeleine Watbeld (S. S.).

Caron de Fleury (Charles-Hyacinthe le), né le 14 novembre 1756, fils de Claude-Charles, directeur des fermes du roi, et d'Adélaïde-Philiberte-Henriette Bertrand de Longpré (S. P.).

Carondelet (Alexandrine-Constance-Joséphine de), née le 23 septembre 1785, fille du vicomte François-Marie-Joseph, et d'Angélique-Rose-Madeleine-Adélaïde de Turpin (S. S.).

Carra (Jean-Louis), né à Lyon le 15 décembre 1796, fils de Claude, comte de Rochemur de Saint-Cyr, chevalier de Saint-Louis, et de Marie-Antoinette-Catherine-Sophie Bernigaud des Granges, marié le 22 mai 1829 à Adélaïde-Joséphine-Lucie-Moïna Le Lièvre, née à Paris le 10 septembre 1800, fille d'Adélaïde-Blaise-François, marquis de la Grange, et d'Adélaïde-Victoire Hall, et veuve le 2 juillet 1823 de Joseph-Louis Robert de Lignerac, duc de Caylus (X^e arr.).

Carrel (Catherine-Madeleine-Thérèse), morte le 4 janvier 1749 à quarante-sept ans, veuve de Charles, marquis d'Houdetot (S. S.).

Carruyer de Saint-Germain (Angélique-Ursule le), morte le 8 mai 1785 à dix ans, fille de François-Alexandre, capitaine de cavalerie et d'Anne-Marie Doré de Menneville (S. J. en G.).

Carvoisin (César, marquis de) mort le 17 mai 1725, à soixante-dix ans (S. S.).

— Charlotte-Madeleine, morte le 30 novembre 1739 à soixante-quinze ans, veuve de Jacques-Louis de Valon (S. S.).

— Charles-Louis comte d'Achy, maréchal des camps et armées du roi, mort le 25 mars 1784, à soixante-quinze ans, veuf de Reine-Jeanne-Charlotte d'Artaguiette (S. S.), dont Amédée-Charles-Victor, né le 20 février 1750 (S. R.), mort le 23 juin 1783 (S. S.); Adélaïde-Jeanne-Charlotte, née le 24 et morte le 26 juillet 1751; Armand-Jean-Victor, né le 7 juin 1752; Charlotte-Marie-Dominique, née le 23 août 1753; Adélaïde-Jeanne-Charlotte, née le 27 décembre 1754; Arsène-Charles-Moïse, né le 10 octobre 1756 (S. R.); Albine-Louise-Charlotte, née le 1er novembre 1757 (S. S.), morte le 14 octobre 1758 (S. J. en G.); Angadrème, née le 16 janvier 1759, et Antoine-Charles-Vincent, né le 10 juin 1761 (S. S.).

— Jacques-François, chevalier, marquis d'Achy, seigneur de Nouvion, etc., mestre de camp de cavalerie, marié : 1° le 4 mai 1757 à Catherine-Jeanne Jubert de Bouville, fille d'André, baron de Dangu, etc., et de Marie-Thérèse-Julie Guyot de Chénisot; 2° le 27 avril 1782 à Jeanne-Charlotte Sombret, âgée de trente ans, fille de Jacques, bourgeois, et de Charlotte-Élisabeth Croiset (S. S.).

— Marie-Madeleine, morte le 18 janvier 1765, veuve de Jean-François de Carvoisin, marquis d'Achy (S. S.).

— Geneviève-Noëlle, morte le 12 janvier 1767 à soixante-seize ans, veuve de Jean-Claude-Adrien Helvétius, conseiller d'État, médecin de la reine (S. E.).

CASAMAJOR (Élisabeth-Philippine de), née le 14 juillet 1790, fille de Joseph, marquis d'Oneix, et d'Élisabeth-Marie-Charlotte le Marchand (S. E.).

CASAUBON (Jean) fils de Mathieu, écuyer, et de feue Gabrielle de Bèze, marié le 8 mai 1679 à Catherine d'Aubry, fille de Thomas, marchand, maître de forges, et de feue Marguerite Poitiers (S. A. des A.).

— Jean-Maurice, seigneur de Saint-Gérand, mort le 25 août 1771, à soixante-quinze ans (S. M. M. la V. l'É.).

— André-Victor, seigneur de Saint-Gérand, mort le 1er janvier 1782, à quarante-quatre ans (S. M. M. la V. l'É.).

CASAUX (Charles-Maxime des), né le 20 novembre 1721, fils de Joachim, seigneur de Garaunoyer, et de Marie-Henriette de Briquemault (S. S.).

CASSAGNES DE BEAUFORT (Louis-Alexandre de), lieutenant aux gardes françaises, fils d'Alexandre-Emmanuel, marquis de Miramon, et d'Émilie-Esther-Marguerite de la Tour du Pin Montauban, marié : 1° le 20 mai 1776 à Marie-Anne-Marguerite de Chabannes, fille d'Antoine, marquis de Curton, et de Marie-Josèphe-Anne-Louise de Gironde, dont : Alexandre-Henri-Armand, né le 15 avril 1777, mort le 9 novembre 1778 ; 2° le 23 mai 1785 à Marie-Anne-Jeanne de Cassagnes de Beaufort, fille de Jean-Gaspard, marquis de Miramon, et de Marie-Anne de Bardonnin de Sansac, dont : Alexandrine-Marie-Anne, née le 26 avril 1786 ; Louis-Joseph, né le 12 mars 1788 ; Émilie-Marie-Joséphine, morte le 10 octobre 1790 à quatorze mois ; Charles et Emmanuel, nés le 20 février 1791 (S. S.).

Cassagnete (Madeleine de), née le 25 juillet 1648, fille de Gabriel, sieur de Tillade, maréchal de camp, et de Madeleine le Tellier (J. J. en G.).

Cassini (Victoire-Charlotte de), née le 9 octobre 1760, fille de César-François, seigneur de Thury, maître ordinaire du roi en la chambre des comptes, et de Charlotte Drouin (S. J. du H. P.).

— Jean-Dominique-Maurice, né le 25 octobre 1773, mort le 22 septembre 1774 ; Dominique-Hippolyte, né le 3 février 1775 ; Anne-Cécile, née le 25 février 1777 ; Angélique-Dorothée, née le 6 mars 1779 ; Alexandre-Henri-Gabriel, né le 9 mars 1781 ; Aglaé-Élisabeth-Madeleine, née le 20 septembre 1784 ; Aline-Françoise, baptisée le 28 mars 1787 ; Alexis-François-Dominique, né le 19 novembre 1788, enfants de Jean-Dominique, directeur général de l'Observatoire, et de Claude-Marie-Louise de la Myre (S. J. du H. P.).

— César-François, seigneur de Thury, mort le 3 septembre 1784 à soixante-dix ans (S. J. du H. P.).

Cassins (Joseph-Armand de), né le 27 septembre 1786, fils de Jean-Baptiste, écuyer, seigneur de la Mothe, et de Gabrielle de Sanzillon (S. S.).

Castanier (François-Guillaume de), né le 29 mai 1739, fils de Guillaume, seigneur d'Auriac, et de Marie-Louise de Lamoignon (S. M. M. la V. l'É.)

Castel (Hyacinthe), chevalier, comte de Saint-Pierre, baron de Crèvecœur, veuf de Françoise de Kervin, mort le 20 avril 1748, à quatre-vingt-neuf ans (S. R.)

— Louis-Sébastien, marquis de Crèvecœur, mort le 1ᵉʳ mai 1749, à cinquante-six ans, époux de Catherine-Charlotte de Farges (S. R.), dont : Marie-Aglaé, morte le 11 septembre 1760, à trente ans (S. P. de Chaillot).

— Charles, abbé de Tiron, membre de l'Académie française, mort le 29 avril 1743 à quatre-vingt-cinq ans (S. M. M. la V. l'É).

Castellane (Angélique-Charlotte de), née le 16 décembre 1751; Boniface-Marie, né le 21 et mort le 22 février 1753; Anne-Sophie-Jeanne, née le 19 octobre 1754; Boniface-Louis-André, né le 4 août 1758; Louis-Esprit-Boniface, né le 28 octobre 1759; Henriette-Charlotte, née le 4 février 1761; Esprit-Boniface, né le 1er septembre 1763; Charles-Boniface, né le 3 mai 1765; Aglaé-Françoise, née le 26 janvier 1768; Pauline, née le 11 octobre 1770, enfants du marquis Esprit-François-Henri, officier de gendarmerie, gouverneur de Niort, et de Charlotte Louise Charron de Ménars (S. S.).

— Françoise, morte le 26 mai 1769, à quatre-vingt-cinq ans, veuve de Jean-Antoine de Riquetti, marquis de Mirabeau (S. S.).

— Marie-Marguerite-Madeleine-Adélaïde, morte le 29 mars 1770, épouse de Charles-Emmanuel-Marie-Madelon de Vintimille, marquis du Luc (S. E.).

— Le vicomte Gaspard-Boniface-Constantin, mort le 7 janvier 1779, à soixante-onze ans (S. E.).

— André-Joseph-Gaspard-Marie, fils d'Antoine-Henri, marquis de Majastre, et d'Anne-Marguerite-Alphonsine de Valbelle, marié le 18 mai 1780 à Armande-Louise-Adélaïde de Béthune, fille du marquis Armand, et de Louise-Thérèse Crozat, dont: Alphonse-Armand-Delphin, né le 22 mars 1781 (S. S.), mort le 11 mai 1782 (S. M. M. la V.-l'É.); Louis-Joseph-Alphonse, né le 20 juin 1782; Françoise-Ernestine-Hippolyte, née le 7 novembre 1784 (S. R.); Armande-Evertumne, morte le 9 janvier 1787 (S. M. M. la V.-l'É.); Armande Pauline-Marie, née le 27 juin 1788 (S. S.)

— Esprit-Boniface, fils du marquis Esprit-François-Henri, et de Charlotte-Louise Charon de Ménars, marié le 22 juin 1784 à Gabrielle-Charlotte-Éléonore de Saulx, fille de Charles-François-Casimir, comte de Tavannes, marquis de Thil-Châtel, et de Marie-Éléonore-Eugénie de Lévis-Chateaumorand, dont: Marie-Césarine-Henriette, née le 24 juin 1785 (S. S.).

— Auguste-Joseph, né le 8 mai 1786, fils de Louis-Joseph-Marie-André-Gabriel, marquis de Lauris, mestre de camp de cavalerie, et de Julie-Adélaïde Porlier de Rubelles (S. N. des Ch.).

— Esprit-Victor-Élisabeth-Boniface, né le 21 mars 1788, fils du comte Boniface-Louis-André, et d'Adélaïde-Louise-Guyonne de Rohan-Chabot de Jarnac (S. M. M. la V.-l'É.).

CASTERA DE LA RIVIÈRE (Jacques-Antonin de), mort le 12 juin 1726 à dix ans, fils de Pierre, et de Diane-Charlotte de Chaumont-Quitry (S. S.).

CASTIL (Pierre de) baptisé le 8 mai 1604, fils de noble homme Pierre, conseiller du roi en son grand conseil et grand rapporteur de France, et de damoiselle Charlotte Genin (S. G.).

CASTILLE. — « Le 8 août 1618, réception de Saint-Nicolas des Champs d'un enfant d'un de messieurs de Castille.

— « Le 13 avril 1619, convoi d'un des enfants de M. de Castille, receveur général des décimes et sieur de Villemareuil.

— « Le 7 octobre 1619, convoi général de madame de Villemareuil ou de Castille. » (S. P.).

— Philippe-Gaspard, fils de feu Alphonse-Louis, marquis de Chesnoise, et d'Anne-Marguerite Ranchin, marié le 22 juin 1716 à Marie-Madeleine-Françoise-Gabrielle d'Estancheau, fille de feu Gabriel, conseiller du roi, et de Catherine-Charlotte Augy (S. R.).

CASTILLO (Claude-Antoine de), fils de N., chevalier de Saint-Lazare, et de Jeanne-Agnès de Crousse, né le 10 décembre 1716 (S. R.)

— Louise-Pauline-Joséphine-Françoise, née le 2 juillet 1770, et Marie-Thérèse-Louise, née le 6 juin 1771, filles de Louis, comte de Fuentès, et de Catherine-Françoise des Fontaines (S. R.)

CASTILLON (Anne-Thérèse de) morte le 27 janvier 1774 à vingt-deux ans, femme de N. le Prestre de la Moustière, capitaine d'infanterie (S. E.).

CATELAN (Théophile de), seigneur de Sablonnières, mort le 24 juillet 1721, à soixante-dix-huit ans (S. R.).

CATHERINET (Marie-Julie), née le 16 mars 1727, fille de Jean-Baptiste, écuyer, sieur de Venneveault, conseiller du roi, et de Nicole-Barbe de Goulons (S. S.).

CATINAT (Guillaume de), seigneur de Croisille, mort le 19 mars 1701, à soixante-un ans (S. S.).

— Marie-Françoise, née le 23 septembre 1714, fille de Pierre, et de Marie de Fraguier (S. S.).

CATTEVILLE (Charles-Jules-Eudes de), né à Gomerville le 24 avril 1802, fils d'Alexandre-Pierre-Marie-Eudes, marquis de Mirville, et d'Agathe-Élisabeth-Marie de Bouthillier, marié le 7 mars 1831, à Louise-Marguerite-Mathilde de la Pallu, née à Mesnil-Hubert le 15 juillet 1806, fille du comte Auguste-Gilles-Charles-François, mort en août 1819, et de Marie-Alexandre-Aglaé de la Pallu, morte à Paris en juillet 1811, et petite-fille du comte de la Pallu, mort en février 1820 (X^e arr.).

CAULAINCOURT (René-Louis-François-Marie de), abbé de Saint-Mesmin-lès-Orléans, mort le 2 février 1773 à trente-cinq ans (S. S.).

— Almérine-Charlotte-Gabrielle, née le 27 juillet 1786, fille du marquis Louis, et d'Anne-Joséphine de Barondier de la Chassée d'Eu (S. S.).

CAUMONT (Charlotte-Rose de), morte le 6 mars 1724, à soixante-dix-huit ans (S. S.).

— Jeanne, morte le 30 avril 1726, à quatre-vingt-neuf ans, veuve de Guy de Chaumont, marquis de Quitry (S. S.).

— Henri-Jacques-Nompar, duc de la Force, mort le 21 juillet 1726 à cinquante-deux ans (S. S.).

— François-Grégoire-Victoire, né le 9 mai 1747, et Jacqueline-Marie, née le 2 décembre 1750, enfants naturels de Jacques-Nompar-François, duc de la Force (S. S.).

— Anne-Philibert, né le 1er novembre 1766, mort le 16 mars 1767; N. né le 22 avril 1768; Joséphine-Louise, née le 27 août 1769; Antoinette-Françoise-Marie, née le 1er juillet 1771, enfant de Bertrand-Nompar, marquis de la Force, et d'Adélaïde-Luce-Madeleine de Galard de Béarn (S. S.).

— Marie-Jeanne-Thérèse, morte le 30 décembre 1779, à trente-sept ans, épouse de Jean-Baptiste-Marie-Hyacinthe Hocquart, baron d'Hurtubize (S. S.).

— Louis-Joseph-Nompar, fils de Bertrand-Nompar, marquis de la Force, comte de Mussidan, et d'Adélaïde-Luce-Madeleine de Galard de Brassac de Béarn, marié le 11 mai 1784, à Sophie-Pauline d'Ossun, fille de Charles-Pierre-Hyacinthe, seigneur de Jouy-le-Châtel, et de Geneviève de Gramont, dont : Adélaïde-Olympe-Charlotte-Euphrosine, née le 5 janvier 1789 (S. S.).

— François-Philibert-Bertrand, frère du précédent, marié le 30 avril 1788, à Marie-Constance de Lamoignon, fille de Chrétien-François, marquis de Bâville, et de Marie-Élisabeth Berryer (S. S.).

— Eulalie-Louise-Catherine, née le 24 janvier 1791, et Jean-Baptiste-Louis-Marie-Eugénie, né le 30 avril 1792, enfants de Jean-Baptiste, et de Marie-Marguerite Radiguet de la Marche (S. S.).

— Antoine-Joseph, bourgeois de Paris, fils d'André, et de Marguerite Guignard, marié le 19 mai 1791 à Marie-Claude Dampoux, fille de François, bourgeois de Paris, et de Claudine Robert (S. Thomas d'Aquin).

CAUPENNE (Jeanne-Louise), née le 12 février 1741 ; Anne-Henri-Louis, né le 4 janvier 1742 ; Rose, née le 30 novembre 1743, enfants de Jean-Baptiste, marquis d'Amou, lieutenant des gardes françaises, et de Marie-Charlotte de Menou (S. R.).

CAUREL (Nicolas du), fils de feu Nicolas, seigneur de Tagny, et de Marguerite Lestendard, marié le 5 novembre 1685, à Élisabeth-Claire-Eugénie de Cromberg, veuve de Sébastien, comte de Bunel (S. A. des A.).

CAUVIGNY (Antoine-Charles de), né le 11 novembre 1704, baptisé en avril 1731, fils de François-Philippe, chevalier, seigneur de Boutonvilliers, et de Marie-Madeleine de Valois d'Escoville (S. S.).

CAUX (Philippe-François de), né à Chalon le 25 juillet 1728, baptisé à Paris, le 11 avril 1741, fils de Gilles, contrôleur général des fermes du roi, et de Marie de Montlebert (S. R.)

CAVELIER (Siméon), lieutenant général des armées du roi, gouverneur de Dax, fils de Siméon, comte de Tourville, conseiller du roi, et de Guyonne Vincent, mort le 19 mars 1785, à quatre-vingt-un ans (S. R.) ; marié le 7 décembre 1784, à Antoinette-Madeleine-Pulchérie du Maisniel, chanoinesse de Neuville, fille de Jacques-Étienne, marquis de Saumery, et de Jeanne-Antoinette-Madeleine-Pulchérie le Petit-d'Avesnes (S. S.).

CAYOT DE BLANZY (Marie-Anne-Élisabeth-Félicité), née à Aire en Picardie, le 13 mai 1722, baptisée à Paris en mars 1734, fille de Jean-

Baptiste, capitaine au régiment de Piémont, et de Jeanne-Philippine de Montalembert-Pluskoue (S. R.).

Caze (Jeanne-Marguerite de), née le 6 mars 1765 (S. M. M. la V. l'É.); Gaspard-Nicolas-Louis-Renaud, né le 13 juillet 1768 ; Anne-Camille, née le 3 septembre 1769 ; Pierre-Félix et Gaspard-Louis-Marie, nés le 9 avril 1771, enfants de Gaspard-Louis, baron de la Bove, Juvencourt, Orgeval, et d'Angélique-Marie le Doux S. R.).

— Augustin-François-Joseph, né le 1ᵉʳ janvier 1783, fils de Marie-Joseph-François, écuyer, seigneur de Béost, et de Marie-Josèphe le Picard d'Ascourt (S. N. des Ch.).

— Adélaïde-Robertine, née le 8 février 1783 ; Anne-Émilie, née le 20 octobre 1787; Anne-Sophie et Anne-Joséphine, nées le 5 janvier 1790, filles d'Alexandre-Louis, conseiller du roi, et de Madeleine-Hyacinthe Guillauden (S. M. M. la V. l'É.).

Ceconi (Marguerite-Madeleine-Louise de), née le 27 novembre 1749, fille du comte Athanase, et de Louise-Françoise Davy de la Fautrière (S. S.).

Cerda (Gonzalve-Emmanuel-Galvao de), commandeur de Saint-Barthélemy de Rabal dans l'ordre du Christ du conseil de S. M. T. F. et son envoyé extraordinaire et plénipotentiaire auprès de S. M. T. C., mort le 9 mai 1755, à soixante et un ans (S. R.).

Ceremans de Beaufort (Angélique-Madeleine), née le 16 mars 1778, fille d'Antoine-Joseph, et de Madeleine-Françoise de Logras (S. M. M. la V. l'É.).

Certaines (Antoine-Louis, vicomte de), fils de Charles-Armand, seigneur de Thar, Louvrault, Ruère, et de Jeanne-Catherine de Bretagne, marié le 4 juin 1787, à Joséphine-Marie Porter de Kamgston, fille de Nicolas-Joseph, capitaine au régiment de Clare irlandais, et de Marie-Hélène Eustace (S. S.).

Cès (Bernard-Ange-Casimir de), inhumé le 14 octobre 1766, à dix-huit ans, fils de Thomas-Casimir, seigneur et baron d'Ossages, et d'Agets, et de Marie-Anne de Casaubon (S. M. M. la V. l'É.).

Chabane (Jacqueline-Félicité de), inhumée le 28 janvier 1740.

Chabannes (Gilbert de), comte de Pionsat, gouverneur de l'île d'Oléron, mort le 20 avril 1720, à quatre-vingt et un ans (S. S.).

— Élisabeth-Olive-Françoise, née le 19 juillet 1744, morte le 12 mars 1746, fille du marquis Jean-Baptiste, et d'Élisabeth-Olive-Louise Bernard (S.S.).

— François-Antoine, marquis de la Palice, mort le 23 décembre 1754, à soixante-six ans (S. S.).

— Marie-Anne-Marguerite, née le 20 juillet 1755, fille d'Antoine, marquis de Curton, et de Marie-Josèphe-Anne-Louise de Gironde (S. P.).

— Antoine, marquis de Curton, mort le 1ᵉʳ octobre 1759 (S.S).

— Jacques-Gilbert-Marie, né le 3 août 1760, et Jean-Frédéric, né le 17 décembre 1762, fils de Jacques-Charles, marquis de Curton, et de Marie-Elisabeth de Talleyrand-Périgord (S. S.).

— Marie-Anne-Marguerite, morte le 28 décembre 1778, à vingt-trois ans cinq mois huit jours, épouse de Louis-Alexandre de Cassagnes de Beaufort, comte de Miramon (S. S.).

— Gilbert-Blaise, abbé de Bonport, mort le 9 juin 1779, à soixante-sept ans (S. S.).

— Jean-Baptiste, marquis de la Palice, mort le 20 mars 1784, à soixante-six ans (S.S.).

— Jean-Baptiste-Marie, fils du marquis Claude-François, seigneur de Quincy, Villiers-sur-Yonne, et de Marie-Henriette de Fourvières de Quincy, marié le 20 février 1787 à Cornélie-Zoé-Vitaline de Boisgelin, dame de Remiremont, fille de Charles-Eugène, vicomte de Plehedel, capitaine des vaisseaux du roi, et de Sainte de Boisgelin (S. S.).

— Anne-Marie-Élisabeth, née le 26 février 1788, fille de Jean-Frédéric, comte de Curton, marquis de la Palice, et d'Anne Vanlennep (S. S.).

Chabenat (Nicolas-Étienne-Gabriel), né le 12 septembre 1677, Gabriel, né le 5 mars 1678, Sébastien, né le 14 janvier 1680, enfants d'Étienne, seigneur de Bonneuil, vicomte de Savigny, et de Catherine Pierret de Boyvert (S. N. des Ch.).

— Antoine-François, né le 11 mars 1728, fils de Louis-Étienne, comte de Bonneuil, et de Marie-Madeleine Boucher (S. P.).

— Louis-Étienne, seigneur de Bonneuil, mort le 5 décembre 1747, à cinquante-trois ans (S. G.).

— André-Etienne-Antoine, né le 26 décembre 1776, et Antoinette-Aglaé, née le 13 juin 1778, enfants d'André-Charles-Louis, seigneur de Bonneuil, et d'Agnès-Antoinette Soullet (S. E.).

— Jeanne-Alexandrine, morte le 18 avril 1783, à vingt-huit ans sept mois, épouse de Jérôme-Joseph Gren de Marquette (S. E.).

Chabert (N. de), né le 28 novembre 1775, et Athanase-Marguerite-Hélène, née le 26 décembre 1777, enfants du marquis Joseph-Bernard, capitaine de vaisseau, et d'Hélène-Marguerite-Barbe Tascher (S. N. des Ch.).

Chabot (Louise-Armande de), née le 30 mars 1712; Marie-Armande, née le 4 août 1713 ; Louis-François, mort le 29 janvier 1743, à trente-trois ans (S. S.), et Louis-Auguste, né le 9 juin 1722 (S. R.), enfants de Louis-Bretagne-Alain, prince de Léon, duc de Rohan, et de Françoise de Roquelaure.

— Louis, duc de Rohan, mort le 18 août 1727, à soixante-quinze ans (S. P.).

— Marie-Charlotte, née le 12 décembre 1729, fille de Louis-Auguste, comte de Rohan-Chabot, et d'Yvonne-Sylvie du Breuil du Rays (S. P.).

— Louis-Bretagne-Alain, duc de Rohan, prince de Léon, mort le 10 août 1738, à cinquante-huit ans (S. S.).

— Louis-Bretagne-Charles, né le 12 novembre 1747, mort le 27 avril 1757, et Marie-Rosalie, morte le 19 juin 1743, à vingt-deux mois, enfants de Louis-Marie-Bretagne-Dominique, duc de Rohan, et de Charlotte-Rosalie de Châtillon (S. S.).

— Anne-Henriette-Charlotte, morte le 3 mai 1751, à soixante-neuf ans quatre mois, veuve d'Alphonse-François-Dominique, prince de Berghes (S. S.).

— Le vicomte Louis-Auguste, mort le 16 octobre 1753, à trente-et-un ans (S. E.).

— Adélaïde-Louise-Guyonne, née le 17 janvier 1764, fille de Charles-Rosalie, vicomte de Rohan-Chabot, et de Guyonne-Hyacinthe de Pons (S. R.).

— Charles-Annibal, comte de Jarnac, mort le 5 novembre 1762, à soixante-seize ans, époux d'Henriette-Charlotte de Chabot (S. M. M. la V.-l'É.).

— Armand-Charles-Just, né le 25 juin 1767, fils de Louis-Antoine-Auguste, comte de Rohan-Chabot, et d'Élisabeth-Louise de la Rochefoucauld (S. S.).

— Henriette-Charlotte, morte le 27 août 1769 à quatre-vingts ans, veuve de Charles-Annibal de Rohan-Chabot, comte de Jarnac (S. R.).

— Thomas-Lucie-Marie, mort le 22 octobre 1775, à vingt-trois ans, fils de Joseph, marquis de Saint-Maurice, et d'Éléonore-Marie, marquise de Chabot (S. S.).

— Louis-François-Auguste, né le 29 février 1788, et Anne-Louis-Ferdinand, né le 14 octobre 1789, fils d'Alexandre-Louis-Auguste, duc de Rohan, prince de Léon, et d'Anne-Louise-Madeleine-Élisabeth de Montmorency (S. S.).

— Charlotte-Louise-Sylvie, née le 6 septembre 1789, fille de Charles-Rosalie, comte de Jarnac, et d'Élisabeth Smith (S. S.).

CHABRINIAC (Marc-Antoine de), infirmier de l'abbaye des Alleux, mort le 21 juillet 1713, à cinquante-cinq ans (S. A. des A.).

CHABROL (Augustin-Pierre de), mort le 27 juin 1772, à soixante-dix ans (S. S.).

CHAFFOY (Pierre-François de), prêtre, natif de Besançon, mort le 17 mars 1811, à soixante-quinze ans (X arr.).

CHAILLOU DE JONVILLE (Antoinette-Charlotte-Françoise-Augustine), née le 10 mars 1756, fille d'Augustin-François, chevalier, conseiller au Parlement, et d'Antoinette-Avoie de Ricouart (S. P.).

CHAISE (François-Dreux de la), mort le 12 mars 1723, à quatorze ans, fils d'Antoine, marquis d'Aix, et de Françoise-Nicole du Guay (S. S.).

CHALABRE (Jean-Pierre-Roger de) mort le 23 juillet 1783, à quatre-vingt-un ans (S. R.).

CHALMANT (Christophe), secrétaire de la chambre du roi, marié le 22 février 1588, à Anne Pasquier, fille de maître Florent, procureur en la cour de parlement (S. A. des A.).

Chalon (Antoine-Hardouin de), né le 24 décembre 1769 ; Hardouin, né le 8 juillet 1774 ; Marie-Henriette-Alix, née le 22 avril 1775, enfants du comte Hardouin, marquis de Puy-Normand, et de Jeanne-Françoise-Aglaé d'Andlau (S. S.).

Chalvet (Adélaïde-Françoise-Alexandrine de), morte le 11 mars 1789, à quatre ans, et Antoine-Madeleine-Joseph, né le 22 août 1789, enfants d'Alexandre-Joseph-François, baron de Souville, capitaine des vaisseaux du roi, et de Marie de Broutin (S. S.).

Chambon (Marie-Adélaïde de), née le 4 décembre 1724 ; Jeanne-Françoise, née le 24 janvier 1726 (S.S.). ; Marie-Geneviève, née le 17 février 1727 (S. R.) ; Pierre-Nicolas, né le 21 mars 1732 (S. S.), enfants de Pierre, marquis d'Arbouville, lieutenant du roi en Orléanais, et de Marie-Anne-Françoise de Montmorin.

— Jean-Baptiste-Louis-Pollux, né le 23 juin 1774, fils de Gaspard-Louis, marquis d'Arbouville, et de Félicité-Françoise-Sophie Fréteau (S. M. M. la V. l'É.).

Chamborant (Claude-Louis de), né le 28 mars 1729 ; André-Claude, né le 23 février 1732 ; Marie-Anne-Thérèse, née le 14 septembre 1734 ; Agathe-Félicité, née le 17 décembre 1738, enfants de Claude, comte de la Clavière, lieutenant colonel, et de Marie Anne de Bournonville (S. R.).

— Claude, comte de la Clavière, lieutenant-général des armées du roi, mort le 19 mai 1756, à soixante-huit ans (S. P.).

— Balsamie-Marie, née le 25 novembre 1761, et Marie-Alexandrine, née le 13 décembre 1762, enfants du marquis André-Claude, et de Louise-Perrine Richard de Fondville (S. M. M. la V. l'É.).

— Jeanne-Julie-Thérèse, née le 7 novembre 1770 (S. S.) et Gabrielle-Adélaïde, née le 5 mai 1774, filles du marquis André-Claude, et de Marie-Julie de Vassal (S. R.)

— Marie-Anne-Thérèse, morte le 29 septembre 1781 à quarante-sept ans, épouse de François-Jean de la Myre, comte de Mory (S. S.)

Chambre (Jean-Louis, marquis de la), vicomte de Maurienne,

fiancé le 21 janvier 1588 à Claude de Saulx, fille de Gaspard, maréchal de France (S. A. des A.).

— Jean-Claude-Alexandre, mort le 8 mai 1742 à dix-neuf mois trois jours, fils de Barthélemy-Alexandre, seigneur de Saint-Sauveur, et de Marie-Catherine d'Armejin (S. M. M. la V.-l'É.).

CHAMILLART (Marie-Élisabeth), née le 8 février 1713, fille de Michel, marquis de Cany, et de Marie-Françoise de Rochechouart de Mortemart (S. S.).

— Louis-François, né le 15 juillet 1751, fils de Louis-Michel, et d'Anne-Madeleine Chauvelin (S. S.).

— Louis-Michel, comte de la Suze, mort le 27 août 1774 à soixante-cinq ans (S. S.).

— Alphonse-Louis, né le 19 décembre 1776, fils de Louis-François, marquis de la Suze, et de Catherine-Louise de Santo-Domingo (S. S.)

— Marie-Élisabeth, morte le 25 novembre 1788 à soixante-seize ans, veuve de Daniel-Marie-Anne de Talleyrand, marquis de Périgord (S. S.).

CHAMPAGNE (Anne-Catherine de), morte le 19 juillet 1742, à vingt-sept ans, épouse de Louis-César le Tellier, comte d'Estrées (S. R.).

— Madeleine-Claude, morte le 23 décembre 1743, à quarante-huit ans et demi, épouse de François-Anne de Vaudeuil (S. S.).

— Marie-Adélaïde-Josèphe-Antoinette-Gabrielle, née le 17 janvier 1748, fille du comte Louis-Hubert, et de Bonne-Judith de Lopriac (S. S.).

— Marie-Judith, morte le 23 mai 1763, à dix-huit ans cinq mois, épouse d'Anne-Léon de Montmorency, marquis de Fosseuse (S. S.).

— Marie, morte le 27 décembre 1783, à soixante dix ans, femme de César-Gabriel de Choiseul, duc de Praslin (S. S.).

— Le comte Louis-Hubert, mort le 4 décembre 1785, à quatre-vingt-deux ans (S. S.).

— Le comte Louis-Brandelis-Ferdinand, officier d'infanterie, natif de Chapton, diocèse de Troyes, mort le 27 mai 1790, à vingt et un ans (S. E.).

Champagné (Guillaume-René-Anne de), fils de Guillaume, seigneur de Giffart, et de Marie-Anne Potry de l'Aubinière, marié le 17 août 1790, à Marie-Anne Adélaïde de Bonneval, fille de Louis-César, mousquetaire du roi, et de Marie-Marguerite-Henriette Frézeau de la Frézillière (S. S.).

Champeau (Antoine), chanoine de Saint-Andoche de Saulieu, mort le 15 août 1728, à dix-huit ans (S. S.).

Champfeu (Jacques de), seigneur de Givreuil, syndic de la noblesse du Bourbonnais, mort le 1er juin 1773, à cinquante-neuf ans (S. E.).

Champion (Marie-Françoise), née le 1er novembre 1716, fille d'Edme-Étienne-François, seigneur de Nansouty, et de Marie-Charlotte-Françoise de Bretagne (S. S.).

— Louis-Toussaint, mort le 28 janvier 1792, à cinquante-neuf ans six mois (S. M. M. la V. l'É.), fils de Jérôme, comte de Cicé, et de Marie-Rose de Varennes, marié le 21 mars 1767, à Jeanne-Geneviève-Henriette de Fusée, fille de Louis-Victor, comte de Voisenon, et de Marguerite-Pauline Bombarde de Beaulieu (S.-J. du H. P.).

Champs de Courgy (Charles de), né le 13 mai 1756, fils de Prix, écuyer, conseiller du roi, et d'Antoinette-Françoise le Bas-Duplessis (S. J. en G.).

Chanaleilles (Jean-Louis de), comte de la Saumé, veuf de Marie-Rose de Vidal de Montferrier, remarié le 19 juin 1780 à Madeleine Gerbier, fille de Jean-Baptiste, écuyer, et de Marie Perpétue Martin (S. S.).

Chandon (Victoire-Edmée-Adélaïde de), née le 30 mai 1784, fille de Philibert-François, comte de Briaille, et de Geneviève-Marguerite Chevaliard (S. S.).

Channe (Georges-Philippe-Léon de), né à Dannemoine, le 10 janvier 1700, et baptisé à Paris le 19 janvier 1713, fils de Georges, et de Marie Lenfumey (S. S.).

Chantier de Brainville (Henri-Louis-Michel), né le 1er février 1780, fils de Charles-Michel, président de la Cour des Monnaies, et de Marie-Élisabeth Petit des Landes.

Chapelle (Pierre-Joseph), né à Jumilhac, le 6 mars 1692, et baptisé à Paris en 1705, fils de Jean, marquis de Jumilhac, et de Marie d'Aubeterre (S. S.).

— Marie-Louise, née le 10 octobre 1733; Pierre-Marie, né le 1er janvier 1735; Louis-Alexandre-Julie, né le 8 septembre 1739; Julie-Thérèse, née le 14 décembre 1742, enfants de Pierre-Joseph, marquis de Jumilhac, et de Françoise-Armande de Menou (S. S.).

— Françoise-Armande, inhumée le 31 octobre 1748, à quinze ans (S. S.).

— Bernard-Guillaume-Étienne, comte de Jumilhac, capitaine de cavalerie, lieutenant pour le roi au gouvernement de la Bastille, mort le 15 juillet 1760, à cinquante ans (S. P.).

— Antoine-Pierre-Joseph, né le 31 août 1764; Marie-Françoise, née le 19 juin 1767; Catherine-Victorine, née le 21 juillet 1769; Joseph-Léon-Marie, né le 16 novembre 1773, et Aglaé-Joséphine-Henriette, née le 3 décembre 1781, morte le 7 octobre 1782, enfants de Pierre-Marie, comte de Jumilhac, brigadier des armées du roi, et de Catherine de Pourcheresse d'Estrabonne (S. S.).

— Louis-Jean-Baptiste, fils de Jean-Baptiste-Joseph, comte de Saint-Jean-Ligoure, et de Charlotte-Éléonore de Saint-Chamans, marié le 15 janvier 1771, à Marie-Cécile Rouillé, fille de Jean-Pierre, intendant général, et de Marie-Françoise Guillot (S. E.), dont : Joseph-Marie, né le 6 août 1773, Armand-Pierre, né le 26 juillet 1774; Julie-Louise, née le 2 mai 1778; Amélie-Joséphine, née le 15 janvier 1781 (S. R.).

— Jean-Joseph, archevêque d'Arles, mort le 20 février 1775, à soixante-neuf ans (S. S.).

— Pierre-Joseph, marquis de Jumilhac, mort le 9 mars 1783, à quatre-vingt-douze ans (S. S.).

— Armand-Henri-Marie-Marcel, né à Paris le 1er juillet 1808, fils d'Antoine-Pierre-Joseph, marquis de Jumilhac, mort à Lille en février 1826, et de Simplicie-Gabrielle-Armande du Plessis de Richelieu, morte à Rome en mars 1840, marié le 14 juin 1845 à Claire-Hélène-Marie-Auguste du Pouget, née à Paris le 3 août 1826, fille d'Arnaud-François-Léopold-Odile-Sigismond, marquis de Nadaillac, mort à Paris, le 23 avril 1837, et de Catherine-Marie Mitchell, morte à Mayfair, Middlesex, le 4 juillet 1844 (X. arr.).

Chapelle (Jacques de la), écuyer, sieur du Pleix, inhumé le 6 septembre 1677 (S. A. des A.).

Chaponay (Françoise de), morte le 4 janvier 1714, à soixante-dix-huit ans, veuve d'Alexis de Rivolle (S. A. des A.).

— Sophie-Marie-Louise, morte le 5 septembre 1749, et Françoise-Hélène, née le 18 mai 1751, filles du marquis Joseph, et de Marie-Louise Mithon (S. S.).

— Le chevalier Balthasar, capitaine des grenadiers, mort le 19 septembre 1785, à soixante quatre ans (S. S.).

Chappin de Germiny (Charles-Antoine), né le 17 janvier 1744, fils de Pierre-Nicolas, et de Madeleine Vincent (S. S.).

Chapt (Aglaé-Françoise-Emmanuelle), née le 12 mars 1768; Pierre-Jean-Julie, né le 7 juillet 1769; Louis-Éléonor, né le 1er juin 1771; Victor, mort le 14 juin 1782 à dix ans; Louis-Armand-Joseph-Amélie, né le 25 octobre 1774; Anne-Charles-Parfait, né le 5 mars 1776; Auguste-François, mort le 9 décembre 1780; Jean-Philippe-Casimir, né le 7 juin 1780, mort le 25 décembre 1783; Arsène-Louis-Joseph, né le 4 février 1782, mort le 9 mars 1785, enfants de Jacques-Gabriel, comte de Rastignac, baron de Luzé, et d'Angélique-Rosalie d'Hautefort (S. S.).

— Charles-Antoine-Odet, veuf d'Adélaïde-Madeleine de Forbin-Janson, remarié le 12 septembre 1792, à Élisabeth-Olive de Brosse, fille de Pierre-Michel, et d'Angélique-Félicité Colette de Bilemont (S. S.).

Charette de Montebert (Marie-Madeleine-Élisabeth), morte le 8 janvier 1778, à soixante-onze ans neuf mois et vingt jours, épouse d'Anne-Léon de Montmorency (S. S.).

Charlarvy (Alexandrine-Louise-Aglaé de), fille de Joseph, comte d'Aunoy, et de Rose-Alexandrine-Joséphine de la Fare, née le 7 juillet 1780 (S. R.).

Charlot (Nicolas), baptisé le 28 mai 1677, fils d'Étienne, écuyer du duc d'Elbeuf, et de Marie-Anne de Bosse (S. A. des A.).

Charpentier (Philippe), conseiller du roi en sa cour de parlement et commissaire aux requêtes du palais, fils de Thierry et de Marguerite le Tonnelier, marié le 25 mai 1682 (S. A. des A.).

Charpentier de Boisgibault (Élisabeth-Thérèse) morte le 5 janvier 1789, à trente-trois ans, épouse d'Amand-Claude Masson de Saint-Amand, conseiller du roi (S. E.).

Charpentier d'Ennery (Adélaïde-Gabrielle-Charlotte), née le 11 janvier 1774, et Eugène-Victor-Gilbert, né le 18 septembre 1775, mort le 9 novembre 1775, enfants de Victor-Thérèse, marquis d'Ennery, et de Rose-Bénédicte d'Alesso d'Éragny (S. M. M. la V. l'É.).

Charpin de Gennetines (Jean-Baptiste de), clerc du diocèse de Lyon, mort le 12 septembre 1721, à quinze ans (S. S.).

— Armand-Louis-Joseph-François, né le 13 janvier 1785, fils de François-Régis, comte de Gennetines, et de Françoise Baroud (S. R.).

Charron (Valentine le), baptisée le 16 janvier 1572, fille de noble homme messire Jean, seigneur d'Évry, du Plessis-en-Brie, conseiller du roi, et président en sa cour des aides, et de damoiselle Anne Guyot (S. G.).

Charron de Ménars (Marie-Charlotte-Françoise), morte le 1ᵉʳ décembre 1721, à quatorze ans, épouse de Jean-René de Longueil, marquis de Maisons (S. S.).

— Charlotte-Louise, née le 13 octobre 1730, et Charles-Armand, né le 25 décembre 1731, enfants de Jean-Baptiste, chevalier, marquis de Ménars, brigadier des armées du roi, et d'Anne de Castera de la Rivière (S. S.).

— Marie-Françoise-Thérèse, demoiselle de Nozieux, morte le 19 août 1733, à cinquante-trois ans (S. R.).

Charron de Monceaux (Marie-Anne), morte le 9 juin 1755 à quatre-vingt-cinq ans, veuve de Thomas de Maussion, receveur général des finances (S. R.).

Charry (François de), comte des Gouttes, mort le 4 juillet 1720, à trente-sept ans (S. S.).

— Antoine-Agnan-François, fils d'Antoine, marquis des Gouttes, et de Charlotte-Françoise de Menou, marié le 29 avril 1788, à Charlotte-Félicité de Luppé, fille du comte Pierre-Marie, et de Louise-Charlotte de Butler (S. S.).

CHARTIER (Geneviève), inhumée le 15 avril 1596, veuve de François de Montholon, garde des sceaux de France (S. A. des A.).

— Marie-Joséphine-Alexandrine, née le 7 février 1779, fille de Jacques, écuyer, gendarme du roi, et de Charlotte-Adélaïde Hébert (S. E.).

CHARTRAIRE (Marie), morte le 26 août 1713, à six mois six jours, fille d'Émilien, seigneur de Romilly, et de Marie-Jeanne Gérard du Ry (S. S.).

— Marie, morte le 28 janvier 1735, à quatre-vingt-cinq ans, veuve de Jérôme David (S. S.).

— Louis-Émilien, né le 9 mars 1735, fils de Guy, marquis de Ragny, et de Marie-Renée Chauvelin (S. S.).

— Angélique-Denise, née le 30 décembre 1741, fille de Denis, seigneur de Rochefort, et de Marie-Joseph Larquerat (S. M. M. la V. l'É.).

CHASLARD (François du), baptisé le 19 novembre 1639, fils de Priam-Pierre, gouverneur de Cordouan, et d'Élisabeth le Prevost (S. G.).

CHASOT (Bénigne-Élisabeth), née le 19 octobre 1741, et Élisabeth-Marguerite, née le 8 mars 1743, filles de Louis-Bénigne, président à mortier au parlement de Metz, et de Marie-Catherine de Montholon (S. R.).

— Jean-François, né le 11 octobre 1778, fils du marquis Claude-Gervais-Jean, et de Marguerite-Pamphile de Prébois (S. R.).

CHASPOU (N.) né et mort le 19 décembre 1745; Adélaïde-Constance-Eusèbe-Jeanne, née le 2 janvier 1747; Anne-Claire-Pauline, née le 29 juin 1748; enfants d'Eusèbe-Félix, marquis de Verneuil et de Sainte-Julitte, et d'Anne-Adélaïde d'Harville (S. R.).

— Eusèbe-Jacques, marquis de Verneuil, mort le 2 janvier 1747, à cinquante-cinq ans, époux de Marie-Louise Bigres (S. R.).

— Eusèbe-Félix, marquis de Verneuil, grand-échanson de France, mort le 20 février 1791, à soixante-dix ans, veuf d'Anne-Adélaïde d'Harville (S. E.).

CHASSEPOT (Anne de), morte le 2 avril 1678, femme de Pierre-Claude de Hodic, comte de Marly-la-Ville, conseiller du roi, maître des requêtes (S. A. des A.).

— Louise, inhumée le 20 juillet 1685, fille de Charles, seigneur de Beaumont, et de Louise de Lisle (S. G.).

CHASSEBRAS (Antoinette-Madeleine de), morte le 24 septembre 1720, veuve de Claude-Antoine, comte d'Harville (S. S.).

CHASSELET DE LAUNOY (Didier), veuf de Françoise Bour, remarié le 9 février 1779 à Charlotte-Victoire de Jan, veuve de Gabriel Mignard, écuyer, capitaine de cavalerie (S. J. du H. P.).

CHASTEIGNER (Marie-Henriette de), née le 3 mai 1728, fille de Henri, écuyer, et de Claude Loiseau (S. S.).

— Henriette-Antoinette-Nicole, née le 19 septembre 1781; Alexandre-Armand, né le 27 décembre 1783; René-Sylvestre, né le 31 août 1786, enfants du comte Jean-René-Henri, et de Marie-Louise-Madeleine-Gabrielle d'Harville des Ursins de Trainel (S. S.).

CHASTELLARD (Alexandre-Christophe-Pierre de), né le 10 juin 1761, fils du marquis François, maréchal des camps, chevalier, et de Marie-Thérèse de Laval de la Morse (S. S.).

CHASTELLIER (Charles-Louis-Joachim du), marquis du Mesnil, mort le 1er mars 1764, à soixante-trois ans (S. S.).

CHASTELLUX. — « Le jeudi neufiesme jour du mois d'aoust mil six cent cinquante-sept, fut baptisé Nicolas-Philippe, fils de Mre César, conte de Chatelu, viconte d'Avalon, baron de Caré, etc., et de dame Marie-Magdeleine Le Sueur, sa femme, rue des Barrées, parain, Mre Nicolas Fayet, cller du roy en ses conseils et en sa cour de parlement; maraine, dame Charlotte de Bligny, contesse de Chatelu. Signé Prévost » (S. P. f° 498).

— « Le lundi, treizième jour du mois de janvier mil six cent cinquante-neuf, fut baptisé Nicolas-Michel, fils de messire Cæsar, conte de Chastelu, et de dame Marie-Magdelaine Le Sueur, sa femme, rue des Barrez. Parain, messire Michel Sublet ; maraine, dame Magdelaine d'Elbaine, femme de messire Jean-Jacques du Boucher. — Signé : Mazure (S. P., f° 76).

— « Le lundi, troisiesme septembre mil six cent soixante-trois, les trois bans publiez sans opposition, les fiançailles faites le jour précédent, ont esté mariés haut et puissant seigneur messire Cæsar-Philippe de Chastellux, comte de ces lieux, vicomte d'Avallon, baron de Carré, seigneur de Marigny et autres lieux, premier chanoine héréditaire de l'église cathédralle de S¹-Estienne d'Auxerre, natif de Chastelux, diocèse d'Authun, veuf de deffunte dame Magdeleine d'Osny, de la paroisse S¹-Paul, et damoiselle Judith Barrillon, natifve d'Amboise, diocèse de Tours, fille de deffunct messire Jean-Jacques Barrillon, vivant chevallier, seigneur de Chastillon, con^er du roy en ses conseils d'Estat et privés, et en sa cour de Parlement, et président de la première chambre des enquestes de la d^e cour, et de dame Bonne Fayet, ses père et mère, de cette paroisse. Pour tesmoins ont été présents du costé dud. s^r Chastellux : messire Jean-Jacques Du Bouchet, chevallier, seigneur de Villeflix-les-Arches et Bournonville, son cousin ; messire Melchior Harod de Vinevas, seigneur de Saint-Romain, abbé commandataire de l'abbaye de Corbigny ; du costé de lad. dam^lle Barrillon, sa mère susd^te, messire Paul Barrillon Damoncourt, con^er du roy en ses conseils et maistre des requestes ordinaire de son hostel ; messire Antoine Barrillon, seigneur de Chastillon, con^er, prieur du prieuré de Gizy, messire Henry Barrillon, prieur de N.-Dame de Boulongne-lès-Blois, bachelier en théologie, ses frères ; messire Antoine Barrillon, chevalier, seigneur de Mancy, Morangis, Montigny, Brange, etc., cons^er du roy en ses conseils et directeur de ses finances, son oncle. — Signé . Cæsar-Ph^e de Chastellux. — Judith Barrillon. — Bonne Fayet. — Cyrus É. de Périgueux. — Barrillon. — J. Barrillon. — Barrillon-d'Amoncourt. — H. Barrillon. — Barrillon. — Lhospital-Ste-Mesme. — M. de Harod. — Du Bouchet. (S.J. en G. f° 42.)

— « Le mardy dixième jour de juin mil six cent soixante-quatre, Bonne, fille de hault et puissant seigneur messire César-Philippe, viconte d'Avalon, conte de Chastelus, premier chanoine héréditaire de l'église de St-Étienne d'Auxerre, etc., dem^t rue de Thorigny, et de haulte et puissante dame Judith de Barrillon, son espouse, a esté baptizée, estant nayé de lundy, neuvième dudit mois ; son parain, messire Anthoine de Barillon, con^er du roy en tous ses conseils d'État et directeur de ses finances ; sa maraine, dame Bonne Fayet, veuve de messire Jean-Jacques de Barillon, con^er du roy en tous ses conseils et président en sa cour de parlement. Signé : J. Sachot. (S. G. f° 194.)

— « Le deuxiesme jour du mois de may mil six cent soixante-sept, a esté baptisé un garçon, né du mesme jour, lequel a esté nommé Philbert-Paul, fils de hault et puissant seigneur messire Cæsar-Philippe de Chastelux, conte dudit lieu, baron d'Avalon et autres lieux, et de dame Judith Barrillon, sa feme, dem^{ts} rue d'Anjou, de cette paroisse. Le parain, messire Paul Barillon-Damoncourt, con^{er} du roy en ses conseils, m^{tre} des requestes ord^{re} de son hostel, commissaire de en partie pour l'exécution des ordres de Sa Majesté en la généralité de Paris ; la maraine, dame Philberte Damoncourt, feme de messire Anthoine Barillon, con^{er} du roy en ses conseils d'Estat et privé, de direction de ses finances. — Signé : Loisel, curé. (S. J. en G. f° 28.)

— « Le mercredy, vingt-troisième jour du mois de may mil six cent soixante-huit, a esté baptisé une fille née du mesme jour, laquelle a esté nommée Marie-Judith, fille de hault et puissant seigneur messire Cæsar-Philippe de Chasteleux, conte dudit lieu, baron d'Avallon et autres lieux, et de dame Judith de Barillon, sa feme, dem^t rue d'Anjou, de cette paroisse. — Le parein, messire Anthoine de Barillon, con^{er} du roy en sa cour de Parlement. — La mareine, dame Marie-Magdeleine Mangot, feme de messire Paul de Barillon, con^{er} du roy en ses conseils, m^{tre} des requestes ord^{res} de son hostel. — Signé : Loisel, curé. (S. J. en G., f° 99.)

— « Le trentiesme jour du mois d'octobre mil six cents soixante-neuf, a esté baptisé un garçon nay du mesme jour, lequel a esté nommé Henry, fils de messire Cæsar-Philippe de Chasteleux, conte de dit lieu, et de dame Judith de Barillon, sa feme, dem^{ts} rue de Lhome-Armé, de cette paroisse. Le parein, messire Henri de Barillon, p^{tre}, docteur de Sorbonne. — La marreine, demoiselle Élizabeth de Lhopital, fille de deffunct messire Jacques de Lhopital, conte de St-Mesme. Signé : Loisel, curé. (S. J en G. f° 100.)

« — Du vendredy vingt-troisième jour du mois de septembre mil six cent soixante et douze, a esté baptisée une fille née le mesme jour, laquelle a esté nommée Anne, fille de messire Cæsar-Philippe de Chastellux, comte de Chastellux, Carré et autres lieux, premier chanoine d'Auxerre, et de dame Judith Barillon, son épouse. — Le parein, m^{re} Anne de l'Hospital, comte de St-Mesme, chevallier d'honneur et premier escuyer de deffuncte son Altesse royalle Mme, douarière d'Orléans, maistre particulier des eaux et forest de la maistrise de Dourdans, gouverneur et capitaine des chasses dudit comté. La marreine, dame Bonne Fayet, veufve de messire Jean-Jacques Barillon, vivant président aux enquestes, baptisée par messire Henry Barillon, évesque de Luçon. — Signé : Henry, Év. de Luçon. — Bonne Fayet. — de l'Hospital-Ste-Mesme. — Chastellux. (S. J. en G. f° 4.)

« — L'an mil sept cent vingt-deux, le seize février, haut et puissant seigneur messire Guillaume-Antoine, comte de Chastellux, vicomte d'Avallon, baron de Carré, brigadier des armées du roy, capitaine des chevau-légers de Berry, agé d'environ vingt-sept ans, premier chanoine héréditaire de l'église cathédrale de St-Étienne d'Auxere, fils majeur de feu haut et puissant seigneur messire César-Philippe, comte de Chastellux, et de deffunte haute et puissante dame Judith de Barillon, son épouse, ses père et mère, demeurant à son hôtel, rue des Tournelles, p^{sse} de St-Paul, d'une part, et damoiselle Claire-Thérèse Daguesseau, âgée d'environ vingt ans, fille mineure de très-haut et très-puissant seigneur monseigneur Henry-François Daguesseau, chevalier, chancellier de France, seigneur de Fresne, et de très-haute et très-puissante dame madame Anne Le Febvre d'Ormesson, son épouse, ses père et mère, demeurant à l'hostel du Chancelier de France, place de Louis-le-Grand, en cette p^{sse}, d'autre part, après la publication d'un ban faite en cette église, vu le certificat de pareille publication d'un ban faite en l'église parroissiale de St-Paul, parroisse dudit seigneur époux ; la dispense de deux autres bans accordée par Son Éminence monseigneur le cardinal de Noailles, notre archevêque, en datte du onzième jour des présens mois et an, signée de Son Éminence, et plus bas, de Chevalier, son secrétaire, duement scellée, controllée et insinuée le quatorzième jour des susdits mois et an, signé : Frain, greffier, vu de plus un acte passé par devant notaires, au Châtelet de Paris, en datte du neufviesme jour des présens mois et an, par lequel le dit seigneur époux certifie la mort de ses père et mère, et sa majorité de vingt-cinq ans, dont coppie de la minutte demeurée à Mr de Mouchy, notaire au Châtelet de Paris, nous a été délivrée, signés de Mouchy et son confrère, le tout en bonne forme, et les fiançailles célébrées hier, ont été épousés en face de l'Église sans aucune opposition par monsieur l'évêque et comte de Châlons, pair de France, en présence et du consentement de Jacques Bence, prestre, docteur de Sorbonne et desservant en chefs cette p^{sse}.

Présents messire César-Armand de Saint-Chamand, guidon de la gendarmerie, neveu dudit seigneur époux, dem^t rue des **Tournelles**, p^{sse} St-**Paul**, messire Jean-Jacques de Barillon, chevalier, conseiller du roy en ses conseils, maistre des requettes ordinaires de son hostel, dem^t en son hostel, rue St-Gilles, p^{sse} St-Paul, monseigneur le Chancelier et Mad^e la Chancelière, père et mère de la ditte damoiselle épouse, et messire Henry-François de Paule d'Aguesseau, chevalier, con^{er} du roy et son avocat général en son parlement, frère de la ditte d^{lle} épouse, dem^{ts} tous trois à l'hostel du Chancelier de France, en cette p^{sse}, messire Jean-Baptiste Paulin Daguesseau, prêtre-docteur ès-loix de la faculté de Paris, oncle paternel de la ditte d^{lle} épouse, dem^t rue Pavée, p^{sse} St-André-des-Arts, messire Joseph-Antoine Daguesseau de Valjouan, chevalier, con^{er} du roy en sa cour de parl^t, oncle paternel de la ditte d^{lle} épouse, dem^t rue et fauxbourg St-Honoré, p^{sse} de la Magdelaine, tous lesquels témoins et autres parens et amis soussignés, nous ont certifié les noms, surnoms, qualités, âges, libertés et domiciles du dit seigneur époux, et de la ditte d^{lle} épouse, et lecture à eux faite, ont signés avec nous. Ainsi signé : Chastellux. — C.-T. Daguesseau. — Daguesseau. — St Chamans. — Barillon de Morangi. — Lefevre d'Ormesson Daguesseau. — Daguesseau. — Daguesseau de Frenes. — Daguesseau. — Le ch^{er} Daguesseau. — † De Tavannes, év. c. de Chaalons. — Bence. (S. R.)

— « Du huitième jour de décembre mil sept cent vingt-deux, Cæsar-Henry, fils de haut et puissant seigneur messire Guillaume-Antoine, comte de Chatellux, vicomte d'Avalon, baron de Caré, premier chanoine héréditaire de l'église cathédrale de St-Estienne d'Auxerre, brigadier des armées du roy, capitaine des chevaux-légers de Berri, présent, et de haute et puissante dame madame Claire-Thérèse Daguesseau, son épouse, demeurants rue Neuve-St-Honnoré, en cette paroisse, né d'aujourd'hui, a été baptisé. Le parain, très-haut et très-puissant seigneur monseigneur Henry-François Daguesseau, chevalier, chancelier de France, représenté par haut et puissant seigneur messire Henry-François-de-Paule Daguesseau, chevalier, conseiller d'État, avocat général en la cour de parlement, demeurant place de Louis-le-Grand, en cette paroisse ; la maraine, haute et puissante dame Madame Bonne de Chatellux, veuve de haut et puissant seigneur messire François de St-Chamans, marquis de Méry, demeurant rue des Petits-Pères, paroisse St-Eustache, et ont signé : — Daguesseau. — Chastellux de St-Chamans. — Chastellux. — J. Bence. (S. R., f° 24.)

— « L'an mil sept cent vingt-trois, le deux novembre, Cæsar-François, fils de h^t et puissant seig^r mess^{re} Guillaume-Antoine, comte de Chastellux, vicomte d'Avalon, baron de Caré, premier chanoine héréditaire de l'église cathedralle d'Auxerre, brigadier des armées du Roy, cap^e des gens d'armes de Flandre, et de haute et p^{sste} d^{me} Mad^e Claire-Thérèse Daguesseau, son épouse, de cette paroisse, rue St-Honoré, né d'hyer, a été baptisé. Le parrain, haut et p^{sst} seig^r mess^{re} Cæsar-Arnaud comte de St-Chamans, guidon des gens d'armes anglois, la maraine, haute et p^{sste} dame Mad^e Anne Lefebvre d'Ormesson, épouse de très-haut et très-puiss^t seig^r Monseig^r Henry-François Daguesseau ch^{er}, chancellier de France, qui ont signé avec le père. (S. R.)

— « Du deux mai mil sept cent vingt-cinq, Judith-Félicitée, fille de haut et puissant seigneur messire Guillaume-Antoine comte de Chastellux, brigadier des armées du roy, capitaine de gens d'armes de Flandre, présent, et de haute et puissante dame Madame Claire-Thérèse Daguesseau sa femme, demeurants à l'hôtel du Chancelier de France, place Louis-le-Grand, en cette paroisse, née d'aujourd'hui, a été baptisée. Le parein, haut et puissant seigneur messire Henry-François de Paul Daguesseau, chevalier, conseiller d'État, avocat général en la cour de parlement, dem^t susdites place Louis-le-Grand et paroisse ; la mareine, dame Pauline-Félicitée de St-Chamans, femme de Samuel Bernard, chevalier de St-Michel, dem^t place des Victoires, paroisse St-Eustache, et ont signé : Daguesseau, — Félicité de Saint-Chamans, — Chastellux, — Bance. (S. R. folio 29.)

— « Le cinquième jour de février mil sept cent vingt-neuf, très-haute et très-puissante damoiselle Mademoiselle Judith-Félicité de Chastellux, fille de très-haut et très-puissant seigneur Monseigneur Guilleaume-Antoine, comte de Chastellux et de très-haute et très-puissante dame Madame Claire-Thérèse Daguesseau, ses père et mère, décédée le troisième jour présent mois, place de Louis-le-Grand en cette paroisse, âgée de trois ans neuf mois, a été inhumée dans la cave de la chapelle de la Sainte-Vierge. Présens : m^{re} Antoine Desvergers, ch^{er} de l'ordre du roy, seigneur de Maupertuy, dem^t susdite place de Louis-le-Grand, aussi en cette paroisse, et m^{re} César Zacharie, écuyer, bibliothécaire de Mgr le Chancellier, dem^t rue St-Honoré, en cette paroisse. Signé : C. Zacharie, — Desvergers de Maupertuy, — Landry de Séricourt. (S. R. folio 11.)

— « Le unzième jour de décembre mil sept cent vingt-neuf, par moi Marin Hutrel prêtre, docteur en théologie et curé de cette paroisse a été baptisé un enfant mâle, né d'aujourd'hy du mariage de haut et puissant seigneur messire Guillaume-Antoine de Chastellux, comte de Chastellux, vicomte d'Avallon, baron de Carré, premier chanoine né héréditaire de l'église cathédrale d'Auxerre, brigadier des armées du roy, capitaine des gendarmes de Flandre, et de haute et puissante damme Madame Claire-Thérèsse Daguesseau, de cette paroisse, lequel a été nommé Henry-Guillaume par très-haut et très-puissant seigneur Monseigneur Henry-François Daguesseau, chevaillier, chansellier de France, dem^t place de Louis-le-Grand, paroisse St-Roch, et par haute et puissante damme Madame Anne-Victoire de Saint-Chamans, épouse de haut et puissant seigneur messire Robes de Pierrepont, marquis de Pierrepont, dem^t paroisse St-Eustache ses parein et mareine qui ont signé, le père a signé : Daguesseau, — Chamand de Pierrepont, — Chastellux — Daguesseau, — Daguesseau de Nolleat, — M. Hutrel. (S. M. M. la V. l'É., f° 102.)

— Le vingt-sixième jour de juin mil sept cent trente-un par moy Jean-Baptiste Canebret, prestre habitué de cette paroisse, a esté baptisé un enfant masle né d'aujourd'huy du mariage de très-haut et très-puissant seigneur m^re Guillaume-Antoinne comte de Chatellux, brigadier des armées du roy, premier chanoine héréditaire de l'église cathédrale d'Auxere, vicomte d'Avalon, baron de Caré, capitaine des gendarmes de Flandre et aultres lieux, et de très-haute et puissante dame Madame Claire-Thérèse Daguessau ses père et mère, de cette paroisse, lequel a esté nommé Paul-Antoinne par le très-haut et très-puissant seigneur m^re Joseph-Antoinne Daguesseau con^ller au Parlement, et par très-haute et puissante dame madame Bonne de Barillon veufve de m^re Arnault de la Briffe, procureur-général au Parlement, ses parein et mareine qui ont signés : Bonne Barillon, — Chastellux, — Daguesseau, — César-François de Chastellux, — Canebier p^tre. (S. M. M. la V. l'É., folio 152.)

— « Le cinquième mai mil sept cent trente quatre, par moi Jacques Cadot, prêtre docteur en théologie et curé de cette paroisse Ste-Marie-Madelaine de la Ville-l'Évêque, fauxb. St-Honoré à Paris, a été baptisé un enfant mâle né de ce jour du mariage de haut et puissant seigneur Guillaume-Antoine comte de Chastellux, brigadier des armées du roy, capitaine des gendarmes de Flandre, et de haute et puissante dame Claire-Thérèse Daguesseau, ses père et mère, de cette paroisse, lequel a été nommé François-Jean par haut et puis^t seigneur Jean-Jacques Amelot de Chaillou, intendant des finances, dem^t cul-de-sac des Blancs-Manteaux, p^{sse} St-Paul, et par haute et puissante dame Françoise-Marthe-Angélique de Nollent, épouse de h^t et p^t seigneur Henry-François de Paule Daguesseau, conseiller d'état, dem^t place de Louis-le-Grand, p^{sse} St-Roch, ses parrein et marreine, lesquels ont signé, le père absent pour les affaires de Sa Majesté. (S. M. M. la V. l'É.)

— « Le quatorzième jour d'aoust mil sept cent trente-sept, messire Henry-Guillaume de Chatellux, fils de haut et puissant seigneur messire Guillaume-Antoine de Chastellux, comte de Chastellux, baron de Carré et de Bossancour, vicomte d'Avalon, premier chanoine héréditaire d'Auxerre, gouverneur de Seine et maréchal des camps et armées du roy, et de haute et puissante dame madame Claire-Thérèse Daguessau, est décédé en cette paroisse, âgé de sept ans et neuf mois, le corps duquel a été inhumé dans cette église le quinzième du présent mois, au convoy duquel ont assisté M. Claude-Marie Bailly, prêtre chanoine de St-Thomas du Louvre; M. Remy Leblond, clerc tonsuré du diocèse de Paris; Jean Labeaume, intendant de M. Daguesseau; Denis Deshayes, officier dudit seigneur comte de Chastellux et Hubert Boulley son m^e-d'hôtel témoins qui ont signé : Bailly, — Leblond, — Labeaume, Boulley, — Deshayes. 1re classe. (S. M. M. la V. l'É.)

— « Le douzième jour de septembre mil sept cent trente-sept, par moy Jacques Cadot prêtre, docteur en théologie et curé de cette paroisse, a été baptisé un enfant femelle née du même jour du mariage de haut et puissant seigneur messire Guillaume-Antoine de Chastellux, comte de Chastellux, vicomte d'Avalon, maréchal des camps et armées du roy, premier chanoine héréditaire de l'église d'Auxerre, et de haute et puissante dame madame Claire-Thérèse Daguesseau ses père et mère, de cette paroisse, laquelle a été nommée Magdeleine-Thérèse par messire Antoine Barillon Damoncour, chevalier, marquis de Brange, seigneur de Mancy, Morangis et autres lieux, maître des requêtes honoraire, et par madame Magdeleine Daguesseau, épouse de messire Pierre-Hector Le Guerchois, chevalier, seigneur de Ste-Colombe, Averton et autres lieux, conseiller d'État d'ordinaire, ses parain et maraine qui ont signé : Daguesseau Le Guerchois, — Barillon, — Chastellux, — Daguesseau, — de Nollent Daguesseau, — César-Fr. de Chastellux, — Louis-Philippe de Chastellux, — J. Cadot. (S. M. M. la V. l'É, f⁰ 90.)

— « Le dix-huitième jour d'octobre mil sept cent trente-neuf, d^elle Madeleine-Thérèse de Chastellux, fille de haut et puissant seigneur messire Guillaume-Antoine de Chatellux, comte de Chastellux, vicomte d'Avallon, lieutenant-général des armées du roy, premier chanoine héréditaire de l'église d'Auxerre, et de haute et puissante dame madame Claire-Thérèse Daguesseau, est décédée âgée de deux ans ou environ en cette paroisse, le corps de laquelle a été inhumé dans cette église le dix-neuf du courant en présence de Jacob-Nicolas Moreau, gouverneur des enfants dudit seigneur de Chatellux et de Jean La Beaume, valet de chambre de M. Daguesseau, témoins qui ont signé : Moreau, — La Beaume, — A. Largentin. (S. M. M. la V. l'É., f⁰ 72.)

— « Le lundy vingt-deux feuvrier mil sept cent quarante-cinq, haut et puissant seigneur Cæsar-François, comte de Chastellux, vicomte d'Avallon, baron de Carré, seigneur de Bossancourt et autres lieux, premier chanoine né héréditaire de l'église cathédrale d'Auxere, gouverneur de la ville et château de Seyne en Provence, colonel du régiment d'Aunis, de fait et de droit de la paroisse de St-Roch depuis plusieurs années, fils mineur de deffunt haut et puissant seigneur Guilleaume-Antoine de Chastellux, comte de Chastellux, lieutenant-gén^ral et commandant pour le roy en Roussillon, et de haute et puissante dame Claire-Thérèse Daguesseau, même demeure, et demoiselle Olympe-Élizabeth Jubert du Thil, de cette paroisse depuis sa naissance, rue des Juifs, fille mineure de haut et puissant seigneur messire George Jubert, chevalier, marquis du Thil, seigneur de Morgny, St-Germain, Magnan, La Planche, Bourguignons, vicomte de Fools et autres lieux, colonel d'infanterie, chevalier de l'ordre militaire de St-Louis, et de haute et puissante dame Élizabeth-Geneviève Cousinet, même rue et paroisse; après avoir esté fiancés et qu'un bans a esté canoniquem^t publié en cette église et celle de St-Sulpice et en celle de St-Roch sans opposition, et qu'ils ont obtenus la dispense de la publication des deux autres en date du dix-huit de ce mois, signée Charles, archevêque de Paris, insinué le même jour par Gervais, ont estés mariés et ont reçu la bénédiction nuptiale par la main d'illustrissime et révérendissime père en Dieu monseigneur l'archevêque de Rouen, présents la mère dudit sieur époux, très-haut et très-puissant seigneur monseigneur Henry-François Daguesseau, chevalier, chancelier de France, commandeur de l'ordre du Roy, de la paroisse de St-Roch, en son hostel, place Louis-le-Grand, grand-père maternel dudit sieur époux, haut et puissant seigneur Henry-François de Paule Daguesseau, chevalier, conseiller d'État ord^{re}, oncle maternel dudit sieur époux, haut et puissant seigneur Mathieu-François Molé, chevalier, marquis de Méry, seigneur de Champlestreux, Luzarches en partie, Épinay, Trianon, le Plessier et autres lieux, conseiller du roy en tous ses conseils d'état et privé, président du Parlement de Paris, de la paroisse de St-Sulpice, en son hostel rue St-Dominique, parent dudit sieur époux, le père et la mère de la ditte demoiselle épouse, m^{re} Michel Bouvard de Fourqueux, chevalier, conseiller du roy en ses conseils et son procureur gén^{ral} en la chambre des Comptes en survivance, de la paroisse de St-Sulpice, place St-Michel; m^{re} Louis, marquis de Pérussy, chevalier, seig^r de Barles, maréchal des camps et armées du roy, enseigne de la première compagnie de ses mousquetaires, même paroisse, rue de Verneuil; messire Augustin-Toussaint Jubert de Bouville, lieutenant des grenadiers au régiment des gardes, chevalier de l'ordre militaire et royal de St-Louis, de la paroisse et rue St-Louis-en-Lisle, et autres parents et amis dudit sieur époux et de la dite dem^{lle} épouse, lesquels ont certifiés le temps du domicile des parties, ainsi qu'il est cy-dessus marqué et leur liberté à contracter mariage. Ledit mariage a esté fait et célébré en l'hôtel de la Chancellerie par la permission à nous accordée par Monseigneur l'archevêque de Paris en datte du dix-huit de ce mois. Signé : Chastellux, — O. E. Jubert du Thil, — † Nic., arch. de Rouen, — Daguesseau, — Daguesseau de Chastellux, — Daguesseau, — Molé, — Jubert du Thil, — E. G. Cousinet du Thil, — Perussy, — Jubert ch^{er} de Bouville, — Daguesseau de Fresne, — Chastellux-Beauvoir, — Bouvard de Fourqueux, — Dormesson, — De Nollent Daguesseau, — Le ch^{er} Daguesseau, — Lebret de Fresnes, — Lugard, — De la Bourdonnaye d'Ormesson, — De Saint-Chamans Bernard, — le ch^{er} d'Ormesson, — Bernard Molé, — Bugnon, — Auvignac. (S. G. f° 16.)

— « L'an mil sept cent quarante-six, le vingt-quatre de novembre, Henry-Georges-César, fils de haut et puissant seigneur Cæsar-François comte de Chastellux, vicomte d'Avalon, baron de Carré, seig^r de Marigny, Bossancour, premier chanoine héréditaire de l'église cathédrale de St-Étienne d'Auxerre, gouverneur pour le roy des ville et château de Seine en Provence, colonel du régiment d'Auvergne, et de h^{te} et p^{te} d^e Élizabeth Jubert du Thil son épouse, né et ondoyé à la maison par permission de MM. les grands-vicaires, le siège vacant, le quinze du mois dernier de la présente année, a reçu les cérémonies du baptême. Le parain très-h^t et très-p^t sg^r Mgr Henry-François Daguesseau, chev^{er}, chancellier de France, commandeur des ordres du roy, bisaïeul paternel, dem^t place de Louis-le-Grand en cette p^{sse}, la mareine, h^{te} et p^{te} d^e Élizabeth-Geneviève Cousinet, épouse de haut et p^t sg^r m^{gr} Georges Jubert, chev^{er}, marquis du Thil, colonel d'infanterie, chev^{er} de l'ordre de St-Louis, sg^r de Magnan, la Planche, Bourguignon, vicomte de Fools et autres lieux, ayeulle maternelle, dem^t rue du Roy de Sicile, p^{sse} St-Gervais, la mère présente. (S. R.)

— « Le vingt-sept du mois de janvier mil sept cent quatre-vingt-quatre a été fait le convoy et enterrement dans la chapelle de St-Fiacre de très-haut et très-puissant sg^r M. Philippe-Louis marquis de Chastellux-Chaugy-Roussillon; lieutenant-général des armées du roy, gouverneur des villes d'Avalon et de Sceine en Provence, décédé hier rue du Bacq, âgé d'environ cinquante-huit ans. Témoins : très-h^t et très-p^t sg^r M. Henri-Georges-César comte de Chastellux, mestre de camp d'infanterie, brigadier des armées du roy, chevalier d'honneur de M^{de} Victoire de France, neveu du défunt, et très-h^t et très-p^t sg^r M. François-Jean, chevalier de Chastellux, maréchal des camps et armées du roy, gouverneur de Longwi, inspecteur-général des troupes du roy, ch^{ler} commandeur de l'ordre de Saint-Lazare, l'un des quarante de l'Académie française, son frère, qui ont signé. (S. S.).

— « Le dimanche vingt-six octobre mil sept cent quatre-vingt-huit, très-haut et très-puissant seigneur François-Jean, marquis de Chastellux, maréchal des camps et armées du roy, inspecteur-général de ses troupes, gouverneur de Longwy, chevalier-commandeur de l'ordre de St-Lazare et l'un des quarante de l'Académie française, etc., âgé de cinquante-quatre ans, époux de très-haute et très-puissante dame Marie-Brigitte-Caroline-Joséphine Plunkette, décédé d'avant-hier à deux heures de relevée, rue St-Thomas-du-

Louvre, a été inhumé en cette église, en présence de très-haut et très-puissant seigneur Henry-Georges-César comte de Chastellux-Chaugy-Roussillon, maréchal des camps et armées du roy, chevalier d'honneur de Madame Victoire de France, premier chanoine héréditaire de l'église cathédrale d'Auxerre, son neveu, et de très-haut et très-puissant seigneur Louis-Marie vicomte de Noailles, lieutenant-général de la province de Guienne, colonel du régiment des chasseurs d'Alsace, son cousin. — Signé : le c^{te} de Chastellux-Chaugy-Roussillon, — Noailles, — le m^{is} Daguesseau, — le m^{is} de Ségur. (S. G. l'Aux. n° 341.)

— « L'an mil sept cent quatre-vingt-neuf, le vendredi vingt février, en vertu d'une permission de Mgr l'Archevêque en datte dudit jour, a été baptisé dans la chapelle du Palais Roïal de cette paroisse par nous curé de cette église, et confesseur du roi, Alfred-Louis-Jean-Philippe, né le dit jour au dit Palais Roïal, fils posthume de très-haut et très-puissant seigneur m^{re} François-Jean de Chastellux, maréchal de camps, inspecteur d'infanterie, gouverneur de la ville de Longwy, chevalier de l'ordre roïal et militaire de St-Louis, commandeur des ordres réunis de St-Lazare et de Notre-Dame du Mont-Carmel, l'un des quarante de l'Académie française, et de très-haute et très-puissante dame madame Marie-Brigitte-Charlotte-Joséphine Plunkets, sa veuve. Le parrain, très-haut, très-puissant et très-excellent prince Mons^{gr} Louis-Jean Marie de Bourbon, duc de Penthièvre, représenté par très-haut, très-puissant et très-excellent prince Mgr Louis-Philippe d'Orléans, duc de Chartres, prince du sang, la marraine, très-haute, très-puissante et très-excellente princesse madame Louise-Marie-Adélaïde de Bourbon Penthièvre, duchesse d'Orléans, première princesse du sang. — Signé : L. P. d'Orléans, — L. M. A. de Bourbon, — Slocard, — Poupart. (S. E.)

— « Du premier floréal, l'an cinq de la République française, une et indivisible, acte de décès de Marie-Anne-Judith de Chastellux, morte avant-hier, à quatre heures du soir, profession rentière, âgée de soixante-quatre ans, native de Chastellux, dép^t de l'Yonne, domiciliée à Paris, rue de Sèvres, n° 1102, fille de Guillaume-Antoine, et de Claire-Thérèse Daguesseau, femme divorcée de Jean-Baptiste-Louis Delatournelle, sur la réquisition à nous faite dans les vingt-quatre heures par André Mongie, âgé de trente-neuf ans, m^d de bois, domicilié à Paris, susdite rue n° 1107, le déclarant a dit être voisin de la défunte, et par Pierre-Joseph Loignot, âgé de cinquante-trois ans, profession cocher, domicilié à Paris, rue du Bacq, n° 847, le déclarant a dit être ami de la deffunte. — Constaté suivant la loi du 3 ventôse, troisième année républicaine, par nous soussigné. — Signé : Mongie, — Loignot, — Deroy. (X° arr., vol. IX, n° 182.)

— « Du dix novembre mil huit cent treize, à quatre heures et demie du soir, acte de mariage de monsieur César-Laurent de Chastellux, propriétaire, né sur la paroisse Notre-Dame de Versailles, département de Seine-et-Oise, le quatorze février mil sept cent quatre-vingt, demeurant à Paris, rue du Bacq, n° 130, dixième arrondissement, fils majeur de monsieur Henry-Georges-César de Chastellux, propriétaire, et de dame Angélique-Victoire de Durfort, son épouse, même demeure, le père présent et consentant, et de dame Adélaïde-Louise-Zéphirine de Damas, veuve de monsieur Charles-Elzéar-François de Vogüé, propriétaire, née à Paris, sur la paroisse de la Madeleine-la-Ville-l'Évêque, le cinq octobre mil sept cent quatre-vingt-quatre, demeurant à Paris, rue du Faubourg-St-Honoré, n° 106, de cet arrondissement, fille majeure de monsieur Joseph-François-Louis-Charles-César de Damas, propriétaire, et de dame Marie-Louise-Aglaé Andrault de Langeron, son épouse, même demeure, le père présent et consentant. Les actes préliminaires sont la promesse du présent mariage publiée aux mairies des premier et dixième arrondissemens du Paris, le dimanche sept du courant, à midi, et affichée jusqu'à ce jour sans opposition ; l'expédition en bonne et due forme d'une requête adressée à monsieur le procureur impérial près le tribunal de première instance de la Seine, en demande de dispense de seconde publication de bans et de ladite dispense étant à la suite, en date du neuf du courant, et l'original desdites pétition et dispense déposées aux archives de cette mairie, conformément à l'arrêté du Gouvernement du vingt prairial de l'an onze ; les actes de naissance des deux époux, et l'acte de décès du premier mari de l'épouse, décédé sur cet arrondissement, le dix octobre mil huit cent sept, l'acte de consentement de la mère de l'époux, reçu par Boulard et son collègue, notaires impériaux, à Paris, le neuf du courant, enregistré le lendemain par Jaquotot, et l'acte de consentement de la mère de l'épouse, reçu par lesdits notaires, cejourd'hui, enregistré le même jour par le même ; de toutes lesquelles pièces, paraphées au terme de la loi, et qui demeureront annexées au présent registre, il a été fait lecture, ainsi que du chapitre du code Napoléon, concernant les droits et devoirs respectifs des époux. Lesdits époux présents ont déclaré prendre en mariage, l'un dame Adélaïde-Louise-Zéphirine de Damas ; l'autre monsieur César-Laurent de Chastellux, en présence de monsieur Henry-Louis de Chastellux, frère de l'époux, propriétaire, âgé de vingt-sept ans, demeurant à Chastellux, département de l'Yonne; monsieur Guy-Émeric-Anne Durfort-Civrac de Lorge, cousin-germain de l'époux, propriétaire, âgé de quarante-six ans, demeurant rue du Bacq, n° 112, témoins de l'époux, monsieur Louis-Stanislas-Koska de la Trémoille, propriétaire, âgé de quarante-six ans, demeurant rue de l'Ille, n° 92, et monsieur Archambault-Joseph Talleyrand Périgord, propriétaire, âgé de cinquante-un ans, demeurant rue Miromenil, n° 31, témoins de l'épouse. Après quoi, nous Frédéric-Pierre Lecordier, maire du premier arrondissement de Paris, faisant fonctions d'officier de l'état-civil, officier de la Légion d'honneur, avons prononcé au nom de la loi que lesdits époux sont unis en mariage, et ont lesdits époux, leurs pères et les témoins, signé avec nous, après lecture faite. Signé au registre : César-Laurent de Chastellux. — A.-L-Z. Damas. — Chastellux — Damas. — Henry de Chastellux. — Durfort de Lorge. — Louis de la Trémoille. — A^d. Périgord. — Lecordier. (1er arr. vol. xxx, n° 207.)

— « Acte de décès du huit avril mil huit cent quatorze, à deux heures après-midi. Le jour d'hier à neuf heures du matin est décédé en son domicile, rue du Bac, n° 91, en cet arrond^t, Henry-Georges-César de Chastellux, âgé de soixante-sept ans, chevalier de Saint-Louis, maréchal de camp et chevalier d'honneur de Mad° Victoire de France, marié à Angélique-Victoire de Durfort-Civrac, constaté par moi Urbain-Firmin Piault, maire du dixième arrond^t de Paris, officier de la Légion-d'honneur, faisant fonctions d'officier de l'état-civil, sur la déclaration de MM. Jean-Baptiste Darche, dem^t à Paris, rue du Cherche-Midi, n° 5, prêtre, âgé de cinquante-quatre ans, et de Antoine Chazotte, susdite rue du Bac, n° 91, valet de chambre, âgé de cinquante-six ans, lesquels ont signé avec moi après lecture à eux faite de l'acte. — Signé : J.-B. D'Arche, Chazotte et Piault. (X^e arr., vol. lxvi, n° 484.)

— « Du quatre octobre mil huit cent quatorze, à midi, acte de naissance de Aglaé-Angélique-Henriette, née avant-hier, à dix heures et demie du matin, rue du Faubourg-St-Honoré, n° 106, quartier du Roule, fille de M. César-Laurent, comte de Chastellux, vicomte d'Avalon, premier chanoine héréditaire de l'église d'Auxerre, chevalier de l'ordre royal et militaire de St-Louis, aide-major des chevau-légers de la garde ordinaire du roi, et de madame Adélaïde-Louise-Zéphirine de Damas, comtesse de Chastellux, son épouse, sur la déclaration faite à nous Louis-Athanase Rendu, adj^t-maire du premier arrond^t de Paris, faisant fonctions d'officier de l'état-civil, par mondit sieur comte de Chastellux, père de l'enfant, en présence de M. Alfred-Louis-Jean-Philippe de Chastellux, propriétaire, chevalier de la Légion-d'Honneur et de St-Jean de Jérusalem, âgé de vingt-cinq ans, rue de Tournon, n° 10, cousin de l'enfant, et de M. Charles-Angélique-François Huchet de la Bedoyère, colonel d'infanterie, officier de la Légion-d'honneur, chevalier de la Couronne de fer, âgé de vingt-huit ans, rue de Bacq, 91, oncle par alliance, et ont le père de l'enfant et les témoins signé avec nous, après lecture faite. — Signé Alfred de Chastellux. — Chastellux. — Charles de la Bédoyère. — Rendu. (1er arr. vol. xxxviii-xxxix, n° 117.)

— « Du vingt-deux mai mil huit cent seize, à une heure du soir, acte de naissance de Caroline-Thérèse-Victoire, née avant-hier à deux heures du matin, rue du Faubourg-St-Honoré, 106, quartier du Roule, fille de M. César-Laurent, comte de Chastellux, colonel du régiment des chasseurs de la Côte-d'Or, chevalier de l'Ordre royal et militaire de St-Louis, âgé de trente-cinq ans, et de dame Adélaïde-Louise-Zéphirine de Damas, son épouse, âgée de trente-deux ans, dem^t tous deux au domicile susdit. Sur la déclaration faite à nous Amador-Jean-Pierre Grillon des Chapelles, adj^t au maire du premier arrondissement de Paris, faisant les fonctions d'officier de l'état-civil, par monsieur Louis-Charles Deneux, docteur en médecine, âgé de quarante-neuf ans, demeurant rue de l'Université, 62, f^{bourg} St-Germain, faisant pour l'absence du père, en présence de M. Bozon-Jacques, comte de Talleyrand-Périgord, maréchal des camps, cordon rouge, gouverneur du château de St-Germain, âgé de cinquante-un ans, dem^t rue du faubourg-St-Honoré, 83, et M. Jacques-Henri Dosseur, avocat, âgé de cinquante-deux ans, dem^t rue du Bacq, 43, f^{bourg} St-Germain, et ont le déclarant et les témoins, signé avec nous après lecture faite. — Signé : Dosseur. — Deneux. — Cte Bozon de Talleyrand. — G. des Chapelles. (1er arrond. vol. xlii-xliii, n° 454.)

— « Le trente août mil huit cent dix-neuf, à huit heures et demie du soir, a été prononcé le mariage de M. le comte Henri-Louis de Chastellux, secrétaire de la légation française à Berlin, âgé de trente-trois ans, né à Versailles, département de Seine-et-Oise, le vingt-huit février mil sept cent quatre-vingt-six, demeurant à Paris, rue d'Aguesseau, n° 22, premier arrondissement, fils majeur de défunts M. Henri-Georges-César, comte de Chastellux, maréchal des camps et armées du roi, chevalier de l'ordre royal et militaire de Saint-Louis et chevalier d'honneur de Madame Victoire, tante du roi, et de d^{elle} Angélique-Victoire de Durfort de Civrac, comtesse de Chastellux, son épouse, dame d'honneur de Madame Victoire, et de Melle Claire-Henriette-Philippine-Benjamine de Durfort de Duras, âgée de dix-neuf ans, née à Londres le trois vendémiaire an huit (vingt-cinq septembre mil sept cent quatre-vingt-dix-neuf), demeurant à Paris avec M. son père et Mme sa mère, rue de Varenne, n° 31, fille mineure de M. Amédée-Bretagne-Malo de Durfort de Duras, duc de Duras, pair de France, premier gentilhomme de la Chambre du roi, maréchal des camps et armées du roi, et chevalier de l'Ordre royal et militaire de Saint-Louis, et de d^{e} Claire-Louise-Rose-Bonne de Coëtnempren de Kersaint, son épouse, tous deux présens et consentant au mariage de leur fille. Après publications faites en cette mairie et en celle du premier arrondissement de Paris, le dimanche vingt-deux août, présent mois, sans qu'il soit survenu jusqu'à ce jour aucune opposition, attendu la dispense de la seconde publication du présent mariage accordée aux époux le vingt-quatre du présent mois, par M. Jacquinot-Pampelune, procureur du roi près le tribunal civil de première instance du département de la Seine, ladite dispense au bureau de l'état-civil de cette mairie; l'acte de naissance de l'époux, les actes de décès du père et de la mère de l'époux, tous deux extraits des registres de décès de cette mairie, le premier en date du huit avril mil huit cent quatorze, l'autre, en date du quatorze novembre mil huit cent-seize; et un jugement rendu le dix-sept septembre mil huit cent-treize, par le tribunal civil de première instance du département de la Seine, portant homologation d'un acte de notoriété dressé le quatorze du même mois par Me Godard, juge de paix de cet arrondissement, le tout en forme : ledit acte de notoriété tenant lieu de l'acte de naissance de l'épouse, et une copie de la dispense de la seconde publication accordée aux époux ci-dessus énoncés, ont été déposés et paraphés ; lecture en a été faite, ainsi que du chapitre six du titre du mariage sur les droits et les devoirs respectifs des époux. Le contractant a déclaré avec serment que ses aïeuls et aïeules sont décédés et qu'il n'a pu se procurer les actes de leurs décès, et sa déclaration a été certifiée par serment des quatre témoins ci-après dénommés. Les deux contractants présens ont déclaré prendre en mariage, l'un Melle Claire-Henriette-Philippine-Benjamine de Durfort de Duras, l'autre M. le comte Henri-Louis de Chastellux, en présence de M. Joseph-Élisabeth-Roger comte de Damas, lieutenant-général des armées du roi, gouverneur de la dix-neuvième division militaire, commandeur de l'ordre royal et militaire de Saint-Louis et de l'ordre impérial et militaire de Russie, grand'croix de l'ordre de Saint-Ferdinand des Deux-Siciles, demeurant à Paris, rue du Faubourg-Saint-Honoré, n° 85, âgé de cinquante-trois ans, et de M. Jean-Baptiste-Augustin-Madeleine de Percin de Montgaillard, marquis de la Valette, chevalier de l'ordre royal et militaire de Saint-Louis, demeurant à Paris, rue d'Aguesseau, n° 22, âgé de cinquante-un ans, tous deux beaux-frères de l'époux ; de M. Saroin-Alphonse-Marc-Armand-Emmanuel-Louis, comte de Durfort, lieutenant-général des armées du roi, demeurant à Paris, rue Caumartin, n° 2, âgé de soixante-cinq ans, cousin de l'épouse, et de M. Guy-Pierre comte de Kersaint, ancien contre-amiral, demeurant à Paris, rue Lepelletier, 7, âgé de soixante-onze ans, grand-oncle de l'épouse. Après quoi, nous, Urbain-Firmin Piault, maire du dixième arrondissement de Paris, chevalier de l'ordre royal et militaire de Saint-Louis, officier de la Légion-d'honneur, faisant les fonctions d'officier de l'état-civil, avons déclaré, au nom de la loi, que les contractans sont unis en mariage ; nous avons rédigé les présentes pour le constater et en avons fait lecture aux parties. Les deux époux, le père, la mère de l'épouse et les témoins ont signé avec nous : Claire de Durfort de Duras. — Henri-Louis de Chastellux. — Kersaint, D^{esse} de Duras. — Le duc de Duras. — C. Roger de Damas. — Mis de Lavalette. — Le c^{te} Alphonse de Durfort.—Le c^{te} de Kersaint. — Piault. (X^e arr., vol. xliv, n° 106.)

— « Acte de naissance du douze juin mil huit cent vingt, à midi et demi. Ce jour d'hui, nous a été présentée Césarine-Claire-Marie, du sexe féminin, née le jour d'hier, à six heures du matin, rue de Varennes, n° 31, fille de M. Henri-Louis de Chastellux, duc de

Rauzan, chevalier de l'ordre royal de la Légion-d'honneur, et de d° Claire-Henriette-Philippine-Benjamine de Durfort de Duras, son épouse, constaté par moi, Edme de la Borne, adj^t au maire du dixième arrond^t de Paris, faisant les fonctions d'officier de l'état-civil, sur la déclaration de M. de Chastellux, duc de Rauzan, père de l'enfant, en présence de M. César-Laurent, comte de Chastellux, chevalier de l'ordre royal et militaire de S-Louis, colonel des chasseurs à cheval de la Côte-d'Or, dem^t rue de la Ferme-des-Mathurins, n° 1, âgé de quarante ans, oncle paternel de l'enfant, et de M. Jean-Baptiste-Augustin-Madeleine de Percin-Montgaillard, marquis de Lavallette, chevalier de l'ordre royal et militaire de St-Louis, dem^t rue d'Aguesseau, 22, âgé de cinquante-un ans, beau-frère du père de l'enfant. Le déclarant et les témoins ont signé avec moi après lecture à eux faite de l'acte. — De Chastellux, duc de Rauzan. — Cte de Chastellux. — Mis de Lavalette. — De la Borne. (X^e arr., vol. LXXVI-LXXVII, n° 188.)

— « Du quinze aoust mil huit cent vingt, à l'heure de midy, acte de décès de d^{me} Gabrielle-Joséphine-Simonne de Chastellux, épouse de Jean-Baptiste-Augustin-Madeleine de Percin, marquis de Lavalette-Montgaillard, née à Versailles, décédée le jour d'hier, à neuf heures du soir, âgée de trente-six ans, rue d'Aguesseau, 22, (q^{er} du Roule), constaté par nous Henri-Michel Paulmier, adj^t au maire du premier arrond^t de Paris, sur la déclaration à nous faite par les sieurs François-Toussaint Doria, propriétaire, âgé de cinquante-trois ans, dem^t rue St-Dominique-d'Enfer, n° 5, Jean-Jacques-Marie Arthus, domestique, âgé de trente-trois ans, dem^t susdite rue d'Aguesseau, 22, lesquels ont signé avec nous après lecture faite — Signé : Doria. — Arthus. — Paulmier. (1er arr., vol. XLII-XLIII, n° 829.)

— « Acte de naissance du vingt-deux septembre mil huit cent vingt-un, à neuf heures du matin. — Cejourd'hui m'a été présenté Amédée-Gabriel-Henri, du sexe masculin, né le vingt du présent mois, à midi trois quarts, rue de Varennes, 31, fils de M. Henri-Louis, marquis de Duras-Chastellux, duc de Rauzan, chevalier de l'ordre royal de la Légion-d'honneur, et de d° Claire-Henriette-Philippine-Benjamine de Durfort de Duras, son épouse. — Constaté par moi Urbain-Firmin Piault, maire du dixième arrondissement de Paris, chevalier de l'ordre royal et militaire de St-Louis, officier de l'ordre royal de la Légion-d'honneur, faisant les fonctions d'officier de l'état-civil, sur la déclaration de M. le marquis de Duras-Chastellux, duc de Rauzan, père de l'enfant, qui nous a observé que par ordonnance du Roi, du quinze août mil huit cent-dix-neuf, inscrite aux Bulletins des lois, il a été autorisé, pour lui et ses descendants, à ajouter à son nom de Chastellux celui de Duras, et à porter à l'avenir le nom de Duras-Chastellux. — Et en présence de M. César-Laurent, comte de Chastellux, chevalier de l'ordre royal et militaire de St-Louis, colonel de chasseurs à cheval de la Côte-d'Or, dem^t rue de la Ferme-des-Mathurins, n° 1, âgé de quarante-un ans, oncle paternel de l'enfant, et de M. Augustin-Arthur Desprez, notaire à Paris, y dem^t, rue du Four-St-Germain, 27, âgé de trente-six ans, chevalier de la Légion-d'honneur. Le déclarant et les témoins ont signé avec moi après lecture faite. — Signé : Duras-Chastellux, duc de Rauzan. — Le comte de Chastellux. — Desprez. — Piault. (X^e arr., vol. LXXVIII, n° 696.)

— « Du vingt-quatre juillet mil huit cent vingt-deux, à onze heures du matin, par-devant nous Frédéric-Pierre, baron Le Cordier, maire du premier arrond^t de Paris, officier de la Légion d'honneur, chevalier de l'ordre de St-Michel, est comparu monsieur César-Laurent, comte de Chastellux, maréchal de camp, gentilhomme de la chambre du roi, membre de la Chambre des députés, chevalier des ordres royaux et militaires de St-Louis et de la Légion d'honneur, âgé de quarante-deux ans, demeurant rue de Ferme-des-Mathurins, n° 1, lequel nous a présenté un enfant du sexe féminin, qu'il nous a déclaré né de lui et de dame Adélaïde-Louise-Zéphirine de Damas, son épouse, demeure susdite, le vingt-deux du présent, à deux heures trente-cinq minutes du matin, auquel enfant il a donné les prénoms d'Adélaïde-Laurence-Marguerite. — Ladite déclaration faite en présence de monsieur Joseph-François-Louis-Charles-César, comte de Damas, chevalier des ordres du roi, lieutenant-général, gouverneur de la dix-huitième division militaire, pair de France, ayeul maternel de l'enfant, âgé de soixante-trois ans, demeurant rue de la Ferme-des-Mathurins, n° 1, et de monsieur Henri-Louis de Chastellux, duc de Rauzan, lieutenant-colonel de cavalerie, chevalier de la Légion-d'honneur, oncle paternel de l'enfant, âgé de trente-six ans, demeurant rue de Varenne, n° 31, et ont le père et les témoins, signé avec nous après lecture faite. Le comte de Chastellux. — Le comte de Damas. — Le duc de Rauzan. — Le Cordier. (Ier arr., vol. LV, n° 101.)

— « Acte de naissance du quatorze janvier mil huit cent vingt-quatre, à midi. — Cejourd'hui m'a été présentée Charlotte-Henriette-Nathalie, du sexe féminin, née le onze du présent mois, cinq heures du matin, rue de Varennes, n° 31, fille de monsieur Henri-Louis de Chastellux, marquis de Duras-Chastellux, duc de Rauzan, chevalier de l'ordre royal de la Légion d'honneur, et de dame Claire-Henriette-Philippine-Benjamine de Durfort de Duras, son épouse. — Constaté par moi, Edme de la Borne, adj^t au maire du dixième arrond^t de Paris, chevalier de l'ordre royal de la Légion d'honneur, faisant les fonctions d'officier de l'état-civil, sur la déclaration de M. le marquis de Duras-Chastellux, duc de Rauzan, père de l'enfant, et en présence de monsieur Armand-Maximilien-François-Joseph-Olivier, marquis de Vérac, pair de France, gouverneur du château de Versailles, décoré des ordres royaux de St-Louis et de la Légion d'honneur, dem^t rue de Varennes, n° 24, âgé de cinquante-quatre ans, et de monsieur Augustin-Artus Desprez, notaire royal à Paris, y dem^t, rue du Four-St-Germain, n° 27, chev^r de l'ordre royal de la Légion d'honneur, âgé de trente-huit ans. — Le déclarant et les témoins ont signé avec moi après lecture à eux faite de l'acte. — Signé : Le duc de Rauzan. — Le m^{is} Olivier de Vérac. — Desprez. — De la Borne (X^e arr., vol. LXXXVI, n° 75.).

— « Du trente avril mil huit cent trente, à une heure du soir, acte de naissance de Félicie-Georgine, née rue d'Anjou, n° 6, le vingt-huit du présent, à cinq heures et demie du soir, fille de M. Henri-Louis de Chastellux, duc de Rauzan, commandeur de l'ordre royal de la Légion d'honneur, gentilhomme honoraire de la chambre du roi, ministre plénipotentiaire et envoyé extraordinaire de France à Lisbonne, âgé de quarante-quatre ans, et de madame Claire-Henriette-Philippine-Benjamine de Durfort de Duras, son épouse, âgée de trente ans, demeure susdite, enfant présenté, sexe reconnu, déclaration faite devant nous, Honoré de Viany, adj^t au maire du premier arrond^t de Paris, par le père de l'enfant, assisté de MM. Antonin-Charles-Dominique-Juste, comte de Noailles, ancien ambassadeur, grand d'Espagne, chevalier des ordres du roi, âgé de cinquante-deux ans, dem^t place Beauveau, 90 ; Auguste du Vergier, comte de la Rochejaquelein, maréchal de camp, âgé de quarante-six ans, dem^t rue de Grenelle St-Germain, n° 77, lesquels et le père ont signé avec nous après lecture faite. — Signé :

le duc de Rauzan.— Le c^te de Noailles. — Cte de la Rochejaquelein. — De Viany, adj^t. (Ier arr., vol. LXXXIX, n° 615.)

— « Le mercredi douze janvier mil huit cent quarante-deux, à huit heures du soir, a été prononcé publiquement à la mairie du dixième arrond^t de Paris, le mariage de M. Amédée-Gabriel-Henri de Duras-Chastellux, marquis de Chastellux, propriétaire, âgé de vingt ans, né à Paris le vingt septembre mil huit cent vingt-un, y demeurant chez ses père et mère, rue Neuve-des Capucines, 13, premier arrond^t, fils mineur de M. Henri-Louis, marquis de Duras-Chastellux, duc de Rauzan, âgé de cinquante-cinq ans, et de dame Claire-Henriette-Philippine-Benjamine de Durfort de Duras, son épouse, âgée de quarante-un ans, propriétaire, tous deux présents et consentants au mariage de leur fils, et de d^lle Adélaïde-Laurence-Marguerite de Chastellux, sans profession, âgée de dix-neuf ans, née à Paris le vingt-deux juillet mil huit cent vingt-deux, y dem^t chez ses père et mère, rue de Varennes, 25, en cet arrond^t, fille mineure de M. César-Laurent, comte de Chastellux, propriétaire, âgé de soixante-deux ans, et de d^e Adélaïde-Louise-Zéphirine de Damas, son épouse décédée; M. le comte de Chastellux présent et consentant au mariage de sa fille; après publications faites en cette mairie et en celle du premier arrond^t de Paris, les dimanches deux et neuf janvier présent mois, affiches apposées par suite aux termes de la loi sans oppositions n'ayant été formées à la célébration, les actes de naissance des époux, et l'acte de décès de la mère de l'épouse extrait des registres de décès de la commune de Commarin, dép^t de la Côte-d'Or, en date du vingt-huit novembre mil huit cent trente-huit, ont été déposés et paraphés, lecture en a été faite, ainsi que du chapitre six du titre du mariage sur les droits et devoirs respectifs des époux : lesdits contractants présents ont, l'un après l'autre, déclaré prendre en mariage, l'un d^lle Adélaïde-Laurence-Marguerite de Chastellux, l'autre M. Amédée-Gabriel-Henri de Duras-Chastellux, marquis de Chastellux, en présence de M. le comte Auguste Du Vergier de la Rochejacqulin, officier général, chevalier de St-Louis, âgé de cinquante-sept ans, dem^t à Paris, rue Neuve-des-Capucines, 13, M. le comte César-Georges-Raphaël de la Bédoyère, pp^re, âgé de vingt-sept ans, dem^t à Paris, rue des Champs-Élysées, 3, cousin-germain de l'époux, M. Léonce-

Louis-Melchior marquis de Vogüé, pp^{re}, âgé de trente-six ans, dem^t à Paris, rue de Varenne, 24, frère utérin de l'épouse, M. Romain-Bertrand, marquis de Lur-Saluces, pp^{re}, âgé de trente ans, domicilié à Bordeaux (Gironde), présentement à Paris, rue de Varennes, 25, beau-frère de l'épouse. — Après quoi, nous Auguste Bessard-Lamégie, maire du dixième arrond^t de Paris, chevalier de la Légion d'honneur, faisant les fonctions d'officier de l'état civil, avons déclaré, au nom de la loi, que les contractants sont unis en mariage ; nous avons rédigé les présentes pour le constater, et en avons fait lecture aux parties. — Les deux époux, le père de l'époux, sa mère, le père de l'épouse, et les témoins ont signé avec nous. — Signé : Duras-Chastellux Mis de Chastellux. — A. L. M. de Chastellux. — Cte de Larochejaquelin. — Cte Georges de la Bédoyère. — Le duc de Rauzan. — C.-H.-P.-B. de Durfort de Duras, duchesse de Rauzan. — Mis de Lur-Saluces. — C.-L. c^{te} de Chastellux. — Mis de Vogüé. — B. Lamégie, adj^t. (X^e arr., vol. CXX, n° 17.)

— « Du vingt-trois février mil huit cent quarante-huit, à midi. Acte de décès de Charlotte-Henriette-Nathalie de Chastellux, propriétaire, âgée de vingt-quatre ans, mariée à Claude-Henri de la Croix de Chevrière, marquis de Pisançon, propriétaire, âgé de trente-neuf ans. Ladite défunte, née à Paris et y décédée en son domicile, rue de la Ferme-des-Mathurins, n° 26, le jour d'hier à onze heures du soir. Constaté par nous, maire, officier de l'état-civil du premier arrond^t de Paris, sur la déclaration de Paul-Oscar de la Croix de Chevrière, comte de Pisançon, propriétaire, âgé de trente-six ans, beau-frère de la défunte, dem^t rue Neuve-des-Augustins, n° 40 ; Amédée-Gabriel-Henri, marquis de Chastellux, propriétaire, âgé de vingt-six ans, dem^t rue de Varennes, n° 25, frère de la défunte, lesquels ont signé avec nous après lecture faite. — Signé : Cte de Pisançon. — Marquis de Chastellux. — Lairtullier. (Ier arr., vol. CVI, n° 484.)

CHASTELUS (Claude), baptisé le 26 janvier 1637 ; Spire, baptisé le 6 août 1638 ; Marie, baptisée le 16 septembre 1639, enfants de Claude, procureur en parlement, et de Marie Chicot (*alias* Chignot) (S. G.).

— Louis-Antoine, né le 27 juin 1774, fils de François-Louis, conseiller du roi, et d'Antoinette-Jeanne-Edmée Dubois (S. N. des Ch.).

CHASTENAY (N. de), née le 7 octobre 1737, fille de François-Élie, et de Jeanne-Françoise Gardien (S. S.).

— Jean-Philippe, chevalier de Malte, mort le 8 juillet 1767, à douze ans, fils de Joseph-Auguste, comte de Lanty, et de Marguerite-Élisabeth le Bascle d'Argenteuil (S. E.).

— Marie-Jeanne-Henriette-Félicité, morte le 14 avril 1770 à vingt-un ans (S. S.).

—Louise-Marie-Victoire, baptisée le 12 avril 1771, et Henri-Louis, né le 8 juillet 1772, enfants de Louis-Érard-Guy, comte de Lanty, chevalier, capitaine de dragons au régiment du roi, et de Catherine-Louise d'Herbouville (S. M. M. la V. l'É.).

— Luce-Jeanne-Marie, née le 30 mars 1788, fille du marquis Louis-Hubert-Plécard-Gilbert-Armand, et de Geneviève-Louise de Banne d'Avéjan (S. R.).

CHASTENET (Jacques de), marquis de Puységur, mort le 15 août 1743, à quatre-vingt-huit ans, veuf de Jeanne-Henriette de Fourcy, dont : Jeanne-Henriette, née le 29 août 1715 ; François-Jacques, né le 22 septembre 1716 ; Jacques-Gabriel, né le 16 juillet 1718, inhumé le 16 mars 1724 (S. R.).

— Amélie-Marie, née le 3 décembre 1782, fille d'Armand-Marc-Jacques, marquis de Puységur, et de Marguerite Baudard de Saint-James (S. M. M. la V. l'É.).

— Marie-Jean-Louis, vicaire général du diocèse de Rouen, mort le 7 octobre 1784, à vingt-sept ans (S. S.).

— Pierre-Gaspard-Herculin, fils de Barthélemy-Herculin-Athanase, comte de Puységur, maréchal des camps et armées du roi, et d'Angélique-Anne-Charlotte Petit de Petitval, marié le 12 mai 1791 à Gabrielle-Florence Donker, fille de Charles-Alexandre, écuyer, seigneur de Cohem, et de Mélanie-Françoise-Josèphe Cochet de Corbeaumont (S. Th. d'Aquin), dont : Gaspard-Jules, né à Paris le 10 septembre 1799, capitaine de carabiniers, marié le 6 mai 1829 à Eulalie de Tholozan, née à Paris le 2 octobre 1803, fille du marquis Jean Baptiste, et d'Eulalie de Brisay, et veuve le 7 janvier 1824, de Paul-Claude-Jean Feydeau comte de Brou (X^e arr.).

CHASTRE (Charlotte-Philippine de), morte le 1er avril 1789, à soixante-dix-sept ans, veuve de Jean-Joseph de Bourguignon-Bussière, marquis de la Mure (S. M. M. la V. l'É.).

Chateau-Thierry (Marie-Gabrielle de), morte le 11 avril 1785, à quatre-vingt-douze-ans, veuve de Louis-René d'Érard, baron de Ray, et en secondes noces de Jacques-Louis des Acres, marquis de l'Aigle (S. M. M. la V. l'É.).

Chateauvieux (Rose de), morte le 31 mars 1766, à soixante-huit ans, veuve de Louis Angran, chevalier, vicomte de Fonspertuis (S. R.).

— Marie-Bonne, morte le 26 avril 1783, à soixante-deux ans, après quarante-quatre ans de profession à la Visitation (S. J. du H. P.).

— Armand-Charles-Auguste, né le 22 mars 1788, et Charles-Louis, né le 15 juillet 1789, fils de Charles, et d'Adélaïde-Madeleine Martin (S. R.).

Chatel (Alexandre-Louis-Tanneguy du), né le 18 juin 1777, et Albert-Jean-Tanneguy, né le 10 mai 1789, fils de messire Louis-François-Tanneguy, officier aux gardes françaises, et de Marie-Jeanne-Éléonore de Molet ou Nolot (S. S.).

Chatelet (Charles-Antoine du) marquis de Pierrefitte, mort le 18 avril 1680 à quarante-neuf ans (S. Victor).

— « L'an mil six cent quatre vingt-trois, le quinze mars, furent supplées les cérémonies du baptême à Marie-Gabrielle-Charlotte, née le vingt-sixième janvier de l'année mil six cent soixante et dix-huit, ondoiée le même jour suivant la permission de Monsieur l'évêque d'Arras, à Douay, lieu de sa naissance, fille de feu haut et puissant seig^r m^{re} Charles-Antoine du Chastelet, vivant marquis de Pierrefite, colonel du régiment du roy, et gouverneur de Graveline, et de Marie de Neufville son épouse, dem^t présentement rue des Vieux-Augustins. Le parein, m^{re} Charles du Chastelet, marquis dud. lieu, baron de Ciré, et autres lieux ; La mareine, D^e Gabrielle de Rouville, veuve de haut et puissant seig^r m^{re} Henry Pot de Rhodes, vivant grand-maître des cérémonies de France, et ont signé (S. E.).

— Anne-Geneviève, née le 1 août 1714, fille d'Alexandre-Gaston, et de Marie-Élisabeth Lenoir (S. P.).

— Charlotte-Bernardine, née le 1 novembre 1719, fille de François-Bernardin, comte de Clermont, et de Marie-Armande du Plessis de Richelieu (S. P.).

— Françoise-Gabrielle-Pauline, née le 30 juin 1726 (S. P.) et Victor-Esprit, né le 11 avril 1733 (S. S.), enfants de Florent-Claude, marquis de Lomont, et d'Émilie le Tonnelier de Breteuil.

— Jean, seigneur de Fresnières, Lévigny, etc., mort le 15 décembre 1733, à soixante-onze ans (S. P.).

— Madeleine-Suzanne, morte le 8 janvier 1770, à quatre-vingt-cinq ans, inhumée en présence de son frère Antoine-Bernardin, comte du Châtelet (S. P.)

— Jean-François, marquis d'Haraucourt, mort le 2 avril 1770, à quatre-vingts ans (S. R.).

— Marie-Catherine, morte le 23 janvier 1778, épouse de François-Philippe, marquis de Marmier (S. S.).

— Antoine-Bernardin, mestre-de-camp de cavalerie, mort le 20 septembre 1785, à quatre-vingt-quatre ans, veuf d'Anne de Mailly, et remarié à Catherine-Michelle de Jassaud (S. J. en G.).

CHATILLON (Charlotte-Rosalie de) née le 1er mai 1719; N. morte le 19 mars 1720, et Alexis-Gaucher, né le 23 novembre 1721, enfants du comte Alexis-Madeleine-Rosalie, et de Charlotte-Vautrude Voisin (S. S.).

— Antoine-Louis, né le 17 février 1721, fils d'Alexis-Henri, commandeur des ordres du roi, et de Marie-Madeleine-Angélique Gibault (S. S.).

— Olympe-Rosalie-Gabrielle, née le 9 juin 1728, morte le 10 mai 1735; Anne-Louise-Rosalie, née le 19 octobre 1729, morte le 26 décembre 1734, et Gabrielle-Louise, née le 20 septembre 1731, filles du comte Alexis-Madeleine-Rosalie, chevalier des ordres du roi, maréchal des camps et armées du roi, grand bailli d'Haguenau, mestre de camp général de la cavalerie légère de France, et d'Anne-Gabrielle le Veneur de Tillières (S. S.).

— Charlotte-Rosalie, morte le 6 avril 1753, à trente-quatre ans, épouse de Louis-Marie-Bretagne-Dominique de Rohan-Chabot (S.S.)

— Le duc Alexis-Madeleine-Rosalie, mort le 15 février 1754, à soixante-quatre ans (S. S.).

— Louis-Gaucher-Gabriel, né le 16 août 1757, mort le 7 juin 1758; Gaucher-Anne-Maximilien, né le 31 janvier 1759; Amable-Émilie, née le 3 juillet 1761, et Louise-Emmanuel, née le 23 juillet 1763, enfants du duc Louis-Gaucher, mort le 14 novembre 1762, à vingt-cinq ans quatre mois, et d'Adrienne-Émilie-Félicité de la Baume le Blanc de la Vallière (S. S.).

Chatre (N. de la), né le 30 septembre 1745, Claude-Louis, baptisé le 11 avril 1747; Louis-Sylvestre, né le 16 mai 1754; Charles-Louis, né le 1er octobre 1755; Charles-Pierre, mort le 16 octobre 1754, à six ans onze mois, et Louise-Charlotte-Élisabeth, née le 24 octobre 1757, enfants du marquis Charles-Louis, et de Louise-Isabelle-Juvénal des Ursins de Harville de Traisnel (S. S.).

— Alphonse-Louis-Nicolas, né le 22 août 1779, fils du comte Claude-Louis, et de Marie-Louise-Charlotte-Perrette-Aglaé Bontemps (S. S.).

Chauderclos de la clos (Françoise-Athénaïs), morte le 31 juillet 1758, à soixante-dix-sept ans, veuve de Jean-Baptiste marquis de Péry, lieutenant-général des armées du roi (S. R.).

Chaugy — Le 6 septembre 1615, baptême de Louis de Chausy, fils de Guy, baron de Roussillion, gentilhomme ordinaire de la chambre du roi, et de Diane Chatelusé (lisez : de Chastellux). Parrain : Me Loys de Buisson abbé et conseiller au parlement de Paris, marraine : Anne de Guiniau, femme de monsieur le président Janayn à Paris (S. N. du Chardonnet).

Chaulnes (Jacques de), écuyer, conseiller du roi, lieutenant particulier de la connétablie et maréchaussée de France à la table de marbre, mort le 20 octobre 1688 (S. A. des A.).

— Louise-Anne-Élisabeth, morte le 27 mai 1753, à trente-huit ans, épouse de Pierre de Pierrepont (S. S.).

Chauméjan (Henri de), marquis de Louville, brigadier des armées du roi, mort le 29 février 1720, à soixante-huit ans (S. S.).

Chaumont. — « Le 31 juillet 1618, service général de M. de Chaumont, gentilhomme qui mourut rue de la Cerisaie » (S. P.).

— Antoinette-Sophie, née le 24 septembre 1762; Agathe-Charlotte-Martine, née le 29 juillet 1766, filles d'Antoine, marquis de la Galaizière, et de Geneviève-Perrine Maussion de la Courtaujay (S. R.).

— Jean-Baptiste, comte de Lucé, envoyé extraordinaire du roi auprès du roi de Pologne, mort le 21 juillet 1777, à soixante-seize ans (S. M. M. la V. l'É.).

— Amélie-Maurice-Antoinette-Marguerite, née le 28 janvier 1779, fille de Philippe, baron de Rivray, et de Marguerite-Françoise Souet (S. E.).

— Philippe, comte de Rivray, lieutenant général des armées du roi, mort le 9 avril 1782, à soixante-huit ans (S. E.).

— Henri-Ignace, chevalier de la Galaisière, abbé de Notre-Dame-de-Bégard, de Sainte-Élisabeth de Genlis et de Saint-Avold, prieur de Notre-Dame-de-Buzet, mort le 29 décembre 1784, à soixante-dix-neuf ans (S. R.).

— Antoine-François-Édouard, né le 26 novembre 1786, Édouard-Marie-Pierre, né le 8 septembre 1788, et Angélique-Joséphine-Louise, née le 16 octobre 1789, enfants d'Antoine-Louis, sieur de la Millière, et d'Angélique-Joséphine-Françoise Poulletier de Périgny (S. E.).

— Victor-Jacques-Guy-Georges-Henri, fils de Jacques-Guy-Georges-Henri, marquis de Quitry, baron d'Orbec, et de Marie-Victoire de Margeot, marié le 19 juillet 1786 à Madeleine-Charlotte de Riquet, fille de Marie-Jean-Louis, marquis de Caraman, et de Marie-Charlotte-Eugénie de Bernard de Montessus de Rully, dont : Guy-Jacques-Victor-Marie-Eugène-Pierre-Vincent-de-Paul, né le 19 avril 1787 (S. S.).

— Antoine-Joseph, né le 26 avril 1789, et Antoinette-Jeanne-Joséphine, née le 25 août 1787, enfants d'Antoine-Pierre, chevalier, et d'Angélique-Joséphine Durney (S. E.).

Chaunac (Antoine-René de), né le 23 juin 1785, fils de Jean-Baptiste, sieur de Lanzac, et de Marie-Françoise Bendet (S. S.).

Chaussée (Henri-Gilbert de la), né le 8 mai 1768, fils de Gilbert, écuyer, seigneur de Villefranche, et de Marie-Madeleine Godart (S. R.).

Chaussin (Catherine du), morte le 18 janvier 1773, à quarante-six ans, veuve de Claude de Bellevaux, mestre de camp de dragons (S. M. M. la V. l'É.).

Chauvelin (Louis) chevalier, seigneur de Crisenoy, maître des requêtes ordinaires de l'hôtel du roi, et intendant de justice pour S. M. en Franche-Comté, fils de Louis, marié le 11 juin 1682 à Marguerite Billard, fille de Germain, seigneur de Montataire, et d'Hélène Mestivier (S. A. des A.).

— Henri-Philippe, né le 18 avril 1714, et Claude-François, né le 1ᵉʳ mars 1716, fils de Bernard, et de Catherine Martin (S. S.).

— Louis, maître des requêtes honoraire, mort le 2 août 1715, à trente-deux ans six mois (S. R.).

— Claude-Louis, né le 24 décembre 1718; Anne-Françoise-Charlotte, née le 27 février 1720 (S. R.), morte le 8 septembre 1724 (S. S.); Jean-Germain, né le 1ᵉʳ avril 1721 (S. R.), mort le 1ᵉʳ août 1723; Anne-Espérance, née le 8 décembre 1725; Anne-Madeleine, née le 19 novembre 1727; Anne-Germain, né le 23 mai 1729; Anne-Sabine-Rosalie, née le 25 janvier 1732, enfants de Germain-Louis, président au parlement, garde des sceaux, et d'Anne Cahouet de Beauvais (S. S.).

— Louis, conseiller d'État, mort le 31 juillet 1719, à soixante-dix-huit ans (S. R.).

— Marie-Reine, morte le 13 septembre 1739, à vingt-sept ans, épouse de Guy Chartraire, marquis de Ragny (S. S.).

— Bernard, conseiller d'État ordinaire, mort le 16 octobre 1755, à quatre-vingt-trois ans (S. J. en G.).

— Germain-Louis, garde des sceaux, mort le 1ᵉʳ avril 1762, à soixante-dix-sept ans (S. S.).

— Angélique-Henriette-Thérèse, morte le 23 octobre 1764 à soixante-dix-neuf ans, épouse d'Anne-Claude de Thiard, marquis de Bissy (S. S.).

— Bernard-François, né le 29 novembre 1766, fils du marquis Claude-François, maître de la garde-robe du roi, et d'Agnès-Thérèse Mazade (S. S.).

— Françoise-Madeleine, morte le 2 mai 1779 à soixante-dix ans, veuve de Louis-Denis Talon (S. S.).

CHAUVIGNY (Gilbert de), fils d'Amable, seigneur de Blot, et de Françoise de Roux, veuf d'Anne-Marie Boyer, remarié le 21 septembre 1701 à Étiennette de Damas, fille de Charles, seigneur de Cormaillon, et de Marguerite de Grand (S. A. des A.).

— Gilbert, comte de Blot, mort le 10 avril 1785, à soixante-cinq ans (S. E.).

CHAVAGNAC (Annet-Henri-Frédéric de), fils du marquis Anne-Frédéric-Henri-René, et de Marie-Anne des Écotais, marié le 9 mars 1784 à Henriette-Françoise de Montécler, fille de René-Georges-Marie, brigadier des armées du roi, et de Hyacinthe-Jeanne de Montécler, dont : Hyacinthe-René, né le 8 février 1789 (S. S.).

— Alix-Françoise-Marie, née le 7 novembre 1840, fille du comte Claude-Adrien-Gustave-Alexandre, et de Françoise-Marie-Henriette de Boisjourdan (X^e arr.).

CHAVANCE (Étienne-Jean de), gentilhomme ordinaire de la feue reine, mort le 16 juillet 1729, à soixante-douze ans (S. R.).

CHAVANNES (N. de), né et mort le 27 août 1734, fils de Jean-Claude, écuyer du prince de Talmond, et de Marguerite de Dart (S. R.).

— Anne-Armande-Judith, morte le 8 décembre 1765, à vingt-un ans, épouse de Jean-François Drouyn, vicomte de Lhuys, seigneur d'Arquery (S. P.).

CHAVASIEU (Marie-Geneviève de), née le 19 juillet 1731, fille de Claude, écuyer, et de Marie-Anne de la Hogue (S. S.).

CHAVIGNY (Jeanne-Claudine de), née le 8 novembre 1760, fille de Claude-Esprit-Juvénal, capitaine d'infanterie, et d'Anne-Claude Bouniot (S. S.).

CHEFDUBOIS (Samuel-Louis de), mort le 21 avril 1779 à soixante-quinze ans (S. J. du H. P.).

CHENEVIÈRES (Jean-Pierre de), né le 22 janvier 1682, fils de Charles-Laurent, écuyer, seigneur de Meslay, et de Marie-Anne Bodineau (S. A. des A.).

CHERISEY (Louis de), né le 9 août 1751 ; N. né et mort le 26 novembre 1752 ; Louis-Charles-Paul-Émile, né le 3 juin 1756, enfants du marquis Jean-François-Louis, mestre de camp de cavalerie, et de Louise-Adélaïde Charron (S. R.).

— Adélaïde-Louise, née le 29 juillet 1784 ; Charles-Louis-Prosper, né le 5 décembre 1786, et Adolphe-Paul-Émile, né le 20 septembre 1789, enfants du comte Louis, et de Marie-Aglaé le Seneschal (S. N. des Ch.).

CHERTEMPS (Gabrielle-Madeleine), née le 6 septembre 1712; Étienne, né le 30 août 1715 ; Adélaïde-Françoise, née le 17 décembre 1718 ; Marie-Madeleine, née le 4 juillet 1722 ; N. née et morte le 6 août 1727, enfants de Pierre, seigneur et marquis de Seuil, et de Marie-Madeleine-Charlotte Faulcon de Ris (S. S.).

— Pierre, marquis de Seuil, mort le 14 juin 1727, à soixante ans (S. S.).

Pierre-Charles, né le 12 juillet 1751, fils de Pierre, marquis de Seuil, et de Catherine-Marguerite Mithon (S. S.).

— Albertine-Marie, née le 8 août 1786, Alexandrine-Bénigne, née le 22 septembre 1787, et Céline-Louise, née le 16 décembre 1790, filles de Pierre-Charles, marquis de Seuil, et d'Adélaïde-Jeanne-Madeleine de Gallet de Mondragon (S. S.).

CHESNEAU (Charles-Armand-Louis du), fils du marquis Charles-René, et de Perrine-Catherine-Mabille de la Pommelière, marié le 12 août 1788 à Claude-Agnès de Rivière, fille de Charles-Jean, vicomte de Riffardeau, seigneur de Paudy, et d'Agnès-Élisabeth Cailleteau de la Chasseloire, dont : Agnès-Charlotte-Henriette-Zoé, née le 27 juin 1789 (S. J. du H. P.).

CHEVALIER (Louis-Marie), né le 4 novembre 1715, fils de Jacques-Amable-Claude, seigneur de Vieuxois, baron d'Enfrenelle, et de Louise-Françoise Dailly (S. R.).

— Anne-Barbe, demoiselle de la Bretonnière, morte le 15 juin 1720, à soixante ans, épouse de Joseph de Lesquen, marquis de la Villemenue (S. R.).

— Marie-Séraphique-Louise, morte le 2 août 1722, à soixante-quatre ans, veuve de Charles de Biencourt, seigneur de Poutrincourt (S. R.).

— Marie-Madeleine, née le 11 janvier 1730, fille de Jacques, seigneur du Coudray, et de Marie-Anne Nicaise (S. R.).

— Marguerite, née le 17 février 1749, fille de Louis, seigneur de Montgeroult, et d'Élisabeth Le Clerc. (S. R.)

— Louis, seigneur de Boissy, mort le 28 février 1756, à quatre-vingt-six ans (S. M. M. la V. l'É.).

— Antoine-Louis, né le 13 décembre 1766 ; Geneviève-Louise, née le 11 février 1768 ; Adélaïde-Victoire, née le 19 mars 1769 ; Auguste-Louis, né le 29 mai 1770 ; Alexandre-Marie-Philippe, né le 25 décembre 1771, enfants d'Alexandre-Jacques-Louis, écuyer, seigneur du Coudray, des Fossés, mousquetaire du roi, gouverneur des Andelys, et d'Anne-Geneviève Le Camus (S. S.).

— Jacques-François, seigneur de Vaudetard et d'Issy en partie, mort le 18 septembre 1776, à soixante-un ans (S. J. du H. P.).

— Marie-Marguerite, morte le 7 mars 1786, à soixante-seize ans, veuve de Jean de Lastic, marquis de Jal (S. M. M. la V. l'É.).

— Élisabeth-Thérèse-Marguerite, morte le 23 janvier 1790, à quatre-vingt-cinq ans, comtesse de Pont-de-Veyle, dame du Plessis et de Marcoussis, veuve de Charles-Louis de Preissac, comte d'Esclignac (S. M. M. la V. l'É.).

— Charles-Henri-Pierre, seigneur des Essarts, mort le 28 février 1790, à soixante-douze ans, époux de Marie-Benoîte Portail (S. R.).

Chevallerie (Jean-Rose de la), abbé de Saint-Chinian de la Corne, mort le 26 octobre 1728, à soixante-quatre ans (S. R.).

Chevert (François de), gouverneur de Givet et de Charlemont, mort le 24 janvier 1769, à soixante-quatorze ans (S. E.).

Chevignard de Chavigny (Théodore), comte de Toulonjon, baron d'Uchon, mort le 26 février 1771, à quatre-vingt-quatre ans (S. M. M. la V. l'É.).

Cheylar (Jean-Antoine, marquis du), mort le 27 janvier 1770, à quarante-six ans, époux de Marie-Anne de Rochechouart (S. P.).

Cheynet (Louis-Barthélemy), mort le 1er février 1791, à dix-huit ans, fils de Jean-Louis, député de la Drôme et président du tribunal de Montélimart, et de Jeanne-Élisabeth Nicolas (S. R.).

Chilleau (Claude-Marie du), comte de Chinée, colonel d'infanterie, fils de Marie-Jean-Charles, seigneur de la Charrière, et de Catherine-Louise Fumé, marié le 5 juin 1776 à Adélaïde-Marguerite de Merle, fille de Charles-Louis, baron d'Ambert, et d'Anne-Marie Peirenc de Moras, dont : Catherine-Françoise, née le 28 septembre 1777 ; Jean-Charles-Hyacinthe, né le 23 mai 1780; Anne-Amélie-Dominique, née le 27 juillet 1783; et Auguste-Floride, né le 19 février 1786 (S. S.).

— Alexandrine-Floride, née le 9 avril 1785, et Aline-Marie, née le 2 février 1787, filles du vicomte Charles-Louis, et de Louise-Sophie-Geneviève Felize (S. S.).

Choart (Nicolas), seigneur de Magny, conseiller du roi et correcteur ordinaire en sa chambre des comptes, mort le 27 avril 1615 entre trois et quatre heures du matin, enterré le même jour, à Sainte-Marine, devant le grand autel.

— Madeleine, baptisée le 18 novembre 1638, fille de Gabriel, écuyer, conseiller du roi, et de Philippine-Alphonsine de Fénis (S. G.).

— Isabelle, veuve de Nicolas Cousinet, conseiller du roi et correcteur en sa chambre des Comptes, morte le 6 octobre 1672 à onze heures et un quart du matin, à quatre-vingt-sept ans dix mois et demi; portée le lendemain à sept heures du soir en l'église Sainte-Marine où elle fut inhumée en la cave de MM. Myron, Choart et Cousinet.

— Gabriel, chevalier, seigneur de Magny-Saint-Loup, mort le 11 juillet 1687 à quatre-vingt-dix ans.

— Louis, né le 27 septembre 1687, et Paul, né le 18 juillet 1689, enfants de Gabriel, seigneur d'Hauteville, et de Madeleine de Sève (S. G.).

— Françoise, morte le 11 octobre 1715 à quatre-vingts ans (S. R.).

— Guillaume, colonel de cavalerie, âgé de cinquante-cinq ans, fils d'Antoine, seigneur de Buzenval et d'Angélique Amat, marié le 26 janvier 1717 à Anne-Françoise Thuillier, âgée de vingt-deux ans, fille de Gabriel, contrôleur des guerres, et de Michelle Bodemigar (S. R.).

— André, seigneur de Buzenval, mort le 18 juillet 1717 à soixante-dix-huit ans (S. R.).

— François-Prosper, prieur de Notre-Dame de Serqueux, mort le 7 septembre 1729 à cinquante-cinq ans (S. R.).

— Guillaume, marquis de Buzenval, brigadier des armées du roi, mort le 21 février 1742 à quatre-vingt-dix-huit ans (S. M. M. la V. l'É.).

— Louise-Élisabeth, morte le 27 avril 1765 à quarante-quatre ans, veuve de Louis d'Usson, comte d'Alion (S. S.).

— Anne-Catherine, née le 12 mai 1770, fille de Bénigne, conseiller au Parlement, seigneur de Corcy, Saint-Sulpice, et d'Anne Mouret d'Anneville (S. N. des Ch.).

— Guillaume, mort le 28 octobre 1773 à douze ans neuf mois,

fils de Louis, seigneur de Magny, receveur-général des finances, et de Claude-Louise-Catherine Bronods (S. E.).

— Jean, écuyer, seigneur de Magny, receveur-général des finances en survivance, mort le 12 novembre 1781 à trente ans neuf mois vingt-cinq jours (S. E.)

— Adrienne, morte le 3 avril 1782 à vingt-sept ans, épouse de Charles-François-Jean-Frédéric Godard d'Aucour de Plancy (S. E.).

— Adélaïde-Geneviève, morte le 20 mai 1784 à trente-un ans, épouse de Jean-François Harvoin, receveur général (S. J. en G.).

Choiselat (noble homme Louis), secrétaire des finances de Monsieur, mort le 29 août 1685 (S. A. des A.)

Choiseul (Élisabeth de), demoiselle de Praslin, morte le 10 août 1677 à soixante-sept ans, veuve d'Henri Guénégaud, marquis de Plancy (S. S.).

— César-Auguste, comte du Plessis, gouverneur de Toul, fils du duc César, et de Colombe le Charon, marié le 31 juillet 1681 à Gabrielle-Louise de la Baume-le-Blanc, fille de François, marquis de la Vallière, et de Gabrielle Glé de la Cotardaye (S. A. des A.), dont: Marie-Louise-Thérèse, morte le 7 février 1720 à vingt-sept ans quatre mois, et Augustine-Françoise, née le 8 octobre 1697, baptisée sous condition le 13 juillet 1723, morte le 3 juillet 1728 (S. S.).

— Clériade, marquis de Sancques, mort le 8 mai 1693 (S. P.).

— Madeleine-Françoise, morte le 14 octobre 1698 à soixante-dix ans, veuve de Jean-Baptiste-Gaston de Maugiron (S. A. des A.).

— César-Gabriel, né sur Saint-Côme le 15 août 1712, baptisé le 30 septembre 1723, et Gabriel-Hubert, né le 2 février 1719, fils du marquis Hubert, baron de la Rivière, mort le 10 juin 1727 à soixante-trois ans, et de Louise-Henriette de Beauvau (S. S.).

— Marie-Henriette, morte le 26 octobre 1733 à soixante-un ans, veuve de N. Lupré de la Fond (S. P.).

— Renaud-César, né le 18 janvier 1735, et Élisabeth-Céleste-Adélaïde, née le 27 janvier 1737, enfants de César-Gabriel, et de Marie de Champagne (S. S.).

— Huberte-Renée, morte le 21 septembre 1736 à vingt-cinq ans, et Marie-Minerve, née le 27 juillet 1710, filles de François-Éléonor, comte de Chevigny, et de Renée-Minerve de Chanlecy de Pleuvault (S. S.).

— Marie-Gabriel-Florent-Auguste, né le 28 septembre 1752, et Michel-Félix, né le 10 avril 1754, fils de Marie-Gabriel-Florent-Christophe, comte de Beaupré, marquis de Faulquemont, et de Marie-Françoise Lallemant de Betz (S. R.).

— Charlotte-Rosalie, née le 28 avril 1753, fille de François-Martial, comte de Beaupré, et de Charlotte-Rosalie de Romanet (S. M. M. la V. l'É.).

— Henri-Louis, marquis de Meuse, mort le 11 avril 1754 à soixante-six ans (S. S.).

— Antoine-César, né le 6 avril 1756 ; César-Hippolyte, né le 4 août 1757 ; Clériadus-Marie-Castor-Maxime, né le 4 septembre 1763 ; Louise-Guyonne, née le 26 décembre 1764, morte le 19 mars 1770 ; Aglaé-Rose, née le 2 juillet 1766 ; Clotilde, née le 28 octobre 1767, morte le 26 août 1774 ; Bonne-Désirée, née le 15 juillet 1775 ; Alix-Julie, née le 14 mai 1777, et César-René, né le 29 mai 1779, enfants de Renaud-César-Louis, comte de Praslin, et de Guyonne-Marguerite-Philippine de Durfort de Lorge (S. S.).

— Élisabeth-Joséphine-Amable, née le 4 novembre 1765, et Adrienne-Béatrix-Françoise-Chantal, née le 6 avril 1771, filles de François-Joseph, marquis de Meuse, et d'Élisabeth de Braque (S. S.).

— Françoise-Thérèse, née le 8 décembre 1766, fille de Jacques, gouverneur d'Épinal, et de Thérèse-Thomassine de Clermont d'Amboise (S. S.).

— Élisabeth-Céleste-Adélaïde, morte le 18 octobre 1768 à trente un ans neuf mois, épouse de Florent-Melchior-Alexandre de la Baume, comte de Montrevel (S. S.).

— François-Joseph, marquis de Stainville, mort le 27 novembre 1769 à soixante-quatorze ans (S. S.).

— Charles-Antoine-Étienne, maréchal des camps et armées du roi, fils d'Antoine-Nicolas, marquis de Beaupré, et de Renée-Marie-Michelle de Beauval, marié, 1° le 11 août 1770 à Louise Raby, fille de Jean-Baptiste, écuyer, et de Marthe Bourgeois (S. E.); 2° à Françoise-Élisabeth-Charlotte-Joséphine Walsh, dont : Martial-Étienne-François-Gabriel-Marie, né le 26 août 1776 (S. S.) mort le 29 novembre 1783 (S. R.); Modeste-Françoise-Marie, née le 24 septembre 1779 ; Louise-Marie-Charlotte-Françoise, née le 18 avril

1785, et Marie-Joseph-Gabriel-Xavier, né le 26 mars 1787 (S. M. M. la V. l'É.).

— Marie-Gabriel-Florent-Auguste, capitaine de cuirassiers, fils de Marie-Gabriel-Florent, comte de Beaupré, et de Marie-Françoise Lallemant de Betz, marié le 23 septembre 1771 à Adélaïde-Marie-Louise de Gouffier, fille du marquis Louis-Charles, et de Marie-Catherine Phélippeaux (S. E.), dont : Aglaé-Louise-Marie, née le 17 septembre 1772; Antoine-Louis-Octave, né le 13 décembre 1773; Clémentine-Louise-Henriette, née le 1er octobre 1775; Antoinette-Françoise Sydonie, née le 13 novembre 1777; Alexandrine-Françoise-Eugénie-Zéphirine-Olympe, née le 19 décembre 1782 (S. R.).

— Hilaire-François-Basile, né le 3 juillet 1778 (S. R.), mort le 26 janvier 1781; Gaspard-Marie-Victor, né le 14 décembre 1779; Anne-Gabriel-Auguste, né le 8 décembre 1780 (S. S.); André-Maxime-Urbain, né le 21 octobre 1782, et Ambroisine-Honorine-Zoé, née le 2 septembre 1787 (S. R.), enfants de Michel-Félix, comte d'Aillecourt, et de Marie-Eugénie Rouillé du Coudray (S. R.).

— Alphonse-Charles-Guy, né le 11 juillet 1780; Anatole-Laure-Zoé, née le 5 juillet 1782, morte le 14 septembre 1783; et Antoine-Ferry, né le 5 avril 1785, mort le 12 août 1786, enfants d'Antoine-Charles-César, duc de Praslin, et d'Antoinette-Charlotte-Marie-Septimanie O'Brien de Thomond (S. S.).

— Jacqueline-Béatrix-Gabrielle-Stéphanie, née le 24 février 1782; Antoine-Clériadus-Thomas-Étienne-Alfred, né le 18 septembre 1786; René-Auguste-Alfred-François-Thérèse, né le 30 avril 1788; enfants du duc Claude-Antoine-Gabriel, et de Marie-Stéphanie de Choiseul-Stainville (S. E.).

— César-Hippolyte, fils de Renaud-César-Louis, comte de Praslin, et de Guyonne-Marguerite-Philippine de Durfort de Lorge, marié le 2 mai 1780 à Louise-Joséphine de Choiseul, fille du baron Louis-Marie-Gabriel-César, et de Marie-Jeanne-Françoise de Girard de Vannes, dont César-Gabriel-François, né le 2 juillet 1782, mort le 1er décembre 1786; Albéric-César-Guy, né le 8 octobre 1787, et Appoline-Marie-Nicolette, née le 7 décembre 1788 (S. S.).

— Étienne-François, duc de Choiseul-Amboise, pair de France, marquis de Stainville et de la Bourdaisière, mort le 8 mai 1785, transporté à Chanteloup (S. E.).

— César-Gabriel, duc de Praslin, mort le 15 novembre 1785 à soixante-treize ans trois mois (S. S.).

— Marie-Sophie-Éléonore, morte le 1ᵉʳ janvier 1786 à quatre-vingt-cinq ans, veuve de Jean-Charles-Joseph d'Andigné, comte de Vesins (S. S.).

— Renaud-César-Louis, duc de Praslin, maréchal des camps et armées du roi, mort le 5 décembre 1791, époux de Guyonne-Marguerite-Philippine de Durfort de Lorge (S. Th. d'Aquin).

— François-Martial, lieutenant-général, mort le 18 mai 1792 à soixante-quatorze ans, époux de Madeleine Thiroux (S. G. des Prés.).

— Charles-Auguste-Honoré-Gabriel, né à Rueil le 30 novembre 1782, fils de Charles-Antoine-Étienne, marquis de Beaupré, et de Françoise-Élisabeth-Charlotte de Walsh-Serrant, veuf le 27 décembre 1827 de Marie-Éléonore-Anna de Saldanha d'Albuquerque, remarié le 5 juin 1830 à Sophie-Marie-Catherine Southwell, née le 9 février 1803, fille du vicomte Thomas-Antoine, pair d'Irlande, et de Jeanne Berkeley (Iᵉʳ arr.).

— César-Corentin-Ferry, né à Paris le 20 octobre 1808, fils du comte César-René, et d'Amélie-Cécile-Charlotte de Mauconvenant Sainte-Suzanne, morte à Paris en juin 1812, marié le 16 septembre 1832 à Jeanne-Adélaïde-Valentine de la Croix, née à Paris le 6 juin 1813, fille d'Eugène-Gabriel-Hercule, comte de Castries, mort en avril 1825, et d'Agathe-Geneviève-Augustine-Aglaé de Séran (Xᵉ arr.).

— Jean-Baptiste-François-de-Sales-Ambroise-Félix, né à Paris le 3 septembre 1807, fils de Gaspard-Marie-Victor, comte d'Aillecourt, et de Geneviève-Françoise-Aglaé de Machault, marié le 19 novembre 1832 à Blanche-Athénaïs-Rose-Marie Letitia le Vicomte, née à Saint-Pierre-Église le 19 août 1808, fille d'Auguste-Pierre-Henri, vicomte de Blangy, mort à Neuilly en avril 1828, et de Charlotte-Françoise-Sophie Hennot (Xᵉ arr.).

CHOMEL (Jean-François de) comte de Varagne, mort le 7 juillet 1786 à soixante ans, époux de Marie-Anne-Claude de la Forest (S. R.).

CHRAPOWICKI (Siméon-Joseph de), né le 12 juin 1758, fils du comte Joseph, staroste de Seranalicki, et de Marie-Françoise Monnier. (S. S.).

Chubery (Marie-Louise de), morte le 28 juin 1729 à trente-sept ans, épouse de Jean-Baptiste-Auguste le Rebours, conseiller au Parlement (S. S.).

Cirier de Neufchelles (Henri le), abbé d'Hommecourt, mort le Ier avril 1713 à soixante-huit ans (S. S.).

Civille (Alphonse-Balthasar de), né le 8 janvier 1743, fils d'Alphonse, seigneur de Saint-Marc, et de Marie-Anne de Puységur (S. R.).

Clairambault (Bernard-Louis-Bienvenu de), vice-consul de France à Tripoli, né à Raguse, le 17 septembre 1799, fils de Charles-Bienvenu, consul de France à Salonique, et de Pauline, comtesse de Caboga, marié le 4 mars 1830 à Thérèse-Louise-Antoinette-Émilie Outrey, née à Paris le 20 mai 1813, fille de Georges, consul de France aux Dardanelles, et d'Antoinette-Angélique-Joséphine Jaubert (Ier arr.).

Clarac (Amélie-Louise-Angélique-Thérèse de), morte le 6 mai 1779, à six ans (S. S.); Antoine-Othon-François-Maurice, né le 16 décembre 1774 (S. M. M. la V. l'É.), mort le 13 juillet 1779 (S. S.); Charlotte-Marie-Paule-Victorine, née le 30 janvier 1776 (S. M. M. la V. l'É.), morte le 23 mai 1779 (S. S.); Charles-Othon-Frédéric-Jean-Baptiste, né le 23 juin 1777 (S. R.); Angélique-Caroline-Marie-Valentine, née le 13 août 1779, et Gustave-Maurice-Philippe-Othon, né le 16 juin 1781 (S. S.), enfants du comte Roger-Valentin, et d'Élisabeth-Thérèse de Chaumont de la Millière (S. S.).

Claret de Fleurieu de Montverdun (Alphonse-Claude de), chevalier, mort le 17 août 1785, à cinquante-quatre ans (S. E.).

Claverie (Jean-Luc), chevalier de Saint-Louis, lieutenant-colonel d'infanterie, mort le 9 juin 1780, à quarante-sept ans (S. E.).

Clausse (Marguerite), morte le 16 janvier 1589, femme de Jacques de Montholon, avocat au parlement (S. A. des A.).

Clavel (Adélaïde-Marie-Laure de), née le 13 mars 1788, et Aglaé-Catherine-Marie-Françoise, née le 14 septembre 1789, filles de Sébastien-Jean-Marie, seigneur de Kergouan, et d'Élisabeth-Charlotte-Emilie Richard (S. M. M. la V. l'É.).

Clément de Graveson (Alphonse-Jean-Baptiste-Louis de), né le 17 août 1791, fils de Jacques-Joseph-Félix-Angélique-Jean-Baptiste, et de Suzanne-Marie-Charlotte Colheux de Longpré (S. M. M. la V. l'É.).

Clément de Sainte-Pallaye (Antoinette-Pallaye-Thérèse), morte le 25 mars 1785, à deux ans, fille d'Alexandre-Jean-Baptiste, conseiller du roi, et de Marie-Léon Daguin (S. J. du H. P.).

Clerc (Pierre le), baptisé le 9 mars 1572, fils de noble homme maître Nicolas, conseiller du roi en sa cour de parlement à Paris, et de noble damoiselle Marguerite Crognez (S. G.).

— Le 4 avril 1618, convoi général de M. le Clerc, premier président de la chambre des monnaies, oncle de messieurs les Jamets (S. P.).

— François, baptisé le 18 avril 1638, et Pierre, baptisé le 7 février 1640, enfants de Pierre, conseiller du roi, trésorier général de l'extraordinaire des pauvres, et de Louise du Hamel (S. G.).

— Marie, baptisée le 15 septembre 1639, fille de Pierre, sieur de Saint-Rémy, receveur de rentes, et de Marguerite Millet (S. G.).

— Marie, demoiselle du Tremblay, morte le 11 décembre 1709, épouse de Claude Sevin, seigneur de Fresnes (S. A. des A.).

— Marie-Madeleine, demoiselle de Lesseville, inhumée le 23 mars 1723 à soixante-sept ans (S. S.).

— Louise-Léon-Gabrielle, née le 24 mars 1726 (S. P.) ; Armand-Louis, né le 6 mai 1731, et Léon-Marguerite, né le 4 janvier 1733, enfants de Samuel-Jacques, chevalier, marquis de Juigné, et de Marie-Gabrielle le Cirier de Neufchelles (S. S.).

— Anne, demoiselle de Lesseville, morte le 30 janvier 1728, à trente-deux ans, épouse de Claude-François Bidal d'Asfeld (S. S.).

— Marie-Antoinette, demoiselle de Coulennes, morte le 13 avril 1741, à cinquante-cinq ans, épouse de Guillaume de Fraigne, seigneur de Galoches (S. M. M. la V. l'É.).

— Armand-Louis, chevalier de Juigné, chevalier de Malte, mort le 28 février 1758, à vingt-six ans (S. P.).

— Gabriel-René-Louis, comte de Juigné, mort le 29 mars 1759, à soixante-deux ans (S. S.).

— Marc-René-Jules-César, né le 14 décembre 1760, et Alexandre-Louis-César-Hortense, né le 6 janvier 1764, fils d'André-Jules-César, chevalier, seigneur de la Ferrière, officier de dragons, et de Julie de Norbeck (S. S.).

— Élisabeth-Louise-Charlotte, morte le 14 mars 1772, à quatorze ans et demi, fille de Charles, seigneur de Lesseville, et de Marie-Élisabeth le Rebours (S. S.).

— Marie-Madeleine, morte le 14 mars 1774, à quatre-vingt-cinq ans, veuve de Simon Boutin, écuyer, conseiller du roi, seigneur de la Souce, Cornay, etc. (S. R.).

— Anne-Hélène-Charlotte, née le 19 octobre 1776, fille de Charles, seigneur de Lesseville, et d'Hélène... (S. E.).

— François-Henri, chevalier de Fleurigny, abbé de Saint-Sernin de Toulouse, mort le 16 juin 1777 (S. S.).

— Charles, seigneur de Lesseville, comte de Charbonnières, etc., président en la cour de parlement, mort le 24 janvier 1779, à soixante-cinq ans (S. E.).

— Charles-Philibert-Gabriel, capitaine de cavalerie, âgé de dix-neuf ans, fils de Jacques-Gabriel-Louis, marquis de Juigné, et de Claude-Charlotte Thiroux de Chammeville, marié le 27 mai 1782 à Marie-Louise-Charlotte de Bonnières, âgée de dix-sept ans, fille d'Adrien-Louis, duc de Guines, et de Caroline-Françoise-Philippine de Montmorency (S. S.).

— Élisabeth, morte le 11 mars 1785, à soixante-quatre ans, veuve de Louis Chevalier (S. M. M. la V. l'É.).

— Jacques-Marie-Anatole, né le 27 juillet 1788, fils de Charles-Marie, comte de Juigné, et d'Anne-Éléonore-Eulalie du Floquet de Réals (S. S.).

— Henri-Gabriel, abbé du Val-Secret, mort le 14 juillet 1791, à soixante-dix-neuf ans (S. R.).

— Antoine-Éléonore-Léon, ancien archevêque de Paris, sa ville natale, mort le 19 mars 1811, à quatre-vingt-deux ans (X[e] arrond.).

CLÉREL (Georges-Léonard-Bonaventure de), mort le 1er février 1768, à douze ans, fils de N., marquis de Tocqueville, et de Marie-Thérèse de Faudoas (S. S.).

— Bernard-Bonaventure, mestre-de-camp de cavalerie, seigneur de Tocqueville, mort le 8 janvier 1776, à quarante-six ans, époux de Catherine-Antoinette de Damas (S. R.).

— François-Hippolyte, comte de Tocqueville, né le 1ᵉʳ novembre 1797.

Clermont (Louis de), âgé de cinq ans, baptisé conditionnellement le 7 octobre 1572, fils de feu noble homme messire Jacques, dit d'Amboise, marquis de Renel, et de dame Jeanne de Longuejoue ; son père étant hérétique, ne l'avait pas présenté au baptême (S. G.).

— Louise, baptisée le 31 mars 1620, fille de Louis, baron de Thory, et de Gabrielle de Glisy (S. N. du Chardonnet).

— Louis, né à Pongé le 12 juillet 1650 et baptisé à Paris, fils d'Henri, marquis de Gallerande, et de Renée de Monnet (S. J. en G.).

— François, chevalier de Tonnerre, évêque de Noyon, abbé de Saint-Martin de Laon et de Molesmes, mort le 5 février 1701, à soixante-treize ans (S. S.).

— Louise-Françoise, née le 26 mars 1701, fille du comte Georges-Henri, et de Marie-Madeleine Bittaut (S. S.).

— Louis-Georges-Hippolyte, mort le 1 janvier 1719, à cinq ans, et Madeleine-Gabrielle, morte le 4 mai 1719, à cinq ans, enfants de Pierre-Gaspard, et de Françoise-Gabrielle d'O (S. S.).

— Louis, comte de Cheverny, marquis de Montglas, mort le 6 mai 1722, à soixante-dix-huit ans (S. R.).

— Anne-Marie-Louise-Thérèse, née le 12 juillet 1724 ; Jean-Baptiste-Charles-François, né le 6 août 1728, et Diane-Jacqueline-Joseph-Henriette, née le 19 mars 1733, enfants de Jean-Baptiste-Louis, chevalier, marquis de Reynel et de Montglas, comte de Cheverny, baron de Blaise, etc., et d'Henriette de Fitz-James de Berwick (S. R.).

— Marie-Charlotte, née le 16 janvier 1731, fille de Charles-Balthasar, comte de Roussillon, et de Marie Butler (S. S.).

— Marie-Diane, demoiselle d'Amboise, inhumée le 1 juin 1738.

— Charles-Balthasar, marquis de Chaste, mort le 23 avril 1740, à quatre-vingt-un ans (S. S.).

— Catherine-Charlotte, morte le 3 juin 1748, à trois ans six mois, fille de Charles-Henri-Jules, marquis de Tonnerre (S. S.).

— François-Charles-Ferdinand, comte de Chastes et de Roussillon, mort le 8 janvier 1751, à cinquante-quatre ans (S. S.).

— Alise-Tranquille, demoiselle de Tonnerre, morte le 28 novembre 1752, à vingt-huit ans, épouse de Louis-Claude de Clermont, marquis de Montoison (S. S.).

— Jean-Baptiste-Louis, marquis de Reynel et de Montglas, mort le 18 septembre 1761, époux de Marie-Charlotte de Rohan-Chabot (S. R.).

— Marie-Catherine, dame de Saint-Agnan, morte le 23 décembre 1761, à soixante-onze ans (S. S.).

— Madeleine-Henriette, demoiselle de Gallerande, morte le 14 janvier 1765, à quatre-vingt-trois ans (S. S.).

— N.. morte le 10 septembre 1768, à trois jours; Jules-Gaspard-Aynard, né le 9 août 1769; Émery-Louis-Jules, né le 25 avril 1772, chevalier de Malte, mort le 25 janvier 1787, enfants de Charles-Gaspard, marquis de Tonnerre, et de Louise-Adélaïde-Victoire de Durfort de Civrac (S. S.).

— Charles-Georges, marquis de Gallerande, colonel de cavalerie, fils d'Armand-Henri, et de Marie-Charlotte de Bragelogne, marié le 11 mai 1771 à Claudine-Césarine de la Tour du Pin-Montauban, veuve de Jean-Jacques-Philippe-Joseph de Lesmerie, marquis d'Eschoisy (S. E.).

— Antoine, chevalier de Tonnerre, abbé de Clairefontaine, mort le 24 mars 1772, à soixante-six ans (S. S.).

— Marie-Charlotte-Félicité, morte le 16 novembre 1774, à cinquante-trois ans, veuve d'Hyacinthe-Gaëtan, comte de Lannion (S. S.).

— Laurent, comte de Gessans, chambellan du duc d'Orléans, mort le 6 décembre 1777, à soixante-treize ans (S. E.).

— Aimé-Marie-Gaspard, né le 27 novembre 1779, et Anne-Julie-Gabrielle, née le 10 janvier 1781, enfants de Gaspard-Paulin, vicomte de Tonnerre, et d'Anne-Marie-Louise Bernard de Boulainvilliers (S. E.).

— Gaspard, duc de Tonnerre, maréchal de France, mort le 16

mars 1781, à quatre-vingt-treize ans, veuf d'Antoinette Potier de Novion (S. S.).

— Louise-Diane-Françoise, demoiselle de Gallerande, morte le 23 août 1784, à soixante-treize ans, veuve de Louis, duc de Brancas (S. S.).

— Louise-Gabrielle, demoiselle de Gasquet, morte le 13 janvier 1785, à trente-deux ans, épouse d'Henri-Ignace, comte de Montalembert (S. S.).

— Stanislas-Marie-Adélaïde, comte de Tonnerre, capitaine de dragons, âgé de vingt-quatre ans, fils de François-Joseph, marquis de Tonnerre, et de Marie-Anne de Lentilhac de Gimel, marié le 25 février 1782 à Louise-Joséphine-Marie-Delphine de Rosières, comtesse de Remiremont, âgée de seize ans, fille d'Henri-François, marquis de Sorans, et de Marie-Louise-Élisabeth de Maillé, dont : Charles-Louis-Gaspard, né le 18 novembre 1785, mort le 3 mai 1787; et Athénaïs-Henriette-Madeleine-Esther, née le 21 novembre 1786 (S. S.).

— Eynard, mort le 21 août 1787, à neuf ans, fils de Charles-Louis-Nicolas, comte de Thoury, et de Victoire-Césarine d'Estourmel (S. S.).

— Philibert-Henri-Bernard, mort le 13 août 1811, fils d'Anne-Charles, marquis de Montoison, et de Charlotte-Louise de Cléron d'Haussonville (X^e arr.).

— Odon, comte de Mont-Saint-Jean, mort le 11 août 1834 à vingt-huit ans, fils du marquis et d'Alix de Coucy, et marié à Stéphanie du Tillet (X^e arr.).

— Gaspard-Paulin-Charles-Aimé, né à Paris le 27 octobre 1816, fils d'Aimé-Marie-Gaspard, duc de Tonnerre, et de Charlotte-Mélanie de Carvoisin d'Achy, marié le 28 juin 1845 à Armandine-Marie-Sophie de Guignard, née à Paris le 21 avril 1828, fille d'Alexis, comte de Saint-Priest, et d'Antoinette-Marie-Henriette de Laguiche (X^e arr.).

CLÉRON (Bernard-Gabriel-Gaspard de), né le 2 septembre 1769, mort le 24 octobre 1770 ; Charles-Louis-Bernard, né le 1 novembre 1770 ; N., mort le 10 novembre 1771, à deux jours ; Charlotte-Louise, née le 15 juin 1773 ; Adélaïde-Françoise-Louise-Henriette-Bernardine, née le 28 janvier 1784, enfants de Joseph-Louis-Bernard, comte d'Haussonville, seigneur de Bazarne, et de Marie-Antoinette de Régnier de Guerchy (S. S.).

— Anne-Françoise-Charlotte, morte le 17 novembre 1788, à cinquante-un ans, veuve d'Antoine-François-Pacifique, baron de Zuckmantel, ambassadeur du roi à la cour de Portugal (S. E.).

Cléry de Sérans (Charles-François de), âgé de cinquante-cinq ans, veuf de Françoise de Troyes, remarié le 19 mars 1717 à Geneviève de Courten, âgée de vingt-six ans, fille de Melchior-François, brigadier des armées du roi, et de feue Louise Goret, dont : Angélique-Geneviève, née le 28 janvier 1718 (S. R.).

Clinchamp (Marie-Françoise-Catherine de), née le 18 décembre 1672, et Jean-Baptiste-Étienne, né le 12 octobre 1675, enfants de Jacques, chevalier, seigneur du Moussel, capitaine d'infanterie, et de Jeanne-Françoise de Rodouan (S. A. des A.).

— Marguerite-Suzanne, née le 4 août 1680, fille d'Antoine, écuyer, et de Marie de Piberlain (S. A. des A.).

— Jacques-Benoît, mort le 23 février 1720 à seize ans et demi, fils de Jacques, sieur d'Aubigny, et de Jeanne-Denise Cornille S. R.).

Clinet de la Chataigneraye (Catherine-Françoise), morte le 18 juin 1762, à quatre-vingt-cinq ans trois mois, veuve d'Alexandre-Joseph Thierry, contrôleur général de la marine (S. P.).

Clugny (Anne de), morte le 31 mai 1676, sur le pont Saint-Michel, veuve d'Edme de Saint-Phalle, seigneur de la Ferté (S. A. des A.).

— Jean-Étienne-Bernard, baron de Nuits-sur-Armançon, mort le 18 octobre 1776 à quarante-six ans, époux de Charlotte-Thérèse Tardieu de Maleissye (S. R.).

— Amélie-Gertrude-Constance-Étiennette, née le 6 juillet 1782, fille du baron Nicolas-Gabriel-Marc-Antoine, et d'Anne-Renée des Vergers de Maupertuis (S. N. des Ch.).

Cluzel (François-Pierre du), né le 4 avril 1734, et Catherine-Charlotte, née le 8 juin 1737, enfants de Léonard, seigneur de la Chabrerie, et de Thérèse Touzard (S. R.).

— Léonard, seigneur de la Chabrerie, Blanville, mort le 30

novembre 1765 à quatre-vingt-sept ans, veuf de Thérèse Touzard (S. R.).

— Pierre, chevalier de la Chabrerie, abbé de Cercanceaux, mort le 20 juin 1767 à quatre-vingt-trois ans (S. R.).

— Marie-Thérèse, morte le 3 janvier 1769 à trente-neuf ans, épouse de Philippe-Étienne Desvieux, chevalier, conseiller du roi, président honoraire au parlement (S. R.).

— Marie-Françoise-Colombe-Léonarde, née le 1 février 1761 (S. R.), morte le 20 février 1778 (S. M. M. la V. l'É.); Marie-Thérèse-Antoinette, née le 8 avril 1763; Pierre-François-Jean, né le 10 décembre 1765; François, mort le 15 avril 1785 à quatorze ans, et Anne-Françoise, née le 20 avril 1775 (S. R.), enfants de François-Pierre, conseiller du roi, marquis de Monpipeau, et de Marie-Françoise de Brunville.

— Léonard-Élisée-François-Barthélemy, mort le 16 février 1779, à trente-cinq ans (S. M. M. la V. l'É.).

— François-Pierre, marquis de Monpipeau, mort à Tours, le 9 août 1783 à quarante-neuf ans, et rapporté à Paris (S. M. M. la V. l'É.).

— Antoinette-Françoise-Eugénie, née le 24 mars 1784, morte le 28 du même mois, et Anne-Marie-Marceline-Célestine, née le 14 janvier 1788, filles du comte-Antoine-Marie, et de Marie-Thérèse-Antoinette du Cluzel (S. M. M. la V. l'É.).

— Marie-Louise-Perrette-Sara, née le 29 octobre 1790, fille de Pierre-François-Jean, et d'Anne-Louise de Mathan (S. M. M. la V. l'É.).

Coatancour (Jean-Alexandre de), né le 14 décembre 1720, fils d'Alexandre-Paul-Vincent, marquis de Kerjean, et de Louise-Marguerite de Chambon d'Arbouville (S. S.).

Cochart (Achille de), marquis de Chastenoye, mort le 8 avril 1787 à quatre-vingt-trois ans (S. M. M. la V. l'É.).

Cochefilet de Vaucelas (Charlotte-Élisabeth), morte le 24 décembre 1719 à cinquante-sept ans, veuve de Charles de Rohan, duc de Montbazon (S. P.).

Cochin (Jean-Baptiste-Charles), né le 29 août 1767, et Jean-Baptiste-André, né le 29 septembre 1768, enfants d'Achille-André, avocat au Parlement, et de Jeanne-Baptiste-Félicité Ausonne (S. E.).

— Henri-Charles, né le 17 février 1771, fils d'Augustin-Henri, et de Marie-Louise-Élisabeth Germain (S. S.).

— Louise, morte le 3 août 1773 à soixante-huit ans, épouse de Jean-Denis Lempereur, écuyer, échevin (S. E.).

— Cyr-Claude-Denis, écuyer, doyen des échevins, des juges et consuls de Paris, mort le 17 août 1786 à quatre-vingt-huit ans (S. J. du H. P.).

Coq (Catherine-Élisabeth Le), née le 16 juillet 1719, fille de Jean-Baptiste, chevalier, et de Geneviève Dazy (S. S.).

— Françoise-Thomase, demoiselle de la Reinardière, morte le 24 juin 1762 à soixante-onze ans, veuve de Jean-Baptiste-Robert Blouet de Camilly (S. P.).

— Marie-Anne-Louise, marquise de Goupillières, morte le 19 décembre 1767 à quarante-huit ans, veuve d'Alexis Lallemant de Macqueline, seigneur de Moyencourt (S. R.).

— Alexandre-Mathieu, seigneur de Sainsart, chevalier de Saint-Louis, mort le 22 février 1768, époux de Claude-Madeleine de Morgny (S. R.).

— Françoise-Louise, morte le 10 avril 1775 à quatre-vingts ans, veuve de Pierre Félix, avocat en Parlement et seigneur de Morinvilliers (S. R.).

Coetlogon (Emmanuel-Ange de), né le 10 juillet 1702; Ange-Guy, né le 30 août 1705, et Jean, né le 18 décembre 1706, fils du marquis Philippe-Guy, et de Suzanne Guionet (S. S.).

— Charlotte-Marie, née le 23 octobre 1724, fille de Charles-Élisabeth, seigneur de Roissy, et de Marie-Catherine-Françoise de Veteris (S. R.).

— Louise-Philippe, morte le 31 mars 1729 à quatre-vingt-trois ans, veuve de Louis d'Auger de Cavois (S. S.).

— Alain-Emmanuel, mort le 7 juin 1730 à quatre-vingt-trois ans neuf mois (S. S.).

— René-Charles-Élisabeth, mort le 9 février 1734 à soixante ans (S. S.).

— René-Anne-Élisabeth, mort le 28 juillet 1735 à vingt-trois ans dix mois (S. S.).

— Alain-Emmanuel-Félicité, né le 31 mars 1742, fils du marquis Charles-Élisabeth, et de Marie-Catherine-Françoise de Veteris de Revets (S. S.).

— Le marquis Charles-Élisabeth, mort le 16 avril 1744 à soixante ans (S. S.).

— Emmanuel-Eugénie, né le 10 octobre 1776, fils du marquis Alain-Emmanuel-Félicité, et de Marguerite-Eugénie-Bernarde-Thérèse le Roy de Vaquières (S. S.).

— Louis-Emmanuel, mort le 20 novembre 1791 à quatre-vingt-sept ans, veuf de Charlotte-Émilie de Ségur (S. S.).

Coetlosquet (Marc-Sezni-Guy-Marie marquis du), mort le 17 juin 1780 à trente-cinq ans, veuf de Pauline-Anne-Pélagie de Farcy de Cuillé (S. S.).

Coetquen (Françoise-Renée de), née le 9 mai 1670, et Marguerite-Françoise, née aux Isles, diocèse de Saint-Malo, le 26 octobre 1674, baptisées à Paris en octobre 1680, filles d'Henri-Pélagie, chevalier, marquis de la Marzelière, et de Guillemette de Belin (S. A. des A.)

— Jules-Malo, comte de Combourg, mort le 13 janvier 1727 à vingt-huit ans (S. P.).

Cœurderoy (Paul-Emmanuel), seigneur de Neuffossés, officier au régiment de la Sarre, mort le 22 décembre 1728 à soixante-un ans (S. R.).

— Marie-Marguerite, morte le 12 avril 1788 à soixante-deux ans, veuve de Laurent Nérel, bourgeois de Paris (S. E.).

Cogels (Isabelle-Pierre), morte le 26 juin 1788, veuve de Julien Ghislain de Pestre, comte de Séneffe, et remariée à Albert-Louis-Aymar le Fournier, comte de Wargemont, maréchal des camps et armées du roi (S. E.).

Coignet (Denis), abbé de Saint-Étienne de Femy, prieur de Saint-Julien de Concelles, mort le 29 mars 1726 à quatre-vingt-cinq ans (S. R.).

— Marie-Anne-Catherine, morte le 30 décembre 1769 à soixante-deux ans, veuve de Jean-Baptiste Moreau, baron de Saint-Just (S. P.).

Coignet de la Thuilerie (Henri-Jacques), comte de Courson, mort le 5 mai 1745, à cinquante-six ans (S. S.).

— Gaspard-Marie-Victor, comte de Courson, mort le 4 novembre 1757, à trente-deux ans (S. S.).

Coigneux (François le), mort le 17 mai 1588; Augustin, baptisé le 1er août 1588 et enterré le 10 septembre 1590; Jacques, mort le 15 septembre 1588; Pierre, baptisé le 13 février 1590; Édouard, baptisé le 14 avril 1591; René, baptisé le 20 mai 1592; Anne, baptisée le 22 février 1595, enfants de Jacques, conseiller du roi, et de Geneviève de Montholon (S. A. des A.).

— Marie-Louise, baptisée le 13 janvier 1672; Charles, né le 12 mars 1673, inhumé le 17 janvier 1675; Anne-Louise, née le 6 mars 1675; Marie-Gabrielle, née le 25 juin 1679; Jacques, né le 31 janvier 1683; François, né le 15 mai 1685, inhumé le 3 avril 1687; Jeanne-Marie, née le 5 novembre 1686, et Louis, né le 25 décembre 1689, enfants de messire Charles, chevalier, seigneur de Bezanville, conseiller du roi au Châtelet, et de Louise de Courtenay, dame de Changy (S. A. des A.).

— Jacques, né le 8 avril 1680, fils de Jacques, et de Judith de Montaut de Navailles (S. N. des Ch.).

— Marguerite, inhumée le 9 octobre 1685, fille de Gabriel, marquis de Belarbre (S. G.).

Cointe (Pierre le), bourgeois de Paris, mort le 10 juin 1785 (S. S.).

Colabau (Geneviève-Thérèse de), dame de charité et trésorière des pauvres, morte le 14 mars 1755 à trente-sept ans, épouse de messire Philibert Thiroux de Chammeville, chevalier, seigneur de Brétigny, Marolles, etc. (S. J. en G.).

— Charles, chevalier, ancien syndic perpétuel de la compagnie des Indes, inhumé le 10 mars 1775 (S. E.).

Colardeau (Charles-Pierre), membre de l'Académie française, mort le 7 avril 1776 à quarante-trois ans (S. S.).

Colbert (Marie-Thérèse), morte le 31 juillet 1699 à dix-huit mois; Julie-Hortense, née le 25 décembre 1706, et Louis, né le 8 avril 1709, enfants de Louis, comte de Lignières, et de Marie-Louise du Bouchet de Sourches (S. S.).

— Louis-René-Édouard, né le 14 décembre 1699 (S. E.) et baptisé le 6 juillet 1712; René-Édouard, né le 5 février 1706; enfants de François-Édouard, marquis de Maulévrier, et de Marthe-Henriette de Froullay (S. S.).

— Élisabeth-Pauline-Gabrielle, née le 3 février 1719, et N., morte le 11 avril 1719 à treize mois, filles de Charles-Éléonor, comte de Seignelay, et d'Anne de la Tour Taxis (S. S.).

— Le comte Charles-François, mestre-de-camp de cavalerie, mort le 2 mars 1722 à dix-huit ans (S. S.).

— Marie-Françoise, morte le 28 septembre 1724 à cinquante-trois ans, épouse de Joachim-Louis de Montagu, vicomte de Beaune. (S. S.).

— Henriette-Bibiane, née le 10 janvier 1727; Antoine-Charles-Félix, né le 11 juillet 1729; Paul-Amaury, né le 25 septembre 1730, et Simon-Corentin, né le 26 septembre 1731, enfants de Jean-Baptiste-Joachim, chevalier, marquis de Croissy, colonel d'infanterie, et d'Henriette-Bibiane de Franquetot de Coigny (S. S.).

— Françoise, demoiselle de Terron, morte le 8 octobre 1727, épouse d'Euldaric, prince souverain de la Carpegna en Italie (S. R.).

— Charles-Armand-Jean-Baptiste, né le 10 janvier 1728, et Louis-Jean-Baptiste-Antonin, né le 13 septembre 1731, enfants de Charles-Léonor, comte de Seignelay, et de Marie-Renée de Gontaut (S. S.).

— Sulpice, seigneur de Boisgrenier, officier de marine, mort le 28 juin 1729 à soixante-dix-sept ans, fils de Nicolas, conseiller en la Cour des aides (S. S.).

— Claude-Théophile Gilbert, né le 28 février 1734; Louis-Henri-François, né le 27 février 1737 (S. R.); Antoine-Alexandre-Gilbert, né le 14 décembre 1746 (S. S.); fils de François-Gilbert, marquis de Chabanois, et de Marie-Jeanne Colbert de Croissy.

— Marie-Henriette, morte le 24 décembre 1737 à trente-quatre ans, épouse de Charles-François d'Estaing, marquis du Saillant (S. S.).

— Louis, comte de Lignières, mort le 30 avril 1745 à soixante-dix-huit ans (S. S.).

— Jean-Louis, mort le 30 décembre 1745 à dix-huit ans (S. S.).

— Jean-Baptiste, marquis de Torcy, mort le 2 septembre 1746 à quatre-vingt-un ans (S. S.).

— Charles-Éléonor, comte de Seignelay, mort le 27 mars 1747 à soixante ans (S. S.).

— René-Louis-Édouard, marquis de Maulévrier, mort le 31 janvier 1748 à quarante-sept ans (S. S.).

— Françoise-Félicité, morte le 28 avril 1749, à cinquante ans, épouse d'André-Joseph Amezou d'Oraison, duc de Caderousse (S. S).

— Édouard-Victurnien–Charles-René, né le 15 décembre 1754, et Édouard-Charles–Victurnien, né le 24 décembre 1758; fils de René-Édouard, marquis de Maulévrier, et de Charlotte-Jacqueline-Françoise de Manneville (S. S.).

— Marie-Catherine, hospitalière de la place Royale, morte le 1er mars 1758, à trente ans (S. P.).

— Le marquis Louis, mort le 24 juillet 1761, à cinquante-deux ans (S. S.).

— Antoine-Alexandre, mort le 14 janvier 1767, à vingt ans, officier aux gardes françaises, fils de François-Gilbert, marquis de Chabanois, maréchal des camps et armées du Roi, et de Marie-Jeanne Colbert de Croissy (S. E.).

— Anne-Marie–Louise, née le 16 janvier 1767, fille de Louis-Jean-Baptiste-Antonin, marquis de Seignelay, et de Marie-Anne de Montigny (S. S.).

— Thérèse, demoiselle de Croissy, morte le 27 janvier 1769, à quatre-vingts ans (S. S.), et inhumée le 29 (S. E.), veuve en premières noces de Louis de Clermont d'Amboise, marquis de Reynel, et en secondes, de François–Marie Spinola, duc de Saint-Pierre, marquis de Noé, vice-roi du royaume de Valence.

— André-Thérèse-Augustin, comte de Pressigny, mort le 1er février 1770 à vingt-neuf ans, fils de Jean-Baptiste-Joachim, comte de Croissy, et d'Henriette-Bibiane de Franquetot de Coigny (S. S.).

— N..., né le 26 et mort le 27 septembre 1770 (S. R.); N..., né et mort le 13 mai 1775; Alexandre-Louis-Gilbert, né le 27 mars 1781, fils de Claude-Théophile-Gilbert, marquis de Chabanois, et de Louise-Perrine d'Amphernet de Pont-Bellanger (S. E.).

— Louis-Henri-François, comte de Chabanois, veuf de Marie-Jeanne Bastève d'Arbonne, remarié le 7 janvier 1771 à Jeanne David, fille de Pierre-Félix-Barthélemy, gouverneur de l'île de Bourbon, et d'Anne-Jeanne-Perrine du Chauffour, dont : Marie-Jeanne, née le 10 novembre 1771 ; Chrétien-Félix-Toussaint, né le 1er novembre 1772; Ambroise-Jean-Joseph, né le 31 août 1773 ; Louis-Pierre-Alphonse, né le 29 juin 1776; Auguste-François-Marie, né le 18 novembre 1777 (S. E.).

— Armand-Marie-Louis, né le 17 janvier 1771 ; Félicité-Charles, né le 29 juin 1777, mort le 14 juillet 1777, et N., né et mort le 28 juillet 1778, fils de Louis-Jean-Baptiste-Antonin, marquis de Seignelay, et de Catherine-Pauline de Béthune (S. S.).

— Marguerite, demoiselle de Villacerf, morte le 27 janvier 1772, veuve de François-Emmanuel, marquis de Crussol (S. S.).

— Étienne-Édouard, chevalier de Turgis, docteur en théologie, grand doyen de l'église d'Orléans, abbé de Saint-Michel en Thiérache et de Saint-Mesmin-lès-Orléans, mort le 4 septembre 1772 à soixante-dix ans (S. E.).

— Pauline-Catherine, morte le 3 octobre 1773 à soixante-quatorze ans, veuve de Louis, marquis de Plessis-Châtillon (S. S.).

— Julie-Hortense, morte le 22 avril 1775 à soixante-huit ans, épouse de Charles-Louis-Auguste, comte de Maridort (S. S.).

— Jean-Baptiste-Joachim, marquis de Croissy, lieutenant général des armées du Roi, mort le 26 août 1777 à soixante-quinze ans, veuf d'Henriette-Bibiane de Franquetot de Coigny (S. R.).

— Louise-Diane, demoiselle de Lignières, morte le 9 juin 1781 à quatre-vingt-un ans (S. S.).

— Élisabeth-Marie-Victurnienne, née le 11 février 1783 fille d'Édouard-Victurnien-Charles-René, comte de Maulévrier, et de Marie-Louise de Quengo de Crenolle (S. S.).

— Antoine-Charles-Félix, marquis de Torcy, maréchal des camps et armées du Roi, mort le 20 janvier 1788 à cinquante-huit ans (S. E.).

— Louis-Henri-François, mestre de camp d'infanterie, lieutenant général, mort le 8 février 1792, à cinquante-six ans, époux de Marie-Jeanne David (S. E.).

— Charles-Antoine-Victurnien, capitaine de cavalerie, né à Arnheim le 11 février 1793, fils d'Édouard-Victurnien-Charles-René, comte de Maulévrier, et d'Anne-Marie-Louise de Quengo de Crenolle, morte à Bruxelles en octobre 1793, marié le 6 juillet 1829 à Marie-Louise-Martiane Guigues de Moreton, née à Paris le 5 mars 1806, fille d'Aimé-Jacques-Marie-Constance, comte de Chabrillan, et d'Alexandrine-Françoise-Eugénie-Zéphirine-Olympe de Choiseul-Gouffier, morte à Paris en juillet 1828 (X^e arr.).

Colheux de Longpré (Charles), écuyer, veuf de Marie-Sylvie Gourlade, remarié le 23 avril 1770 à Marie-Élisabeth de Wismes, fille de Louis-Jean-Baptiste, receveur des gabelles, et de Marie-Jeanne-Angélique Desprès (S. E.).

Colin (André), baptisé le 4 janvier 1605, fils de Guillaume, conseiller du Roi en sa Cour de parlement et président aux enquêtes, sieur de Chérin, et de demoiselle Morin (S. G.).

— Antoine-François-Gaspard, comte de Mortagne, chevalier d'honneur de la duchesse douairière d'Orléans, mort le 25 mars 1720, à cinquante-neuf ans (Ste-Marguerite).

Collier (Antoine-Nicolas de), fils de Théophile-Antoine, seigneur de la Marlière, et de Marguerite Le Blond, marié le 23 juin 1779 à Marie-Françoise-Élisabeth Foucard, fille d'Isaïe-Nicolas, sieur d'Olimpies, capitaine de dragons, et de Catherine de Villefranche de Carignan (S. S.).

Collin (André-Charles), seigneur de Liancourt, Crémery, mort le 21 janvier 1725, à soixante-quatre ans, époux de Catherine de Broc du Lorton (S. S.).

Collin de Murcie (Adélaïde-Éléonore-Françoise), morte le 15 avril 1773, à quarante-cinq ans, épouse de Julien-Pierre de la Faye, conseiller du Roi (S. M. M. la V. l'É.).

Colmenil de Bussy-Berruyer (Louis-Charles-Armand de), né le 28 mars 1764, fils de Marie-Armand, et de Barbe-Antoinette de Bodin de Tourneaux (S. S.).

Colombel (Albert de), baptisé le 18 octobre 1672, fils d'Étienne-

Albert, écuyer ordinaire du Roi, et de Catherine Contarini (S. A. des A.).

Colonia (Alexandrine-Julie-Marthe de), née le 22 juillet 1787, et Jules-Joseph-Pierre, né le 15 février 1789, enfants de Pierre-Joseph, maître des requêtes, et de Marthe-Louise-Élisabeth de Manoury (S. R.).

Combarel du Giband de Vernege (Pierre-Marie de), maréchal des camps et armées du Roi, époux de Jeanne de Coustard, mort le 28 février 1775, à soixante-dix-huit ans (S. R.).

Combault (Louis-Hubert), né le 3 mars 1712, et Charlotte-Élisabeth, née le 9 juillet 1716, enfants de Louis, comte d'Auteuil, et de Louise-Thérèse Le Meunier (S. S.).

— Marie-Madeleine, née le 10 mars 1720, fille de Louis-César, seigneur d'Auteuil, et de Thérèse de la Mothe (S. S.).

— Marie-Madeleine, demoiselle d'Auteuil, morte le 4 janvier 1766, à quatre-vingt-dix ans, veuve de Claude Ménel, écuyer (S. R.).

— Charles-Louis-Hercule, né le 6 juin 1773; Louis-Joseph-Camille, né le 16 mars 1774; Bathilde-Henri-Joseph, mort le 7 janvier 1776, à cinq ans et demi, fils de Louis-César-Charles, vicomte d'Auteuil, et de Perrette-Thérèse Mahé de la Bourdonnaye (S. S.).

— Louis-Hubert, comte d'Auteuil, colonel de dragons, mort le 9 juin 1774, à cinquante-neuf ans (S. J. du H. P.).

— Charles, comte d'Auteuil, mort le 18 janvier 1778, à quatre-vingts ans (S. M. la V. l'É.).

— Alfred-Armand, né à Paris le 28 mars 1800, fils d'Alexandre, comte d'Auteuil, et de Marie-Élisabeth Quentin de Champlost, morte à Fleury-la-Forêt en juillet 1808, marié le 12 janvier 1829 à Marie-Louise Le Duc, née à Paris le 27 janvier 1808, fille de Claude-Louis-Michel, marquis de Lillers, gentilhomme de la chambre, et d'Ambroisine-Marie-Joséphine d'Estampes (X^e arr.).

Comerfort (Joseph-Luce-Pierre de), né le 5 octobre 1730, et Luc-Joseph, né le 19 juillet 1731, enfants de Louis-Luc, marquis d'Anglure, et d'Anastasie-Lucie Gougho (S S.).

Commines de la Borde (Anne-Henriette-Nicole de), inhumée le 30 mars 1749.

Comminges (François de), abbé de Notre-Dame de Lauroux, mort le 16 juin 1732, à soixante-douze ans (S. R.).

Compasseur-Créqui-Montfort (Antoine-Nicolas-Philippe-Tanneguy-Gaspard Le), capitaine de cavalerie au régiment Royal-Pologne, fils de Gaspard, marquis de Courtivron, et de Marie-Rose-Louise de Cornette, marié le 19 avril 1779 à Stanislas-Christine de Clermont-Tonnerre, fille du marquis François-Joseph, et de Marie-Anne-Félicité de Lentilhac, dont : Gaspard-Élie-Antoine, né le 17 janvier 1780, et Louis-Philippe-Marie, né le 31 mai 1781 (S. S.).

— François-Élie-Victor, né le 17 décembre 1788, fils de François-Gaspard, officier d'infanterie, et de Barbe-Françoise-Adélaïde de Migieu (S. J. du H. P.).

Comte (Ursule Le), née le 26 février 1756, fille de Charles-Sébastien, sieur de la Presle, et d'Anne-Christine Bosque (S. S.).

— Claude-Adrien, fils d'Adrien, comte de la Varangerie, seigneur de Richemont, et de Marguerite Quillet, marié le 5 novembre 1777 à Angélique-Marie-Christophe-Louise de Piennes, fille du marquis Claude-Bonaventure, et de Marie-Jeanne-Louise de Collardin (S. J. du H. P.); dont : Louise-Constance-Françoise, née le 5 juillet 1784 (S. S.).

Conflans (Catherine-Angélique de), morte le 31 octobre 1713, à trente-un ans (S. S.).

— Louis-Gabriel, né le 28 décembre 1735; Louis-Charles, né le 5 décembre 1737, et Louise-Gabrielle, née le 3 novembre 1743, enfants de Louis, marquis d'Armentières, et d'Adélaïde-Jeanne-Françoise Bouteroue d'Aubigny (S. S.).

— « Le vingt-deux mars mil sept cent trente-huit, a été fait le
« convoy et enterrement avec service, de très-haute et très-puissante
« dame M^{de} Catherine de Conflans, veuve de très-haut et très-
« puissant sg^r Charles-Joseph, comte de Lanion, décédée en son
« hostel, rue de Vaugirard, le jour précédent, âgée d'environ
« soixante-six ans, et y ont assistez illustrissime frère Bailly de
« Conflans, frère et exécuteur testamentaire; très haut et très
« puissant Sg^r Louis de Conflans, marquis d'Armentier, brigadier
« des armées du Roy, colonel du régiment d'Anjou; très haut et
« très puissant Sg^r Charles de Rochechouart, comte de Faudoas,

« colonel du régiment d'infanterie, très haut et très puissant Sg^r
« Anonime de Conflans, colonel de régiment d'Auxerois, tous trois
« neveux de la deffunte et ont signez » (S. S.).

— Marie-Michelle, morte le 13 septembre 1739, à cinquante ans, fille de feu Jean-François, et de Claire-Louise Doulcet (S. S.).

— Marie, morte le 18 octobre 1743, à trois ans et demi, fille de Louis, marquis d'Armentières, et d'Adélaïde Boutru d'Assigny (S. S.).

— « L'an mil sept cent quarante-quatre, le treize février, a été
« inhumé dans le chœur de cette église, le corps de vénérable
« religieux frère Philippe-Alexandre de Conflans, chevalier grand'-
« croix de l'ordre de St-Jean de Jérusalem, commandeur des
« commanderies de Moisy et Magny, et de celle de Pézénas, décédé
« le jour d'hier en la parroisse de Saint-Sulpice, et à nous présenté
« par l'un de M^{rs} les vicaires de lad^e paroisse, âgé de soixante et
« douze ans ou environs en présence de son excellence monseigneur
« le chevalier d'Orléans, grand prieur de France, de son excellence
« monsieur le bailly de Froulay, ambassadeur de l'ordre auprès de
« Sa Majesté très-chrétienne, et des seigneurs soussignés, avec
« nous ainsi signé : le chevalier d'Orléans.— Le Bailly de Froulay.
« Le Bailly de Brenne. — Le ch^r de Lancry. — Le chevalier de
« Grieux. — Le commandeur Cabeuil. — Cloud, prieur curé (Ste-
« Marie-du-Temple). »

— Anne-Marie-Charlotte, morte le 17 octobre 1755, à quatre ans et demi, fille du comte Hubert, et de Marie-Rose Fougeu (S. S.).

— Louise-Marc, née le 4 octobre 1759, et Louise-Aglaé, née le 12 novembre 1763, filles du marquis Louis-Gabriel, mestre de camp, mort le 26 février 1789, à cinquante-trois ans, et d'Antoinette-Madeleine-Jeanne Portail (S. S.).

— Louis-Charles, marquis d'Armentières, mort le 26 mai 1761, à vingt-trois ans (S. S.).

— Louis, marquis d'Armentières, mort le 18 janvier 1774, à soixante-trois ans, époux de Marie-Charlotte de Senecterre (S. S.).

— Le comte Hubert, mort le 27 janvier 1777, à quatre-vingt-sept ans (S. S.).

— Marguerite-Félicité, morte le 7 juillet 1777, à soixante-deux ans, veuve de Louis-François, comte de Maulde, marquis de la Bussière (S. J. du H. P.).

— Le marquis Louis-Gabriel, fils de Louis, marquis d'Armentières, maréchal de France, et de Marie-Charlotte de Senecterre, marié le 23 janvier 1790 à Amélie-Gabrielle-Joséphine de Croÿ, fille de Joseph-Anne-Auguste-Maximilien, duc d'Havré, et d'Adélaïde-Louise-Françoise-Gabrielle de Croÿ (S. S.).

Constant de la Sarra (Antoinette), morte le 30 octobre 1779, à vingt-cinq ans, épouse de Louis d'Arlincourt, fermier général(S. E.).

Contades (Charlotte de), morte le 27 novembre 1727, à quatre-vingt-huit ans, veuve de M. du Harda, seigneur de Hauteville, (S. S.).

— Adrien-Maurice, né le 28 décembre 1736, fils de Louis-Georges-Érasme, brigadier des armées du Roi, et de Françoise-Nicole Magon (S. M. M. la V. l'É.).

— Le chevalier Érasme, mort le 12 octobre 1765 à quatre-vingt-trois ans (S. M. M. la V. l'É.).

Contaud (Henriette), née le 23 janvier 1720, morte le 12 juillet 1723 ; Jeanne-Marie, née le 10 février 1721; Henriette-Denise, née le 12 mai 1722 ; Luce-Perrette, née le 19 juillet 1725; Auguste-François-Henri, né le 10 juillet 1730, et Gabrielle-Luce, née le 11 avril 1733, enfants de Jean, seigneur et baron de Coulanges-les-Vineuses, du Val de Mercy, et de Marguerite de Polastron (S. S.).

— Henriette-Marguerite, demoiselle de Coulanges, morte le 11 septembre 1760 à trente-trois ans, épouse de Jacob-Nicolas Moreau, avocat au parlement des finances du roi (S. R.).

— Anne-Jacqueline-Marguerite, née le 21 mars 1770, et Auguste-Charles, né le 30 juin 1775, enfants de Jean-Gabriel-François-Louis, seigneur et baron de Coulanges-les-Vineuses et du Val de Mercy, et d'Anne-Louise Rousseau de Chamoy (S. S.).

Conte de Nonant (Jean-Joseph le), né le 30 décembre 1731, et Artus-François, né le 21 décembre 1734, enfants de François-Louis, et de Josèphe-Louise Chevalier d'Anfrenel (S. R.).

— Adélaïde-Marie-Thérèse, née le 6 juin 1763, fille d'Alexis-Bernard, marquis de Pierrecourt, et de Sophie d'Estampes (S. S.).

— Cécile-Rose, née le 23 août 1767, et Abel-Alexis-François, né le 7 janvier 1769, enfants d'Alexis-Bernard, marquis de Pierrecourt, et de Cécile-Jeanne-Blanche-Barbe de Grandbourg (S. E.).

— Alexis-Bernard, marquis de Pierrecourt, mort le 12 janvier 1783 à soixante-onze ans, époux de Cécile-Jeanne-Blanche-Barbe de Grandebourg (S. R.).

— Amédée-Charles-Joseph, né le 2 juillet 1786, fils d'Antoine-Bernard-Joseph, comte de Nonant, et de Cécile-Rose Le Conte de Pierrecourt (S. R.).

Conygham d'Arcenay (Gabriel de), abbé de Boisgrosland, mort le 20 juin 1741, à soixante-douze ans (S. S.).

Conzié (François-Joseph, marquis de), fils de Louis, et de Marguerite de Lucey, marié le 6 mai 1783 à Hélène-Madeleine de Montaignac, fille du comte Antoine, et d'Antoinette de Lastic (S. J. du H. P.).

Copons del Nor (François-Jean-Antoine-Raymond de), seigneur de Copons, Aquaviva, veuf de Marie Doms de Montalt, remarié le 14 mai 1777 à Françoise-Aimée des Vergers de Maupertuis, fille de Jean, seigneur de Sannois, et de Louise-Élisabeth Duval (S. S.).

Corbeau (Pierre-Aimé de), comte de Vaulserre, lieutenant-colonel, chevalier de Saint-Louis, mort le 1er mars 1758 à cinquante-huit ans, époux de Marie-Barbe-Perrette Garnier de Granvilliers (S. R.).

— Joseph, chanoine et chantre de l'église métropolitaine de Vienne, conseiller clerc au parlement de Dauphiné, mort le 14 septembre 1758 à soixante-deux ans (S. R.).

— Marie-Olympe, demoiselle de Vaulserre, des Adrets, morte le 25 mai 1782 à quatre-vingt-un ans, veuve de Louis de la Tour du Pin, comte de Montauban (S. E.).

Cordier (Nicolas le), marquis du Tronc, seigneur d'Alby, mort le 20 février 1742 à soixante-huit ans (S. M. M. la V. l'É.).

— Jacques-René, sieur de Launay, mort le 16 février 1760, époux d'Anne-Thérèse de Crozel (S. M. M. la V. l'É.).

— Thomas-Jacques-Vincent-Moïse, né le 7 mai 1765, fils de Louis, seigneur de Bigars, comte de la Heuze, et d'Hélène-Élisabeth O'Flyn (S. S.).

— Catherine-Louise, demoiselle de Launay, morte le 20 mai 1781 à soixante-trois ans, épouse de Louis-Henri de Las, marquis d'Azy (S. M. M. la V. l'É.).

Cordouan (N. de), née et morte le 31 juillet 1775, fille du marquis Jean-Philippe-Bernard, et d'Adrienne-Charlotte de Bouthillier (S. E.).

Cormier (Patrice-François-Yves de), né le 10 mars 1779.

Cormis (Jean-Pierre de), comte de Saint-Georges, mort le 10 avril 1735, à quatre-vingt-dix-sept ans, époux de Marie Anne Deschiens (S. R.).

Cornu (François le), seigneur de Balivière, mort le 19 juin 1730 (S. S.).

Cornudet (Joseph), comte des Chornettes, mort le 13 septembre 1834 à quatre-vingts ans, marié à Jeanne Tellin du Montel (X⁰ arr.).

Cornulier (Toussaint de), mort le 9 avril 1778 à soixante-treize ans (S. S.).

— Toussaint-Jean-Hippolyte, né le 25 août 1789, et Marie-Camille-Albertine, née le 19 juillet 1791, enfants du marquis Toussaint-Joseph-François, et d'Amélie-Laurence-Marie-Céleste de Saint-Pern (S. R.).

Corswarem (N. de), née le 30 mai 1724, fille de Joseph, comte de Looz, et de Marie-Barbe de Glymes (S. R.).

Cortois (Anne-Gabriel-Thècle), née le 8 mai 1786 (S. R.), et Barthélemy-Parfait-Édouard, né le 5 décembre 1787 (S. E.), enfants d'Antoine, comte de Charnailles, et d'Adélaïde-Thècle-Julie Mesnard de Chousy.

Cosnac (Gabriel-Honoré-Élisabeth-Henri de), lieutenant-colonel de cavalerie, fils du marquis Daniel-Joseph, baron de la Guesle, et de Marie-Anne de Lostanges, marié le 25 février 1783 à Marie-Agathe Guillaume de Chavaudon, fille de Louis-Marie-Nicolas, conseiller au parlement, et de Marie-Élisabeth de Frémont du Mazy, dont : Daniel-Joseph-Alexandre, né le 22 novembre 1783; Anne-Hippolyte-Pierre, né le 5 janvier 1788, mort le 1ᵉʳ janvier 1789 (S. S.).

Cossart (Louise-Élisabeth de), morte le 24 septembre 1724 à vingt ans, fille de Louis-Vespasien, marquis d'Espiès, et d'Anne de Latre (S. S.).

Cossart de la Tour (Marie-Madeleine), morte le 23 août 1766 à soixante-dix-huit ans, veuve de Balthazar Boissier, seigneur de July, grand maître des eaux et forêts (S. R.).

Cossé (Catherine-Françoise-Charlotte de), née le 13 janvier 1724, et Anne-Françoise, née le 14 juin 1726, filles de Charles-Louis-Timoléon, duc de Brissac, et de Catherine-Madeleine Pécoil (S. S.).

— Hugues-René-Timoléon, comte de Brissac, mort le 21 août 1754 à cinquante-trois ans, époux de Marie-Anne Hocquart, dont : Emmanuel-Marie-Anne, né le 30 septembre 1745 ; Hyacinthe-Hugues-Timoléon, né le 8 novembre 1746 ; Jean-Paul-Timoléon, né le 13 août 1748, mort le 23 juin 1754 ; François-Artus-Hyacinthe-Timoléon, né le 1er septembre 1749 ; Catherine-Louise, née le 30 novembre 1750 (S. R.), morte le 12 mars 1753 (S. M. M. la V. l'É.).

— Pierre-Emmanuel-Joseph-Timoléon, mort le 25 mai 1756 à quatorze ans, fils de Jean-Paul-Timoléon, comte de Brissac, et de Marie-Josèphe Durey de Sauroy (S. S.).

— Emmanuel-Henri-Timoléon, évêque de Condom, mort le 26 août 1757 à cinquante-neuf ans (S. S.).

— Adélaïde-Pauline-Rosalie, née le 23 janvier 1765 ; Jules-Gabriel-Timoléon, né le 20 juin 1771, mort le 4 septembre 1775, enfants de Louis-Hercule-Timoléon, duc de Brissac, et d'Adélaïde-Diane-Hortense-Délie Mazarini-Mancini (S. S.).

— Anne-Pétronille-Constance-Sophie, née le 30 septembre 1772 ; Augustin-Marie-Paul-Pétronille-Timoléon, né le 13 janvier 1775 ; Auguste-Charles-Marie-Timoléon, né le 26 mars 1776, enfants de Hyacinthe-Hugues-Timoléon, marquis de Brissac, et de Marie-Louise-Charlotte-Constance-Françoise-Antoinette de Wignacourt (S. R.).

— Jean-Paul-Timoléon, duc de Brissac, mort le 17 décembre 1780 à quatre-vingt-deux ans deux mois six jours (S. S.).

— Alexandrine-Camille, née le 23 mars 1783 (S. E.), et Adélaïde-Hyacinthe-Délie, née le 11 avril 1787 (S. M. M. la V. l'É.), filles de François-Artus-Hyacinthe-Timoléon, comte de Brissac, et d'Adélaïde-Marie-Camille de la Forest d'Armaillé.

— Le 24 mai 1784, mariage entre très-haut, très-puissant et

illustre seigneur monseigneur Hyacinthe-Hugues-Timoléon de Cossé-Brissac, duc de Cossé, grand'croix de l'ordre de Malte, menin du roi, brigadier de ses armées, chevalier de Saint-Louis, mestre-de-camp, commandant le régiment royal Roussillon-cavalerie, seigneur de Faule, Richebourg, etc., veuf de très-haute, très-puissante et illustre dame madame Marie-Louise-Antoinette-Françoise-Charlotte-Constance de Wignacourt, et très-haute, très-puissante dame madame Françoise-Dorothée d'Orléans, comtesse de Rothelin, dame de Moussy-le-Vieux, fille de très-haut, très-puissant seigneur monseigneur Alexandre d'Orléans, marquis de Rothelin, vicomte de Lavedan, comte de Moussy, lieutenant général des armées du roi, et gouverneur de Port-Louis, et de très-haute, très-puissante dame madame Marie-Catherine-Dorothée de Roncherolles de Pont-Saint-Pierre. Témoins de l'épouse : très-haut, très-puissant seigneur monseigneur Armand-Joseph de Béthune, duc de Charost, pair de France, baron d'Ancenis, président-né de la noblesse des États de Bretagne, lieutenant général pour Sa Majesté des provinces de Picardie et de Boullonnais, gouverneur des ville et citadelle de Calais, maréchal des camps et armées du roi ; très-haut et très-puissant seigneur François Molé, comte de Champlâtreux, marquis de Méry, seigneur d'Épinay, conseiller du roi en tous ses conseils d'État et privé, ancien premier président. Témoins de l'époux : très-haut, très-puissant seigneur monseigneur Henri-Georges-César, comte de Chastellux, vicomte d'Avallon, premier chanoine héréditaire de l'église cathédrale d'Auxerre, chevalier d'honneur de madame Victoire, brigadier des armées du roi, mestre de camp commandant du régiment d'infanterie de Beaujolais ; haut et puissant seigneur messire Denis-Michel-Philibert Dubuisson, chevalier, comte de Douzon, seigneur de Montaigut le Blin, chevalier de Saint-Louis, brigadier des armées du roi, commandant pour S. M. à Moulins en Bourbonnais. Signé : le duc de Cossé, — d'Orléans de Rothelin, — le comte de Chastellux-Chaugy-Roussillon, — Molé, duchesse de Cossé, — Molé, — Béthune, duc de Charost, — Dubuysson, comte de Douzon, — le marquis de Roncherolles, — Amelot, marquise de Roncherolles, — Cossé, marquise de Pons, — † Al., Év. de Blois, — Mancini de Nivernois, duchesse de Brissac, — G. de Terssac, curé de Saint-Sulpice. — De ce mariage : Dorothée-Hyacinthe-Louise, née le 22 juin 1786, et Edme-Félicité-Egérie-Joséphine, née le 13 mai 1790 (S. S.).

Cosson de Guimps (Pierre), chevalier, conseiller du roi en ses conseils, grand-maître honoraire des eaux et forêts, mort le 31 janvier 1789 à soixante-six ans, veuf de Marie Garnier (S. E.).

Coste de Champeron (Marie-Charlotte-Julie), née le 3 décembre 1753, fille de Jean-Charles, conseiller du roi, et de Marie-Antoinette Raymond (S. M. M. la V. l'É.).

— Joseph-Alexandre, écuyer, seigneur de Soupir, etc., mort le 5 avril 1758 à quarante-neuf ans, époux de Marie-Geneviève Terré (S. R.).

— Charles-Alexandre, écuyer, seigneur de Soupir, Verneuil, etc., mort le 16 août 1768 à vingt-trois ans, fils de Joseph-Alexandre, et de Marie-Geneviève Terré (S. R.).

— Louis-Marie, né le 21 janvier 1770, fils de Jean-Charles, et de Jeanne de Charlary (S. E.).

— Marie-Catherine, morte le 21 décembre 1786 à soixante-quinze ans, veuve de Pierre-Silvain Joubert de la Bastide, marquis de Châteaumorand (S. R. et S. E.).

Cotignon (Françoise de), morte le 3 avril 1710 (S. A. des A.).

Cotte (Marie-Marthe de), morte le 25 mai 1780 à soixante-deux ans, veuve de Pierre-Paul Gilbert de Voisins, président du Parlement (S. J. du H. P.).

— Suzanne-Catherine, morte le 5 janvier 1783 à soixante-treize ans, épouse de Charles-Étienne Le Peletier de Beaupré (S. S.).

Coucy (François-Charles, comte de), mestre-de-camp de cavalerie, seigneur de Poilcourt, fils de Charles-Nicolas, et d'Anne-Marie-Henriette Dubois, marié le 4 février 1783 à Louise-Élisabeth de Dreux, fille de Joachim, marquis de Brézé, grand-maître des cérémonies, et de Louise-Jeanne-Marie de Courtarvel de Pezé, dont : Alix-Enguerrande-Charlotte-Louise, née le 10 décembre 1783 (S. S), morte le 25 août 1811, épouse de Joseph-Claude de Clermont-Mont-Saint-Jean (X[e] arr.).

Coudray (Pierre-François de), fils de François, sieur de Tury, et de Germaine Disann, marié le 8 juin 1673 à Marguerite de Villautray, fille de Louis, seigneur de Rochecorail, et de Claire de Trégoin (S. A. des A.).

Coudreau (Pierre-Hippolyte de), chevalier, seigneur de Boislarchay, lieutenant d'artillerie, mort le 25 avril 1758 à vingt-huit ans (S. P.).

Couëdic (Olivier du), seigneur de Kerdrain, contrôleur de l'ordre de Saint-Louis, mort le 5 octobre 1748 à soixante-dix ans, époux de Jeanne-Marguerite Le Moyne, dont : Marie, née le 27 juin 1720 ; Jeanne-Marie-Victoire, née le 23 juin 1722 ; Alain-Olivier, mort le 12 janvier 1728 à trois mois (S. R.).

— Jean-Marie-Olivier, bourgeois de Paris, mort le 19 février 1792 à soixante-cinq ans (S. R.).

Couhé de Lusignan (Benjamin-Marie de), capitaine d'état-major, né à Saint-Germain-lès-Saint-Savin le 4 mai 1788, fils de René, et de Marie-Sophie du Bouex, marié le 17 avril 1830 à Marie-Agathe-Hyacinthe-Gabrielle de Chavagnac, née à Paris le 13 septembre 1802, fille d'Anne-Henri-Frédéric, mort à Saint-Sulpice en juillet 1806, et d'Henriette-Françoise de Montécler (X^e arr.).

Coulanges (André de) baptisé le 3 février 1638, et Anne, baptisée le 14 juin 1639, enfants de Philippe, sieur de Montalleau, conseiller du roi, et de Marie Le Fèvre d'Ormesson (S. G.).

— Madeleine, inhumée le 26 octobre 1679, femme de Jacques Bitault, chevalier, seigneur de Chizé (S. A. des A.).

Coupard de la Bloterye (Michel-Joseph), conseiller du roi, fils de Jean-Michel-Joseph, écuyer, receveur général, et d'Anne-Marguerite Bellaud, marié le 5 décembre 1770 à Andrée-Louise-Madeleine le Gras de la Charmette, fille de Memye-François, et de Marie-Jacqueline Chèvre, dont : Anne-François, né le 2 octobre 1773, et Agnès-Michel-Jean, né le 30 décembre 1775 (S. E.).

Cour (Jacques de la), marquis de Balleroy, mort le 19 mai 1725 à cinquante-huit ans (S. S.).

— Louis, né le 22 novembre 1724 ; Jean-Paul-François-Henri, né le 25 février 1726, et François-Auguste, né le 29 mars 1727, enfants de Jacques, marquis de Balleroy, colonel de dragons, et d'Élisabeth de Matignon (S. S.).

Courbon (Charles de), comte de Blénac, mort le 2 janvier 1700 à quarante-neuf ans (S. S.).

— Charles, veuf de Marie de Bossu, remarié le 5 février 1701 à Louise-Honorée-Reine de Lur-Saluces, âgée de vingt-sept à vingt-huit ans, fille de Claude-Honoré, et de Claude-Françoise de Saint-Martial de Drugeac, ci-devant de la paroisse de Saint-Germain-l'Auxerrois (S. A. des A.).

— Anne-Angélique-Charles, né le 14 septembre 1724, et Arnoul-Pierre, né le 6 juin 1726, enfants de Gabriel-Madeleine, comte de Blénac, et d'Anne Garnier de Salins (S. S.).

— Charles-Renaud-Luc, né le 18 octobre 1774 (S. R.) ; Charles-Pierre-Hippolyte, né le 24 juillet 1778, et Charlotte-Ernestine, née le 27 avril 1780, enfants de Sophie-Jacques, marquis de Blénac, et de Léon-Marie de Verdelin (S. M. M. la V. l'É.).

— Louise-Hyacinthe-Cécile, née le 13 avril 1787, fille d'Anne-Christophe-Élisabeth, comte de la Roche-Courbon, et de Marie-Catherine-Élisabeth-Charlotte Viénot de Vaublanc (S. M. M. la V. l'É.).

Courcillon (Marie-Sophie de), née le 5 août 1713, fille du marquis Philippe-Égon, et de Françoise de Pompadour (S. S.).

— Marie-Anne-Jeanne, morte le 28 juin 1718, veuve d'Honoré-Charles d'Albert, duc de Luynes (S. R.).

— Le marquis Philippe-Égon, mort le 20 septembre 1719 à trente-trois ans (S. S.).

— Philippe, marquis de Dangeau, comte de Melle, mort le 9 septembre 1720 à quatre-vingt-quatre ans (S. S.).

— Louis, chevalier de Dangeau, abbé de Fontaine-Damet, prieur de Saint-Arnoud à Crespy en Valois, mort le 1er janvier 1723, à quatre-vingts ans (S. S.).

— Marie-Sophie, morte le 4 avril 1756 à quarante-trois ans, veuve d'Hercule-Mériadec, prince de Rohan (S. S.).

Courcy (Anne-Françoise-Cécile de), née le 17 juin 1785 ; Françoise-Cornélie, née le 26 janvier 1787 ; Adélaïde-Françoise-Auguste, née le 27 août 1788, enfants du comte Mathieu-François-Emmanuel, et de Philiberte-Marie-Mathurine Geffrard de la Motte (S. N. des Ch.).

Courdoumer (Marguerite-Philippine-Julie-Louise de), morte le 21 juillet 1782 à quarante-quatre ans, épouse d'Antoine-Alexandre, marquis de Colbert (S. E.).

Cournand (Françoise-Thérèse-Honorine de), née le 12 octobre 1789, fille d'Hippolyte, et d'Anne Goulhot (S. M. M. la V. l'É.).

Courselles (Marc-Maurice de), mousquetaire du roi, mort le 14 février 1718 à trente-six ans (S. R.).

Courson de Caillavel (Antoine-Yves-François de), veuf de Marie-Jeanne Roger, remarié le 10 septembre 1771 à Henrie de Courson, fille de Florent, seigneur de la Faurie, et d'Élisabeth de Teissendier (S. J. du H. P.).

Court (Jean-Antoine-Marie-François de Paule Le), fils de François, comte d'Hauterive, seigneur de Sainte-Agnès, président à la cour des Aides, et de Jacquette-Marguerite-Françoise de Chazerat, marié le 2 décembre 1783 à Louise-Adélaïde-Victoire de Coutances, fille du marquis Louis, et d'Anne Blanchet de Maurepas (S. S.).

Courtarvel (Catherine-Marguerite de), morte le 31 juillet 1719 à soixante-quatorze ans, veuve de Germain Texier, seigneur d'Hautefeuille (S. S.).

— Catherine-Françoise, morte le 6 mars 1743 à quatre-vingt-sept ans, veuve d'Hector-Hippolyte de Crémeaux, comte d'Entragues (S. S.).

— Marquis Jean-Louis, mort le 17 avril 1781 à cinquante-neuf ans, époux de Marie-Anne de Faudoas (S. S.).

— Louise-Jeanne-Marie, morte le 1er novembre 1789 à cinquante-six ans, veuve de Joachim de Dreux, marquis de Brézé (S. S.).

Courten (Anne-Charlotte-Maurice de), née le 23 mars 1726, fille de Pierre, seigneur d'Adancourt, et d'Élisabeth-Charlotte de Bergerie de Franclieu (S. R.).

Courtenay (Edme de), baptisé le 27 janvier 1652, bâtard de Gaspard, seigneur de Neuvy-sur-Loire, et de Barbe Ginchard. Parrain : Pierre Labour; marraine : Marguerite Haste (S. J. en G.).

— Jean-Marie, fils de feu messire Joseph, seigneur de Montselar, et de dame Catherine Guyon, marié le 7 janvier 1677, environ sept heures du matin, à Marie de la Mare, veuve de feu Jacques de Grouchet, vivant conseiller en la grande chambre du Parlement de Normandie (S. A. des A.).

— Jean-Marie, seigneur de Montselar et de Vilaine, mort le 23 janvier 1692 et inhumé le 24 dans la chapelle du Saint-Sacrement (S. G.).

— Louis-Charles, mort le 28 avril 1723 à quatre-vingt-cinq ans, inhumé le 30 dans la chapelle de Saint-François de Sales (S. S.).

— Charles-Roger, mort le 7 mai 1730, inhumé le 9 (S. S.).

— Hélène, morte le 29 juin 1768 à soixante-dix-neuf ans, veuve de Louis-Bénigne, marquis de Bauffremont, enterrée le 1er juillet dans la chapelle Sainte-Marguerite (S. S.).

Courtespée (Philippe), baptisé le 2 février 1617, fils de Denis, et de Félix Pastourel (S. P.).

Courtils (Charlotte-Geneviève-Émilie des), née le 15 mai 1772 ; Louis-Charles-Jean-Baptiste, né le 21 mai 1774 ; Esther-Élisabeth, née le 13 juillet 1779, enfants du comte Louis-René, et de Geneviève-Joséphine-Émilie le Moine de Bellisle (S. E.).

— Alexandrine-Louise-Françoise, morte le 17 septembre 1791 à trois ans quatre mois, fille de Louis-Jean-Clair, seigneur de Saint-Léger, et de Marie-Louise Collet (S. M. M. la V. l'É.).

Courtin (Charlotte-Anne), née le 29 mai 1681, fille de Charles, chevalier, comte de Villiers, et de Charlotte-Anne de Vielmaisons (S. N. des Ch.).

— Marie-Madeleine-Julie, morte le 5 janvier 1728 à quarante-cinq ans, femme de Henri Boucher d'Orsay (S. R.).

— Jacques, seigneur de Saulsoy et de Laffemas, écuyer ordinaire du roi et de Mesdames de France, mort le 8 août 1754 à soixante-douze ans deux mois (S. G.).

— François-Odet-Joseph, né le 11 février 1756, fils de François-Marguerite-Joseph, chevalier, seigneur de Saint-Vincent, capitaine de cavalerie, et de Blandine-Victoire Courtin (S. J. en G.).

— Léonor, chevalier, mort le 9 février 1757, à cinquante ans (S. P.).

— Charles-François, comte de Villiers, veuf de Marie-Gillette Marin, remarié le 3 mai 1787 à Marie Bergognion, fille de Pierre-Antoine, bourgeois d'Amiens, et de Louise Rose (S. S.).

— Bérenger-Jules-Gaspard, né le 22 juillet 1790, fils de Bérenger-François, lieutenant-colonel d'infanterie, et de Thérèse-Philiberte Jakin, mariés le 9 septembre 1789 à Sainte-Marguerite (S. E.).

Cousin (Hugues), écuyer, seigneur de Séneville, veuf de Catherine le Clerc, remarié le 27 octobre 1677 à Louise Suffin, fille de François, et de Marie Millot (S. A. des A.).

— Marie-Angélique, demoiselle de Saint-Denis, morte le 31 décembre 1719 à quatre-vingts ans, veuve de Louis de Clermont d'Amboise, marquis de Reynel (S. S.).

— Anne-Geneviève, née le 6 avril 1728, fille de Simon-Charles, écuyer, seigneur de Beauregard, trésorier de France, général des finances, et de Marguerite le Febvre (S. R.).

Cousinet. — Le 21 février 1605, à une heure du matin, furent mariés en l'église Sainte-Marine Nicolas Cousinet, maître des eaux et forêts du bailliage de Meaux, fils de Jean Cousinet, contrôleur, et de Marguerite de Puisieux, et Isabelle Choart, fille de noble homme M° Nicolas Choart, sieur de Magny-Saint-Loup, conseiller du roi et correcteur en sa chambre des comptes, et de damoiselle Magdelaine Miron, dont :

— Magdeleine, née le 16 janvier 1606, à deux heures du matin, baptisée le même jour, en l'église Saint-Pierre-aux-Bœufs. Parrain : monsieur du Puys, oncle de son père. Marraine : mademoiselle Choart, aïeule maternelle.

— Isabelle, née le 8 février 1607, à quatre heures du matin, baptisée en l'église Saint-Pierre-aux-Bœufs. Parrain : M° Charles Choart, avocat en parlement, oncle maternel. Marraine : Mme la présidente Miron.

— Nicolas, né le 31 mai 1608, entre onze heures et minuit, baptisé le lendemain, en l'église Saint-Pierre-aux-Bœufs. Parrain : noble homme M° Nicolas Choart, sieur de Magny-Saint-Loup, conseiller du roy et correcteur en sa chambre des comptes, aïeul maternel. Marraine : damoiselle Magdelaine Bastonneau, sa bisaïeule maternelle, veuve de feu noble homme Mᵉ Gabriel Miron, vivant conseiller du roi et son lieutenant-civil en la prévosté et vicomté de Paris. Mort le 5 novembre 1608 à onze heures et demie du soir; enterré en l'église Sainte-Marine, proche de noble homme Mᵉ Gabriel Miron, vivant lieutenant-civil, son bisaïeul maternel.

— Geneviève, née le 1 décembre 1609, à neuf heures du soir, baptisée le lendemain en l'église Saint-Pierre-aux-Bœufs. Parrain : messire Jean de la Barde, avocat en la cour. Marraine : damoiselle Geneviève Miron, femme de Jacques de Pomereu, écuyer, sieur de Villebéon, de Vaumartin, et de la Bretesche, et ci-devant contrôleur de la grande chancellerie.

— Nicolas, né le 23 avril 1611, entre onze heures et midi, baptisé le 25 suivant, en l'église Saint-Pierre-aux-Bœufs. Parrain : messire Robert Miron, conseiller du roi en son conseil d'État et en sa cour de parlement, président aux requêtes du palais, grand-oncle maternel. Marraine : Louise Choart, tante maternelle. Mort le 7 juin 1611, vers midi ; enterré le même jour, en l'église Sainte-Marine, à côté de son bisaïeul.

— Gabrielle, née le 21 novembre 1612, à quatre heures et demie du matin, baptisée le même jour, en l'église Saint-Landry. Parrain : noble homme messire Jean Boucherat, conseiller du roi et auditeur en sa chambre des comptes. Marraine : damoiselle Gabrielle Miron, veuve de noble homme Mʳᵉ Josias Payot, conseiller du roi et maître ordinaire en la chambre des comptes.

— Marguerite, née le 8 août 1614, à trois heures du matin, baptisée le même jour, en l'église Saint-Landry. Parrain : noble homme Mᵉ Charles de la Rubie, conseiller du roi en son grand conseil. Marraine : dame Marguerite de Versoris, veuve de Mᵉ Antoine Rancher, conseiller du roi en la cour de parlement et président aux enquêtes.

— François, né le 1 mai 1616, à six heures du matin, baptisé le même jour, en l'église Saint-Landry. Parrain . Mʳᵉ François d'Amboise, chevalier, conseiller d'État, seigneur de Méry, ancien maître des requêtes. Marraine : damoiselle Louise Choart, tante maternelle.

— Jacques, né le 17 septembre 1617, à minuit trois quarts et baptisé le lundi suivant, 18, en l'église de Saint-Landry. Parrain : Mᵉ Jacques Broussel, conseiller du roi en sa cour de parlement et commissaire aux requêtes du palais. Marraine : damoiselle Marguerite Boucherat, femme de noble homme Mᵉ Broussel, conseiller du roi en sa cour de parlement.

— Marie, née le 1 février 1620, à six heures du soir, baptisée le lendemain, en l'église Saint-Landry. Parrain : Mᵉ Jacques Choart, oncle maternel. Marraine : damoiselle Marie Baron, femme de N. de Pomereu, conseiller du roi en sa cour de parlement et requêtes du palais, sieur de Vaumartin et de la Bretesche.

— Françoise, née le 20 février 1621, à sept heures du matin, baptisée le même jour, en l'église Saint-Landry. Parrain : noble homme Gabriel Choart, oncle maternel. Marraine : damoiselle Françoise Choart, sa tante maternelle. Morte le 24 du même mois, sur les sept heures du matin, enterrée dans la dite église, dans la nef, assez proche de l'un des piliers d'icelle, du côté vers l'œuvre.

— Anne, née le 13 juillet 1622, entre huit et neuf heures du matin, baptisée le même jour, en l'église Saint-Landry. Parrain : noble homme Mᵉ Jehan le Febvre, conseiller du roi et lieutenant en l'élection de Paris. Marraine : damoiselle Madeleine Boucherat, femme de noble homme maître Jacques Hotman, aussi conseiller du roi et trésorier provincial des guerres en Bourgogne. (Elle prit l'habit de religion le 11 mars 1638 à la Saussaye, près de Paris, et le 23 mars 1639, elle fit profession audit monastère. Elle mourut le 14 juillet 1690, entre huit et neuf heures du matin, à Saint-Mandé, où le monastère de la Saussaye avait été transporté.)

— Jean-Baptiste, né le 29 janvier 1624, entre midi et une heure, baptisé le lendemain, en l'église de Saint-Landry. Parrain : Mᵉ François Payot, conseiller du roi en son grand conseil. Marraine : damoiselle Marie Choart, tante maternelle.

— Robert, né le 28 septembre 1625, à trois heures du soir, baptisé le même jour, en l'église de Saint-Landry. Parrain : Jacques Miron, écuyer, fils de Mᵉ Miron, ambassadeur en Suisse. Marraine : damoiselle Madeleine Cousinet, sœur aînée.

— Gabriel, né le 18 août 1627, sur les cinq heures du matin, baptisé à Saint-Landry. Parrain : François Choart, sieur de Boisfus. Marraine : Isabelle Cousinet, sa sœur.

— Nicolas, conseiller du roi et correcteur en sa chambre des comptes, mort dans la nuit du dimanche au lundi 1ᵉʳ juillet 1652, entre minuit et une heure du matin, à soixante-onze ans quatre mois dix-neuf jours ; enterré le mardi suivant en l'église de Sainte-Marine, sous la tombe des Miron.

— Nicolas, conseiller du roi et correcteur en sa chambre des comptes, mort le 6 octobre 1652, à onze heures trois quarts du soir, à trente-quatre ans ; enterré le 8 en l'église de Sainte-Marine, sous la tombe des Miron.

— Robert, conseiller du roi et correcteur ordinaire en la chambre des comptes, fils de Nicolas, conseiller du roi et correcteur en sa chambre des comptes, et d'Élisabeth Choart, marié le 23 avril 1657 à Élisabeth-Catherine Rousselet, fille d'Ambroise, conseiller du roi en ses conseils et procureur général aux requêtes de l'hôtel et chancellerie de France, et de Catherine le Tonnelier. De ce mariage :

— Ambroise, né le 31 janvier 1658, entre onze heures et minuit, baptisé le lendemain, à Saint-Jean-en-Grève. Parrain : Mʳᵉ Ambroise Rousselet, conseiller du roi en ses conseils et procureur général aux requêtes de l'hôtel et chancellerie de France. Marraine : damoiselle Élisabeth Choart, son aïeule paternelle.

— Catherine-Élisabeth, née le 14 avril 1659, entre dix et onze heures du matin, baptisée le surlendemain, à Saint-Jean-en-Grève. Parrain : François de Brion, écuyer, sieur de la Pierre. Marraine : Catherine le Tonnelier, aïeule maternelle.

— Marie, née le 3 avril 1660, entre dix et onze heures du soir, baptisée le 7 à Saint-Jean-en-Grève. Parrain : Mᵉ Philippe Luce, conseiller du roi, trésorier payeur de la gendarmerie de France. Marraine : Élisabeth Choart, aïeule paternelle.

— Robert, né le 13 juin 1661, vers six heures trois-quarts du soir, baptisé le 19 à Saint-Jean-en-Grève. Parrain : Mᵉ Gabriel Choart, conseiller du roi en ses conseils d'État et privé, seigneur de Magny-Saint-Loup et trésorier général des ponts-et-chaussées de France. Marraine : N. de Laisle, veuve de Mᵉ Gaillard, seigneur d'Angerville.

— Louise-Geneviève, née le 2 novembre 1662, vers minuit un quart, baptisée le 5 en l'église Sainte-Marine. Parrain : Mᵉ Jean le Fèvre, premier huissier en la chambre des comptes. Marraine :

dame Louise Choart, veuve en secondes noces de Mᵉ Pierre Hervé, conseiller du roi, receveur des tailles à Meaux.

— Marie-Élisabeth, née le 28 janvier 1664, vers une heure du matin, baptisée le 30 du même mois, en l'église Sainte-Marine. Parrain : Mʳᵉ Isaac de Ficte, baron de Soucy, fils de Mᵉ Charles de Ficte, seigneur et baron de Soucy. Marraine : demoiselle Marie Prangier, fille de feu... Prangier, seigneur de Bellesme, et de dame... le Tonnelier.

— Robert, né le 26 juin 1665, vers six heures du soir, baptisé le 28 en l'église Sainte-Marine. Parrain : Mᵉ Jean Choart, chanoine de l'église de Rouen, fils de Mᵉ Gabriel Choart, conseiller du roi en tous ses conseils, seigneur de Magny-Saint-Loup et des Brosses, trésorier-général des ponts-et-chaussées. Marraine : demoiselle Madeleine de Broussel, fille de Mᵉ Pierre de Broussel, conseiller du roi en ses conseils et en la grande chambre du parlement de Paris; mort sur cette même paroisse, le 9 mai 1671, à onze heures un quart du matin, et enterré en la cave de MM. Miron et Cousinet.

— Nicolas, né le 16 avril 1667, entre midi et une heure, baptisé le 18 en l'église Sainte-Marine. Parrain : Ambroise Cousinet, son frère. Marraine : demoiselle Marguerite Sures, fille de Mʳᵉ Louis Sures, conseiller, secrétaire du roi et avocat au conseil.

— Joachim, né le 24 mars 1668, entre deux et trois heures du matin, baptisé le 26 du même mois, en l'église Sainte-Marine. Parrain : Joachim de Poissy, écuyer, seigneur de Jouy, fils de feu Louis de Poissy, aussi écuyer, seigneur dudit lieu, et de dame Anne... Marraine : Catherine-Élisabeth Cousinet, sa sœur.

— Élisabeth-Marie, née le 17 juin 1669, entre deux et trois heures du matin, baptisée le même jour, en l'église Sainte-Marine. Parrain : Ambroise Cousinet, son frère. Marraine : demoiselle Marie Barbey Benoist de Sens.

— Robert, né le 28 mai 1671, après une heure de relevée, baptisé le 30 suivant, en l'église Sainte-Marine. Parrain : Henri de Rousselet, écuyer, seigneur du Plessis. Marraine : Louise-Geneviève Cousinet, sa sœur.

— Madeleine, née le 27 juin 1673, vers dix heures du soir, baptisée le lendemain, en l'église Sainte-Marine. Parrain : Ambroise Cousinet. Marraine : Madeleine de Brion.

— Robert-François, né le 2 mai 1675, entre six et sept heures du matin, baptisé le jour même, à Sainte-Marine. Parrain : François-Louis Miron, chevalier, fils de Mre Ours–François Miron, chevalier, seigneur de Bry-sur-Marne, président en la cinquième chambre des enquêtes du parlement de Paris. Marraine : demoiselle Marie Cousinet ; mort le 8 novembre 1702, à huit heures du matin, enterré le 10 à Saint-Jean-en-Grève, en la chapelle de MM. Briçonnet.

— Madeleine, veuve de noble homme Me Pierre Gaudion, sieur de Fénis, et en secondes noces de noble homme François Midorge, écuyer, sieur de Franoy, morte le 26 décembre 1676, à une heure du matin (S. P.).

— Angélique, née le 11 janvier 1677 ; Geneviève, née le 3 janvier 1678 ; Anne-Élisabeth, née le 6 février 1680, filles de Jérôme, seigneur de Vaugeux, Lamotte, Saint-Lié, et de Marguerite Guignon (S. N. des Ch.).

— Isabelle, veuve de Mre Pierre de la Court, écuyer, seigneur de Pierrefitte, morte le 16 septembre 1692, et inhumée le 17 à Sainte-Marine.

— Ambroise, chevalier, seigneur de Boisroger, fils de Robert, conseiller du roi et correcteur ordinaire en sa chambre des comptes, et d'Élisabeth-Catherine Rousselet, marié le 25 juin 1698 (S. J. en G.). à Geneviève le Moine, fille de maître Pierre, ancien avocat en parlement de Paris, et de dame Geneviève Bugnon. De ce mariage :

— Élisabeth-Geneviève, née le 7 septembre 1699, à huit heures du soir, baptisée le lendemain à Saint-Gervais. Parrain : Mre Robert Cousinet, maître des comptes, aïeul paternel. Marraine : dame Geneviève Bugnon, aïeule maternelle.

— Robert-Pierre, né la nuit du 15 au 16 septembre 1700, à minuit, baptisé le surlendemain à Saint-Gervais. Parrain : Pierre le Moine, ancien avocat au parlement, aïeul maternel. Marraine : dame Louise-Geneviève Cousinet, femme de Mre Jean Auget, seigneur de Boissy, conseiller du roi, trésorier de France, en la généralité de Paris. Mort le 3 mai 1707, à onze heures du soir ; inhumé le 4, à Saint-Gervais, en la chapelle de la Communion.

— « Le Mercredy dix-septième aoust mil sept cent un, a esté
« inhumé dans l'église le corps de Mre Robert Cousinet, conseiller
« du roy en ses conseils, M^re ordinaire en sa chambre des comptes,

« aagé d'environ soixante et quinze ans, décédé le jour précédent,
« en sa maison, rue de la Verrerie, et inhumé dans la chapelle de
« Mrs Briçonnet, en présence de Mre Ambroise Cousinet, chevallier,
« seigneur de Boisroger, son fils, et de Mre Jean-Baptiste Auget,
« doyen de M^rs les trésoriers de France à Paris, son gendre, lesquels
« ont signé (S. J. en G.). »

— Élisabeth-Geneviève, morte le 15 octobre 1750, à cinquante-un ans, épouse de Georges Jubert, marquis du Thil, seigneur de Foolz, etc. (S. G.).

— Augustin, mort le 13 juillet 1753, à deux mois (S. J. en G.); Adélaïde-Jeanne, née le 17 mai 1755 ; Jérôme-Nicolas, né le 30 mai 1756, et André-Esprit, mort le 16 avril 1766, à huit ans, enfants de Jérôme-Jean-Baptiste, seigneur de Souzy, conseiller du roi et maître en sa chambre des comptes, et de Marie-Angélique Broussel (S. P.).

— André-Pierre, né le 21 mai 1756, fils d'André-Jean, conseiller du roi, auditeur ordinaire en sa chambre des comptes, et d'Anne Lochias (S. R.).

Coustard (Agnès-Claire) née le 12 avril 1781, fille de Pierre-Jacques, écuyer, et de Sainte-Claire Galbaud-Dufort (S. E.).

Coustart de Villiers (Christine-Madeleine-Louise), née le 27 janvier 1772 ; Claude-Pierre-Louis, né le 22 janvier 1774, et Amélie-Jeanne-Madeleine-Louise, née le 5 février 1781, enfants d'Antoine-Louis, avocat au parlement, et de Louise-Reine-Élisabeth Riquet (S. R.).

Coutel (Jean-Eugène de), comte d'Argilly, mort le 10 septembre 1769, à soixante-dix-sept ans (S. J. du H. P.).

Couteulx (Marie-Madeleine-Benoît le), née le 30 juin 1767, fille de Barthélemy-Étienne, seigneur de Vertron, et de Marie-Gabrielle Boutet de Montery (S. E.).

— Pauline-Laurette, née le 4 octobre 1776, fille de Jacques-Jean, seigneur du Moley, et de Geneviève-Sophie le Couteulx (S. E.).

— Alexandrine-Sophie, née le 1 mars 1786 ; Paul-François-Olavide, mort le 25 février 1788 ; Anne-Pélagie-Honorine, née le 27 février 1790 (S. E.) ; N... né et mort le 14 octobre 1791 (S. R.), enfants de Barthélemy-Jean-Louis, conseiller du roi, seigneur de la Noraye, Hacqueville, Richeville, et de Marie-Madeleine-Jeanne le Boucher.

— Barthélemy, écuyer, seigneur de Vertron-la-Brosse, Vertron-Montacher, etc., mort le 1ᵉʳ août 1786 à quatre-vingt-huit ans (S. E.).

— Charlotte-Jeanne-Henriette, morte le 8 janvier 1792, fille de Laurent-Vincent, et de Françoise-Charlotte Poura (S. R.).

Couturier (Louis le), conseiller du roi et maître des requêtes, mort le 2 février 1744 à quatre-vingt-deux ans (S. M. M. la V. l'É.).

— Charles, chevalier de Saint-Louis, capitaine dans le régiment royal cavalerie, mort le 21 avril 1746 à soixante-dix ans (S. M. M. la V. l'É.).

— Bonne-Madeleine, morte à Mauregard le 6 octobre 1758 à soixante-dix-neuf ans, inhumée à Paris, veuve de Louis-Philippe Desvieux (S. M. M. la V. l'É.).

— Joseph, chevalier de Fornoue, abbé de Pibrac et prieur de Nouziers, mort le 17 janvier 1785 à quatre-vingt-trois ans huit mois (S. E.).

Couvigny (Louis-François-Charles de), né le 2 janvier 1714, fils de François-Philippe, et de Marie-Madeleine de Valois-Descouvilles (S. S.).

Coysevoix (Charles de), sieur de Brécourt, âgé de trente-quatre ans, capitaine au régiment de Navarre, fils d'Antoine, recteur de l'Académie royale des peintures et sculptures, et de Claudine Bourdiet, marié le 5 mars 1715 à Marie-Marguerite le Sueur de Mitry, âgée de trente-neuf ans, veuve de Nicolas du Buc, écuyer, conseiller du roi, maison et couronne de France et de ses finances, greffier du conseil de Sa Majesté (S. R.).

Crécy (Félix-Pierre-Denis-Armand de), né le 2 octobre 1790, fils de Ferdinand-Denis, descendant en ligne directe d'Eudes de Crécy, chevalier, sire de Crécy et de Grenant, vivant en 1240, et d'Anne-Alexandrine Dubois de Bours (S. E.).

Creil. — « Le 15 mars 1618, convoi de la fille de monsieur de Creil, conseiller. » (S. P.).

— Marie-Élisabeth, morte le 19 février 1733 à soixante ans, veuve de Charles-Nicolas d'Hautefort, comte de Saint-Chamans (S. P.).

— Pierre, chevalier, mort le 1er février 1751 à quatre-vingt-huit ans (S. J. en G.).

— Le marquis Jean-François, baron de Brilhac, conseiller d'État ordinaire, mort le 19 mai 1761 à soixante-dix-sept ans (S. P.).

Crémeaux (Louis de), baron des Chasais, fils de feu Renaud, marquis de la Grange, et de Françoise de Lataneau, marié le 15 octobre 1680 à Marguerite Thibault, fille d'Antoine, écuyer, sieur d'Armont, et d'Anne de Faulte (S. A. des A.).

— Marie-Louise, née le 29 décembre 1729, et Jules-César, né le 30 mars 1732, enfants de Louis-César, marquis d'Entragues, comte de Saint-Trivier, et de Marie-Claude Héron (S. S.).

— Louis-César, marquis d'Entragues, mort le 9 décembre 1780 à quarante-neuf ans (S. M. M. la V. l'É.).

Créqui (Charles, duc de), mort le 13 février 1687 à soixante-trois ans (S. S.).

— Alexandre, seigneur de Cléry-Maurepas, marquis en partie de Neufbourg, seigneur du château du Champ-de-Bataille, mort le 5 août 1702 (S. A. des A.).

— Marie-Tancrède, né le 29 octobre 1769, mort le 20 novembre 1770, fils du marquis Charles-Marie, et de Marie-Anne-Thérèse de Félix du Muy (S. S.).

Crest (Pierre-César du), marquis de Saint-Aubin, baron de Bourbon-Lancy, mort le 5 juillet 1763 à cinquante ans, époux de Marie-Françoise-Félicité Mauguet de Mézières (S. M. M. la V. l'É.), dont : Charles-Louis, marié le 15 février 1775 à Marie-Louise-Bonne-Alexandrine de Canonville, fille de Charles-Louis-Joseph-Alexandre, marquis de Raffetot, et de Louise-Marie-Madeleine de Barberie de Saint-Contest (S. J. du H. P.).

Crevant (Julie de), morte le 19 novembre 1748 à quatre-vingt-quatre ans, épouse de Louis de Crevant, marquis d'Humières (S. S.).

— Louis, marquis d'Humières, mort le 6 novembre 1751 à quatre-vingt-deux ans (S. S.).

Crèvecœur (Jacques, comte de), chevalier de Saint-Louis, mort le 30 août 1746, époux de Marie-Marguerite Poitevin (S. R.).

Croc (Gabrielle du), née le 26 juin 1682, morte le 22 avril 1684, fille de François, seigneur de Chabane, Brézouillière, et de Louise de la Rochefoucauld (S. A. des A.).

Crœser (Anne-Thérèse), morte le 23 octobre 1771 à quatre-vingt-quatre ans, veuve de Jacques-René Cordier de Launay, seigneur de Vallery, la Verrière (S. M. M. la V. l'É.).

Croisilhac (Louis-Armand de), baptisé le 7 mai 1672, fils de François, officier chez le prince de Conti, et de Françoise Champi (S. A. des A.).

Croismare (Marc-Antoine-Nicolas de), seigneur de Lasson, mort le 3 août 1772, veuf de Suzanne Davy de la Pailleterie (S. R.).

— Théodore, né le 26 novembre 1782 ; Amédée, né le 22 juin 1784 ; Alexandre, né le 29 septembre 1786, enfants du comte Ambroise-Charles, et d'Henriette le Bas de Courmont (S. E.).

— Jacques-Marie-Hippolyte, né le 10 mars 1788, fils du comte Jacques-René, et de Louise-Charlotte-Émilie de Croismare (S. M. M. la V. l'É.).

Croix (Armand-François de la), né le 18 octobre 1725 ; Charles-Eugène-Gabriel, né le 26 février 1727, et Louis-Augustin, né le 5 octobre 1728, enfants de Joseph-François, marquis de Castries, et de Marie-Françoise de Lévis (S. S.).

— Joseph-François, marquis de Castries, mort le 24 juin 1728 à soixante-cinq ans (S. S.).

— Adélaïde-Gabrielle, née le 26 juillet 1749, Armand-Charles-Augustin, né le 23 mai 1756, enfants de Charles-Eugène-Gabriel, marquis de Castries, comte de Charlus, et de Thérèse-Gabrielle-Élisabeth de Rosset de Fleury (S. S.).

— Antoine, abbé de Saint-Rambert en Bugey, mort le 17 mai 1781 (S. S.).

— Stéphanie-Louise-Gabrielle, née le 5 décembre 1782, morte

le 12 juin 1786 ; Gabrielle-Eugénie-Louise, née le 26 août 1785, morte le 25 juin 1788, et Edmond-Eugène-Philippe-Hercule, né le 10 octobre 1787, enfants d'Armand-Augustin, duc de Castries, et de Marie-Louise-Philippine de Guines (S. S.).

— Jean-François-Anne-Henry-Louis, comte de Castries, fils d'Anne-Gaspard, baron de Marangues, et de Marie-Paule de Gravaque, marié le 16 janvier 1788 à Adélaïde-Marie Baron, fille de Louis-Jacques, écuyer, seigneur de la Norville, et de Marie-Geneviève-Louise Alleaume, dont : Charles-Eugène-Gabriel-Gaspard-Louis, né le 11 janvier 1789, et Eugène-Gabriel-Hercule, né le 14 avril 1790 (S. S.).

Croix (Ernest-Charles-Eugène-Marie de), né à Paris le 27 août 1803, fils du marquis Charles-Liduine-Marie, pair de France, mort en avril 1832, et d'Augustine-Eugénie-Victoire de Vassé, marié le 8 octobre 1832 à Alexandrine-Marie-Blanche de Piéffort, née à Paris le 19 juin 1814, fille de Simon-François-Nicolas-Victor, et de Victoire-Alexandrine-Sophie Naguet de Saint-Georges (X^e arr.).

Croix de Chevrière (Jean-Claude de la), chevalier de Saint-Vallier, abbé d'Ardene, mort le 3 juin 1765 à cinquante ans (S. S.).

— Marie-Victoire, demoiselle de Sayve, vicomtesse de Thil-en-Auxois, morte le 9 août 1777 à quatre-vingt-huit ans (S. S.).

— « Le dix-huit mai mil huit cent quarante-six, à trois heures après-midi, en l'hôtel de la mairie du premier arrond^t de Paris, a été publiquement prononcé le mariage suivant. Acte de mariage de Claude-Henri de la Croix de Chevrière, marquis de Pisançon, propriétaire, né à Grenoble (Isère) le douze juillet mil huit cent huit, demeurant en la dite ville, et momentanément avec sa mère à Paris, fils majeur de Jean-François de la Croix de Chevrière, marquis de Pisançon, décédé, et de Joséphine-Sabine de Vallin, sa veuve, propriétaire, âgée de soixante-huit ans, demeurant audit Grenoble, présente et consentante, et de Charlotte-Henriette-Nathalie de Chastellux, sans profession, née à Paris le onze janvier mil huit cent vingt-quatre, dem^t avec ses père et mère, rue des Capucines, 13, de cet arrond^t, fille majeure de Henri-Louis de Chastellux, duc de Rozan, et de Claire-Henriette-Philippine-Benjamine de Durfort de Duras, son épouse, âgée de quarante-sept ans, présente et consentante, tous deux propriétaires. Les actes préliminaires sont la publication du présent mariage faite en cette mairie, les dimanches vingt-six avril dernier et trois mai courant, et en celle de Grenoble, les dimanches trois et dix dudit mois courant, à midi, y affichée suivant la loi sans opposition, les actes de naissance des époux, celui de décès du père de l'époux, l'acte authentique de consentement du père de l'épouse au présent mariage, de toutes lesquelles pièces paraphées aux termes de la loi, qui demeureront annexées au registre, il a été fait lecture, ainsi que du chapitre du droit civil : Des droits et devoirs respectifs des époux ; les dits époux présents ont alternativement déclaré prendre en mariage l'un Charlotte-Henriette-Nathalie de Chastellux, l'autre Claude-Henri de la Croix de Chevrière, marquis de Pisançon, en présence de Paul-Oscar de la Croix de Chevrière, comte de Pisançon, propriétaire, âgé de trente-cinq ans, dem^t à Grenoble (Isère), frère de l'époux, Charles, marquis de St-Vallier, propriétaire, âgé de quarante-deux ans, dem^t rue Louis-le-Grand, 31bis, cousin de l'époux, témoins de l'époux ; César-Laurent, comte de Chastellux, propriétaire, âgé de soixante-six ans, demeurant rue de Varennes, 25 ; Auguste, comte de la Rochejaquelein, propriétaire, âgé de soixante-deux ans, dem^t rue de Grenelle-St-Germain, n° 77, tous oncles et témoins de l'épouse. Après quoi, nous, Pierre-Eugène Cottenet, chevalier de la Légion-d'Honneur, maire du premier arrond^t de Paris, officier de l'état-civil, avons prononcé, au nom de la loi, que les dits époux sont unis en mariage et ont les époux, leurs mères et les témoins, signé avec nous après lecture faite : C.-H. de la Croix de Chevrière, marquis de Pisançon. — C.-H.-N. de Chastellux. — J.-S.-V. de Vallin, m^{se} de Pisançon. — C.-H.-P.-B. de Durfort de Duras, duchesse de Rauzan. — Cte de Pisançon. — Mis de St-Vallier. — C. de Chastellux. — Cte de la Rochejacquelein. — Cottenet (1er arr., cxxxiv, 398). »

CROMELIN DE MÉZIÈRES (François), mort le 12 mars 1724 à trente-cinq ans (S. R.).

CROMOT (Antoinette-Sophie-Aglaé-Juliette de), née le 6 novembre 1777 ; Jeanne-Rose-Joseph-Sophie-Charlotte, née le 4 novembre 1780, et Fortunée-Henriette-Françoise, née le 1 avril 1784, filles de Marie-François-Joseph-Maxime, baron du Bourg, et de Barbe-Sophie-Jeanne de Barral (S. E.).

CROPTE (Émeric-Isaac-Louis de la), marquis de Saint-Abre, mort le 9 janvier 1779 à vingt-neuf ans (S. M. M. la V. l'É.).

— Eugène-François-Isaac, né le 31 janvier 1789, et Albert-Georges, né le 6 janvier 1791, enfants de Louis-François-Joseph, vicomte de Bourzac, et de Marie-Françoise Roussel de Pourdon (S. M. M. la V. l'É.).

CROUZAT DE VILETTE (Louise-Suzanne), née le 9 avril 1745, fille de Philippe, et de Louise-Esther de Crouzat de Mézery (S. S.).

CROŸ (Jean-Baptiste-François-Joseph de), duc d'Havré, mort le 24 mai 1727, à quarante ans (S. S.).

— Emmanuelle-Louise-Gabrielle, née le 24 juillet 1738 ; Joseph-Anne-Auguste-Maximilien, né le 12 octobre 1744 ; Éléonor-Frédéric-Jean-Baptiste, né le 18 juin 1746, mort le 23 juillet 1746 ; Louise-Élisabeth-Félicité-Françoise-Armande-Anne-Marie-Jeanne-Joséphine, née le 11 juin 1749 ; Anne-Louis-Jean-François-Ferdinand-Joseph, né le 16 et mort le 25 novembre 1751, enfants de Louis-Ferdinand-Joseph, duc d'Havré, et de Marie-Louise-Cunégonde de Montmorency-Luxembourg (S. S.).

— Adélaïde-Louise-Françoise-Gabrielle, née le 6 décembre 1741, et Anne-Emmanuel-Ferdinand-François, né le 10 novembre 1743, enfants d'Emmanuel, prince de Solre, et d'Angélique-Adélaïde d'Harcourt (S. S.).

— Marie-Anne-Josèphe-Marcelle, née le 5 octobre 1745, fille de Jean-Just-Ferdinand-Joseph, comte d'Havré et de Priego, et de Marie-Andrée de Belem (S. S.).

— Anne-Emmanuel-Ferdinand-François, fils d'Emmanuel, prince de Solre, et d'Angélique-Adélaïde d'Harcourt, marié le 29 octobre 1764 à Auguste-Frédérique-Wilhelmine de Salm, fille de Philippe-Joseph, prince de Kirbourg, et de Marie-Thérèse-Joseph de Hornes (S. J. du H. P.). Dont : Auguste-Philippe-Louis-Emmanuel, né le 3 novembre 1765 ; N., né et mort le 25 octobre 1766 ; Emmanuel-Marie-Maximilien, né le 7 juillet 1768 ; Louis-Charles-Frédéric-François, né le 19 décembre 1769 ; Charles-Maurice-Emmanuel-Guillaume, né le 30 juillet 1771 ; Gustave-Maximilien-Juste, né le 12 septembre 1773 à Vieux-Condé et baptisé à Paris en mai 1774 (mort le 1ᵉʳ janvier 1843, cardinal-archevêque de Rouen) ; Amédée-Louis-Victor, né le 7 mai 1777 (S. S.).

— Adélaïde-Marie-Louise-Justine-Joséphine, née le 10 juillet 1768 ; Christian-Auguste-Joseph-Charles, né le 28 janvier 1770, mort le 7 mars 1770 ; Amélie-Gabrielle-Joséphine, née le 13 avril 1774 ; Aimée-Pauline-Louise-Joséphine, née le 25 septembre 1776 ; Ernest-Emmanuel-Joseph, né le 21 mars 1780, enfants de Joseph-Anne-Auguste-Maximilien, duc d'Havré, et d'Adélaïde-Louise-Françoise-Gabrielle de Croy-Solre (S. S.).

— Marie-Louise-Albertine-Amélie, demoiselle de Mollembais, morte le 15 juin 1772, à vingt-quatre ans cinq mois, épouse de Pierre-Gaspard-Marie Grimod, comte d'Orsay (S. S.).

— Le duc Emmanuel, mort le 30 mars 1784, à soixante-cinq ans neuf mois huit jours (S. S.).

— Emmanuel-Marie-Maximilien, prince de Solre, fils du duc Anne-Emmanuel-Ferdinand-François, et d'Auguste-Frédérique-Guillelmine, princesse de Salm-Kirbourg, marié le 9 avril 1788 à Adélaïde-Marie-Louise-Justine-Joséphine de Croy, fille de Joseph-Anne-Auguste-Maximilien, duc d'Havré, et d'Adélaïde-Louise-Françoise-Gabrielle de Croy (S. S.).

— Marie-Anne-Chrétienne-Joséphine, morte le 26 avril 1788 à cinquante-un ans, veuve de Gabriel-François, comte de Rougé (S. S.).

— Auguste-Philippe-Louis-Emmanuel, fils du duc Anne-Emmanuel-Ferdinand-François, et d'Auguste-Frédérique-Guillelmine, princesse de Salm-Kirbourg, marié le 10 janvier 1789 à Anne-Victurnienne-Henriette de Rochechouart, fille de Victurnien-Jean-Baptiste-Marie, duc de Mortemart, et d'Anne-Catherine-Gabrielle d'Harcourt (S. S.).

— Anne-Marie-Louise-Joséphine-Charlotte, morte le 29 septembre 1792 à quatre-vingt-sept ans, veuve de Jean-François-Nicolas Bette, marquis de Lède, capitaine-général des troupes d'Espagne (S. Th. d'Aquin).

CROZAT (Samuel de), seigneur de Grand'Combe, mort le 9 février 1699, à soixante-deux ans (S. S.).

— Antoinette-Eustochie, née le 25 octobre 1727 ; Flore-Rosalie, née le 19 avril 1730 ; Pierre-Louis, né le 20 juillet 1733 ; Louise-

Honorine, née le 28 mars 1737, enfants de Louis-François, marquis du Châtel, seigneur de Kéroual, mestre-de-camp de dragons, et de Marie-Thérèse-Catherine de Gouffier (S. R.).

— Adélaïde-Marguerite-Charlotte, née le 1 juillet 1728 ; Antoinette-Louise-Marie, née le 28 avril 1731 ; Louise-Augustine-Salbigothon, née le 25 octobre 1733 ; Louise-Thérèse, née le 15 octobre 1735, filles de Louis, baron de Thiers, capitaine de dragons, et de Marie-Thérèse-Louise-Augustine de Montmorency-Laval (S. R.).

— Marie-Anne, morte le 11 juillet 1729, à trente-quatre ans, épouse de Louis de la Tour d'Auvergne, comte d'Évreux (S. R.).

— Antoine-Louis, baron de Thiers, comte de Vignory, mort le 16 décembre 1770, veuf de Marie-Louise-Augustine de Montmorency-Laval (S. R.).

Crussol (Marie-Madeleine de), morte le 28 novembre 1723 à trente-sept ans, épouse de Thomas, marquis des Cars (S. S.).

— Suzanne-Louise-Élisabeth, morte le 10 mai 1739 à soixante-dix-neuf ans, veuve de Mathieu de Fortequenne (S. S.).

— Julie-Françoise, morte le 6 juillet 1742 à soixante-treize ans, veuve de Louis-Antoine de Gondrin, duc d'Antin (S. S.).

— Louise, demoiselle de Saint-Sulpice, morte le 10 juin 1753 à soixante-quinze ans (S. S.).

— Philippe-Emmanuel, comte d'Uzès, marquis de Saint-Sulpice, mort le 12 août 1761 à soixante-dix-sept ans (S. S.).

— Emmanuel-Henri-Charles, fils du marquis Pierre-Emmanuel, et de Marguerite-Charlotte Fleuriau de Morville, marié le 20 février 1770 à Bonne-Marie-Joséphine-Gabrielle Bernard, fille d'Anne-Gabriel-Henri, marquis de Boulainvilliers, et d'Adrienne-Marie-Madeleine-Ulphe d'Allencourt (S. E.).

— Marie-François-Emmanuel, fils de François-Emmanuel, duc d'Uzès, et de Madeleine-Julie-Victoire de Pardaillan, marié le 8 avril 1777 à Amable-Émilie de Châtillon, fille du duc Louis-Gaucher, et d'Adrienne-Émilie-Félicité de la Baume le Blanc de la Vallière (S. S.), dont : Adrien-François-Emmanuel, né le 15 novembre 1778 ; Amable-Théodoric-Jules-Emmanuel, né le 13 mars 1782, et Alexandrine-Célestine-Zoé-Emmanuel-Timarette, née le 6 janvier 1785 (S. E.).

— Anne-Henriette-Emmanuelle, morte le 7 novembre 1778 à neuf ans, fille d'André-Anne-Marie, comte de Montausier, et d'Émilie-Henriette le Fèvre d'Ormesson (S. M. M. la V. l'É.).

— Auguste-Théodore, né le 27 décembre 1787, et Amélie-Henriette, née le 14 avril 1789, enfants de Pierre-Marie, comte de Montausier, et de Marie-Marguerite le Gué de Saint-Fore (S N. des Ch.).

Crux (Éléonore-Gabrielle-Louise-Françoise de), morte le 3 octobre 1742, à vingt-neuf ans, épouse de Jean-Victor de Rochechouart, comte de Mortemart (S. S.).

— Louise-Henriette, morte le 22 mai 1749, à quatre-vingt-trois ans, veuve de Samuel le Clerc, marquis de Juigné (S. S.).

Cubin (Marie-Geneviève), morte le 17 décembre 1776 à cinquante-sept ans, épouse de Gabriel Saulnier de la Garenne (S. M. M. la V. l'É.).

Cugnac (Louis-Achille de), né le 5 janvier 1709; Françoise-Marthe, née le 6 février 1712 ; Éléonore-Madeleine, née le 5 août 1713, enfants de François, marquis de Dampierre, et de Marie-Madeleine-Henriette de Lagny (S. S.).

— Marie-Louise, née le 19 avril 1732, fille de René, seigneur de Veuilly, et de Jeanne-Marie-Joseph de Guyon (S. S.).

— Philippe, baron de Jouys, mort le 18 juin 1733 à cinquante-neuf ans, époux de Marie-Rose Vanmine (S. R.).

— Jean-François, mort le 29 avril 1737 à trente-deux ans (S. S.).

— Marie-Marthe, demoiselle de Dampierre, morte le 23 octobre 1750 à trente ans (S. S.).

— Louis-Félicien, comte de Dampierre, mort le 26 avril 1760 à cinquante ans, époux de Marie-Ursule Aumont (S. R.), dont : Marie-Josèphe, née le 13 juillet 1756 (S. M. M. la V. l'É.), morte le 6 juillet 1760 (S. R.).

— Louis-Achille, abbé de Saint-Crespin-le-Grand-lès-Soissons, mort le 7 juin 1778 à soixante-huit ans (S. S.).

— François-Alexandre-Gabriel-Antoine, mort le 23 juillet 1788 à dix-sept mois, fils de Marie-Pierre-Antoine, marquis de Dampierre, et de Louise-Angélique de Savary-Lancosme (S. S.).

Cuisy du Fey (Nicolas), écuyer, seigneur de Villemain, conseiller, secrétaire du roi, époux de Barbe-Élisabeth le Lièvre, mort le 25 août 1758 (S. R.).

Cullan (Renée de), née le 26 octobre 1679, fille de René, marquis de Ciré, et de Marie de Gaignage (S. A. des A.).

Cullon (Alexandre-Jean-Baptiste-Anne-Gabriel de), né le 1ᵉʳ juin 1760, et Amable-Remy, né le 21 mai 1761, fils de Gabriel-Hector, comte d'Arcy, et de Marie-Anne-Antoinette le Bel (S. R.).

— Charles-Louis-Félix, né le 22 avril 1776, fils de Louis-Antoine, capitaine de dragons, et de Catherine-Félicité Chevalier (S. N. des Ch.).

Cunchy (Pulchérie-Félicité-Ghislaine de), née le 16 mai 1785, fille de Philippe-François-Marie-Joseph, et de Marie-Élisabeth-Charlotte-Ghislaine de Lastre de Neuville (S. S.).

Cunis (Nicolas-François de), né le 2 août 1715, fils de Jean, sieur de Valon, et de Jeanne Chaudet (S. R.).

Curne (Edme-Germain de la), écuyer, conseiller honoraire à la cour des aides, mort le 5 mars 1773, à soixante-seize ans (S. R.).

— Jean-Baptiste, seigneur de Sainte-Pallaye, membre de l'Académie française, mort le 1ᵉʳ mars 1781, à quatre-vingt-quatre ans (S. R.).

Custine (Charlotte-Armande-Françoise), morte le 28 novembre 1746, à quarante-six ans, épouse de Léopold-Conrad, comte d'Andelot (S. S.).

— Armand-Louis-Philippe-François, né le 22 janvier 1768, et Adélaïde-Anne-Philippine, née le 19 février 1770, enfants du comte Adam-Philippe, mestre de camp, et d'Adélaïde-Louise-Céleste Gagnat de Logny (S. S.).

— Adam-François-Gaston, né le 16 juillet 1788, fils du marquis Armand-Louis-Philippe-François, et de Louise-Delphine-Éléonore-Mélanie de Sabran (S. M. M. la V. l'É.).

D.

Dagonneau (Étienne), fils d'Étienne, seigneur de Juchau et de Marcilly, et de Marie de Belriant, marié le 19 mars 1692 à Marie-Thérèse Nuguet, fille de feu Antoine, et d'Anne Collin (S. A. des A.).

Daguesseau (Marguerite), baptisée le 20 mai 1638, fille de feu François, sieur de Pisieux, conseiller du roi, et de Catherine Godet (S. G.).

— N. inhumé le 13 juin 1644, et Claude, inhumé le 7 juillet 1644, enfants de Claude, et d'Anne de Givès (S. A. des A.).

— Henri-François, fils d'Henri, et de Claire-Eugénie le Picart, marié le 4 octobre 1694 à Anne le Fèvre d'Ormesson, fille de feu André, seigneur d'Amboile, et de feu Éléonore le Maître, dont : André-Henri, né le 30 novembre 1695, mort le 8 août 1698 ; Anne-Catherine, née le 27 avril 1697, morte le 19 avril 1698 ; Henri-François-de-Paule, né le 7 mai 1698 ; Jean-Baptiste-Paulin, né le 25 juin 1701 ; Henri-Louis, né le 27 mai 1703 ; Joseph-François, baptisé le 7 janvier 1705, mort le 15 février 1708 ; Olivier, né le 24 et mort le 26 novembre 1706 ; Marie-Anne, née le 21 février 1709 ; Henri-Charles, né le 31 juillet 1713 (S. A. des A.) ; Henri, né le 12 janvier 1718, mort le 2 janvier 1721 (S. R.).

— « Le dimanche vingt-cinquième jour d'octobre mil six cent quatre-vingt-dix-neuf, fut baptisée dans l'église de St-André-des-Arcs, par moy prestre curé de laditte église soubssigné, Claire-Thérèze, née le même jour, fille de messire Henry-François Daguesseau, chevalier, conseiller du roy en ses conseils d'État et privé, premier avocat-général de Sa Majesté, et de dame Anne Lefèvre d'Ormesson, son épouse. Le parrein, messire Antoine-François-de-Paule Lefèvre d'Ormesson, conseiller du roy en ses conseils, maistre des requestes ordinaires de son hôtel, intendant de la justice, police et finances de la province d'Auvergne, représenté par messire Henry-François-de-Paule Lefèvre d'Ormesson, chevalier, seigneur d'Amboile, son neveu. La marreine, dame Claire-Eugénie le Picart, épouse de messire Henry Daguesseau, conseiller d'État ordinaire et au conseil royal des finances, tous deux dem^t rue Pavée de cette paroisse. — Lefeuvre d'Ormesson. — Claire le Picart Daguesseau. — Matthieu » (S. A. des A.).

— Claire-Claude-Thérèse, religieuse chez les filles de l'Enfance, morte le 11 novembre 1701, fille d'Henri, et de Claire-Eugénie le Picart (S. A. des A.).

— Marie, morte le 1er février 1704, veuve de Claude du Houssay (S. A. des A.).

— Marie-Catherine, morte le 26 janvier 1729, à soixante-trois ans, veuve de Charles-Marie de Saulx, comte de Tavannes (S. S.).

— Henriette-Anne-Louise, née le 12 février 1737, fille de haut et puissant seigneur messire Jean-Baptiste-Paulin Daguesseau de Fresnes, chevalier, conseiller d'État, et de haute et puissante dame Anne-Louise-Françoise Dupré, baptisée le jour même à Saint-Roch et tenue par très-haut et très-puissant seigneur Monseigneur Henri-François Daguesseau, chevalier, chancelier de France, commandeur des ordres du roi, aïeul paternel, et par dame Anne-Louise Robert, épouse de Louis Dupré, chevalier, seigneur de la Grange-Bléneau, Courpalay, etc., conseiller du roi en sa cour de Parlement, aïeule maternelle. L'acte est signé : Daguesseau. — Robert. — Robert Dupré. — Daguesseau de Fresnes. — Dupré de la Grange. — Daguesseau. — Daguesseau. — Le ch^{er} Daguesseau. — Daguesseau. — Arche. — Chastellux. — Le Guerchois. — Grout de Flacourt. — Dormesson. — Grout de Bachelay. — César-François de Chastellux. — Landry de Séricour.

— Henri-Jean-Baptiste-Cardin, né le 17 octobre 1742, mort le 9 juin 1755 (S. J. en G.), fils de haut et puissant seigneur Jean-Baptiste-Paulin, chevalier, conseiller d'État, et de haute et puissante dame Marie-Geneviève-Rosalie le Bret. Parrain : très-haut et très-puissant seigneur monseigneur Henri-François Daguesseau, chevalier, chancelier de France, commandant des ordres du roi. Marraine : haute et puissante dame Marie le Bret, épouse de haut et puissant seigneur Antoine-François Méliand, chevalier, conseiller d'État ordinaire. Signé : Daguesseau. — Méliand. — Le Bret Méliand. — Daguesseau de Fresnes. — Daguesseau. — Le Bret. — Chastellux Davalon. — Chevalier de Chastellux. — L. Chéret, curé de S^t· Roch. — Angélique-Françoise-Rosalie, née le 20 septembre 1745 ; Claire-Geneviève-Pauline, née le 26 août 1747, tenue par Cardin-Paul le Bret, comte de Selles, et par Claire-Thérèse Daguesseau, veuve de Guillaume-Antoine, comte de Chastellux ; Henri-Louis-Paulin, né le 29 juin 1749, mort le 6 janvier 1750, fils de Jean-Baptiste-Paulin Daguesseau de Fresnes, comte de Compans et de Maligny, conseiller d'État ordinaire, et de Marie-Geneviève le Bret. — Parrain : Henri-François-de-Paule Daguesseau, seigneur de Fresnes, Herbertot, Trouville, conseiller d'État, oncle paternel ; marraine, Anne-Louise-Charlotte le Pelletier de la Houssaye, épouse de haut et puissant seigneur Cardin-François-Xavier le Bret, seigneur de Pantin, etc., conseiller du roi, tante maternelle. L'acte est signé : Daguesseau. — Le Pelletier de la Houssaye le Bret. — Daguesseau de Fresnes. — Le Bret. — Du Thil de Chastellux. — Daguesseau de Compans. — Leblanc, vic. — Carduel, curé de St-Roch. — Henri-Cardin-Jean-Baptiste, né le 23 août 1752 (S. J. en G.), — Antoinette-Élisabeth-Marie, née le 24 juillet 1756 ; parrain, Antoine-Armand de la Briffe, chevalier, seigneur d'Amilly, conseiller du roi en tous ses conseils et son premier président en son parlement de Bretagne, représenté par Paul-Cardin le Bret, chevalier, comte de Selles, brigadier des armées du roi, capitaine de la compagnie des gendarmes bourguignons ; marraine, Olympe-Élisabeth Jubert du Thil, veuve de César-François, comte de Chastellux, vicomte d'Avallon et colonel du régiment d'Auvergne, représentée par haute et puissante dame Claire-Thérèse Daguesseau, veuve de Guillaume-Antoine, comte de Chastellux, lieutenant-général des armées du roi (S. P.).

— Henri-Louis, maréchal des camps et armées du roi, mort le 10 février 1747, inhumé le 13, fils de très-haut et très-puissant seigneur monseigneur Henri-François, chevalier, chancelier de France, et de défunte très-haute et très-puissante dame madame Anne Lefèvre d'Ormesson. Signé : Daguesseau. — Daguesseau de Fresnes. — Chastellux-Beauvoir. — Le Pelletier de la Houssaye. — Dormesson de Noyseau. — Dormesson (S. R.).

— Henri-François, chevalier, chancelier de France, veuf de très-haute et très-puissante dame madame Anne le Fèvre d'Ormesson, mort le 9 février 1754, porté le 11 à Auteuil. L'acte est signé : Daguesseau. — Daguesseau de Fresnes. — Daguesseau de Compans. — Chastellux-Beauvoir. — Ch. de Chastellux. — Saulx-Tavannes. — D'Ormesson. — Cardel, curé de St-Roch.

— Jean-François, conseiller du roi en sa cour des aides, seigneur d'Aubercourt, Happeglesnes, etc., mort le 9 décembre 1766, à soixante-sept ans (S. P.).

— « Le six octobre mil sept cent soixante-douze a été fait le convoy, service et enterrement dans l'église, de haute et puissante dame Claire-Thérèse Daguesseau, veuve de haut et puissant seigneur m^r Guillaume-Antoine, comte de Chastellux, baron de Quarré, premier chanoine héréditaire de l'église d'Auxerre, lieutenant-général des armées du roy, commandant pour Sa Majesté en Roussillon, décédée le quatre en son hôtel, rue St-Dominique, âgée de soixante-douze ans. Témoins : haut et puissant seigneur M. Philippe-Louis, marquis de Chastellux, gouverneur de Seine en Provence, maréchal des camps et armées du roy, haut et puissant seigneur M. Jean-François, chevalier de Chastellux, brigadier des armées du roy, tous deux fils, haut et puissant seigneur M. Henry-Georges-César, comte de Chastellux, premier chanoine héréditaire de l'église d'Auxerre, petit-fils, et haut et puissant seigneur M. Jean-Baptiste Daguesseau, chevalier, comte de Compan, seigneur de Fresnes et autres lieux, doyen du conseil, conseiller au conseil du roy, chevalier, commandeur et maître des cérémonies de l'ordre du St-Esprit, frère de la dame défunte, qui ont signé : Mis de Chastellux. — Le ch^{er} de Chastellux. — Le comte de Chastellux. — Noailles, duc d'Ayen. — Lefèvre d'Ormesson. — Le ch^{er} Daguesseau » (S. S. f° 38).

— Catherine-Henriette-Pauline-Aglaé, née le 14 décembre 1775, morte le 8 juin 1789 ; Anne-Marie-Françoise-Henriette-Euphrosine, née le 7 avril 1777 ; Marie-Félicité-Henriette, née le 29 octobre 1778 ; Anne-Henriette-Augustine, née le 18 décembre 1781, morte le 11 novembre 1787, filles d'Henri-Cardin-Jean-Baptiste, seigneur de Fresnes, avocat-général, et de Marie-Catherine de Lamoignon (S. S.).

— Albertine-Pauline-Pélagie-Espérance, née le 22 avril 1779 ; Anne-Charlotte-Gabrielle-Joséphine-Pétronille, née le 7 septembre 1780 ; Marie-Agathe-Justine-Henriette, née le 29 juillet 1781 ; Charles-François-Hippolyte, né le 31 juillet 1782 ; Armand-Louis-Xavier, né le 7 mai 1784 ; N., née le 25 septembre 1788, enfants du marquis Charles-Albert-Xavier, et de Pétronille-Jeanne Brunet d'Évry (S. R.).

— Angélique-Françoise-Rosalie, morte le 3 juin 1780 à trente-cinq ans, épouse de Jean-Baptiste-Gaspard Bochard de Saron (S. S.).

— Jean-Baptiste-Paulin, seigneur de Fresnes, comte de Maligny, etc., mort le 8 juillet 1784 à quatre-vingt-trois ans quinze jours (S. S.).

DALIGRE (Marie-Anne), morte le 30 décembre 1739, veuve en premières noces de Jean de Laville, trésorier de la marine, et en secondes, de Philippe Protais, officier des mousquetaires du roi (S. M. M. la V. l'É.).

DALMAS (Charles-François-Victor, comte de), capitaine de cavalerie, mort le 20 décembre 1789 à quarante-trois ans, époux de Marthe-Françoise-Gabrielle de Tauville (S. G.).

DAMAS (Jacques), baptisé le 13 janvier 1637 ; Marie, baptisée le 21 novembre 1638, et Marguerite, baptisée le 17 mars 1640, enfants de Louis, et de Marie Symande ou Simant (S. G.).

— François-Louis, né le 28 octobre 1707, fils de Louis-Antoine-Érard, comte d'Anlezy, et de Marie-Élisabeth de Dyo de Montperroux (S. S.).

— Isabelle-Françoise-Madeleine, née à Druyes le 6 août 1702, baptisée à Paris en juillet 1712, fille de Nicolas-François, marquis d'Anlezy, et de Marie-Madeleine des Vaux (S. S.).

— Diane-Gabrielle, demoiselle de Thianges, morte le 11 janvier 1715 à cinquante-neuf ans, veuve de Philippe-Jules Mazarini Mancini, duc de Nivernois et Donziois, gouverneur du bailliage de St-Pierre-le-Moutier (S. R.).

— Louis-Jeanne-Marie, comte de Ruffey, lieutenant-général des armées du roi, mort le 24 septembre 1722 (S. S.).

— Louis-Jules-François, né le 9 octobre 1728, fils de Louis-François, marquis d'Anlezy, et de Marie-Élisabeth de Ferrero de Saint-Laurent (S. S.).

— David, chevalier, seigneur de Marcenou, mort le 23 novembre 1731 (S. P.).

— Jean-Pierre, né le 4 mars 1734, et Marie-Jeanne-Angélique-Thérèse, morte le 27 octobre 1748 à douze ans onze mois dix jours, enfants de Louis-François, comte d'Anlezy et de Thianges, et de Madeleine-Angélique de Gassion (S. S.),

— Comte Jacques, mort le 30 décembre 1739 à soixante-neuf ans (S. S.).

— Anne-Marie, morte le 20 avril 1740 à cinquante-huit ans, femme de Jean-Baptiste de Saint-Matthieu, officier de marine (S. S.).

— Judith-Zéphirine-Félicité, née le 24 juillet 1756, morte le 14 janvier 1759 ; N., né le 28 octobre 1758 ; Diane-Adélaïde, née le 25 janvier 1761 ; Charles-Alexandre, né le 23 août 1762 ; Joseph-Élisabeth-Roger, né le 4 septembre 1765 ; Émery-Gaston, né le 11 juillet 1771, enfants de Jacques-François, marquis d'Antigny, comte de Ruffey, et de Zéphirine-Félicité de Rochechouart (S. S.).

— Joseph-Auguste, vicomte de Crux, écuyer, mousquetaire du roi, mort le 18 septembre 1761 à seize ans et demi, fils de Louis-Alexandre, comte de Crux, et de Marie-Louise de Menou (S. R.).

— Marie-Thérèse, demoiselle de Crux, morte le 5 février 1763 à vingt-trois ans, épouse de Louis-Théodore Andrault, comte de Langeron (S. S.).

— Jacqueline-Madeleine, demoiselle de Ruffey, chanoinesse de Neuville, morte le 22 février 1765 à soixante-huit ans (S. S.).

— Hélène, morte le 14 janvier 1767 à quatre-vingt-deux ans, veuve de Louis Toison de Savoisy, officier des mousquetaires (S. S.).

— Claude-Charles, fils du comte Roger-Joseph, et de Marie-Marguerite de Traméolles de Barges, marié le 22 avril 1773 à Marie-Jeanne-Antoinette-Macrine de Montcalm, âgée de trente-trois ans, fille de Louis-Joseph, comte de Gozon, et d'Angélique-Louise Talon du Boulay (S. G.) dont : Auguste-Louis-Antoine, né le 2 février 1774 ; Antoinette-Marie-Louise-Alexandrine, née le 3 février 1775 ; Antoinette-Joséphine-Gilberte, née le 13 décembre 1776, tenue par Gilberte de Drée, femme de Claude-Marie, comte de Damas, oncle paternel (S. S.).

— Marie-Louise-Agathe, née le 5 février 1774, fille de Louis-Étienne-François, comte de Crux, et d'Eulalie-Xavière de Talaru (S. R.).

— Élisabeth-Charlotte, née le 5 décembre 1776, Auguste-Louis, né le 12 mai 1778, mort le 20 décembre 1779 ; Émilie-Françoise, née le 19 septembre 1780, morte le 31 janvier 1784, tenue par François de Damas, vicaire-général de Nevers et abbé de Saint-Léon-de-Toul, et Antoinette-Zéphirine, née le 21 juillet 1785, enfants de Louis-Étienne-François, comte de Crux, maréchal des camps et armées du Roi, et de Sophie-Joséphine-Antoinette de Ligny (S. S.).

— Joseph-François, comte de Ruffey, mort le 5 septembre 1782 à soixante-dix-sept ans, époux d'Élisabeth de Lorimier (S. S.).

— Huguette-Claudine-Clémentine, née le 17 mars ou décembre 1784, fille d'Alexandre, seigneur de Trédieu, colonel en second du régiment de Soissonnais infanterie, et de Marie-Anne-Joseph-Catherine Collet. Parrain : Claude Collet, conseiller honoraire du conseil supérieur du Cap français en l'île Saint-Domingue, aïeul maternel. Marraine : Huguette-Claudine de Thy, épouse d'Antoine de Damas, seigneur de Trédieu, lieutenant-colonel du régiment de Penthièvre. — René-Adolphe, né le 28 août 1786 (S. S.).

— Le baron Charles, fils de Charles-Jules, comte de Cormaillon, et de Jacqueline du Bois d'Aisy, marié le 30 juin 1784 à Marie-Gabrielle-Marguerite de Sarsfield, fille du vicomte Jacques-Hyacinthe, lieutenant-général des armées du roi, et de Marie de Lévis, dont : Ange-Hyacinthe-Maxence, né le 30 septembre 1785, filleul de Jacques-Hyacinthe, vicomte de Sarsfield, lieutenant-général des armées du roi, et de Madeleine-Angélique de Gassion, veuve de Louis-François de Damas, comte d'Anlezy (S. S.).

— « L'an mil sept cent quatre-vingt-quatre, le cinq octobre, par
« nous soussigné, prêtre docteur de Sorbonne et curé de cette pa-
« roisse, a été baptisée Adélaïde-Louise-Zéphirine, née ce jour, fille
« de très-haut et très-puissant seigneur Monseigneur Joseph-Fran-
« çois-Louis-Charles-César de Damas d'Antigny, comte de Damas,
« mestre de camp en second du régiment Dauphin-Dragons, gentil-
« homme d'honneur de Monsieur, frère du roy, et de très-haute
« et très-puissante dame Madame Marie-Louise-Aglaé Andrault de
« Langeron, comtesse de Damas, son épouse, dem^t rue du f^b
« St-Honoré en cette paroisse. Le parein, très-haut et très-puissant

16

« seigneur Monseigneur François-Jacques de Damas d'Antigny,
« marquis d'Antigny, maréchal des camps et armées du roy, com-
« mandeur de l'ordre de St-Lazare de Jérusalem et de Notre-Dame
« du Mont-Carmel, grand-père paternel de l'enfant, demeurant en
« son hôtel fauxbourg St-Germain, paroisse St-Sulpice. La mareine,
« très-haute et très-puissante dame Madame Marie-Louise du Pe-
« seau, épouse de très-haut et très-puissant seigneur Monseigneur
« Charles-Claude Andrault, marquis de Langeron et de Maulévrier,
« comte de Chevrières, baron d'Oyé, chevalier des ordres du roy et
« lieutenant-général de ses armées, grande-mère maternelle de
« l'enfant, dem^t en son hôtel, rue f^b St-Honoré de cette paroisse,
« lesquels parein et mareine ont signé avec le père et nous. Signé :
« A.-G. Andrault de Langeron de St-Mauris. — J.-É.-R. de Da-
« mas d'Antigny. — J.-F.-L.-C.-C. Damas d'Antigny. — Damas
« Simiane. — Le P^{ce} de St-Mauris. — L'abbé de Damas d'Antigny.
« — Fr^{ois}-Jacq. Damas d'Antigny. — C.-C. Andrault, Mis de Lan-
« geron. — L.-M. du Pezeau de Langeron. — Feber, curé de la
« Magdelaine de la Villévêque. »

— « Du sept mars mil huit cent vingt-neuf, à trois heures du
« soir. Acte de décès de sa Seigneurie Joseph-François-Louis-Charles-
« César, duc de Damas, premier gentilhomme de la chambre du
« roi, chevalier de ses ordres, gouverneur de la 18e division militaire,
« âgé de soixante-onze ans, veuf de dame Marie-Louise-Aglaé An-
« drault de Langeron, né à Paris, décédé rue du faub^g St-Honoré,
« n° 85, avant-hier à deux heures et demie du soir. Constaté par
« nous, Honoré de Viany, adjoint au maire du premier arrondis-
« sement de Paris, sur la déclaration des sieurs César-Laurent, c^{te}
« de Chastellux, pair de France, etc., âgé de cinquante-neuf ans,
« dem^t rue de Varennes, n° 25, gendre du défunt ; Charles-Joseph
« Pion, officier supérieur de la maison du roi, adjudant du château
« des Tuileries, âgé de cinquante-sept ans, dem^t aux Tuileries.
« Lesquels ont signé avec nous, après lecture faite. Signé : Le c^{te}
« de Chastellux. — Pion. — De Viany. » (1er arr.).

— Marquis Charles-Alexandre-Roger-Adélaïde-Angélique-Ga-
briel, né à Paris le 4 octobre 1816, fils du comte Joseph-Élisabeth
Roger, mort à Cirey-sur-Blaise le 3 septembre 1823, et de Louise-
Pauline de Chastellux, marié le 20 décembre 1845 à Marie-
Charlotte-Césarie de Boisgelin, née à Aix le 11 septembre 1818,

fille du marquis Armand-Natal, et de Charlotte-Eugénie-Antoinette-Émilie-Césarie de Mazenod. Témoins de l'époux : Henri-Louis de Chastellux, duc de Rauzan, demeurant rue Neuve-des-Capucins, n° 13 ; Antoine-Augustin Corda, ancien procureur du roi. Témoins de l'épouse : Charles-Eugène Dedons, comte de Pierrefeu, cousin ; Raphaël-François-Isabelle-Félix de Cantalicio du Pont, chevalier du Chambon de Mésilliac. L'acte est signé : Marquis de Damas. — M.-C.-C. de Boisgelin. — Le Mis de Boisgelin. — Cte de Boisgelin. — Le duc de Rauzan. — Corda. — Le c^{te} Dedons de Pierrefeu. — Ch^{er} du Chambon de Mésilliac. — Él. Royer (X^e arr.).

DAMIAN (Marie-Geneviève de), née le 11 mai 1766, fille de Louis-Antoine, marquis de Vernègues, et de Marie-Ève Choncœur (S. S.).

DAMOISEAU (Pierre), seigneur de la Grande-Bretesche, mort le 24 novembre 1684 (S. A. des A.).

DAMOUR (Françoise), baptisée le 18 janvier 1604, fille de noble homme messire Gabriel, conseiller en la Cour du Parlement, sieur du Serin et de Fougery, et de damoiselle Marguerite de Haudic (S. G.).

DANÈS (Marie), morte le 17 mai 1634, femme de Jacques Jubert, seigneur du Thil, Morgny, Doménil, etc., maître président en la chambre des comptes de Paris (S. A. des A.).

DANGÉ D'ORSAY (Françoise-Élisabeth), née le 5 juillet 1768, et François-Gilbert, né le 24 juillet 1770, enfants de René-François-Constance, seigneur de la baronnie de Boursault, et d'Agathe-Louise-Madeleine Charpentier (S. R.).

— Anne-Alexandre-Ernest-Ferdinand, né le 4 mai 1783, fils d'Alexandre-Charles-Louis, conseiller du roi, conseiller honoraire au parlement de Metz, et d'Adélaïde-Jeanne de Mailly (S. E.).

DANIEL (Claude), marquis de Boisdenemetz, seigneur d'Autevernes, mort le 1 mars 1790 à quatre-vingt-trois ans, époux de Jeanne-Élisabeth Borel de Clerbec (S. N. des Ch.).

DARGENT (Louise), morte le 27 décembre 1712, femme d'Étienne Perrinet, écuyer, seigneur de Jars. (S. N. des Ch.).

Darlus (Marie-Angélique-Catherine), morte le 3 pluviôse an X, veuve de Denis-François Angran d'Alleray, seigneur de Bazoches, Mailly-la-Ville, etc. (VII° arr.).

Darmand (Chrétien-Pierre), né le 1 décembre 1725, fils de Pierre, seigneur de Châteauvieux, et de Jeanne-Marie-Catherine Douté (S. R.).

Darmande (Marie-Thérèse-Margerite), née le 18 août 1735, fille de Léon, marquis de Mizou, et de Marguerite Darmande de Mizou (S. R.)

Daufernet (Marie-Michelle), morte le 7 mars 1761 à soixante-huit ans, veuve de Jean-Baptiste de Collardin, seigneur et patron de Rully, Saint-Christophe, etc. (S. R.).

Dauger (Louis-Philippe), seigneur de Neufuisy, mort le 8 février 1761 à quatre-vingt-deux ans (S. M. M. la V. l'É.).

Daugustine (Jean-Baptiste), sieur de Septêmes, mort le 16 juin 1698 (S. A. des A.).

Dauton de Vaugiraud (Jean), écuyer, conseiller du roi, contrôleur des finances de la généralité de Paris, mort le 24 février 1753 à quatre-vingts ans (S. J. en G.).

Dauvet (Pierre), chevalier, seigneur de Saint-Valérien, de Rieux, de Bazoches, baron de Pins, capitaine de cavalerie, mort le 23 mars 1642, marié le 3 octobre 1628 à Anne Jubert, fille de Jacques, seigneur du Thil, Morgny, Doménil, etc., président en la chambre des comptes, et de Marie Danès (S. A. des A.).

— François, comte de Maretz, baron de Boursault, mort le 24 février 1718 à trente-six ans (S. R.).

— Auguste-Louis-Casimir, né le 18 mai 1772, et Aglaé-Marie-Victoire, née le 30 novembre 1773, enfants du comte Alain-Louis, et de Marie-Marguerite Deshayes (S. E.).

Davasse (François-Louis-Barthélemy), né le 30 août 1743, fils de Jean-Hyacinthe, écuyer, sieur de Saint-Amarand, et de Marie-Louise-Charlotte Lallemant de Lévignen (S. M. M. la V. l'É.).

— Jean-Hyacinthe, écuyer, sieur de Saint-Amarand, veuf de

Marie-Louise-Charlotte Lallemant de Lévignen, mort le 20 mai 1770 à soixante-dix-sept ans (S. R.).

— Amélie-Charlotte-Rose, née le 18 juillet 1773, fille de François-Louis-Barthélemy, sieur de Saint-Amarand, et de Jeanne-Louise-Françoise Dexmiers d'Archiac Saint-Simon (S. E.)

David (Lilio-Antoine), directeur de la compagnie des Indes, mort le 15 février 1770 à quatre-vingt-sept ans (S. E.).

— Antoine-Félix-Michel, écuyer, lieutenant de la légion de l'Isle de France, mort le 18 février 1774 à vingt-sept ans (S. E.).

— Aglaé-Marie-Louise, née le 17 avril 1790, fille de Charles-Benoît, marquis de Lastours, et de Marie-Flore-Aglaé de Courcelles (S. M. M. la V. l'É.).

Davy (Anne-Pierre), marquis de la Pailleterie, mort le 11 août 1725 à soixante-seize ans (S. S.).

Davrange de Noiseville (Marie-Anastasie), née le 9 janvier 1789, fille de Charles, et de Marie-Hyacinthe-Albertine de Fierval (S. J. du H. P.).

Deborel (Pierre-François-Thomas), comte de Manerbe, lieutenant-général, mort le 2 novembre 1762 à soixante-dix-sept ans, époux d'Henriette-Joséphine de la Boissière de Chambors (S. R.).

Dechastelus (Catherine), morte le 9 juillet 1765 à soixante-dix ans, épouse de Jean-Baptiste Ripert, bourgeois de Lyon (S. R.).

Dedelay de la Garde (Pierre-Nicolas), né le 19 septembre 1752, fils de Nicolas, écuyer, et d'Élisabeth de Ligniville (S. R.).

— Pierre, écuyer, conseiller, secrétaire du roi, mort le 10 octobre 1754 à soixante-dix-huit ans, époux d'Élisabeth Roussel (S. R.).

— Louis-Élisabeth, mort le 3 mai 1756, fils de François-Pierre, conseiller du roi, maître des requêtes, et d'Anne-Charlotte de Salignac la Mothe-Fénelon (S. R.).

— Xavier-Pierre-Louis, né le 12 janvier 1782, fils de Pierre-Nicolas, seigneur de Villeparisis, et de Claudine-Julie Desbrest (S. R.).

— Pierre-Nicolas, mestre-de-camp de cavalerie, seigneur de Villeparisis, mort le 31 mai 1782 à vingt-neuf ans, époux de Claudine-Julie Desbrest (S. R.).

— Nicolas, seigneur de Blancmesnil, mort le 11 août 1783 à soixante-quatorze ans, époux d'Élisabeth de Ligniville (S. R.).

Deffand (Antoinette-Louise du), née le 5 mai 1689, fille de Jean-Baptiste, seigneur de Lalande, et de Charlotte-Angélique Amelot (S. G.).

— Charlotte-Jeanne, morte le 27 février 1784 à quatre-vingt-quatre ans, veuve de Roger, marquis de la Tournelle (S. S.).

Dejean (Charles-Matthieu-Bernard), né le 27 mai 1733, fils de Charles, écuyer, et de Marie-Anne Boutet de la Borde (S. R.).

— Françoise-Éléonore, née le 3 mars 1749, fille de Charles-Claude, écuyer, et de Geneviève-Éléonore de Montigny (S. R.).

Delaporte (Achille-Nicolas), né à Amiens le 27 novembre 1794, fils de Pierre-Siméon, mort en messidor an IV, et de Marie-Madeleine Beauvrin, marié le 12 janvier 1830 à Charlotte-Palmire d'Artois de Bournonville, née à Paris le 6 janvier 1806, fille d'Éloi-Joseph, officier supérieur des gardes du corps du roi, et de Marie-Louise-Charlotte de Langlois de Brouchy, morte en février 1806 (X^e arr.).

Delivenne (Marie), morte le 13 mars 1767, à quarante-huit ans, veuve de Charles-Antoine de Barbezières, seigneur de la Talonnière (S. E.).

Delorval (Antoine-Constant, fils de Madeleine-Sophie), né le 16 octobre 1764, déclaré, par sentence du 12 juillet 1786, fils de Louis-Léon-Félicité de Brancas, comte de Lauraguais, et de Madeleine-Sophie Arnoult (S. R.).

Delpech (Philippe), né le 15 mars 1720, et Jeanne-Angélique, née le 23 février 1724, enfants de Paul, écuyer, seigneur de Chaumot, conseiller du roi, et de Marie-Madeleine de Mouchy (S. R.).

— Marie-Louise, morte le 3 mars 1746 à vingt-sept ans, épouse de Gilles-Gervais de Pechpeyrou, marquis de Beaucaire, chevalier, seigneur de Mossac, colonel de cavalerie (S. S.).

— Marie-Jeanne-Angélique, morte le 19 avril 1750 à vingt-quatre ans, épouse de Marie-Jacques, marquis de Bréban (S. R.).

— Jeanne, marquise de Mérinville, dame d'Augerville, Destouches, morte le 18 juin 1755 à cinquante ans, veuve de Pierre-Nicolas Bertin, conseiller du roi (S. J. en G.).

Delpuech (Louis), écuyer, seigneur de la Loubière, mort le 15 janvier 1747 à soixante-onze ans, veuf de Jeanne de Bédos S. R.).

Denis (Edme), écuyer, secrétaire du roi, fils de feu Pierre, et de feue Marie Didier, marié le 4 octobre 1677 à Charlotte Fougeu, fille de Charles, seigneur des Cures, maréchal-général des logis des camps et armées du roi, et d'Anne Coulon (S. A. des A.).

Denois de Fontchevreil (Alphonse-Jean-Louis), né le 19 février 1792, fils de Pierre-Anastase, et de Marie-Marguerite-Émilie Bouillerot de Chauvallon (S. M. M. la V. l'É.).

Denays (Jean-Baptiste le), comte de Quémadeuc, mort le 4 décembre 1768, à cinquante-huit ans, époux d'Élisabeth-Françoise Jollivet (S. P.). Dont : Jean-Baptiste-Louis-Auguste, marié le 3 février 1778 à Louise-Élisabeth Charlet, fille de Louis-Henri, seigneur d'Ablis, et d'Élisabeth-Charlotte Bedé des Fougerais (S. S.).

Dermand (Chrétien-Pierre), né le 1 décembre 1725, fils de Pierre, seigneur de Châteauvieux, et de Jeanne-Marie-Catherine Douté (S. R.)

Dervilliers (Charles-Louis-Nicolas), né le 31 mars 1779, fils de Charles-Louis-Joseph, chevalier, capitaine d'infanterie, et de Louise-Françoise-Charlotte Mutel de l'Isle (S. E.).

Deschamps « le 27 février 1620 fiançailles de Madeleine Parfait, âgée de dix-sept ans, avec M. Étienne Deschamps, receveur des tailles, à Provins » (S. P.).

— Roch-Charles-Gabriel, comte de Raffetot, mort le 6 septembre 1834 à soixante-douze ans, veuf d'Henriette-Madeleine-Julie Dupont (Xe arr.).

Deschiens (Marie-Anne), demoiselle de la Neuville, morte le 26 juillet 1741, à quarante ans, épouse de Jean-Baptiste, marquis de Fresnoy, vicomte de Berck (S. M. M. la V. l'É.).

— Marie-Anne, morte le 3 novembre 1755 à quatre-vingt-quatorze ans, veuve de Jean-Pierre de Cormis, comte de Saint-Georges, mestre-de-camp de cavalerie (S. R.).

Descorche (Henri-Louis), né le 16 janvier 1777, fils de Marie-Louis-Henry, seigneur de Sainte-Croix et d'Osmond, et de Marie-Victoire Talon (S. N. des Ch.).

Deshayes (Denis-Marie), baptisé à Versailles le 12 janvier 1708, fils de Denis, et d'Anne Marchet, marié le 5 décembre 1736 à Denise-Jeanne Leblond, fille de Girard, et de Marie Lange. Témoins de l'époux : Anne Marchet, sa mère, Girard Baron, architecte, cousin-germain; Pierre Thibault, officier du roi de Pologne, ami. Témoins de l'épouse : Girard Leblond, et Marie Lange, ses père et mère; Remy Leblond, clerc tonsuré, son frère ; Jean-Jacques Leblond, marchand orphèvre, cousin-germain ; Me César-François de Chatleux Davalon; Me Louis-Philippe de Chatleux de Beauvoir ; Me Henry-Guillaume de Chatleux de Boissancour ; Me Paul Fouger, ecclésiastique du diocèse de Tours. Signé : Denis Deshays. — Marie Lange. — Denise Leblond. — Anne Marchais. — Remy Leblond. — Baron. — Paul Foucher. — Chastellux d'Avalon. — Chastellux de Beauvoir. — Chastellux de Bossancourt. — Leblond. — Pier Thibault. — C. A. Susecoindt. — Canebier, vic. — Dont : Alexandrine-Victoire-Éléonore-Pauline-Antoinette, née le 2 mars 1742, baptisée le 4 et tenue par Mre Paul-Anthoine de Chatelux, viconte d'Avalon, fil de haut et puissant seigneur messire Guillaume Anthoine de Chastelux, viconte d'Avalon et lieutenant-général des armées du roy et lieutenant général ès commandements de Roussillon, et de haute et puissante dame Clere-Thérèse Daguesseau, et par damoiselle Victoire-Éléonore-Alexandrine Damas de Ruffey, fille de haut et puissant seigneur messire Joseph-François Damas, marquis d'Antigny, conte de Ruffey, baron de Cheveron, brigadier des armes du roy, colonel du régiment de Bolonnais, gouverneur des pais et souveraineté de Dumbre, et de haute et puissante dame Marie-Judicth de Viene, ses parin et marine qui ont signé : Damas de Ruffey. — Chastellux Davallon. — Deshayes. — Vienne d'Antigny. — J. Cadot (S. M. M. la V. l'É.).

DESLACS DU BOSQUET (Achille-Claude-Antoine-François), né le 22 septembre 1771, et Aglaé-Félicité-Françoise, née le 10 janvier 1775, enfants d'Antoine-Joseph-François, marquis d'Arcambal, et de Françoise-Félicité du Crest de Chigy (S. M. M. la V. l'É.)..

DESMARETS (Marguerite-Henriette), née le 11 mai 1721, fille de Jean-Baptiste-François, marquis de Maillebois, et de Marie-Emmanuelle d'Alègre (S. S.).

— Yves-Jean-Baptiste-Marie, né le 22 juin 1748, fils d'Yves-Marie-François, comte de Maillebois, et de Madeleine-Catherine de Voyer de Paulmy d'Argenson (S. S.).

— Henriette-Madeleine, demoiselle de Vaubourg, morte le 11 mai 1760 à soixante-dix-huit ans, veuve de Charles, comte d'Angennes, brigadier des armées du Roi (S. P.).

— Jean-Baptiste-François, marquis de Maillebois, mort le 7 février 1762 à quatre-vingts ans (S. S.).

— Pierre, abbé de Montebourg, mort le 25 avril 1771 à quatre-vingt-quatre ans (S. S.).

— Marguerite-Henriette, morte le 8 août 1783 à soixante-deux ans trois mois, épouse de Louis du Bouchet, marquis de Sourches (S. S.).

DESMIER (Charles-César), chevalier, seigneur de Chenon, mort le 18 avril 1757 à quatre-vingt-sept ans (S. P.).

DESPLAS (Auguste-Louis), né le 22 octobre 1778, fils de François, capitaine de cavalerie, et de Marie-Louise-Rose de Blacas (S. N. des Ch.).

DESPONTY (Marie-Geneviève), morte le 2 décembre 1759 à soixante-deux ans, veuve de François des Roches Herpin, chevalier seigneur de Fontenailles, Boisboudreau (S. P.).

DESPREZ (Élisabeth-Agnès), demoiselle de Mailly, morte le 2 septembre 1758 à quatre-vingt-trois ans (S. S.).

— François-Scipion, chevalier, fils de Jean, chevalier, seigneur de Mondreville, et de Marie Robeau, marié le 15 septembre 1685 à Henriette le Vergeur, fille de Claude, seigneur d'Assy, et de Marie du Foix (S. A. des A.).

— Armand-Victoire, né le 23 janvier 1750, et Marie-Louis-Henri, né le 20 août 1752, enfants de messire Louis, sieur de Beauregard, capitaine des grenadiers au régiment de Picardie, et de Reine-Victoire Dubord de Mézera (S. J. en G.).

— Antoine, maître des requêtes ordinaires de la reine, mort le 18 mars 1791, époux de Marie-Françoise Humery de la Boissière du Plémont (S. R.).

Destut (Françoise-Émilie), née le 5 octobre 1780 ; Alexandre-César-Victor-Charles, né le 9 septembre 1781 ; Ange-Marie, né le 30 juillet 1784, mort le 3 octobre 1784 ; Augustine-Émilie-Victorine, née le 29 août 1787, enfants d'Antoine-Louis-Claude, comte de Tracy, mestre de camp en second du régiment royal-cavalerie, et d'Émilie-Louise de Durfort de Civrac (S. S.).

Desvieux (Louis-Philippe), mort le 13 septembre 1735, époux de Bonne-Madeleine le Couturier (S. M. M. la V. l'É.).

— Jeanne-Monique-Philippe, morte le 1er mars 1746 à vingt-sept ans, épouse de François-Dominique de Barberie, chevalier, seigneur de Saint-Contest, conseiller du Roi, maître des requêtes (S. R.).

— Madeleine-Geneviève-Mélanie, morte le 6 janvier 1747 à vingt-deux ans, épouse d'Omer Joly de Fleury, conseiller du roi (S. M. M. la V. l'É.).

— Jean-Joseph, sieur de Navailles, président des requêtes, mort le 23 juillet 1749 à vingt-deux ans (S. M. M. la V. l'É.).

— Léonard-Philippe, né le 5 novembre 1749, et Dominique-Etienne, né le 7 novembre 1751, fils de Philippe-Étienne, conseiller du roi, et de Marie-Thérèse du Cluzel (S. M. M. la V. l'É.).

Deszalleurs le Bourg (Gabriel-Auguste), né le 31 mars 1789, fils de Jean-Pierre, maître des comptes, et d'Élisabeth-Denise Hénault (S. E.).

Dettlingen (Sophie-Élisabeth, baronne de), morte le 9 juillet 1752 à soixante-huit ans (S. J. en G.).

Deux-Ponts (Marie-Anne-Jeanne-Françoise-Éléonore-Maximilienne de), née le 28 août 1785, fille de Guillaume, comte de Forbach, et d'Adélaïde-Louise-Roger-Martine de Polastron (S. M. M. la V. l'É.).

Devilliers (Jean), mort le 7 mai 1786, époux d'Agathe-Claude Courseron.

Devin de Gallande (Clémentine-Jeanne-Élisabeth), née le 27 août 1789, fille de Jean-Baptiste, seigneur de Pinceloup, et de Marie-Henriette de Vandenesse (S. S.).

Diasconen (Jean), chevalier de Calatrava, capitaine de cuirassiers dans l'armée de Sa Majesté Catholique, mort le 19 octobre 1682 (S. A. des A.).

Dieudonné d'Yvory (Marie-Ursule), morte le 23 janvier 1791 à quarante-un ans, veuve de Marie-Innocent Maillard, baron d'Hanneffe (S. G.).

Dieuleveult de Siléon (Noël-Marie), écuyer au service du génie de la marine, fils de Jacques-François, et de Marie-Anne le Forre, marié le 17 août 1784 à Marie-Josèphe-Claudine de Chasteigner, fille de Claude, seigneur de Paradis, et de Marie-Anne-Charlotte Dieude de Saint-Lazare, dont : Sophie-Marie-Josèphe, née le 3 décembre 1783 (S. S.).

Dillon (Albert), marié le 9 novembre 1719 à Élisabeth Lévesque de Courtanoille (S. Hilaire.).

— N... morte le 8 décembre 1723 à cinq ans, fille de Christophe, écuyer, officier de la brigade de la compagie de Lée, et de Catherine Desfoxque (S. S.).

— Marie, morte le 19 mai 1766 à soixante-dix-sept ans, veuve de Joseph de Fitz-Gérald (S. S.).

— Henriette-Lucie, née le 25 février 1770, fille du comte Arthur-Richard, et de Lucie-Thérèse de Rothe ; son père se remaria le 7 février 1785 à Anne-Laure Girardin, veuve de François-Alexandre de la Touche-Longpré, lieutenant des vaisseaux du roi (S. S.), dont

Françoise-Henriette-Laure, née le 14 octobre 1786 (S. M. M. la V. l'É.).

Dodun (Catherine-Geneviève), morte le 30 septembre 1759 à quatre-vingt-cinq ans, veuve de Moïse-Augustin Fontanieu, intendant et contrôleur général des meubles de la couronne (S. R.).

Doé de Combault (Guillaume-Jean-Baptiste), conseiller du roi, mort le 20 février 1786 à soixante-six ans, époux d'Anne-Madeleine Duvelleroy (S. J. en G.).

Dolet (Antoine), fils de feu Jacques, écuyer, sieur de Conomignoux, chevau-léger de la garde du roi, et de Marguerite du Maillet, marié le 15 septembre 1672 à Anne le Cointe, fille de feu René, écuyer, sieur des Rosiers, et de Louise de Galmer (S. A. des A.).

Dompierre (Nicolas-Joseph de), chevalier, seigneur de Fontaine, mort le 1er mai 1756 à soixante-sept ans (S. P.).

— Alexandrine-Geneviève, née le 7 février 1772 ; Charlotte-Louise-Sophie, née le 8 janvier 1774 ; Charles-François-Victor, né le 29 août 1776 ; Élisabeth-Charlotte, née le 29 août 1780 ; Louis-Hippolyte-François de Paule, né le 1er décembre 1782 ; François-Paul-Gabriel, né le 14 août 1785, enfants d'Alexandre-Marie-François de Paule, seigneur et comte d'Hornoy, et de Louise-Sophie Savalette (S. R.).

Donat (Joseph-Étienne-Victor-Gabriel), né le 25 décembre 1787, fils de Paul-Gabriel, chevalier d'infanterie, et de Marie-Madeleine de Montis (S. R.).

Donon (Claude de), baptisé le 13 novembre 1638, fils de Pierre, sieur de la Montagne, et de Madeleine le Long (S. G.).

— Madeleine, baptisée le 21 janvier 1639, fille de Jean, contrôleur général des bâtiments, et d'Élisabeth de Lon (S. G.).

Dorat (Angélique-Suzanne), née le 13 juin 1732, fille de Claude-Joseph, seigneur de la Barre, et de Marie-Jeanne Fourel (S. S.).

— Anne-Catherine-Denise, morte le 26 juin 1761 à vingt-cinq ans, épouse de Pierre-Juvénal Gallois, seigneur de Belleville, auditeur à la Chambre des comptes (S. P.).

— Claude, seigneur de Chameulles, mort le 7 août 1771 à soixante-quinze ans (S. P.).

Doria (Charlotte-Antoinette), née le 16 juillet 1773, fille de Jean-Henri, et de Louise-Françoise-Charlotte de Montcalm (S. S.).

Doubar-Beaumanoir (Marie-Louise de), morte le 23 juillet 1748 à soixante-huit ans, veuve de Jean-Pierre Chevalier, seigneur de Charrie, et remariée à Bernard de Verdelin (S. R.).

Doublet (Jean), seigneur de Montaigu, mort le 21 mars 1713 (S. P.).

— Anne, morte le 21 mai 1727 à cinquante-sept ans, épouse d'Antoine Barillon, seigneur d'Amoncourt (S. P.).

— Marie-Élisabeth, morte le 26 janvier 1746 à soixante-deux ans, épouse de Louis Bille, écuyer, conseiller secrétaire du roi, maison et couronne de France (S. R.).

— Adélaïde-Jeanne-Marie, née le 5 janvier 1756 ; Bon-Guy-Félicité, mort le 15 août 1760, à seize mois (S. P.) ; Anne-Félicité, née le 1er septembre 1766, enfants d'Anne-Nicolas, chevalier, marquis de Persan, conseiller du roi, et d'Anne-Adélaïde Aymeret de Gazeau.

— Godefroy-Charles-Henri, fils de Bon-Guy, comte de Persan, et de Marie-Thérèse Ramboux, marié le 23 août 1788 à Rosalie-Thérèse-Pauline de Séguiran, fille de François-Joseph-Thérèse, et d'Anne-Pauline le Breton (S. J. du H. P.), dont : Bon-Guy-Godefroy-Paul, né à Caen le 27 septembre 1793, marié le 20 décembre 1830 à Louise-Amélie Hesse, née à Modin le 18 février 1809, fille de Léopold-Auguste-Constantin, et d'Amélie-Dorothée Dohme, dont Constance-Aimée-Pauline, née le 21 novembre 1829 (1er arr.).

Douet de la Boulaye (Angélique-Claudine-Gabrielle), née le 7 février 1768, fille de Gabriel-Isaac, et d'Angélique-Jeanne-Catherine de Bernis (S. E.).

Douet de Cormeron (Louis-Charles), mort le 29 juin 1759 à vingt-trois ans, fils de Claude, écuyer, fermier général, seigneur du marquisat du Houssay, et de Catherine Gervais (S. R.).

Douet de Saint-Alyre (Jean-Claude-Gabriel), chevalier, conseiller du roi, maître ordinaire des requêtes, mort le 10 juillet 1787 à vingt-neuf ans (S. E.).

Douet de Vichy (Claude-Gabriel), chevalier, conseiller honoraire en la grand'chambre du Parlement, baron de Saint-Désiré, mort le 1ᵉʳ février 1787 à soixante-quinze ans (S. E.).

Douy (Jacques de), baptisé le 7 mai 1605, fils d'Octavien, sieur d'Attichy, et conseiller du roi en ses conseils d'État et privé, et de dame Valence de Marillac (S. G.).

Doux de Melleville (Marie-Catherine le), morte le 12 février 1791 à soixante-quatre ans, veuve de Nicolas Le Clerc de Grand-maison, seigneur de Riherpré (S. G.).

Doynel (Charlotte-Constance), née le 7 mai 1782, fille de Jacques-Alexandre, comte de Montécot, et de Jeanne-Henriette Thibault de la Carte (S. S.).

— Dresnay (François-Julien du), fils de Joseph-Marie, seigneur des Roches, et de Marie-Thérèse le Jar de Cleusmeur, marié le 29 novembre 1780 à Marie-Émilie de Caumont, veuve de Charles-Henri-Marie Decadouche, capitaine de dragons (S. S.).

Dreux (Joachim de), né le 22 novembre 1710, fils de Thomas, marquis de Brézé, et de Catherine-Angélique Chamillart (S. S.).

— Thomas, marquis de Brézé, mort le 26 mars 1749 à soixante-douze ans (S. S.).

— Michel, marquis de Brézé, mort le 17 février 1754 à cinquante-trois ans (S. S.).

— Louise-Élisabeth, née le 8 mars 1756 ; Catherine-Henriette, née le 26 août 1757 ; Élisabeth-Angélique, née le 19 octobre 1758 ; Thomas-Louis, né le 3 janvier 1760 ; Charlotte-Marie, née le 25 février 1762 ; Marie-Marguerite, née le 27 mars 1763 ; Louise-Renée, née le 14 décembre 1764, morte le 19 octobre 1770 ; Henri-Évrard, né le 6 mars 1766, et Anne-Jacqueline, née le 19 novembre 1768, enfants de Joachim, chevalier, marquis de Brézé, grand-maître des cérémonies de France, et de Louise-Jeanne-Marie de Courtarvel de Pezé (S. S.).

— Étienne-Joseph-Auguste-Léon, né le 27 avril 1763, et Pierre-

Ghislain-Joseph-François, né le 23 novembre 1765, fils de François-Léon, comte de Nancré, et de Suzanne-Charlotte-Pauline de Saint-Hyacinthe de Marconnay (S. R.).

— François-Léon, comte de Nancré, mort le 22 mars 1774 à soixante-neuf ans, époux de Suzanne-Charlotte-Pauline de Saint-Hyacinthe de Belais, dont : Marie-Louise-Bonne, morte le 17 septembre 1775 à vingt ans (S. S.).

— Catherine-Françoise, morte le 3 octobre 1783 à soixante-huit ans, veuve de Jean-Baptiste Poussart, marquis du Vigean (S. S.).

— Marie-Edmée-Théodore, née le 18 avril 1785 ; Hyacinthe-Louis-Ernest, né le 30 mars 1787, et Frédéric-Lancelot, né le 20 mars 1788, enfants de Barthélemy-Charles, comte de Nancré, et de Marie-Louise-Aimée de Courcelles (S. S.).

— Henri-Evrard, fils de Joachim, marquis de Brézé, baron de Berrye, grand-maître des cérémonies de France, et de Louise-Jeanne-Marie de Courtarvel, marié le 9 mars 1790 à Adélaïde-Anne-Philippine de Custine, fille du comte Adam-Philippe, maréchal des camps et armées du roi, gouverneur de Toulon, et de Adélaïde-Louise-Céleste de Gagnat de Longny (S. S.).

Drouard (Anne-Madeleine de), née le 2 avril 1770, fille de Pierre, chevalier, et de Marie-Madeleine Thiomelle (S. S.).

— Guy-Pierre, chevalier, seigneur de Curly, etc., mort le 5 mai 1784 à cinquante-un ans (S. E.).

— Louis-Mathieu, né le 8 février 1781 (S. E.); Guy, né le 21 octobre 1782 (S. R.) et Marie-Ursule, née le 28 novembre 1784, (S. E.), enfants de Jacques-François-Marie, écuyer, et de Marie-Françoise Morand de la Genevraye.

Drouilhet (Gratien), écuyer, receveur général des finances de la généralité de La Rochelle, mort le 30 janvier 1756 à cinquante-huit ans, époux de Marie-Françoise Pénot-Tournier de la Cossière, dont : Marie-Jeanne, née le 8 février 1741; François-Gratien, né le 28 janvier 1742, mort le 7 mars 1743 ; Charles-Honoré-Gratien, né le 16 mai 1743 ; Marie-Adélaïde, née le 26 août 1744 ; Étienne-François, né le 4 octobre 1747; Louise-Jeanne-Marguerite, née le

24 août 1750 ; Jacques-Claude, né le 15 mars 1752 ; Angélique-Marie, née le 1er juin 1756 (S. R.).

Droullin (Alphonse de), fils de Claude-Charles, comte de Ménil-glaise, et de Marie-Élisabeth Carel de Vaux, marié le 21 janvier 1790 à Anne-Marie de Galard, fille d'Alexandre-Guillaume, comte de Brassac de Béarn, maréchal de camp, et d'Anne-Gabrielle Potier de Novion (S. S.).

Drouyn (Marie-Adélaïde), morte le 12 mars 1756 à trois ans, et Marie-Aimée-Victorine, née le 18 octobre 1754, filles de Pierre-Louis-Anne, chevalier, baron de Bray, seigneur de Deuil, conseiller du roi, et d'Anne-Marie-Charlotte Le Roy de Sanguin (S. P.).

— Claude-Philippe, morte le 26 mars 1757 à vingt-huit ans, veuve de Claude-Edme Raincy, conseiller du roi (S. P.).

— Jean-François, capitaine, seigneur d'Arquery et de Vandeuil, baptisé à St. N. des Ch. le 26 février 1730, fils de Louis-François, conseiller du roi, inhumé à Gouvernes le 30 septembre 1750, et de Marie-Charlotte Masson, inhumée à S. N. des Ch. le 16 mars 1730, marié le 24 mars 1763 à Anne-Amande-Judith Chavanne, baptisée à S. P. le 12 octobre 1744, fille de Jacques, conseiller au Parlement et d'Anne-Claude Hervé (S. Laurent).

— Alexandre-François-César, né le 20 mars 1773, fils de Jean-François, comte de Lhuys, et de Geneviève-Josèphe de Werchain (S. N. des Ch.).

Drummond (Jacques de), duc de Perth, pair d'Écosse, mort le 17 avril 1720 à quarante-six ans (S. S.).

— Louis, né le 4 novembre 1721, fils d'André, comte de Melfort, et de Madeleine-Sylvie de Sainte-Hermine (S. S.).

— André, comte de Melfort, brigadier des armées du roi, mort le 12 février 1726 à trente-deux ans huit mois (S. S.).

— N. né le 15 janvier 1744, fils du vicomte de Melfort et de Catherine-Dorothée Cockayne (S. S.).

— Henriette-Caroline. demoiselle de Melfort, morte le 18 mars 1754 à soixante ans (S. S.).

— Louis-Pierre-Milcolombe, né le 1er février 1760 ; Arabella-

Henriette, née le 15 avril 1765, et Louis-Édouard-Geneviève, né le 21 septembre 1767, enfants de Louis, comte de Melfort, et de Jeanne-Élisabeth de la Porte (S. R.).

— Thérèse, demoiselle de Melfort, morte le 30 novembre 1764 quatre-vingts ans (S. S.).

— Léon-Maurice-Élisabeth, né le 9 janvier 1791, fils de Léon-Maurice, comte de Melfort, et de Lucie-Élisabeth Longuemare (S. S.).

Dubarail (Antoine), abbé de Notre-Dame de Nesle, mort le 7 août 1778 à soixante-trois ans (S. J. du H. P.).

Dubois (Marie-Anne), née le 13 février 1742, fille de messire Alexis, chevalier, vicomte d'Anisy, conseiller au Parlement, et de Jeanne-Marie-Victoire du Couëdic de Kerdrain (S. R.).

— Anne-Jacques, marquis de la Rochette, baron de Saint-Brisson, mort le 27 juin 1763 à trente-quatre ans (S. P.).

Dubuisson (Françoise-Marguerite), morte le 26 janvier 1749 à soixante-six ans, veuve de Louis de Bourré, écuyer, sieur de Montigny, et remariée à François-Christophe de Lalive (S. R.).

Ducet (Marie-Thérèse), née le 7 août 1730, fille de Charles-Antoine, chevalier, seigneur de Craux, chevalier de Saint-Louis, mestre de camp d'infanterie, et de Charlotte-Madeleine Sebirc (S. S.).

Duché (Marie-Anne), morte le 13 août 1736 à trente-deux ans, épouse de Jean-Antoine de la Roche, comte de Fontenilles (S. S.).

Ducluzeau de la Roche-Aymon (Jean-Baptiste), mort le 26 février 1789 à dix-neuf ans (S. S.).

Duderé (Françoise-Radegonde), née le 21 novembre 1731, fille de Pierre, écuyer, seigneur de la Borde, et de Charlotte-Élisabeth de Varennes (S. S.).

Dufaure de Souvezie (Jacques-Joseph-Marie-Alexandrine-Jean de), fils de Guillaume, seigneur de Meilhac, et de Jeanne Beche, marié le 23 septembre 1783 à Marie de Granderatz, fille de Dominique, seigneur de Bussy, et de Gabrielle de Serignan (S. S.).

Dufort (Joseph-Pierre), chevalier, conseiller du roi, seigneur de Saint-Leu, mort le 15 novembre 1746 à quarante-neuf ans, veuf d'Agnès-Françoise Soullet (S. R.).

— Bernard-Marie-Joseph-Pierre, né le 5 février 1757, et Edmée-Antoinette-Marie, née le 21 février 1759, enfants de Jean-Nicolas, seigneur de Saint-Leu, et d'Anne-Marie-Edmée le Gendre (S. M. M. la V. l'É.).

Dufour de Nogent (Marie-Angélique), morte le 24 février 1750, à soixante-six ans, veuve de Louis de Banne, comte d'Avéjan (S. S.).

— Marguerite-Louise, baronne de Cuy, morte le 17 avril 1775 à trente ans, veuve de Nicolas-Camille d'Orglandes, comte de Brion (S. M. M. la V. l'É.).

Dugas de Vallon (Louis-René-Adrien), veuf de Marie-Marguerite-Nicole Guibert, remarié le 17 août 1790 à Marie-Françoise-Pauline Bellumeau, fille d'Étienne, sieur de la Vincendière, et de Marguerite-Élisabeth-Pauline Magnan (S. J. du H. P.).

Dugast d'Artigny (Claude-Marie), morte le 9 mai 1720 à quatre-vingt-quatre ans, épouse de Pierre-Scipion de Grimoard de Beauvoir, comte du Roure (S. S.).

Dugué (Marie-Angélique), morte le 3 août 1723 à quatre-vingt-deux ans, veuve de Philippe-Emmanuel de Coulanges (S. P.).

Duhamel (Charles-André-Eugène), vicomte de Breuil, lieutenant-colonel de cavalerie, né à Reims le 25 novembre 1788, fils de Charles-André, mort à Reims en mars 1814, et de Louise-Anne Gédéon de Sahuguet de Termes, marié le 9 mai 1832 à Henriette-Marie-Geneviève de Murat, née à Paris le 2 février 1804, fille de François-Casimir, marquis de Lestang, et d'Aglaé-Charlotte-Marie de Broglie (X° arr.).

Dulivet de Saint-Mars (Jean-Jacques), lieutenant du roi à Conches, commissaire honoraire des guerres, député au corps législatif, mort le 8 mars 1792 (S. G. des P.).

Dumas (Benoît), écuyer, chevalier de Saint-Michel, seigneur de Stains, mort le 29 octobre 1746 à cinquante ans (S. R.).

Dumetz (Claude-Gédéon), président à la Chambre des comptes, mort le 25 février 1759 à soixante-dix-sept ans (S. J. du H. P.).

Dumolin (Anne-Élisabeth), veuve de Pierre-Achille Picot, marquis de Combreux, morte le 6 mars 1784 à quatre-vingt-dix ans (S. R.).

Dunoyer (Olympe-Catherine), morte le 6 mars 1770 à soixante-dix-huit ans, veuve de Jean-Charles, baron de Winterfeldt (S. R.).

Dupin (Jacques-Armand), né le 3 mars 1727, fils de Claude, écuyer, seigneur de Laleuf, l'Épinière, conseiller du roi, et de Louise-Marie-Madeleine Guillaume de Fontaine (S. R.).

Duplat (Félix-Rémond), baron de Monticourt, né à Angers le 21 juin 1815, fils d'Étienne-Félix, mort à Pau en septembre 1839, et de Rémonde Boreau de la Besnardière, morte à Paris en avril 1817, marié le 24 mai 1845 à Marie-Marguerite-Pauline Sauvan, née à Paris le 3 avril 1826, fille de Camille-Élisabeth, comte d'Aramon, et de Pauline-Marie-Georgine Dubois de la Touche (X° arr.).

Dupleix (Joseph-François), ancien gouverneur de Pondichéry, mort le 4 décembre 1756 à cinquante ans (S. M. M. la V. l'É.).

— Adélaïde-Louise-Jeanne, née le 25 janvier 1760, et N., né le 20 septembre 1761, mort le 8 octobre 1761, enfants du marquis Joseph-François, ancien gouverneur de Pondichéry, mort le 11 novembre 1763 à soixante-huit ans, et de Claude-Thérèse de Chastenay-Lanty (S. M. M. la V. l'É.).

— Charles-Joseph-René, né le 3 décembre 1766, et Augustin-Charles-Amand, né le 14 janvier 1768, enfants de Marc-Antoine-Charles, seigneur de Pernans, colonel d'infanterie, et de Charlotte-Émilie-Olympe Savalette de Magnanville (S. R.).

— Anne-Charles-Guy-Gérard, né le 11 mai 1767, et Jacques-Serein, né le 4 avril 1768, fils de Charles, baron de Cadignan, et de Marie-Charlotte Ollivier (S. R.).

— Guillaume-Joseph, fils de Charles-Claude-Ange, seigneur de Bacquencourt, et de Jeanne-Henriette de Laleu, marié le 16 mai 1771 à Jeanne de Nogué, fille de François, seigneur de Sévignac, et de Jeanne Orosi de Laborde, dont : Augustine-Françoise-Marie, née le 8 septembre 1772; Charlotte-Renée, née le 26 novembre 1773; Auguste-Charles-Joseph, né le 20 juillet 1777 (S. E.).

Dupré (Louis), prieur de Lierru et aumônier du roi, mort le 5 mars 1678 (S. A. des A.).

— Anne-Louise-Françoise, morte le 17 février 1737 à dix-sept ans quatre mois, épouse de Jean-Baptiste-Paulin Daguesseau de Fresnes (S. R.).

— Jeanne-Charlotte, inhumée le 1er août 1762 à soixante-quatorze ans, veuve de Jean-Baptiste des Gallois (S. S.).

Dupuis (Pierre), chevalier, maître des requêtes honoraire, président honoraire au grand conseil, conseiller honoraire au Parlement, mort le 15 février 1758 à soixante-neuf ans (S. R.).

Dupuy (Élisabeth-Marie), morte le 16 février 1780 à cinquante-huit ans, veuve de Louis-Léon de Bouthillier, comte de Beaujeu (S. E.).

Durand (Jeanne), baptisée le 2 avril 1584, fille de noble homme Louis, sieur de Villegaignon, conseiller du roi en son grand conseil, et de Marie Brulart (S. G.).

Durefort (Jean-Baptiste), prêtre du diocèse de Coutances, mort le 30 janvier 1729 à trente-six ans (S. S.).

Durey (Antoine-Jean-Baptiste-Louis), né le 16 juillet 1734, et Louise-Adélaïde, née le 14 février 1741, enfants de Jean-Baptiste-François, seigneur de Meinières, président au Parlement de Paris, et de Marie-Louise Ponivet de la Blinière (S. R.).

— Jean-Baptiste, chevalier, seigneur de Bournonville, etc., conseiller du roi, président au grand conseil, mort le 15 juillet 1747 à quatre-vingt-deux ans, veuf de Louise Le Gendre (S. R.).

— Marie-Josèphe, morte le 17 juin 1756, épouse de Jean-Paul-Timoléon de Cossé, comte de Brissac (S. S.).

— Joseph, marquis du Terrail, veuf de Marie-Rosalie de Goësbriant, et remarié à Marie-Charlotte de Crussol, mort le 13 juin 1770, présenté le 16 à Saint-Roch, et transféré le 13 mars 1778 aux Théatins.

Durier (Madeleine), baptisée le 2 juin 1638, fille de Claude, conseiller du roi et trésorier général, et de Madeleine Lions (S. G.).

Durfort (Anne de), baptisée le 4 septembre 1611, fille de Léon, et de Lucrèce de Béthune (S. P.).

— Henri, né le 22 décembre 1670; Charlotte-Armande-Alix, née le 2 janvier 1672; Maurice-Théodose-Casimir, mort le 17 janvier 1679; Louis, chevalier de Malte, mort le 17 avril 1682, et Jean-Baptiste, né le 29 janvier 1684, enfants de Jacques-Henri, duc de Duras, et de Marguerite-Félicie de Lévis (S. P.).

— Henri-Louis-Alexandre, né le 18 octobre 1714, et Emmanuel-Félicité, né le 19 décembre 1715, fils de Jean-Baptiste, duc de Duras, et d'Angélique-Victoire de Bournonville (S. S.).

— Charlotte-Félicie-Armande, morte le 27 décembre 1730 à cinquante-huit ans, épouse de Paul-Jules Mazarin de Ruzé, duc de Mazarin de la Meilleraye et de Mayenne (S. R.).

— Marie-Jeanne-Geneviève, née le 5 février 1735, fille de Guy-Michel, duc de Randan, et d'Élisabeth-Philippine de Poitiers (S. S.).

— Louise-Jeanne, née le 1er septembre 1735, fille d'Emmanuel-Félicité, duc de Duras, et de Charlotte-Antoinette de la Porte Ruzé de Mazarin (S. M. M. la V. l'É.).

— Jean-Sylvestre, marquis de Boissières, mort le 1er janvier 1737 à quatre-vingt-neuf ans, veuf d'Élisabeth de Clermont de Piles (S. S.).

— Guyonne-Marguerite-Philippine, née le 27 décembre 1738; Adélaïde-Philippine, née le 20 septembre 1743; Guy-Auguste, mort le 19 février 1754 à treize ans et demi, et Guy-Sébastien, né le 10 janvier 1751, enfants de Louis, duc de Lorge, et de Marie-Marguerite-Reine Butault de Marsan (S. S.).

— Geneviève, morte le 19 mai 1740 à soixante ans, veuve d'Antonin-Nompar de Caumont, duc de Lauzun (S. S.).

— Emmanuel-Céleste-Augustin, né le 28 août 1741, et Charles-Fidèle-Armand, né le 18 décembre 1743, fils d'Emmanuel-Félicité, duc de Duras, marquis de Vauruffier, Rougé, et de Louise-Françoise-Maclovie-Céleste de Coëtquen (S. M. M. la V. l'É.).

— Louise-Bernardine, demoiselle de Duras, morte le 21 mars 1747 à soixante-cinq ans, veuve de Jean-Baptiste-Paul de Bonne de Créqui, duc de Lesdiguières (S. S.).

— N., né le 10 octobre 1750; N., née le 28 janvier 1753; Pauline-Clotilde, née le 11 juillet 1756 (S. M. M. la V. l'É) et Émilie-Louise, née le 25 octobre 1759 (S. S.), enfants d'Émery-François, marquis de Civrac, et de Marie-Françoise de Pardaillan de Gondrin d'Antin.

— Félicité-Jean-Louis-Étienne, né le 4 mars 1752; et Étienne-Narcisse, né le 3 octobre 1753, fils de Louis-Philippe, et de Marie-Françoise Texier (S. R.).

— Félix-Victoire, morte le 17 octobre 1753 à quarante-six ans, épouse de Louis-Marie, duc d'Aumont (S. S.).

— Émilie-Perrette-Antoinette, née le 25 juin 1754, fille du vicomte Charles-Louis, et d'Émilie-Antoinette-Éléonore de Pourcheresse d'Estrabonne. — Parrain : Pierre, marquis de Durfort, aïeul paternel (S. S.).

— Marie-Élisabeth, morte le 10 juin 1759 à vingt ans, épouse de Ferdinand, comte de Grammont, maréchal des camps et armées du roi, grand-bailli de la noblesse dans le duché de Bourgogne (S. R.).

— Marie-Jeanne-Geneviève, demoiselle de Lorge, morte le 11 décembre 1762 à vingt-sept ans dix mois six jours, épouse de Jean-Bretagne-Charles-Godefroy, duc de la Trémoille (S. S.).

— N. né le 18 octobre 1765, mort le 16 août 1767; Guy-Émeric-Anne, né le 25 juin 1767; Alexandre-Émeric, né le 6 février 1770, et Émeric-Ovide, né le 25 août 1771, fils de Jean-Laurent, comte de Lorge, et d'Adélaïde-Philippine de Durfort de Lorge (S. S.).

— Jeanne-Marie, morte le 26 octobre 1766 à dix-huit ans, femme de Louis-Marie-Joseph, marquis de Lescure (S. S.).

— Jean-Baptiste, duc de Duras, mort le 8 juillet 1770 à quatre-vingt-six ans (S. M. M. la V. l'É.).

— Amédée-Bretagne-Malo, né le 5 avril 1771, et tenu le 8 mai suivant au nom des États de Bretagne, fils d'Emmanuel-Céleste-Augustin, marquis de Duras, et de Louise-Henriette-Charlotte-Philippine de Noailles (S. S).

— Émeric-François, marquis de Civrac, mort le 28 décembre 1773 à quarante-six ans (S. S.).

— Armand-Céleste, né le 16 mai 1774; Amélie-Louise-Thérèse, née le 26 juillet 1775, et Félicité-Louise-Julie-Constance, née le 10 juin 1782, enfants de Félicité-Jean-Louis-Étienne, comte de Deyme, et d'Armande-Jeanne-Claude de Béthune (S. M. M. la V. l'É.).

— Émeric-Valentin-Jules, né le 15 décembre 1774, mort le 27 mars 1775, fils de Venant-Émeric-Louis-Henri, marquis de Civrac, et de Catherine Brown (S. S.).

— Louis, duc de Lorge, mort le 10 décembre 1775 à soixante-un ans (S. S.).

— Henriette-Julie, demoiselle de Duras, morte le 20 janvier 1779 à quatre-vingt-deux ans, veuve de Procope-Marie-Antonin-Philippe-Charles-Nicolas-Augustin d'Egmont Pignatelli, duc de Gueldres et de Juliers (S. R.).

— Antoinette-Louise, née le 26 septembre 1779, et Camille-Narcisse-Thérèse-Denise, née le 11 décembre 1784, filles du vicomte Étienne-Narcisse, et de Claude-Marie-Henriette-Étienne Thiroux de Montsauge (S. M. M. la V. l'É.).

— Fidèle-Joséphine-Maclovie, née le 11 mai 1780, fille de Charles-Fidèle-Armand, comte de Duras, et de Marie-Josèphe de Rigaud de Vaudreuil (S. M. M. la V. l'É.).

— Louise-Jeanne, morte le 17 mars 1784 à quarante-six ans, épouse de Marie-Louis-Guy d'Aumont, duc de Mazarin (S. S.).

— Émeric-Joseph, duc de Civrac, baron de la Lande, comte de Blaignac, seigneur de Génissac, Rigaud, etc., chevalier des ordres du roi, chevalier d'honneur de Madame Victoire, ancien ambassadeur à Naples, à Venise et à Vienne, veuf de très-haute et très-puissante dame Madame Marie-Anne la Faurie de Monbadon, dame d'honneur de Madame Victoire, mort le 8 avril 1787, âgé d'environ soixante-onze ans, inhumé le 9 à Saint-Roch. A ce présents; très-haut et très-puissant seigneur Jean-Laurent de Durfort de Civrac, duc de Lorge, brigadier des armées du roi, mestre de camp, commandant au régiment royal Piémont-Cavalerie, lieutenant-général du comté de Bourgogne, ancien menin du Dauphin, son fils; très-haut, très-puissant seigneur Joseph-Guy de Donissan, marquis de Citran, maréchal des camps et armées du roi, gentilhomme d'honneur de Monsieur, et de très-haut et très-puissant seigneur Henri-Georges-César, comte de Chastellux, premier chanoine honoraire de l'église d'Auxerre, chevalier d'honneur de Madame Victoire, mestre de camp, commandant du régiment de Beaujolais, brigadier des armées du roi, ses gendres, etc. L'acte est signé : le duc de Lorge. — Le m^{is} de Donnissan. — Le c^{te} de Chastellux-Chaugy-Roussillon. — Le m^{is} de Lescure. — Le ch^r de Monbadon. — Le comte de Tracy. — Montmorin. — Merdruel, curé.

« Acte de décès du quatorze novembre mil huit cent-seize, à deux
« heures après midi. Ce jourd'hui, à deux heures du matin, est
« décédée en son domicile, rue de Grenelle, n° 83, en cet arrond^t,
« D^e Angélique-Victoire de Durfort de Civrac, âgée de soixante-
« quatre ans, veuve de M. Henry-Georges-César de Chastellux. —
« Constaté par moi, Antoine-Henry-Amable Trutat, adjoint au
« maire du dixième arrond^t de Paris, chevalier de la Légion d'hon-
« neur, maire du dixième arrond^t de Paris, faisant fonctions d'offi-
« cier de l'état-civil, sur la déclaration de MM. François-Toussaint
« Doira, demeurant rue St-Dominique-d'Enfer n° 3, propriétaire,
« âgé de quarante-neuf ans, et de Jean Morisot, demeurant susdite
« rue de Grenelle, n° 74, traiteur, âgé de cinquante-deux ans, lesquels
« ont signé avec moi, après lecture à eux faite de l'acte. — Signé :
« Doira. — J. Morisot. — Trutat. » (X^e arr., LXXV, 614.)

— Amédée-Bretagne-Malo, duc de Duras, pair de France, chevalier des ordres du roi, etc., né à Paris le 5 avril 1771, fils d'Emmanuel-Céleste-Augustin, duc de Duras, mort à Londres le 20 mars 1800, et de Louise-Henriette-Charlotte-Philippine de Noailles, veuf de Claire-Louise-Rose-Bonne-Guy de Coëtnempren de Kersaint, morte à Nice le 16 janvier 1828, remarié le 8 avril 1829 à Marie-Émilie Knusli, née à Lisbonne le 3 mai 1791, fille d'Emmanuel-Gabriel, et de Marie-Anne Coltzmann, et veuve le 21 mai 1811 de Joseph Dias-Santos (1er arr.).

DUTOT (Jean-Alexandre), comte de Varneville, mort le 15 juin 1755 à cinquante-sept ans (S. M. M. la V. l'É.).

DUVAL (Jean-Noël), contrôleur général des fermes, âgé de vingt-huit ans, fils de Pierre-Michel, et de Jeanne-Françoise Huyn, marié le 19 août 1752 à Élisabeth de la Vergne, âgée de seize ans, fille de Louis-Élisabeth, comte de Tressan, et de Jeanne-Catherine Gaussein (S. S.).

— Marie-Marguerite, demoiselle de l'Épinoy, morte le 24 décembre 1752 à vingt ans, épouse de messire François-Pierre Dedelay de la Garde, conseiller du roi (S. S.).

— Jacques, né le 30 mai 1770, fils de Jacques, avocat au Châtelet, sieur d'Épremesnil, et de Marie Madeleine de Vaulx (S. R.).

— Guy-Charles, capitaine au 6ᵉ chasseurs à cheval, né à Marville-Moutier-Brullé le 6 janvier 1798, fils de Charles-François-Guy, comte de Bonneval, et d'Aglaé-Françoise de la Rivière, marié le 27 avril 1830 à Marie-Charlotte-Antoinette-Laure de Ségur, née à Paris le 13 juin 1810, fille du comte Philippe-Paul, et d'Antoine-Charlotte-Luce le Gendre de Luçay (1ᵉʳ arr.).

Duvaucel (Louis-Jules), marquis de Castelnau, mort le 11 avril 1783 à soixante-onze ans (S. E.).

Duvelaer (Julien-Joseph), chevalier, comte du Lude, mort le 19 juillet 1785, à soixante-dix-sept ans (S. E.).

Dyel (Louis-Jean), né à Lorol, près Dreux, le 15 octobre 1670, et baptisé à Paris en 1677, fils de Jean-Jacques, chevalier, comte de Sorel, et de Catherine Dyel (S. A. des A.).

Dyo (François-Hyacinthe de), mort le 29 novembre 1686, à dix-sept ans, fils de Noël-Éléonor Palatin, marquis de Montperroux, seigneur de la Roche en Brenil, et de Marie-Élisabeth de Coligny (S. S.).

— Marie-Antoinette-Éléonore, née le 19 mai 1704; Noël-Éléonor, né le 12 janvier 1706, et François-Gaspard, né le 5 octobre 1708, enfants de François-Gaspard-Éléonor-Palatin, marquis de Montperroux, et d'Isabelle-Françoise de Harville (S. S.).

— Marie-Jeanne-Baptiste Palatine, morte le 7 novembre 1733 à cinquante-cinq ans, épouse de Marie-Roger, comte de Langheac (S. S.).

— Marie-Élisabeth-Palatine, morte le 22 mai 1743 à soixante-cinq ans, chez les Filles chrétiennes de l'Instruction, veuve de Louis-Antoine-Érard Damas, comte d'Anlezy (S. S.).

— Denis-Jean-Palatin, comte de Montperroux, veuf de Rose-Benoîte Jamoays, de la paroisse de Saint-Pierre près Saint-Georges de la ville de Rennes, remarié le 15 novembre 1764 à Agathe-Marie-Thérèse-Pétronille-Charlotte-Louise de Guilhem-Clermont Lodève de Paschalis de Sainte-Croix, fille de Louis, et de Marguerite de Raymond de Modène (S. J. du II. P.).

E.

ÉCHALARD (Henri-Louis), marquis de la Mark, mort le 30 mai 1768 à quatre-vingt-cinq ans, époux de Claude-Anne le Texier (S. M. M. la V. l'É.).

EGMONT (Henriette-Nicole d'), née le 19 avril 1719, et Guy-Félix, né le 5 novembre 1720, enfants de Procope-Marie-Nicolas-Augustin, duc de Gueldres et de Juliers, et d'Henriette-Julie de Durfort de Duras (S. S.).

— Jules-Armand, né le 31 août 1744, mort le 16 août 1745, fils de Guy-Félix, comte de Pignatelli, et d'Amable-Angélique de Villars (S. R.).

— Alphonsine-Louise-Julie-Félix, née le 5 octobre 1751; Louise-Blanche-Éléonore-Charlotte, et Amable-Angélique-Frédérique, nées le 14 octobre 1752, filles de Casimir, marquis de Pignatelli, et de Blanche-Octavie-Alphonsine-Marie-Françoise de Saint-Séverin d'Aragon (S. R.).

— Guy-Félix, duc de Gueldres et de Juliers, mort le 3 juillet 1753, époux d'Amable-Angélique de Villars (S. R.).

— Henriette-Nicole, morte le 1er septembre 1782 à soixante-trois ans, veuve de Marie-Charles-Louis d'Albert de Luynes, duc de Chevreuse (S. S.).

— Alphonsine-Louise-Julie-Félix, morte le 1er août 1786, à trente-cinq ans, épouse de Louis-Gonzague Pignatelli de Gonzague (S. S.).

— Casimir, prince Pignatelli, duc de Gueldres et de Juliers, veuf de Jeanne-Sophie-Élisabeth-Armande-Septimanie du Plessis de Richelieu, remarié le 31 mai 1788 à Claire-Marguerite Farely, fille de Luc, écuyer, et de Marguerite Onille (S. S.).

Émeru (Jacques d'), mort le 22 février 1768 à dix-huit ans, fils de Jacques, seigneur de Thil, et de Jacqueline-Marie de Chalon (S. R.).

Éon (Louis-Michel-Amédée d'), mort le 24 janvier 1781 à six ans, fils de Nicolas-Louis-Dieudonné, marquis de Cély, et de Catherine-Henriette de Valory (S. M. M. la V. l'É.).

— Bertrand, mort le 10 avril 1789 à vingt-deux ans, fils de Marie-Jérôme, comte de Cély, et de Marie-Jeanne du Fos de Méry (S. S.).

— Alexandre-Julien, fils de Marie-Jérôme, comte de Cély, maréchal des camps et armées du Roi, et de Marie-Jeanne du Fos de Méry, marié le 16 février 1790 à Bathilde-Pauline de Saint-Phalle, fille du marquis Phal, capitaine d'infanterie, et de Catherine-Ursule-Pauline le Vaillant de Savoisy, dont : Alexandrine-Marie-Caroline, née le 8 février 1791 (S. S.).

Épineau (Pierre de l'), écuyer, avocat au Parlement, mort le 5 novembre 1748, veuf d'Anne-Marguerite-Françoise Lhoste (S. R.).

— Jean-Baptiste, receveur des traites et gabelles de Vaucouleurs, mort le 20 novembre 1748, époux de Rosalie de la Rochecousseau (S. R.).

Épinay (Louis-Isaac de l'), seigneur de Nivillés, capitaine des gardes, mort le 27 février 1728 à soixante-deux ans (S. R.).

— Louise-Adélaïde-Salbigothon, morte le 19 juin 1751 à quarante ans, femme de Claude-Charles de Montmorency, marquis de Laval (S. E.).

Épinoy (Élisabeth d') morte le 5 août 1721 à soixante-dix-sept ans, veuve de Jean-Baptiste de Riboddon (S. P.).

Érard (Marie-Louise d'), née le 22 mars 1720, fille de Louis, chevalier, seigneur de Chamboy, et de Marie Joly (S. R.).

— Marie-Augustine, demoiselle de Ray, morte le 13 juin 1781 à cinquante-six ans quatre mois, épouse de Léonard de Baylens, marquis de Poyanne (S. M. M. la V. l'É.).

— Augustin-Antoine, marquis de Chamboy, capitaine de cavalerie, mort le 25 novembre 1785 à soixante-trois ans (S. R.).

Erlach (Pierre-Louis, comte d'), maréchal des camps et armées du roi, époux d'Anne-Marie-Charlotte de Jassaud, mort le 25 septembre 1788 à cinquante-deux ans (S. G.).

Ermitage — « Le 31 janvier 1619, convoi général de M. de l'Ermitage, frère de Monsieur, jadis évêque d'Angers » (S. P.).

Ernothon (François-Joseph d'), conseiller du roi, seigneur de Trévilly, mort le 13 décembre 1723 à quatre-vingt-quatre ans (S. S.).

— Catherine, morte le 13 octobre 1767 à quatre-vingt-seize ans, veuve de Louis d'Argouges, marquis de Ranes (S. J. du H. P.),

Escalopier (Charles-Armand de l'), président des requêtes, mort le 7 mars 1779 à soixante-dix ans (S. J. en G.).

— Marquis Charles-François, mort le 15 avril 1789 à soixante-dix-neuf ans, époux de Marie-Anne de Paris (S. G.).

Escayrac (Marie-Joseph-Henri-Léonce), né le 19 février 1786, et Antoinette-Eugénie-Ernestine, née le 30 novembre 1787, enfants d'Étienne-Henri, marquis de Lauture, et de Stanislas-Louise de Chaumont de la Galaisière (S. S.).

Escorailles (Catherine-Gaspard d'), demoiselle de Fontanges, morte le 11 janvier 1736 à quatre-vingts ans, veuve de Sébastien de Rosmadec, et d'Henri de Chabannes, marquis de Curton (S. S.).

— Charles-Joseph, né le 19 septembre 1748, et Émilie-Marie, née le 8 septembre 1749, enfants du marquis Étienne-Marie, et de Charlotte-Louise de Fortia (S. S.).

— Étienne, mort le 28 octobre 1751 à vingt ans (S. S.).

— Marquis Étienne-Marie, chevalier de Saint-Louis, mort le 31 mai 1758 à cinquante-neuf ans (S. J. du H. P.).

— Raymond-François-Joseph, né le 2 mars 1780, fils du marquis Charles-Joseph, seigneur de la Balme, Bouhan, etc. et de Louise-Adélaïde-Victoire de Langhac (S. S.).

Escoubleau (Madeleine d'), demoiselle de Sourdis, morte le 15 février 1720 à soixante ans, épouse de Charles-Ignace de la Rochefoucauld, marquis de Rochebaron (S. P.).

— Antoine-René, né le 17 septembre 1767 (S. E.), et Alexandre-

Nicolas-François, né le 1ᵉʳ décembre 1768 (S. M. M. la V. l'É.), fils de René-Alexandre, marquis de Sourdis, et de Marie-Françoise Beudet.

— Marguerite, demoiselle de Sourdis, hospitalière de Saint-Thomas de Villeneuve, morte le 2 août 1778 à cinquante ans (S. S.).

— Antoine-René, fils de René-Alexandre, marquis de Sourdis, et de Marie-Françoise Beudet, marié le 9 novembre 1784 à Augustine-Olympe-Sophie de Bésiade, fille de Charles-Antoine, marquis d'Avaray, et d'Angélique-Adélaïde-Sophie de Mailly, dont : Louis-René-Théophile, né le 19 janvier 1788, mort le 6 juin 1789; Ange-François-Théophile, né le 23 octobre 1789, et Claude-Louis-Ferdinand, né le 30 janvier 1791 (S. S.).

Escravayat (Élie-François-Charles d'), né le 10 novembre 1785, fils de Charles, marquis de la Barrière, et d'Élisabeth-Thérèse de la Flèche de Grandpré (S. E.).

Esparbès (Marie d'), née le 26 mai 1656, fille de François, comte de Lussan, marquis d'Aubeterre, et de Marie de Pompadour (S. J. en G.).

— François-Pierre-Charles, né le 28 janvier 1714, Michelle-Françoise-Julie, née le 28 mars 1715 (S. S.), et Marie-Françoise, née le 9 juin 1720 (S. R.), enfants de Pierre-Louis-Joseph-Bouchard, marquis de Lussan et de Saint-Maur, et de Françoise-Marie Hénault.

— Gabrielle-Henriette, née le 3 octobre 1763, et Marie-Louise-Françoise, née le 19 octobre 1764, filles de Louis-François, marquis de Lussan, et de Marie-Catherine-Julie Rougeot (S. S.).

— Lazare-Dominique-Simon, mort le 8 janvier 1766, fils de Simon-Pierre, marquis de Lussan, et de Marie de Coriolis de Limaye (S. M. M. la V. l'É.).

— Louis-Auguste, fils de Léon-Auguste, marquis de Lussan, et de Marie d'Aux, marié le 9 juillet 1776 à Marie-Marguerite-Rose Alleaume de Grainville, veuve de Jacques-Alexandre de Persac, seigneur de la Haye (S. S.).

— Élisabeth-Gratia-Félicité, née le 8 janvier 1779; Marie-Justine, née le 24 mars 1781; Antoinette-Marie-Henriette, née le 23 décembre 1783; Adrienne-Marie-Josèphe, née le 22 avril 1787, filles de Louis-François, comte de Lussan, et de Josèphe-Marie-Françoise-Antoinette-Gratia-Etthoziba de Baderon de Saint-Geniez (S. E.).

— Joseph-Henri-Bouchard, comte de Lussan, marquis d'Aubeterre, baron de Saint-Quentin, mort le 28 août 1788 à soixante-quatorze ans sept mois quatorze jours (S. E.).

— François-Pierre-Charles-Bouchard, comte de Lussan, de Sainte-Maure, d'Aubeterre et de Jonzac, lieutenant-général des armées du roi, mort le 24 août 1791, veuf d'Élisabeth-Pauline Colbert de Seignelay (S. R.).

— Pauline-Clotilde, née le 6 octobre 1840, fille de Jean-Paul, comte de Lussan, et de Clotilde-Alphonsine Frappé (X[e] arr.).

Espertain (Jeanne-Françoise d'), baptisée le 28 mai 1639, fille d'Isaac, écuyer, sieur de Lucenet, et de Charlotte-Christine de Francier (S. G.).

Espinay Saint-Denis (Pierre-Marie d'), né à Lyon le 22 novembre 1764, colonel de cavalerie, fils du marquis Jean, et de Marie-Madeleine Mogniat, veuf le 28 janvier 1827 d'Adélaïde-Marie-Antoinette de Regnault de Parcieu, remarié le 8 septembre 1830 à Sophie-Herminie de Lépinay, chanoinesse de Sainte-Anne, née à Dreux le 4 novembre 1804, fille du comte François-Marie Robert, et de Françoise-Mélanie-Agathe-Émilie-Josèphe Taverne de Longchamps (Ier arr.).

Espinay Saint-Luc (Alexandrine-Bernardine-Barbe-Hortense d'), née le 16 juillet 1763, fille de Timoléon-Antoine-Joseph-François-Louis-Alexandre, marquis de Ligneris, et de Bernardine Kadot de Sébeville (S. S.).

— Hippolyte-Félicité, née le 12 avril 1776; Timoléon-Joseph, né le 5 novembre 1783, et Alexandrine-Caroline-Aimée, née le 24 décembre 1787, enfants du marquis Adrien-Joseph, et de Marie-Thérèse-Hippolyte-Véronique de Montvallat d'Entragues (S. S.).

Espinchal (Joseph-Thomas, marquis d'), lieutenant-général des armées, mort le 27 décembre 1773, à soixante-dix-sept ans (S. E.).

Espine (Anne-Marguerite de l'), morte le 8 mars 1743 à soixante-cinq ans, épouse de Claude-Justin de Valence (S. R.).

Espinose (Charles-Paul-Augustin, marquis d'), chevalier, mort le 8 janvier 1787 à soixante-sept ans et demi (S. E.).

Espinoy (Aglaé-Louise d'), née le 16 février 1750, fille du marquis Bonaventure, et d'Urbine-Guillemette-Élisabeth de Moy (Saint-Hippolyte).

Espivent de la Villeboisnet (Antoine-Henri), conseiller à la Cour royale, né à Nantes le 17 janvier 1791, veuf, à Boufferé, le 17 octobre 1822, d'Hortense-Aimée-Félicie du Chaffault, fils d'Antoine-Anne, mort à Nantes en juillet 1806, et de Madeleine-Françoise-Reine de Chevigné, remarié le 4 mai 1830 à Marie-Aimée de Merdy, née à Nantes le 15 août 1810, fille de Charles-Thérèse, marquis de Catuélan, et de Marie-Aimée de Montaudouin (Xe arr.).

Esprit de Saint-André (Bénigne-Louise), née le 19 janvier 1754 ; Catherine-Charlotte, morte le 18 novembre 1756 à six jours, et Alexandrine-Jeanne, nées le 10 novembre 1756, enfants d'Étienne, chevalier, major de carabiniers, et de Jeanne-Louise de la Faurie de Villandraut (S. P.).

— Marie-Jeanne, morte le 29 juillet 1771 à soixante-cinq ans (S. E.).

— Félicité-Françoise, morte le 9 avril 1785 à quatre-vingts ans (S. E.).

— Bénigne-Jean, chevalier, conseiller du roi, mort le 13 août 1790 à quatre-vingt-huit ans (S. E.).

Esquiddy (Charlotte-Gabrielle d'), morte le 11 avril 1784 à soixante-treize ans, veuve de Gabriel-André le Subtil de Boisemont, baron de Lougny, Montgermont, etc. (S. E.).

Essarts (Charles des), né le 21 mars 1720, fils de Charles, seigneur de Fresne, et de Marie de Mortemer (S. R.).

— Catherine-Françoise-Charlotte, morte le 11 avril 1787 à cinquante-deux ans, épouse de Sulpice d'Imbert, comte de la Platière, lieutenant-colonel de grenadiers (S. J. du H. P.).

Estaing (François-René-Henri d'), né le 27 décembre 1723, mort le 6 juillet 1725, fils de Charles-François, marquis du Saillant, et de Marie-Henriette de Colbert de Maulévrier (S. S.)

— Charles, marquis du Saillant, mort le 18 janvier 1727 à soixante-seize ans (S. S.).

— Louise-Agnès, morte le 30 juin 1756 à dix-sept ans, fille de Pierre, marquis du Saillant, et de Marguerite de Beuvery (S. S.).

— Éléonore, morte le 17 août 1761 à soixante-dix-huit ans, veuve de Charles Le Gendre, marquis de Berville (S. S.)

— Marie-Antoinette, morte le 3 avril 1771 à soixante-dix-sept ans, veuve de Philippe-Emmanuel de Crussol d'Uzès (S. S.).

— Marie-Catherine-Euphrasie, morte le 12 octobre 1775 à soixante-treize ans, veuve de Louis-René-Édouard Colbert, comte de Maulévrier (S. J. du H. P.).

Estampes (Charlotte d'), morte le 8 septembre 1677 à soixante-dix-huit ans, veuve de Pierre Brulart, marquis de Sillery (S. S.).

— Jacques-Dominique, marquis de Valençay, mort le 24 février 1700 à vingt-cinq ans (S. S.).

— Anne-Henri, né le 2 juin 1706, fils de François-Henri, marquis de Valençay, et de Françoise-Angélique de Raymond (S. S.).

— Charlotte-Henriette, née le 16 août 1710, fille du comte Philippe-Charles, et de Jeanne-Marie du Plessis-Châtillon (S. S.).

— Marie-Charlotte, née le 25 septembre 1736, morte le 20 juin 1749, fille de Philippe-Charles, marquis de la Ferté-Imbault, et de Marie-Thérèse Geoffrin (S. R.).

— Marie-Louise, morte le 23 octobre 1739 à quatre-vingt-deux ans, veuve de Gaspard, comte de Chavagnac (S. S.).

— Charlotte-Louise, morte le 23 février 1752 à soixante-seize ans, veuve de Maximilien-François, comte de Fiennes (S. S.).

— Adélaïde-Thérèse, née le 30 décembre 1759, fille de Louis, baron de Mauny, et d'Adélaïde-Godefroy-Julie de Fouilleuse de Flavacourt (S. R.).

— Louis-Félicité-Omer, né le 12 septembre 1763; Claudine-Louise, née le 12 août 1764; Pierre-François-Babolin, né le 25 juin 1767, Ambroisine-Marie-Joséphine, née le 4 avril 1769 (S. S.) et Armand-Marie, né le 6 avril 1778, enfants de Louis, baron de Mauny, et de Françoise-Bonne-Geneviève Joly de Fleury.

— Adélaïde-Thérèse, morte le 26 août 1783 à vingt-quatre ans, épouse d'Henri-Joseph, vicomte de Bourdeilles (S. S.).

— Louis-Félicité-Omer, capitaine de chasseurs, fils de Louis, baron de Manny, et de Françoise-Bonne-Geneviève Joly de Fleury, marié : 1º le 22 février 1785 à Anne-Angélique-Félicité le Camus, fille de Joseph-Charles-Auguste, maréchal des camps et armées, et d'Anne-Nicole le Camus (S. S.), dont : Aline-Félicité-Geneviève, née le 8 janvier 1786; — 2° à Christine Rouillé du Coudray, dont : Bon-Hilaire-Roger, né le 28 octobre 1787, mort le 24 avril 1788 ; N., né et mort le 1ᵉʳ novembre 1788 ; Armande-Eugénie-Léonice, née le 28 décembre 1790 (S. R.).

— Joséphine-Henriette-Pauline, née le 27 juillet 1786, fille de Hector-Joseph, marquis de Valençay, et d'Henriette-Françoise Sébault (S. M. M. la V. l'É.).

— Hector-Joseph, marquis de Valençay, capitaine des gardes du duc de Chartres, mort le 13 mai 1788 à cinquante-deux ans (S. E.).

— Comte Louis-Félicité-Omer, mort le 20 juin 1833 (Auteuil).

ESTARVILLE (N. demoiselle d'), morte le 27 avril 1677 (S. A. des A.).

ESTAVAYÉ (Philippe d'), baron de Grandcour, mort le 3 septembre 1720 à dix-neuf ans (S. R.).

ESTE (Marie-Thérèse-Félicité d'), épouse de Louis-Jean-Marie de Bourbon, duc de Penthièvre, morte le 30 avril 1754, à deux heures du matin; transportée le 2 mai à Rambouillet où elle fut inhumée le 3 (S. E.).

ESTERHAZY (Gaspard-Philippe-Valentin d'), né le 26 mars 1786, tenu par son grand-oncle François-Gaspard-Melchior, baron d'Hallweil, et par Philippe de la Nougarède, veuve de Joseph, comte d'Esterhazy, mestre de camp de cavalerie; et Marie-Françoise-Léonide, née le 24 avril 1787 (S. S.), enfants de Valentin-Ladislas, comte de Galantha, maréchal des camps et armées, et de Marie-Françoise-Ursule d'Hallweil.

ESTERNO (Ange-Philippe-Honoré, marquis d'), fils d'Antoine-Joseph-Philippe-Régis, baron de Montfort, et d'Adélaïde-Honorée Hennequin d'Ecquevilly, marié le 5 mai 1788 à Anne-Pétronille-Constance-Sophie de Cossé, fille de très-haut, très-puissant et illustre seigneur monseigneur Hyacinthe-Hugues-Timoléon, duc de Cossé, grand'croix de l'ordre de Malte, menin du roi, brigadier de ses armées, chevalier de Saint-Louis, mestre de camp, commandant le régiment royal Roussillon-cavalerie, seigneur de Faule, Richebourg, etc., et de très-haute, très-puissante et illustre dame madame Marie-Louise-Antoinette-Françoise-Charlotte-Constance de Wignacourt (S. S.).

Estevon (Louis-François-Hugues-Philippe), né le 4 juin 1778, fils de Charles-Philippe, secrétaire des commandements du prince de Conti, et d'Anne-Marguerite Frion de la Tour. Parrain : François-Louis de Vauréal, chevalier de Malte, officier du régiment de Conti-dragons, fils naturel du prince de Conti (S. N. des Ch.).

Estiennot (Antoine-Louis-Marie d'), comte de Vassy, seigneur de Pisy, capitaine de dragons, mort le 19 juillet 1783 à trente-cinq ans, époux de Marie-Charlotte Orré, dont : Adolphe-Alexandre-Marie, né le 24 novembre 1780; Adèle-Joséphine-Léonide, née le 11 mars 1782; Adolphe-Alexandre-Marie-Louis, né le 19 juin 1783 (S. R.).

Estourmel (Marthe d'), morte le 4 novembre 1701 à quatre-vingts ans, veuve de Gilles, marquis d'Hautefort (S. S.).

— Marie-Michelle-Madeleine-Parfaite, morte le 15 octobre 1729 à soixante-dix-huit ans, veuve de Louis de Melun, seigneur de Maupertuis (S. S.).

— Guillaume-Louis, né le 20 avril 1762, fils du comte Louis-Auguste, et de Catherine-Louise de Lamoignon (S. S.).

— Constantin-Louis, chevalier de Malte, mort le 6 avril 1765 à soixante-quatorze ans (S. S.).

— Le marquis Louis-Marie, mestre de camp en second du régiment de dragons, fils de François-Louis, baron de Cappy, et de Marie-Louise-Françoise-Geneviève le Veneur, marié le 30 avril 1776 à Philiberte-Renée de Galard de Brassac, fille d'Anne-Hilarion, comte de Béarn, et d'Olympe de Caumont, dont . Adélaïde-Louise-Raimbaud, née le 22 mars 1777; Alexandre-César-Louis, né le 29 mars 1780; François de Sales-Marie-Joseph-Louis, né le 26 juin 1783 (S. S.).

Estrades (Jean-François d'), mort le 6 octobre 1719 à vingt-deux ans, fils du comte Geoffroy-Louis, et de Charlotte le Normand (S. G.).

— Marie-Charlotte, morte le 3 mai 1762 à soixante-neuf ans, veuve de Jean-Pierre de Romanet (S. J. du H. P.).

Estrées (François-Annibal d'), né le 30 décembre 1648; Pons-Charles, né le 1 avril 1650; Jean-Louis, né le 22 avril 1651, enfants de François-Annibal, marquis de Cœuvres, et de Catherine de Lauzières-Thémines (S. J. en G.).

— Marie-Yolande, morte le 30 décembre 1724 à quarante-six ans, épouse d'Hyacinthe-Dominique de Laurens, comte d'Estrées (S. S.).

— Duc Victor-Marie, mort le 27 décembre 1737 à soixante-dix-sept ans (S. S.).

— Marie-Anne-Catherine, morte le 22 avril 1740 à soixante-dix-huit ans, veuve de Michel-François le Tellier, marquis de Courtenvaux (S. R.)

— Élisabeth-Rosalie, dame de Tourbes et de Doudeauville, morte le 9 novembre 1750 à soixante-dix-huit ans (S. R.).

— Duc Louis-César, baron de Montmirail, mort le 2 janvier 1771 à soixante-douze ans, époux d'Adélaïde-Félicité Brulart de Sillery (S. R.).

— Jacques, abbé de Bonlieu, mort le 26 avril 1788 à soixante-quinze ans (S. S.).

Estrumel (Louise-Catherine d'), née le 12 avril 1679, fille de Jean, écuyer, sieur de Fontenay, et d'Anne de Tibouet (S. N. des Ch.).

Estrus de Goussancourt (Marie-Charlotte d'), morte le 28 septembre 1721 à vingt-huit ans, épouse de Jean-Jacques-Louis-Évrard de Jouy (S. S.).

Étignard (Claude), fils de Claude, sieur de la Faulotte, secrétaire du roi, et d'Élisabeth Wyriol, marié le 5 juillet 1785 à Françoise-Jacquette-Marguerite Étignard, fille de Claude-Gédéon, seigneur de Coulon, et de Louise-Jacqueline-Marguerite Roger (S. S.).

— Claude-Louis, né le 6 août 1786, fils de Jacques, écuyer, seigneur de Vermenoux, et de Suzanne-Marie Roger de la Baume (S. S.).

Étoile de Poussemothe (Jean-Édouard de l'), comte de Graville, mort le 11 mai 1725 à quatre-vingt-cinq ans (S. Victor).

Eu (Robert-Joseph d'), né le 14 juin 1754, et Marie-Françoise-Constance, née le 10 août 1755, enfants de Jean-Baptiste-Nicolas, écuyer, seigneur et patron de la Chapelle, Cailly, etc., conseiller du roi, et de Marie-Françoise Guilleaume (S. P.).

Eynaud (Louis-Armand-Angélique), né le 17 août 1731, fils de messire André-Léon, général des vivres de la marine, et de Marie-Anne Herbault (S. R.).

F.

Fabert (Claude de), morte le 1er avril 1728, veuve de Charles-Henri de Thubières de Grimoard (S. S.).

Fabre (Pierre de), écuyer, maréchal des logis aux mousquetaires, fils de Jacques, seigneur de Marignac, et d'Élisabeth de Bornay, marié le 27 novembre 1677 à Claude-Geneviève Poitevin, veuve de Baltazar de Marsin, sculpteur du roi, dont : Claude-Marguerite, née le 4 juillet 1678, et Geneviève-Charlotte, née le 16 mars 1680 (S. A. des A.).

Fabre de l'Aude (Fidèle-Désiré-Achille, vicomte), né à Paris le 26 avril 1801, fils de Jean-Pierre, et de Rose-Marguerite Moffre, morte à Carcassonne en octobre 1823, marié le 27 mai 1829 à Marie-Antoinette-Zéphirine de Maussion, née à Paris le 26 mars 1812, fille du comte Alfred-Augustin-Joseph, et d'Antoinette-Ernestine-Léontine-Éléonore de Saint-Simon de Courtomer (Xe arr.).

Fabre de Pierrefeu (Marie-Armand-Joseph), né le 18 mars 1763, et Marie-Joséphine-Rose, née le 16 novembre 1764, enfants de François-Joseph, écuyer, et de Marie-Anne Lanclan (S. S.).

Fabry (Athanasie-Alexandrine-Joséphine de), née à Gray le 15 janvier 1752, baptisée à Paris le 29 avril 1776, fille d'Henri-Jean-Baptiste, comte d'Autrey, et d'Angélique-Alexandrine-Émilie Costé de Saint-Suplix (S. S.).

— Henri-Jean-Baptiste, comte d'Autrey, mestre de camp de cavalerie, mort le 16 octobre 1777 à cinquante-quatre ans (S. J. du H. P.).

Fage (Pierre), seigneur des Champs, inhumé le 26 août 1733, époux de Perrette Gibert (S. P.).

Falcoz (Gabrielle-Josèphe-Marguerite), née le 6 juillet 1773, fille de Jean, vicomte de la Blache, et de Madeleine le Roy de Senneville (S. R.).

Faletans (Bernard-Ignace-Marie-Anne-Joseph de), né à Besançon le 11 décembre 1772, fils du comte Paul-Bonaventure, mort à Besançon en mars 1807, et de Marie-Anne-Sophie-Alexis de Klinglin, morte à Besançon en février 1825, marié le 4 mai 1831 à Cornélie Touron, née à Saint-Étienne le 4 août 1794, fille de Jean-Baptiste, mort à Varennes en septembre 1822, et de Catherine Petit, morte à Baccarat en avril 1808, dont : Marie-Augustine-Camille, née le 15 juin 1826 (X⁰ arr.).

Falloux de Chateaufort (Paul-Antoine-Édouard), auditeur en la chambre des Comptes de Bretagne, veuf de Marie-Anne-Françoise Le Moine de la Guichardière, remarié le 27 avril 1778 à Angélique-Sophie Poitevin, fille de Jean, et d'Angélique-Perrette de Vienne. (S. S.).

Fare (Charles de la), marié le 26 janvier 1625 à Françoise Amyot (Saint-Victor).

— Jacqueline-Thérèse, née le 23 mai 1716 (S. R.), morte le 8 juin 1743 (S. S.), fille de François, et de Marie de la Fare (S. R.).

— Philippe-Charles, maréchal de France, mort le 4 septembre 1752 à soixante-six ans (S. S.).

— François-René-Joachim, né le 2 mars 1761, fils du marquis Louis-Joseph-Dominique, et de Gabrielle-Pauline-Henri de Gasceau de Champagné (S. S.).

— Marie, morte le 7 février 1772 à quatre-vingt-cinq ans, veuve de Jean-François, marquis de la Fare (S. S.).

— Auguste-Louise, née le 11 décembre 1781, fille du comte Joseph-Gabriel-Henri, et de Gabrielle-Françoise-Victoire de Riquet de Caraman (S. S.).

— Françoise, morte le 7 avril 1782 à soixante-six ans, veuve en premières noces de Claude-Louis Le Bouteiller, marquis de Pons-Chavigny, brigadier des armées du roi, et en secondes noces de Louis Groult des Rivières, lieutenant-colonel d'infanterie (S. R.).

Farges (Louis-François-Marie de), né le 12 avril 1725, fils de François-Marie, seigneur de Polisay, et de Marie-Anne de la Roque (S. R.).

— N., née et morte le 8 février 1774, fille de Louis-Augustin, maréchal des camps et armées du roi, et de Perrette-Hyacinthe de Brosses (S. R.).

— Catherine-Charlotte, morte le 22 décembre 1789 à quatre-vingt-cinq ans, veuve de Louis-Sébastien Castel de Saint-Pierre, marquis de Crèvecœur, et remariée à Marie-François-Joseph-Walter, comte de Lutzelbourg (S. R.).

Faucon de Ris (Anne), morte le 1er février 1763 à soixante-sept ans, veuve de Jean-Prosper Goujon de Gasville, conseiller du roi (S. P.).

— Marie-Madeleine-Charlotte, morte le 30 juin 1763 à soixante-dix-neuf ans, veuve de Pierre Chertemps, marquis de Seuil (S. S.).

— « Ce jourdhuy, trois may mil-sept-cent-quatre-vingt-neuf, a
« été inhumé dans le caveau de ce premier monastère de l'Adora-
« tion perpétuelle du St-Sacrement, en présence de la commu-
« nauté et des témoins soussignés, le corps de très-haute et très-
« puissante dame Jeanne-Françoise Faucon de Ris de Charleval,
« veuve de très-haut et très-puissant seigneur Jean-Louis-Roger,
« marquis de Rochechouart, lieutenant-général des armées du roy,
« chevalier de ses ordres, commandant pour le roy en Provence,
« gouverneur de Péronne, ancien menin de feu monseigneur le
« Dauphin, âgée de quatre-vingt-un ans et un mois, laquelle est dé-
« cédée le second may mil sept cent quatre-vingt-neuf dans ce
« monastère où elle étoit pensionnaire. La cérémonie des funé-
« railles a été faite par moy, soussigné prêtre directeur de ce monas-
« tère et ont signé comme témoins et est signé : J. C. de Milon,
« prêtre directeur — Garsot — M. F. L. A. Carruette, chapelain
« — Becarria, prêtre — S. D. Brigault, sous-diacre — Le Md Def-
« feuil. » (Adoration perpétuelle de la rue Cassette.).

Fauconnier (Marie), baptisée le 17 octobre 1638, fille de François, sieur de la Bardinière, et d'Anne Sevestre (S. G.).

— François-Marie-Frédéric, né le 7 décembre 1782, fils de Jean-Baptiste, et de Marie-Agathe de Veyrac (S. E.).

Faudoas (Marie-Marguerite-Alexandre-Joseph de), né le 18 février 1754, fils du comte Joseph-Marie, capitaine de cavalerie, et de Georgette de Beaulieu (S. P.).

— Henriette-Louise-Gabrielle, née le 21 janvier 1774 (S. E.); Anne-Marie-Félix-Gabriel, né le 8 septembre 1778 (S. M. M. la V. l'É.), enfants du vicomte Léonard, premier baron chrétien de Guyenne, seigneur et patron d'Anglesqueville, et d'Adrienne-Marie-Gabrielle Bernard de Boulainvilliers.

— Marquis Jean, seigneur de Barbasan, fils de Charles, seigneur de Séguinville, et de Marie de Bérot de la Barthe, marié le 1er juillet 1783 à Louise-Félicité Buttet, veuve de Jacques-François de Pérusse, vicomte des Cars (S. S.).

— Comte Joseph-Marie, mestre de camp de cavalerie, commandant pour le roi à Bar-sur-Seine, veuf de Marie-Françoise de Beaulieu, remarié le 19 août 1784 à Anne-Marguerite Bellaud, veuve de Jean-Michel-Joseph Coupard (S. S.).

Faur (Vincent du), fils de Pierre, écuyer, sieur de Talencé, et de Marguerite Goudron, marié le 8 février 1682 à Marie-Geneviève Talon, fille de Jacques, ébéniste ordinaire du roi, et de Claude Bourgoing (S. A. des A.).

Faurie (Jean-Zacharie de la), seigneur de Monbadon et de Villandraut, inhumé le 30 juillet 1732.

— Jeanne-Louise, morte le 13 mai 1789 à soixante-un ans, épouse d'Étienne Esprit, marquis de Saint-André, lieutenant-général des armées du roi (S. G.).

Faury (François de), écuyer, sieur de Grandjean, écuyer de Monsieur, mort le 21 juillet 1683 (S. A. des A.).

Faut (Alexandre-Auguste-Jules-Philippe-Louis de), né le 24 juillet 1784, et Fulvie-Victorine-Marie-Anne, née le 27 octobre 1789, enfants de Jules-Marie-Henri, comte de Farel, marquis de Fournès, et de Philippine-Thérèse de Broglie (S. S.).

FAUTEREAU (Henri-Pompon-Dominique de), né le 9 mai 1678, fils d'Henri-Alexandre, chevalier, marquis de Ménières, et de Marguerite de Montfort (S. A. des A.).

FAUTRAS (Amable-Charles de), né le 22 mai 1776, fils de Benjamin-Jacques, conseiller du roi, et de Marie-Françoise-Julie Le Vassor (S. E.).

FAVEREAU (Antoine), écuyer, seigneur de Balansac, fils de Jacques, et de Marguerite Pasquier, marié le 12 novembre 1657 à Claude Pasquier, fille de François, et de Marguerite Hébert, dont : Antoine-François, baptisé le 10 octobre 1660 ; Angélique-Marguerite, née le 23 janvier 1663, et Antoine-Charles, né la nuit du 22 au 23 juillet 1664 (S. Victor).

FAY (Jacques du), comte de Maulévrier, marié le 19 août 1679 à Madeleine de Montholon (S. A. des A.).

— Marie-Éléonore, née le 8 novembre 1716 ; Armande-Marie Gabrielle, née le 14 mai 1719, Élisabeth-Françoise, morte le 2 novembre 1719 ; Claude-Hector, né le 16 juillet 1720 (S. R.), Gabrielle-Marguerite, née le 31 mars 1724, morte le 29 août 1724 (S. S.), enfants de Jean-Hector, marquis de la Tour-Maubourg, et de Marie-Suzanne Bazin de Besons.

— René-Philibert, né le 13 juin 1732, fils de Jean-Hector, marquis de La Tour-Maubourg, et d'Agnès-Madeleine Trudaine (S. S.).

— Antoinette-Éléonore, morte le 24 juin 1750 à vingt-huit ans, épouse de Louis-Antoine Du Prat, marquis de Barbançon (S. S.).

— Louise-Madeleine, morte le 15 septembre 1754 à dix-neuf ans huit mois, épouse de Charles-François-Christian de Montmorency-Luxembourg (S. E.).

— Anonyme, morte le 21 janvier 1768 à soixante-sept ans, veuve de Jacques-Antoine de Chaumont, marquis de Quitry, baron d'Orbec (S. P.).

— César, fils de Florimond, comte de La Tour-Maubourg, et de Marie-Françoise de Vachon de Belmont, marié le 26 janvier 1778 à Marie-Charlotte-Henriette Pinault de Ténelles, fille de Charles-Adrien-Joseph, conseiller du roi, et de Marie-Madeleine-Henriette Dunoyer, dont : Éléonore-Marie-Florimonde, née le 15 janvier

1779; Marie-Charles-César, né le 22 septembre 1780; Juste-Ponce-Florimond, né le 9 octobre 1784; Rodolphe, né le 8 octobre 1787 et Marie-Stéphanie-Florimonde, née le 30 septembre 1790 (S. S.).

Fayard (Gabriel-Laurent), sieur d'Orsay, mort le 27 mai 1758, fils de Laurent, sieur de Champagneux, écuyer, receveur-général des finances, et de Gabrielle-Claude Berger (S. R.).

Fayard de Bourdeilles (Alexandre-Paul), né le 30 janvier 1765; Anne-Pauline, née le 17 janvier 1766; Antoine-Paul, né le 26 septembre 1767, mort le 29 avril 1770; Anne-Pauline, née le 11 juin 1769; Gabrielle, née le 12 avril 1771; Paul-Auguste, né le 26 février 1774; Anne-Françoise, née le 28 décembre 1776; Antoinette-Anne, née le 23 mai 1779, morte le 2 novembre 1780, et Alexandrine-Gabrielle, sa jumelle, morte le 18 octobre 1780, enfants de Paul, écuyer, conseiller du roi, receveur-général du Dauphiné, et d'Anne-Madeleine Le Normant de La Place (S. M. M. la V. l'É.).

Faye (Abraham-Pierre-François de la), né le 9 janvier 1753, et Adélaïde-Angélique-Antoinette, née le 6 mai 1757, enfants de Julien-Pierre, conseiller du roi, et d'Adélaïde-Éléonore-Françoise Collin de Murcie (S. M. M. la V. l'É.).

Fayet — « Le 28 avril 1619 convoi général de madame la greffière Fayet (S. P.). »

— Bonne, inhumée le 21 avril 1682, veuve de Jean-Jacques Barrillon, président au Parlement (S. G.).

— Amélie-Honorine, née le 14 mai 1784; Adélaïde-Hélène, née le 5 janvier 1786; Armand, né le 13 janvier 1787; Hippolyte, né le 1er mars 1788; Alain-Félix, né le 6 mai 1789, enfants du marquis Jean-Baptiste-Catherine-Alain, et de Marie-Françoise-Jeanne-Adélaïde de la Bonninière de Beaumont (S. M. M. la V. l'É.).

Fayn (Joachim de), chevalier non-profès de Malte, capitaine de vaisseau, mort le 15 septembre 1746 à soixante-dix ans (S. R.).

Fayolle (Marguerite-Mélanie-Stéphanie de), née le 21 décembre 1767; Éléonore-Marie-Jeanne, née le 14 août 1769; Henri-Louis-Philibert-Michel, né le 13 octobre 1771, et Béatrix-Charles-Madeleine, née le 22 décembre 1773, enfants de Louis-Raphaël-Lucrèce, comte de Mellet, seigneur de Neuvic, et d'Élisabeth-Mélanie Le Dosseur ou Daulceur (S. M. M. la V. l'É.).

Federbe (Marie-Élisabeth de), née le 27 octobre 1715, et Françoise-Élisabeth, née le 20 octobre 1717, filles de Louis-Denis, comte de Médavy, et d'Élisabeth-Gabrielle Dejean de Launay (S. S.).

— Louis-Denis, comte de Médavy, mort le 23 décembre 1728 à quarante-cinq ans (S. S.).

— Marie-Antoinette, morte le 18 juillet 1771 à huit ans trois mois, fille de Louis-Laurent, comte de Médavy, et de N. de Porcher (S. S.).

Feillens (Charlotte de), morte le 4 décembre 1723 à vingt-sept ans, épouse de Robert, marquis de Beauvau (S. R.).

— N. né le 21 juin 1762; Marie-Anne-Geneviève, née le 22 août 1762, et Marie-Louise-Charlotte, née le 22 octobre 1764, enfants de Claude-Marie, colonel d'infanterie, comte de Montiernos, et de Paule-Louise-Jeanne-Baptiste-Élisabeth-Geneviève de Remigny (S. S.).

Félibien (Charles-François), né le 7 mars 1725, fils de Jean-François, seigneur d'Avaux, de Javersy, des Poulies, etc., et de Catherine-Élisabeth Minet (S. R.).

— Jean-François, écuyer, seigneur des Avaux, de Javersy, etc., garde des antiques, mort le 23 juin 1733 à soixante-dix-neuf ans, époux de Catherine-Élisabeth Minet (S. R.).

Félix (Louis-Nicolas-Victor de), comte du Muy, maréchal de France, mort le 10 octobre 1775 à soixante-quatre ans (S. S.).

Fénis (Catherine-Françoise de), née le 30 avril 1726; Alexandre-Claude-Louis, né le 7 décembre 1728, et François-Joseph, né le 25 septembre 1731, enfants de Louis, chevalier, seigneur de Susanges, et d'Anne-Françoise de Musins (S. S.).

Fenoyl (Guy, comte de), premier président au Parlement de Navarre, mort le 7 avril 1724 à cinquante-sept ans (S. S.).

Fergeol (Pierre-Denis de), fils de Jean-Baptiste, marquis de Villiers, et de Marie-Anne de Rouves, marié le 1er septembre 1780 à Élisabeth-Armandine de Crécy, fille de Philippe-Paul, et de Victoire-Aimée de Mornay (S. J. du H. P.).

Feron (N. le), née le 20 septembre 1652, fille de Jérôme, seigneur d'Orville, et de Marguerite Gallard (S. J. en G.).

— Marie-Louise-Hélène, inhumée le 10 octobre 1776 à quatre-vingts ans, veuve d'Hilaire Rouillé, marquis du Coudray (S. E.).

Ferouillat (Michelle), morte le 22 décembre 1763 à soixante-quinze ans, veuve de Georges Gougenot, seigneur des Mousseaux (S. S.).

Ferrand (Élisabeth-Émilie-Éléonore), née le 19 mars 1725, fille de Guillaume-Michel, et de Louise-Catherine-Émilie Steytz de Gornitz (S. S.).

— François, marquis d'Avernes, gouverneur de Navarin, mort le 26 mars 1766 à soixante-douze ans (S. P.).

— Madeleine-Françoise, morte le 8 novembre 1771 à cinquante-trois ans, veuve d'Alexandre Mogé de Pramont, écuyer, et remariée à Charles-René Frémyn, seigneur de Sy (S. E.).

— Agathe-Jeanne-Marie, née le 20 septembre 1784, fille d'Antoine-Claude-François, et de Marie-Denise Rolland (S. E.).

Ferraris (Élisabeth-Madeleine de), née le 22 septembre 1680, fille de Dominique, seigneur châtelain de Gagny, et d'Élisabeth Baron (S. N. des Ch.).

— Mathieu-Jules-Louis, né le 29 novembre 1789, Adèle-Jeanne-Louise, morte le 6 février 1790, et Marie-Julie, née le 24 décembre 1790, enfants du comte André, et de Marie-Julie Joly de Ville (S. M. M. la V. l'É.).

Ferrero (Marie-Élisabeth de), morte le 20 octobre 1760 à quarante-huit ans, épouse de Louis-François de Damas, marquis d'Anlezy (S. S.).

Ferrero-Fieschi (Charles-Sébastien-Canouto), prince de Masséran, commandeur de l'ordre de Calatrava, fils de Philippe-Victor-Amédée, marquis de Crèvecœur, grand d'Espagne, ambassadeur d'Espagne à Londres, et de Charlotte-Louise de Rohan, marié le 18 novembre 1776 à Adélaïde-Joachim-Augustine de Béthune-Pologne, fille de Joachim-Casimir-Léon, comte des Bordes, et d'Antoinette-Louise-Marie Crozat de Thiers (S. S.), dont : Charles-Louis-Canouto, né le 24 novembre 1782 (S. M. M. la V. l'É.).

Ferrier du Chatelet (Louis), mort le 4 février 1751 à quarante-un ans (S. S.).

Ferron (Charles-Chrétien de), chevalier, capitaine au régiment des gardes-françaises, mort le 2 novembre 1715 à cinquante-cinq ans (S. R.).

— Charlotte-Perrette, née le 20 mars 1755; Adélaïde-Jacqueline, née le 2 avril 1756, et Pierre-Jacques-François-Joseph-Auguste, né le 7 juillet 1757, enfants de Pierre-Jacques-François-Louis-Auguste, comte de la Ferronnays, mestre de camp de dragons, et de Charlotte-Jacqueline-Josèphe de Marnays (S. J. en G.).

— N. née le 6 septembre 1785, fille de Pierre-Jacques-François-Joseph-Auguste, marquis de la Ferronnays, et de Louise-Julie-Charlotte de Lostanges (S. M. M. la V. l'É.).

— Charles-Marie-Auguste, sous-lieutenant au 4e chasseurs à cheval, né à Brunswick le 3 juin 1805, fils de Pierre-Louis-Auguste, comte de la Ferronnays, et d'Albertine-Louise-Marie-Charlotte du Bouchet de Sourches, marié le 3 janvier 1829 à Émilie-Augustine-Marie de la Grange, née à Paris le 11 septembre 1810, fille du comte Joseph, et de Marie-Françoise-Jeanne de Talhouët (1er arr.).

Ferté (Agathe-Louise-Marie de la), née le 3 janvier 1767, fille de Paul, gentilhomme, et de Louise-Henriette Hénaut (S. R.).

— Charlotte-Julie, née le 8 avril 1787, fille de François, baron de Courcy, et de Julie Deschesnes (S. E.).

Ferté-Meun (Hubert-Nabert-Joseph de la), né à Paris le 22 septembre 1806, fils du comte Hubert-Nabert-François-Louis, lieutenant-colonel de cavalerie, et d'Antoinette-Louise de Lévis, marié le 18 août 1830 à Élisabeth-Françoise Molé, née à Paris le 26 septembre 1812, morte le 15 avril 1832, fille de Mathieu-Louis, et d'Alexise-Charlotte-Marie-Joséphine Lalive de la Briche (1er arr.).

Ferté-Senecterre (Cécile-Adélaïde de la), morte le 12 janvier 1720 à quarante-six ans, épouse de Louis-César de Rabodanges (S. G.).

Fesques (Gabriel-François-Alexandre de), né le 26 février 1765, fils de François-Louis-Marie, marquis de la Rochebousseau, et de Gabrielle-Élisabeth Le Coigneux (S. S.).

— Albert-Ferdinand-Eugène, né à Paris le 5 mars 1804, fils de Gabriel-François-Alexandre, comte de la Rochebousseau, et d'Augustine-Jeanne-Amélie-Marie-Joséphine-Ferdinande de Bavière-Grosberg, marié le 9 mai 1829 à Marie-Léontine de Colbert, née à Paris le 6 février 1808, fille du comte Édouard-Charles-Victurnien, contre-amiral, et de Charlotte-Pauline-Christine de Montboissier (1er arr.).

Festart (Marie-Anne de) marquise de Beaucourt, morte le 5 novembre 1727 à soixante-trois ans, veuve de Claude-Étienne de l'Aubespine, comte de Verderonne (S. R.).

Feu (Pierre-Patrice de), né le 25 septembre 1678, et Catherine-Edmée, née le 5 avril 1680, enfants de Patrice, écuyer, seigneur de Charmoy, et d'Élisabeth Parquer (S. N. des Ch.).

Feuardent (Marie-Adolphe-Anténor de), mort le 19 décembre 1858 à cinquante ans, fils de Jacques-Zéphir, et de N. Groult, veuf d'Aglaé-Thérèse de Moucheron, et en secondes noces d'Eugénie Rollin, remarié à Pauline Coquillet (Auteuil).

Feuquières (Antoinette-Céleste-Clémentine de), née le 14 mars 1782, fille du comte Léon-Josaphat, et de Françoise-Céleste Michel (S. E.).

Fevre (Jean le), baptisé le 21 février 1638, et Olivier, baptisé le 25 février 1640, enfants de Jean, sieur de Boisbouzon, maître ordinaire en la chambre des requêtes, conseiller du roi, et de Catherine de Verthamon (S. G.).

— Marie, baptisée le 3 mars 1639, fille de François, conseiller du roi, et de Marguerite du Maiz (S. G.).

— André, conseiller du roi en ses conseils et maître des requêtes ordinaire de son hôtel, fils d'Olivier, seigneur d'Ormesson et d'Amboile, et de Marie de Fourcy, marié le 13 janvier 1676 à Éléonore Le Maistre, veuve de François Le Roy, seigneur de Beaupré, conseiller du roi, et fille de feu Jérôme, chevalier, seigneur de Bellejame, président aux enquêtes, et de Marie-Françoise Feydeau (S. A. des A.), dont : Anne, née le 15 mai 1678, rue des Vieilles-Haudriettes, tenue par François Le Fèvre d'Ormesson, conseiller du roi en son grand conseil, et par Anne Mareschal, veuve de

M. Feydeau, avocat au Parlement, seigneur des Vesires — Henri-François-de-Paule, né le 1er mars 1681 (S. N. des Ch.).

— Marie-Louise-Mélanie, née le 29 novembre 1681, fille de Louis-François, chevalier, seigneur de Caumartin, et de Catherine-Madeleine de Verthamon (S. N. des Ch.).

— Olivier, fils de François-de-Paule, seigneur d'Ormesson, et de Jeanne Le Fèvre de la Barre, marié le 11 juillet 1714 à Marie-Claude Cahouet, fille de Claude, seigneur de Beauvais, et de Marie-Catherine Fontaine (S. A. des A.).

— Marguerite, demoiselle de Caumartin, morte le 1er août 1719 à quarante-sept ans, épouse de Marc-René de Voyer de Paulmy d'Argenson (S. P.).

— Jean-François-de-Paule, mort le 15 avril 1726 à six ans, et Henri-François de Paule, mort le 15 mai 1731 à vingt-deux ans, enfants d'Henri-François-de-Paule, seigneur d'Ormesson, et de Catherine de la Bourdonnaye (S. P.).

— Antoine-Louis-François, fils d'Antoine-Louis-François, seigneur de Caumartin, et d'Élisabeth de Fieubet, marié le 30 juin 1749 à Geneviève-Anne-Marie Moufle, fille de Jean-Simon, et d'Anne-Geneviève Brochet (S. R.).

— Robert-André, né le 18 août 1749, fils d'André, comte d'Eaubonne, et de Marie-Madeleine Le Maître de Bellejame (S. S.).

— Henri-François-de-Paule, chevalier, seigneur d'Ormesson, Amboyle, Noyseau, etc., conseiller d'État, intendant des finances, mort le 20 mars 1756 à soixante-quinze ans (S. P.).

— Claude-Louis, mort le 19 septembre 1756 à quatorze ans, et Marie-Julie, morte le 23 octobre 1756 à douze ans, enfants de Claude-Bénigne, seigneur de Malassis, et de feue Marie-Anne-Charlotte Potel (S. P.).

— Anne-Catherine, demoiselle d'Ormesson, abbesse de Montigny, morte le 9 décembre 1768 à vingt-sept ans (S. P.).

— Marie-Catherine, demoiselle d'Ormesson, morte le 26 mars 1770 à soixante-trois ans, veuve de Charles-Amable-Honoré Barentin, seigneur de la Malmaison (S. P.).

— Marie-Marguerite, demoiselle d'Ormesson, morte le 18 mai

1771 à cinquante-quatre ans, épouse de Michel-Anne-Sébastien, comte de Rosmadec (S. S.).

— Anne-Louis-François-de-Paule, président au Parlement, fils de Louis-François-de-Paule, seigneur de Noyseau, conseiller du roi en ses conseils, président de sa cour du parlement de Paris, et de Marie-Anne-Geneviève Lucas, marié le 17 mars 1779 à Louise-Reine-Jeanne-Lyon Baillon, fille de Jean, seigneur de Sinon, Courtys, Boitou, etc., conseiller du roi en ses conseils, maître des requêtes ordinaire de son hôtel, etc., et d'Anne-Louise-Jeanne de Kermozael; signé : L. Baillon ; — Chastellux de la Tournelle ; — Le Fèvre d'Ormesson de Noyseau ; — Lucas de Noyseau ; — de Séguiran ; — le comte du Dresnay ; — Oryot Aspremont ; — Lévis Mirepoix ; — l'abbé de la Villegonay ; — le bailli d'Ormesson (S. J. du H. P.).

— Louis-François-de-Paule, seigneur d'Ormesson, mort le 22 mai 1782 à soixante-dix ans (S. S.).

— Anne-Élisabeth, demoiselle de Caumartin, morte le 25 décembre 1784 à soixante-un ans, épouse de Pierre-Jean-François de la Porte, conseiller d'État (S. R.).

— Alexandre-Louis-François, chevalier de Caumartin, chevalier de Malte, seigneur de Pontailler-sur-Saône, prieur de Saint-Léger et abbé de Saint-Saëns, mort le 17 décembre 1788 à cinquante-huit ans (S. N. des Ch.).

— Louis-François-de-Paule, seigneur de Noyseau et de Thiais, mort le 26 janvier 1789 à soixante-onze ans, époux de Marie-Anne-Geneviève Lucas (S. N. des Ch.).

— André, comte d'Eaubonne, mort le 24 août 1791 à soixante-quinze ans (S. Th. d'Aquin).

Feydeau (Claude-Denis), né le 8 novembre 1648, fils de Charles, conseiller du roi, et d'Anne Charpentier (S. J. en G.).

— Marguerite, née le 31 juillet 1649, et Élisabeth, née le 15 août 1650, filles d'Henri, seigneur de Brou, et de Marie Le Roulier (S. J. en G.).

— Étienne, écuyer, seigneur des Veuves, avocat au Parlement, mort le 29 juin 1677 (S. A. des A.).

— Charles-Simon, né le 11 novembre 1677, et Marie-Anne, née

le 27 août 1679, enfants de François, chevalier, conseiller du roi, et de Marie Le Fèvre d'Ormesson (S. N. des Ch.).

— Louis, chevalier de Vaugien, grand'croix de l'ordre de Malte, mort le 6 janvier 1722 à quatre-vingt-douze ans (S. S.).

— Jeanne-Louise-Bonne-Adélaïde, née le 8 mai 1739 ; Esprit-Charles-Henri, né le 15 novembre 1746, enfants de Claude-Henri, seigneur de Marville, comte de Gien, et de Louise-Adélaïde Hérault (S. R.).

— Anne-Justine, née le 25 décembre 1751, et Antoinette-Pauline-Catherine, née le 14 février 1753, filles d'Antoine-Paul-Joseph, seigneur de Brou, et de Justine-Joséphine Boucot (S. R.). — Charles-Henri, conseiller du roi en ses conseils, marié le 14 décembre 1778 à Marie-Gabrielle-Olive de Lamoignon, fille de Chrétien-François, seigneur de Bâville, et d'Élisabeth Berryer ; dont : Claude-Charles-Henri, né le 28 décembre 1780 ; Bresse-Bugey-Henri-Victor, né le 11 janvier 1784 ; Anne-Chrétien, né le 8 octobre 1785, et Louis-René-Henri, né le 11 novembre 1787 (S. S.).

— Marie-Louise, morte le 30 novembre 1790 à quatre-vingt-quatre ans, veuve de Jacques-Louis Le Peletier de Montmélian. (S. G.).

Fiennes (Paul de), seigneur d'Estavigny, comte de Monbarot, mort le 14 août 1725 à soixante-treize ans (S. S.).

— Joseph-Antoine, abbé de Notre-Dame de Champagne au Maine, des Alleux en Poitou, de Solivet en Berry, mort le 30 décembre 1727 à cinquante-cinq ans (S. S.).

— Comte Christian-Maximilien, mort le 22 août 1747 à vingt ans (S. S.).

Fieubet (Gaspard-Louis de), né le 27 mai 1732, fils d'Artaud-Paul, et d'Henriette Fedi (S. S.).

— Louis-Gaspard, seigneur de Vineuil, mort le 26 février 1762 à soixante-douze ans (S. P.).

Fieux (Jacques de), évêque de Toul, mort le 15 mars 1687 (S. S.).

— Félicité-Jeanne-Avoye, née le 12 mai 1757, fille de Charles, chevalier de Mouhy, gentilhomme des États de Bourgogne, et d'Élisabeth-Philippine Blonche (S. S.).

Filhot (Gabrielle-Geneviève-Henriette de), morte le 23 mai 1783 à six ans, fille de Gabriel-Barthélemy-Romain, conseiller au Parlement de Bordeaux, et de Geneviève-Henriette d'Article du Quesnay (S. E.).

Fillion (Alexis-Roland), né le 25 juillet 1724, fils de Nicolas-François, seigneur de Villemur, et de Louise-Françoise Ménage (S. R.).

— Marie-Louise-Françoise, morte le 18 avril 1782 à soixante-quatorze ans, veuve d'Alphonse-Marie-Louis, comte de Saint-Séverin d'Aragon (S. S.).

Filzjehan (Jean), écuyer, mort le 18 avril 1689, fils d'un conseiller secrétaire du roi, maison et couronne de France et de ses finances, demeurant à Dijon (S. A. des A.).

Fimarcon (Marie-Louis-Maurice de), né le 12 novembre 1783, fils de Jean-Jacques-Pierre, et de Claude-Victoire Prévost d'Arlincourt (S. S.).

Fitz-Gérald (Louise-Charlotte-Victoire), née le 14 octobre 1791, fille naturelle de Robert Stéphen (S. M. M. la V. l'É.).

Fitz-James (Anne de), morte le 23 mai 1721 à six mois, fille de Jacques, duc de Berwick, maréchal de France, et d'Anne de Bulkeley (S. S.).

— Anne-Marie-Félicité-Joseph, morte le 21 février 1742 à deux mois et demi; Jacques-Charles, né le 26 novembre 1743; Laure-Auguste, née le 7 décembre 1744; Adélaïde, née le 17 janvier 1746, morte le 25 août 1747; Charles-Ferdinand, né le 7 septembre 1747; Édouard-Henri, né le 30 septembre 1750; Émilie, née le 22 décembre 1753, enfants du duc Charles, et de Victoire-Louise-Josèphe de Matignon (S. S.).

— François, évêque de Soissons, mort le 19 juillet 1764 à cinquante-cinq ans sept mois (S. S.).

— Laure-Anne, morte le 5 décembre 1766 à cinquante-trois

ans, veuve de Louis-Joachim de Montagu, marquis de Bouzolz. (S. S.).

— Émilie, morte le 3 janvier 1770 à cinquante-trois ans, veuve de François-Marie de Pérusse, marquis des Cars (S. S.).

— Henriette-Victoire, née le 11 octobre 1770; N., née et morte le 26 décembre 1771, Charles-Jean, né le 25 juin 1773, et Édouard, né le 10 janvier 1776, enfants du duc Jacques-Charles, colonel d'infanterie, et de Marie-Claudine-Silvie de Thiard de Bissy (S. S.).

— Jacques-Philippe-Charles-Pascal-Gaëtan-Vincent-Ferrier-Marie-Thérèse, né le 25 février 1773, et Marie-Ferdinande-Thérèse-Anne-Françoise-Joséphine, née le 22 mars 1775, enfants du duc Charles-Ferdinand, et de Caroline-Auguste de Stolberg-Guedern (S. S.).

— Le duc Charles, mort le 22 mars 1787 à soixante-quatorze ans quatre mois, veuf de Victoire-Louise-Joséphine de Goyon de Matignon (S. R.).

Fitz-William (Henri-Richard), né le 31 juillet 1786, fils du vicomte Richard, pair d'Irlande, et d'Anne Bernard (S. M. M. la V. l'É.).

Fizeau (Marie-Anne-Étiennette), née le 6 mars 1741, fille d'Étienne-Claude, chevalier, seigneur d'Argent, Clémont, Villezon, etc., maître-d'hôtel ordinaire du roi, et de Marie-Anne Perrinet (S. R.).

— Étienne, écuyer, conseiller secrétaire du roi, seigneur des châtellenies de Vandeuil et de Stains, mort le 27 décembre 1770 à soixante-huit ans quatre mois, veuf de Marie-Anne Perrinet (S. R.).

— Marie-Anne-Étiennette, morte le 16 avril 1812 au château de la Thuillerie près Passy, veuve de Louis-Marie-Athanase de Loménie, comte de Brienne.

Flahaut (Jérôme-François de), comte de la Billarderie, veuf de Marie-Anne Porlier, mort le 27 août 1761 à quatre-vingt-dix ans. (S. R.).

— Marie-Thérèse-Odile, née le 18 septembre 1761 (S. R.), et Marie-Alexandrine-Félicité, née le 29 septembre 1766 (S. S.), enfants d'Auguste-Charles-César, marquis de la Billarderie, et de Marie-Jeanne Richard de Pichon.

— Charles-François, fils de César-Auguste, comte de la Billarderie, et de Thérèse-Odile de Cœuret de Nesle, marié le 30 novembre 1779 à Adélaïde-Marie-Émilie Filleul, fille de Charles-François, et de Catherine-Irène du Buisson de Longpré (S. J. du H. P.), dont : Auguste-Charles-Joseph, né le 21 avril 1785 (S. E.).

Flamen d'Assigny (Jean-Claude), veuf de Jeanne Gestat, remarié le 5 septembre 1780 à Angélique-Agnès Barthélemot-Sorbier, fille de Jean, et de Marguerite-Élisabeth Loubradou de la Perrière (S. S.).

Flandre de Bonneville (Philippe-Marie-Hippolyte), né le 26 juin 1783, fils de François-Antoine, et d'Angélique-Marie des Vaux (S. M. M. la V. l'É.).

Flavart (Anne-Antoinette de), née le 7 août 1760, fille de Louis-Antoine, chevalier, et de Marie-Thérèse Kerenor (S. S.).

Flavigny (Jean-Philippe de), né le 22 septembre 1729, fils de Philippe-Florimond, chevalier, seigneur de Lyez, chevalier de Saint-Louis, et de Suzanne-Éléonore de Villemeur (S. S.).

— Maurice-Adolphe-Charles, né à Vienne le 3 décembre 1799, fils du vicomte Alexandre-Victor-François, et de Marie-Élisabeth de Bethmann, marié le 7 juillet 1830 à Louise-Mathilde de Montesquiou, née à Paris le 12 août 1811, fille de Raymond-Aimery-Philippe-Joseph, vicomte de Fezensac, et d'Henriette Clarke de Feltre de Hunebourg (1er arr.).

Flechines. — « Le 12 septembre 1618 service pour feu M. de Fléchines » (S. P.).

Flesselles (Jean-Baptiste de), comte de Brégy, mort le 19 juillet 1718 à soixante-dix-sept ans (S. G.).

— Marie-Madeleine, morte le 28 avril 1764 à soixante-six ans, épouse de François Ferrand, marquis d'Averne, baron de Saint-Sévère (S. R.).

Fleurette (Madeleine de), baptisée le 5 juillet 1584, fille de noble homme Jean, écuyer, sieur de Bussy, conseiller du roi, secrétaire et contrôleur-général de ses guerres, et de noble demoiselle Louise Allegrin (S. G.).

Fleuriau d'Armenonville (Marie-Thérèse de), morte le 1er janvier 1754 à cinquante-huit ans, épouse d'Henri de Fabry, comte d'Autrey (S. R.).

Fleuriau de Panfol (Antoine-Philippe-Louis), né le 25 septembre 1784, fils de Louis, avocat en Parlement, et d'Alexandrine-Louise Filleu (S. E.).

Fleuriers (Gilbert de), écuyer, sieur de la Razière, fils de feu Gilbert, et de Gabrielle Parade, marié le 26 février 1675 à Aimée Desjardins, fille de Guillaume, écuyer, sieur de Clinchemore, et de Catherine Ferrand (S. A. des A.).

Fleury de Penanou (Marie-Jacquette de), morte le 9 février 1753 à soixante-quatorze ans, veuve de Robert de Kergroadès (S. S.).

Fleury (Louis-Philippe), écuyer, seigneur de Gaumont, mort le 4 avril 1763 à soixante-six ans, époux d'Edmée Berthelot (S. R.).

Floissac (Jacques de), payeur des rentes de l'Hôtel-de-Ville, mort le 30 août 1748 à quatre-vingts ans, veuf de Charlotte Chaillon (S. R.).

— Charlotte-Françoise, née le 8 août 1761 ; Françoise-Charlotte, née le 4 octobre 1762 ; Nicole-Marie-Louise, née le 7 décembre 1764, et Charles-Denis, né le 5 août 1767, enfants de Charles-Jacques-Cécile, écuyer, conseiller secrétaire du roi, et de Denise-Pélagie Deniset (S. R.).

— Élisabeth, morte le 5 décembre 1787 à quatre-vingt-sept ans, femme de Jean-Baptiste-Anne de Malartic (S. R.).

Flotte-Saint-Joseph (Gaspard-Melchior-Balthasar de), chevalier de Saint-Louis, lieutenant de vaisseau, mort le 18 décembre 1767 à quarante-six ans (S. J. du H. P.).

Floxel de Contel (Louis), chevalier, seigneur de Turtéville au Bocage, mort le 14 janvier 1785 à quarante-six ans (S. E.).

Foix (Louise-Charlotte de), morte le 31 mars 1768 à soixante-douze ans, veuve de Jean-Honoré, comte de Sabran (S. S.).

— Bertrand-Léon, comte de Candale, capitaine d'infanterie, mort le 9 mars 1782 à soixante-neuf ans (S. E.).

Folio (Marie-Denise), née le 24 février 1756, fille de Michel, seigneur de Foucherolle, et de Marie-Anne de la Roche (S. J. en G.).

Fontaine (Antoinette de), veuve d'Alexandre de Joyeuse, chevalier, seigneur de Montgobert, morte le 4 février 1709 (St-Étienne-du-Mont).

— Thérèse, morte le 2 janvier 1721 à vingt ans, épouse de Félix Aubery, marquis de Vatan (S. R.).

— François, chevalier, marquis de Cramayel, seigneur de Moissy, Fourches, Limoges, etc., mort le 24 avril 1779, à soixante-sept ans, époux de Françoise-Monique de la Borde (S. E.).

— Pierre-Joseph, fils de Marie-Sébastien-Charles-François, seigneur de Biré, et de Philippine-Louise Cardon de Garsignies, marié le 5 février 1788 à Alexandrine-Joséphine de Lattaignant, fille de François-Louis, comte de Bainville, et d'Antoinette-Marthe Pécou de Cherville (S. J. du H. P.).

Fontane (Gabriel-Natalis-Pierre-Marie, baron), né à Massa le 25 décembre 1798, fils de Jacques, mort en décembre 1833, et de Victoire Ceccopieri, marié le 20 mai 1835 à Marie-Julie-Camille Marchand, née à Paris, le 17 février 1809, fille d'Alexandre-Louis, mort en août 1811, et d'Anne-Julie Famin (X° arr.).

Fontanges (Marguerite-Françoise de), née le 16 novembre 1720, fille de Charles, marquis de Montmons, et de Marguerite du Rocher (S. S.).

— Justin, fils du marquis Louis-Marie, et de Jeanne-Françoise de Barral, marié le 26 juin 1788 à Marie-Madeleine-Pauline de Pont, fille de Jean-Samuel, conseiller au Parlement, et de Marie-Madeleine-Françoise Lescureuil de la Touche (S. S.), dont : Charlotte-Françoise-Delphine, née le 13 août 1790 (S. E.).

Fontanieu (Marie-Augustine de), née le 6 janvier 1725, morte le 1er mai 1727 ; Gabriel-Moïse, né le 4 mars 1727 ; Bonaventure-Moïse, né le 13 novembre 1728 ; enfants de Gaspard-Moïse, chevalier, conseiller du roi en ses conseils, seigneur de Saint-Aubin-sur-Mer, et de Marie-Anne Pollart de Villequoy (S. R.).

— Moïse-Augustin, conseiller secrétaire du roi, mort le 3 février 1725 à soixante-trois ans, époux de Geneviève Dodun (S. R.).

— Élisabeth, morte le 26 avril 1751 à quatre-vingt-un ans, veuve de Jean du Vau (S. E.).

— Cécile-Geneviève, morte le 4 novembre 1751 à soixante-six ans, veuve de Charles-Gabriel de Belsunce, marquis de Castelmoron, lieutenant-général (S. R.).

— Pierre-Élisabeth, contrôleur-général, inhumé le 29 mai 1784 à cinquante-trois ans (S. M. M. la V. l'É.).

Fontenailles (Thomas-Claude de), mestre de camp de cavalerie, chevalier de Saint-Louis, époux de Marie-Agathe Dodard, mort le 17 décembre 1762 à quatre-vingt-cinq ans (S. R.).

Fontenay (Jean de), seigneur de la Chastenie, mort le 6 octobre 1695 (S. A. des A.).

Fontenelle (Louise-Athanasie de), morte le 6 mai 1720 à dix-sept mois, fille de Michel-Toussaint, colonel de dragons, et de Charlotte de Laclô (S. S.).

Fontenoy (Anne-Charlotte-Pauline de), née le 5 janvier 1781, fille du marquis Charles-Léopold, et de Charlotte-Amélie d'Holbach (S. R.).

Fontenu (Françoise-Marguerite de), morte le 13 juillet 1729 à soixante-sept ans (S. R.).

— Louis-Daniel, mort le 5 mai 1733, et Étienne-Gaspard, né le 4 août 1734, enfants de Gaspard, écuyer, commissaire-général de la marine, mort le 5 septembre 1754, et de Jacob-Pétronille de Hochepied (S. R.).

— Louis-François, diacre, docteur en théologie, mort le 3 septembre 1759 à quatre-vingt-quatorze ans (S. R.).

— Marie-Constance, née le 26 novembre 1778 ; Gabrielle-Perrine-Pauline, née le 5 mai 1780 ; François-Gaspard-Charles-Joseph, né le 25 avril 1783, enfants du marquis François-Ignace, seigneur du Vivier, et de Gabrielle-Marguerite Moreau de Plancy (S. R.).

Fontette (Anne-Angélique de), morte le 15 juin 1754, veuve de Guy Guéau de Poancey (S. S.).

Forbin (Joseph-Palamède de), né le 30 juin 1726, fils de Michel, marquis de Janson, et de Françoise-Christine de Nicolay (S. P.).

— Élisabeth-Charlotte-Félicité, morte le 16 juillet 1748 à vingt-deux ans, épouse du marquis de la Roquette (S. S.).

— Angélique-Constance, née le 30 novembre 1756, fille de Joseph-Roch-Louis-Charles-Palamède, marquis d'Oppède, seigneur de la Verdière, et de Françoise-Marie de Baussan (S. P.).

— Alexandre-Palamède, mort le 28 décembre 1756, fils de Joseph-Palamède, marquis de Janson, et de Madeleine-Louise Aubery de Vatan (S. P.).

— Charles-Joseph-Marie-Auguste, né le 3 novembre 1785, fils de Michel-Palamède, comte de Janson, et de Cornélie-Henriette-Sophie-Louise-Hortense-Gabrielle de Galléan (S. S.).

— Joseph-Louis-Charles-Roch-Palamède, baron d'Oppède, mort le 16 novembre 1789 à soixante-dix ans, veuf de Françoise-Marie de Baussan (S. S.).

Forceville (Gabrielle de), religieuse, morte le 6 septembre 1682 (S. A. des A.).

Forcheville (Thérèse-Toinette de), née le 1er février 1744, fille d'Armand-Jules, seigneur du Plessis, et de Toinette Poussin (S. S.).

Forest (Charles-Gabriel-René de la), mort le 1er octobre 1719 à dix-huit ans, fils de François-Pierre, comte d'Armaillé, et de Gabrielle de Boylesve (S. P.).

— Augustin-Médard, né le 8 juin 1736, fils de François-Pierre, comte d'Armaillé, et de Thérèse Gaubert (S. S.).

— Marie-Camille-Adélaïde, née le 21 octobre 1759, et Pierre-Ambroise-Gaspard-Éléonore, né le 18 novembre 1762, enfants de Pierre-Ambroise, marquis d'Armaillé, et de Marie-Gabrielle de Mornay de Montchevrenil (S. S.).

— Armand-Charles-Gabriel, comte d'Armaillé, mort le 6 décembre 1763 à trente ans (S. P.).

— André-Paul-Germain, vicomte d'Armaillé, marié le 12 juin 1833 à Charlotte-Élisabeth-Louise-Pauline Prévost de Chantemesle, née le 3 décembre 1806, fille d'Étienne-François, né à Argenteuil le 23 juillet 1768, marié le 1er vendémiaire an IV (VIIIe arr.), à N. Choulx de Bussy (Xe arr.).

Forges (Charles-Louis de), fils de Claude-Alexandre-Marie-Gabriel-François, vicomte de Caulière, et de Louise-Charlotte-Alexandrine de Pons-Rennepont, né à Vanteuil le 3 juin 1782 et baptisé à Paris en 1784. Marraine : Caroline-Hyacinthe-Rosalie-Sophie Damas de Fuligny, marquise de Grollier (S. R.).

Fortia (Charlotte-Louise de), née le 26 mars 1727, fille de Jean-Joseph, chevalier, capitaine de cavalerie, et de Marie-Madeleine Frison de Blamont (S. S.).

— Michel-Pierre, né le 30 octobre 1766, fils de Pierre, chevalier, capitaine au régiment Penthièvre, et de Jeanne Buret (S. S.).

— Charlotte-Louise, morte le 2 mai 1767 à trente-neuf ans, veuve d'Étienne-Marie, marquis d'Escorailles (S. J. du H. P.).

— Charles, abbé de Saint-Martin d'Épernay, mort le 4 septembre 1776 à soixante-douze ans (S. S.).

Fortin (François), seigneur de la Recousse, mort le 14 novembre 1750 à soixante-sept ans (S. J. en G.).

— Antoine-Henri, mort le 4 novembre 1772 à dix-neuf ans, fils de Jacques, sieur de Fougerolles, chevalier de Saint-Louis, et de Marie-Anne-Françoise-Victoire de Marguerie (S. E.).

Fos (Alexandre-Claude-Victor du), né le 6 avril 1769, fils d'Alexandre-Louis-Victor, comte de Méry, grand bailli d'épée d'Amiens, chevalier de Saint-Louis, et de Marie Dieudonnée Cuperlier.

Fossart de Rozeville (Thomas), écuyer, conseiller secrétaire du roi, époux d'Anne-Antoinette du Mourier du Perrier, mort le 21 octobre 1754 à soixante-dix-huit ans (S. R.).

Fossat (Pierre-Charles-Antoine du), né le 31 août 1768, fils de Jean-Louis, chevalier, baron de Mervilla, et de Marie-Judith de la Rivière (S. S.).

Foucard d'Olimpies (Marie-Françoise-Babet), née le 5 septembre 1756, fille d'Isaïe-Nicolas, capitaine de dragons, et de Catherine de Villefranche (S. S.).

Foucault (Pierre), baptisé le 16 juillet 1637, fils de Nicolas, sieur de la Brivoire, et de Louise Cornulier (S. G.).

— Catherine-Angélique, morte le 27 avril 1728 à soixante-six ans, épouse de Claude-Théophile de Bésiade, marquis d'Avaray (S. S.).

— Armand-Louis-Joseph, comte de Saint-Germain-Beaupré, mort le 13 octobre 1767 à quatre-vingt-sept ans un mois six jours (S. S.).

— Louis, fils d'Armand, seigneur de Lardimalie, et de Marie-Marguerite de Comarque, marié le 4 avril 1769 à Hélène-Françoise de Mondagron, fille de Jean-Cyprien, seigneur de Chefraison, et de Marie-Antoinette-Madeleine Le Gras (S. J. du H. P.).

— Louise-Amable, morte le 24 décembre 1770 à vingt-six ans, épouse d'Augustin-Joseph du Gouyon, chevalier, seigneur de l'Abbaye, colonel d'infanterie (S. R.).

— Françoise-Scholastique-Joséphine, née le 1er avril 1784, fille du vicomte Pierre-Charles, et de Marie-Madeleine d'Orlodot d'Epreville (S. S.).

— Pierre-Théodore, fils de Jean, officier d'artillerie, et de Marie-Louise de Brossart, marié le 14 avril 1790 à Catherine de Mathan, fille du comte René, capitaine de dragons, et d'Anne-Catherine Hartmann (S. S.).

Foucher (Jacques), seigneur de Foucher et de Circé, veuf d'Élisabeth Béjarry, remarié le 16 janvier 1683 à Marie-Anne de Boubers, fille d'Aymar, seigneur de Bayencourt, et de Charlotte de Hamel (S. A. des A.).

Foudras (Jacques de), commandeur de Pontaubert, mort le 17 février 1755 à soixante ans (S. E.).

— Marie-Louise-Alexandrine, morte le 24 juin 1778 à soixante-dix-neuf ans, veuve d'Hugues-François, marquis de Lusignan de Lezay (S. S.).

Fougeu (N. de), né le 17 novembre 1677, fils de Charles, seigneur des Cures, maréchal-général des camps et armées du roi, et d'Anne Coulon (S. A. des A.).

Fougières (François-Marie, comte de), maréchal des camps et armées, veuf de Marie-Françoise Tribolet, remarié le 29 septembre 1770 à Adélaïde-Jeanne-Marie-Louise de Jourda, fille de Noël, comte de Vaux, lieutenant-général des armées du roi, grand'croix de Saint-Louis, gouverneur de Thionville, et de Jeanne-Marie-Philiberte-Huberte de la Porte (S. N. des Ch.).

— Comte François-Marie, mort le 3 mai 1787 à soixante-cinq ans et demi, veuf de Marie-Françoise Tribolet, et remarié à Adélaïde-Marie-Louise Jourda de Vaux (S. S.).

— Marie-Françoise, morte le 14 juin 1787 à quarante ans neuf mois vingt-six jours, épouse d'Antoine-Marie-Hippolyte, comte de Saint-Chamans (S. S.).

Fouilleuse (Adélaïde-Godefroy-Julie de), née le 15 décembre 1742, fille de François-Marie, marquis de Flavacourt, et d'Hortense-Félicité de Mailly (S. S.); morte le 31 décembre 1759, épouse de Louis, marquis d'Estampes (S. R.).

— Frédéric-Auguste, comte de Flavacourt, mort le 2 mars 1762 à vingt-deux ans (S. S.).

— François-Marie, marquis de Flavacourt, mort le 2 août 1763 à cinquante-cinq ans (S. S.).

Foullon de Doué (Isabelle-Joséphine), née le 18 décembre 1771 (S. E.). Bénigne-Eugène, née le 9 février 1774 ; Joseph-Julien, né le 11 mars 1775 (S. R.); Amélie-Joséphine, née le 10 janvier 1779, et Apolline-Fortunée, née le 13 août 1780 (S. E.), enfants de Joseph-Pierre-François-Xavier, chevalier, conseiller du roi, seigneur du marquisat de la Tournelle, et d'Isabelle-Jacqueline-Joséphine de Pestre.

Fouquet (Louis-Marie), né le 27 mars 1732, fils de Charles-Louis-Auguste, et de Marie-Thérèse-Emmanuelle-Casimir-Geneviève de Béthune (S. S.).

— Louis, marquis de Belle-Isle, mort le 25 août 1738 à soixante-dix-sept ans trois mois (S. S.).

— Bernardin-François, archevêque d'Embrun, mort le 20 avril 1785 à quatre-vingts ans (S. S.).

Fouquet de Closneuf (Simon-Louis), chevalier de Saint-Louis, mort le 2 septembre 1767 à quatre-vingt-six ans (S. R.).

— Marie-Angélique, morte le 8 février 1777 à soixante-treize ans, veuve d'Adrien Thuillier, avocat au Parlement (S. R.).

Fouquier (Louis), sieur d'Offémont, mort le 2 août 1771 à vingt-trois ans, fils de Pierre, sieur de Tinville, seigneur d'Héroué et de Marie-Louise Martine (S. E.).

— Auguste, né le 8 janvier 1790, fils d'Antoine-Quentin, sieur de Tinville, et de Jeanne-Henriette Gérard d'Aucourt (S. N. des Ch.).

Fourcy (Jean-Louis de), seigneur de Gillevoisin, gentilhomme de la Grande-Fauconnerie, mort le 20 avril 1762 à soixante-quatorze ans (S. J. du H. P.).

Fournier (Renée-Marguerite), morte le 5 mai 1781 à cinquante-neuf ans, veuve de Gaspard-Boniface-Constantin, vicomte de Castellane (S. E.).

— Émilie-Jeanne-Ursule-Gabrielle, née le 10 octobre 1787, fille de Pierre-Charles, marquis de la Chapelle, Laval, Boisette, Argilliers, etc., et d'Alix-Élisabeth-Louise-Rose-Gabrielle de Cheylus (S. M. M. la V. l'É.).

Foyal (Michel-Ange de), mort le 12 août 1725 à vingt-deux ans, fils de Pierre-Alexandre, seigneur de Donnery, et d'Agnès Bégon (S. S.).

Fraguier (Marie), baptisée le 13 décembre 1584, fille de Nicolas, conseiller du roi, et d'Anne Paucer (S. G.).

— « Le 6 mars 1619 convoi d'une fillette de Mons. Fraguer, maître des comptes, gendre de feu M. de Montbize. Ce temps là étoit bien sur la bise » (S. P.).

— Antoine-Geneviève-Amédée, né le 23 juillet 1775 ; Antoinette-Angélique-Marie, née le 3 novembre 1776 ; Marie-Françoise, née le 19 mars 1778 ; Armand-Pierre, né le 23 décembre 1780, enfants du marquis Ambroise-Nicolas, brigadier des armées du roi, maréchal de camp, lieutenant des gardes-du-corps, chevalier de Saint-Louis, et de Marie-Françoise-Félicité de Mandat (S. N. des Ch.).

Franc (Marie-Thérèse-Geneviève Le), née le 9 juillet 1731, fille de César-Charles, seigneur de Valdavid, et de Marie-Thérèse de Braque (S. R.).

Franc de Pompignan (Guillaume-Marie-Polyeucte-Prosper Le), né le 11 juillet 1758, et Jean-Georges-Louis-Marie, né le 8 décembre 1760, fils de Jean-Jacques, et de Marie-Antoinette de Caulaincourt (S. S.).

Francini (Jean-Nicolas de), écuyer, maître d'hôtel du roi, veuf de Catherine de Lully, mort le 6 mars 1735 (S. M. M. la V. l'É.).

— Pierre-Thomas, né le 1er janvier 1773, fils de Thomas-François-Honoré, comte de Villepreux, et de Marie de Jassaud (S. J. du H. P.).

Franquetot (Élisabeth-Marie de), née le 29 août 1705, fille de François, marquis de Coigny, et d'Henriette de Montbourcher (S. S.).

— Marie-François-Henri, né le 28 mars 1737; Augustin-Gabriel, né le 23 août 1740, et Jean-Philippe, né le 14 décembre 1743, enfants de Jean-Antoine-François, comte de Coigny, et de Marie-Thérèse-Josèphe-Corentine de Nevet (S. R.).

— Jean-Antoine-François, comte de Coigny, chevalier des ordres du roi, mort le 4 mars 1748 à quarante-cinq ans, époux de Marie-Thérèse-Josèphe-Corentine de Nevet (S. R.).

— Anne-Françoise-Aimée, née le 12 octobre 1769, fille d'Augustin-Gabriel, comte de Coigny, et d'Anne-Josèphe-Michelle de Roissy (S. R.).

— Henriette-Bibiane, morte le 11 février 1772 à soixante-huit ans, épouse de Jean-Baptiste-Joachim Colbert, marquis de Croissy (S. S.).

Franquin de Montandre (Louis-Jean-Baptiste-Amable), né le 12 octobre 1738, fils de René-Jean-Baptiste, écuyer, et de Françoise Pézier (S. M. M. la V. l'É.).

— Bénédicte-Françoise, morte le 25 décembre 1758, épouse de Jean-Daniel de Mapother, écuyer, ancien officier au régiment royal Piémont cavalerie (S. P.).

Frédefont de Sauvagnat (Marie-Anne), morte le 28 août 1771 à vingt-trois ans, épouse d'Augustin-Jean-François Chaillou de Jonville (S. P.).

Frédy (Antoine), né le 31 mars 1755, mort le 14 mai 1757, fils de Pierre, chevalier, seigneur de Coubertin, conseiller du roi, et de Marie-Louise-Marguerite Chambault (S. P.).

Frémiot (Augustin-Jean-Nicolas), mort le 28 avril 1763 à soixante-deux ans, époux de Françoise-Henriette de Barny (S. S.).

Frémont (Nicolas de), fils de Nicolas, marquis de Rosay, et de Geneviève Damond, marié le 4 février 1704 à Renée-Élisabeth Pucelle, fille de Pierre, et d'Anne Roujault (S. A. des A.).

— Marie-Élisabeth, née le 5 février 1733; Alexandre-Nicolas, né le 3 décembre 1734; Charlotte-Renée-Félicité, née le 3 juillet 1736, et Denis-Nicolas-Pierre, né le 19 janvier 1743, enfants de Nicolas, seigneur d'Auneuil, de Mussegros, conseiller du roi en ses conseils, et de Marie-Catherine-Madeleine Paviot de la Hauteville (S. R.).

— Angélique-Louise, née le 3 septembre 1733, fille de Didier-Claude, sieur d'Auneuil, et d'Élisabeth-Angélique le Febvre (S. R.).

— Pierre, sieur du Masy, président aux enquêtes, baptisé le 13 septembre 1713 (S. R.), fils de Nicolas, marquis de Rosay et de Charleval, seigneur d'Auneuil, et de Renée-Élisabeth Pucelle, marié le 25 janvier 1738 à Marie-Agathe Desvieux, baptisée le 11 juin 1722 (S. E.), fille de Louis-Philippe, écuyer, et de Bonne-Madeleine Le Couturier, dont : Nicolas, né le 13 février 1739; Marie-Élisabeth, née le 10 janvier 1740 (S. M. M. la V. l'É.), et Pierre-Nicolas-Philippe, né le 30 juin 1741 (S. R.).

— Nicolas, chevalier, marquis de Rosay, seigneur d'Auneuil, mort le 30 septembre 1748 à quatre-vingt-trois ans, veuf de Renée-Élisabeth Pucelle (S. R.).

— Charlotte-Renée-Félicité, morte le 2 avril 1778 à quarante-deux ans, épouse de Christophe-Louis de Frémont, marquis de Rosay (S. R.).

Frémyn (Marie-Angélique), morte le 7 juin 1763 à quatre-vingt-sept ans, veuve de Louis-Antoine, duc de Brancas (S. S.).

Fréron (Louise-Philippine-Marie-Anne-Françoise), née le 22

avril 1757, fille d'Élie-Catherine, et de Thérèse-Jacqueline Guyomar (S. S.).

Fresnel (Françoise-Élisabeth de), morte le 27 novembre 1782 à soixante-sept ans, veuve de Charles-Bernardin du Mesnildot, marquis de Vierville (S. R.).

Fresnoy (Jean-Baptiste, marquis de), seigneur du Mesnou, etc., vicomte de Bergues, mort le 2 juillet 1747, veuf de N. d'Eschiens de la Neuville (S. R.).

— Marquis Thomas-Marc, baron de Tournancy, mort le 28 avril 1776 à quarante-cinq ans (S. E.).

Freté (Angélique-Narcisse-Bernardine-Modeste de la), morte le 30 août 1789 à dix-neuf ans, épouse d'Aimé-François-Emmanuel d'Orceau, baron de Fontette (S. E.).

Frise (Auguste-Henri, comte de), mort le 29 mars 1755 à trente ans (S. M. M. la V. l'É.).

Froissy (Philippe-Angélique de), morte le 15 octobre 1785 aux écuries de Mgr le duc d'Orléans, rue de Provence, âgée de quatre-vingt-cinq ans, inhumée le 17 dans la chapelle de la Sainte-Vierge; veuve d'Henri-François, comte de Ségur, lieutenant-général des armées du roi, chevalier de ses ordres, gouverneur du pays de Foix, lieutenant-général des provinces de Champagne et de Brie (S. E.).

Frotier (Antoine-Louis-Marie), né le 21 novembre 1727 ; Marie-Louise-Radegonde, née le 25 avril 1732, enfants de Benjamin-Louis-Marie, chevalier, marquis de la Coste-Messelière, et de Marguerite-Marie-Radegonde de Mesgrigny (S. S.).

— Louise-Marguerite-Rose, morte le 3 septembre 1757 à deux mois et demi, fille de Louis, marquis de la Coste-Messelière, et de Marguerite Wilelms (S. R.).

— Marie-Élisabeth-Olive, née le 16 juillet 1759 ; Benjamin-Léonor-Louis, né le 10 août 1760 ; Claude-Alcide-Louis, né le 21 avril 1770, enfants de Louis-Marie-Joseph, comte de la Coste, mestre-de-camp de cavalerie, et de Jacqueline-Éléonore de Reclesne de Digoine (S. S.).

— Benjamin-Louis-Marie, marquis de la Coste, mort le 29 juillet 1771 à soixante-treize ans et demi (S. S.).

— Louis-Marie-Joseph, comte de la Coste-Messelière, mort le 30 octobre 1778 à cinquante-trois ans (S. S.).

— Benjamin-Léonor-Louis, fils de Louis-Marie-Joseph, comte de la Coste-Messelière, et de Jacqueline-Éléonore de Reclesne de Digoine, marié le 27 avril 1779 à Anne-Justine-Élisabeth-Joséphine de Saint-Georges, fille de Charles-Olivier marquis de Vérac, et de Marie-Charlotte-Joséphine de Croÿ d'Havré, dont : Benjamin-Charles-Olivier-Éléonor-Jacques-Philippe, né le 30 novembre 1785; Benjamin-Alfred-Éléonor-Henri-Joseph-Olivier, né le 1er mars 1788, et Angélique-Eugénie-Benjamine-Olive-Éléonore, née le 19 décembre 1789 (S. S.).

— Gabriel, chevalier de la Coste-Messelière, capitaine de grenadiers, chevalier de Saint-Louis, mort le 28 octobre 1780 à soixante-dix ans (S. E.).

— Louise-Olive, morte le 10 juin 1781 à quatre-vingt-cinq ans, veuve de Samuel-Jacques Bernard, comte de Coubert (S. S.).

— Louis-Augustin, mort le 8 août 1792 à vingt-deux mois, fils de Joseph-Marie-Louis, et de Françoise-Séraphine de Ferrières (S. M. M. la V. l'É.).

Froulay (Henriette-Jeanne-Élisabeth de), née le 26 janvier 1709; Anne-René, né le 26 juin 1710; Élisabeth-René, né le 17 août 1711; Anne-Angélique-Renée, née le 19 juillet 1712; René-François, né le 15 mai 1716, enfants de René-Mans, comte de Tessé, et de Marie-Élisabeth-Claude-Pétronille Bouchu (S. S.).

— Charles-François, mort le 27 fevrier 1744 à soixante ans (S. S.).

— Marie-Françoise-Philiberte-Damaris, morte le 29 décembre 1744 à soixante-neuf ans, épouse de Jean-François de Briqueville, comte de la Luzerne (S. S.).

— Armand-Élisabeth, mort le 11 mars 1763 à vingt-cinq ans vingt-un jours, fils de René-Marie-Cyr, comte de Tessé, et de Marie-Charlotte de Béthune-Charost (S. S.).

— Louis-Gabriel, chevalier de Malte, mort le 26 août 1766 à soixante-treize ans (S. S.).

Fruglaye (Jacquette-Yvonne de la), sœur hospitalière de Saint-

Thomas de Villeneuve, morte le 3 février 1725 à quarante-quatre ans (S. S.).

— Joseph-Jacques-Marie, mort le 9 septembre 1774 à douze ans et demi, fils de François-Gabriel-Marie, et de Sophie-Antoinette-Pauline de Caradeuc de la Chalotais (S. S.).

Fuentes de Tolède de Castille (Marie-Joseph de), morte le 30 juin 1752 à trente-trois ans, épouse de Charles-Léopold de Wurtemberg-Montbéliard (S. R.).

Fumel (Louise-Michelle-Élisabeth de), née le 19 juillet 1749, et Marie-Joseph, né le 10 juin 1757, enfants du comte Joseph, et de Marie-Élisabeth de Conty d'Hargicour (S. S.).

— Charlotte-Louise-Marie, née le 8 avril 1771, fille du marquis Philibert, baron de Monségur, et de Marie-Françoise d'Aldart. (S. M. M. la V. l'É.).

— Henri-René, né le 4 novembre 1777 (S. R.), Charlotte-Flavie, née le 23 novembre 1778, morte le 14 septembre 1781 ; Henriette-Marie-Louise née le 8 avril 1780, morte le 19 juillet 1781 ; Louise-Flavie, née le 14 mai 1783, enfants du marquis Philibert, baron de Monségur, et de Charlotte-Henriette du Tillet (S. M. M. la V. l'É.).

Fumeron (Jeanne-Élisabeth-Victoire de), née le 25 mai 1767 ; Charles-Marie-Pierre-Victor, né le 11 juillet 1768 ; Marie-Pierre-Julien, né le 17 septembre 1770, et Marie-Antoinette-Victoire, née le 19 novembre 1772, enfants de Jean-Jacques-Pierre, seigneur de Verrières, et de Claude-Victoire Prévost d'Arlincourt (S. R.)

Furstemberg (Marie-Louise-Maurice de), morte le 16 mars 1749 à soixante-trois ans, veuve de Marie-Jean-Baptiste Colbert de Seignelay, maître de la garde-robe du roi (S. R.).

Fusée (Jeanne-Geneviève-Henriette), née le 8 octobre 1742, fille de Louis-Victor, comte de Voisenon, seigneur de Bierville, et de Marguerite-Pauline Bombarde (S. R.).

Fusselet (Marie-Antoinette de), dame de Lenthiole, morte le 13 mai 1785 à soixante-quatorze ans, veuve de Jean-Chrysostôme de Colmont, écuyer, seigneur de Vaulgrenant, etc., lieutenant-général honoraire au présidial de Châlon-sur-Saône (S. E.). Il fut déclaré qu'elle avait célébré le 29 juillet 1780 (S. S.) et réhabilité le 13 août 1781 (Sainte-Marguerite) son mariage avec le sieur Hippolyte Gratieux, alors demeurant à Puis-Gobert, paroisse de Saint-Benet au Poitou.

FYOT DE LA MARCHE (Philippe), chevalier, lieutenant-général des armées du roi, mort le 15 mars 1750 à quarante-quatre ans (S. R.).

G.

GACHE DE MONTBLANC (Pierre), écuyer, lieutenant-colonel d'infanterie, mort le 28 janvier 1725 (S. R.).

GADAGNE (Louise-Charlotte de), demoiselle d'Hostun, morte le 11 mai 1750 à soixante-neuf ans, veuve de Renaud-Constant, comte de Pons (S. S.).

GAFFET (Marie-Madeleine-Louise de), née le 24 août 1753, fille de François, sieur de Rouveroy, et d'Anne Chemillet (S. S.).

GAGNAT DE LONGNY (Adélaïde-Louise-Céleste), morte le 13 février 1771 à vingt-quatre ans, épouse d'Adam-Philippe, comte de Custine (S. S.).

GAGNE (Antoine-Jean), chevalier, comte de Perrigny et de Saulon, mort le 3 juin 1783 à soixante-huit ans (S. E.).

GAIGNON (Louis-Jacques-Armand de), comte de Vilennes, mort le 29 mai 1776 à quarante-sept ans (S. S.).

GAILLARBOIS (Henri-Componne de), comte de Masconville, mort le 24 juin 1780 à cinquante-trois ans (S. M. M. la V. l'É.).

GAILLARD (Charlotte-Marie), née le 7 août 1751, et Emmanuel-Étienne, né le 27 avril 1754, enfants de Jean-Baptiste, seigneur de Beaumanoir, et de Marie-Eugénie Préaudeau (S. R.).

— Marie-Anne-Françoise, demoiselle de la Bouexière, morte le 30 janvier 1752 à quarante-cinq ans, épouse de Jean-Hyacinthe Hocquart, seigneur de Montfermeil (S. R.).

— Emmanuel-Jacques, écuyer, sieur de Gagny, conseiller du roi, receveur-général des finances, trésorier-général des maréchaussées, mort le 17 mars 1759 à cinquante-six ans (S. R.).

— Jean, conseiller secrétaire du roi, seigneur de Gagny, de la Bouexière, etc., mort le 6 août 1759 à quatre-vingt-quatre ans, veuf de Catherine Coupard (S. R.).

Gailliet (Christophe-Nicolas), né à Paris le 11 janvier 1773, fils de Christophe-François, mort à Joigny en mars 1818, et de Marie-Ève de Savigny, inhumée à Saint-Louis-en-l'Ile le 14 avril 1790, veuf le 27 décembre 1831 de Madeleine-Henriette Lambron de Maudoux, remarié le 5 novembre 1832 à Marie-Françoise-Jeanne-Louise-Angélica Dupont de Gault, née à Wilmington, Delaware, le 25 août 1795, fille de Pierre-Henri, mort à la Guadeloupe en février 1823, et de Marie-Catherine-Élisabeth Viénot de Vaublanc (X^e arr.).

Gain (Édouard-Denis de), mort le 26 septembre 1781 à deux ans huit mois vingt-huit jours (S. E.) et Alfred-Marie-Léonard, né le 12 novembre 1781 (S. M.M. la V. l'É.), fils de Marie-Joseph, comte de Montaignac, marquis de la Rivoire, mestre-de-camp, et de Marie-Charlotte-Joséphine Pichon de la Rivoire.

Galard de Brassac (Anne-Hilarion de), né à Bourges le 23 novembre 1715, et baptisé à Paris en 1733, fils de Guillaume-Alexandre, comte de Béarn, et de Françoise-Lucie de Costantin de Tourville (S. S.).

— Alexandre-Guillaume, né le 26 janvier 1741; Anne-Lucie-Jacqueline, née le 22 juillet 1745; Armand, mort le 25 février 1746 à dix-neuf mois; Philiberte-Renée, née à Livry le 19 août 1753 et baptisée à Paris le 18 mars 1755; Armand-Geoffroy-Anne, né le 9 mars 1755, mort le 16 avril 1755, enfants d'Anne-Hilarion, comte de Béarn, et d'Olympe de Caumont (S. S.).

— Alexandrine-Guillaume, née le 4 juillet 1766, fille d'Alexandre-Guillaume, marquis de Béarn, capitaine au régiment Chartres, et de Marie-Marguerite Tupigny (S. S.).

— François-Alexandre, vicomte de Béarn, mort le 9 avril 1768 à soixante ans (S. S.).

— Anne-Marie, née le 1 décembre 1768; Alexandrine-Aymardine-Renée-Léontine, née le 7 juillet 1770; Alexandre-Léon-Luce, né le 11 juin 1771, mort le 29 mai 1775; Agathe-Marie-Josèphe-Olympe, née le 22 novembre 1773; Adélaïde-Françoise-Joséphine, née le 4 mars 1775; Alexandre-Louis-René-Toussaint, né le 29 août 1776; et Anne-Marie-Jacqueline, née le 9 décembre 1779, enfants d'Alexandre-Guillaume, marquis de Béarn, capitaine de cavalerie, et d'Anne-Marie-Gabrielle Potier de Novion (S. S.).

— Étienne-Alexandre-Hector, né à Paris le 24 décembre 1805, fils d'André-Hector-Marie, comte de Béarn, mort à Clermont-Ferrand en septembre 1806, et d'Antoinette-Louise de Durfort, remariée à Jacques-Auguste-Anne-Léon Le Clerc, comte de Juigné, marié le 25 avril 1832 à Camille-Louise-Denise Le Sage d'Hauteroche, née à Paris le 2 juin 1815, fille d'Anne-Marie-François-Alexandre-Thomas-Scipion, comte d'Hulst, mort à Paris en juin 1817, et de Claudine-Anne-Pauline de Grimoard de Beauvoir du Roure de Beaumont-Brison (X⁰ arr.).

Galiffet (Marie-Louise de), née le 28 octobre 1756, et Marie-Antoinette, née le 26 octobre 1757, filles du comte Philippe-Christophe-Amateur, et de Marie de Lévis (S. S.).

— Louis-Marie-Alexandre-Irénée, né le 11 janvier 1774, mort le 3 mars 1776, et Alexandrine-Antoinette-Justine, née le 8 février 1776, enfants du comte Louis-François-Alexandre, mestre-de-camp de cavalerie, et de Marie-Louise de Galiffet (S. S.).

— Marquis Louis-François, mort le 4 mai 1778 à quatre-vingt-trois ans (S. S.).

Galitzin (Nicolas-Alexis), mort le 16 juin 1780, fils du prince Nicolas, et de Marguerite Moissenier (S. E.).

Galléan (Antoinette-Frédérique-Marie-Yolande-Aurore-Camille-Mélanie-Elvire-Eugénie-Clémentine de), morte le 29 juin 1779 à dix-sept ans, fille du prince-duc Charles-Hyacinthe-Antoine, et de Marie-Françoise-Henriette née Trémolet, duchesse de Montpezat (S. E.).

— Cornélie-Henriette-Sophie-Hortense-Louise-Gabrielle, native d'Avignon, morte le 11 novembre 1834 à soixante-douze ans, veuve de Michel-Palamède, marquis de Forbin-Janson (X⁰ arr.).

Gallet (Antoine), né le 1ᵉʳ octobre 1758, et Adélaïde-Jeanne-Madeleine, née le 5 février 1761, enfants de Jean-Jacques, écuyer, seigneur de Mondragon, Pleuvault, etc., et de Marie-Jeanne Duval de l'Épinoy (S. R.).

— Augustin-Jean-Marie-Joseph, né le 28 juillet 1787, fils de Jean-Jacques, comte de Mondragon, et de Marie-Françoise-Sophie de Tournon de Meyves (S. R.).

Galluccio (Anne-Christophe-Louise de), née le 3 octobre 1769, fille de Dominique-Antoine-Nicolas, baron de l'Hospital, et d'Anne-Marie-Rose Aillot (S. M. M. la V. l'É.).

Ganay (Anne-Antoinette-Julie de), née le 6 juillet 1764, fille naturelle du marquis Jacques-Anne, colonel d'infanterie, et gouverneur d'Autun, et d'Antoinette Bernier (S. S.).

— Marquis Jacques, mort le 28 octobre 1778 à soixante-dix-sept ans (S. S.).

Gand (Guillaume-Louis-Camille de), âgé de vingt-neuf ans, colonel au régiment de Picardie, fils de Jean-Guillaume-François-Marie, marquis d'Ilem, et de Louise-Angélique Desfossez, marié le 7 mai 1781 à Charlotte-Henriette de Vogüé, âgée de dix-sept ans, fille de Cérice-François-Melchior, maréchal des camps et armées du roi, et de Jeanne-Madeleine-Thérèse du Bouchet de Sourches (S. S.).

— François-Charles-Gabriel, frère du précédent, marié le 26 avril 1785 à Marie-Joseph-Félicité de la Rochefoucauld, fille de François-Jean-Charles, marquis de Bayers, et de Marie-Thérèse de Fougeu (S. S.).

Gand de Mérode de Montmorency (Louis de), prince d'Isenghien, mort le 6 juin 1767 à quatre-vingt-huit ans dix mois vingt jours (S. S.).

Gantes (Jean-François, marquis de), mort le 3 avril 1776 à soixante-quinze ans (S. S.).

Garadeur (Pierre-Joseph de), marquis de l'Escluze, mort le 3 octobre 1678 (S. A. des A.).

Garaud de Caminade (Jeanne-Françoise), morte le 28 mai 1723 à soixante-cinq ans, épouse d'Yves, marquis d'Alègre, lieutenant-général des armées du roi (S. S.).

Garde (Louis-Auguste-Scipion de la), né le 25 septembre 1723, mort le 20 juin 1725 ; Melchior-Charles-Scipion, né le 23 septembre 1724 ; Marie-Claire, née le 21 septembre 1725, morte le 27 janvier 1726, enfants de Scipion Louis-Joseph, marquis de Chambonas, et de Claire-Marie de Ligne (S. S.).

— Marie-Louise, morte le 15 janvier 1779 à cinquante-huit ans, épouse de François-Camille, marquis de Polignac (S. M. M. la V. l'É.).

— Adrien-François, né le 3 juillet 1786, baptisé le lendemain, fils de Charles, bourgeois de Paris, et de Françoise Emmous. Parrain : haut et puissant seigneur François-Jean, marquis de Chastellux, maréchal des camps et armées du roi, inspecteur-général de ses troupes, commandeur des ordres royaux militaires et hospitaliers de Notre-Dame du Mont-Carmel et de Saint-Lazare de Jérusalem, de la société des Cincinnati, chevalier de l'ordre royal et militaire de Saint-Louis, l'un des quarante de l'Académie française, représenté par maître Antoine Viat, avocat en parlement. Marraine : haute et puissante dame Marie-Adrienne-Françoise de Noailles, épouse de haut et puissant seigneur Marie-Joseph-Paul-Yves-Roch-Gilbert de Motier, marquis de La Fayette, maréchal des camps et armées du roi, major-général au service des États-Unis de l'Amérique, de la société des Cincinnati, et chevalier de l'ordre royal et militaire de Saint-Louis, représentée par dame Jeanne-Louise Masson, veuve de maître André-Georges Le Febvre, avocat en parlement (S. E.).

— François-Thibault, fils de Thibaut, seigneur de Saint-Angel, et d'Anne-Marie de Bergnats, marié le 4 janvier 1791 à Amélie-Joséphine-Françoise de Bourdeilles, fille d'Henri-Joseph, mestre-de-camp de cavalerie, et de Marguerite-Henriette Dexmiers d'Archiac Saint-Simon (S. S.).

GARDEUR (Madeleine-Élisabeth Le), morte le 29 mai 1767 à neuf ans, fille de Louis, chevalier, comte de Repentigny, et de Madeleine-Régis Chaussegros de Lévy (S. E.).

— Louis, chevalier, comte de Repentigny, brigadier des armées du roi, mort le 9 octobre 1786 à soixante-cinq ans (S. E.).

— Angélique-Victoire, née le 16 et baptisée le 21 octobre 1787, fille de messire François-Maurice, écuyer, sieur de Moncla, et de Catherine de Boutet. Parrain : messire Henri-Georges-César, comte de Chastellux-Chaugy-Roussillon, premier chanoine héréditaire de l'église d'Auxerre, brigadier des armées du roi, mestre-de-camp, commandant du régiment de Beaujolais, chevalier d'honneur de madame Victoire, tante du roi. Marraine : dame Angélique-Victoire de Durfort, comtesse de Chastellux, dame d'honneur de madame Victoire, représentés par Michel Dedidier valet de chambre de la dite dame, et par Élisabeth Dupont, fille majeure (S. E.).

Garnier (Françoise-Madeleine), née le 4 mars 1756, fille de Jean-Louis, seigneur d'Ars, et de Colombe-Madeleine du Pré de Saint-Maur (S. S.).

— Barbe-Marguerite, demoiselle de Grandvilliers, morte le 9 mai 1770 à soixante-quinze ans, veuve de Pierre-Aimé de Corbeau, comte de Vaulserre (S. R.).

Gasc (Jean-Maurice de), chevalier de Saint-Louis, mort le 21 mars 1778 à soixante-cinq ans (S. E.).

— Antoine-Alexandre, baron de Portets, seigneur de Barsac, mort le 24 mars 1781 à soixante-neuf ans (S. R.).

— François-Joseph, abbé de Saint-Martin de Nevers, et prieur de Saint-Lô de Rouen, mort le 3 mai 1791 à soixante-quinze ans (S. Th. d'A.).

Gassion (Pierre de), né le 26 septembre 1715, fils du marquis Jean, vicomte de Monboyer, et de Marie-Jeanne Fleuriau d'Armemonville (S. R.).

— Jeanne, morte le 31 mai 1767 à cinquante-sept ans, veuve d'Henri-Aymar Moret de Grolée de Viriville (S. S.).

Gast d'Artigny (Claude-Marie du), morte le 9 mai 1720 à quatre-vingt-quatre ans, épouse de Pierre-Scipion de Grimoard de Beauvoir, comte du Roure (S. S.).

Gaucourt (Aglaé-Henriette-Flore-Calixte de), née le 27 mai 1768, fille du comte Mathias-Raoul, brigadier des armées du roi, et de Catherine-Henriette de Fieubet (S. S.).

— Silvain-Nicolas-Henri-Raoul, frère de la précédente, mestre-de-camp de cavalerie, marié le 16 mars 1779 à Armande-Pauline-Charlotte de Béthune, fille du marquis Armand, et de Louise-Thérèse Crozat, dont : Armande-Henriette-Aglaé, née le 11 septembre 1780 (S. S.) et Louis, né le 2 janvier 1782 (S. R.).

— Comte Matthias-Raoul, mort le 11 mai 1783 à soixante ans, époux de Catherine-Henriette de Fieubet (S. S.).

Gaudens de Revial (Marie-Françoise), morte le 8 novembre 1791 à cinquante ans, veuve d'Antoine-Félix de la Vergne de Tressan, marquis de Montbazin, et remariée à Jacques-Nicolas Macé de Bagneux, officier d'infanterie (S. E.).

Gaudion (noble homme, maître Pierre), écuyer, sieur de Fénis, marié le 14 février 1639 (Sainte-Marine) à Madeleine Cousinet, fille de noble homme maître Nicolas, et d'Isabelle Choart, dont : Élisabeth, née posthume, et baptisée le 1er mars 1640 (S. G.).

Gaumont (Nicolas de), vicomte de Portien, baron de Las de Villeneuve, mort le 26 novembre 1682 (S. A. des A.).

Gaureault du Mons (Hyacinthe de), gouverneur du château de Meudon, mort le 17 mars 1726 à soixante-dix-neuf ans (S. S.).

Gautier (Jean), baptisé le 16 septembre 1672, mort le 20 octobre 1672, fils de Jean-Géraud, écuyer, seigneur de Fontaride, et de Charlotte du Chaylar (S. A. des A.).

— Barthélemy-Étienne, seigneur de Billancourt, mestre-de-camp de cavalerie, mort le 13 mai 1755 à soixante-quinze ans (S. R.).

— Marie-Geneviève, demoiselle de Chiffreville, morte le 6 avril 1763 à vingt-six ans et demi, veuve de Charles O' Brien, comte de Thomond (S. S.).

— Guillaume-René, seigneur de Montgeroûlt, trésorier-général de la maison du roi, mort le 10 novembre 1769 à trente-quatre ans (S. E.), époux d'Anne-Marie-Élisabeth Marsollier des Vivetières, dont : Anne-Marie, née le 9 mai 1763 ; Benoît-René, né le 16 septembre 1764, mort le 7 avril 1768 ; André-Marie, né le 4 décembre 1765, et Marie-Benoît, né le 25 juin 1767 (S. M. M. la V. l'É.).

Gauville (Charles de), chevalier, seigneur de Javersy, veuf de Catherine de Courtenay, remarié le 9 mars 1690 à Marie-Charlotte d'Hangest, veuve d'Alexandre de Raceu, seigneur d'Archel (S. A. des A.).

— Pierre, né le 20 février 1715, fils de Charles, soldat au régiment d'Harcourt-Beuvron, et de Marie Dantin (S. S.).

— Jacques, marquis d'Argens, seigneur de Clémont, mort le 15 août 1729 à quarante-huit ans, veuf de Marie-Pétronille de la Planche des Mortières (S. R.) dont : Jules, né le 29 et mort le 31 janvier 1715 ; Jacques-Marie, né le 5 mai 1716 ; Jules-Marie, né le 11 septembre 1717 ; Marie-Montaine-Claude, née le 21 mai 1719 (S. S.).

— Arsène-Louis-Charles, né à Versailles le 18 juin 1821, fils du baron Adolphe-Joseph-Charles, mort à Saint-Germain-en-Laye en novembre 1823, et de Marie-Euphrasie Rameau, marié le 21 avril 1845 à Marie-Augustine Camusat de Riancey, née à Paris le 5 octobre 1823, fille d'Adrien, et de Caroline-Henriette-Charlotte de Martinès (X^e arr.).

Gayot-Mascrani-d'Ausserre (Jean-François), mort le 26 mars 1777 à soixante-quatorze ans (S. S.).

Gelas de Voisins (François, comte de), marquis d'Ambres, mort le 1er mars 1721 à quatre-vingt-deux ans (S. S.).

— Marie-Louise, née le 17 novembre 1739 ; Henri-Louis, né le 5 août 1741, mort le 16 janvier 1742 ; Charles-Albert-François, né le 9 janvier 1744 (S. M. M. la V. l'É.), mort le 29 août 1753 (S. E.), et Charles-Philippe, né le 10 novembre 1745 (S. M. M. la V. l'É.), enfants de Daniel-François, comte de Lautrec, marquis d'Ambres, et de Marie-Louise de Rohan-Chabot.

— Daniel-François, comte de Voisins, maréchal de France, mort le 15 février 1762 (S. S.).

Gelin de la Villeneuve (N.), né le 20 septembre 1781, fils du comte René-Guillaume-Paul-Gabriel-Étienne, et d'Anne-Louise de la Réale (S. M. M. la V. l'É.).

Gendre (Thomas Le), mort le 26 décembre 1721 à cinq ans ; Louis-Marc, né le 15 avril 1719 ; Catherine-Marie, née le 7 avril 1720 ; Adélaïde-Marie, née le 14 février 1722 ; Anne-Victor, né le 7 mai 1723, et Alexandre-Jacques, né le 28 septembre 1725, enfants de Thomas, seigneur de Collandre et de Gaillefontaine, maréchal des camps et armées du roi, et de Marguerite de Voyer de Paulmy d'Argenson (S.S.).

— Bénigne-Jean, né le 31 juillet 1726, fils de Bénigne-André, seigneur de Vilmorin, et de Marie-Charlotte-Esther Prion (S. R.).

— Charles, sieur de Bérulle, mort le 8 avril 1746 à soixante-six ans et demi (S. S.).

— Gaspard-François-Aimé, né le 16 novembre 1759, fils de Léon-François, comte d'Omsembray, et de Marie-Aimée Le Meyrat (S. S.).

— Aimée-Marie-Louise-Delphine, née le 24 juillet 1783 (S. S.), et Léon-Edme-François-Gaspard-Pierre, mort le 10 avril 1792 à six mois (S. Th. d'Aq.), enfants de Léon-Edme-François, comte d'Omsembray, et de Benoîte-Marie de Tholozan de Montfort.

— Antoinette-Charlotte-Luce, née le 16 avril 1787, fille de Jean-Baptiste-Charles, chevalier, seigneur et comte de Luçay, fermier-général, et de Jeanne-Charlotte-Félicité Papillon d'Autroche (S. M. M. la V. l'É.).

— Napoléon-Joseph-Charles, frère de la précédente, né à Paris le 5 décembre 1803, marié le 31 mai 1830 à Antoinette-Athénaïs-Clémentine-Chantal de Villeneuve, née à Paris le 3 janvier 1807, fille de Clément-Louis-Hélion, marquis de Vence, pair de France, et d'Aymardine-Marie-Juliette d'Harcourt (X⁰ arr.).

Genée de Brochot (Louis), conseiller du roi, mort le 18 janvier 1789 à soixante-onze ans, époux de Jeanne-Madeleine de la Fontaine (S. G.).

Genest (Charles-Claude), abbé de Saint-Vilmer de Boulogne, mort le 19 novembre 1719 à quatre-vingt-quatre ans (S. R.).

Gentil (César-Hippolyte-Joseph Le), né le 10 avril 1752, fils de Guy, officier aux gardes-françaises, et de Louise-Élisabeth de Rigaud de Vaudreuil (S. R.).

Geré de Rancé (Françoise), morte le 3 avril 1728 à quatre-vingt-quatre ans, veuve de François de Beauvillier, duc de Saint-Aignan (S. S.).

Germain (Marie-Louise-Élisabeth), morte le 24 mars 1792 à cinquante-sept ans, veuve d'Augustin-Henri Cochin, intendant des finances (S. Th. d'A.).

Germain de Saint-Pau (Isaac-Ignace), prieur d'Ambierle, mort le 3 juin 1755 à soixante-treize ans (S. R.).

Gestas (Sébastien-Charles-Hubert de), fils de Charles-Jean-Henri, marquis de Lespéroux, et de Marie-Marguerite de Wignacourt, marié le 29 août 1781 à Marie-Josèphe-Catherine de Roquefeuil, fille du vicomte René, chef d'escadre des armées navales, et de Marie-Françoise de Remy (S. S.), dont : Louis-Marie-Charles, né le 13 juin 1782 (S. E.) ; Louis-Marie-Charles, né le 8 août 1784 et Aymar-Marie, né le 24 juin 1786 (S. R.).

— Charles-Henri-David, né le 19 avril 1787, fils de Georges-Thomas-David-Charles, seigneur de Budanges, et de Marguerite d'Estrost de la Porte (S. S.).

Gestes (Marguerite de), morte le 2 janvier 1725 à soixante-quinze ans, épouse de Jean-Baptiste d'Aumont (S. S.).

Ghaisnes (Donatienne-Sophie-Hélène de), née le 1er mars 1778, fille du comte Louis-Marie-Eugène, et de Joséphine-Sophie de Coutances (S. J. du H. P.).

Ghistel (Auguste-Louis-Ferdinand-Philippe de), né le 25 mars 1784, fils du marquis Ferdinand-Isabelle, et de Louise-Félicité-Adélaïde d'Amfreville (S. N. des Ch.).

Giac (Antoinette-Suzanne-Zoé de), née le 16 mars 1788, fille de Martial, maître des requêtes, et de Rose-Antoinette-Françoise de Rochard (S. R.).

Giberti (Thomas-François de), fils de Jean-Joseph, comte de Corregio, co-seigneur de Vénasque, et de Catherine de Leydier, marié le 28 février 1778 à Marie-Marguerite-Éléonore de Trouillet, veuve de René-Guillaume-Marie-Robert, seigneur de Marchais (S. S.).

Giford (Marie-Anne), morte le 23 avril 1759 à cinquante-trois ans, fille de Jean, baronnet, et de Catherine Middleton (S. J. du H. P.).

Gigault (Marie-Madeleine-Hortense), demoiselle de Bellefonds, morte le 22 janvier 1766 à quatre-vingt-trois ans et demi, veuve d'Anne-Jacques de Bullion, marquis de Fervaques (S. S.).

— Étienne-Jean, écuyer, gentilhomme ordinaire du roi, fils d'Étienne, écuyer, sieur de la Salle, et de Marie-Jeanne Rouleau, marié le 2 mai 1770 à Catherine-Marguerite Vallée, fille de Jacques-Olivier, conseiller du roi, et d'Anne-Jacqueline Le Noir (S. E.).

— Étienne-Charles, né le 23 février 1787, et Hippolyte-Michel, né le 11 juin 1788, fils d'Achille-Étienne-Marie, seigneur de Crisenoy, et de Charlotte de Tourolle (S. E.)

— Étienne-Pascal, écuyer, fermier-général, seigneur de Crisenoy, mort le 22 mai 1788 à soixante-huit ans (S. E.).

— Armand-Louis-François, marquis de Bellefonds, lieutenant-général des armées, mort le 2 novembre 1792 à quatre-vingt-cinq ans (S. Th. d'A.).

GILBERT (Anne-Angélique), née le 6 août 1719, fille de Pierre, seigneur de Voisins, et d'Anne-Louise de Fieubet (S. S.).

— Louis-Joseph-Jean-Baptiste, né le 15 juin 1727 ; Marguerite-Geneviève, née le 17 avril 1730, enfants de Joseph-Jean-Baptiste, chevalier, seigneur de Saint-Lubin, conseiller du roi en ses conseils, et de Marie-Geneviève Boscheron (S. R.).

— Louis-Pierre, seigneur de Voisins, mort le 6 avril 1745 à vingt-sept ans (S. S.).

— Roger-François, seigneur de Voisins, mort le 12 janvier 1767 à soixante-seize ans (S. S.).

— Pierre, seigneur de Voisins, mort le 20 avril 1769 à quatre-vingt-quatre ans huit mois (S. S.).

— Pierre-Paul-Alexandre, né le 23 avril 1773 (S. S.) et Anne-Marie-Marthe, née le 23 juillet 1775 (S. J. du H. P.) enfants de Pierre, seigneur de Voisins, marquis de Villennes, et d'Anne-Marie de Merle.

— Anne-Geneviève, demoiselle de Nozières, morte le 24 janvier 1774 à quatre-vingt-un ans, veuve de Charles Savalete, seigneur de Magnanville (S. R.).

— Jeanne-Henriette, morte le 10 avril 1784 à soixante-dix-huit ans, épouse d'Antoine-Joseph de la Vove, marquis de Tourouvre (S. J. du H. P.).

GILLAIN DE BÉNOUVILLE (Jeanne-Hélène), morte le 18 janvier 1768 à soixante-seize ans, veuve de Louis Caillebot, marquis de la Salle (S. J. du H. P.).

GILLET DE CHAMPLAY (François-Noël), mort le 7 septembre 1769 à soixante-dix-sept ans, écuyer secrétaire du roi, veuf d'Elisabeth Peyrard (S. R.);

Gillier (René de), marquis de Clérembault, mort le 29 mars 1713 à quatre-vingt-dix-huit ans (S. S.).

Ginestous (Jean-François de), âgé de trente-un ans, fils du marquis Jean-André-César, et de Marie-Louise de Bonnail, marié le 3 décembre 1781 à Marie-Jérôme-Louise Célésia, fille de Pierre-Paul, conseiller de la République de Gênes, et de Dorothée de Mallet (S. S.), dont : Amélie-Marie-Louise-Josèphe-Dorothée, née le 23 mai 1785 (S. E.).

Girard (Marguerite-Angélique), baptisée le 3 juillet 1638, fille de Jean, conseiller du roi et contrôleur ordinaire des guerres, et de Marie Mauduit (S. G.).

— Louise-Elisabeth, née le 31 janvier 1683, fille de Louis, sieur du Thil, conseiller au parlement de Dijon, et d'Elisabeth Marland (S. A. des A.).

Girardin (Anne-Louise de), morte le 31 octobre 1723 à quarante-un ans, épouse de François Boyer de Bandol (S. R.).

— Jean-Marc, mort le 10 août 1733 à quatre-vingt-sept ans (S. R.).

— Pierre-Jean, sieur de Montgérald, chevalier, mort le 8 septembre 1782 à soixante-un ans (S. E.).

Girardot de la Salle (Bernard-Louis), capitaine de cavalerie, fils de N., sieur de Villefranche, et de Marie Soupé, marié le 11 juin 1781 à Anne-Henriette-Félicité de Cockborne, âgée de vingt-huit ans, fille de Jean-Baptiste, baron de Villeneuve-au-Chemin, et d'Anne-Louise de Palluau (S. S.).

Giraud (Alexandrine-Anne), née le 17 février 1788, fille de Georges-Marie, baron de Montbellet, et de Marie-Julie-Pauline de Colbert (S. M. M. la V. l'É.).

Gironde (Jean-Baptiste-Amédée de), né le 1er novembre 1728, fils d'André, chevalier, comte de Buron, et d'Anne-Antoinette Le Boistel (S. S.).

— Antoine-Victor, né le 30 avril 1764 (S. S.), mort le 11 juin

1767 (S. J. du H. P.), fils du marquis Victor-Marie, vicomte de Nambrief, seigneur de Curie, Mesmin, Phai, Longregard, la Mairie, Ardéric de Soissons, lieutenant-général pour le roi au gouvernement de l'Ile-de-France, et de Marie-Geneviève-Adélaïde d'Assé.

Giroye (Pierre-François-Denis-Gabriel-Henri, marquis de), inhumé le 5 mars 1791 à quarante-sept ans (S. M. M. la V. l'É.).

Givès (Elisabeth de), morte le 4 mai 1675, veuve de Jean Carret, conseiller du roi (S. A. des A.).

— Marguerite, inhumée le 3 octobre 1684 (S. A. des A.).

Givry (Claude-Charles de), né le 13 février 1723, fils du marquis Charles, seigneur du Perche, et de Marie-Anne Ferrand (S. S.).

Glapion (Louis-Charles de), seigneur de Veranvilliers, fils de Charles-Louis et de Françoise-Charlotte-Louise de Veuquelin, marié le 24 octobre 1785 à Marie-Marguerite-Suzanne d'Archambault, fille de René-Charles, et d'Henriette-Geneviève-Thérèse-Anne-Janvier (S. S.).

Gluck (Marie-Charlotte), morte le 15 janvier 1724 à quarante-six ans, épouse de Jacques de Chabannes, marquis de Curton (S. S.).

Gobelin (Élisabeth), morte le 23 octobre 1721 à quatre-vingt-huit ans, veuve d'Anne de l'Hospital, comte de Saint-Mesme (S. P.).

Gode (Lucie-Augustine de), née le 29 octobre 1732, fille de François-Auguste, marquis de Varennes, capitaine de grenadiers, et d'Élisabeth-Geneviève de Vassan (S. R.).

Godefroy (Denis-Charles), né à Francfort-sur-Mein le 22 août 1795, fils de Denis-Joseph, mort en mai 1819, et de Marie-Julie-Eugénie de Lencquesaing, veuf de Félicité-Ursule Merlin d'Estreux, remarié le 4 mai 1835 à Anna-Alphonsine Droullin, née à Montreuil le 29 avril 1813, fille d'Edmond, marquis de Ménilglaise, mort en mai 1815, et de Caroline-Marie-Louise de la Bourdonnaye, morte en mars 1835 (x[e] arr.).

Goesbriand (Louis-Vincent, comte de), mort le 18 juin 1752 à cinquante-sept ans, veuf de Marie-Rosalie de Châtillon (S. S.).

dont : Louise-Rosalie, née le 15 juin 1724, et Anne-Marguerite, morte le 27 décembre 1729 à deux ans trois mois (S. R.).

Goguier (Jacques), baptisé le 12 juillet 1638, et Fiacre, baptisé le 27 janvier 1640, fils de Jean, conseiller du roi, trésorier des gardes de S. M., et de Marguerite Le Couturier (S. G.).

— François, mort le 22 septembre 1723 à trente-un ans, fils de Claude, seigneur de Chaligny, et de Marguerite Féret (S. S.).

Gohin (Anne-Modeste-Hélène), née le 4 mars 1772, fille de Pierre-André, chevalier de Montreuil, et d'Hélène-Agnès de Stapleton (S. N. des Ch.).

Goislard de Montsabert (Marie), morte le 17 août 1772, à soixante-un ans, veuve de Philibert Rutault, seigneur de Sannois (S. E.).

Gombault (François-Auguste-Olivier de), né le 29 janvier 1784 (S. E.) ; Caroline-Olive, née le 10 mars 1785 (S. R.), enfants de Louis-Michel, chef de bureau des liquidations au trésor royal, et d'Olive-Rose-Jacqueline Bernard de Coubert.

— Jacquette-Françoise, demoiselle d'Escoussant, morte le 7 janvier 1789 à soixante-quatorze ans (S. G.).

Gomicourt (François-de-Paule-Marie-Antoine de), mort le 12 août 1723 à quinze ans, fils de Louis-Baltasar-Joseph, marquis de Mézières, et de Jeanne-Philippine de Salcédo (S. S.).

Gon (Jean-Baptiste-Maximilien), vicomte d'Argenlieu, capitaine aux gardes françaises, mort le 20 février 1773 à soixante-quatre ans, époux de Marie-Anne Morel (S. R.).

Gontaut (Marie de), née le 18 mars 1702 ; Charles-Armand, né le 19 octobre 1703 ; Charles-Antonin, né le 30 août 1705 ; Marie-Charlotte-Armande, née le 20 septembre 1707 ; Charles-Antoine, né le 8 octobre 1708 ; Charlotte-Antonine, née le 1er juin 1711, enfants de Charles-Armand, duc de Biron, et de Marie-Antonine de Bautru de Nogent (S. S.).

— Judith, morte le 24 août 1719 à soixante-quatorze ans, veuve de Jacques Le Coigneux, marquis de Montmélian (S. G.).

— Charles-Armand, abbé de Saint-Bertaut de Chaumont, mort le 5 avril 1732 à vingt-neuf ans (S. S.).

— Charles-François, duc de Biron, mort le 28 janvier 1736 à quarante-sept ans (S. S.).

— Françoise-Madeleine, morte le 18 mars 1739 à quarante-six ans, veuve de Jean-Louis d'Usson, marquis de Bonnac (S. S.).

— Louise, morte le 23 juin 1739 à quatre-vingt-cinq ans, veuve de Joseph-Marie de Lascaris d'Urfé (S. R.).

— Judith, morte le 20 avril 1741, épouse de Claude-Alexandre, comte de Bonneval (S. S.).

— Geneviève, morte le 15 janvier 1756 à cinquante-neuf ans, veuve de Louis, duc de Gramont, pair de France (S. R.).

— Marie-Victoire-Antonine, morte le 26 mars 1770 à soixante-dix ans, veuve de Louis-Claude-Scipion de Grimoard de Beauvoir, comte du Roure (S. R.).

— Jean-Armand-Henri-Alexandre, fils du marquis Armand-Alexandre, et de Françoise-Madeleine de Preissac d'Esclignac, marié le 25 avril 1770 à Marie-Joséphine de Palerne, fille de Simon-Zacharie, conseiller du roi, et de Marie-Gabrielle le Subtil de Boisemont (S. E.), dont : Armand-Louis-Charles, né le 12 septembre 1771 ; Fortuné-Jean-Louis-Charles-Gabriel, né le 25 novembre 1773 (S. M. M. la V. l'É.), mort le 19 décembre 1773 (S. E.) ; Alexandre-Gabriel-Madeleine, né le 11 décembre 1774, mort le 5 mai 1776 ; Aimé-Charles-Zacharie-Élisabeth, né le 5 novembre 1776 (S. M. M. la V. l'É.).

— Marie-Renée, morte le 29 novembre 1775 à soixante-quatorze ans, veuve de Charles-Eléonor Colbert, comte de Seignelay, lieutenant-général pour le roi en Berry (S. S.).

— Louis-Antoine, duc de Biron, mort le 29 octobre 1788 à quatre-vingt-sept ans huit mois vingt-sept jours (S. S.).

— Jean-Félix, mort le 19 août 1789 à dix-neuf ans, fils du comte Charles-Félix, et de Marie-Anne de Montferrand (S. S.).

GORGE D'ANTRAIGUES (Pierre), seigneur de Mareuil, mort le 21 mars 1723 à quatre-vingts ans (S. S.).

— Julie-Christine-Régine, morte le 24 août 1737, épouse de

Paul-François de Béthune, duc de Charost (S. M. M. la V. l'É.).

GOUFFIER (Marie-Marguerite de), comtesse des Barres, morte le 10 avril 1677 à soixante-cinq ans (S. S.).

— Louis, né le 5 mai 1682 et baptisé sous condition le 29 octobre 1728, fils de Louis, marquis de Bonnivet, et de Charlotte-Marie Gouffier de Caravan (S. S.).

— Madeleine, demoiselle de Thoix, morte le 8 mars 1723 à soixante-sept ans (S. S.)

— Jean-Timoléon, marquis de Thoix, mort le 2 mars 1729 (S. S.).

— Artus-Louis-Timoléon, comte, capitaine de cavalerie, mort le 13 mars 1747 à vingt ans, époux de Madeleine-Bernardine-Marguerite Kadot de Sébeville (S. M. M. la V. l'É.).

— Comte César-Alexandre, mort le 19 février 1754 à cinquante-neuf ans (S. E.).

— Marie-Charlotte, morte le 8 novembre 1772 à soixante-dix-sept ans, veuve de Charles-Madeleine Colbert de Saint-Marc, et remariée à César-Alexandre, comte de Gouffier, marquis d'Espagny (S. E.).

— Marquis Louis-Charles, mort le 16 novembre 1777 à soixante-dix-neuf ans un mois dix-neuf jours (S. E.).

GOUFFREVILLE (Louise-Josèphe de), morte le 27 mai 1756 à soixante-onze ans (S. J. en G.).

GOUGENOT (Didier), mort le 1er février 1701 à cinquante-neuf ans (S. S.).

— Catherine, née le 22 septembre 1715, Michelle-Geneviève, née le 28 octobre 1716, Georges-Jean, né le 24 novembre 1717, Louis, né le 13 mars 1719, Angélique-Catherine, née le 7 février 1720, Georges, né le 13 juin 1721, Antoine-Pierre, né le 29 octobre 1724, mort le 6 avril 1763, enfants de Georges, et de Michelle Férouillat (S. S.).

— Georges, secrétaire du roi, mort le 10 juin 1748 à soixante-quinze ans (S. S.).

— Louis-Georges, né le 6 avril 1758, Angélique, née le 21 juin 1760, et Alphonse, né le 26 mars 1764, enfants de Georges, écuyer, secrétaire du roi, seigneur de Croissy, et de Marie-Angélique Vérany de Varennes (S. S.).

— Adrien, né le 12 avril 1761, et Antonine, née le 19 juillet 1762, enfants d'Antoine-Pierre, écuyer, seigneur de l'Isle, Mâllerais, etc., conseiller et secrétaire du prince de Condé, et d'Amable-Zénobie de Court (S. S.).

— Louis, abbé de Chezal-Benoist, mort le 24 septembre 1767 à quarante-huit ans et demi (S. S.).

— Henri-Roger, écuyer, gentilhomme ordinaire de la chambre du roi, né à Coulommiers le 22 avril 1805, fils d'Adrien, chevalier des Mousseaux, et d'Apolline-Françoise Oudan, marié le 16 janvier 1830 à Élisabeth-Constance-Marie-Emmanuel Gossey de Pontalery, née à la Martinique le 30 avril 1810, fille d'André-Constant, écuyer, et de Marie-Angélique Cressant-Ozier-Bellevue (1er arr.).

Gouhier (Charles-Léonce), juge auditeur près le tribunal de première instance de la Seine, né à Charencey le 29 décembre 1804, fils de Charles-Guillaume, comte de Charencey, conseiller d'État, et de Marie-Antoinette-Victorine de Malart, marié le 17 février 1830 à Louise-Reine-Noémi Patry, née à Paris le 28 décembre 1806, fille du baron Ange-Émile-Jacques, conseiller d'État, et de Sophie-Félicité de Beaurepaire de Louvagny (1er arr.).

Goujon (Jérôme-Louis), mort le 25 avril 1740 à dix-huit mois, et Jérôme-François, né le 8 juillet 1746, fils de Louis-François, seigneur de Thuisy, et de Marie-Louise Le Rebours (S. S.).

— Marie-Anne-Françoise, demoiselle de Gasville, morte le 21 février 1753 à trente-neuf ans, veuve de Charles le Tonnelier de Breteuil, et remariée à Pierre de Marolles (S. S.).

— Anne-Angélique, demoiselle de Thuisy, morte le 20 décembre 1756 à quatre-vingt-deux ans, veuve de Jean-Baptiste-Pierre de la Martellière, chevalier, seigneur d'Amilly (S. P.).

— Amable-Jean-Baptiste-Louis-Jérôme, né le 24 juin 1781, Eugène-François-Sixte, né le 4 août 1782, et Charles-François-Emmanuel, né le 5 mai 1784, fils de Jean-Baptiste-Charles, seigneur de Thuisy, et de Catherine-Philiberte-Françoise de Bérulle (S. E.).

— Caroline-Marie, née le 27 janvier 1788, et Marie-Jean-Maurice, né le 8 septembre 1789, enfants de Pierre-Charles-Auguste, marquis de Gasville, et de Charlotte-Marie de Malartic (S. R.).

GOULLET DE RUGY (Madeleine-Suzanne), morte le 4 mai 1777 à cinquante-quatre ans, veuve de Jean de Grégoire, marquis de Saint-Sauveur (S. S.).

— Jean-Melchior, sous-lieutenant aux hussards de la garde royale, né à Metz le 30 septembre 1798, fils de Jean-Baptiste-Albert-Thomas, colonel d'artillerie, et de Marie-Anne Tardif de Pétiville, marié le 14 avril 1830 à Marie-Armandine de Caulaincourt, née à Villy-Bocage le 18 décembre 1809, fille du comte Jean-François-Camille, mort à Giel en janvier 1815, et de Charlotte-Françoise de Caulaincourt (X⁰ arr.).

GOURGUES (Jacques-Dominique de), mort le 26 août 1720 à trente-neuf ans (S. G.).

— Françoise-Claire, morte le 14 décembre 1757 à vingt ans, épouse de Louis-Barnabé de Baudéan, comte de Parabère (S. R.).

— Marie-Angélique-Françoise-Nicol , morte le 4 septembre 1765 à dix-sept ans, fille de François-Joseph, comte de Saint-Julien, et de Marie-Angélique Pinon (S. P.).

GOURY (Alexandrine-Sophie de), née le 8 octobre 1773, fille de Charles-Jean, marquis de Champgrand, et de Madeleine-Virginie Vian (S. E.).

GOUSSANCOURT (Timoléon de), mort le 15 mars 1788 à dix-sept ans, page de la Reine, fils de Louis, comte de Givesnes, et de Barbe de Montelaux (S. R.).

GOUT (François du), marquis de Bouzet, gentilhomme ordinaire du prince de Condé, mort le 10 mai 1786 à quatre-vingt-neuf ans (S. R.).

GOUVELLO (Renaud de), écuyer, seigneur de Keriaval, conseiller du roi, mort dans la nuit du 6 au 7 juillet 1674 (S. A. des A.).

— Artus-Augustin, né le 10 janvier 1789, fils du comte Joseph-Pierre, et d'Anne-Émilie Picot de Dampierre (S. M. M. la V. l'É.).

GOUVENAIN (Jeanne-Octavie-Joséphine de), née le 30 avril 1777, et Jean-Charles-Pierre, né le 16 février 1779, enfants de Claude-

Antoine, avocat en parlement, et d'Anne de Gréen de Saint-Marsault (S. N. des Ch.).

Goux de la Berchère (Louise-Charlotte le), morte le 14 février 1699 à soixante-six ans, veuve de Jean-François le Cocq, marquis de Goupillières (S. S.).

— Urbain, marquis de Santenay, baron de Thoisy, mort le 30 août 1721 à soixante-dix-neuf ans (S. S.).

— Louis, mort le 26 avril 1737 à soixante-deux ans, veuf de Madeleine-Charlotte Voisin (S. S.).

Goux-Maillard (Antoinette le), morte le 20 juillet 1765 à soixante-dix-neuf ans, veuve de Louis de Bouthillier, marquis de Chavigny (S. P.).

Gouy (Louis de), né le 18 février 1717, fils de Michel-Jean, marquis d'Arsy, et de Françoise-Mélanie de la Lande (S. R.).

— Balthasar-Joseph, comte d'Arsy, mort le 29 avril 1774 à soixante-dix-neuf ans (S. J. du H. P.).

— François, comte d'Arsy, capitaine de dragons, mort le 29 août 1781 à vingt-six ans (S. E.).

— Anne-Marie-Joséphine-Thérèse-Michelle, née le 8 mars 1787, morte le 12 février 1790, et Marie-Antoinette-Félicité-Marguerite-Adolphine, née le 24 octobre 1788, morte le 24 janvier 1789, filles de Louis-Marthe, marquis d'Arsy, colonel de cavalerie, et d'Amable de Bayeux (S. E.).

— Louis, marquis d'Arsy, lieutenant-général des armées du roi, mort le 10 avril 1790 à soixante-treize ans, époux de Marie-Esther de Rivière (S. E.).

— Michel-Balthazar, marquis d'Arsy, maréchal des camps et armées du roi, chevalier de Saint-Louis, mort le 22 avril 1792 à soixante-deux ans, époux de Marie-Charlotte Hardouin de Beaumois (S. G. des Prés).

Gouyon des Hurlières (Arnaud-Bernard), mort le 25 mars 1777 à vingt-huit ans (S. S.).

Gouyon de Marcé (Augustine-Marie-Émilie de), native de Paris, morte le 23 août 1811 à deux ans onze mois, fille d'Amaury-Louis-Hyacinthe, et d'Adélaïde-Émilie de la Queuille (X^e arr.).

Gouyon de Salvert (Antoine-Jacques-Pierre), né le 16 juillet 1776, fils d'Antoine, garde du corps, et d'Anne-Geneviève Barois (S. E.).

Goyon (Catherine-Thérèse de), demoiselle de Matignon, morte le 7 décembre 1699 à trente-huit ans, épouse de Charles de Lorraine, comte de Marsan (S. S.).

— Marie-Françoise, demoiselle de Matignon, morte le 12 octobre 1719 à soixante-onze ans, veuve de Jean-Antoine de Franquetot, comte de Coigny (S. S.).

— Charlotte, demoiselle de Matignon, morte le 5 avril 1721 à soixante-quatre ans, épouse de Jacques de Matignon, comte de Thorigny (S. S.).

— Marie-Charlotte, née le 28 avril 1721, morte le 4 novembre 1726 ; Josèphe, née le 9 août 1722 ; Antoinette-Marie, née le 6 janvier 1725, filles de Marie-Thomas-Auguste, marquis de Matignon, et d'Edmée-Charlotte de Brenne (S. S.).

— Louis-Hippolyte, né le 10 août 1722, fils de Henri-François, marquis de Matignon, et de Marie-Anne de Matignon (S. S.).

— Jacques-Cyr, comte de Thorigny, baron de Saint-Lô, mort le 14 janvier 1725 à quatre-vingts ans sept mois (S. S.).

— Jacques, chevalier de Matignon, évêque de Condom, abbé de Saint-Victor de Marseille, mort le 15 mars 1727 à quatre-vingt-quatre ans (S. S.).

— Charles-Auguste, comte de Gacé, baron de Briquebec, mort le 6 décembre 1729 à quatre-vingt-trois ans (S. S.).

— Marie-Anne, demoiselle de Matignon, morte le 23 janvier 1738 à quarante ans, épouse d'Henri-François de Grave (S. S.).

— Louis-Jean-Baptiste, comte de Gacé, mort le 29 août 1747 à soixante-six ans (S. S.).

— Marie-François-Auguste, né le 22 décembre 1753, mort le 12 juillet 1762, et Louis-Charles, né le 22 avril 1755, fils de Marie-François-Auguste, comte de Matignon et de Gacé, et de Diane-Jacqueline-Josèphe-Henriette de Clermont d'Amboise (S. S.).

— Marie-François-Auguste, comte de Gacé, mort le 8 février 1763 à trente-deux ans (S. S.).

— Marie-Thomas-Auguste, marquis de Matignon, mort le 13 juin 1766 à quatre-vingt-deux ans (S. S.).

— Antoinette-Marie, demoiselle de Matignon, morte le 8 mars 1770 à quarante-cinq ans, épouse de Claude-Constant-Juvénal de Harville des Ursins (S. S.).

— Anne-Louise-Caroline, née à Naples le 3 mai 1774, et baptisée à Paris, fille de Louis-Charles, comte de Matignon, mort à Naples le 18 décembre 1773, et d'Angélique-Élisabeth le Tonnelier de Breteuil (S. M. M. la V. l'É.).

— Louis-Charles, gentilhomme du duc de Penthièvre, mort le 14 mai 1768 à cinquante ans (S. E.).

— Comte Armand-Louis, brigadier des armées du roi, mort le 29 novembre 1778 à cinquante-neuf ans (S. R.).

— François-Augustin, abbé de Saint-Prix et prieur de la Trinité de Fougères, mort le 6 janvier 1784 à soixante-deux ans (S. R.).

Goyon-Vaudurand (Renée-Modeste de), morte le 20 avril 1811, âgée de soixante ans, veuve de Claude-François-Jean-Baptiste-Donatien de Sesmaisons (X^e arr.).

Gramont (Louis-Antoine-Armand de), né le 7 août 1713; Marie-Louise-Victoire, née le 27 juillet 1723, et Louise-Charlotte, née le 11 juin 1725, enfants de Louis Antoine-Armand, duc de Louvigny, et de Louise-Françoise d'Aumont (S. S.).

— Antoine-Charles, duc, mort le 25 octobre 1720 à soixante-quinze ans (S. R.).

— Antoine, né le 19 avril 1722 (S. R.); Antoine-Adrien-Charles, né le 22 juillet 1726, et Marie-Perpétue, née le 20 novembre 1727 (S. S.), enfants du comte Louis-Antoine, et de Geneviève de Gontaut-Biron.

— Antoine, duc, souverain de Bidache, sire de Lesparre, mort le 16 septembre 1725 à cinquante-trois ans dix mois, époux de Marie-Christine de Noailles (S. R.).

— Catherine-Charlotte, morte le 25 janvier 1739 à soixante-neuf ans, veuve de Louis-François, duc de Boufflers (S. R.).

— Louis-Antoine-Armand, duc, mort le 16 mai 1740 à cinquante-trois ans, époux de Louise-Françoise d'Aumont (S. R.).

— Louise-Charlotte, morte le 3 février 1742 à dix-sept ans, épouse de Louis-Charles de Lorraine, comte de Brionne (S. S.).

— Louis-Antoine-Armand, né le 17 septembre 1746, et Charles-Antoine-Victoire, né le 18 septembre 1748, fils du duc Antoine-Antonin, et de Marie-Louise-Victoire de Gramont (S. R.).

— Geneviève, née le 28 juillet 1751; Antoine-François, né le 3 octobre 1752 (S. R.), mort le 23 janvier 1759 (S. S.), et Antoine-Louis-Marie, né le 17 août 1755 (S. R.), enfants du comte Antoine-Adrien-Charles, et de Marie-Louise-Sophie de Faoucq.

— Catherine-Charlotte-Thérèse, morte le 20 mars 1755 à quarante-huit ans, veuve de Philippe-Alexandre, prince de Bournonville, et en secondes noces de Jacques-Louis de Saint-Simon, duc de Ruffec (S. S.).

— Marie-Louise-Victoire, demoiselle de Crevant d'Humières, morte le 11 janvier 1756 à trente-trois ans, épouse d'Antoine, duc de Gramont et pair de France (S. R.).

— Antoine-Louis-Marie, duc de Guiche, fils d'Antoine-Adrien-Charles, et de Marie-Louise de Faoucq, marié le 11 juillet 1780 à Louise-Gabrielle-Aglaé de Polignac, fille du comte Armand-Jules-François, seigneur de Claye, et d'Yolande-Gabrielle-Mattine de Polastron, dont : Corisandre-Armandine-Sophie-Léonice-Hélène, née le 7 octobre 1782 (S. S.).

— Amélie-Marie-Louise, née le 16 août 1781, et Emmanuel-Marie-Pierre-Félix-Isidore, né le 25 juin 1783, enfants d'André-Joseph-Hippolyte, marquis de Vachères, seigneur de Caderousse, et de Marie-Gabrielle de Sinéty (S. S.).

— Antoine-François, âgé de vingt-trois ans, fils d'Antoine-Adrien-Charles, et de Marie-Louise-Sophie de Faoucq, marié le 13 septembre 1781 à Gabrielle-Charlotte-Marie-Eugénie de Boisgelin, fille de Charles-Eugène, vicomte de Pléhédel, et de Sainte de Boisgelin, dont : N., né le 27 et mort le 28 septembre 1785; Antoine-Louis-Raymond-Geneviève, né le 24 juillet 1787, et Antoine-Sainte-Eugénie-Cornélie, née le 17 septembre 1788 (S. S.).

Grammond (Marie-Louise de), née le 25 décembre 1701, fille de Richard, et de Guillemette Monet (S. A. des A.).

Grammont (N. de), né et mort le 31 août 1788; Pierre-Louis-

Théodule, né le 23 février 1790, et Rosalie, née le 9 février 1792, enfants du marquis Alexandre-Marie-François-de-Sales-Théodule, et d'Angélique-Françoise-d'Assise-Rosalie de Noailles (S. R.), et Ferdinand, né à Villersexel le 6 juin 1805, marié le 11 mai 1829 à Ernestine-Victurnienne des Balbes Berton, née à Paris le 22 août 1807, fille de Marie-Gérard-Louis-Félix-Rodrigue, duc de Crillon, et de Françoise-Zoé-Victurnienne de Rochechouart (Ier arr.).

Grand (Adélaïde-Suzanne le), née le 14 mai 1741, fille de Georges-Alexandre, écuyer, conseiller du roi, président-prévôt, lieutenant-général de police de Saint-Germain-en-Laye, et de Jeanne-Marie-Louise Guyhon de Brulon (S. R.).

— François-Joseph-Emmanuel, né le 12 octobre 1760, Amélie-Françoise-Victorine, née le 14 janvier 1763, et Anne-Marie-Adélaïde-Victoire, née le 9 juillet 1766, enfants de François-Joseph, seigneur de Marisy, du Fresne, et de la baronnie de Vautourneux, et d'Adélaïde-Élisabeth de la Fontaine (S. R.).

Grange (Marie-Françoise de la), morte le 10 février 1729 à soixante-dix-sept ans, veuve de Jean-Jacques Charon, marquis de Ménars (S. R.).

— Louise-Marguerite-Madeleine, demoiselle d'Arquien, morte le 3 janvier 1782 à soixante-quinze ans (S. R.).

Granges (François des), marquis de Puiguion, comte de Surgères, lieutenant-général des armées du roi, mort le 21 février 1723 à soixante-seize ans (S. S.).

— Louis-Armand-François, né le 10 avril 1744, mort le 9 avril 1767, et Charlotte-Françoise, morte le 10 août 1756 à seize ans, enfants de Charles-François, comte de Surgères, marquis de Puiguion, et de Thérèse-Catherine-Emmanuelle Gaillard de la Bouexière (S.R.).

Grand de Blairfindy (Alexandre-François), né le 28 juin 1782, fils du baron Jean-Charles-Adolphe, et d'Élisabeth-Françoise Pancelet (S. M. M. la V. l'É.).

Gras (Marie le), née le 20 septembre 1720, et Anne-Jean, né le 11 mars 1722, enfants de François, seigneur du Luart, et de Marie-Françoise Lucas de Dumeux (S. S.).

Grasse (Jacques-François de), né le 16 juin 1765 (S. S.), et Bertrand-Louis-Agathe, mort le 19 avril 1790 à dix-neuf ans, fils du marquis François, des princes d'Antibes, et de Marie-Anne-Françoise-Louise le Sénéchal de Carcado (S. M. M. la V. l'É.).

— Jacques, évêque d'Angers, mort le 24 juillet 1782 à soixante-deux ans (S. S.).

— François-Joseph-Paul, comte, mort le 14 janvier 1788 à soixante-cinq ans, marié; 1° à Antoinette-Rosalie Accaron; 2° à Marie-Catherine Pin, veuve du comte de Villeneuve-Tourrette; 3° à Christine-Marie-Delphine-Lazare de Cibon (S. R.).

— Christine-Delphine, native d'Houdan, morte le 14 mai 1811 à cinq ans, fille d'Alexandre-François-Auguste, et d'Anne-Sophie de Laque (X^e arr.).

Grave (Charlotte-Edmée de), née le 4 juillet 1721, morte le 20 août 1726; Marie-Nicole, née le 28 février 1725; Louis-Hippolyte, mort le 1er mai 1726, à trois ans neuf mois, Marie-Henriette, morte le 1er septembre 1727 à trois semaines, enfants d'Henri-François, marquis de Solas, seigneur de Saint-Martin, et de Marie-Anne de Matignon (S. S.).

— Louise-Josèphe, morte le 1er août 1749 à quarante-deux ans, veuve de Pierre-Armand, comte de Jaucourt, inhumée en présence de ses fils, Pierre-Armand, comte de Jaucourt, et de Jacques-Anne, chevalier de Jaucourt (S. S.).

— Augustine, née le 18 octobre 1759, et Marie-Antoinette, née le 1er octobre 1763, filles de François, comte de Durfort, seigneur de Comberbelle, et de Marie-Anne-Éléonore de Grave (S. S.).

— Henri-François, mort le 22 janvier 1763 à soixante-dix-huit ans (S. S.).

— Thérèse-Joseph, morte le 8 janvier 1780 à vingt ans trois mois, fille du vicomte Jean-Hyacinthe, et de Josèphe-Anne-Thérèse de Boyer de Sourgues (S. S.).

— Edme-Charles-François, âgé de vingt-sept ans, fils du comte François, et de Marie-Anne-Éléonore de Grave, marié le 7 juin 1781 à Adélaïde-Henriette-Élisabeth de Bésiade, âgée de dix-neuf ans, fille de Claude-Antoine, marquis d'Avaray, et d'Angélique-Adélaïde-Sophie de Mailly, dont : Henriette-Adélaïde, morte le 6 octobre 1783 à onze mois; Antoinette-Charlotte-Éléonore-Zoé, née le 5 octobre 1783, et Claire-Mélanie-Françoise, née le 21 et morte le 26 juillet 1785 (S. S.).

— Comte François, mort le 28 mai 1788 à soixante-deux ans, époux de Marie-Anne-Éléonore de Grave (S. S.).

— Fiacre-François, évêque de Valence, mort le 1ᵉʳ juillet 1788 à soixante-quatre ans (S. S.).

Gravet de Livry (Suzanne-Catherine), morte le 28 octobre 1778, à quatre-vingt-quatre ans, veuve de Charles-Frédéric de la Tour du Pin-Gouvernet (S. S.).

Gravier (Jean-François de), garde du corps du roi, fils de François, seigneur de Fos, et de Marguerite Bouillant, marié le 30 mai 1778 à Marie-Thérèse-Henriette de Colins, fille de Jean-Baptiste-Gilles, écuyer, et de Marie-Nicole Moreau (S. S.).

— Claire-Élisabeth-Jeanne, née le 5 janvier 1780 (S. E.), et Jeanne-Françoise-Adélaïde, née le 31 mars 1781 (S. R.), enfants de Charles-Bonaventure-François, marquis de Vergennes, et d'Élisabeth-Françoise-Adélaïde de Bastard.

— Constantin, âgé de dix-neuf ans, fils de Charles, comte de Vergennes, baron d'Uchon, seigneur de Bordeaux, ministre des affaires étrangères, et d'Anne de Viviers, marié le 26 février 1781 à Louise-Jeanne-Marie-Catherine de Lentilhac, âgée de dix-huit ans, fille de Louis-Marie-Anne, comte de Sedières, brigadier des armées du roi, et de Catherine Juchereau de Saint-Denis (S. S.).

— Jean-Charles, âgé de vingt-cinq ans, fils de Jean, marquis de Vergennes, et de Jeanne-Claude Chevignard de Chavigny, marié le 30 avril 1782 à Jeanne-Sophie Pierre, âgée de treize ans, fille de Louis, seigneur de Passy, et de Jeanne-Louise Gaucherel (S. J. du H. P.).

— Louise-Antoinette, née le 12 avril 1787, morte le 29 juin 1788, et Constance-Pauline, née le 27 novembre 1789, filles de Louis-Charles-Joseph, vicomte de Vergennes, et de Claire-Gabrielle Pinel de la Palun (S. S.).

Gréen (André-Charles-Marie), né le 1ᵉʳ octobre 1785, fils d'André-Ilane, baron de Saint-Marsault, et de Jeanne-Adélaïde de la Coudré (S. S.).

Grégoire (Anastasie-Françoise), morte le 11 août 1762 à vingt-quatre ans, épouse de François-Louis de Villiers, seigneur de la Berge (S. P.).

— Adélaïde-Jeanne, née le 9 novembre 1767, fille d'Hyacinthe-Philémon, comte de Saint-Sauveur, et de Jeanne-Madeleine Olivier (S. E.).

— Amédée, mort le 15 mars 1781 à dix-neuf ans, fils de Vital-Auguste, comte de Saint-Sauveur et de Nozières, maréchal des camps et armées, et de Françoise-Marie Terray de Rozières, marié le 5 du même mois à Adélaïde-Charlotte de la Porte, âgée de vingt-cinq ans, fille de Guy-François, marquis de Riantz, mestre de camp de cavalerie, et d'Henriette-Bibiane de Colbert (S. S.).

— Louise-Joséphine, née le 27 décembre 1782, et Auguste-François-Philémon, né le 7 janvier 1784, enfants de Jean-Baptiste-Amédée, marquis de Saint-Sauveur, et d'Élisabeth-Augustine-Françoise de Joussineau de Tourdonnet (S. R.).

Grente (Félix-Edmond de), né à Rouen le 14 avril 1842, fils de Félix-Marie, mort à Glos en août 1834, et de Suzanne le Chartier de Beuzevillette, marié le 17 juin 1835 à Marie-Octavie du Hauvel, née au Pin le 9 juillet 1811, fille de Jean-Maurice, et de Marie-Julie-Suzanne d'Erneville (X⁰ arr.).

Grève (Catherine de), inhumée le 29 mai 1683, veuve du sieur des Aages, et paroissienne de Saint-Aubin près Issoudun (S. A. des A.).

Grimaldi (Jacques-François-Léonor de), duc de Valentinois, mort le 23 avril 1751 à soixante-deux ans, veuf de Louise-Hippolyte de Grimaldi de Monaco, dont : Charlotte, née le 19 mai 1719 ; Honoré-Camille-Léonor, né le 10 septembre 1720 ; Marie-Charles-Auguste, né le 1ᵉʳ janvier 1722 ; N. mort le 9 juin 1723 ; Louise-Françoise, née le 21 juillet 1724, morte le 15 septembre 1724 ; François-Charles-Madeleine-Joseph, né le 4 février 1726 ; Charles-Maurice, né le 14 mai 1727 ; Louise-Françoise-Thérèse, née le 20 juillet 1728, morte le 19 juin 1743 (S. S.).

— Marguerite-Camille, morte le 27 avril 1758 à cinquante-huit ans, épouse de Louis de Mérode, prince d'Isenghien (S. S.).

— Joseph-Marie-Jérôme-Honoré, né le 10 septembre 1763 (S. S.), fils d'Honoré-Camille-Léonor, prince de Monaco, marquis de Baux, et de Marie-Catherine Brignole, marié à Françoise-Thérèse de Choiseul; dont . Honorine-Camille-Athénaïs, née le 22 avril 1784 (S. R.); Athénaïs-Euphrosine-Louise-Philippine, née le 22 juin 1786 (S. E.), et Delphine-Aimée-Charlotte, née le 22 juillet 1788 (S. S.).

— Honoré-Anne-Charles-Maurice, frère du précédent, marié le 15 juillet 1777 à Louise-Félicité-Victoire d'Aumont, fille de Louis-Marie-Guy, duc de Mazarin, et de Louise-Jeanne de Durfort de Duras (S. S.).

— Marie-Marguerite, morte le 7 juin 1783 à quatre-vingt-trois ans, veuve de Jean-Baptiste, marquis d'Agut (S. S.).

Grimaudet (Alexandre-Paul-René de), né le 11 août 1726, et Anne-Marie-Catherine, née le 22 février 1729, enfants de François-René, seigneur de Grandmaison, et de Marie-Catherine-Geneviève Boucher (S. R.).

Grimauld (Alexandre-René de), chevalier, seigneur de Grandmaison, mort le 29 juin 1717 à soixante-six ans (S. R.).

Grimoard de Beauvoir (Émilie-Marie-Adélaïde de), née le 6 janvier 1689, fille de Louis-Scipion, et de Louise-Victoire de Caumont la Force, baptisée le 14 août 1714 et mariée peu après à Gabriel, comte de Montmorency-Laval, âgé de soixante-dix-huit ans (S. S.).

— Jacqueline, morte le 7 novembre 1721, veuve de Louis-Armand, vicomte de Polignac (S. S.).

— Anne-Victoire, née le 18 juillet 1722, Armand-Scipion, né le 8 août 1724, mort le 9 avril 1725, Melchior-Scipion-Louis, né le 28 mai 1734, mort le 31 mai 1736, Denis-Auguste, né le 8 novembre 1735, et Charles-Antoine-Scipion, mort le 2 avril 1740, enfants de Louis-Claude-Scipion, comte du Roure, et de Marie-Victoire-Antonine de Gontaut (S. S.).

— Fleurie-Thérèse, morte le 2 décembre 1726 à quatre ans, (S. S.); Louis-Alexandre, né le 6 octobre 1730 (S. R.), et Victoire-Adélaïde, morte le 14 mai 1737 à huit ans, enfants d'Ange-Urbain, marquis du Roure, comte de Florac, gouverneur du Pont-Saint-Esprit, et de Jeanne-Marie-Louise le Gagneux (S. S.).

— Louis-Claude-Scipion, comte du Roure, mort le 15 juillet 1752 à soixante-trois ans (S. S.).

— Marie-François-Scipion, né le 4 octobre 1760, mort le 17 avril 1782, époux de Françoise-Marie-Antoinette de Noailles ; Marie-Louise-Sophie, née le 3 janvier 1762, Françoise-Antoinette-Catherine-Denise, née le 29 janvier 1763, Louise-Antoinette, morte le 17 décembre 1781 à dix-sept ans, et Charlotte-Louise, née le 4 août 1765, enfants de Denis-Auguste, marquis du Roure, colonel de grenadiers, et de Françoise-Sophie-Scolastique de Baglion (S. S.).

— Nicolas-Louis-Auguste, vicomte du Roure, âgé de vingt-neuf ans, fils de François-Denis-Auguste, comte de Brison, et d'Anne-Françoise de Chaponay, marié le 26 août 1782 à Françoise-Antoinette-Catherine-Denise de Grimoard de Beauvoir, âgée de dix-neuf ans, fille de Denis-Auguste, marquis du Roure, et de Françoise-Sophie-Scolastique de Baglion, dont : Auguste-François-Louis-Scipion, né le 10 août 1783 ; Augustine-Marie-Françoise-Antoinette-Nathalie, née le 1er et morte le 8 septembre 1784 ; Marie-Charlotte, née le 20 février 1786 ; et Claudine-Anne-Pauline, née le 15 septembre 1787 (S. S.).

Grimod de la Reynière (Louise-Madeleine), morte le 11 janvier 1776 à trente-deux ans, épouse de Marc-Antoine, comte de Lévis (S. E.).

Grimoult (Alexandre-Louis de), né le 22 septembre 1774 et baptisé en 1786, fils de Louis, comte de Mogon, et de Charlotte-Françoise-Julie de Helldorff (S. S.).

Grivel (Paul de), comte d'Ouroy, seigneur de Faulin, Trucy-l'Orgueilleux, etc., mort le 2 novembre 1752 à soixante-dix-sept ans, veuf de Marguerite-Françoise de Bourgoing, dont : Marguerite-Françoise, morte le 30 avril 1700 à dix jours ; Marguerite-Paul, née le 7 décembre 1702, morte le 4 avril 1743, veuve de Charles-Antoine de Pas, marquis de Feuquières, et Léonor-Hubert, mort le 4 avril 1737 à vingt-huit ans (S. S.).

Grizot de Bellecroix (Catherine-Frédérique-Charlotte), morte le 3 avril 1779 à soixante-trois ans, veuve de Vincent-Antoine-Pierre Pellard de Sebbeval, conseiller (S. M. M. la V. l'É.).

Grollier de Ternières (Gaspard-Charles de), né le 9 novembre 1674, fils de Gaspard, chevalier, capitaine de chevau-légers, et d'Élisabeth Baudoin (S. A. des A.).

Grollier de Servières (Charles-Joseph de), grand'croix de Malte, commandeur de Maisonnisse, lieutenant-général des armées du roi, mort le 11 mars 1776 à soixante-sept ans (S. R.).

Grooss (Emmanuel de), chevalier de Saint-Louis, lieutenant aux gardes suisses, mort le 6 juin 1762 à trente-neuf ans, époux de Marie-Renée de Belleville (S. R.).

Groshourdy de Saint-Pierre du Chatel (Charles-César-Antoine-Henri de), mort le 25 mars 1782 à quarante-sept ans (S. M. M. la V. l'É.).

Groslée de Viriville (Jeanne-Anne-Madeleine de), morte le 2 septembre 1775 à quatre-vingt-deux ans, veuve de François Olivier, seigneur de Sénozan (S. R.).

Grossolles (Agésilas-Gaston de), marquis de Flamarens, mort le 13 décembre 1761 à soixante-dix-huit ans (S. S.).

— Agésilas-Gaston, abbé du Thorouet, mort le 1er avril 1785 à cinquante-deux ans (S. S.).

Grosson (Henri-Bernard-Jean-Baptiste de), natif de Paris, mort le 13 février 1834 à huit ans et demi, fils de Lazare-Marie-Bernard, chef de bataillon, et d'Anne-Joséphine de Barthélemy (X^e arr.).

Grouchy (Jean-Baptiste-René de), secrétaire honoraire du roi, mort le 6 août 1743 à quatre-vingt-seize ans (S. P.).

— Jacques-Louis, clerc tonsuré, mort le 14 octobre 1786 à soixante-seize ans (S. J. du H. P.).

— Henriette-Ernestine, née le 27 décembre 1787, fille du comte Emmanuel, et de Cécile-Félicité-Céleste le Doulcet de Pontécoulant (S. M. M. la V. l'É.).

Groulard (Marie-Angélique), morte le 12 avril 1790 à soixante-huit ans, veuve de Louis-Nicolas de Dauvet, marquis de Maineville (S. E.).

Guarrigue de Savigny (Michel-Guillaume de la), mort le 10 janvier 1768 à soixante ans, capitaine d'infanterie (S. E.).

Gué (Marie-Angélique de), morte le 3 août 1723 à quatre-vingt-deux ans, veuve de Philippe-Emmanuel de Coulanges (S. P.).

Guéau de Gravelle (Jacques-Philippe-Étienne), né le 3 octobre 1764 ; Élisabeth-Henriette, née le 23 novembre 1765, Louise-Élisabeth, née le 28 mai 1768, Anne-Élisabeth, née le 3 mai 1769, Marie-Angélique-Élisabeth, née le 22 janvier 1771, et Jacques-Philippe-François, né le 8 décembre 1771, enfants de Jacques-Philippe-Isaac, chevalier, marquis de Réverseaux, seigneur de Rouvray, Saint-Florentin, etc., et d'Élisabeth-Charlotte Barthélemot-Sorbier (S. S.).

Gueidan (Marie de), née le 9 novembre 1776, fille du marquis Joseph-Gaspard-Léon (S. S.).

Guénaud (Pauline de), née le 28 août 1765, fille de Nicolas-Simon, chevalier, lieutenant-colonel de dragons, et de Jacquette-Louise de Lacvivier (S. S.).

Guénégaud de Castillac (Henri de), comte de Sézanne, marquis de Plancy, mort le 22 mai 1722 à quatre-vingts ans (S. S.).

Guerchois (Pierre-Hector le), fils de feu Pierre, et de Barbe de Becdelièvre, marié le 6 septembre 1700 à Madeleine Daguesseau, fille d'Henri, avocat-général, et de Claire-Eugénie le Picart (S. A. des A.).

— Anne, morte le 19 décembre 1722 à soixante-un ans, veuve de Marc-Antoine de Languedoue, seigneur de Bois-le-Vicomte (S. S.).

Guérin (Anne), morte le 19 mai 1721 à quarante-sept ans, veuve de Mathurin-Joseph de Boisgelin (S. S.).

Guérin de Brulard (Marie-Victoire-Esther de), morte le 20 février 1778 à vingt-cinq ans, épouse de Jean-Nicolas-Joseph de Maubeuge, seigneur de Tannière (S. E.).

Guérin de Tencin (Angélique), morte le 1er février 1736, épouse d'Augustin de Ferriol (S. R.).

Guernoval (Henri-Louis de), né le 24 août 1757, fils de Philippe-Joseph-Alexandre, marquis d'Esquelbecq, et de Louise-Antoine du Bouchet de Sourches (S. S.).

Guéroult (Pierre-Claude-Nicolas de), né le 4 juin 1779, fils de Nicolas, seigneur de Boisroger, et de Victoire-Geneviève de Thierion de Chanlay (S. S.).

Guerrier de Romagnat (Angélique-Marie-Adélaïde), née le 19 mai 1781, fille d'Ange-Joseph-René, seigneur de Changé, et d'Adélaïde-Marie Durant (S. S.).

Guesclin (Marie-Louise-Marguerite du), ondoyée le 31 janvier 1732; Bertrand-Joseph, mort le 2 septembre 1739, à sept ans; Bertrand-Joseph-Paul, né le 14 mai 1735; Bertrand-Hercule-César, né le 21 novembre 1738, enfants du marquis Bertrand-César, et de Marguerite Bosc (S. R.).

— Jean-Baptiste-René, évêque de Cahors, mort le 2 août 1766 à soixante-trois ans (S. S.).

— Marquis Bertrand-Michel-Henri, mort le 20 mars 1783 à quarante ans (S. S.).

Guestre de Préval (Thérèse-Éléonore), morte le 4 décembre 1727 à quarante-deux ans, veuve de René-Anne de Carbonnel, comte de Canisy (S. S.).

Gueullay (Angélique-Marie-Madeleine de), née le 23 avril 1782, fille de Philippe, comte de Rumigny, et de Marie-Olympe-Françoise de Siry (S. N. des Ch.).

— Marie-Hippolyte, né le 7 septembre 1784, et Marie-Théodore, né le 12 mars 1789, fils de Louis-Gabriel-Philippe-Augustin, marquis de Rumigny, et de Marie-Julie Hatte de Chevilly (S. R.).

Gueuteville (Jacques-Daniel de), écuyer, seigneur d'Orsigny, mort le 20 août 1762 à quatre-vingt-sept ans (S. R.).

Guibert (Charles), avocat et procureur, fils de Jacques, et de Catherine Douard, marié le 23 août 1785 à Françoise-Nicole-Amélie de la Roue, fille de Guillaume-Louis, avocat au parlement, et de Marie-Nicole Rollin (S. S.).

Guibert (François-Apolline, comte de), maréchal des camps et armées du roi, membre de l'Académie française, mort le 6 mai 1790 à quarante-sept ans, époux d'Alexandrine-Louise Boutinon des Hayes de Courcelles, dont : Apolline-Charlotte-Adélaïde, née le 15 décembre 1776 (S. E.).

Guignard (Jean-Emmanuel de), né le 20 mars 1714, fils de Denis-Emmanuel, vicomte de Saint-Priest, et de Catherine de Lescot (S. S.).

— Marie-Sophie-Constance, née le 17 septembre 1777 (S. S.), et Pulchérie-Cécile, née le 28 juillet 1786 (S. M. M. la V. l'É.), filles de François-Emmanuel, comte de Saint-Priest, seigneur de Mure, et de Constance-Guillelmine de Ludolff.

Guillard (Marguerite-Marthe), morte le 26 février 1777 à soixante-six ans, veuve de Thomas Comte, baron du comté Palatin de Kerry (S. E.).

Guillard de la Vacherie (Marie-Victoire), morte le 20 janvier 1784 à soixante-quatorze ans, veuve : 1° de Jean-Baptiste-Martin d'Artaguiette, écuyer, receveur-général des finances ; 2° de Jacques-Charles, marquis de la Rochecourbon, brigadier des armées du roi ; 3° de Bernard-François Guéreau, comte de Beuil, colonel d'infanterie (S. E.).

Guillauden du Plessis (Pierre-Marie-François-Hilarion de), seigneur de Ponthay, mort le 25 mars 1779 à soixante ans (S. R.).

— Anne-David-Sophie-Christine-Marie-Françoise-Augustine, née le 4 janvier 1789, et Alexandre-Augustin-Louis-Hyacinthe, né le 1er mars 1790, enfants naturels d'Augustin-François-Marie, et d'Anne-Christine Dalbert (S. E.).

Guillaume de Chavaudon de Sainte-Maure (Anne-Andrée-Eugénie-Guillaume), morte le 26 janvier 1778 à dix-neuf ans neuf mois, Agnès-Nicole, morte le 23 mai 1786 à vingt-un ans, et Augustine-Jeanne, morte le 24 avril 1789 à trente ans, filles de Pierre, et de Catherine-Renée Chaillon de Jonville (S. S.).

— Marie-Agathe, morte le 15 janvier 1788 à vingt-deux ans, épouse de Gabriel-Honoré-Élisabeth-Henri de Cosnac (S. S.).

— Anne-Perrette, morte le 24 février 1788 à dix-neuf ans, épouse de Charles-Louis de Thimonet, comte des Gaudières, sous-lieutenant aux gardes françaises (S. E.).

Guillaume de Fontaine (Jules-Armand), écuyer, fermier général, mort le 4 mars 1758 à quarante-neuf ans (S. P.).

Guillaumye (Jean-Nicolas de la), mort le 31 décembre 1776 à soixante-dix-huit ans, conseiller du roi, sous-doyen du parlement, veuf de Claude Jouy, et en secondes noces de Marie-Anne de Bèze du Lys (S. R.).

— Charles-Jacques-Henri, mort le 2 mai 1782 à sept ans, fils de François-Nicolas, et de N. Marquet (S. M. M. la V. l'É.).

Guillemain (Marie de), née le 28 mars 1780, fille d'Émeric, écuyer, sieur de Chaumont, chevau léger de la garde du roi, et d'Anne-Marie Burai de la Rue (S. S.).

Guillemeau (Anne-Nicolas-Camille-Eustache) né le 20 septembre 1787, fils d'Anne-Claude, comte de Saint-Souplet, écuyer ordinaire du roi, et d'Angélique-Rosalie-Marie de l'Escalopier.

Guillemin (Clément-Jean-Charles), baron de Courchamp, conseiller au parlement, mort le 4 août 1764 à quarante ans (S. P.).

Guiller (Marie-Madeleine), morte le 29 juin 1791 à quatre-vingt-huit ans, veuve de Barthélemy le Couteulx, écuyer, seigneur de Vertron, la Brosse, Montacher (S. E.).

Guillermin (Jean-Marie-Antoine-Armand-Pierre-Edme), né le 27 septembre 1789, fils d'Antoine-Hilaire, comte de Courcenay, et d'Antoinette-Delphine de Barral (S. N. des Ch.).

Guilloire (Michel), baptisé le 27 septembre 1638, et Marguerite, baptisée le 26 janvier 1640, enfants de Claude, commissaire du roi et receveur des consignations, et de Madeleine Boulanger (S. G.).

Guillon (Madeleine le), inhumée le 2 juillet 1683, veuve d'Hercule Vauquelin, seigneur des Yveteaux, marquis d'Hermanville (S. A. des A.).

Guillot de Lorme (Marie), morte le 14 juillet 1785 à vingt ans, épouse de Jean-François Fontaine, chevalier, seigneur de Cramayel (S. E.).

Guilloteau (Raoul-Louis-André de), né à Villedieu le 24 juillet 1798, fils d'André, comte de Grandeffe, mort à Yèvre-la-Ville en février 1825, et de Marie-Louise de Poix, marié le 19 mars 1831 à Charlotte-Claire-Noémi de Faudoas, née à Rouen le 5 avril 1806, fille du marquis Anne-Marie-Félix-Gabriel, et d'Aglaé-Charlotte-Désirée de Toustain de Limésy (X^e arr.).

Guimarens (Dominique-Antoine-Silva de), natif de Porto, baptisé le 8 novembre 1782 à treize ans, fils d'Antoine-Joseph, chevalier de l'ordre du Christ, et de Rose-Raymonde de Silva de Guimarens (S. R.).

Guines (Guy-Louis, comte de), marquis de Villiers-Bruslin, pair et châtelain de Sens, lieutenant du roi en Artois, mort le 17 janvier 1763 à soixante ans, veuf d'Isabelle-Françoise-Adrienne de Melun (S. R.).

— Charles-Marie, chevalier de Malte, commandeur de Coulours, mort le 14 juin 1777 à soixante-quinze ans (S. E.).

Guinot (Armand-Charles-Catherine de), né le 26 septembre 1728, Cécile-Marguerite-Séraphine, née le 20 mars 1737, et Cécile-Adélaïde-Pauline, née le 10 septembre 1738, enfants d'Étienne, comte de Monconseil, marquis de Tesson, et de Cécile-Thérèse-Pauline Rioult de Curzay (S. R.).

Guiraud (Antonin-Pierre-Joseph de), né le 7 avril 1786, fils de Pierre-Ignace, et de Marie-Thérèse d'Alboin (S. E.).

Gulliot de Genouillac (Sophie-Mélanie-Eugénie), morte le 22 janvier 1836, veuve d'Ange-François le Lièvre, marquis de la Grange (V^e arr.).

Gutierrez los rios Fernandez de Cordova Rohan-Chabot (Louis-Barthélemy et Antoine-Barthélemy), nés le 24 août 1788, et Brune-Narcisse-Louise-Émilie, née le 29 octobre 1789, enfants de Charles, et de Marie de l'Esclavage de Sarmiento Sotomayor et Caceres (S. S.).

Guyet. — « L'an mil sept cent treize, du vingt-sept avril, m^{re} François Guyet, éc^{er}, s^r de la Sourdière, cy-d^t éc^r de madame la Dauphine, âgé d'environ cinquante-huit ans, décédé hier rue St-Honnoré en cette parr^e, a esté aporté en clergé en cette église d'où après les vespres des morts chantez, son corps pñt a esté transporté dans un carrosse en l'église des religieux carmes de la place Maubert pour y estre inhumé en la sépulture de ses parens. Pñs Germain Guyet, son cousin germain, éc^r, s^r des Minières, dem^t rue de Poitou au Marais du Temple, parroise St-Paul, et Charles Guyet, s^r de Chanterine, aussy cousin germain, demeurant ordinairement au bourg de Prunay sous Sably, diocèse de Chartres, ainsi signé : — Guyet — Guyet » (S. R.).

Guyhon de Marcois (Antoine-Thérèse-Charles-Fortuné), né le 25 avril 1788, fils de Charles-Paul, capitaine de cavalerie, et de Rose-Perrine de Verdière (S. M. M. la V. l'É.).

Guyol de Guiran (Jean-Baptiste-Élisabeth), seigneur de Rivière, mort le 14 juin 1770 à soixante-dix-huit ans (S. E.).

Guyon (Jean-Baptiste) seigneur de Sardière, l'un des seigneurs du canal de Briare, mort le 20 février 1759 à quatre-vingt-huit ans (S. R.).

Guyot de la Boissière (Antoine-Jean), conseiller du roi en sa cour des aides, mort le 6 mars 1764 à soixante-deux ans (S. P.).

Guyot de Chenisot (Charlotte-Marie-Françoise), née le 21 janvier 1763, fille de François-Vincent, conseiller du roi, et de Marie-Madeleine Engilbert (S. P.).

— Marie-Thérèse-Julie, morte le 11 octobre 1772 à soixante-sept ans, veuve d'André Jubert, comte de Bouville (S. S.).

Guyot de Laval (Anne-François), né le 3 janvier 1776, fils de Jean-Baptiste, écuyer, et de Marie-Sophie Solas (S. M. M. la V. l'É.).

— Christophe, écuyer, mort le 2 juin 1779 à soixante-treize ans (S. M. M. la V. l'É.).

Guyot de la Mirande (Marie-Claire-Françoise), morte le 20 avril 1778 à soixante-neuf ans, veuve de Joseph-Hyacinthe de Rigaud, marquis de Vaudreuil (S. S.).

H

Habert de Montmort (Claude-Madeleine), morte le 19 avril 1713 à cinquante-trois ans, veuve de Bernard de Rieux, seigneur du Targis (S. S.).

Hacqueville (Joseph de), baptisé le 7 octobre 1565; Pierre, baptisé le 30 août 1567, et Anne, baptisée le 16 mars 1572, enfants de noble homme Joseph, écuyer, seigneur de Garges et d'Attichy, conseiller du roi et maître des eaux et forêts du comté de Clermont et pays de Beauvoisis et Picardie, et capitaine de la Neufville en Hès, et de damoiselle Marguerite Boette (S. G.).

Haincque (Anne-Marie-Emmanuelle), morte le 28 septembre 1768 à trente-cinq ans, épouse de Jean-André de Brossin, baron de Méré (S. E.).

Hallay (Emmanuel-Louis-Léonor de), né le 5 décembre 1761, fils du marquis Emmanuel-Agathe, et d'Éléonore-Louise le Gendre de Berville (S. M. M. la V. l'É.).

Hallé (Jacques-François de), écuyer, sieur de Beaupré, mort le 3 septembre 1718 à cinquante-cinq ans (S. R.).

Hallencourt (Charlotte-Françoise d'), née le 29 octobre 1745, fille de Charles-Gabriel-François, comte de Droménil, et de Jeanne-Edme de Boullogne (S. R.).

Hallencourt de Boulainvilliers (Adrien-François d'), abbé de Saint-Quentin en l'Isle, mort le 3 février 1757 à soixante-dix-huit ans (S. P.).

Haller (Auguste-Charles-Xavier de), né le 18 décembre 1784, et Auguste-Louis-Waldemar-Jean-Camille, né sur mer le 11 janvier 1787, et baptisé à Paris en 1788, fils de Waldemar-François-Xavier-Joseph, vicomte d'Hallet, officier de chasseurs, et de Madeleine-Anne-Louise-Françoise-Marthe d'Abon (S. M. M. la V. l'É.).

Hallet (Clémentine-Victoire-Claudine), née à Liége, paroisse Sainte-Véronique, le 3 août 1763 et baptisée à Paris en 1782, fille du baron Jean, colonel d'infanterie, et de Barbe Vienne (S. N. des Ch.).

Hallo (Charles de), chevalier, seigneur de Lettourville, et baron de Puiset, mort le 24 mars 1684 (S. A. des A.).

Hallot (Ambroise de), né le 3 mars 1719, fils de Robert, seigneur de la Mairie, et de Marguerite-Françoise de Hallot (S. S.).

— Marie-Marguerite-Jeanne, morte le 23 juillet 1778 à soixante-huit ans, veuve de Jean-Jacques de l'Isle, marquis de Marivaux (S. R.).

Hallwyll (Alexandre-François-Joseph d'), né le 22 février 1770, fils du comte François-Joseph, maréchal des camps et armées du roi, et de Marie-Thérèse-Nicole de Midorge (S. N. des Ch.).

Hangest (Louis d'), vicomte d'Argenlieu, mort le 23 avril 1677 à soixante-dix-huit ans (S. S.).

— Louis-Gabriel, né le 31 décembre 1775, fils du comte Pierre-Remy-Louis, et de Marie-Élisabeth-Isabelle des Prés de Barchon (S. R.).

Hannicques (Louis de), baptisé le 23 mars 1638 ; Madeleine, baptisée le 15 mars 1639, et Suzanne, baptisée le 21 mars 1640, enfants de Charles, écuyer, sieur des Bordes, écuyer de Monsieur, frère du roi, et d'Anne Larcher (S. G.).

Hannot (Denis), lieutenant des gabelles, fils de défunts Jean, et de Jeanne Lescharnier, marié le 5 juin 1685 à Marie-Anne Drouard de Longchamp, fille de François, sous-brigadier, et de Madeleine Hotman (S. A. des A.).

Hanyvel (Marie de), morte le 17 décembre 1727 à soixante-trois ans, veuve de François-Joseph, duc de Clermont-Tonnerre (S. P.).

Haraucourt (Marie-Thérèse d'), morte le 18 juillet 1782 à quatre-vingt-deux ans, veuve de Pierre-François Gorge d'Entraigues, duc de Phalaris (S. M. M. la V. l'É.).

Harcourt (Louis d'), marquis de Thury, mort le 17 avril 1699 à soixante-six ans (S. S.).

— Anne-Pierre, né le 2 avril 1701, fils du duc Henri, et de Marie-Anne-Claude Brulart de Genlis (S. S.).

— Catherine-Henriette, morte le 11 mai 1701 à soixante-onze ans, veuve de Louis, duc d'Arpajon (S. S.).

— François, âgé de vingt-six ans, fils du duc Henri et de Marie-Anne-Claude Brulart de Genlis, marié le 14 janvier 1716 à Marguerite-Louise-Sophie de Neuville, âgée de dix-sept ans, fille de Louis-Nicolas, duc de Villeroy, et de Marguerite le Tellier (S. R.).

— Françoise-Claire, née le 12 mai 1718, Angélique-Adélaïde, née le 30 août 1719, Gabrielle-Lydie, née le 21 décembre 1722, Louis-François, né le 6 octobre 1728, enfants du duc François, et de Marie-Madeleine le Tellier de Barbézieux (S. S.).

— Henri, mort le 5 août 1721 à soixante-deux ans, fils de Louis, marquis de Thury, et de Guyonne-Marie-Julie d'Harcourt (S. S.).

— François-Henri, né le 11 janvier 1726 ; Anne-François, né le 4 octobre 1727 ; Anne-Henri, né le 23 septembre 1728, mort le 9 mai 1736, et son jumeau Anne-Louis, mort le 4 janvier 1734, enfants d'Anne-Pierre, comte de Beuvron, et de Thérèse-Eulalie Beaupoil de Saint-Aulaire (S. S.).

— Marquis François, mort le 15 mars 1748 à dix-neuf ans cinq mois dix jours (S. S.).

— Claude-Lydie, morte le 25 décembre 1750 à cinquante-quatre ans, veuve de Gabriel-René, marquis de Maillat (S. S.).

— François-Henri, âgé de vingt-six ans, fils d'Anne-Pierre, comte de Beuvron, marquis de Lillebonne, et de Thérèse-Eulalie Beaupoil de Saint-Aulaire, marié le 13 juin 1752 à Françoise-Catherine-Scolastique d'Aubusson, fille du vicomte Hubert-François, et de Catherine-Scolastique Bazin de Besons, dont : N. née le 8 mars 1753 (S. S.).

— Angélique-Louise, demoiselle de Beuvron, morte le 8 septembre 1762 à soixante-trois ans (S. S.).

— Guillaume-Charles, mort le 24 juin 1764 à vingt-trois ans, fils de Jacques, marquis d'Olonde, et d'Anne-Charlotte-Françoise de Maillart (S. S.).

— Comte Henri-Claude, mort le 5 décembre 1769 à soixante-six ans (S. S.).

— N. née et morte le 21 octobre 1766, Cécile-Marie-Charlotte-Gabrielle, née le 27 février 1770, et Anne-Marie-Lydie, morte le 10 juin 1773 à quatorze mois, filles d'Anne-François, marquis de Beuvron, et de Marie-Catherine Rouillé (S. S.).

— Marie-Anne-Henriette, morte le 21 septembre 1769 à vingt mois, Anne-Charlotte, née le 1er juillet 1769, Claude-Emmanuel, né le 29 mai 1774, François-Charles-Henri, mort le 3 septembre 1774 à vingt-un mois onze jours, Henri-Cécile-Casimir, né le 25 janvier 1779, mort le 13 février 1779, et Alexandrine-Louise, née le 3 avril 1782, enfants du marquis Charles-Louis-Hector, et d'Anne-Marie-Louise d'Harcourt (S. S.).

— Anne-Catherine-Gabrielle, morte le 11 avril 1778 à vingt-cinq ans, épouse de Victurnien-Jean-Baptiste-Marie de Rochechouart, duc de Mortemart (S. S.).

— Marie-François, fils d'Anne-François, marquis de Beuvron, et de Marie-Catherine Rouillé, marié le 3 juillet 1780 à Madeleine-Jacqueline le Veneur, fille de François-Jacques-Tanneguy, comte de Tillières, maréchal des camps et armées, et d'Aymardine-Marie-Antoinette de Nicolay, dont : Aymardine-Marie-Juliette, née le 29 février 1784 ; François-Marie-Alphonse, né le 30 janvier

1785, et Anne-Michelle-Eulalie, née le 15 décembre 1790 (S. S.).

— Anne-Pierre, maréchal de France, mort le 28 décembre 1783 à quatre-vingt-deux ans neuf mois (S. S.).

— Henri-Marie-Nicolas-Charles, né à Paris le 14 novembre 1808, fils du comte François-Eugène-Gabriel, et d'Aglaé Terray, marié le 30 novembre 1829 à Césarine-Charlotte-Laure-Slanie de Choiseul, née à Paris le 29 octobre 1807, fille de Charles-Raynard-Laure-Félix, duc de Praslin, et de Charlotte-Laure-Olympe le Tonnelier de Breteuil (X° arr.).

Hardi du Fay de la Trousse (Marie-Henriette le), morte le 26 novembre 1720 à quatre-vingt-quatre ans, veuve de Jacques-Claude de la Pallu, comte de Bouligneux (S. S.).

Hardivillé (Charles d'), sieur des Rougesterres, marié le 31 mai 1691 à Jacqueline Paimparé, fille de Charles, et d'Anne Bardet (S. A. des A.).

Hardouin — « Le 24 avril 1649, convoi d'un jeune gentilhomme du pays de M. Louis Hardouin » (S. P.).

Hardouin de Beaumois (Charles), mort le 20 décembre 1788 à quatre-vingt-sept ans, trésorier général du marc d'or de l'ordre du Saint-Esprit, veuf de Jeanne-Marguerite de Nesle (S. R.).

Hardy de Vicques (Marie-Agathe), née le 29 janvier 1723, fille de Jacques, seigneur en partie de Beaulinet, et de Marie-Françoise Lavau (S. S.).

Hardy du Plessis (Anne-Bonne), morte le 19 septembre 1773 à vingt-cinq ans, épouse de Marie-Pierre-Charles de Meulan d'Ablois, conseiller du roi (S. R.).

Hariague (Geneviève-Charlotte), née le 12 février 1747, morte le 14 février 1753, Hermine-Françoise, née le 21 avril 1748, Louis-Émilie, né le 3 mai 1750, enfants de Dominique, conseiller du roi, et de Charlotte-Hermine-Françoise de Salaberry (S. R.).

Harlay (François-Bonaventure du), fils d'Achille, conseiller du roi, seigneur de Champvallon, et d'Odette de Vautedard, marié le 31 mai 1644 avec Geneviève de Fortia, fille de François, conseiller du roi, et d'Anne de la Barre, remariée audit Achille de Harlay (S. Victor).

— Marie-Madeleine, née le 14 mai 1710, fille d'Achille, et de Marie-Françoise de Mornay (S S.).

— Louis-Charles-Achille, mort le 5 août 1717 à dix-sept ans, fils de Louis-Auguste-Achille, comte de Cély, et de Marie-Charlotte de Lavic (S. G.).

Harlus (Anne-Angélique d'), née le 2 mai 1700, fille de René, marquis de Vertilly, et d'Anne-Angélique Godet de Soudé (S. A. des A.).

— René, marquis de Vertilly, mort le 29 avril 1729 à soixante-dix-huit ans (S. S.).

Harville (Louis de), baptisé le 25 janvier 1588, fils de Claude, seigneur de Palaiseau, et de Catherine des Ursins (S. A. des A.).

— François, marquis de Palaiseau, mort le 12 octobre 1701 à soixante-onze ans (S. S.).

— Anne-Polyxène, morte le 31 mars 1720 à cinquante-sept ans, veuve de Roger, marquis de la Tournelle, seigneur d'Arleuf, Chaumard, Corancy, etc. (S. S.).

— Claude-François, né le 27 octobre 1724, mort le 21 février 1726, et Marie-Anne, morte le 25 décembre 1752 à vingt-trois ans, enfants du marquis Anne-François, et de Marie-Anne Boucher (S. S.).

— Marie-Antoinette-Louise-Esprit-Juvénal-Claude. née le 29 juillet 1745 ; Marie-Edmée, née le 21 novembre 1747 ; Louis-Auguste-Juvénal, né le 23 avril 1749, et Marie-Louise-Madeleine, née le 31 mai 1754, enfants de Claude-Constant-Juvénal, comte des Ursins, et de Marie-Antoinette de Goyon de Matignon (S. S.).

— Marquis Anne-François, mort le 20 avril 1750 à soixante-deux ans (S. S.).

— Constance, morte le 4 juillet 1756 à quatre-vingt-quatre ans, veuve de Nicolas-Simon Arnaud, marquis de Pomponne (S. S).

— Isabelle-Françoise, morte le 12 juillet 1759 à quatre-vingts ans, veuve d'Éléonor-François-Palatin de Dio, marquis de Montperroux, seigneur d'Yrouerre (S. J. du H. P.). et inhumée à S. S.

— Louise-Adélaïde, religieuse de la Visitation, morte le 23 août 1764 à soixante-dix ans (S. J. du H. P.).

Hatte de Chevilly (Claude-Charles), veuf le 12 mai 1737 de Catherine-Élisabeth de Turgot, remarié le 2 janvier 1738 à Perrette Gibert, veuve de Pierre Fage, seigneur des Champs.

Hatzfeldt (Marie-Louise-Françoise-Jeanne-Walbourge de), inhumée le 25 janvier 1784 à trente-six ans six mois, épouse de Léopold, comte de Neipperg (S. R.).

Haubitz (Charles-Louis de), né le 26 juin 1726, fils du baron Charles-Louis, et de Louise-Élisabeth-Nicole le Maçon de Trèves (S. S.).

Haudicquer de Blancourt (Marie), morte le 27 avril 1684, épouse de maître Lambert Glasson, avocat (S. A. des A.).

Haussonville de Vaulenou (Charlotte d'), morte le 20 juillet 1703, veuve d'Achille de Battefort, comte de Laubespin (S. A. des A.).

Hautefort (Philippe d'), né le 30 octobre 1678, fils de Jean-Louis, marquis de Brusac, et de Jeanne-Charlotte de Tissart (S. N. des Ch.).

— Louis-Charles, marquis de Surville, mort le 19 décembre 1721 à soixante-trois ans (S. S.).

— Comte Gilles, mort le 7 février 1727 à soixante ans (S. S.).

— Marquis François-Marie, mort le 8 juillet 1727 à soixante-treize ans (S. S.).

— Jean-Louis-Emmanuel, né le 17 septembre 1728, fils du marquis Emmanuel, et de Reine-Madeleine de Durfort de Duras (S. S.).

— Camille-Françoise-Gabrielle, née le 6 avril 1739, Armand-Charles-Emmanuel, né le 26 janvier 1741, Adélaïde-Julie, née le 12 octobre 1743, Angélique-Rosalie, née le 12 août 1745, Agathe-Félicité, née le 12 octobre 1746 et Abraham-Frédéric, né le 16 avril 1748, enfants du marquis Emmanuel, et de Françoise-Claire d'Harcourt (S. S.).

— Angélique, morte le 5 juillet 1749 à quatre-vingt-onze ans, veuve de César-Phébus, marquis de Bonneval (S. S.).

— Henri, marquis de Brusac, mort le 24 août 1751 à quatre-vingt-quatorze ans (S. S.).

— Henri-Jean-Louis, né le 22 juillet 1750, mort le 16 avril 1752, Jeanne-Marie, née le 11 avril 1752, enfants de Jean-Louis, et d'Anne-Marie de la Baume-Forsac (S. S.).

— Marie-Thérèse, morte le 1er avril 1753 à quatre-vingts ans, veuve de Claude-Charles de Montmorency, marquis de Laval (S. S.).

— Adélaïde-Gabrielle, demoiselle de Juillac, morte le 4 février 1767 à vingt-quatre ans, épouse de Louis-Sophie-Antoine du Plessis de Richelieu, duc de Fronsac (S. R.).

— Amélie-Thérèse-Alexandrine, née le 20 janvier 1775, et Amédée-Louis-Frédéric, né le 20 janvier 1776, enfants d'Abraham-Frédéric, comte de Neuvy et de la Celle-sur-Loire, et de Jeanne-Marie d'Hautefort (S. S.).

— Marquis Emmanuel-Dieudonné, mort le 30 janvier 1777 à soixante-dix-sept ans (S. S.).

— Adélaïde-Julie, morte le 4 mai 1783 à quarante ans, épouse de Louis-Joseph, comte de Mailly, marquis de Neelle (S. S.).

— Marie-Thérèse-Thaïs, née le 26 mars 1784, et Jean-Louis-Gustave, né le 22 mars 1785, enfants du comte Jean-Louis-Anne, et de Pétronille-Françoise-Louise Bidé de la Grandville (S. M. M. la V. l'É.).

— Agathe-Félicité, demoiselle d'Héricourt, morte le 16 août 1788 à quarante-un ans (S. S.).

— Angélique-Sophie, morte le 3 mai 1789 à quatre-vingt-six ans et veuve de Jean-Luc de Lauzières, marquis de Thémines et en secondes noces d'Henri-Camille, marquis de Béringhen (S. S.).

Hautoy (Léopold-Charles, comte du), seigneur de Goussainville, mort le 22 octobre 1783 à cinquante-neuf ans (S. E.).

Havet (Jean-Thomas), conseiller du roi, seigneur de Neuilly etc., mort le 26 février 1759, époux de Marie-Françoise le Maistre (S. R.).

Hay (Charles-Paul), marquis du Châtelet, mort le 29 novembre 1701 (S. A. des A.).

Haye (Rose de la), morte le 25 avril 1756 à soixante-un ans, épouse de Charles de Biencourt, marquis de Poutrincourt (S. R.).

— Antoinette-Euphrasie-Laure-Stéphanie, née le 13 février 1786, fille d'Étienne-Marie, chevalier, fermier-général, et d'Anne-Angélique-Charlotte Pignon (S. M. M. la V. l'É.).

— Louis-Marie, né le 6 janvier 1788, et Anne-Joséphine-Pauline, née le 6 mars 1789, enfants de Marie-François-Joseph, sieur de Cormenin, conseiller du roi, et de Victoire-Henriette Foacier (S. N. des Ch.).

Hébert (Charles-Mathieu-Hippolyte), né le 15 août 1784, fils de Charles-Amable, marquis de Beauvoir, maréchal de camp d'infanterie, capitaine aux gardes françaises, chevalier de Saint-Louis, et d'Adrienne-Thérèse Gobier-Valcour de Beauvoir.

Heere (Marguerite-Françoise de), morte le 10 novembre 1760 à soixante quinze ans, veuve de Jacques-François Tardieu, comte de Maleissye (S. R.).

— Pierre-François, seigneur de Prenouvellon, président du bailliage d'Orléans, mort le 26 août 1767 à cinquante-six ans (S. E.).

Héliand (François-Pierre-Henri d'), né le 19 janvier 1768, et Augustine-Louise, née le 30 janvier 1769, enfants d'Henri-René, seigneur d'Ampoigné, et de Marie-Françoise Guérin (S. E.).

— Henri-Jean-René, né à Saint-Domingue le 25 avril 1796, fils du comte François-Pierre-Henri, chevalier de Saint-Louis, et de Laurence-Joséphine-Caroline-Anne-Marie-Louise de Colheux de Longpré de Baliziers, marié le 4 janvier 1830 à Cécile-Charlotte Bazouin, née à Paris le 20 mai 1802, fille de Pierre-Martin, et de Jeanne-Charlotte Schrender (Ier arr.).

Hélin de Fiennes (Marie-Barbe-Pauline), morte le 8 mars 1764 à seize ans neuf mois huit jours, fille de Jean-Baptiste, conseiller du roi, et de Marie-Jeanne du Theil (S. J. du H. P.).

Helldorff (Maurice de), né le 20 avril 1749 (S. S.), fils du baron Charles-Auguste, seigneur de Wilficht, Clinguerch, et de Marie-

Françoise Constant de Villemont, depuis remariée à Pierre-Edme Dupé, comte de Louesme, marié, étant mousquetaire de la garde du roi, le 17 juillet 1764 à Louise-Félicité-Émilie de Creil, fille de Jean-François, marquis de Soizay, seigneur de Nancré, et d'Émilie de Mailly du Breuil (S. J. du H. P.).

Helman (Louis-Marie-Joseph-Hubert), né à Wurtzbourg le 23 mai 1795, fils d'Henri-Marie-Gérard-Joseph, vicomte de Grimberghe, mort à Bruxelles en janvier 1828, et de Marie-Thérèse-Hyacinthe le Clément de Taintegnies, marié le 19 mai 1829 à Sophie-Louise-Marie-Françoise Lacuée, née à Paris le 1er octobre 1811, fille de Jean-Gérard, comte de Cessac, et de Louise-Augustine-Sibylle de Blanc de Brantes (X^e arr.).

Helvétius (Anne), morte le 8 juin 1726, épouse de Louis Bérault de la Haye, gentilhomme de la Manche du roi (S. S.).

— Élisabeth-Charlotte, née le 3 août 1752, et Claude-François-Joseph, mort le 23 avril 1758 à quatorze mois, enfants de Claude, chevalier, conseiller, maître d'hôtel ordinaire de la reine, et de Catherine de Ligniville (S. R.).

— Béatrix, née le 7 octobre 1760, fille de Claude, seigneur de Lumigny, maître d'hôtel de la reine, et d'Anne-Catherine d'Amicourt (S. R.).

— Joseph-Alexandre, mort le 11 août 1751, et Henriette-Adélaïde-Louise, née le 25 décembre 1757, enfants de Joseph, écuyer, et de Marie-Madeleine-Gabrielle Roussel (S. M. M. la V. l'É.).

— Gabrielle-Adélaïde, morte le 11 avril 1774 à trois mois, fille du comte (S. M. M. la V. l'É.).

Hénault (Charles-Jean-François), chevalier, conseiller du roi, membre de l'Académie française, mort le 24 novembre 1770 à quatre-vingt-six ans (S. R.).

Hénin-Liétard (Jean-Francois-Gabriel d'), archevêque d'Embrun, mort le 26 avril 1724 à cinquante-huit ans (S. S.).

Hennequin (Claude), maître des requêtes, mort le 12 septembre 1589, veuf de Madeleine Séguier (S. A. des A.).

— Charles-Marie, mort le 8 mars 1720 à deux ans, fils d'Augustin-Vincent, marquis d'Ecquevilly, et de Madeleine du Monceau (S. G.).

— Nicolas-François, mort le 19 avril 1727 à cinquante-six ans (S. S.).

Hennet de Courbois (Marie-Josèphe-Antoinette-Colette), née le 28 septembre 1754, fille de Laurent-Alexis-Juvénal, conseiller du roi, grand maître des eaux et forêts du département du Lyonnais, et de Thérèse-Jacqueline Goethals (S. P.).

Henry (Anne), morte le 4 novembre 1775 à quatre-vingts ans, veuve de Jacques-Vincent Languet, comte de Gergy (S. S.).

Hérault (Marie-Jean), né le 20 octobre 1759, fils de Jean-Baptiste-Martin, seigneur de Séchelles, Mézières, et de Marie-Marguerite de la Lande-Magon (S. S.).

— Louis-Gustave, mort le 11 mai 1763 à cinquante-cinq ans, époux de N.... de Montagu d'O (S. S.).

— Isaac-René, conseiller du roi, mort le 20 janvier 1784 à soixante-un ans, époux de Marie-Anne Garnier (S. J. en G.).

Herbouville (Charles-Louis d'), né le 29 juillet 1709, et Jacques-Adrien, né le 7 juillet 1710, fils d'Adrien, et de Françoise-Christine Dauvet d'Eguilly (S. S.).

— Charles-Joseph-Fortuné, mestre de camp de cavalerie, né le 14 avril 1756 (S. P.), fils du comte François-Fortuné, mestre de camp de cavalerie, sous-lieutenant de gendarmes, seigneur de Longueval, et d'Anne-Victoire de Cambis de Velleron, marié le 15 avril 1788 à Marie-Louise-Victoire le Bascle, abbesse du chapitre noble d'Épinal, fille de Jean-Louis-Nicolas, marquis d'Argenteuil, et de Marie-Angélique-Philippe le Veneur (S. S.).

Héricart (Louis-Guillaume), né le 18 juillet 1731 ; Louis-Jean-Baptiste, né le 3 avril 1734 ; Jean-Baptiste-Louis, né le 5 avril 1735 ; et Louis-Nicolas, né le 8 avril 1736, fils de Jacques-Louis-Sébastien, seigneur de Thury, et d'Anne-Madeleine Leschassier (S. R.).

Héricy (Marie-Françoise-Alexandre d'), née à Rouen le 1er décembre 1783, morte le 7 septembre 1811, épouse de Barthélemy-Philippe-Félix Fyot de la Marche (X^e arr.).

Hernard de la Panousy (Hyacinthe), chevalier, mort le 28 décembre 1779 à cinquante-sept ans (S. M. M. la V. l'É).

Herte (Charles-François de), né et mort le 12 mars 1714 (S. A. des A.), Catherine-Charlotte, née le 27 juin 1719, et Charles, né le 12 mars 1721, enfants de Charles, seigneur de Raincourt, et de Catherine de Jossany ou Seynas (S. S.).

Hertel de Cournoyer (Anne-Louise-Charlotte-Sophie), née le 9 juillet 1785, fille de Jacques-Ange, et de Marie-Monique Amidieu (S. S.).

Herville (Henri-Joseph-Paul d'), fils de Charles-François-Paul, seigneur de Limé, et de Marie-Anne-Nicole le Seur de Baine, marié le 26 avril 1786 à Amélie-Élisabeth des Plasses, fille d'Antoine-Pierre, seigneur de Montgobert, et d'Henriette-Élisabeth Desprez (S. J. du H. P).

Hervilly (Louis-Charles d'), né le 26 février 1755, fils de Louis-Michel-César, seigneur de l'Échelle, etc., et de Rose-Adélaïde-Victoire de Castille de Chenoise (S. P.).

— Marie-Catherine, inhumée le 6 septembre 1782.

— Julienne-Blanche-Louise, née le 5 janvier 1784, fille du comte Louis-Charles, et de Louise de la Cour de Balleroy (S. S.).

— Marc-Pierre-Antoine-Augustin-César, fils de Charles-François, comte de Canisy, colonel de dragons, et de Marie-Anne-Madeleine-Augustine Manessier de Guibermaisnil, marié le 15 mai 1786 à Catherine-Victoire Chapelle, fille de Pierre-Marie, comte de Jumilhac, et de Catherine-Françoise d'Estrabonne, dont : Louis-François-César, né le 5 juillet 1788 (S. S.).

Hesse-Rhinfels (Charlotte-Amélie de), morte le 18 février 1722 à quarante-trois ans, épouse de François Rakoczy, alors en Turquie (S. S.).

— Caroline, veuve de Louis-Henri, duc de Bourbon, morte le 14 juin 1741, portée le 24 chez les Carmélites de la rue Saint-Jacques (S. S.).

Hessy (Gabriel d'), seigneur de Gloise et de Gironville, mort le 21 novembre 1729 à quatre-vingt-trois ans (S. S.).

Heudey (Marie-Louise de), née le 13 mai 1719, fille de Jacques-Étienne, marquis de Pommainville, et d'Armande de Vassé (S. S.).

Hinnisdal (Marie-Eugène-François-Hermann d'), capitaine de cavalerie, fils du comte Adrien-Eugène-Hermann, et de Madeleine-Philippine de Bournel, marié le 12 mars 1776 à Catherine-Louise-Silvine de Seiglières de Belleforière, fille de Joachim-Charles, comte de Soyecourt, et de Marie-Silvine de Bérenger, dont : Joachim-Louis-Ernest, né le 29 décembre 1779 (S. S.).

Hinselin (René), seigneur de Hautecourt, mort le 25 mai 1700, fils de Pierre, conseiller du roi et correcteur en sa chambre des comptes, et de Madeleine Gibot, marié le 26 octobre 1681 à Madeleine Pétau, veuve de Charles Briçonnet, président au Parlement de Metz (S. A. des A.).

— Gabriel-François, seigneur de Mesnil-la-Croix, mort le 23 décembre 1764 à soixante-treize ans (S. P.).

Hochepied (Pétronille de), morte le 26 août 1766 à soixante-douze ans, veuve de Gaspard de Fontenu, conseiller du roi (S. R.).

Hocquart (Jean-Hyacinthe), mort le 17 octobre 1723 à soixante-treize ans, conseiller du roi, époux de Marie-Françoise Michelet (S. R.).

— Jean-Baptiste-Marie, né le 24 décembre 1740, fils de Jean-Hyacinthe, et de Marie-Anne Gaillard de la Bouexière (S. R.).

— Jean-Hyacinthe-Louis, né le 29 août 1752, Louise-Emmanuelle-Rose, née le 22 juillet 1758 (S. R.), et Marie-Amable-Charlotte, morte le 3 avril 1774 à dix-neuf ans un mois dix-huit jours (S. E.), enfants de Jean-Hyacinthe-Emmanuel, chevalier, seigneur de Noisel, conseiller du roi, et de Louise-Rose Poullard.

— Jeanne-Louise, morte le 29 septembre 1753 à cinquante-six ans, veuve de Claude-François le Tellier, chevalier de Saint-Louis, brigadier des armées du roi (S. R.).

— Anne-François, né le 23 septembre 1753, mort le 7 mai 1760, Louis-Onésime, mort le 10 avril 1755, Charles-Emmanuel, né le 23 février 1759, mort le 5 juillet 1760, Matthieu-Louis, né le 4 juin 1760, Marie-Hyacinthe-Louise, née le 3 août 1762, et Marie-

Charlotte, née le 29 novembre 1764, enfants de Louis-Jacques-Charles, seigneur de Cueilly, et de Marie-Suzanne-Éléonore Bergeret (S. R.).

— Marie-Élisabeth, morte le 16 janvier 1757 à soixante-quatorze ans, veuve de Guy le Petit de Richebourg (S. R.).

— Jean-Hyacinthe, seigneur de Montfermeil, mort le 3 mai 1764 à soixante-dix ans, veuf de Marie-Anne-Françoise Gaillard de la Bouexière (S. R.).

— Charles-François-Hyacinthe, seigneur de Bésigny, mort le 12 mai 1770 à trente-deux ans (S. E.).

— Louis-Hyacinthe, fils de Louis-Jacques-Charles, seigneur de Cueilly, et de Marie-Suzanne-Éléonore Bergeret, marié le 16 juillet 1770 à Marie-Charlotte Bergeret de Frouville, baptisée le 8 novembre 1751, fille de Jean-François, conseiller du roi, et d'Élisabeth-Marguerite-Thérèse de la Haye des Fossés, inhumée le 4 janvier 1770, dont : Adélaïde-Suzanne-Françoise, née le 19 mai 1771, Aglaé-Louise-Marie, née le 16 juillet 1772, et Aimée-Charlotte, née le 4 février 1774 (S. N. des Ch.).

— Jean-Hyacinthe-Louis, fils de Jean-Hyacinthe-Emmanuel, marquis de Montfermeil, et de Louise-Rose Poullard, marié le 2 mars 1778 à Catherine-Eugène Gaillard, fille de Jean-Baptiste, baron de Beaumanoir, et de Marie-Eugène Préaudeau (S. S.), dont : Jean-Marie-Gilles, né le 23 août 1779, et Adélaïde-Jeanne, née le 21 juillet 1781 (S. E.).

— Jean-Hyacinthe-Emmanuel, marquis de Montfermeil, conseiller du roi, mort le 18 décembre 1778 à cinquante-deux ans (S. E.).

— Marie-Anne, morte le 29 septembre 1779 à cinquante-trois ans, veuve d'Hugues-René de Cossé-Brissac, lieutenant-général des armées du roi (S. R.).

— Louis-Jacques-Charles, seigneur de Cueilly, mort le 19 mars 1783 à quatre-vingt-quatre ans, époux de Marie-Suzanne-Éléonore Bergeret (S. R.).

— Gilles, conseiller d'État, mort le 15 avril 1783 à quatre-vingt-huit ans, veuf de Catherine-Anne de la Lande-Calan (S. R.).

— Luce, mort le 21 décembre 1784 à quatre-vingt-trois ans (S. R.).

— Éléonore-Louise, née le 18 août 1785, et Antoinette-Marie-Philippine, née le 8 septembre 1786, fille de Philippe-Christophe, seigneur de Landricourt, et de Marie-Charlotte Hocquart (S. E.).

— Marie-Charlotte, morte le 31 décembre 1786 à vingt-deux ans, épouse de Philippe-Christophe, chevalier, seigneur de Landricourt, lieutenant en premier aux gardes françaises (S. E.).

— Jean-Baptiste-Marie-Hyacinthe, lieutenant-colonel d'infanterie, gouverneur de Chandernagor, mort le 1er juillet 1791 à cinquante ans, époux d'Anne-Sophie Olivier (S. E.).

Hodic (Pierre de), seigneur et comte de Maily, conseiller du roi, mort le 25 mars 1672 à soixante-treize ans (S. A. des A.).

Holbach (François-Adam, baron de), seigneur de Heere, mort le 5 septembre 1753 (S. R.).

Horion (Ferdinande-Louise d'), morte le 12 mars 1782 à quarante-cinq ans, veuve de Maximilien, comte d'Arberg, Valengin et Neufchâtel (S. R.).

Hospital (Antoine de l'), né le 2 février 1655, fille d'Anne, seigneur de Saint-Mesme, et d'Élisabeth Gobelin (S. J. en G.).

— François-Marie, duc de Vitry, inhumé le 10 mai 1679 (S. G.).

— Gabriel, fils de René, marquis de Choisy, et d'Hélène des Moustiers, marié le 7 septembre 1680 à Élisabeth de Challet, fille de Léonard, seigneur de Chauseville, et d'Anne de Laumônier (S. A. des A.).

— Nicolas-Louis, marquis de Vitry, baron du Plessis, inhumé la 12 février 1685 (S. G.).

— Rémond-Anne, mort le 20 octobre 1723 à soixante ans (S. P.).

— Geneviève, sœur de la Croix, morte le 18 novembre 1727 à soixante-dix-neuf ans (S. P.).

— Marie-Élisabeth-Charlotte-Pauline, née le 14 août 1737, fille de Paul, et d'Élisabeth-Louise de Boullongne (S. R.).

Hostun (Louis-Charles d'), né le 14 février 1716, fils du duc Marie-Joseph, comte de Tallard, et de Marie-Louise-Angélique-Élisabeth de Rohan.

— Catherine-Ferdinande, morte le 21 avril 1751, veuve de Louis-Gabriel-Alphonse, marquis de Sassenage, et remariée à Nicolas-Gabriel Gilbert, marquis de Villennes (S. S.).

Hotman (Catherine), morte le 5 août 1677, veuve de Philippe, chevalier, seigneur de Montmélian (S. A. des A.).

Hottemer (Léopold-Gaston d'), né le 5 août 1732, fils d'Edme-Louis-Joseph, écuyer, seigneur de Volly, capitaine d'infanterie, et de Louise de Couhé de Lusignan (S. S.).

Houchin (Marie-Louise-Isabelle-Claire-Eugénie de), née le 8 janvier 1757, fille du marquis Jean-Joseph-Aimé-Marie, et de Georgette-Toussainte de Kérouartz (S. S.).

Houdetot (Antoine-Louis d'), né le 1er mai 1721; Anne-Simonette-Charlotte, née le 31 août 1722; Claude-Constant-César, né le 5 août 1724, enfants du marquis Charles, brigadier, et de Madeleine-Catherine Carrel (S. S.).

— Louise-Charlotte, née le 8 janvier 1722; Charlotte-Marie, née le 21 juillet 1724; Adélaïde-Louise-Camille, née le 9 juin 1726, enfants du comte Louis-Pierre, mort le 11 août 1726 à quarante ans, et de Marie-Louise-Françoise Fillion de Villemur (S. S.).

— Antoine-Louis, clerc, mort le 28 décembre 1739 à dix-neuf ans (S. S.).

— Marquis Charles, mort le 5 juin 1748 (S. S.).

— César-Louis-Marie-François-Ange, né le 12 juillet 1749; Louise-Charlotte-Élisabeth, née le 25 août 1756, et Louise-Sophie-Denise, morte le 23 mai 1759 à deux ans, enfants du comte Claude-Constance-César, et de Marie-Élisabeth-Françoise-Sophie de Lalive (S. S.).

— Charlotte-Marie, morte le 3 février 1771 à quarante-six ans, épouse de François-Charles de Monestay, marquis de Chazeron, baron de Mareuil (S. R.).

— Armand-Louis-César, né le 9 août 1776, mort le 15 novembre 1778; Frédéric-Christophe, né le 16 mai 1778, et Anne-Louise, née le 10 septembre 1779, enfants du vicomte César-Louis-Marie-François-Ange, et de Louise Perrinet de Faugues (S. M. M. la V. l'E.).

— Charlotte-Madeleine, morte le 5 novembre 1779 à quarante-huit ans, veuve de Charles-Gabriel, marquis d'Acher (S. M. M. la V. l'É.).

— Marquis Adrien-Charles-François-Marie, mort à Yères, le 10 octobre 1781 à quarante-six ans, et rapporté à Paris (S. S.).

Houlley (Adrien-Marie-Jean, baron du), chevalier, mort le 22 août 1772 à trente-un ans (S. R.).

Housset (Claude du), conseiller, secrétaire du roi, mort le 7 septembre 1685 (S. G.).

Howard de Straffort (Marie), morte le 24 avril 1765 à quatre-vingt-deux ans, dame de la reine d'Angleterre et veuve de François Plowden de Plonden, maître de la maison du roi Jacques II (S. J. du H. P.).

Hozier (Louis-Pierre d'), né le 20 novembre 1685, fils de Louis-Roger, généalogiste du roi, et de Madeleine de Bourgeois (S. A. des A.).

— Antoinette-Louise-Thérèse, morte le 9 mai 1710, épouse de Denis Petitpied (S. A. des A.).

— Denis-Louis, président en la cour des comptes, mort le 14 octobre 1788 à soixante-huit ans, époux d'Adélaïde-Geneviève de la Croix (S. G.).

Hubert de Crugi (Pierre-Constant), marquis de Marcillac, capitaine en second au régiment Royal Normandie, mort le 1er janvier 1780 à vingt-six ans (S. E.).

Huchet (Jeanne-Charlotte), demoiselle de la Bédoyère, morte le 14 octobre 1761 à quarante-deux ans, épouse de Thomas-Scolastique Dubot, comte de Grégo (S. S.).

— Charlotte-Marie-Angélique-Thaïs, morte le 22 février 1766 à quinze ans, fille de Noël-Florimond, comte de la Bédoyère, et de Marguerite-Angélique Costé de Saint-Suplix, dame d'Harfleur (S. S.).

— Charles-Marie-Philippe, capitaine de dragons, frère de la précédente, marié le 5 février 1782 à Judith-Félicité-Françoise des Barres, âgée de vingt-quatre ans, fille du marquis Antoine-Henri-Claude, et d'Agnès-Henriette-Félicité Testu de Balincourt, dont

Henri-Noël-François, né le 21 novembre 1782, et François-Charles-Angélique, né le 17 avril 1786 (S. S.), marié le 21 novembre 1813 à Victoire-Georgine de Chastellux, née à Meudon le 19 octobre 1790, fille d'Henri-Georges-César, comte de Chastellux-Changy-Roussillon, chevalier d'honneur de madame Victoire, et d'Angélique-Victoire de Durfort de Civrac (X⁰ arr.).

Hue (Jean-Baptiste), marquis de Miroménil, mort le 28 décembre 1719 à cinquante-trois ans (S. S.).

— Michel, seigneur de la Trousse, capitaine de cavalerie, mort le 1ᵉʳ août 1726 à soixante-neuf ans (S. R.).

— Marie-Thomas-Jérôme, né le 27 juillet 1753, fils d'Armand-Thomas, marquis de Miroménil, et de Marie-Anne-Louise-Georgette du Hamel (S. S.).

— Nicolas-Thomas, fils de Thomas, marquis de Miroménil, et d'Anne Lambert, marié le 13 février 1765 à Marie-Antoinette-Victoire de Ségur, fille de Nicolas-Alexandre, seigneur de Frans, Lafitte, Villeneuve-le-Roi, Ablon sur Seine, etc., et de Charlotte-Émilie le Fèvre de Caumartin (S. J. du H. P.) dont Anne-Marie, née le 22 décembre 1765, et Anne-Armande-Antoinette, née le 14 novembre 1766 (S. R.).

— Angélique-Blanche, demoiselle de Vermanoir, morte le 7 février 1778 à cinquante-neuf ans, veuve d'Armand-Jérôme Bignon, maître des cérémonies des ordres du roi ((S. E.).

— Marie-Madeleine-Élisabeth, morte le 15 novembre 1786 à cinquante-cinq ans, veuve de Jean-Baptiste-Claude Bosguérard de Croisy, chevalier, conseiller du roi (S. E.).

— Marie-Blanche-Rosalie, demoiselle de Miroménil, morte le 8 avril 1787 à vingt-un ans, épouse d'Amable-Pierre-Albert, marquis de Bérulle (S. R.).

Huguet (Élisabeth-Marguerite), morte le 4 décembre 1735 à quarante ans, veuve de François de la Rochefoucauld, comte de Roye (S. S.).

— Charles-Louis, vicomte de Sémonville, conseiller au parlement, fils de Charles, seigneur de Montaran, et d'Antoinette-Marguerite Baudin, marié le 27 mai 1790 à Angélique-Aimée de Rostaing, veuve de Matthieu de Montholon, comte de Lée (S. S.).

Humel (Armande des), née le 13 mars 1677, fille de Jean, sieur de Fontenay, et d'Anne du Thiboust (S. N. des Ch.).

Hunolstein (Félix-Philippe-Charles de), né le 22 avril 1778, fils du comte Philippe-Antoine, et de Charlotte-Gabrielle-Élisabeth-Aglaé de Puget (S. S.).

— Louis-Marie-Paul-Vogt, né à Paris le 22 juin 1804, fils du comte Félix-Philippe-Charles, et de Marie-Henriette-Claire de Bourdeilles, morte à Metz en avril 1814, marié le 10 janvier 1830 à Hélèn-Anne-Aldegonde du Bouchet de Sourches, née à Abondant le 19 août 1806, fille de Charles-Louis-Yves, marquis de Tourzel, mort le 4 avril 1815, et d'Augustine-Éléonore de Pons (X^e arr.).

Huot (Charles), fils d'Antoine, sieur du Haut-Moulin, et de Geneviève Mareschal, marié le 7 février 1703 à Marie Briçonnet, fille de Charles, seigneur de Glatigny, et de Madeleine Pétau (S. A. des A.).

Hurault (Madeleine), morte le 30 décembre 1594, fille de Robert, conseiller du roi en son conseil privé et chancelier de la duchesse de Savoie, et d'Olympe du Faur (S. A. des A.).

— Antoine, baptisé le 6 février 1604, fils de noble homme et sage Christophe, conseiller du roi en sa cour de parlement, et de damoiselle Marie de Bérulle (S. G.).

— Claire, demoiselle de l'Hôpital, baptisée le 21 octobre 1638, fille d'Henri, seigneur de Belesbat, conseiller du roi en sa cour de parlement, et de Renée de Flesselles (S. G.).

— François-Nicolas, né le 13 avril 1732; Louis, né le 11 octobre 1733; Adélaïde-Julie Sophie, née le 28 novembre 1734; Alexandre-Maximilien, né le 5 novembre 1737; Charles-François, né le 29 janvier 1739, enfants de Paul-Maximilien, marquis de Vibraye, comte de la Roche des Aubiers, baron de la Guerche, et d'Anne-Renée de Frémont (S. R.).

— Paul-Maximilien, marquis de Vibraye, lieutenant-général des armées du roi, mort le 28 décembre 1771 à soixante-dix ans (S. P.).

— Julie-Augustine, demoiselle de Vibraye, morte le 7 mai 1773 à quatre-vingt-deux ans et demi (S. S.).

— Marie-Gabrielle-Simone, née le 9 juin 1816, fille d'Anatole-

Maximilien, comte de Vibraye, et d'Angélique-Camille-Armande de la Luzerne (X⁰ arr.).

— Guillaume-Marie-Paul-Louis, né à Paris le 28 juillet 1809, fils d'Anne-Victor-Denis, marquis de Vibraye, pair de France, et d'Alexandrine-Nicole de la Luzerne, morte le 27 septembre 1827, marié le 22 juin 1835 à Augustine-Gabrielle de Loménie, née à Paris le 21 septembre 1817, fille du comte Martial-Jacques-Louis, mort à Dienville le 6 juillet 1819, et d'Antoinette-Jeanne-Isidore de Damas, dont Louise-Marie-Maximilienne, née le 30 décembre 1840 (X⁰ arr.).

Huterelle (Marie-Catherine), morte le 11 mars 1756 à cinquante deux ans, épouse de messire Gaspard-Louis de Mathé, chevalier (S. P.).

I.

Illiers d'Entragues (Claude-Louise-Jeanne d'), morte le 27 novembre 1770 à quarante-trois ans, veuve de Louis-Auguste-Cyr de Rieux (S. S.).

Imbert-Bourdillon (Louis-Bénigne-François-Marie d'), né le 9 octobre 1785, fils de Pierre-Joseph-Laurent, écuyer, chef de bureau de l'intendance de la généralité de Paris, et de Marie-Marguerite de Varagne (S. N. des Ch.).

Isangrenet (Anne-Marie-Catherine d'), née le 9 avril 1789, fille de Pierre, chevalier, seigneur d'Hérissart, et de Marie-Catherine Thivend (S. E.).

Isle (Claude de l'), chevalier, marquis d'Andrezy, de Pisieux, etc., inhumé le 12 juillet 1682 (S. A. des A.).

— Louis-Jean-Jacques, baptisé à S. J. du H. P. le 5 mai 1700, fils d'Ardouin, chevalier, marquis de Marivault, et d'Isabelle-Alphonsine de Guénégaud, marié le 15 septembre 1738 à Marie-Marguerite de Hallot, baptisée à Fontenay-Saint-Père en 1710, fille de Robert, seigneur de Lamery, et de Gabrielle-Marguerite-Françoise de Hallot (S. M. M. la V. l'É.).

Isle (Henri-Zacharie d') seigneur de Beauchaine, mort le 23 décembre 1776 à cinquante-neuf ans (S. S.).

J

Jablonowska (Marie-Louise), morte le 20 décembre 1773 à soixante-treize ans, veuve d'Anne-Charles-Frédéric de la Trémoille, prince de Talmond (S. S.).

Jacomel de Bienassise (Marie-Renée), morte le 3 mars 1772 à soixante-quatre ans, veuve de Louis Chauvelin (S. S.).

Jacques de la Borde (Marie-Anne-Madeleine de), morte le 11 janvier 1773 à soixante-un ans, épouse de Charles-Vincent Barrin, marquis de la Gallissonnière (S. S.)

Jacques (Marie-Catherine), morte le 24 mai 1786 à soixante-huit ans, épouse d'Hugues des Nos, chevalier, commandeur de l'ordre de Saint-Lazare (S. E.).

Jadon (Claude de), âgé de quarante-cinq ans, fils de feu Adrien, seigneur de la Garde, et de Françoise Regnault de Chandio, marié le 13 mars 1717 à Catherine-Charlotte de Fussey, chanoinesse de Poussay, fille de Nicolas, marquis de Mennesserre, et de Marguerite de Cossard d'Espiés (S. R.).

Jaille (Marie-Julie de la), morte le 23 décembre 1754 à quarante-quatre ans, épouse d'André-Antoine, vicomte de Sabran (S. S.).

Jannel (Gabriel-Louis de), né le 24 septembre 1779, fils de Robert, comte de Vauréal, et de Marie-Ursule Aumont (S. S.).

Jassaud (Pierre de), né le 4 octobre 1721 ; Ambroise-Auguste, né le 18 novembre 1726 ; Catherine-Michelle, née le 29 juillet 1729, enfants de Pierre-Guillaume, chevalier, seigneur de la Borde, Vernon, et de Michelle Auger (S. S.).

— Augustine-Marie-Jeanne, morte le 22 mars 1761 à cinquante-quatre ans (S. P.).

— Baron Pierre, officier d'infanterie, mort le 16 janvier 1791 à soixante-neuf ans, veuf de Marie-Anne Thomas de Boischantel (S. N. des Ch.).

Jau (Marie-Jeanne-Françoise le), morte le 5 décembre 1758 à trente-deux ans, épouse de Jacques-Achille de Picot, marquis de Combreux (S. R.).

Jauche-Bouton (François de), comte de Chamilly, mort le 23 janvier 1722 (S. S.).

— Madeleine, morte le 24 janvier 1773 à soixante-seize ans, épouse de Louis-Robert Mallet, comte de Graville (S. M. M. la V. l'É.).

Jaucourt (François de), chevalier, seigneur d'Aigremont, enseigne des vaisseaux du roi, fils de Philippe, chevalier, seigneur de la Vaiserie, et de Marie de Courault, marié le 22 mars 1692 à Jeanne-Baptiste Girard, veuve de Martin Guillot, entrepreneur-général pour le roi des fortifications d'Alsace, en présence de son frère Charles de Jaucourt, seigneur de la Vaiserie, capitaine au régiment de la marine, et de Gabriel de Jaucourt, seigneur du Vergnon, son oncle (S. A. des A.).

— Hardouine-Françoise, née le 29 janvier 1695 ; Louise-Marie-Anne, née le 28 mai 1696 ; Geneviève-Émilie, née le 19 juin 1697 ; Louis-Étienne, né le 10 septembre 1700 (S. A. des A.), et Isabelle, née le 30 avril 1703, tenue par sa sœur Catherine-Julie, enfants de Pierre-Antoine, marquis d'Espeuilles, et de Marie de Monginot.

— Claude-Armande, née le 6 mars 1717, fille de Charles de Saint-Andeux, gouverneur du comte de Charolais, et d'Anne-Bénigne du Faur de Pibrac (S. S.).

— Catherine-Renée, baronne de Villarnoul, veuve de Charles, comte du Bellay, morte le 19 avril 1724 à cinquante-cinq ans, et inhumée en présence de Jacques, chevalier de Jaucourt, seigneur de Baffot, lieutenant-général d'artillerie, et brigadier des armées du roi, son cousin au troisième degré (S. S.).

— Étienne-Vivant, né le 7 octobre 1727, tenu par son aïeule Marie de Monginot ; Suzanne-Isabelle, née le 5 juin 1730, morte le 12 avril 1732, tenue par Étienne-Auguste de Jaucourt et par Isabelle de Jaucourt, et Armand-Henri, né le 10 août 1732, enfants de Pierre-Antoine, chevalier, marquis d'Espeuilles, baron d'Huban, et de Suzanne-Marie de Vivans (S. S.).

— Jacques, lieutenant d'artillerie du département d'Alsace, chevalier de Saint-Louis et brigadier des armées du roi, mort le 6 avril 1729 à cinquante-neuf ans (S. S.).

— Pierre-Antoine, marquis d'Espeuilles, baron d'Huban, mort le 10 octobre 1736 à quatre-vingts ans (S. S.).

— Marguerite, morte le 16 octobre 1739 à soixante ans, fille de Philippe, marquis de Villarnoul, et de Marie de Gazeau, inhumée en présence de François-André de Cléry, époux de Marie-Anne de Jaucourt, cousine de la défunte (S. S.).

— Anne-Antoinette-Éléonore, née le 21 septembre 1775, tenue par son aïeul Pierre-Antoine, marquis de Jaucourt; Charles-Étienne, né le 3 et mort le 5 avril 1777, et Charles-Étienne-Eugène, né le 23 avril 1778, mort le 13 mai 1778, enfants du vicomte Étienne-Vivant, colonel du régiment de la marine, et de Thaïs-Simone-Pauline de la Cour de Balleroy (S. S.).

— Pierre, commandeur de l'ordre de Malte, chambellan du duc d'Orléans, colonel du régiment de Chartres, infanterie, mort le 9 février 1777 à trente-deux ans, et inhumé en présence de son frère Charles-Léopold, marquis de Jaucourt (S. S.).

— Louis-Pierre, baron d'Huban, Brinon, etc., veuf d'Élisabeth-Pierre Gilly, remarié le 15 mars 1777 à Louise-Élisabeth de la Châtre, veuve de Michel de Dreux, marquis de Brézé (S. S.).

— Antoine-Pierre, marquis d'Espeuilles, mort le 17 octobre 1780 à quatre-vingt-treize ans, inhumé en présence de son fils Armand-Henri, chevalier de Jaucourt, capitaine des vaisseaux du roi, et de son petit-fils Arnail-François, comte de Jaucourt, colonel en second du régiment de Condé (S. S.).

— Isabelle, morte le 19 mars 1783 à soixante-dix-neuf ans, inhumée en présence de ses neveux Louis-Pierre, comte de Jaucourt, maréchal des camps et armées du roi, et d'Arnail-François, comte de Jaucourt, mestre de camp en second du régiment de Condé, dragons (S. S.).

JÉGOUT (Françoise-Pétronille), morte le 16 juillet 1728 à soixante-six ans, veuve d'Henri-François de Rougé, marquis du Plessis-Bellière (S. S.).

Jehannin (Armand-Jules-Louis), né le 25 avril 1756, et Marie-Joséphine, née le 8 mai 1757, enfants de René-Joseph-Pierre, seigneur de la Ville, et d'Olive-Josèphe-Claudine Marion (S. S.).

Jehannot (Caroline-Louise-Geneviève), née le 7 juillet 1787, fille de Louis-François-Jules, marquis de Bartillat, et de Jeanne-Marguerite de Maistre (S. E.).

Joannis (Louis-Dominique de), brigadier des armées navales du roi, mort le 5 mars 1784 à soixante-douze ans (S. E.).

Joantho (Marie-Madeleine-Françoise de) née le 11 octobre 1767, Marie-Jeanne-Pauline, née le 26 décembre 1768, Marie-Jean-Louis, né le 12 juin 1770, Marie-Armand-Mandé, né le 19 mai 1772, enfants de Jean-Pierre, écuyer, conseiller, secrétaire du roi, seigneur de Mignabure, et de Catherine-Françoise Jarday ou Jourdan (S. R.).

Jobal (Antoine-Louis-Gonzalve de), né à Metz le 13 septembre 1805, fils du comte Joseph-François-Louis, mort à Metz en avril 1831, et de Françoise-Louise-Henriette de Couet de Lorry, morte à Metz en mars 1825, marié le 7 juillet 1832 à Marie-Charlotte-Léonille-Alix de Blocquel, née à Paris le 20 mars 1811, fille d'Arnould-Louis-Armand, vicomte de Wismes, et de Bonne-Thérèse-Louise-Hélène-Léonille de Polignac (Xe arr.).

Jobelot (Jean-François-Adrien), comte de Montureux, capitaine de dragons, mort le 8 février 1784 à quatre-vingt-quatre ans (S. R.).

Jogues de Martinville (Angélique-Michelle-Rosalie), morte le 19 avril 1783 à quarante-deux ans, épouse de Jean-Jacques Lafreté, secrétaire du roi (S. E.).

Joguet (Marie-Louise de), née le 28 octobre 1767, fille de Guillaume-Ignace, conseiller du roi, et de Marie-Anne-Louise Maréchal de Bièvre (S. R.).

Johanne de la Carre (Marie de), morte le 18 janvier 1727 à soixante-cinq ans, veuve de Louis de Clermont, comte de Cheverny, marquis de Montglas (S. R.).

— Jean-Baptiste, abbé de la Madeleine de Châteaudun, mort le 7 janvier 1728 à trente-cinq ans (S. S.).

— Marguerite-Charlotte-Bénigne, morte le 10 novembre 1729 à quatre ans trois mois, fille de Jean-Baptiste, marquis de Saumery, et de Madeleine-Bénigne de Leusse (S. S.).

— Marie-Madeleine, morte le 23 juin 1784 à soixante-trois ans et demi, veuve de Louis, comte de Coëtlogon (S. S.).

JOLY DE CHAVIGNY (Henri-Marie), né le 6 avril 1722, Anne-Henriette et Henri-Marie, nés le 3 février 1730, enfants de Henri-Philibert, écuyer, et d'Henriette Benoist de la Barre (S. R.).

— Henri-Marie, écuyer, mort le 7 décembre 1777 à cinquante-sept ans, époux d'Anne-Victoire-Émerencienne Faraude de la Charpenterie (S. R.).

— Henri-Marie, mort le 5 juillet 1781 à cinquante-neuf ans (S. R.).

JOLY DE CHOIN (Marie-Émilie de), morte le 28 novembre 1776 à cinquante ans, épouse de Charles-Pierre Savalete, maître des requêtes honoraire au Trésor royal (S. R.).

JOLY DE FLEURY (Jean-Matthieu), prêtre, mort le 12 janvier 1687 (S. S.).

— Madeleine, morte le 7 janvier 1694, fille de Jean-François (S. A. des A.).

— Charles-Joseph, mort le 26 mars 1705, fils de Joseph-Omer, seigneur de Fleury (S. A. des A.).

— Jeanne-Louise, morte le 16 juin 1713 à deux ans huit mois onze jours, fille de Guillaume-François, et de Marie-Françoise le Maistre (S. A. des A.).

— Jeanne-Louise, inhumée le 24 novembre 1717 à dix-neuf ans, épouse de Claude-François Bidal, marquis d'Asfeld (S. R.).

— Françoise-Bonne-Geneviève, née le 5 janvier 1742, Omer-Louis-François, né le 24 mai 1743, et Armand-Guillaume-Marie, né le 16 mars 1746, enfants d'Omer, premier avocat général, et de Madeleine-Geneviève-Mélanie Desvieux (S. M. M. la V. l'É.).

— Adélaïde-Marie-Louise, née le 1er juillet 1762, fille d'Omer, conseiller du roi, et de Marie-Françoise le Maistre (S. S.).

— Louise-Françoise, morte le 16 mars 1776 à soixante-douze ans, veuve de Jean-Nicolas Mégret de Sérilly (S. S.).

— Adélaïde-Marie-Louise, morte le 24 janvier 1783 à vingt-un ans, épouse de Louis-Michel le Pelletier, comte de Saint-Fargeau (S. S.).

— Angélique-Marie-Célestine, née le 1er mars 1787 (S. E.), et Bon-Gabriel-Jean-Guillaume, né le 30 juin 1789, enfants d'Armand-Guillaume-Marie, conseiller du roi, et d'Angélique-Claudine-Gabrielle Douet de la Boulaye (S. M. M. la V. l'É.).

Jonquières (Charles-Amédée de), né à Paris le 2 juillet 1806, fils de Claude-Louis, et de Charlotte-Anne-Antoinette Aumont, morte en octobre 1830, marié le 30 mai 1835 à Marguerite Guillaume de Seligny, née à Paris le 20 février 1815, fille de Louis-Josselin-Hercule, mort en décembre 1819, et d'Anne-Marguerite Falbert (X^e arr.).

Jouanin (Jean-Baptiste), marchand épicier, ancien marguillier, ancien administrateur des pauvres de la Charité sous l'invocation de Saint-Charles Borromée et ancien administrateur de la confrérie du Saint-Sacrement, inhumé le 17 janvier 1784 (S. J. de la Boucherie).

Jouenne d'Esgrigny (Jean-René), né le 8 juin 1722, fils de Jean-René, seigneur de Fontenay, colonel d'infanterie, et de Marie Quentin (S. R.).

— Louis, chevalier d'Herville, chevalier de Notre-Dame du Mont-Carmel, capitaine au régiment royal Comtois, infanterie, mort le 10 mars 1786 à trente-deux ans (S. E.).

Jouffroy (Antide, comte de), fils de François-Joseph, comte d'Uzelle, et de Louise Durand d'Auxy, marié le 30 mars 1776 à Agathe-Mathurine-Anne de Vassé, veuve de dom Baptiste, comte de Ros, capitaine des carabiniers (S. S.).

— Marthe-Madeleine, morte le 7 juin 1778 à cinquante-cinq ans, veuve d'Antide-François, marquis de Constable (S. E.).

— Joseph-François-Claude-Astolphe, né le 8 juin 1783, fils du comte Claude, et de Marie-Marguerite-Perrine-Claudine de Scépeaux (S. E.).

— Louis-François-Félix, né à Montain le 23 décembre 1792, fils de Jean-Emmanuel-Martin, comte de Gonssans, et de Louise-Gabrielle-Philippine-Joséphine de Froissard-Broissia, veuf le 7 septembre 1825 de Marie-Anne-Amélie de Bonneval, remarié le 19 avril 1830 à Adélaïde-Geneviève-Claire le Maistre, née à Paris le 18 août 1806, veuve le 4 mars 1827 de Pierre-Jean-Adolphe Langlois de Chevry, et fille de Jean-Jacques-Taurin, conseiller référendaire honoraire à la cour des comptes, et d'Adélaïde-Madeleine Masson (Ier arr.).

JOURDAIN (Louise-Julie), née le 20 mars 1768, fille de Charles-Louis, seigneur de Boistille, et de Julie-Dorothée Desruaux de Rouffiac (S. S.).

JOURDAN DE LAUNAY (Adrienne-Renée-Ursule), née le 24 novembre 1764, fille de Bernard-René, chevalier, seigneur de la Bretonnière, et d'Ursule Philippe (S. R.).

— Charlotte-Gabrielle, née le 23 juillet 1770, fille de Bernard-René, seigneur de la Bretonnière, et de Geneviève-Thérèse le Boursier (S. N. des Ch.).

JOUSSINEAU (Joseph de), chevalier, marquis de Tourdonnet, mort le 16 novembre 1787 à soixante-cinq ans, époux d'Élisabeth-Charlotte Gillet, dont : Élisabeth-Augustine-Françoise, née le 26 février 1760 ; Marie-Françoise, née le 27 février 1761 ; Jeanne-Marguerite, née le 26 juillet 1762 ; Marie-Françoise, née le 24 janvier 1764 ; Joseph-François, né le 20 janvier 1766 ; Jean-Marie, né le 30 novembre 1779 (S. G.)., mort le 15 janvier 1780 (S. E.).

— Marie-Françoise, morte le 18 février 1785 à vingt-trois ans, épouse de Charles Bernard, baron de Ballainvilliers (S. S.).

JOYEUSE (Renée-Marguerite de), morte le 5 octobre 1687 à cinquante-cinq ans (S. S.).

— Anne-Gédéon-Armand, né le 22 février 1755, et Anne-Antoine-Armand, né le 14 septembre 1756, fils du marquis Jean-Armand, brigadier des armées du roi, et d'Anne-Madeleine Delpech de Cailly (S. P.).

— Marquis Daniel, chevalier, colonel de cavalerie, baron de Cernay, mort le 28 août 1759 à soixante-dix-huit ans (S. P.).

— Louis-Anne, né le 31 août 1760, et Anne-Marie-Geneviève, née le 16 juillet 1761, enfants d'Anne-Gédéon, comte de Grandpré, et de Marie-Geneviève de Peleton (S. S.).

Jubert (Jacques), chevalier, seigneur de Bouville, Bizy, Saint-Martin aux Buneaux, Vinnemerville, Veulette, Beuzevillette, Harquency, etc., fils d'Alphonse, seigneur desdits lieux, et de Françoise de Civille, marié le 16 juillet 1640 à Catherine Potier, fille d'André, seigneur de Novion et d'Aubervilliers-lès-Meudon, président à mortier au parlement de Paris, et de Catherine Cavelier, dont : André, baptisé le 21 juillet 1645 (S. Merry).

— Catherine, née le 10 juin 1677, François-Édouard, né le 25 juin 1678, et Georges, né le 5 juillet 1680, enfants de Jacques, chevalier, marquis du Thil, et d'Olympe Vallot (S. N. des Ch.).

— Henriette-Alphonse, née le 25 décembre 1713, fille d'Alphonse, marquis de Bouville, et d'Henriette Goujon (S. S.).

— André-Nicolas, marquis de Bizy, comte de Bouville, mort le 30 août 1722 à quarante-neuf ans (S. G.).

— Jean-Baptiste, abbé de Bouville, grand-vicaire d'Évreux, prieur de Beaumont-le-Roger, mort le 17 mai 1724 (S. Benoît).

— Georges, chevalier, marquis du Thil, seigneur de Magnan, Bourguignon, Belleface, etc.; colonel du régiment du Thil réformé et incorporé au régiment de Navarre, chevalier de l'ordre militaire de Saint-Louis, fils de défunt messire Jacques, chevalier, marquis du Thil, brigadier des armées du roi, et d'Olympe Vallot, marié le 4 juillet 1724 à Élisabeth-Geneviève Cousinet, fille d'Ambroise, chevalier, seigneur de Boisroger, et de Geneviève-Marguerite le Moyne, dont : N..., né et mort la nuit du 26 au 27 septembre 1726 (S. G.).

— « Le dimanche huit juillet mil sept cent vingt-cinq, a été baptisée Olympe-Élisabeth, fille de haut et puissant seigneur messire Georges Jubert, chevalier, marquis du Thil, mestre de camp d'infanterie, chevalier de l'ordre militaire de S. Louis, seigneur de Magnan, les Bourguignons, vicomte de Fools, Morgny, Saint-Germain, du Thil, et autres lieux, et de haute et puissante dame Madame Élisabeth-Geneviève Cousinet, son épouse, dem^t vieille rue du Temple, étant née de ce jour. Le parain, messire Ambroise Cousinet, chevalier, seigneur de Boisroger, con^{er} du Roy, m^e ord^{re} en sa chambre des comtes de Paris; la maraine, haute et puissante dame madame Olimpe Vallot, marquise du Thil. Signé : Olympe Vallot; — Cousinet; — Jubert du Thil; — Catherine Jubert du Thil; — François Fells, curé de Saint-Gervais. » (S. G. fol. 37).

— Marie-Louise-Julie, née le 11 août 1725 ; André-François-Gabriel, né le 17 octobre 1726 ; Bernard-Jules, né le 17 janvier 1733 ; Catherine-Jeanne, née le 8 décembre 1736, enfants d'André, baron de Dangu, Saint-Martin-aux-Buneaux, Veulettes, etc., et de Marie-Thérèse-Julie Guyot de Chénisot (S. L. en l'Ile).

— Louis-Guillaume, marquis de Clère, Panilleuse, baron de Dangu, Vesly, seigneur de Saint-Martin-aux-Buneaux, etc., mort le 21 mai 1744 (S. N. des Ch.), époux de Gabrielle Martin d'Auzielles, dont : Louis-Alphonse, baptisé le 16 mars 1703, Madeleine, née le 5 mai 1704, et Bernard-Marie-Gabriel, baptisé le 7 février 1708 (S. E.).

— Catherine, morte le 3 janvier 1748 à soixante-dix ans, veuve de messire Jean Doublet, seigneur de Montaigu (S. P.).

— N..., né le 5 janvier 1759, fils de Louis-Alphonse, vicomte de Bouville, seigneur de Monchy-Saint-Éloi, et de Marie-Louise de Poterat (S. P.).

— Alphonse, marquis de Bouville, maréchal des camps et armées du roi, chevalier de Saint-Louis, mort le 28 février 1762 (S. J. du H. P.).

— Catherine, morte le 25 janvier 1762 à soixante-quatorze ans, veuve de Gilles-Marie de Maupeou, comte d'Ableiges, conseiller d'État (S. P.).

— Louis-Alphonse, vicomte de Bouville, grand'croix de l'ordre de Saint-Louis, chef d'escadre des armées navales, mort le 2 mai 1775, à soixante-douze ans (S. S.).

— Marie-Catherine-Jeanne, morte le 9 février 1780 à quarante-trois ans, épouse de Jacques-François de Carvoisin, marquis d'Achy, seigneur d'Achy, Polhay, Chocqueuse, la rue du Bois, la Pairie, de Novion, etc., officier de gendarmerie, chevalier de Saint-Louis (S. S.).

— Louis-Télesphore-Jean, officier aux gardes françaises, mort le 28 octobre 1782 à vingt-huit ans, fils de Louis-Alphonse, vicomte de Bouville, et de Marie-Louise de Poterat (S. S.).

— Bernard-Marie-Gabriel, abbé de Massay, mort le 12 juin 1788 à quatre-vingts ans (S. S.).

— « Du treize prairial de l'an six de la République française une et indivisible, acte de décès de Olympe-Élisabeth Jubert, d'hier à sept heures du matin, rentière, âgée de soixante-treize ans, native de Paris, y domiciliée rue des Rosiers 11, 24ᵉ division des Droits de l'Homme, veuve de César-François Chastellux, sur la réquisition à nous faite dans les vingt-quatre heures par Jean-René-Augustin Alanolinville, âgé de soixante-treize ans, rentier, domicilié à Paris, même maison, le déclarant a dit être ami de la défunte, et par Christophe-Ferdinand Bonnardot, âgé de quarante ans, agent d'affaires, domicilié à Paris, rue du Puits, 12, division de l'Homme-Armé, le déclarant a dit être ami de la défunte, constaté suivant la loi du 3 ventôse, treizième année républicaine, par nous soussigné. — Alanolinville; — Bonnardot; — Chenard. » (VIIᵉ arr., reg. VI, n° 651).

JUIBERT (Élisabeth), morte le 20 janvier 1740 à soixante-sept ans, veuve de Philippe du Vaudreuil (S. S.).

JURGY (Charles-Antoine de), fils d'Antoine, sieur de la Varenne, et de Charlotte d'Escajot, marié le 2 avril 1778 à Marie Boulay du Parc, fille de Jérôme, bourgeois d'Argentan, et de Marie-Catherine le Bren (S. J. du H. P.).

JURLAUBEN (Béat-François-Placide de), baron de la Tour, Châtillon, etc., veuf de Marie-Florimonde de Pinchêne, colonel du régiment des gardes suisses, né à Zug en Suisse, le 15 juin 1687, et mort à Paris le 31 décembre 1770 (S. R.).

JUSSAC (Henriette-Suzanne de), dame de la Morinière, morte le 28 juin 1689 (S. A. des A.).

— Diane-Gabrielle, morte le 14 février 1777 à quatre-vingt-neuf ans, veuve de Michel de Conflans, marquis d'Armentières (S. S.).

K

KADOT (Charles-Louis-Frédéric), marquis de Sébeville, du Plessis, mestre de camp de cavalerie, mort le 13 octobre 1730 à vingt-sept ans, époux d'Élisabeth-Thérèse-Marguerite Chevalier, dont: Charlotte-Marguerite, née le 3 novembre 1724; Françoise-Antoinette, née le 1ᵉʳ décembre 1725; Madeleine-Bernardine-Marguerite, née le 13 décembre 1726; Jean-Charles, né le 19 octobre 1728; Bernardin-Louis, né le 19 juillet 1730 (S. R.), mort le 22 septembre 1749 (S. M. M. la V. l'É.).

— Madeleine-Bernardine-Marguerite, morte le 1ᵉʳ mai 1762 à trente-cinq ans, veuve d'Artus-Louis-Timoléon, comte de Gouffier (S. M. M. la V. l'É.).

— Marie-Bernardine, morte le 21 juillet 1763 à trente ans, épouse de Timoléon-Antoine-Joseph-François-Louis-Alexandre, comte d'Espinay Saint-Luc (S. S.).

— Barbe, native de Sébeville, morte le 24 avril 1811 à quatre-vingt-onze ans, veuve d'Antoine-Antonin de Longaunay (Xᵉ arr.).

Kailyé (Michelle du), née le 24 juin 1683, fille de David, écuyer, et de Michelle de Vermont (S. A. des A.).

Kennedy (Agnès-Éléonore de), morte le 6 novembre 1759 à quarante-sept ans, veuve de Bernard de Kennedy, capitaine au régiment de Bonkley, infanterie irlandaise (S. R.).

Keratry (Auguste-Hilarion, comte de), député, né à Rennes le 28 décembre 1769, fils du comte Jean-François, mort en 1779, et de Catherine-Marie-Guillemette du Hamel de la Bothelière, morte à Rennes en mars 1815, veuf le 29 janvier 1816 de Germaine-Gabrielle-Louise de Botmilhau, remarié le 16 octobre 1829 à Ernestine-Marie-Constance de Bruc, née à Nantes le 2 avril 1806, fille du comte Marie-Michel, et d'Ernestine de la Pommeray de Kerambar, morte à Paris en mai 1809 (Xᵉ arr.).

Kergorlay (Alain-Marie de), brigadier des armées du roi, mort le 3 février 1787 à soixante-douze ans, veuf de Marie-Joseph de Boisgelin de Cucé, dont : Gabriel-Louis-Marie, né le 11 décembre 1766 (S. S.) et Louis-Florian-Paul, né le 26 avril 1769 (S. E.).

— N., né et mort le 11 septembre 1834, fils du comte Jean-Florian-Hervé, et de Louise d'Hervilly (Xᵉ arr.).

Kergroadès (François, marquis de), mort le 6 janvier 1722 à soixante-huit ans (S. S.).

Kermenguy (René-Yves-Marie de), fils d'Yves-Marie-Guy, et de Marie-Claude-Antoinette de Kallo, marié le 10 mai 1785 à Marie-Françoise de Tott, fille du baron François, et de Marie-Louise Rambault (S. S.).

Kérouartz (Achille-Charles-Paul-Anne-Alexis de), chevalier-profès de Malte, mort le 15 février 1775 à soixante-huit ans (S. J. du H. P.).

Kessel (Marie-Guillaume de), mort le 29 avril 1766, fils de feu Guillaume, seigneur du Plessis-Charmant, et d'Anne-Élisabeth Terré (S. M. M. la V. l'É.).

Knoppert (Angélique de), née le 4 mars 1714, fille du baron Louis, et de Marie-Suzanne de Civille (S. S.).

Kolly (Alphonse-Édouard-Pierre-Hippolyte de), né le 12 mars 1787, fils de Paul-Pierre, et de Madeleine-Françoise-Joséphine de Rabec (S. M. M. la V. l'É.).

L

Laage (François-Nicolas de), né le 4 mars 1733, fils de Nicolas-Denis, seigneur de Bellefaye, et de Marie-Angélique de Guiscard (S. R.).

— N., né et mort le 12 juin 1759, fils de Clément, écuyer, receveur général des domaines et bois de la généralité d'Orléans, et de Marie-Thérèse-Charlotte d'Heere (S. R.).

— Alexandre-Barthélemy, né le 21 mars 1761; N., né le 21 février 1762 (S. S.), Jean-Marie, né le 12 mars 1765 (S. R.), et Angélique-Ursule-Constance, née le 29 novembre 1770 (S. S.), enfants du marquis Alexandre, et d'Angélique-Madeleine-Antoinette de Bonnefonds.

— Auguste-Clément-Fortuné, né le 10 février 1780, fils de Clément, écuyer, seigneur de Bry-sur-Marne, et de Marie-Madeleine-Thérèse de Heere (S. R.).

— Clément-Jean-Gustave, baptisé le 20 février 1786, et Antoinette-Clémentine, née le 12 octobre 1788, enfants de Clément-François-Philippe, baron de Bellefaye, et d'Anne-Jeanne-Joséphine-Antoinette Duruey (S. E.).

— Albert-Jean-Marie, baron de Meux, né à Orléans le 24 janvier 1818, fils d'Édouard-François, et d'Aglaé Jacque de Mainville, marié le 4 juin 1845 à Pauline-Jeanne-Rosalie de Laage de Bellefaye, née à Saint-Omer le 17 mai 1820, fille de Clément-Jean-Gustave, et de Marie-Joseph-Euphrasie de Heere (X^e arr.).

Labbe de Saint-Georges (Charles-Jean), né le 9 décembre 1788, fils de Pierre-Étienne, baron de Bar, et de Madeleine-Gabrielle de Fesques de la Rochebousseau (S. R.).

Label (Alexandre-Pierre-François de), né à Paris le 14 septembre 1814, fils d'Alexandre-Jean-Maximin, comte de Lambel, et d'Anne-Pauline Paillot, morte à Paris en août 1832, marié le 17 juin 1845 à Marie-Anne-Jacqueline de la Bonninière de Beaumont, née à St-Ouen-lès-Tours le 23 septembre 1822, fille de Théodore, marquis de Villemanzy, et d'Adélaïde-Charlotte-Élisabeth-Cécile de Villemanzy (X⁰ arr.).

Laborde (Charlotte), morte le 10 mai 1777 à cinquante ans, épouse d'Auguste-Simon Brissart, écuyer, seigneur de Triel, Chanteloup, etc., fermier-général (S. M. M. la V. l'É.).

Lacs du Bosquet (Achille-Claude-Antoine-François des) né le 22 septembre 1771; Aglaé-Félicité-Françoise, née le 10 janvier 1775 (S. M. M. la V. l'É.), et Charles-François-Hippolyte, né le 7 septembre 1777 (S. E.), enfants d'Antoine-Joseph-François, marquis d'Arcambal, et de Françoise-Félicité du Crest de Chigy.

Lacuée (Napoléon-Louis-Gérard-Jean-Chrysostôme), natif de Paris, mort le 13 mai 1811 à dix-huit mois, fils de Jean-Gérard, comte de Cessac, et de Louise-Augustine-Sibylle Blanc de Brantes (X⁰ arr.).

Ladvocat (Françoise), morte le 30 janvier 1672, épouse d'André-Pierre Hébert, seigneur de Buc et de Villiers (S. A. des A.).

— Jean-Alphonse, comte de Sauveterre, mort le 3 novembre 1784 à quatre-vingt-deux ans (S. J. du H. P.).

Laffillard d'Offroy (Marie-Jeanne-Françoise), morte le 14 avril 1789 à trente-huit ans, épouse de Georges-Victor de Mautort, conseiller du roi, notaire au Châtelet (S. E.).

Lafit (Claude-Louis de), né le 5 septembre 1720, fils d'Abraham, marquis de Pelport, et de Marie-Barbe de Villefort (S. S.).

Lafond — « L'an mil sept cent quatre-vingt-quatre, le dimanche deux may, Louis Lafond, âgé de quatre-vingt-dix ans, bourgeois de Paris, décédé d'hier, petite rue Saint-Roch, a été inhumé au cimetière en présence de Benoist-Barthélemy Pinel, premier commis de la marine, son gendre, et de Nicolas-Benoist Treillard, fournisseur de la marine, et de Jean-Pierre Le Vasseur d'Hatings, avocat au Parlement, amis, et ont signé » (S. E.).

Lagny (Alphonsine-Marie-Éléonore de) née le 1ᵉʳ janvier 1789, fille naturelle de César-Alphonse, chevalier, et de Marie-Anne Poitaux (S. S.).

Laguiche (Jean, comte de), mort le 28 janvier 1770 à cinquante ans et demi, époux d'Henriette de Bourbon, dont : Éléonor-Léon, né le 27 novembre 1745, mort le 17 mai 1753, et Amable-Charles, né le 22 septembre 1747 (S. S.).

— Louis-Henri-Casimir, né le 4 décembre 1777, et Henriette-Louise-Philiberte, née le 6 septembre 1779, filleule de Marie-Louise-Philiberte de Clermont-Montoison, épouse d'Henri-Camille Bataille de Mandelot, enfants du marquis Amable-Charles, colonel du régiment dragons de Bourbon, et de Marie-Jeanne de Clermont-Montoison (S. S.).

Laistre (Pierre-Claude de), seigneur de Jarzay, mort le 29 août 1778 à quatre-vingt-six ans (S. M. M. la V. l'É.).

— Marie-Anne-Françoise, morte le 17 décembre 1789 à soixante-onze ans, veuve de Nicolas-François Cisterne, seigneur de Vinzelles, et en secondes noces de Martial de Clary, baron de Saint-Angel (S. R.).

Laizer (Geneviève-Charlotte de), née le 13 février 1730, fille de Jean-Baptiste, seigneur de Siongeat, et d'Anne-Michelle Fauet (S. R.).

Lalier (Jean-Baptiste-Ange de), né le 7 septembre 1677, fils de Jean-Baptiste, et de Marie Guérin (S. N. des Ch.).

Lalive (François-Louis de), né le 17 avril 1724, Ange-Laurent, né le 1ᵉʳ octobre 1725, Marie-Charlotte-Françoise, née le 7 juin 1728, Élisabeth-Sophie-Françoise, née le 18 décembre 1730, et Alexis-Janvier, né le 13 février 1735, enfants de Louis-Denis, seigneur de Bellegarde, fermier-général, et de Marie-Josèphe Prouveur (S. R.).

— Françoise-Thérèse, née le 24 août 1747, et Angélique-Louise-Charlotte, née le 1ᵉʳ août 1749, filles de Denis-Joseph, seigneur d'Espinay, écuyer, et de Louise-Florence-Pétronille Tardieu d'Esclavelle (S. R.).

— Ange-Louis-Honoré, né le 18 juin 1750, fils d'Ange-Laurent, et de Louise-Élisabeth Chambon (S. R.).

— François-Christophe, mort le 28 décembre 1753 à soixante-dix-neuf ans, conseiller au Parlement de Metz, seigneur de Prunoy, veuf en premières noces de Marie-Catherine Fayard, et en secondes de Françoise-Marguerite Dubuisson (S. R.).

— Jean-Baptiste-Martial, chevalier de Saint-Louis, mestre de camp, seigneur de Sucy, mort le 2 décembre 1762 à cinquante-trois ans (S. R.).

— Louise-Joséphine-Angélique, née le 7 juin 1763, Louise-Joséphine, née le 9 août 1764, et Gaspard-Joseph-Ange, né le 6 août 1765, enfants d'Ange-Laurent, et de Marie-Louise-Josèphe de Nettine (S. R.).

— Ange-Laurent, chevalier, baron du Châtelet, marquis de Removille, mort le 18 mars 1779 à cinquante-trois ans (S. E.).

— Joseph-Christophe, seigneur de Pailly, brigadier des armées du roi, mort le 7 février 1780 à soixante-treize ans (S. R.).

— Alexise-Charlotte-Marie-Joseph, née le 25 mai 1781, fille de Alexis-Janvier, seigneur de la Briche, et d'Adélaïde-Edmée Prévost (S. M. M. la V. l'É.).

— Denis-Joseph, seigneur d'Épinay, mort le 16 février 1782 à cinquante-huit ans moins trois mois (S. M. M. la V. l'É.).

LALLEMANT (Louis), baptisé le 30 juillet 1584, fils de noble homme Pierre, conseiller du roi, et de demoiselle Catherine Ballet (S. G.).

— Étienne, conseiller du roi et maître des requêtes, mort le 16 mai 1588 (S. A. des A.).

— Charlotte, morte le 1er juin 1732 à soixante-cinq ans, veuve de Jean Le Brun, conseiller du roi (S. Victor).

— Marie-Françoise, née le 30 octobre 1732, et Charles-Joseph-Godefroy, né le 28 août 1735, enfants de Michel-Joseph-Hyacinthe, seigneur de Batz, Nanteau, et de Marie-Marguerite Maillet de Batilly (S. R.).

— Alexis-François-Gabriel, né le 22 juin 1749, fils d'Alexis, marquis de Goupillière, seigneur de Macqueline, etc., et de Marie-Anne-Louise Le Cocq (S. M. M. la V. l'É.).

— Marie-Charles-François-Xavier, né le 14 juillet 1733, et Marie-François-Godegrand, né le 5 septembre 1735, fils d'Étienne-

Charles-Félix, comte de Nantouillet, et de Marie-Renée Boutin (S. R.).

— Alexandre-Marie-Louis-Charles, né le 21 mai 1759, Marie-Charlotte-Françoise, née le 21 octobre 1760, et Noël-Marie-Charles, né le 5 décembre 1769, enfants de Marie-Charles-François-Xavier, chevalier, maître des cérémonies de France, comte de Nantouillet, Marly-la-Ville et de Puiseux, et de Marie-Angélique-Charlotte de Damas-Crux (S. R.).

— Étienne-Charles-Félix, comte de Nantouillet, Marly et Puiseux, mort le 28 septembre 1781 à quatre-vingt-cinq ans, veuf de Marie-Renée Boutin (S. R.).

— Albert-Pierre-Louis-Gabriel, né le 30 septembre 1786, fils de Louis, conseiller du roi, et de Marie-Jeanne Changeux (S. N. des Ch.).

Lamamye de Clairac (Marie-Marguerite-Louise), morte le 22 septembre 1773 à soixante-dix ans, veuve de Jean-Georges de Caulet, marquis de Grammont (S. S.).

Lambert (Louis), baptisé le 12 juin 1566, fils de maître François, conseiller du roi, auditeur en sa Chambre des comptes, et de demoiselle Jeanne Britte (S. G.).

— Marie-Angélique-Thérèse, née le 22 décembre 1709; Henri, né le 4 décembre 1710, et Pierre-Armand, né le 26 février 1712, enfants de Pierre-Charles, seigneur d'Herbigny, et de Louise-Armande-Françoise d'Estrades (S. S.).

— Henri, seigneur de Changé, capitaine des levrettes de la chambre du Roi, mort le 6 février 1723, à quatre-vingt-trois ans, époux de Catherine Guyot du Doignon (S. R.).

— Pierre-Charles, seigneur d'Herbigny, marquis de Thibouville, mort le 15 mars 1729 à soixante-neuf ans, époux de Louise-Françoise-Armande d'Estrades (S. S.).

— Armande-Louise-Françoise, née le 29 septembre 1745, fille d'Henri-François, marquis de Saint-Bris, et de Louise-Thérèse de Menou (S. S.).

— Henri-François, marquis de Saint-Bris, mort le 21 avril 1754 à soixante-dix-huit ans (S. S.).

— Louise-Philippe, morte le 26 juillet 1754 à trente-neuf ans, épouse d'Othon-Louis-Antoine de Lier, seigneur d'Andilly, conseiller du roi en son grand conseil (S. J. en G.).

— Françoise-Julie, demoiselle d'Argence, morte le 19 juillet 1766 à vingt-sept ans, épouse de Jean-Louis de Giverville, seigneur de Saint-Aubin de Scellon (S. P.).

— Marie-Louise, née le 9 novembre 1766 ; Anne-Maurice, né le 19 janvier 1768 ; Alexandre-Anne-Adélaïde, née le 18 janvier 1770 ; Louis-Raymond, né le 16 octobre 1771, mort le 31 mars 1773 ; Marie-Charles, né le 15 juillet 1773 ; Louise-Marie-Henriette, née le 23 août 1774, et Henriette-Françoise-Cécile, née le 9 juillet 1780, enfants du marquis Henri-Joseph, colonel de Berry-cavalerie, maréchal des camps et armées du roi, et de Marie Anisson du Perron (S. S.).

— Élisabeth, demoiselle d'Herbigny, morte le 7 octobre 1785 à quatre-vingt-un ans, veuve de François-Guillaume Briçonnet, conseiller d'honneur au Parlement de Paris (S. E.).

— Augustin-Charles-Pascal, fils de Claude-Guillaume, conseiller d'État ordinaire, et de Marie-Madeleine Beissier, marié le 10 février 1789 à Adélaïde-Marie-Perrette du Pré de Saint-Maur, fille de Pierre-Antoine, conseiller du roi, et de Marie-Louise-Françoise Riqueur des Gasseaux (S. J. du H. P.).

LAMBERTYE (Nicolas-François-Camille de), comte de Tornielle, fils de Camille, marquis de Gerbevilliers, chambellan du roi, et de Barbe Hurault de Moranville, marié le 27 mai 1785 à Victoire-Rose-Parfaite du Cheylar, fille du marquis Jean-Antoine, et de Marie-Anne de Rochechouart (S. S.).

— Marie-Ferdinand-Edmond, né le 13 décembre 1840, fils de Marie-Camille-Antoine-Ernest, comte de Tornielle, marquis de Gerbevilliers, et de Marie-Charlotte-Léontine de Rohan-Chabot (X⁰ arr.).

LAMETH (Charles-Henri-Victor de), né le 16 mai 1753 ; Charles-Marie-Louis, né le 11 juin 1754 ; Alexandre-Théodore-Victor, né le 24 juin 1756 ; Charles-Malo-François, né le 6 octobre 1757 ; Marie-Thérèse-Charlotte-Catherine, née le 12 janvier 1759, et Alexandre-Théodore-Victor, né le 29 octobre 1760, enfants du marquis Louis-Charles, brigadier des armées du Roi, et de Marie-Thérèse de Broglie (S. S.).

— Augustin-Louis-Charles, frère des précédents, marié le 4 février 1777 à Cécile-Suzanne de la Tour du Pin, fille de Jean-Frédéric, marquis de la Roche-Chalais, et de Cécile-Marguerite de Mauconseil, dont : Frédéric-Louis-Marie, né le 19 septembre 1781, Alfred-Malo-Séraphin, baptisé le 17 mars 1783, et Adolphe-Victor, né le 22 décembre 1785 (S. S.).

— Jeanne-Baptiste-Marie-Louise, née le 25 août 1785, et Albertine-Catherine-Augustine, née le 17 juin 1788, filles du comte Charles-Malo-François, et de Marie-Anne Picot (S. S.).

Lamoignon (Nicolas de), comte de Launay-Courson, fils de Guillaume, conseiller, premier président en la Cour de Parlement, et de Madeleine Potier, marié le 18 avril 1672 à Anne-Louise Bonin, fille de Jean-François, chevalier, marquis de Chalussé, et d'Urbaine de Maillé (S. A. des A.), dont : Louise, morte le 22 mai 1684 à huit ans (S. S.).

— Christine-Jeanne, née le 9 juin 1686, et Suzanne-Léonine, née le 24 juillet 1688, filles de Chrétien-François, et de Jeanne-Marie Voisin (S. P.).

— Marie-Nicole, baptisée le 5 avril 1714, et Catherine-Louise, née le 16 novembre 1715, filles de Chrétien, et de Marie-Louise Gon de Bagonne (S. P.).

— Marie-Élisabeth, née le 10 mars 1716 ; Barbe-Nicole, née le 25 juin 1717 ; Anne-Nicole, née le 6 juin 1718 ; N., morte le 23 novembre 1720 ; Chrétien-Guillaume, né le 6 décembre 1721, et Françoise-Agathe, née le 4 février 1723, enfants de Guillaume, seigneur de Blancmesnil, et d'Élisabeth Roujault (S. P.).

— Nicolas, seigneur de Bâville, mort le 17 mai 1724 à soixante-dix-sept ans (S. P.).

— N. né et mort le 19 décembre 1731, fils de Guillaume, seigneur de Montrevault, et de Marie-Renée Catinat (S. P.).

— Marie, morte le 12 janvier 1733 à quatre-vingt-huit ans, veuve de Victor-Maurice, comte de Broglie (S. S.).

— Françoise-Élisabeth, morte le 27 avril 1733 à cinquante-quatre ans, épouse de Jean-Aynard de Nicolay (S. P.).

— Chrétien-Nicolas, seigneur de Bournand, mort le 25 août 1733 à trente-deux ans neuf mois (S. P.).

— Henriette-Josèphe, née le 16 juillet 1741, fille de Chrétien-Guillaume, et de Louise-Henriette-Madeleine Bernard (S. S.).

— Marie-Madeleine, morte le 8 août 1744 à cinquante-six ans, veuve de Michel-Robert Le Peletier, seigneur des Forts (S. P.).

— Chrétien-Guillaume, marquis de Milhart, mort le 23 mai 1759 à quarante-sept ans (S. S.).

— Marie-Catherine, née le 3 mars 1759; Marie-Gabrielle-Olive, née le 18 juillet 1764; Marie-Louise-Élisabeth, née le 3 octobre 1763; Christian-René-Auguste, né le 19 juin 1765; Marie-Charles-Guillaume, né le 31 janvier 1767; Marie-Élisabeth-Dorothée, née le 18 novembre 1768, morte le 24 janvier 1769; Anne-Pierre-Christian, né le 15 juin 1770; Marie-Constance, née le 14 février 1774; Chrétien-Guillaume-Jules, né le 27 novembre 1775, enfants de Chrétien-François, chevalier, marquis de Bâville, baron de Saint-Yon, et de Marie-Élisabeth Berryer (S. S.).

— Guillaume, seigneur de Malesherbes, chancelier de France, veuf de Marie-Louise d'Aligre, et en secondes noces d'Anne-Élisabeth Roujault, mort le 12 juillet 1772 à quatre-vingt-neuf ans quatre mois quatre jours (S. R.).

— Élisabeth-Olive, morte le 10 juin 1773 à trente-quatre ans six mois dix jours, épouse d'Armand-Guillaume-François de Gourgues (S. S.).

— Suzanne-Léonine, morte le 3 août 1785 à quatre-vingt-dix-sept ans, religieuse de la Visitation depuis quatre-vingts ans quatre mois (S. J. du H. P.).

— Marie-Louise, morte le 15 novembre 1790 à soixante-onze ans et demi, veuve de Guillaume Castanier d'Auriac (S. S.).

Lamourous (François de), écuyer, trésorier-général des États du Languedoc, époux de Marie-Françoise Duranc, mort le 10 novembre 1753 (S. R.).

— Henri, écuyer, seigneur de Mauvières, mort le 8 septembre 1757 à soixante-treize ans (S. M. M. la V. l'É.).

Lana (Marie-Thérèse de), morte le 30 mars 1771 à soixante ans, veuve de Louis, comte de Sales (S. S.).

Lançon (Étiennette-Jeanne-Françoise de), née le 15 juillet 1764, fille de Jean-Elzéar, seigneur de Lostière, Sauvin, Argentin, et de Marie-Jeanne-Pétronille Personne (S. M. M. la V. l'É.).

Lancrau (Alexis-Charles-Étienne de), natif de Paris, mort le 30 septembre 1811 à dix mois, fils d'Alexis-Henri, comte de Bréon, et d'Élisabeth-Geneviève-Justine de Pérusse des Cars (X⁰ arr.).

Lancry (Louis-Claude-Joseph de), né le 19 juillet 1768; Suzanne-Maurice, née le 28 avril 1770 (S. M. M. la V. l'É.), et Maximilien, né le 30 mai 1782 (S. S.), enfants de Louis-Maximilien-Emmanuel, comte de Pronleroy, et de Catherine-Madeleine-Jeanne-Ignace de Casaubon.

— Charles-Joseph-César-Xavier, né le 24 avril 1775, fils de Charles-Joseph-César-Xavier, marquis de Bains, et de Jeanne-Armande d'Anisy (S. M. M. la V. l'É.).

Lande (Geneviève de la), morte le 14 janvier 1733 à quatre-vingt-un ans, épouse d'Antoine des Vergers, seigneur de Maupertuis (S. R.).

— Catherine-Anne, demoiselle de Calan, morte le 22 janvier 1779 à soixante-dix-huit ans, épouse de Gilles Hocquart, intendant général (S. R.).

— Hyacinthe-François, né le 15 avril 1788, fils de Jean-Nicolas, baron d'Olce, et de Marie-Hyacinthe-Louise Hocquart (S. E.).

Landelle — « le 2 novembre 1619, convoi de l'enfant de monsieur de Landelle le jeune » (S. P.).

Landry (Marie-Marthe), morte le 1ᵉʳ octobre 1755 à vingt-un ans, épouse de Pierre-Guy-Balthasar-Edme de Guiffrey de Monteynard, comte de Marcieu, marquis de Boutiers (S. R.).

Lanferna (Marguerite-Françoise de), née le 27 août 1737, fille d'Edme, et de Françoise Laby (S. S.).

— Anne-Élisabeth-Clotilde, morte le 13 novembre 1784 à cinquante-deux ans, veuve de Claude-Augustin Guérin, écuyer, garde du Roi (S. E.).

Langalerie (Marie-Charlotte de), née le 21 septembre 1755, et Angélique-Josèphe, née le 21 octobre 1757, filles de Nicolas-Charles, écuyer, conseiller du Roi, et de Marie-Charlotte-Françoise Pichot de Poidevinière (S. P.).

Langan (Charlotte-Jeanne-Césarie de), née à Saint-Martin-de-Corbon le 24 janvier 1675, et baptisée à Paris en mars 1679, fille de Gabriel, marquis de Boisfévrier, et de Jeanne-Andrée-Charlotte Brulart de Sillery (S. A. des A.).

Langeac de Lespinasse (Étienne-Joseph de), marié le 19 octobre 1756 à Marie-Madeleine-Josèphe Cuzaque, dont : Auguste-Louis-Joseph-Fidèle-Armand, né le 9 octobre 1748 ; Égide-Louis-Edme-Joseph, né le 2 octobre 1752 ; Alexandre-Joseph-Onésime-Gustave, né le 25 novembre 1754, et Aglaé-Joséphine-Amélie-Louise-Edmée, née le 23 avril 1756 (S. M. M. la V. l'É.).

— Aglaé-Joséphine-Amélie-Louise-Edmée, morte le 19 novembre 1788 à trente-deux ans, épouse de Scipion-Charles-Victor-Auguste de la Garde, marquis de Chambonas (S. N. des Ch.).

Langlois d'Imbercourt (Guillaume-Jean-Baptiste), baptisé le 12 septembre 1709 (S. S.), fils de Jean-Baptiste-Louis, chevalier, seigneur de la Jonchère, et d'Anne-Marie-Antoinette Croiset, marié le 24 juillet 1737 à Marie-Louise de Signy, baptisée le 1er septembre 1714 (S. R.), fille de Jean-Baptiste, et de Marie-Anne-Victoire du Faulle (S. M. M. la V. l'É.).

Langhac (François-Marie-Roger de), né le 7 octobre 1722, et Jean-François, mort le 20 août 1723 à dix-neuf ans, fils du comte Marie-Roger, et de Jeanne-Marie-Palatine de Dio de Montperroux (S. S.).

— Élisabeth, morte le 19 janvier 1791 à quarante-cinq ans (S. J. du H. P.).

Langle (Marguerite-Eulalie-Adélaïde de), née le 23 avril 1759, et Auguste-Rose, né le 4 janvier 1766, enfants de Pierre-Jacques, écuyer, conseiller du roi, sieur de la Villegaudin, inspecteur de police, et de Marguerite-Charlotte d'Anfray (S. S.).

Langlée (Angélique de), morte le 29 septembre 1725 à soixante-douze ans, veuve de Louis, comte de Guiscard, gouverneur de Sédan (S. R.)

Languedoue (Louise-Françoise de), dame de Pussey, morte le 19 décembre 1729 à soixante-douze ans, veuve d'Antoine de Vaudeville, écuyer ordinaire de la grande écurie (S. S.).

Languet (Jeanne), baptisée le 26 août 1672, fille de Denis, conseiller du roi, et de Marie Robelin (S. A. des A.).

— Antoinette-Barbonne-Thérèse, née à Ratisbonne le 6 juin 1717, et baptisée à Paris le 15 septembre 1723; Marie-Anne, née le 25 janvier 1721, et Marie-Josèphe-Félicité, née le 25 février 1722, fille de Jacques-Vincent, comte de Gergy, et d'Anne Henry (S. S.).

— Jacques-Vincent, comte de Gergy, mort le 17 novembre 1734 à soixante-sept ans (S. S.).

— Antoinette-Barbonne-Thérèse, morte le 19 janvier 1780 à soixante-deux ans et demi, veuve de Louis de Cardevac, marquis d'Havrincourt (S. S.).

Lannes (Napoléon), né à Paris le 30 juillet 1801, fils de Jean, duc de Montebello, mort à Ebersdorf le 31 mai 1809, et de Louise-Antoinette-Scolastique Guéhéneuc, marié le 10 juillet 1830 à Éléonora Jenkinson, née en Angleterre le 7 février 1811, fille de Charles, écuyer, et de Catherine Campbell (Ier arr.).

— Jean, frère du précédent, né à Lisbonne le 21 juillet 1803, marié le 27 avril 1831 à Marie-Thérèse Boddington, née à Marylebone, Middlesex, le 13 janvier 1806, fille de Thomas, et de Marie-Thérèse Comerford (X^e arr.).

Lannion (François-Hyacinthe, vicomte de), mort le 25 février 1738 à cinquante ans (S. S.).

Lannoy (Anne-Philis-Victoire de), née le 7 février 1770, fille de Jacques, écuyer, seigneur de Buquet, et d'Anne-Charlotte Le Conte de la Housselière (S. S.).

— Marie-Françoise-Jeanne-Julie-Colette, morte le 9 janvier 1771 à onze ans, fille du comte François-Ferdinand et de Marie-Françoise-Constance-Antoinette d'Assignies (S. S.).

— Comte Louis-Charles-Antoine, mort le 28 avril 1785 à soixante-quatorze ans (S. S.).

— Comte François-Ferdinand, maréchal des camps et armées du roi, mort le 20 janvier 1790 à cinquante-huit ans, époux de Marie-Françoise-Constance-Antoinette d'Assignies (S. E.).

Lannux (Dominique de) sieur de Castel, inhumé le 22 septembre 1718 à quatre-vingt-quatre ans (S. R.).

Lantivy (Gabriel-Marie-Jean-Benoît de), comte de Kerveno, né à Quimerch le 24 mars 1792, fils de Jacques-Louis-Alexandre-

Emmanuel, et de Félicité-Marie-Élisabeth-Renée Conen de Saint-Luc, morte en vendémiaire an XIII, veuf le 13 janvier 1834 de Marie Le Fuevre de la Faluère, remarié le 30 mai 1835 à Suzanne-Louise-Edwise de Lancry, née à Pronleroy le 17 janvier 1806, fille de Maximilien, marquis de Pronleroy, et d'Henriette-Marie Labbe de Saint-Georges de Bar, morte en décembre 1819 (Xe arr.).

Lanty de la Rovère (Marie-Anne-Césarée de), morte le 16 avril 1753 à soixante-huit ans, veuve de Jean-Baptiste-François-Joseph de Croÿ, duc d'Havré (S. S.).

Larcher (Pierre), marquis d'Arcy, mort le 17 juillet 1724 à trente-six ans, époux d'Anne Jossant (S. R.).

— Jean-Louis, né le 23 novembre 1725, et Barbe-Marguerite, morte le 27 septembre 1725 à onze mois, enfants de Crépin, conseiller du roi et son procureur à Toul, et de Marguerite Henry (S. R.).

— Anne-Marie-Adélaïde, née le 20 février 1744, et Michel-François-Louis, né le 12 octobre 1754, enfants de Michel, et de Jeanne-Lazare Thiroux (S. S.).

— Marie-Marguerite, morte le 22 mai 1771 à cinquante-un ans, épouse de François-Armand des Monstiers, comte de Mérinville (S. S.).

Larlan de Kercadio (Jeanne), née le 22 novembre 1720, fille de Julien-François, comte de Rochefort, et de Marie-Thérèse-Françoise Bonnier de la Coquenie (S. S.).

— Jean-Anne-Vincent, chevalier, comte de Rochefort, mort le 29 novembre 1771, époux de Marie-Thérèse de Brancas (S. R.).

Larye (Félicité-Thérèse de), née le 24 juillet 1720, fille de Godefroy-Maurice, seigneur de Saint-Martin, et d'Élisabeth-Thérèse Pothouyn (S. R.).

Lascaris (Alexis-Jean de), seigneur d'Urfé, mort le 6 mai 1761 à soixante-huit ans, époux d'Adélaïde-Thérèse de Lascaris (S. S.).

Lascases (Sidonie-Silvie-Eulalie-Rose-Marie-Louise de), née le

5 janvier 1778, fille du marquis Pierre-Jean, et de Rose-Raymonde de Budes de Guébriant (S. E.).

Lasseran-Massecome (François-Denis de), né le 30 mars 1749, fils de François-Denis, comte de Montluc, et de Catherine Douard (S. S.).

— François-Denis, comte de Montluc, inhumé le 28 février 1786.

Lasteyrie (Armande-Émilie de), née le 30 juillet 1775, et Caroline-Annette, née le 22 mars 1780, filles de Charles-Louis-Jean-Gaspard, marquis du Saillant, vicomte de Comborn, et de Charlotte Riquetti de Mirabeau (S. S.).

Lastic (Jean-Claude de), fils de François-Antoine, marquis de Saint-Jal, et de Louise de Blondeau, marié le 26 août 1717 à Marie-Marguerite Bazin de Bezons, fille de Jacques, maréchal de France, et de Marie-Marguerite le Ménestrel de Hauguel (S. R.).

— Jeanne, morte le 15 février 1726 à cinquante-huit ans, épouse de Charles de La Place, conseiller, secrétaire du roi (S. R.).

— Anne-François, né le 24 septembre 1759; Charles-Antoine-Louis, né le 26 juin 1763; Charlotte-Hélène, née le 18 octobre 1764, et Alexandre-Esprit-Jean-François, né le 25 décembre 1766, enfants du comte François, colonel de grenadiers, brigadier des armées du roi, et d'Anne Charron de Ménars (S. S.).

— Antoine, évêque de Comminges, mort le 22 décembre 1763 à cinquante-quatre ans (S. S.).

— Anne-François, capitaine d'infanterie, fils du comte François et d'Anne Charron de Ménars, mort le 31 janvier 1785 à vingt-cinq ans et demi, marié le 3 février 1779 à Anne-Louise-Hyacinthe-Augustine de Montesquiou, fille d'Anne-Pierre, marquis de Fezenzac, et de Jeanne-Marie Hocquart, dont : Amédée-François, né le 25 octobre 1782, Auguste-François, né le 2 octobre 1783, mort le 10 avril 1784, et Gertrude-Octavie-Charlotte-Marguerite, née le 20 juillet 1785 (S. S.).

— Marie-Claude, morte le 27 juillet 1785 à trente-trois ans, épouse de Marc-Antoine-Emmanuel de la Grange-Gourdon, marquis de Floirac (S. S.).

Lastre (Adrien-Louis de), mort le 25 janvier 1748 à dix ans, fils de feu Charles-Valentin, chevalier, comte de Neuville, baron de Beauffort, et de Marie-Élisabeth Rochard (S. J. en G.).

Lau (Jean-Armand du), mort le 14 août 1728 à quinze ans, fils de Jean-Armand, chevalier, marquis d'Allemans, et d'Antoinette-Julie de Beaupoil de Laumary (S. S.).

— Jean-Louis, évêque de Digne, mort le 15 septembre 1746 à trente-huit ans (S. S.).

— Jean-Adélaïde-Edme, né le 11 juillet 1750, et François-Marie, né le 26 octobre 1756, fils de Jean, comte d'Allemans, et de Jeanne-Louise de Chérisey (S. S.).

— Jean-Armand-Marie, fils de Jean-Louis-Antoine, comte d'Allemans, et de Marie-Madeleine le Coigneux, marié le 6 février 1770 à Marie-Claude de Murat, fille de François-Claude, capitaine d'infanterie, et de Marie de Mascrani (S. N. des Ch.), dont : Henriette-Louise, née le 21 novembre 1770, Louis-Hubert-Camille, né le 1er février 1774 (S. S.).

— Antoine-Charles, né le 27 mai 1771, Antoinette-Jeanne-Pauline, née le 29 novembre 1776, et Agathe-Émilie, née le 20 décembre 1779, enfants du marquis Armand-Joseph, colonel d'infanterie, et d'Augustine-Jeanne Lhoste de Beaulieu (S. S.).

— Jean-Armand-Pierre-Élisabeth, né le 11 mars 1777 (S. S.), et Aglaé-Zoé-Élisabeth-Jeanne-Marie, née le 11 janvier 1786 (S. M. M la V. l'É.), enfants de Pierre-Marie, vicomte d'Allemans, et de Catherine-Marie-Élisabeth de Vergès.

— Henri-Louis, seigneur de Montardy, fils de Jean-Armand, comte d'Allemans, et de Julie-Antoinette Beaupoil de Saint-Aulaire, marié le 12 mai 1778 à Jeanne-Marie du Lau, veuve de Jacques-François, comte de la Rue-Lannoy, brigadier des armées du roi (S. S.).

— François-Armand, mort le 30 décembre 1788, fils d'Armand-Joseph, et de Marie-Madeleine-Marguerite-Suzanne-Charlotte de Lemerie-Deschoisy (S. S.).

— Jean-Louis-Antoine, mort le 19 janvier 1789 à soixante-treize ans, veuf de Marie-Madeleine le Coigneux de Bélabre, et remarié à Jeanne-Louise de Chérisey (S. S.).

— François-Louis-Arthur, né à Élisabethtown le 3 septembre 1806, fils de Louis-Jacques-Auguste, comte d'Allemans, et de

Marie-Madeleine-Pierre-Thérèse-Françoise Masson de la Véronnière, morte en octobre 1832, marié le 16 mai 1835 à Marie-Césarine-Clémence de Durfort, née à Paris le 11 septembre 1808, fille de Guy-Émeric-Anne, duc de Lorge, et d'Anne-Antoinette-Éléonore de Jaucourt. Témoins : Pierre-Marie-François-Auguste-Alfred du Lau, comte d'Allemans, frère ; Jean-Armand-Marie du Lau, marquis d'Allemans, cousin ; Alexandre-Émeric de Durfort, marquis de Civrac, maréchal de camp, oncle paternel ; César-Laurent, comte de Chastellux, cousin. — Cte Arthur du Lau d'Allemans. — M. C. C. de Durfort-Civrac de Lorge. — Le duc de Lorge. — Jaucourt duchesse de Lorge. — Le c^{te} Alfred du Lau d'Allemans. — Du Lau d'Allemans. — Le m^{qs} de Civrac. — Le c^{te} de Chastellux. — B. Lamégie (X^e arr.).

Laugier (Marc-Antoine de), prieur de Ribaute en Languedoc, mort le 5 avril 1769 à cinquante-deux ans (S. E.).

— Joseph-Gabriel-Juste, né le 21 février 1777, et Charles-François-Just, né le 1er juin 1779, fils de François-Joachim-Serge, seigneur de Beaureceuil, et de Marie-Anne-Albert de la Fagette (S. N. des Ch.).

Laujon (Louise-Hyacinthe-Pauline), née le 24 août 1764, fille de Pierre, écuyer, commissaire des guerres, et de Marie-Angélique Coste (S. S.).

Laumoy (Charles de), chevalier, seigneur de Lugny, fils de Théodose, seigneur de Gironville, et de Louise de Crèvecœur, marié le 16 janvier 1680 à Madeleine de Grenhert de Galandis, fille de noble homme Nicolas, et de Marguerite de Rochepel (S. A. des A.).

Launay (Charles de), mort le 14 novembre 1680, fils de Benoît, seigneur dudit lieu, et de Laurence Panon (S. A. des A.).

— Marie, née le 15 août 1701, fille de Louis, comte d'Entragues, et d'Élisabeth de Roux de Terlans (S. A. des A.).

Laureau de Foucemagne (Étienne), chevalier, sous-gouverneur du duc de Chartres, membre de l'Académie française, mort le 26 septembre 1779 à quatre-vingt-cinq ans quatre mois trois jours (S. E.).

Laurencie (Catherine-César-Augustine de), née le 27 mai 1784 (S. M. M. la V. l'É.), et Charles-Eutrope-François-Marie-Adolphe, né le 6 août 1788 (S. E.), enfants de François, marquis de Charras, et d'Anne-Jeanne Roëttiers de la Chauvinière.

Laurens (Robert du), conseiller au Parlement, mort le 22 février 1675 (S. Victor.).

— François-Louis, mort le 13 juillet 1725 à dix mois sept jours; Marie-Louis-Christophe, mort le 12 août 1728 à vingt mois vingt-trois jours; Françoise-Martine-Éléonore, née le 12 août 1725; Joseph-Jean, né le 6 février 1728, et Jean-Louis, né le 11 mai 1732, enfants de Louis-François, comte de Montserein, et de Françoise-Louise de Laurens (S. S.).

Lautre (Jean-Philippe-Wolgang, baron de), mort le 13 décembre 1722 à vingt-deux ans dix mois (S. S.).

Lauzières (Henri-Hippolyte de), marquis de Thémines, brigadier des armées du roi, mort le 25 février 1784 (S. E.).

Lavau (N de), née le 2 février 1683 (S. A. des A.).

Lavaur (Émeric de), né le 31 août 1725, fils naturel de Guillaume, chevalier de Saint-Louis, et d'Anne-Marguerite de Lasson (S. R.).

Lavedan (Jean de), seigneur de Sarniguet, mort le 25 avril 1775 à soixante-un ans (S. M. M. la V. l'É.).

Laverdy (Clément-François de), écuyer, ancien avocat en parlement, mort le 30 mars 1754 à cinquante-huit ans (S. J. en G.).

— Catherine-Élisabeth, née le 22 décembre 1753; Clément-Pierre, né le 11 janvier 1756; Paule-Mélanie, née le 21 décembre 1758 (S. J. en G.); Clément-Henri, né le 29 mars 1764, mort le 19 décembre 1765, et Angélique et Élisabeth, nées le 9 mai 1767 (S. R.), enfants de Clément-Charles-François, chevalier, marquis de Gambais, seigneur de Nizeret, conseiller ordinaire du roi en sa Cour de parlement, ministre d'État, et d'Élisabeth – Catherine Devin.

Law (Jean), né le 15 octobre 1719, fils de Guillaume, et de Rébecca Duce (S. R.).

Lays de Bouillé (Jacques-François), né le 18 septembre 1783, fils de Pierre-Donatien, et d'Anne-Agnès Heyblot (S. M. M. la V. l'É.).

Léauté (Jean), écuyer, sieur de Grissey, mort le 15 mars 1766 à soixante-sept ans, veuf de Rose Seurot (S. R.).

Lebeau (Charles), professeur, mort le 13 mars 1778 (S. S.).

Lécuyer (Denis-Michel de), fils de Michel-Jacques, seigneur de la Papotière, et de Jeanne-Françoise le Cointre, marié le 31 juillet 1777 à Victoire de Boucher, fille de Hubert, comte de la Tour-du-Roch, et d'Élisabeth Brunet de Neuilly (S. S.).

Leduc (Claude-Louis-Michel), marquis de Lillers, natif de Paris, mort le 24 avril 1834 à soixante-douze ans, époux d'Ambroisine-Marie-Joséphine d'Estampes (X^e arr.).

Legez (Antoine), veuf le 13 février 1736 de Marie-Anne Touzé, remarié le 29 juillet 1737 à Marie-Cécile le Blond, fille de Gérard, et de Marie Lange. — Témoins de l'époux : François Legez, bourgeois de Paris, cousin-germain ; Armand Deserre, valet de chambre de M. le marquis Dantrague, son beau-frère. Témoins de l'épouse: Gérard Leblond et Marie Lange, ses père et mère ; Remi Leblond, clerc tonsuré, son frère ; Me César-François de Chateleux, vicomte d'Avalon ; Me Louis-Philippe de Chateleux, comte de Bauvois ; Jean-Jacques Leblond, cousin-germain ; Denis Deshayes, son beau-frère. L'acte est signé : Antoine Legez.—F. Le Gez.—Me Leblond. — Armand Dézers. — Daguesseau de Chastellux. — Marie Lange. — César-François de Chastellux. — Louis-Philippe de Chastellux. — Leblon. — Remy Leblond. —Deshays. — Rollain. — Jourdan. — Canebier, vic. (S. M. M. la V. l'É.).

Lelay (Marguerite-Jeanne-Bonaventure), née le 24 octobre 1736, et Paul-Marie, né le 10 octobre 1737, enfants de Paul-Marie-Bonaventure, seigneur de Villemaré et du Plessis, et de Marie-Madeleine Delpech (S. R.).

Lentilhac (Louise-Jeanne-Marie-Catherine de), inhumée le 1er novembre 1788 à vingt-cinq ans, épouse de Constantin Gravier, comte de Vergennes (S. S.).

Lesbros de la Versane (Camille-Claire-Marie-Louis de), né le 17 mars 1773, fils de Jean-Louis, écuyer, et de Claire de Jullien (S. E.).

Lescours (François-Marie-Joseph de), né le 24 mars 1761 (S. S.), mort le 22 juillet 1761 (S. M. M. la V. l'É.), fils de Marc-Etienne, comte de Lauze, et de Jeanne-Françoise Cointreau.

Lescure (Marie-Louise de), née le 8 mars 1715, fille de François, et de Marie Deuid (S. S.).

— N., né le 15 octobre 1766, fils du marquis Louis-Marie-Joseph, et de Jeanne-Marie de Durfort (S. S.).

— Marie-Henriette-Antoinette, née le 31 décembre 1772, morte le 5 janvier 1773, fille du marquis Louis-Marie-Joseph, et de Marie-Thérèse de Sommièvre (S. S.).

Lescureuil de la Touche (Marie-Madeleine-Françoise), morte le 29 octobre 1787 à trente-huit ans, épouse de Jean-Samuel de Pont, chevalier, seigneur de Mauderoux, Forges, etc., conseiller honoraire au Parlement (S. E.).

Lesparon (Michel), sieur de la Jonquière, fiancé le 18 septembre 1588 à Isabelle de Louvencourt, fille de François (S. A. des A.).

Lespine du Planti (Marie-Françoise de), morte le 28 avril 1788 à soixante-dix-huit ans, veuve de Louis-Maximilien Titon de Villegenon (S. G.).

Lesquen (Charles-Louis-Joseph de), fils de Joseph, marquis de la Villemeneuse, et de Barbe-Marguerite-Perrette Garnier de Granvilliers, marié le 27 mars 1765 à Thérèse du Hautoy, fille du marquis Gaston-Jean-Baptiste, et de Claude-Charlotte de Rune (S. J. du H. P.).

Lestouf (Charles de), seigneur de Pradines, mort le 1er septembre 1699 à dix-sept ans (S. S.).

Lestourneau (Suzanne), baptisée le 4 janvier 1637, fille de François, et de Barbe le Prestre (S. G.).

Lestre (Claude de), ancien religieux de l'abbaye de Saint-Bénigne de Dijon, mort le 24 octobre 1682 (S. A. des A.).

Lesval (Marie-Élisabeth de), morte le 10 juin 1758 à soixante-dix-huit ans, épouse d'Antoine-Hercule Michau de Feuquerolles, chevalier de Saint-Louis et commandeur de Saint-Lazare (S. R.).

Lévêque (Jean-François), fils de Jean-François, seigneur de Vandières, vicomte de Bouzières, et de Marie-Anne Lévêque de Bussy, marié le 5 février 1780 à Marie-Jacquette-Charlotte Pineau, fille de Jacques, baron de Lucé, seigneur de Viennay, et de Marie-Charlotte-Françoise Lalive, remariée à Claude, vicomte de la Châtre (S. J. du H. P.).

Lévis (Gaston-Jean-Baptiste de), marquis de Lomagne, mort le 26 juillet 1699 à quarante ans (S. S.).

— Marie-Louise, née le 9 septembre 1712 ; Philippe, né le 9 novembre 1716; Charles-Eugène, mort le 10 décembre 1724 à vingt-cinq ans; Guy-Antoine, mort le 4 juin 1725 à dix ans, et François-Honoré, mort le 24 février 1727 à vingt-un ans, enfants de Charles-Eugène, marquis de Charlus, et de Françoise d'Albert de Luynes (S. S.).

— Charles, comte de Charlus, mort le 22 avril 1719 à soixante-quinze ans, veuf de Françoise de Béthisy (S. S.).

— Marie-Françoise, morte le 2 décembre 1728 à trente ans, veuve de Joseph-François de la Croix, duc de Castries (S. S.).

— Catherine-Agnès, morte le 12 juin 1729 à soixante-neuf ans, épouse de Louis Fouquet, marquis de Belle-Isle (S. S.).

— Duc Charles-Eugène, mort le 9 mai 1734 à soixante-six ans, époux de Marie-Françoise d'Albert de Luynes (S. S.).

— Anne-Charlotte, née le 3 septembre 1736, fille de François-Charles, marquis de Châteaumorand, et de Philiberte Languet (S. S.).

— Charles-François, marquis de Châteaumorand, mort le 22 janvier 1751 (S. S.).

— Gabrielle-Marguerite-Françoise, née le 22 décembre 1762, Gaston-Pierre, né le 7 mars 1764 ; Marie-Gabrielle-Artois, née le 12 octobre 1765 (S. M. M. la V. l'É.), et Henriette-Françoise, née le 22 avril 1767 (S. S.), enfants du marquis François, et de Gabrielle-Augustine Michel.

— Marie-Odette, morte le 8 décembre 1766 à vingt-cinq ans quatre mois, épouse d'Achille-Joseph Robert, marquis de Lignerac, Saint-Chamans (S. S.).

— Antoine-Louis, né le 12 décembre 1767; Amélie-Anne, née le 2 novembre 1769, morte le 15 juin 1772, enfants du comte Marc-Antoine, et de Louise-Madeleine Grimod de la Reynière (S. E.).

— Charles-Philibert-Marie-Gaston, comte de Mirepoix, marié à Alexandrine-Marie-Julie-Félicité de Montboissier, fille de Philippe-Claude, comte de Canillac, et de Françoise-Alexandrine-Camille de Rochechouart, dont : Camille-Françoise-Félicité-Marie, née le 23 décembre 1779; Adélaïde-Céleste-Delphine, née le 27 janvier 1783, et Charles-Philibert-Marie-Léopold, né le 5 mars 1787 (S. S.).

— Guy-Henri-Joseph-Thérèse, âgé de vingt-quatre ans, fils de Joseph-Chrysanthe, marquis de Lévis, baron de Gaudiez, et de Louise-Élisabeth-Victoire de Lévis-Léran, marié le 23 avril 1782 à Antoinette-Madeleine de Lévis, âgée de seize ans, fille de Marc-Antoine, baron de Lugny, et de Louise-Madeleine Grimod de la Reynière (S. S.), dont : Louise-Antoinette, née le 20 mai 1783, Guy-Henri-François-Adolphe, né le 22 juin 1784 (S. R.), mort le 30 avril 1785 (S. M. M. la V. l'É.).

— Marie-Jeanne-Éléonore, demoiselle de Mirepoix, morte le 3 février 1784, épouse de Louis-François, vicomte de Monteil (S. S.).

— Augustine-Adèle-Charlotte, née le 11 décembre 1788, fille du duc Gaston-Pierre-Marc, et de Pauline-Louise-Françoise de Paule Charpentier d'Ennery (S. S.).

Lévisse de Montigny (Alexis-Edme-Waast), né le 20 janvier 1762, mort clerc tonsuré le 22 avril 1783; Marie-Jeanne-Élisabeth, née le 14 mars 1763, André, né le 22 mars 1764, Marie-Élisabeth, née le 2 juillet 1765, Charles-Christophe, né le 30 novembre 1766, Marie-Élisabeth-Sophie, née le 31 décembre 1768, enfants de Waast-Roch, bourgeois de Paris, et de Marie-Thérèse Ozanne (S. R.).

— Louis-Charles-François, né à Versailles le 22 mai 1786 et baptisé à Paris, fils de Roch-Amable, et de Marie-Madeleine Biou, tenu par Arnail-François, comte de Jaucourt, époux de Marie-

Charlotte-Louise-Perrette Bontemps, qui l'adoptèrent par acte du 26 avril 1821 (S. S.).

Lezay-Marnesia (Antoine-Albert, comte de), né à Lyon le 28 décembre 1818, fils du marquis Albert-Madeleine-Claude, et d'Antoinette-Clémentine de Laage, marié le 23 septembre 1845 (X⁰ arrondissement).

Lhermitte d'Hyeville (Catherine-Élisabeth), morte le 15 mai 1770 à quatre-vingt-onze ans, veuve de Pierre, baron de Montesquiou, comte d'Artagnan (S. S.).

Lheureux (Eugène), capitaine au corps royal d'état-major, né à Nantes le 13 janvier 1797, fils de Claude-François, chef de bureau à l'administration des loteries, et de Marie-Jacquette Mazure, marié le 9 janvier 1830 à Charlotte-Clémentine de Saulx, née à Swansée le 30 mars 1795, fille de Charles-Marie-Casimir, duc de Tavannes, mort en juin 1820, et d'Aglaé-Marie-Louise de Choiseul-Gouffier, et veuve le 2 août 1826 d'Alexandre-Élisabeth-Michel, vicomte Digeon, pair de France (X⁰ arrondissement).

Lhuillier (Marie-Thérèse), né le 4 décembre 1724, fille d'Annibal-François, seigneur de Précy, et d'Alexandrine-Charlotte Dupuy ((S. S).

— Élisabeth-Françoise, morte le 27 mai 1730 à cinquante-un ans, épouse de Paul-Benoît, comte de Braque (S. R.).

Lichtenstein (Émile-Philippe-Louis-Alexandre de), né le 10 décembre 1791, fils de Joseph-Louis-Philippe, et de Marie-Émilie Contat (S. S.).

Lièvre (Marie-Anne Le), née le 19 septembre 1656, fille de Thomas, marquis de Fourilles, et d'Anne Faure (S. J. en G.).

— Armand-Marie-Joseph, né le 21 novembre 1770, Adélaïde-Françoise, née le 21 mai 1774, Ange-François, né le 6 juillet 1778, Auguste-François-Joseph, né le 2 mai 1780, et Amand-Charles-Louis, né le 21 mars 1783, enfants de François-Joseph, marquis de la Grange et de Fourilles, maréchal des camps et armées du roi, et d'Angélique-Adélaïde Méliand (S. N. des Ch.).

Lieu (Louise-Madeleine du), née à Lyon le 19 octobre 1675 et N.

né le 30 décembre 1679, enfants de Jean-Baptiste, conseiller du roi, et de Madeleine du Deffand (S. N. des Ch.).

Lignage (Élisabeth), baptisée le 14 mai 1639, fille de Nicolas, seigneur de Movin, et de Marie Fayot (S. G.).

Lignaud (Maximilien-Louis-Charles), né à la Flèche le 5 février 1810, fils d'Alexandre-Louis, marquis de Lussac, mort à Méré en mai 1843, et d'Aglaé-Marie-Félicité du Bois des Cour de Saint-Côme, marié le 6 janvier 1845 à Marie-Amable-Antonie de Rouen, née à Paris le 20 mars 1811, fille de Marie-Joseph, comte de Bermonville, et de Marie-Alexandrine Caillot de Coqueromont, veuve le 5 août 1841 à Florence de Charles-Marie-Victurnien Le Peletier, comte d'Aunay (X^e arrondissement).

Ligne (Charles-Joseph-Emmanuel-François-Antoine-Ghislain-Claude-Lamoral de), fils du prince Charles-Joseph-François-Lamoral-Alexis, et de Françoise-Xavière-Marie, princesse de Lichtenstein, marié le 29 juillet 1779 à Apollonie-Hélène, princesse Massalska, fille de Joseph, des anciens grands ducs souverains de Russie, et d'Antoinette de Radziwill (S. S.).

— Charles-Louis-Marie-Eugène, né le 17 février 1791, fils naturel du prince Louis-Marie-Eugène, et de Madeleine-Adélaïde d'Amerval (S. E.).

Ligniville (Jean-Jacques, comte de), chambellan du duc de Lorraine, mort le 18 février 1769 à soixante-seize ans (S. J. du H. P.).

— René-Charles-Élisabeth, fils du comte Pierre-Jean, et de Louise-Anne-Sophie de Bouchard de Lannoy, marié le 11 avril 1787 à Marie-Camille-Victoire de Cassagnes de Miramon, fille de Jean-Gaspard, marquis de Miramon, et de Marie-Anne de Bardonin (S. S.).

Ligondès (Antoine-Gabriel de), grand'croix de Malte, commandeur de Bargaud, mort le 8 avril 1783 à quatre-vingt-trois ans (S. E.).

— Michel, prieur de Tauves et de Nointel, mort le 24 novembre 1786 à quatre-vingt-six ans (S. E.).

Ligny (Louise de), baptisée le 11 janvier 1640, fille d'Édouard, sieur de Rantilly, et de Madeleine Thibault (S. G.).

— Adélaïde-Élisabeth, née le 13 mars 1756, Sophie-Joséphine-Antoinette, née le 12 mars 1758, Antoinette-Louise-Félicité, née le 17 février 1761, et Étiennette-Charlotte-Emilie, née le 2 mars 1765, filles du comte Charles-Adrien, mestre de camp de cavalerie, et d'Élisabeth-Jeanne de la Roche-Rambures (S. S.).

— Comte Charles-Adrien, mort le 19 février 1766 à cinquante-un ans (S. S.).

— Sophie-Joséphine-Antoinette, morte le 23 juillet 1785 à vingt-sept ans, épouse de Louis-Étienne-François de Damas, comte de Crux (S. S.).

Limanton (Marie-Louise-Adélaïde de), née le 30 août 1781, fille d'Augustin, et de Charlotte-Marie Rousselet de Cély (S. S.).

Limeu (Madeleine), morte le 24 mars 1709 (S. É. du Mont).

Lion de Jarry (Jean-François de), administrateur du roulage et du commerce de l'Europe, seigneur de Rouelle et de Charmoy, fils de François-Étienne, et de Marie-Madeleine Mesnil, marié le 26 mars 1783 à Jeanne-Françoise d'Aloigny, fille du marquis Thomas, et de Marie-Gabrielle d'Abzac (S. S.), dont : Julie-Joséphine, née le 31 octobre 1788, et Marie-Luce, née le 7 mai 1790 (S. E.).

Lissanis (Marie-Madeleine de), morte le 9 septembre 1723 à cinquante-cinq ans, épouse de Jean-Baptiste de Johanne de la Carre, comte de Saumery, conseiller d'État d'épée (S. S.).

Livron (Françoise-Charlotte de), morte le 20 février 1725 à sept ours, fille du marquis Jean-Baptiste, et de Marie-Henriette-Charlotte-Madeleine de Nettancourt (S. S.).

Lobel d'Alancy (Claude-Charles de), né le 16 juin 1767, fils de Charles-François, et de Marie-Madeleine-Étienne-Émilie Godard d'Aucour (S. E.).

Lobkowitz (Louis-Philippe-François-Augustin-Gaston-Faustin-Balthazar-Joseph-Gabriel de), mort le 27 décembre 1687 à deux mois et demi, fils du prince Wenceslas, et de Marie de Diétrichstein (S. S.).

Locquet de Granville (François), né le 25 décembre 1721, fils de Charles, et de Marie Gauber (S. R.).

— Marie-Thérèse-Gillette, morte le 4 mai 1763 à soixante-douze ans deux mois, veuve de François, duc de Broglie, maréchal de France (S. S.).

Loëre (André-François de la), écuyer, conseiller du roi, baptisé à Péronne le 13 septembre 1697, fils de Gilles, et de Louise-Marthe Populus, marié le 14 juillet 1738 à Marguerite-Geneviève Baudouin, fille d'Emmanuel, conseiller du roi, et de Marguerite-Geneviève Lieutaud (S. M. M. la V. l'É.).

— Antoine-François-de-Paule, mort le 1er mai 1764 à cinquante-quatre ans deux mois, chevalier, commandeur de l'ordre de Saint-Lazare et lieutenant de la compagnie des bas-officiers du château de la Bastille (S. P.).

— Barthélemy-Gilles, inhumé le 14 mai 1779 à soixante-quinze ans, capitaine de cavalerie, gouverneur de Saint-Jean-d'Angély (S. E.).

Loiseau de Mauléon (Alexandre-Jérôme), chevalier, conseiller maître des comptes, cour des aides et monnaies de Lorraine, mort le 15 octobre 1771 à quarante ans (S. R.).

Lombard (Gédéon-François), vicomte d'Ermenonville, mort le 20 septembre 1769 à cinquante-huit ans, époux de Françoise-Louise-Angélique-Mélanie de Marquelet de la Noue, dont : François-Jean, mort le 5 février 1764 à trois ans neuf mois, et Jean-Baptiste-Nicolas, mort le 1er avril 1767 à quatre ans (S. P.).

Lombelon (Anne-Louis-Gilbert de), né le 27 février 1775, fils de Louis-Gilbert, marquis des Essarts, et d'Anne-Marguerite de Rabel (S. R.).

Loménie (Étienne-Charles de), né le 9 octobre 1727 et Louis-Marie-Athanase, né le 20 avril 1730, enfants de Nicolas-Louis, comte de Brienne, et de Gabrielle-Anne de Chamillard (S. P.)

— Marquis Antoine-Luc, mort le 18 avril 1743 à cinquante-deux ans (S. S.).

— Joseph-Jean-Baptiste, né le 21 octobre 1751, fils de Joseph-Gabriel, et de Catherine-Charlotte Guyot de la Mirande (S. S.).

— Nicolas-Louis, chevalier, comte de Brienne, mort le 6 février 1758 à soixante-douze ans (S. P.).

— Anne-Marie-Charlotte, née le 21 mars 1765, fille du marquis Paul-Charles-Marie, et de Louise-Anne-Constance Poupardin d'Amausy (S. R.).

— Alexandrine-Élisabeth-Louise, née le 4 août 1786, et Martial-Jacques-Louis, né le 26 février 1789, enfants du vicomte François-Alexandre-Antoine, et de Louise-Élisabeth-Sophie de Vergès (S. S.).

Lon (Marc-Antoine de), baptisé le 9 septembre 1638, fils d'Isaac, sieur des Arcs, et de Jeanne Garzoni (S. G.).

Long (Anne-Madeleine-Jeanne Le), née le 14 janvier 1754, fille de Jacques-Philippe, comte de Dréneuc, et d'Henriette Marquet (S. M. M. la V. l'É.).

— Charles-Édouard, né le 2 octobre 1776, fils de Maurice-Marie, marquis de Dréneuc, et de Catherine de Martin de Champollion (S. S.).

Longaunay (Agathe-Marie-Marguerite de), née le 16 juillet 1749, fille d'Alexandre, marquis de Beauvoir, et de Geneviève-Marie Julliet de Franconville (S. S.).

— Alexandre-Maximilien, né le 17 février 1757, et Antoine-Constantin, né le 11 février 1759, fils du marquis Antoine-Antonin, et de Barbe Kadot de Sébeville (S. S.).

Longueil (Jacques-Louis de), seigneur de Lestang, fils de Gervais, et de Louise de Longueil, marié le 23 avril 1680 à demoiselle Catherine de Soisy, fille d'Alexandre, chevalier, et de Catherine de Lanhare (S. A. des A.).

— Marquis Henri-Charles, fils d'Henri-Étienne, seigneur de la grande Devansaye, et d'Anne-Jacquine de Carrière, marié le 9 mai 1770 à Thérèse-Sophie-Geneviève-Françoise Richard de Boutigny, fille de Jean-Baptiste-Julien, seigneur de Valaubrun, et de Sophie-Angélique Coupard, dont : Henri-Michel-Jacques, né le 30 mai 1771, et Jean-Angélique, né le 6 mai 1772 (S. E.).

— Marie-Catherine, morte le 5 avril 1771 à quatre-vingt-trois ans (S. J. du H. P.).

Longueval (Jean de), marquis d'Haraucourt, mort le 11 juin 1732 à soixante-sept ans, époux de Nicole d'Aymar (S. R.).

— Jean-Charles, mort le 20 avril 1757, fils de Gabriel-Alexandre, marquis d'Haraucourt, et d'Élisabeth-Julie de la Cour (S. M. M. la V. l'É.).

Longueville (Dominique de), âgé de trente-neuf ans, chevalier, seigneur de la Maison-Blanche, fils de Dominique, et de Marie de Laduz, marié le 25 février 1715 à Jeanne Rousselet, âgée de quarante-huit ans, fille de défunts Romain, avocat au Parlement, et Anne Thirriat (S. R.).

Lonlay (Jacques-François de), seigneur et baron de Villepail, mort le 5 octobre 1772 à soixante-douze ans (S. E.).

Lons (Élisabeth-Pétronille de), née le 22 février 1785, fille du comte Philippe-Mathieu-Marie, et de Marie-Françoise de Joussineau (S. R.).

Lopriac (Judith-Bonne de), née le 12 septembre 1720, Armande, née le 11 février 1722, et Guy-Louis-Marie, né le 27 juillet 1725, enfants de Guy-Marie, comte de Donges, et de Marie-Louise de la Rochefoucauld (S. S.).

— Marie-Jéromie, morte le 16 juin 1723 à dix-sept ans, fille de René, marquis de Coëtmadeuc, et de Judith Rogon (S. S.).

Lordat (Marie-Paul-Jacques de), né le 25 mars 1758, Louis-Gabriel, né le 6 janvier 1760, mort le 5 février 1778, Charles-Antoine-Marie, né le 1er août 1761, et Marie-Charlotte-Augustine, née le 3 septembre 1762, enfants du comte Joseph-Marie, et de Louise-Marguerite Colbert de Seignelay (S. S.).

— Marguerite-Louise-Marie-Charlotte-Joséphine, née le 4 avril 1779, fille posthume du marquis Marie-Paul-Jacques, et d'Antoinette-Marie-Françoise de Biotière de Chassincourt de Tilly (S. S.).

— François-Anne-Louis, baron de Bram, mestre de camp, fils du marquis Paul-Jacques, et de Marie-Jeanne de Massenan, marié 1° le 8 juin 1779 à Marie-Anne-Françoise de Montaignac, fille du comte Antoine, et d'Antoinette de Lastic (S. J. du H. P.); 2° le 8 mars 1781 à Marie de Caumont, âgée de dix-neuf ans, fille de

Bertrand-Nompar, marquis de la Force, et d'Adélaïde-Luce-Madeleine de Galard de Brassac de Béarn (S. S.).

Lorimier (Antoine-Charles), avocat et conseiller du roi, mort le 21 mai 1755 à soixante-six ans, veuf de Marie-Louise Boucher (S. P.), dont : Charles-Pierre, né le 3 mars 1719 ; Élisabeth, née le 26 janvier 1721, Antoine-Charles, né le 19 janvier 1722, Élisabeth, morte le 19 juillet 1727 à trente-deux mois, et Louis-Gabriel, né le 25 octobre 1726 (S. S.).

— Claude-René, né le 30 mars 1759, Étienne-Benoît, né le 29 janvier 1761, et Adélaïde-Marie-Octavie, née le 21 avril 1762, enfants de Claude-Christophe, écuyer, sieur de Chamilly, intendant, et de Marie-Thérèse Marsollier (S. R.).

Lorraine (Joseph-Louis de), né à Toulon le 6 août 1650, baptisé à Paris avec sa sœur Henriette-Catherine, née le 22 juillet 1651, enfants de Louis, duc de Joyeuse, et de Marie-Françoise de Valois (S. J. en G.).

— Philippe, né le 23 octobre 1678, fils d'Henri, prince d'Elbeuf, et d'Anne-Charlotte de Rochechouart (S. N. des Ch.).

— Françoise-Henriette-Louise, née à Saint-André en la Marche le 5 février 1690, et baptisée à Paris le 20 janvier 1711, fille de Louis, et de Catherine-Antoinette Dufay (S. S.).

— Marie-Thérèse, morte le 16 décembre 1699 à neuf jours, fille de Charles, comte de Marsan, et de Catherine-Thérèse de Matignon (S. S.).

— Charles-Louis, né le 20 mai 1709, fils de Charles, comte de Marsan, et de Louise-Élisabeth Dyonville (S. A. des A.).

— Charles, fils de Louis, comte d'Armagnac, et de Catherine de Neuville, marié le 12 mai 1717 à Françoise-Adélaïde de Noailles, fille du duc Adrien-Maurice, et de Françoise-Charlotte-Amable d'Aubigné (S. R.).

— Anne, morte le 19 février 1720 à quatre-vingt-quatre ans, veuve de François de Lorraine, prince de Lillebonne (S. S.).

— Léopoldine-Élisabeth, née le 2 octobre 1716, Louise-Henriette-Gabrielle, née le 30 octobre 1718, Gaston-Jean-Baptiste-Charles, né le 7 février 1721, Françoise-Marguerite-Louise-Élisabeth, née le 1ᵉʳ janvier 1723, morte le 8 juin 1785, Louis-Joseph, chevalier non profès de Malte, né le 3 juillet 1724, mort le 23 janvier 1727, et Camille-Louis, baptisé le 21 décembre 1725, mort le 12 avril 1782, enfants de Louis-Charles, sire de Pons, prince de Marsan, Mortagne, et d'Élisabeth de Roquelaure (S. S.).

— François-Paul-Alphonse, né le 11 avril 1716 (S. R.), mort le 26 avril 1721, et Louis-Marie-Léopold, né le 17 décembre 1720 (S. S.), fils d'Anne-Marie-Joseph, comte d'Harcourt, prince de Guise, et de Marie-Louise-Christine Jeannin de Castille de Montjeu.

— Louis, prince de Lambesc, mort le 9 septembre 1743 à cinquante-un ans, époux de Jeanne-Marguerite-Henriette de Durfort de Duras, dont : Henriette-Julie-Gabrielle, née le 3 octobre 1722 ; Charlotte-Louise, née le 22 juillet 1724, Louis-Charles, né le 10 septembre 1725, François-Camille, né le 31 octobre 1726, et Agathe-Henriette, née le 12 juillet 1731 (S. R.).

— Joseph-Thérèse, née à Versailles le 26 août 1753 et baptisée à Paris, fille de Louis-Charles, comte de Brionne, et de Louise-Julie-Constance de Rohan (S. S.).

— Louis, sire de Pons, mort le 1er novembre 1755 à cinquante-neuf ans (S. S.)

— Charlotte, morte le 21 janvier 1757 à soixante-dix-neuf ans, fille de Louis, comte d'Armagnac, et de Catherine de Neuville de Villeroy (S. R.).

— Louise-Henriette-Gabrielle, morte le 4 septembre 1788 à soixante-dix ans, épouse de Godefroy-Charles-Henri de la Tour d'Auvergne, duc de Bouillon (S. S.).

Lort (Armand-Marie de), né le 5 décembre 1758, Henri-Louis-Joseph, né le 12 octobre 1759, et Pierre-Adélaïde-Joseph, né le 11 janvier 1763, enfants du marquis Joseph-Henri-Constance, seigneur de Maraussan, baron de Savignac, et de Marie-Antoinette de Gaignon de Vilennes (S. S.).

Lostanges (Raymond de), mort le 8 avril 1713 à trente ans (S. S.).

— Jean-Antoine, né le 3 juillet 1722, fils de Laurent, marquis de Béduer, et de Jeanne des Marais (S. S.).

— Charlotte-Pauline-Henriette, née le 25 septembre 1786, et

Arnaud-Joseph-Henri-Armand, né le 22 novembre 1787, enfants du marquis Henri-Adhémar, chevalier, et d'Adélaïde-Pauline-Constantine de Vintimille du Luc (S. M. M. la V. l'É.).

— Christophe-Louis-Armand-Adhémar, fils du comte Arnaud-Louis-Marie-Adhémar, et de Marie-Élisabeth-Pauline Galluccio de l'Hôpital, marié le 12 août 1789 à Françoise-de-Paule-Rose-Angélique-Marguerite le Noir de Rouvray, fille de Laurent-François, et de Rose-Angélique d'Alesso d'Éragny (S. S.), dont : Laurence-Françoise-de-Paule-Charlotte, née le 6 septembre 1790 (S. M. M. la V. l'É.).

— Georges-Louis-Gaston, né à Paris le 12 août 1804, fils du marquis Bernard-Charles-Louis-Victor, mort à Paris en avril 1812, et d'Aymardine-Marie-Léontine de Nicolay, morte à Gaillac en septembre 1806, petit-fils du marquis de Lostanges mort à Béduer en avril 1808, et de la marquise, morte à Béduer en prairial an XII, et du président de Nicolay, guillotiné à Paris en juillet 1794 et de la présidente, morte en mai 1820, marié le 27 avril 1829 à Émérance-Henriette-Victurnienne de Rougé, née à Moreuil le 23 octobre 1807, fille du marquis Bonabe-Louis-Victurnien-Alexis, et d'Alexandrine-Céleste-Zoé-Emmanuelle-Thimarette de Crussol d'Uzès, dont : Marie-Henriette-Caroline, native de Moreuil, morte le 27 mai 1834 à quatre ans (X[e] arr.).

Loubes (René de), né le 12 et mort le 13 mars 1679, fils de Jean, chevalier, seigneur de Lambroise, et de Françoise Moreau (S. A. des A.).

Louet (Anne-Françoise-Gabrielle de), née le 24 mars 1767, fille d'Anne-Joseph, marquis de Calvisson, et de Jeanne-Pauline de Cheyla (S. E.).

Loupiac de Ladevèse (Jean-Pierre de), mort le 5 mai 1732 à quatre-vingt-cinq ans, seigneur de Goullesme, Lusies, etc. (S. R.).

Lowendal (Bénédictine-Sophie-Antoinette-Catherine de), née le 8 janvier 1740, Elisabeth-Marie-Constance, née le 2 février 1741, toutes deux natives de Revel, baptisées à Paris le 16 septembre 1752, et Marie-Louise-Woldemar, née le 16 avril 1746, filles de

Woldemar, maréchal de France, et de Barbe-Madeleine-Élisabeth de Schembeck (S. S.).

— Comte Woldemar, mort le 27 mai 1755 à cinquante-cinq ans (S. S.).

— Charles-Woldemar, né le 30 janvier 1773, fils du comte Woldemar-François-Xavier-Joseph, et de Charlotte-Marie-Élisabeth de Bourbon (S. J. du H. P.).

— Élisabeth-Marie-Constance, inhumée le 13 octobre 1785 à quarante-quatre ans, épouse de Lancelot de Turpin, comte de Crissé (S. S.).

Loyauté (Anne-Armand de), né le 31 août 1786, fils de Nicolas, chevalier, et de Marie-Anne de Sarrebonne (S. S.).

Loynes (Françoise-Christine de), né le 3 février 1678, fille de Jean, sieur des Berceaux, et de Christine le Tellier (S. N. des Ch.).

— Gabrielle, morte le 9 avril 1735 à soixante ans, veuve de Jacques-Jules le Bel de Bussy, capitaine de vaisseau (S. R.).

— Agnès-Cécile, morte le 20 mars 1766 à trois semaines, fille de Daniel, seigneur de Mazères, et d'Anne-Renée-Cécile du Houlay (S. P.).

Lubersac (François-Louis de), comte de Livron, mort le 1er octobre 1767 à cinquante-deux ans (S. S.).

— Jean-Baptiste-Joseph, né le 18 mai 1774, Louise, née le 1er novembre 1775, et Adrien-Julien-Jean-Baptiste, né le 2 juillet 1778, enfants de Jean-Baptiste, vicomte de Chabrignac, et de Claire-Opportune Riché de Beaupré (S. R.).

— « Le sept février mil huit cent quarante-deux, à onze heures du matin, en l'hôtel de la mairie du premier arrond^t de Paris, a été publiquement prononcé le mariage suivant : Acte de mariage de sieur Jean-Baptiste-Antoine-Ernest, comte de Lubersac, propriétaire, né à Paris le huit février mil huit cent-douze, dem^t avec ses père et mère rue de l'Arcade, 12, de cet arrond^t, fils majeur de sieur Pierre, marquis de Lubersac, chevalier de St-Louis, âgé de soixante-onze ans, et de d^e Armandine-Marie-Louise-Virginie le Scellier de Chézelles, son épouse, âgée de quarante-neuf ans, tous deux propriétaires, présents et consentants : ledit sieur comte de Lubersac, veuf de d^e Gabrielle de Clermont-Tonnerre, décédée à Naples (royaume de ce nom), le huit juin mil huit cent trente-neuf, et de d^{lle} Césarine-Claire-Marie de Chastellux de Rauzan, sans profession, née à Paris le onze juin mil huit cent vingt, dem^t avec ses père et mère, rue Neuve-des-Capucines, n° 13, de cet arrond^t, fille majeure de s^r Henri-Louis de Chastellux, duc de Rauzan, âgé de cinquante-cinq ans, et de d^e Claire-Henriette-Philippine-Benjamine de Durfort de Duras, son épouse, âgée de quarante-un ans, tous deux propriétaires, présents et consentants. Les actes préliminaires sont les publications du présent mariage, faites en cette mairie les dimanches vingt-trois et trente janvier dernier, à midi, y affichées suivant la loi sans opposition, les actes de naissance des époux, celui de décès de la précédente femme de l'époux, de toutes lesquelles pièces paraphées aux termes de la loi qui demeureront annexées aux registres, il a été fait lecture ainsi que du chapitre du Code civil des droits et devoirs respectifs des époux. Lesdits époux présents ont alternativement déclaré prendre en mariage l'un la d^{lle} Césarine-Claire-Marie de Chastellux de Rauzan, l'autre le sieur Jean-Baptiste-Antoine-Ernest, comte de Lubersac, en présence des s^{rs} Joseph Dugareau, comte de Lasceinie, propriétaire, officier de la Légion d'honneur, chevalier de Saint-Louis, etc., âgé de soixante-six ans, d^t rue de l'Arcade, 12, cousin de l'époux ; Alexandre-Charles-Hippolyte le Sellier, vicomte de Chézelles, pp^{re}, âgé de quarante-huit ans, d^t rue de Grenelle-St-Germain, n° 81, oncle maternel de l'époux, témoins de l'époux ; Auguste du Vergier, comte de la Rochejaquelin, pp^{re}taire, âgé de cinquante-huit ans, d^t rue des Capucines, n° 13, oncle maternel de l'épouse ; César-Laurent, comte de Chastellux, propriétaire, âgé de soixante-deux ans, demeurant rue de Varennes, 25, oncle paternel de l'épouse, témoins de l'épouse. Après quoi, nous Pierre-Eugène Cottenet, chevalier de la Légion d'honneur, maire du premier arrondissement de Paris, faisant les fonctions d'officier de l'État-Civil, avons prononcé au nom de la loi que lesdits époux sont unis en mariage, et ont les époux, leurs pères et mères et les témoins signé avec nous après lecture faite. Signé : — J. B. A. E., comte de Lubersac, — C. C. M. de Chastellux, — le m^{is} de Lubersac — A. M. L. V. le Sellier de Chézelles, — Henry-Louis de Chastellux, duc de Rauzan, — C. H. P. B. de Durfort de Duras, d^{sse} de Rauzan, — Le Sellier, v^{te} de Chézelles,

— Cte de la Rochejaquelin, — Cte de Chastellux, — du Garreau c^{te} de la Seine. — Cottenet, adj^t (1er arr., CXVII, 120).

Lubomirska (Alexandrine-Françoise-Théophile), née le 3 septembre 1788, fille du prince Alexandre, et de Rose Chodkiewieza (S. S.).

Lucas de Demun (Marie-Françoise de), morte le 1er avril 1774 à quatre-vingt-deux ans, veuve de François le Gras, marquis du Luart, conseiller du roi (S. J. du H. P.).

Lucas de Saint-Marc (Jeanne-Victoire de), dame de Courbanton, morte le 14 février 1782 à soixante-cinq ans (S. R.).

Luce (noble homme Philippe), conseiller du roi, trésorier et payeur de la gendarmerie de France en l'île Notre-Dame, mort le 15 novembre 1661 (S. L. en l'Ile).

Lucker (Marie-Marguerite-Émilie de), née le 26 mai 1767, Anne-Henriette, née le 28 août 1768 (S. R.), Marie-Louise-Émilie, née le 15 juillet 1780 (S. S.), et Achille-Édouard, né le 26 mai 1784 (S. M. M. la V. l'É.), enfants du marquis Édouard-Jean, chevalier, et de Marie-Angélique de Sainte-Hermine.

Lugny (Benoîte-Françoise-Rose de), née le 26 mai 1775, fille de Wenceslas, et de Marie-Marguerite-Benoîte Bousse-Dupont (S. N. des Ch.).

Lumagne (François de), baptisé le 26 octobre 1637, et Claude, baptisé le 6 décembre 1638, fils de Charles, seigneur de la Baume, Lavau, etc., et de Marie-Élisabeth Beccharie (S. G.).

— Élisabeth, morte le 3 novembre 1726 à soixante-dix ans, veuve de François Longuet, seigneur de Vernouillet (S. R.).

Luppé (Pierre-Marie, comte de), gentilhomme de la Manche, colonel d'infanterie, mort le 24 juillet 1770 à quarante-cinq ans, époux de Louise-Charlotte de Butler (S. R.).

Lur (Hercule-Joseph de), marquis de Saluces, baron de Drugeac, mort le 17 octobre 1733 à soixante-cinq ans (S. S.).

— Eugénie-Romaine, née le 5 février 1768 (S. E.), Louise-Rose-Aglaé, née le 13 avril 1770, morte le 19 juillet 1770, Anne-

Félicité-Perrette, née le 26 octobre 1771, Louis-Alexandre, né le 30 août 1774, N., né le 29 septembre 1777, et Ferdinand-Eugène, né le 22 octobre 1780, enfants d'Henri-Hercule-Joseph-Claude, comte de Saluces, et de Marie-Adélaïde-Félicité de Maulde (S. J. du H. P.).

— Pierre, marquis de Saluces, comte d'Uza, baron de Fargues, mort le 18 septembre 1780 à soixante-dix-huit ans (S. E.).

— Louis-Amédée, comte de Saluces, colonel en second du régiment de Penthièvre, mort le 30 octobre 1788 à vingt-sept ans (S. J. du H. P.).

— « Le lundi premier juin mil huit cent trente-cinq, à huit heures du soir, a été prononcé à la mairie du dixième arrond[t] de Paris, le mariage de M. Romain-Bertrand, marquis de Lur-Saluces, propriétaire, âgé de vingt-quatre ans, né à Bordeaux (Gironde), le dix-neuf août mil huit cent-dix, y demeurant ainsi que son aïeule paternelle, rue des Treilles, 10, fils mineur quant au mariage de M. Antoine-Marie-Henry-Amédée, marquis de Lur-Saluces, décédé, en son vivant colonel aide-de-camp de S. A. R. monseigneur le duc d'Angoulême, et de d[e] Marie-Françoise-Joséphine-Geneviève de Filhot, son épouse aussi décédée, et de Mlle Caroline-Thérèse-Victoire de Chastellux, âgée de dix-neuf ans, née à Paris le vingt mai mil huit cent-seize, y demeurant chez ses père et mère, rue de Varennes, 25, en cet arrondissement, fille mineure de M. César-Laurent, comte de Chastellux, officier-général, chevalier de St-Louis et de plusieurs autres ordres, âgé de cinquante-cinq ans, et de d[e] Adélaïde-Louise-Zéphirine de Damas, comtesse de Chastellux, son épouse, âgée de cinquante ans, en présence et du consentement de mad[e] Françoise-Joséphine Sauvage d'Yquem, marquise de Lur-Saluces, aïeule paternelle de l'époux, étant ce jour à Paris, et en présence et du consentement du père et de la mère de l'épouse, après publications faites en cette mairie et en celle de la susdite ville de Bordeaux les dimanches dix-sept et vingt-quatre mai dernier, affiches apposées par suite aux termes de la loi, aucune opposition n'ayant été formée à la célébration; des actes de naissance des époux, des actes de décès du père et de la mère de l'époux, tous deux extraits des registres de décès de la susdite ville de Bordeaux, le premier en date du vingt-six juillet mil huit cent-vingt-trois, l'autre en date du premier septembre mil huit cent quinze, l'acte de décès de son aïeul paternel, extrait des registres de décès de la paroisse S. Jacques-du-Haut-Pas, à Paris, en date du trente-un octobre mil sept cent-quatre-vingt-huit, et les actes de décès de son aïeul et de son aïeule maternelle, le premier extrait des registres de décès de la susdite ville de Bordeaux, en date du vingt-trois messidor an deux, l'autre extrait des registres de décès de la commune de Barsac (Gironde) en date du seize août mil huit cent-treize, ont été déposés et paraphés ; lecture en a été faite ainsi que du chapitre tiré du Titre du mariage sur les droits et devoirs respectifs des époux. Les deux contractants présents ont déclaré prendre en mariage, l'un, Mlle Caroline-Thérèse-Victoire de Chastellux, l'autre, M. Romain-Bertrand, marquis de Lur-Saluces, en présence de M. Ferdinand-Eugène, comte de Lur-Saluces, colonel de cavalerie, âgé de cinquante-quatre ans, grand-oncle de l'époux, de M. Thomas-Joseph-Henri, comte de Lur-Saluces, officier de cavalerie, âgé de vingt-six ans, cousin de l'époux, tous deux domiciliés à la Réole, dép^t de la Gironde, de présent à Paris, rue de Grenelle-S.-Germain, n° 105, de M. Henri-Louis de Chastellux, duc de Rauzan, commandeur de la Légion d'honneur, âgé de quarante-neuf ans, dem^t à Paris, rue des Capucines, 13, oncle paternel de l'épouse, et de M. Léonce-Louis-Melchior, marquis de Vogüé, grand d'Espagne de 1re classe, âgé de trente ans, dem^t à Paris, rue de Varennes, n° 24, frère utérin de l'épouse ; après quoi nous Auguste Bessas-Lamégie, maire du dixième arrond^t de Paris, chevalier de la Légion d'honneur, officier de l'état-civil, avons déclaré au nom de la loi que les contractants sont unis en mariage ; nous avons rédigé les présentes pour le constater et en avons fait lecture aux parties. Les deux époux, l'aïeule paternelle de l'époux, le père, la mère de l'épouse et les témoins ont signé avec nous. Signé : le m^{is} de Lur-Saluces, — C. T. V. de Chastellux, — de Sauvage d'Yquem de Lur-Saluces, — le c^{te} E. de Lur-Saluces, — Henry de Lur-Saluces, — c^{te} de Chastellux, — de Damas, c^{sse} de Chastellux, — Henry de Chastellux, duc de Rauzan, — Marguerite de Chastellux, — m^{is} de Vogüé, — B. Lamégie. — dont : Alice-Louise, née le 26 mars 1836, et Louise-Marie, née le 17 janvier 1844, morte le 5 mars 1844 (X^e arr., XCIII, 134).

LUTHIER DE SAINT-MARTIN (Marie-Anne), morte le 19 juin 1751 à quatre-vingt-six ans, veuve de Jérôme de Montholon, chevalier seigneur de la Plisse (S. J. en G.).

Lutkelbourg (Charlotte de), morte le 28 février 1721 à cinquante-trois ans, épouse de Pierre Puchot des Alleurs, comte de Clinchamps, lieutenant général des armées du roi (S. S.).

Lutzebourg (Charles-Marie-François-Ursule de), né le 2 septembre 1742, et Marie-Henriette, née le 21 janvier 1744, enfants du comte Marie-Joseph-François-Walter, et d'Anne-Françoise de Borio (S. M. M. la V. l'É.).

Luzerne (Pierre-Antoine de la), marquis de Brenant, mort le 9 juin 1726 à soixante-neuf ans (S. S.).

— Marie-Renée-Jacqueline, morte le 5 août 1732 à soixante-douze ans, veuve d'Hervé le Berceur, marquis de Fontenay, et en secondes noces de Charles-Chrétien de Ferron (S. R.).

— César-Guillaume, né le 7 juillet 1738, et Anne-César, né le 17 septembre 1741, fils de César-Antoine, et de Marie-Élisabeth de Lamoignon (S. S.).

— Aglaé-Françoise-Gabrielle, née le 6 avril 1786, fille du vicomte César-Guillaume, et de Victoire-Marie-Françoise de Montmorin de Saint-Hérem (S. S.).

— Alexandrine-Nicole, morte le 27 septembre 1828, épouse d'Anne-Victor-Denis Hurault, marquis de Vibraye, pair de France (X° arr.).

Lyonne. — « Le 27 janvier 1620, mariage de la dernière fille de M. Fayet, président des Comptes, avec le jeune de Lyonne » (S. P.).

M

Mabire (Jean-Louis), avocat au parlement, conseiller du roi, agent de change, banque, commerce et finances de Paris, mort le 10 mars 1789 à trente-huit ans, époux d'Angélique de Varenne (S. E.).

Machault (Louis de), assassiné le 12 octobre 1686, au chemin des Lorrains près de Grosbois, et rapporté à Paris, fils de Louis, conseiller au Parlement, et de Marie Carré (S. A. des A.).

— Louis-Charles, fils de Jean-Baptiste, seigneur d'Ermenonville, et de Madeleine-Catherine de Villemonté, marié le 19 février 1700 à Françoise-Élisabeth Milon, fille d'Alexandre, et de feue Marie-Madeleine-Thérèse Loicault de Chevigny, dont : Madeleine-Françoise, née le 21 novembre 1700 ; Jean-Baptiste, né le 13 décembre 1701 ; Louis-Claude, né le 20 octobre 1703 ; Louis-Charles, né le 25 août 1706 (S. A. des A.).

— Marie-Perrette-Thérèse, née le 11 mars 1741, fille de Louis-Alexandre, et de Louise Blot (S. S.).

— Marie-Françoise, morte le 4 mai 1751 à soixante-dix-huit ans, veuve de Melchior de Gilliers (S. E.).

— Anne-Charlotte, morte le 20 août 1772 à trente-cinq ans (S. R.).

— Angélique-Jeanne-Marie, née le 15 mars 1774, Geneviève-Françoise-Aglaé, née le 1er janvier 1776, Angélique-Madeleine-Caroline, née le 21 juillet 1778, et Jean-Baptiste, né le 13 juillet 1785, enfants de Charles-Henri-Louis, mestre de camp de dragons, comte d'Arnouville, et d'Angélique-Élisabeth-Jeanne de Baussan (S. N. des Ch.).

Mackau (N. de), ondoyée le 19 septembre 1786, morte le 2 janvier 1788, fille du baron Armand-Louis, et d'Angélique-Madeleine-Félicité Alissan de Chazet. — Ange-René-Armand, contre-amiral, né le 19 février 1788 (S. R.), veuf le 4 décembre 1827 de Marie-Sélicine-Françoise Brochet de Vérigny, remarié le 6 octobre 1830 à Albine Muguet, née à Paris le 17 novembre 1806, fille de Pierre-Marie, baron de Varange, régent de la Banque, et de Marie-Caroline Andrieux de Turdine (Ier arr.).

Mac-Mahon (Bonaventure-Marie-Pierre-Joseph, vicomte de), lieutenant de hussards, né à Munster le 14 juillet 1799, fils du comte Maurice-François, et de Pélagie-Edme-Marie de Riquet de Caraman, morte à Sully en novembre 1819, marié le 20 juillet 1829 à Alexandrine-Eudoxie de Montaigu, née à Paris le 5 avril 1806, fille du marquis Adolphe-Tanneguy-Gabriel, et d'Anastasie-Flore-Éléonore de Rochedragon (X^e arr.).

Madaillan (Claude-Armand de), né le 4 novembre 1673, fils d'Armand, marquis de Lesparre et de Lassay (S. N. des Ch.).

— Constance-Léontine, née le 23 janvier 1716 ; Agathe-Léontine, née le 4 mars 1719, morte le 26 septembre 1720, filles de Léon, marquis de Lesparre, et de Reine de Madaillan de Lesparre (S. S.).

— Constance-Adélaïde, morte le 28 février 1725 à cinquante ans, veuve de Gaspard de Coligny (S. S.).

Madronnet du Tasta (Gaspard-Joseph de), né le 23 mai 1770, fils de Pierre-Joseph, comte de Saint-Eugène, et de Diane-Charlotte-Adélaïde d'Elbos de la Borde (S. S.).

Magdeleine (Bonaventure-Yves de la), prêtre du diocèse de Paris, mort le 11 mars 1764 à cinquante-six ans (S. P.).

Magnin (Claudine-Thérèse), morte le 28 février 1758 à cinquante-cinq ans, épouse de Charles-Alexandre de Hénault de Bertaucourt, ancien capitaine d'infanterie (S. J. du H. P.).

Magny (Louise-Catherine de), morte le 16 septembre 1777 à quatre-vingts ans, veuve en premières noces de Louis de Gourdon, intendant des armées, et en secondes, de Claude-Louis, marquis de Massiac, vice-amiral de France (S. E.).

Mahé de la Bourdonnais (Jean-Jacques), né le 14 juillet 1741, fils de Bertrand-François, gouverneur de l'île de France, et de Catherine Verquin (S. R.).

— Louis-François, mort le 11 avril 1789 à quarante-quatre ans, époux de Marie-Josèphe-Honorade O'Friel (S. S.) dont : Louis-Hercule-Marie, né le 22 février 1776, et Robert-Marie, né le 4 juillet 1777 (S. E.).

Mahy (Guillaume-François), fils de Guy-Guillaume, baron de Cormeré, et de Thérèse Charpentier, marié le 22 novembre 1770 à Jeanne-Charlotte de Frédefont, fille d'Antoine, seigneur de Saint-Georges, et de Charlotte-Madeleine Langlois (S. E.).

Maignard (Marie-Thérèse-Diane), née le 1er juin 1768, et Albertine-Élisabeth-Charlotte-Jacqueline, née le 24 février 1770, filles de Pierre-Charles-Étienne, marquis de la Vaupalière, et de Diane-Henriette-Joséphine-Jacqueline de Clermont d'Amboise (S. M. M. la V. l'É.).

Maillard (Jean-Baptiste-François), né le 4 mai 1775, fils de N., sieur de Trézy, directeur de la régie des domaines du roi, et de Louise-Josèphe Racine-Dormon (S. N. des Ch.).

— Innocent-Hector, comte de Landreville, mort le 2 juillet 1783 à quarante-neuf ans, époux d'Ursule Arnould de Prémont (S. E.).

— N..., né et mort le 21 novembre 1784, fils de César-Hector, baron de Landre, capitaine de dragons, et de Marie-Jeanne Le Couturier de Fournau (S. E.).

MAILLÉ (Anne-Charlotte de), née le 17 septembre 1711, fille de Charles-André, marquis de la Tour-Landry, et de Suzanne-Antoinette de Rancuré (S. S.).

— René-César-François, marquis de Benhart, mort le 11 janvier 1750 à vingt-trois ans, fils de René-François, et d'Anne-Françoise-Madeleine de la Luzerne (S. S.).

— Fortuné-Louis-Amélie, comte de la Tour-Landry, inhumé le 13 avril 1764.

— Charles-Antoine, né le 28 mars 1767, mort le 26 juin 1772, fils naturel de Charles-René, comte de la Tour-Landry, maréchal des camps et armées du roi, et de Catherine-Élisabeth Ray de la Cour (S. E.).

— Charles-François-Armand, né le 10 janvier 1770, et Charles-Jean, né le 24 juin 1771, fils de Charles-René, comte de la Tour-Landry, et de Madeleine-Angélique-Charlotte de Bréhan (S. S.).

— Marie-Éléonore, morte le 14 janvier 1777 à soixante-cinq ans, veuve de Jean-Baptiste-François-Joseph, comte de Sade (S. J. du H. P.).

— Fortuné-Charles-Louis-François, né le 24 août 1777, et Blanche-Félicité-Charlotte, née le 26 mars 1781, enfants de Jean-Louis, vicomte de la Tour-Landry, et de Perrine-Jeanne-Marguerite Le Roux (S. S.).

— François-Alexis, comte de Brézé, veuf de Marie-Angélique Hurault de Veuil, remarié le 9 novembre 1778 à Rosalie de la Bourdonnaye, veuve de Louis-Marie Juchault, comte des Jamonières (S. S.).

— Alexandre-Armand-Fortuné, né le 10 mars 1787, fils de François-Alexis, comte de Brézé, et de Marie-Jeanne Jolly (S. S.).

— Duc Charles-René, mort le 15 janvier 1791 à cinquante-huit ans, époux de Madeleine-Angélique-Charlotte de Bréhan (S. S.).

Maillot (Philippe), écuyer, seigneur de Villelouan, veuf de Marie de Saint-Pol, remarié le 7 février 1678 à Aimée Pelard, fille de Jean, chevalier, seigneur de Montigny, et de Suzanne Lamy (S. A. des A.).

Mailly (Victor-Augustin de), né le 25 octobre 1655, fils du marquis Louis, et de Jeanne de Monchy (S. Victor).

— Thérèse, née le 26 septembre 1677, fille de Louis, capitaine-lieutenant des gendarmes du prince de Condé, et de Marguerite de Mareau (S. N. des Ch.).

— Pierre-Gilbert-Armand, né le 2 novembre 1709, fils de feu François-Auguste-Armand, et de Marguerite Bertheau de la Vergne de la Renaude (S. S.).

— Louise-Julie, née le 16 mars 1710; Diane-Adélaïde, née le 13 janvier 1714; Hortense-Félicité, née le 11 février 1715 ; Marie-Anne, née le 5 octobre 1717, filles de Louis, marquis de Neelle, et de Félix-Armande de Mazarin (S. S.).

— Marie-Françoise, inhumée le 26 décembre 1715.

— Élisabeth, morte le 12 février 1728 à vingt-six ans, épouse de Charles-Gaspard de Saulx, vicomte de Tavannes (S. S.).

— Louis-Joseph-Honoré, né le 10 décembre 1736, mort le 13 mars 1756, fils du marquis Victor-Alexandre, et de Victoire-Delphine de Bournonville (S. S.).

— Marie-Anne, duchesse de Châteauroux, morte le 8 décembre 1744 à vingt-sept ans, veuve de Jean-Baptiste-Louis, marquis de la Tournelle, seigneur de Chaumard et de Corancy (S. S.).

— Marie-Françoise, demoiselle du Breuil, morte le 27 janvier 1746 à cinquante-un ans, épouse de Gabriel-Charles-François, marquis d'Angennes (S. M. la V. l'É.).

— Comte Louis, mort le 30 juillet 1748 à cinquante-quatre ans (S. S.).

— Antoinette-Marie-Victoire, née le 30 juin 1748, morte le 28 juillet 1749; Alexandre-Louis-Antoine, né le 25 septembre 1749, mort le 20 septembre 1753 ; N..., né le 22 janvier 1751, inhumé le 9 février 1751; Bernard-Honoré-Louis, né le 24 janvier 1752, enfants du marquis Louis, et de Françoise-Antoinette Kadot de Sébeville (S. M. M. la V. l'É.).

— Marquis Victor-Alexandre-Cyr, mort le 21 avril 1754 à cinquante-sept ans huit mois (S. S.).

— Angélique-Thérèse, demoiselle d'Haucourt, morte le 17 juin 1756 à soixante-quinze ans (S. S.).

— Pierre-Nicolas, écuyer, capitaine du régiment de Champagne, mort le 28 février 1767 (S. R.).

— Louis, marquis de Neelle, mort le 7 septembre 1767 à soixante-dix ans (S. S.).

— Diane-Adélaïde, morte le 30 novembre 1769 à cinquante-cinq ans, épouse de Louis de Brancas, duc de Villars (S. S.).

— Pierre-Louis-Sophie, né le 7 mars 1768, mort le 4 décembre 1770; Adélaïde-Hortense-Gabrielle, née le 11 janvier 1769 ; Caroline-Louise-Julie, née le 24 février 1775, morte le 23 janvier 1777, enfants de Louis-Joseph-Augustin, marquis de Neelle, et d'Adélaïde-Julie d'Hautefort (S. S.).

— Marie-Joséphine, née le 14 et morte le 17 novembre 1769, et Gabriel-Marie-Joseph, né le 22 février 1772, mort le 23 février 1774, enfants du marquis Louis-Marie, et de Marie-Jeanne de Talleyrand-Périgord (S. S.).

— Alexandre-Louis-Marie-Gabriel, né le 23 juin 1770, mort le 24 juin 1771; Alexandre-Louis-Marie-Hercule, né le 4 mai 1773, mort le 15 du même mois, et Anselme-Louis-Gabriel-Martial, né le 1ᵉʳ juillet 1776, enfants du vicomte Alexandre-Louis, colonel du régiment d'Anjou, et d'Adélaïde-Marie de la Croix de Castries (S. S.).

— Marquis Louis-Cyr, mort le 2 octobre 1774 à cinquante-deux ans (S. S.).

— Anne, morte le 5 février 1776, veuve de Christophe-Alexandre Pajot, marquis de Villiers, et remariée à Antoine-Bernardin, comte du Châtelet (S. S.).

— Jeanne-Constance, morte le 15 septembre 1783 à quarante-neuf ans, épouse de Marc-René de Voyer de Paulmy-d'Argenson (S. E.).

— Vicomte Alexandre-Louis, mort le 22 janvier 1787 à quarante-trois ans (S. S.).

— Anne-Adélaïde-Julie, morte le 24 décembre 1789 à vingt-quatre ans, épouse de Louis-Marie, duc d'Arenberg (S. M. M. la V. l'É.).

— Jeanne-Sophie, née le 23 décembre 1791, fille naturelle de Louis, marquis de Neelle, et d'Anne-Sophie-Constance du Poirrier (S. J. du H. P.).

MAINDESTRE (Antoinette-Marie-Pauline de), née le 25 mai 1776, fille de Jean-François, et de Benoîte de Tolozan (S. N. des Ch.).

MAINE DU BOURG (Marie-Antoinette-Charlotte du), morte le 14 décembre 1769 à soixante ans, veuve de Louis de Lostanges, marquis de Béduer (S. S.).

MAINON (Guillaume-François), né le 21 mars 1719, fils de Vincent, conseiller, seigneur de Marmouse, et d'Agnès Bouvard de Fourqueux (S. S.).

MAISNIEL (Armand-Jean-Étienne du), né le 8 juillet 1768 (S. M. M. la V. l'É.), fils de Jacques-Étienne, marquis de Saumery, et de Jeanne-Madeleine-Antoinette-Pulchérie le Petit d'Avesnes, marié le 23 mai 1786 à Cécile-Agathe-Adélaïde de Riquet, fille de Victor-Maurice, comte de Caraman, et de Marie-Anne-Gabrielle-Josèphe-Françoise-Xavière d'Alsace-Hénin-Liétard, dont : Stéphanie-Cécile-Gabrielle, née le 11 août 1787, et Louise-Cécile-Antoinette, née le 25 juin 1790 (S. S.).

MAISSAT (Étienne-François de), né le 2 février 1680, fils de François, seigneur de Leueuille et Malvoisine, et de Marie Simon (S. N. des Ch.).

— Pierre, seigneur de Leueuille, conseiller du roi, fils de Claude, secrétaire ordinaire de M. le prince, et de Gabrielle Guillemin, marié le 25 octobre 1681 à Marie Lambert, fille de Guillaume, conseiller du roi, et de Marie de Montchal (S. A. des A.).

MAISTRE (Jean le), baptisé le 12 février 1604, fils de noble homme

Jérôme, sieur de Bellejambe, et conseiller en la Cour de Parlement, et de Renée le Foveure (S. G.).

— Madeleine, née le 26 avril 1677, fille d'Anne, conseiller du roi, et de Catherine Huguet (S. A. des A.).

— François-Marie, né le 22 mai 1700, et Paul-Marie, né le 25 septembre 1702 à la Garlaye (paroisse de Derval, diocèse de Nantes), baptisé à Paris le 17 février 1715, enfants de Jean-René, comte de la Garlaye, et d'Anne-Élisabeth de Scépeaux (S. S.).

— Denis-Jérôme, mort le 26 octobre 1672, fils de Jérôme, premier président aux enquêtes, seigneur de Bellejame (S. A. des A.).

— Louise-Marguerite, morte le 29 octobre 1786 à soixante-dix-huit ans, veuve d'Étienne Perrinet de Jars, secrétaire du roi (S. M. M. la V. l'É.).

MALABARRE (Marie-Thérèse de). née le 27 octobre 1677, fille de Charles, chevalier de Massée, Vandeuve, etc., et de Marie le Hallée (S. N. des Ch.).

MALAFOSSE (Alexandre de), né le 19 octobre 1732, fils de Jean-Baptiste-Antoine, baron de Couffour, et de Marie-Anne de Grossolles (S. S.).

MALARTIC (Anne-Angélique de), dame d'Artigues, comtesse de Montricourt, morte le 28 mai 1726 à soixante-dix-huit ans (S. R.).

— Marie-Thérèse, morte le 12 décembre 1728 à quatre-vingt-six ans, veuve de Gabriel de Ruffignac, seigneur de Malzac (S. R.).

— Jean-Louis, mort le 7 février 1757, et Abel-Louis-François, né le 15 novembre 1760, fils de Jean, écuyer, sieur de Fondat, et de Marie-Anne Faure (S. R.).

— Charlotte-Marie, née le 17 décembre 1767, fille d'Amable-Gabriel-Louis-François, et d'Élisabeth de Faventines (S. E.).

— Anne-Jacqueline-Sophie, morte le 19 janvier 1788 à trente-un ans, épouse de François Puissant, écuyer, fermier-général (S. E.).

— Denise-Louise-Nathalie, baptisée le 24 janvier 1789, fille de Jean-Baptiste-Anne, conseiller du roi, et de Françoise-Charlotte de Floissac (S. R.).

— Marie-Adélaïde, morte le 26 août 1789 à trente-six ans, épouse d'Anne-Adrien-Salomon Le Roy de Petitval, régisseur général du roi (S. R.).

MALBEC-MONJOE (Barnabé-Louis-Gabriel-Charles), né le 4 mars 1784, fils de Christophe-Joseph, comte de Briges, et de Charlotte-Rose-Jacqueline d'Osmond (S. M. M. la V. l'É.).

MALESTROIT DE BRUC (Armand-Auguste-Corentin de), né le 20 septembre 1791, fils de Jacques-Louis-Henri, comte de Montplaisir, et d'Adélaïde-Françoise Maudet (S. G. l'Aux.).

MALET (Alexis-Jean-Robert), né le 9 mars 1754, fils de Louis-Robert-Charles, enseigne des gendarmes de Bourgogne, marquis de Graville, seigneur de Cramail, Doudalle, Pretole, etc., et d'Angélique-Marie Surirey de Saint-Remy (S. P.).

— Louis-Robert-Charles-Adrien, né le 3 août 1775 (S. N. des Ch.), et Robert-Louis-Charles-Marie, né le 26 juillet 1777 (S. M. M. la V. l'É.), fils de Louis-Robert-Charles, marquis de Graville, et de Jacqueline-Françoise-Charlotte du Hamel.

— Louis-Robert, comte de Graville, mort le 18 décembre 1776 à soixante-dix-neuf ans (S. M. M. la V. l'É.).

— Marie-Félicité-Nicole, née le 9 juillet 1786, fille du comte Henri-Joseph, et de Marie-Nicole Tessier (S. M. M. la V. l'É.).

— Gilbert-Joseph-Gabriel-Sidon-Amand-Fidèle, seigneur de Vandègre, fils de François-Marie-Josserand, baron de la Forest, et de Louise-Sidonie-Victoire de la Fontaine, marié le 16 avril 1787 à Marthe de Boysseulh, fille de François, mestre de camp de cavalerie, et de Louise-Madeleine d'Estaing (S. S.).

MALETESTE (Claude), sous-diacre, seigneur d'Escutigny, mort le 26 août 1769 à quatre-vingt-dix ans (S. E.).

— Jean-Joseph-Louis, né le 24 mars 1781, fils du marquis Jean-Louis, et de Marie-Josèphe-Françoise-Bonne Deshaulles, tenu par son aïeul Jean-Laurent, comte Deshaulles, chevalier de Saint-Louis (S. R.).

MALÉZIEU (Louise-Françoise-Charlotte de), fille de Pierre, seigneur de Chastenay, et de Louise-Marthe Stoppa, née le 24 juillet

1718 (S. R.), morte le 15 mai 1792 (S. M. M. la V. l'É.), veuve de Louis de Saint-Chamans.

Malherbe (Basile), né le 2 janvier 1760 (S. S.), et Augustin, né le 6 novembre 1762 (S. J. du H. P.), fils d'Augustin, chevalier, procureur général, président trésorier de France au bureau d'Alençon, et de Madeleine Sauvage.

Malide (Louise-Marguerite-Élisabeth de), née le 17 avril 1727; Jean-Louis, né le 25 février 1729, et Adélaïde-Marie, née le 18 avril 1741, enfants de Louis, chevalier, lieutenant aux gardes françaises, et d'Élisabeth-Françoise Prondre (S. R.).

— Madeleine, morte le 12 juin 1760 à deux ans, fille de Louis, et de Marie-Antoinette Giry de Vaux (S. M. M. la V. l'É.).

Mallat de Monseaux (Marie-Anne de), morte le 7 décembre 1718 à soixante-huit ans (S. R.).

Malon de Bercy (Maximilien-Emmanuel-Charles de), fils de Nicolas-Charles, seigneur de Conflans, et de Marie-Françoise Tachereau de Bauldry, marié le 4 juin 1776 à Catherine-Marie de Simiane, fille du marquis Antoine-Charles-Augustin-Joseph, et de Louise-Marie de Saint-Quentin de Blet (S. S.).

Maloteau (Romain-Ignace), né à Mons le 28 février 1810, fils d'Auguste-Joseph, comte de Guerne, et de Mélanie Rousseau de Launois, marié le 10 mai 1845 à Henriette-Marie Feutrier, née à Paris le 18 décembre 1825, fille du baron Alexandre-Jean, pair de France, et d'Anne-Marie-Joséphine Cabal (X° arr.).

Malouet (Louis-Antoine-Victor), né le 20 mars 1780, fils de Victor-Pierre, écuyer, conseiller du Roi en ses conseils, et de Marie-Louise Beholle (S. S.).

Manca-Amat (Vincent-Marie-Joseph), duc de Vallombrosa et de l'Asinara, né à Sassari le 11 octobre 1785, fils de Jean, marquis de Mores, mort à Tissi en août 1802, et de Rose Amat-Maglino, morte à Sassari en novembre 1826, marié le 31 août 1831 à Léontine-Alexandrine-Claire de Galard, née à Paris le 16 février 1809, fille d'Alexandre-Louis-René-Toussaint, comte de Brassac de Béarn, et de Catherine-Victoire Chapelle de Jumilhac (X° arr.).

Mancini-Mazarin (Diane-Adélaïde-Zéphirine de), née le 5 février 1726; N.., né et mort le 29 décembre 1726; Louis-Marie, né le 19 novembre 1727; N..., né le 29 juillet 1730, enfants du marquis Jacques-Hippolyte, et d'Anne-Louise de Noailles (S. R.).

— Julie-Hélène-Rosalie, née le 13 septembre 1740; Adélaïde-Diane-Hortense-Délie, née le 27 décembre 1742; Jules-Frédéric-Barbon, né le 14 octobre 1745 (S. R.), mort le 19 septembre 1753 (S. S.), enfants de Louis-Jules-Barbon, duc de Nivernais, pair de France, et d'Hélène-Angélique-Françoise Phélyppeaux de Pontchartrain.

— Marie-Olympe-Emmanuelle, morte le 24 janvier 1754 à quatre-vingt-neuf ans, veuve de Louis-Christophe Gigault, marquis de Bellefonds (S. S.).

— Julie-Hélène-Rosalie, morte le 15 novembre 1780 à quarante ans deux mois deux jours, veuve de Louis-Marie Fouquet de Belle-Isle, comte de Gisors (S. S.).

— Louis-Jules-Barbon, duc de Nivernais, veuf d'Hélène-Angélique-Françoise Phélyppeaux de Pontchartrain, remarié le 14 octobre 1782 à Marie-Thérèse de Brancas, veuve de Jean-Anne-Vincent de Larlan de Kercadio, comte de Rochefort (S. S.).

Mandat (André-Louis-Galiot de), né le 2 août 1787, fils du marquis Alexandre, sous-lieutenant aux gardes françaises, et d'Andrée-Marie Léger (S. N. des Ch.).

— Galiot-Marie-François-Ernest, comte de Grancey, né à Grancey-le-Château le 25 mai 1808, fils d'Adrien-Simon-Galiot-Marie, et de Charlotte-Marguerite-Pauline de Paris la Brosse, marié le 17 mai 1830 à Jeanne-Louise-Laurette-Eugénie-Rachel de Cordoue, née à Paris le 28 décembre 1809, fille du comte Joseph-Gabriel, et de Camille-Eugénie-Charlotte-Rhingarde de Montboissier-Beaufort-Canillac (1er arr.).

Manessier (Marie-Charlotte), morte le 10 août 1752 (S. R.).

Maniban (Françoise de), morte le 23 mars 1751 à quarante-trois ans, inhumée le 24 à la Visitation de la rue Saint-Jacques, veuve de Louis-Auguste de Bourbon, marquis de Malause (S. S.).

Manjouan de la Perrière (Georges), écuyer, colonel d'infanterie, natif de Marmande, mort le 24 janvier 1789 à soixante ans (S. E.).

MANNAY (Henri-Alexandre-Joseph-Gabriel de), âgé de cinquante ans, fils de Marc-Antoine-Augustin, seigneur de Campe, et de Marie-Angélique le Fournier de Wargemont, marié le 8 mai 1752 à Élisabeth-Louis de Gouy, âgée de vingt-deux ans, fille de Michel-Jean, marquis d'Arsy, et de Françoise-Madeleine Tarteron de Monstiers (S. J. du H. P.).

MANNEVILLE (Marie-Thérèse de), morte le 17 février 1687 à vingt-deux ans, fille de feu François-Bonaventure, et de Marguerite d'Aligre (S. S.).

— Gabriel-Simon, conseiller au grand conseil, mort le 15 août 1790, veuf d'Isidore-Catherine de Pintrel (S. G.).

MANOURY DE SÉNONVILLE (Jeanne-Élisabeth de), morte le 17 février 1770 à quatre-vingt-six ans, veuve en premières noces d'Alexandre-Joseph de la Noue, comte de Vair, et en secondes, d'Alexandre de Briçonnet (S. J. du H. P.).

MANVILLE-ELWARD (Julie-Madeleine-Antoinette), morte le 6 septembre 1774 à quarante ans, épouse de Louis, marquis de Prie, seigneur haut justicier des marquisats de Planes, Courbépine, etc., et veuve en premières noces de Milord Guillaume Shirley, gouverneur des îles de Bahama (S. E.).

MARASSÉ (Jean-René-Blandine de), fils du comte Jean-Paul, et d'Élisabeth de Larrée, marié le 18 février 1773 à Anne-Françoise-Charlotte Loir, fille de Daniel-Raoul-Charles, comte du Lude, et de Marie-Françoise-Angélique Bachelier (S. J. du H. P.).

MARAYS (Marie-Madeleine du), baptisée le 24 décembre 1637, fille de Nicolas, et de Catherine Nublin (S. G.).

— Marthe, âgée de trente-quatre mois, et Madeleine, âgée de trois mois, baptisées le 20 avril 1638, filles de Jean, conseiller du roi, et d'Anne Fleury (S. G.).

MARBAIS (Joseph-François-César), fils de Philippe-François-Eugène, seigneur de Verval, et de Marie-Anne-Françoise de Leval, marié le 26 mai 1789 à Julie-Joséphine du Fos, fille d'Alexandre-Louis-Victor, comte de Méry, et de Marie-Dieudonnée Cuperlier (S. S.).

Marbeuf (Louis-Charles-René de), âgé de quarante-deux ans, fils de Charles-François, et de Jeanne-Jacquette de Muzillac, marié le 30 mai 1752 à Éléonore-Julie de Quémadeuc, âgée de quarante-huit ans, veuve de Guy-Anne-Julie Gouyon de Vanduran (S. S.).

— N. né le 14 mars 1761, mort le 4 octobre 1762, enfant (qu'on baptise comme garçon et qu'on enterre comme fille), du marquis Jacques-Ange, et d'Henriette-Françoise Michel (S. M. M. la V. l'É.).

Marc de la Ferté (Marie-Anne), née le 7 avril 1681, fille de Charles, chevalier, seigneur de Reux, et de Marie-Françoise Amyot (S. N. des Ch.).

Marcé (René-François-Victor de), mort le 12 février 1786 à six ans un mois, fils du comte René-Jérôme, et de Jeanne-Élisabeth Vaquette de Leuchères (S. J. en G.).

Marcenay (Jules-David-Louis de), né le 14 février 1777; Louis-Charles-Édouard, né le 17 mai 1786, mort le 1er octobre 1787, fils de Michel-Louis, chevalier, et de Françoise-Perrette Vernier (S. E.).

Marchal de Saincy (Louis-Pierre-Sébastien), chevalier, capitaine de cavalerie, mort le 6 juin 1788 à soixante-treize ans (S. E.).

Marchant de Varennes (Victoire-Louise), morte le 14 mai 1789 à quarante-un ans, épouse de Gabriel Sénac de Meilhan, maître des requêtes (S. E.).

Marcieu (Perrette-Augustine-Sidonie-Edmée de), née le 13 août 1784; Victor-François-Eugène-Edme, né le 16 janvier 1786, et Victor-Oronce, né le 18 janvier 1787, enfants du marquis Nicolas-Gabriel-Edme, et de Charlotte-Adélaïde de Broglie (S. S.).

Marcillac (Geneviève de), née le 1er juin 1677, fille de Claude, conseiller secrétaire du roi, et de Catherine Obriot (S. N. des Ch.).

Marck (Félicité-Charlotte de la), née le 12 octobre 1705, fille du comte Louis-Pierre, et de Marie-Marguerite-Françoise de Rohan-Chabot (S. S.).

— Jules-Louis-Jean-Claude, mort le 15 mai 1734 à deux ans

sept mois, fils du comte Louis-Engelbert, et de Marie-Anne-Hyacinthe Wisdelou (S. S.).

Marclesy (Gabriel-Charles de), né le 9 mai 1727, fils de Jean-Joseph-Nicolas, capitaine dans le régiment suisse de Courten, et de Marie-Catherine-Jeanne le Laboureur (S. R.).

Marcombe (Suzanne de), morte le 21 août 1782 à cinquante-six ans, épouse de Pierre-Gédéon, comte de Nolivos (S. E.).

Marconnay (Louis-Jules-Théodore de), né le 27 décembre 1788, fils du comte Louis-Isaac-Auguste, et de Louise de Badier (S. E.).

— Louise-Cécile-Maximilienne, morte le 2 décembre 1788, fille du marquis Louis-Michel, lieutenant-colonel d'infanterie, et de Louise-Joséphine Titon (S. J. du S.-P.).

Marcoureau (Guillaume), baptisé le 10 février 1638, fils de Pierre, sieur de Beaulieu, et de Marie Boulanger (S. G.).

Mare (Edme-Jean-Baptiste-Stanislas, comte de la), seigneur d'Aluze, grand bailli de la noblesse des États de Bourgogne, mort le 18 septembre 1788 à cinquante ans (S. E.).

Maré d'Azincourt (Apolline-Charles-Édouard de), né le 17 octobre 1788, fils de Louis-Marie-Stanislas, et d'Hélène-Antoinette de Guilbert (S. M. M. la V. l'É.).

Marescalchi (Napoléon-Charles-Ferdinand), né à Paris le 27 mai 1812, fils de Charles-Alphonse-Marcel, et d'Ange-Catherine-Marie-Assomption-Ignace Brignole-Sale, marié le 21 juin 1835 à Marie-Mathilde Thomas, née à Metz le 21 février 1815, fille de Marie-Jacques, marquis du Pange, et d'Élisabeth-Victorine-Charlotte-Henriette de Riquet de Caraman (X⁰ arr.).

Marets (Marguerite-Henriette des), née le 11 mai 1721, fille de Jean-Baptiste-François, marquis de Maillebois, et de Marie-Emmanuelle d'Alègre (S. S.).

— Yves-Jean-Baptiste-Marie, né le 22 juin 1748, fils d'Yves-Marie-François, comte de Maillebois, et de Madeleine-Catherine de Voyer de Paulmy d'Argenson (S. S.).

— Henriette-Madeleine, demoiselle de Vaubourg, morte le 11 mai 1760 à soixante-dix-huit ans, veuve de Charles, comte d'Angennes, brigadier des armées du roi (S. P.).

— Jean-Baptiste-François, marquis de Maillebois, mort le 7 février 1762 à quatre-vingts ans (S. S.).

— Pierre, abbé de Montebourg, mort le 25 avril 1771 à quatre-vingt-quatre ans (S. S.).

— Marguerite-Henriette, morte le 8 août 1783 à soixante-deux ans trois mois, épouse de Louis du Bouchet, marquis de Sourches (S. S.).

Marguerye (Alfred-Marie-Bernard de), né le 2 juillet 1785 (S. R.), et Anne-Marie-Caroline, née le 2 août 1786 (S. N. des Ch.), enfants du comte Édouard-Marie, et d'Arabelle-Henriette de Drummond de Melfort.

Maridort (Charles-Louis-Auguste, comte de), baron de Bourgleroy, mort le 30 septembre 1782 à soixante-quinze ans, veuf de Julie-Hortense de Colbert (S. J. du H. P.).

Marie (Thomassine), morte le 2 avril 1781 à trente ans, épouse de Robert, comte d'Évreux (S. S.).

Marié de Terny (Angélique-Michelle le), morte le 12 février 1763 à quarante-huit ans, veuve de René-Charles-Gabriel de la Forest, comte d'Armaillé (S. P.).

Marillac (Marthe-Marguerite de), née le 5 avril 1736, morte le 2 décembre 1738, fille de François, écuyer, et de Marguerite Chenot (S. M. M. la V. l'É.).

Marion (Jean-Baptiste), comte de Druy, mort le 19 octobre 1729 à cinquante-huit ans (S. S.).

— Pierre-Joseph-Mériadec, né le 5 avril 1756, fils de Joseph, troisième député des États de Bretagne, et de Geneviève-Rufine de Lécluse (S. S.).

— Charlotte-Bénédicte-Victoire, demoiselle de Druy, morte le 14 janvier 1780 à quatre-vingt-neuf ans, veuve d'Antoine-Joseph Destut, comte de Tracy (S. S.).

Marliane (Marie-Cécile-Jeanne de), née le 10 septembre 1733, fille de Jean-Paul, seigneur de la Fenase, et de Cécile-Rose de Brandouin de Balaynier (S. R.).

Marmier (Jeanne-Alexandrine de), morte le 30 septembre 1680 à soixante ans, épouse d'Olivier de Tolosany, seigneur de Biscans (S. S.).

Marmontel (Albert-Charles-François), né le 18 octobre 1780, Charles-Paul, né le 18 décembre 1781, mort le 3 mars 1784, Charles-Joseph-François, né le 10 janvier 1785, et Louis-Joseph, né le 20 janvier 1789, enfants de Jean-François, et de Marie-Adélaïde de Montigny (S. R.).

Marnays de Saint-André de Verceil (Charlotte-Jacqueline-Josèphe), morte le 2 juin 1762 à vingt-sept ans, épouse de Pierre-Jacques-François-Louis-Auguste Ferron, comte de la Ferronnays, brigadier des armées du roi (S. P.).

Marolles (Louis-Joseph de), né le 26 novembre 1728, Charles-René, né le 15 février 1730, mort le 29 mars 1731, Louis-Stanislas, né le 4 décembre 1733, fils du comte Louis-Joseph, grand bailli d'épée de Châtillon-sur-Indre, et de Catherine-Charlotte de Lescolle (S. R.).

— Claude-François, prêtre du diocèse de Bourges, mort le 14 mai 1792 à soixante-dix-huit ans (S. J. du H. P.).

Marotte du Coudray (Alexandrine-Marie), née le 17 septembre 1790, fille d'Alexandre, comte d'Hulst, et de Marie-Marthe Bachevillier du Cormier (S. E.).

Marque (Marie-Lambertine de la), morte le 10 octobre 1760 à cinquante-sept ans, veuve d'Augustin, marquis de Ximenès (S. R.).

Marquet de Montbreton (Louis), né le 29 novembre 1762, mort le 27 février 1763, fils de Jean-Daniel, et de Marie-Élisabeth Dumas (S. M. M. la V. l'É.).

— Louis, né le 3 novembre 1764, David-Pierre, né le 25 décembre 1765, Auguste, né le 9 décembre 1766 (S. M. M. la V. l'É.), Jacques, né le 17 juin 1769, et Louise-Jacqueline-Aglaé, née le 6 mai 1775 (S. R.), enfants de Jean-Daniel, receveur général des finances, et d'Étienne-Esther Soubeyran.

— Claudine-Étiennette-Ernestine, née le 8 février 1788, fille de Louis, écuyer, et de Marie-Angélique Wallon (S. R.).

Marquisio (Marie-Élisabeth de), née le 21 juillet 1677, fille de Joseph-Emmanuel, comte d'Ostende, et de Claude de Baroux (S. N. des Ch.).

Marreri (Hippolyte-Antoine-Vincent), cardinal, natif de Rieti, mort le 24 mars 1811 (X^e arr.).

Mars (Charles, vicomte de), veuf de Catherine-Luce Junot, remarié le 11 août 1785 à Suzanne-Céleste-Julie le Mercier de la Rivière, fille de Paul-Pierre, et de Suzanne-Charlotte de Selvois (S. S.).

Marsollet (Jacques de), baptisé le 20 février 1637, fils de Jacques, et de Jacqueline Bouvet (S. G.).

Marsollier (René), écuyer, conseiller secrétaire du roi, mort le 1er avril 1763 à soixante ans, veuf de Marie-Catherine Leleu (S. R.).

— Marie-Thérèse, morte le 24 juin 1787 à quarante-neuf ans, épouse de Claude-Christophe Lorimier de Chamilly (S. R.).

Martel (Laurent), seigneur de Goustimesnil, seigneur de Brilly, fils de François, chevalier, et de Charlotte de Pelletot, marié le 12 octobre 1681 à Élisabeth le Coigneux, fille de Jacques, chevalier, seigneur de Béronville, et de Marie Garnier (S. A. des A.).

— Adrien, chevalier, comte de Clères, inhumé le 23 septembre 1683 (S. A. des A.).

— Louis-Henri-Charles, marquis de Renac, mort le 1er février 1720 à soixante-cinq ans (S. S.).

— Françoise, née le 25 octobre 1721, fille de François, comte de Clères, et de Madeleine Bouton de Chamilly (S. S.).

— Marie, morte le 13 septembre 1753 à cinquante-neuf ans, épouse de Charles de Mazières, chevalier de Saint-Louis (S. R.).

— Françoise, demoiselle de Clères, morte le 10 mars 1773 à cinquante-deux ans, veuve de Charles Martel, comte de Fontaine-Bolbec (S. S.).

Martelière (Anatolie-Louise-Charlotte de la), née le 19 juillet 1780, fille du comte Jérôme-Joseph-François-Bernard, capitaine d'infanterie, et de Louise-Charlotte-Élisabeth de la Châtre (S. S.).

MARTHONIE DE CAUSSADE (Jean-Louis de la), évêque de Meaux, mort le 16 février 1779 à soixante-quatre ans (S. S.).

MARTIN (Gabrielle), demoiselle d'Auzielles, morte le 12 juillet 1742, veuve de Louis-Guillaume Jubert, marquis de Clère-Panilleuse, baron de Dangu (S. N. des Ch.).

— Charles, écuyer, chevalier de Vallendré, brigadier des armées du roi, mort le 23 mai 1754 à quatre-vingt-cinq ans (S. J. en G.).

— Marie-Florimonde, demoiselle de Pinchesne, morte le 9 avril 1761 à soixante-six ans, épouse de Placide, baron de Zurlauben, lieutenant-général (S. R.).

MARTINOZZI (Anne-Marie), morte le 4 février 1672, veuve d'Armand de Bourbon, prince de Conti (S. A. des A.). Son corps fut apporté et mis en dépôt le 6, et ses entrailles furent portées à Port-Royal d'où elles revinrent à S. A. des A., le 17 janvier 1711.

MARTROY (Marie-Jeanne du), née le 12 juillet 1775, fille de Louis-Loup-Mathurin, avocat au Parlement, et d'Angélique-Catherine Pourchasse (S. N. des Ch.).

MARVALIÈRE (Anne-François-Albert de la), fils de Paul-Louis-Albert, seigneur de la Brosse, conseiller du roi, et de Marie-Louise-Charlotte d'Arboulin, marié le 8 janvier 1770 à Anne-Marie-Félicité le Marié d'Aubigny, fille de N..., conseiller du roi, et d'Angélique-Jeanne Cousinet (S. N. des Ch.).

MARVILLE (Louise-Anne de), née le 7 décembre 1729, fille de Louis-Charles, capitaine de dragons, et de Marie Le Seveur (S. S.).

MASCRANI (François-Marie de), né le 21 décembre 1715, et Louis, né le 9 février 1725, fils de Louis, et de Marie Picot de Clorivière (S. P.).

MASENS (Marie-Suzanne-Joseph de), née le 27 mars 1730; Barnabé-Jean, né le 25 janvier 1731; Suzanne-Françoise, née le 6 juillet 1732, et Marguerite-Josèphe, née le 12 juin 1736, enfants de Jean-Guillaume, comte d'Arquien, et de Suzanne-Perrette Fisamen (S. R.).

— Gabrielle-Charlotte-Madeleine, née le 30 septembre 1767, fille de Jean-Guillaume, comte d'Arquien, et de Charlotte-Élisabeth Boël de Saint-Léger (S. E.).

— Jean-Guillaume, comte d'Arquien, mort le 6 octobre 1772, époux de Charlotte-Élisabeth Boël de Saint-Léger (S. R.).

Masin (Antoine de), colonel d'infanterie, mort le 29 décembre 1740 à cinquante-six ans (S. M. M. la V. l'É.).

— Joséphine-Adélaïde, née le 17 octobre 1751, fille de François-Hyacinthe, seigneur de Luzard, et de Marie-Marguerite de Moy (S. R.).

— Madeleine-Nicole, morte le 25 janvier 1771 à soixante-seize ans (S. R.).

— Aymon-Hyacinthe, officier au régiment de Foix, chevalier de Luzard, mort le 24 janvier 1773 à vingt-cinq ans (S. E.).

Masparault. « Le 9 février 1618 fut mariée la fille de la veuve Mlle de Masparault » (S. P.).

— « Le 26 novembre 1619, convoi général de madame la présidente de Masparault » (S. P.).

— Baron Antoine, mort le 5 août 1762 à soixante-onze ans (S. S.).

Massiac (Claude-Louis, marquis de), secrétaire d'État de la marine, mort le 15 août 1770 à quatre-vingt-quatre ans (S. E.).

Massillian (Marc-Antoine-Matthieu, marquis de), mort le 18 janvier 1777 à soixante-quatorze ans (S. S.).

Masso (Augustin de), chevalier de la Ferrière, mort le 20 mai 1782 à soixante-quatorze ans cinq mois (S. E.).

Massol (Jean de), conseiller du roi, fils d'Antoine-Bernard, seigneur de Montmoyen, Hierce et Grandbois, et de Marie de Maillard, marié le 21 décembre 1692 à Marie-Geneviève Morlet de Museau, fille de Charles, marquis d'Achères et de Garennes, et de Marie-Geneviève le Fèvre de Caumartin (S. G.) dont : Marie-

Anne-Élisabeth, morte le 10 août 1701 à neuf mois, et Angélique-Anne, née le 6 septembre 1710 (S. S.).

— Jean, marquis de Garennes, seigneur d'Achères, mort le 3 avril 1729 à soixante-trois ans (S. S.).

Masson (Élisabeth-Henriette), née le 17 août 1741, fille d'Antoine-Lambert, chevalier, comte de Meslay, conseiller du roi, et de Michelle-Pétronille Mérault (S. R.).

— Étienne-Jean, né le 20 avril 1752, fils d'Étienne-Pierre, baron de Pressigny, seigneur de Maisonrouge, et de Marie-Madeleine Rotisset (S. R.).

— Éléonore-Jeanne, demoiselle de la Caille de Beauregard, membre de la communauté des Nouvelles Catholiques, morte le 9 avril 1760 à soixante-seize ans (S. R.).

— Antoine-Jean-Marie-Jérôme, né le 8 janvier 1773, fils de Jérôme-Pélagie, conseiller du roi, seigneur de Meslay, et de Marie-Laurence Magon de la Balue (S. E.).

— Jacques, fils de Jacques, marquis de Pezay, baron de Frasnay, et de Marie Boisnier, marié le 26 novembre 1776 à Charlotte de Murat, fille de Jean-Baptiste, seigneur de la Plagne, et de Charlotte Locquet (S. S).

— Antoine-Lambert, comte de Meslay-le-Vidame, seigneur d'Andeville, etc., mort le 24 mai 1779 à quatre-vingt-trois ans six mois (S. E.).

— Amand-Jacques, né le 26 mai 1786, fils d'Amand-Claude, conseiller du roi, seigneur de Saint-Amand, et d'Élisabeth-Thérèse Charpentier de Boisgibault (S. N. des Ch.).

Massuau (Bénigne de), morte le 4 janvier 1783 à quatre-vingt-cinq ans, veuve de Joseph-Eugène de Tournay d'Assignies (S. S.).

Matharel (Marie-Joseph de), âgé de trente-un ans, fils du marquis Antoine-Augustin, et de Marie-Henriette Armand, marié le 25 mai 1752 à Adélaïde-Félicité de Fiennes, âgée de vingt-quatre ans, fille du marquis Charles-Maximilien, et d'Henriette-Madeleine du Régnier, dont Armand-Joseph-Henri, né le 29 septembre 1755 (S. S.).

— Marie-Madeleine-Adélaïde, morte le 14 septembre 1762 à dix-sept ans (S. S.).

— Auguste-Marie-Joseph, né le 15 novembre 1775, mort le 8 février 1776, Auguste-Emmanuel-Maximilien, né le 29 juin 1777, Marie-Geneviève-Henriette, née le 2 janvier 1781, enfants d'Auguste-Joseph-Félicité, marquis de Fiennes, et de Marie-Angélique Louise-Gabrielle de Lambertye (S. S.).

— Marie-Joseph, marquis de Fiennes, mort le 9 octobre 1777 à cinquante-sept ans (S. S.).

— Auguste-Joseph-Félicité, marquis de Fiennes, mort le 16 décembre 1781 à vingt-huit ans (S. S.).

— Marie-Henriette-Geneviève, née le 27 novembre 1783, et Marie-Henriette-Geneviève-Clémentine, née le 16 août 1785, filles naturelles d'Armand-Joseph-Henri, chevalier de Malte, et de Marie-Élisabeth Émerie (S. N. des Ch.).

MATHAN (Guillaume-Marie de), né le 21 avril 1766, fils du comte Anne-Louis, seigneur de Longvilliers, et d'Anne du Cluzel (S. M. M. la V. l'É.).

MATHÉ (Gaspard-Louis), sieur de Vitry, premier commissaire des gardes françaises, mort le 2 janvier 1757 à soixante-onze ans trois mois (S. P.).

— Marie-Anne, morte le 13 décembre 1768, veuve de Pierre Roland Gruyn, seigneur de la Salle-Saint-Cyr, et en secondes noces de Pierre Doublet de Crouy, marquis de Bandeville, baron de Beauche (S. P.).

MATHERON D'AMALRIC DE L'ESCALLE (Marie-Anne de), morte le 7 mai 1784 à soixante-sept ans quatre mois (S. J. du H. P.).

MATHEY (Adélaïde-Charlotte-Louise de), née le 23 juin 1784, et Aurore-Henriette-Victoire-Élisabeth, née le 27 octobre 1786, fille de François-Marie, marquis de Valfons, et d'Alexandrine-Louise-Françoise-Henriette-Victoire de Chargieux de la Valtière (S. S.).

MATIFFART DE LA MOTHE (Jean-Nicolas-Pierre), mort le 26 juin 1782 à cinquante-deux ans, prieur de la Ferté-sur-Aube (S. E.).

MATINEL (Louis-Jean-Marie de), né le 9 septembre 1761, fils de Jean-Baptiste-Pierre, vicomte de Saint-Germain, et de Geneviève de Lescours d'Oradour (S. J. du H. P.).

Matthieu (Joseph-Charles-Maurice), né à Paris le 18 mars 1804, fils de David-Joseph-Maurice, comte de la Redorte, et d'Honorée-Lazare-Thérèse Lejeans, marié le 11 octobre 1830 à Louise-Honorine Suchet, née à Paris le 8 mai 1811, fille de Louis-Gabriel, duc d'Albuféra, maréchal de France, et d'Honorine Anthoine (Ier arr.).

Mau de la Jaisse (Hélène-Geneviève le), morte le 14 février 1789 à soixante-dix-neuf ans, veuve de Julien, baron de Stralenheim, comte de Sorbac (S. E.).

Maucourt (Charles-Gabriel de), chevalier, capitaine de dragons, mort le 2 mars 1773 à soixante-six ans, époux de Marie-Anne Monlouis (S. R.).

Maugé (Charles de), chevalier, seigneur de Saint-Georges, veuf de Suzanne Heusté, remarié le 3 octobre 1715 à Marie-Thérèse-Josèphe Destrez, âgée de vingt-six ans, fille de feu Louis-Joseph, enseigne de marine, et de Michelle Arco (S. R.).

Maulde (Philippe-Alexandre de), né le 21 octobre 1743 (S. S.), et Marie-Anne-Charlotte, morte le 3 février 1767 à dix-neuf ans (S. E.), enfants du comte Louis-François, marquis de la Bussière, et de Marguerite-Félicité de Conflans.

Mauléon (François-Denis de), seigneur de Foix, de Conserans, mort le 24 janvier 1710 (S. A. des A.).

— Louis-Antoine, sous-diacre, mort le 7 mars 1753 à vingt-trois ans cinq mois (S. S.).

— Alexandre, seigneur de Beaupré, mort le 25 août 1763 à soixante-trois ans (S. S.).

Maulmont de Lauze (Marc-Antoine), officier de dragons, fils de Jean-Léonard, et de Marie Blondeau de Laurière, marié le 16 novembre 1790 à Jeanne Mérigot de Sainte-Fère, fille d'Alexandre-Philippe, et de Marie-Catherine-Agathe-Geneviève de Soudeilles (S. S.).

Maupassant de Valmont (Louis-François de), né le 10 mai 1767 (S. E.), Alexandre-Marie, né le 12 juillet 1770, et Antoine-Camille, né le 12 novembre 1771 (S. R.), fils de Louis-Camille, écuyer noble du Saint-Empire, payeur des rentes de l'Hôtel-de-Ville, et de Françoise-Marie-Thérèse Davignon.

Maupeou (Pierre de), seigneur d'Ivry-sur-Seine, mort le 21 février 1682 (S. Victor).

— René-Nicolas-Charles-Augustin, fils de René-Charles et d'Anne-Victoire de Lamoignon, marié le 22 janvier 1744 à Anne-Marguerite-Thérèse de Roncherolles, fille du marquis Michel-Charles-François-Thomas, et d'Angélique-Marguerite de Jassaud (S. R.).

— Catherine-Louise, née le 10 juin 1768, fille de Gilles-François, comte d'Ableiges, et d'Angélique-Charlotte le Bas de Courmont (S. R.).

— René-Charles, chancelier de France, mort le 4 avril 1775 à quatre-vingt-sept ans (S. S.).

— Charlotte-Ladislas-Renée, née le 7 juin 1776 (S. N. des Ch.), morte le 16 juin 1777 (S. M. M. la V. l'É.), et Amicie-Élisabeth-Louise-Renée-Théophile, née le 30 octobre 1779 (S. R.), filles de René-Théophile, marquis de Sablonnières, et de Marie-Stanislas de la Vergne de Tressan.

— Gilles-François, comte d'Ableiges, mort le 17 octobre 1779 à trente-huit ans, époux d'Angélique-Charlotte le Bas de Courmont (S. R.).

— Antoine-Charles-Victor, né le 6 août 1785, fils de Charles-Victor, maître des requêtes, et de Marguerite Laroche (S. E.).

— Louis-Charles-Alexandre, lieutenant-général des armées du roi, fils de René, chancelier de France, et d'Anne-Marie-Victoire de Lamoignon, marié le 18 mars 1790 à Élisabeth-Renée de Maupeou, chanoinesse de Lons-le-Saulnier, fille de René-Théophile, seigneur de Sablonnière, et de Marie-Julie de Caqueray de Moncomble (S. S.).

Mauprime (noble homme Daniel de), seigneur de la Mouillée, remarié le 6 février 1674 à dame Madeleine Hénault, veuve (S. A. des A.).

Maurice d'Attigny (Antoinette-Élisabeth-Josèphe de), morte le 25 août 1779 à un an, fille de Pierre-Nicolas-Louis, et d'Anne-Marie-Élisabeth de Cuviette (S. M. M. la V. l'É.).

Mauroy (Alexandre-Marie-Eugène de), né le 16 septembre 1780, et Éléonore-Christine, née le 25 février 1782, enfants de Jacques-

Norbert, secrétaire ordinaire du roi, et de Christine-Denise-Alexandrine de Séqueville (S. M. M. la V. l'É.).

Maussac (Charles-Antoine de), mestre de camp de cavalerie, fils de Jean, seigneur de Sauvaniac, et de Louise de Leyrat de Michel, marié le 10 septembre 1771 à Catherine-Françoise-Charlotte de Pons, fille du marquis Pierre-Charles, seigneur de Saint-Chéron, et de Barbe-Catherine Baudenet (S. N. des Ch.).

Maussion (Thomas-Charles), né le 13 février 1727, N..., né le 19 et mort le 20 juin 1729, Louis, né le 6 octobre 1731, Thomas-Urbain, né le 22 septembre 1732, Pierre-Marie, né le 28 mars 1735, Jeanne-Élisabeth, née le 21 mai 1736, Charles-Marthe, né le 24 janvier 1738, et Antoine-Louis, né le 2 mai 1740, enfants de Thomas-Urbain, chevalier, seigneur de Candé, conseiller au grand conseil du roi, grand-rapporteur de France, et de Jeanne-Élisabeth Rillart de Fontenay (S. R.).

— Antoinette-Nicole, née le 13 septembre 1770, Étienne-Thomas, né le 16 décembre 1772, et Antoinette-Catherine, née le 3 avril 1778, enfants de Louis, seigneur de Candé, conseiller du roi, et d'Antoinette-Geneviève Chuppin (S. N. des Ch.).

— Antoine-Pierre, receveur général, mort le 18 mars 1778 à vingt-six ans (S. E.)

— Adolphe-Antoine-Thomas, né le 6 juin 1787, et Alfred-Auguste-Joseph, né le 29 octobre 1788, fils d'Étienne-Thomas, conseiller du roi, et de Jeanne-Antoinette-Roberte-Orléans de Cypierre (S. M. M. la V. l'É.).

— Jean-Thomas, comte de Candé, colonel d'infanterie, né le 9 février 1786 (S. N. des Ch.), fils de Thomas-Urbain, conseiller du roi, mort à Arensy en octobre 1807, et de Catherine Thévenin de Tanlay, morte à Fossoy en nivôse an IV, veuf à Sainte-Menehould le 4 avril 1821 de Louise-Élisabeth de Maussion, remarié le 24 février 1829 à Louise-Élisabeth Pinson de Ménerville, née à Bruxelles le 7 février 1794, fille de Louis-Marie-Pompone, et d'Anne-Marie Fougeret (X° arr.).

— Marie-Gabrielle-Blanche, native de Paris, morte le 28 mai 1834 à neuf mois, fille de Charles-Thomas-Marie-Louis, baron de Candé, conseiller auditeur à la Cour royale, et de Zénaïde-Mathilde Crespin de la Rachée (X° arr.).

Mautort (Aglaé-Marthe-Emmanuel de), mort le 24 janvier 1784 à vingt-trois mois, Élisabeth-Félicité-Françoise-Victorine, née le 21 janvier 1785, et Augustine-Marie-Geneviève-Jeanne-Victorine, née le 31 octobre 1788, enfants de Georges-Victor, conseiller du roi, et de Marie-Jeanne-Françoise de Lafillard d'Offroy (S. E.).

Mazade (Marie-Madeleine), dame de Clichy-la-Garenne, morte le 23 février 1773 à cinquante-sept ans, veuve de Gaspard Grimod de la Reynière, et remariée à Charles de Massol, marquis de la Ferrière, sénéchal de Lyon (S. E.).

— Guillaume, seigneur de Saint-Brisson, mort le 3 mars 1777 à soixante-quatre ans (S. M. M. la V. l'É.).

Mazancourt (Baptiste-François-Joseph de), né le 16 mai 1748, fils de Joseph-Joachim, et de Marie Hardy du Ménillet (S. R.).

— Auguste-Jean-Gabriel, né le 15 mars 1759, Agathe-Marguerite-Michelle, née le 12 août 1763, Armand-Hyacinthe, né le 18 novembre 1764; Charles-Antoine-Fidèle, né le 22 juillet 1766; Marie-Louise-Charlotte, née le 25 juillet 1769 (S. R.), morte le 29 janvier 1770 (S. E.); Benoît-Jean-Louis-Edme-Gabriel, né le 30 juin 1771; Jeanne-Chantal-Élisabeth-Michelle, née le 10 septembre 1773; Benoît-René-Joseph-Stanislas, né le 1er octobre 1777 (S. R.), mort le 23 du même mois (S. J. du H. P.); Anne-Augustine-Esther, née le 10 septembre 1779, et Alexandrine-Anne-Henriette, née le 29 août 1782, morte le 16 décembre 1784 (S. R.), enfants du comte Gabriel-Auguste, seigneur du Plessis-Vivien, et de Victoire-Thérèse Hardouin de Beaumois.

— Marquis-Joseph-Joachim, mort le 21 janvier 1772 à quatre-vingt-deux ans, époux de Marie Hardy du Ménillet (S. R.).

— Aimée-Léontine-Tranquille, née le 12 avril 1770, Auguste-René, né le 7 mai 1772; et Alexandre, né le 1er août 1776, enfants de François-Joachim, marquis du Fresnoy, et de Jeanne-Anne Jouenne d'Esgrigny (S. R.).

— Marie-Anne-Élisabeth, morte le 11 octobre 1780 à quarante-deux ans (S. R.).

Mazelière (Louis-Henri de la), né le 22 janvier 1736, fils de Joseph, écuyer de M. le comte d'Évreux, et de Charlotte-Henriette Malassis (S. M. M. la V. l'É.).

Mazerolles (Charles-Auguste de), né le 1er octobre 1677, fils de Philippe-Edmond, mestre de camp dans l'armée de M. de Créqui, et de Marie de Clincy (S. N. des Ch.).

Mazis (Madeleine-Rosalie des), morte le 21 novembre 1763 à quarante-trois ans, fille d'Auguste-César, seigneur du Petit Boinville et de Marie-Madeleine Sérot (S. P.).

Mazures (Anne-Françoise-Félicité des) née le 13 février 1773, et Antoine-Louis, né le 30 mars 1775, enfants de Louis-François, contrôleur général des finances, et d'Anne-Charlotte Payen (S. E.).

Mazy (Caroline-Joséphine-Rosalie de), née le 26 février 1787, fille de Thomas, comte de Saint-Simon, marquis de Favras, et de Victoire-Hedwige-Caroline d'Anhalt (S. S.).

Meaux (Louis de), mort le 6 janvier 1677 à quarante-quatre ans (S. S.).

— Michel-Gabriel, écuyer, receveur des aides de Meulan, fils de Michel-Joseph, et d'Anne Marchand, marié le 27 avril 1778 à Jeanne-Rose-Eulalie Boucher, fille de Jean, tanneur, et de Marie-Jeanne Montlotte (S. S.).

Mégodes (Emmanuel de), mort le 7 août 1677 à dix-neuf ans, fils de feu Bertrand, seigneur de Marolles, et de Catherine de Langan (S. S.).

Mégret (François-Nicolas), conseiller du roi, mort le 30 juillet 1734, époux de Marguerite de Beaucousin (S. R.).

— Joseph-Nicolas, sieur de Feuquières, conseiller du roi, mort le 29 septembre 1734 à vingt-huit ans (S. S.).

— Élisabeth, morte le 22 janvier 1756 à cinq ans, fille d'Antoine-François, écuyer, capitoul de Toulouse, conseiller du roi, et de Marie-Anne Moreau (S. P.).

Mégy (Catherine-Louise-Josèphe de), née le 15 janvier 1778, fille de Joseph-Pierre, marquis de Saint-Maurice, et de Louise-Antoinette de Régnier (S. E.).

Méhérenc (Jean-Gabriel de), né à Saint-Jean de Beauregard le 20 mai 1664 et baptisé à Paris le 29 août 1672, fils de Jean, chevalier, marquis de Saint-Pierre, et de Madeleine de Thiercelin (S. A. des A.).

Méliand (Claude), chevalier, conseiller du roi en tous ses conseils, et d'honneur au Parlement, mort le 30 juin 1751 à quatre-vingt-cinq ans quatre mois (S. J. en G.).

— Madeleine-Françoise, morte le 20 juin 1781 à soixante-dix-neuf ans, veuve de René-Louis de Voyer de Paulmy, marquis d'Argenson (S. M. M. la V. l'É.).

Melin (Auguste), né le 9 novembre 1785, fils d'Antoine, écuyer, maître d'hôtel ordinaire du roi, et d'Angélique Gougenot.

Melun (Louis de), seigneur de Maupertuis, mort le 18 avril 1724 à quatre-vingt-six ans (S. S.).

— Anne-Julie-Adélaïde, morte le 18 mai 1724 à vingt-sept ans cinq mois, veuve de Jules-François-Louis de Rohan, prince de Soubise (S. P.).

— Anne, morte le 2 novembre 1734 à soixante-trois ans, fille de feu Guillaume-Alexandre, et de Pélagie de Chabot (S. S.).

— Marie-Marguerite-Françoise, demoiselle d'Épinoy, morte le 4 avril 1759 à quatre-vingt-huit ans (S. P.).

— Louis, mort le 29 avril 1763 à soixante-trois ans (S. S.).

— Charlotte-Christine, morte le 29 août 1763 à quatre-vingt-quatre ans (S. S.).

— Anne-Françoise-Élisabeth-Arbalète, morte le 19 janvier 1775 à soixante-huit ans deux mois, veuve de Louis, comte de Mailly, marquis de Neelle (S. S.).

— Adolphe-Claude-Marie, du diocèse de Meaux, mort le 19 mai 1792 à cinquante-quatre ans (S. G. des P.).

Menestrel de Hauguel (Marie-Louise le), morte le 15 janvier 1761 à quatre-vingt-quatre ans, veuve de Léon le Cirier, marquis de Neufchelles, maréchal des camps et armées du roi, gouverneur de Sainte-Ménehould (S. P).

Menezès da Silveira et Castro (Marie-Anne-Françoise), née le 10 octobre 1784, fille de François, et d'Anne-Thérèse d'Alméida (S. E.).

Menin de Refy (Henri-Nicolas-Louis), mort le 4 avril 1742 à vingt-cinq ans, fils de Nicolas, comte de Sacré-Dulais, conseiller du roi, et de Louise Dupont (S. M. M. la V. l'É.).

Menjot (Angélique-Jeanne), morte le 14 juillet 1786 à soixante ans, veuve de Gabriel de Berny, chevalier, conseiller du roi (S. E.).

Menou (Gabriel-François de), né le 10 janvier 1711, Louise-Thérèse, née le 28 octobre 1714, et Augustine-Marie, née le 15 novembre 1726, enfants du marquis Françoise-Charles, et de Marie-Anne-Thérèse de la Grandière de Meurcé (S. S.).

— Philippe-Louis, comte de Charnisay, mort le 17 avril 1713 à trente-huit ans (S. S.).

— Augustine-Marie, morte le 11 septembre 1760 à trente-quatre ans, épouse de Louis-Alexandre Andrault, comte de Langeron (S. S.).

— Jacques-David, abbé de Bonrepos, mort le 26 novembre 1760 à soixante-deux ans (S. S.).

— Louise-Thérèse, morte le 1 mars 1766 à cinquante-un ans et demi, veuve d'Henri-François de Lambert, marquis de Saint-Bris (S. S.).

— Anne-Louise-Félicité, née le 28 mars 1771, Anne-Marie-Louise, née le 14 et morte le 15 août 1773 ; René-Louis-François, né le 11 juin 1776 ; René, né le 20 juillet 1777, et Anne-Joséphine, née le 7 janvier 1787, enfants de René-Louis-Charles, marquis de Boussay, et d'Anne-Isabelle-Michelle Chaspou de Verneuil (S. E.).

— Charles-René, abbé de l'Isle-Chauvet, mort le 12 octobre 1774 à soixante-quinze ans (S. J. du H. P.).

— Françoise-Armande, morte le 9 août 1777 à soixante-neuf ans, épouse de Pierre-Joseph Chapelle, marquis de Jumilhac (S. S.).

— Louis-Victoire, capitaine puis colonel d'infanterie, fils de Louis-Joseph, baron de Pontchâteau, et de Bonne-Émilie Cochon de Maurepas, marié le 9 septembre 1783 à Marie-Jeanne-Pauline-Rosalie Bochard, fille de Jean-Baptiste-Gaspard, seigneur de Saron, président au Parlement, et d'Angélique-Françoise-Rosalie Daguesseau, dont : Maximilien-Louis-Gaspard, né le 8 septembre 1785, Amédée-Louis-Henri, né le 23 janvier 1787 (S. S.), et Adolphe-Louis-René, né le 15 juillet 1791 (S. Th. d'A.).

— Vicomte Louis-Edmond, veuf de Jeanne-Sophie Pillat, remarié le 16 mai 1786 à Louise-Catherine-Alexandre Duval-Monville, fille de Thomas-Pierre, et de Jeanne-Félicité Faure (S. S.).

Antoinette-Jeanne-Anne, née le 8 février 1787, fille du comte François, et d'Angélique-Louise-Jeanne-Baptiste de Jouenne d'Esgrigny (S. M. M. la V. l'É.).

— Edmond-Charles-Marie-Jules, mort le 27 octobre 1787 à un an (S. S.) et Edmond-Charles-Marie-Jules Menou, né le 29 juillet 1788 (S. S.), fils du comte Charles-Louis, et de Claude-Rose-Marie-Louise de Taillevis de Perrigny.

Mer (Jacques de la), chevalier, seigneur de Matha, Saint-Quentin et Langlars, âgé de quarante-trois ans, fils de défunt Gaspard, chevalier, et de Catherine de Monchanin, marié le 12 février 1715 à Marie-Anne de Jassaud, âgée de vingt-sept ans, fille de Jean, chevalier, seigneur d'Arquavilliers, maître des requêtes honoraire, et de feue Louise Charlet (S. R.).

Mérault (Jérôme), né le 10 octobre 1681, fils de Jérôme, baron de Saint-Denis des Coudray, conseiller du roi, et de Madeleine-Françoise Servin (S. A. des A.).

— Auguste-Charles, né le 22 avril 1775, fils de Charles-René, seigneur de Villeron, et de Marie-Victoire Damas (S. E.).

— Michelle-Pétronille, morte le 24 août 1789 à soixante-dix ans, veuve d'Antoine-Lambert Masson, chevalier, comte de Meslay-le-Vidame (S. E.).

Mercier (Marie-Anne), morte le 5 février 1761, veuve de Maurice Marquet, écuyer (S. M. M. la V. l'É.).

— Louis-Jean-Baptiste, né le 22 août 1770, et Éléonore-Charlotte-Marie, née le 6 août 1774, enfants de Charles-Marguerite-Jean-Baptiste, chevalier, seigneur de Paty, et de Marie-Louise Fréteau (S. M. M. la V. l'É.).

— Jacques-François, abbé de Provins, prieur du Plessis-Grimoud et du Plessis-Lagrand, mort le 29 novembre 1787 à quatre-vingt-quatre ans (S. E.).

Mérigot (Marie-Jean-Baptiste), mort le 28 janvier 1783 à vingt ans, et Marie-Éléonore, morte le 20 mars 1774 à huit ans, enfants d'Alexandre-Philippe-François, marquis de Saint-Fère, et de Marie Catherine-Agathe-Geneviève de Soudeilles (S. S.).

Merle (Perrette de), morte le 14 avril 1677, veuve en premières noces de Jean du Bail, écuyer, seigneur de la Grange, et en secondes noces d'André Romain, écuyer, seigneur de la Fonds (S. A. des A.).

— Anne-Marie, née le 20 juillet 1751 (S. S.), et Adélaïde-Marguerite-Françoise, née le 29 juillet 1752 (S. R.), filles du comte Charles-Louis, et d'Anne-Marie Peirenc de Moras.

— Marie-Louise-Nina, née le 29 septembre 1782, fille d'Agricola-Marie, marquis d'Ambert, et de Perrette-Marie Tolosan de Montfort (S. M. M. la V. l'É.).

Mérode (François-Égon de), comte de Grosbech, mort le 16 juin 1685 (S. A. des A.).

— Marie-Célestine-Louise, née le 13 août 1718, fille de Charles-Florent, et de Grâce de Salcédo (S. S.).

— Anne-Marie-Françoise, morte le 21 janvier 1723 à quarante-quatre ans, veuve d'Henri de Guénégaud de Cazillac, marquis de Plancy, comte de Sézanne (S. S.).

— Louise-Constance-Julie, née à Mérode le 28 septembre 1748 et baptisée à Paris en mai 1759, fille de Jean-Guillaume-Augustin, marquis de Westerloo, et d'Éléonore-Louise-Charlotte de Rohan (S. S.).

— Joséphine-Monique-Mélanie, morte le 4 mai 1771 à quatre-vingt-cinq ans, épouse d'Henri-Ange d'Oryot, comte d'Apremont (S. S.).

Merville (Louis-Marie-Antoine-Auguste de), né le 27 septembre 1773, fils du comte Louis-Maximilien, et de Marie-Catherine de Brion (S. E.).

Mervilliers (Louise de), morte le 30 juin 1687 à vingt-sept ans, épouse de Jules, marquis de Prunelé (S. S.).

Mesgrigny (Jean de), marquis de Vandeuvre, vicomte de Troyes, mort le 26 avril 1678 (S. A. des A.).

— Jean-Charles, né le 22 mars 1715, Marie-Clémence-Edmée, née le 29 août 1716, Marie-Claire-Aimée, née le 9 septembre 1718, enfants de Jean-Charles, comte d'Aunay, et de Marie-Cécile Raguier de Poussay (S. S.).

— Louis-Marie, vicomte de Troyes, fils de Pierre-François, comte de Villebertin, et de Marie-Anne Le Febvre de Saint-Benoît, marié le 10 juillet 1770 à Anne-Edmée Marchal de Saincy, fille de Louis-Pierre-Sébastien, capitaine de cavalerie, et d'Élisabeth-Marie-Suzanne Meny, dont : Marie-Pierre-François, né le 4 juin 1772, Anne-Louise-Émilie, née le 5 août 1774, morte le 3 octobre 1778, et Adrien-Charles-Marie, né le 5 juin 1778 (S. E.).

Meslé (Joseph) né le 7 novembre 1761, fils de Jean-Claude-Joseph, directeur des fermes du roi, et de Louise-Charlotte-Philogène-Geneviève Cécile (S. S.).

Mesmes (Charlotte-Sophie de), née le 25 janvier 1677, fille de Jean-Jacques, comte d'Avaux, et de Marguerite Bertrand de la Bazinière (S. N. des Ch.).

— Antoinette-Henriette, morte le 1er janvier 1764 à soixante-cinq ans, veuve d'Hector-Louis de Gélas, comte de Voisins, marquis d'Ambres (S. S.).

— Marie-Anne-Antoinette, morte le 23 mars 1767 à soixante-dix ans, veuve de Guy de Durfort, duc de Lorge (S. M. M. la V. l'É.).

— Albert-Paul, fils du marquis Joseph, et d'Anne-Marie-Henriette Feydeau de Brou, marié le 14 juillet 1777 à Reine-Claude Chartraire, fille de Marc-Antoine-Bernard-Claude, marquis de Bourbonne, et de Reine-Jacquette Chartraire de Montigny (S. S.).

Mesnard (Adélaïde-Thècle-Julie), née le 28 février 1767, fille de Didier-François-René, seigneur de Chousy, et de Marie-Rose de Vassal (S. E.).

— François-Didier, seigneur de Chousy, mort le 19 février 1772 à soixante-quinze ans (S. E.).

— Louis-Claude, né le 17 décembre 1773, fils de François-Xavier, capitaine d'infanterie, sieur de la Salle, et de Catherine Brossard (S. N. des Ch.).

— Antoine-Auguste, né le 1ᵉʳ août 1776, fils de François, seigneur de Gonichard, et de Marie-Thérèse Brochant (S. E.).

— Nicolas-Marie-Urbain, conseiller du roi en sa cour souveraine du conseil, mort le 30 août 1778 à quarante-deux ans (S. R.).

— François-Didier-Louis-Marguerite-Sabas, né le 6 novembre 1789, fils de Jean-Didier-René, comte de Chousy, et de Marguerite-Victoire Le Normand (S. E.).

— Charles-Ferdinand-Windsor, baptisé à Duffields le 6 juin 1809, fils du comte Louis-Charles-Pierre Bonaventure, et de Sara Mason, marié le 1ᵉʳ août 1829 à Flore-Élisabeth de Bellissen, née à Toulouse le 9 mai 1808, fille du marquis Jacques-Henri-Gabriel, député, et d'Amélie-Thérèse Barrin de la Gallissonnière (Xᵉ arrondissement).

Mesnil-Simon (Louise de), baptisée le 6 avril 1629, fille de Charles, seigneur de Launay, Paray, et de Marie du Val (S. N. des Ch.).

— Jeanne, morte le 11 juillet 1777 à trente-sept ans, veuve de Maurice le Grand du Guet, écuyer, sous-brigadier des gardes du corps du roi (S. R.).

Messageot (Marie-Anne-Laurence), morte le 11 septembre 1759 à cinquante-neuf ans, veuve de Jean-Baptiste d'Arod, marquis de la Popelinière, seigneur des Radrets (S. J. du H. P.).

Messey (Paul-Louis-Eugène de), né à Nancy le 15 décembre 1818, fils du comte Eugène-Alexandre-Auguste, et d'Henriette-Françoise-Marie de Bassompierre, marié le 21 avril 1845 à Adélaïde-Louise-Marie-Mathilde Godart, né à Paris le 11 janvier 1820, fille d'Antoine-Joseph, comte de Belbeuf, mort à Paris en janvier 1838, et de Joséphine-Marie-Zoé-Guigues Moreton de Chabrillan (Xᵉ arr.).

Metz (Claude-Jean-Michel de), fils de Claude-Gédéon-Denis, comte de Rouay, et de Geneviève Pouyvet de Lablinière, marié le 29 juillet 1777 à Armande-Catherine-Claudine Le Tellier de Morsan, fille de Claude, et d'Antoinette-Marie-Angélique Morel (S. J. du H. P.).

Meulan (Marie-Catherine de), morte le 10 octobre 1753 à deux ans un mois, fille de Pierre-Louis-Nicolas, écuyer, receveur général des finances, et de Marie-Catherine Terray.

— Louise-Éléonore, née le 19 août 1765, fille de Jean-Charles-Claude, écuyer, seigneur des Fontaines, et de Louise-Marie-Marguerite Gayot (S. R.).

— Jean-Charles-Claude, seigneur des Fontaines, mort le 18 juin 1766 à cinquante-quatre ans, époux de Louise-Marie-Marguerite Gayot (S. R.).

— Émilie-Gabriel-Marie, née le 3 décembre 1769, et Adélaïde-Claude-Charlotte, née le 10 septembre 1773, filles de Marie-Pierre-Charles, seigneur d'Ablois, maître des requêtes, et d'Anne-Bonne Hardy-Duplessis (S. R.).

— Louis-Marie, né le 1er décembre 1767, Anne-Joseph-Édouard, né le 14 juillet 1771, mort le 19 octobre 1774, N. né et mort le 6 juillet 1772, Élisabeth-Charlotte-Pauline, née le 2 novembre 1773, Henriette-Marie, née le 23 juillet 1775, Auguste-Guy-Édouard, né le 19 septembre 1776, Marie-Joseph-Théodore, né le 5 janvier 1778, enfants de Charles-Jacques-Louis, chevalier, et de Marguerite-Jeanne de Saint-Chamans (S. R.).

— Pierre-Louis-Nicolas, seigneur de Saint-Martin d'Ablois, receveur général, mort le 30 octobre 1777 à soixante-neuf ans, époux de Marie-Catherine Terray (S. R.).

Meun (François de), mort le 24 juin 1708, fils de feu François, capitaine de vaisseau, et d'Angélique Lée (S. A. des A.).

Meuvillan (Françoise-Élisabeth de), née le 27 février 1719, fille de Melchior, gentilhomme provençal, et de Marguerite de Calny (S. S.).

Mezières (Charlotte de), morte le 1er décembre 1720 à soixante-seize ans, veuve de Pierre de Bragelongne (S. R.).

Micault d'Harvelay (Joseph), chevalier, conseiller d'État, seigneur de la baronnie de Toucy, etc., mort le 18 septembre 1786 à soixante-trois ans (S. E.).

Michel (Claudine-Charlotte), née le 3 avril 1727, et Gérard-André, né le 1er décembre 1728, enfants de Charles-François, conseiller du roi, receveur général à Montauban, et de Françoise Dufresne (S. R.).

Michel de Grilleau (Jean-Joseph), écuyer, mort le 6 décembre 1784 à trente-cinq ans (S. E.).

Middleton (Catherine), morte le 10 juin 1763 à soixante-huit ans, veuve de Michel, comte de Rothe, et en premières noces de Jean Gifford, chevalier baronnet en Angleterre (S. J. du H. P.).

Midorge. — « Le 22 janvier 1618 bout de l'an de feue mademoiselle Midorge. »

— Marie, morte le 17 décembre 1759 à soixante-seize ans, veuve de Gaston-Jean-Baptiste de Mauléon, chevalier, seigneur de Savaillan (S. P.).

— Marie, morte le 29 octobre 1764 à soixante-dix-huit ans, veuve de Claude-Antoine Belot, seigneur de Ferreux (S. P.).

Midy (Françoise-Madeleine), morte le 22 août 1764 à trente ans, époux de Claude-Alexandre de Toustain, seigneur d'Escrennes (S. P.).

Miffan (Adélaïde-Marie-Arnoult de), baptisée le 11 juillet 1783, fille de Jules-Alexandre, marquis d'Aucour, et d'Amélie-Françoise-Victoire le Grand de Marisy (S. N. des Ch.).

Migieu (Anthelme-Michel-Laurent de), marquis de Savigny, mort le 18 décembre 1788 à soixante-six ans, marié à Françoise-Suzanne de Morley, et puis le 12 avril 1768 à Catherine-Adélaïde le Conte de Nonant, fille de François-Louis, comte de Raray, et de Catherine de Comerfort (S. J. du H. P.).

Mignard (Catherine), morte le 3 février 1742 à quatre-vingt-huit ans, veuve de Jules de Pas, comte de Feuquières (S. M. M. la V. l'É.).

Milan de Cornillon (Félicité de), inhumée le 15 septembre 1741, épouse de Bénigne le Ragois marquis de Bretonvilliers (S. S.).

Milanfranco d'Aragon (Louis-Marie), né le 12 juillet 1742, fils de Jacques-François, marquis de Saint-Georges et de Polestin, et d'Henriette Caraccioli (S. R.).

Millendorck (Marie-Marguerite-Louise de), morte le 23 août 1768 à soixante-dix-sept ans quatre mois, veuve d'Alexandre-Emmanuel de Croÿ-Solre (S. S.).

Millet (Anne-Claire-Nicole), morte le 3 juin 1770 à cinquante-six ans, veuve d'Antoine-Philippe de Rosset, président à la cour des Aides, et remariée à Jean-François-Yves, comte du Coëtlosquet (S. E.).

Miniac (Jean-François de), mestre de camp de dragons, mort le 5 novembre 1777 à quarante-cinq ans (S. R.).

Miramond (Louise-Madeleine de), morte le 4 mars 1776 à quatre-vingt-quatre ans, veuve en premières noces de Guillaume le Vineux, entrepreneur général des étapes, en secondes de M. Lacour de Ramicour, et en troisièmes de Nicolas Delahaye (S. E.).

Mirmon (Jeanne-Françoise-Yolande de), morte le 7 juin 1758 à soixante-cinq ans, veuve de Jean-Baptiste, comte de Polastron (S. S.).

Miron (François), seigneur du Tremblay, Lignières, Bonne et Gillevoisin, conseiller du roi en son conseil d'État et privé, et lieutenant civil en la prévôté et vicomté de Paris, mort le 4 juin 1609 à onze heures du soir, et inhumé le 12 dans le chœur de Sainte-Marine.

— Madeleine, veuve de Nicolas Choart, écuyer, seigneur de Magny Saint-Loup, conseiller du roi et correcteur ordinaire en sa chambre des comptes, morte le 3 juin 1636 à trois heures du matin, enterrée le même jour à Sainte-Marine sous la tombe de M. Hurault (S. M. M. la V. l'É.).

Moges (Charles-Théodose de), né le 15 février 1768, Françoise-Hermine, née le 24 janvier 1769 (S. E.), Marguerite-Charlotte, née le 29 juillet 1772, et Hippolyte, né le 11 janvier 1774, enfants de Charles-Jean-Théodose, marquis de Buron, et de Hermine-Françoise de Hariague (S. M. M. la V. l'É.).

— Célestine, née le 15 janvier 1788, fille du vicomte Jean-Baptiste-Joseph-Léonor, et de Françoise-Hermine de Moges (S. M. M. la V. l'É.).

Moine (Geneviève le), née le 22 janvier 1679, fille de Jean-Baptiste, écuyer, seigneur de Bourceval, et d'Anne de Marcillac (S. N. des Ch.).

— Eustache, seigneur de Champosé, conseiller du roi, receveur et payeur des gages de MM. du grand conseil, mort le 1ᵉʳ juillet 1688 (S. E.).

— Radegonde, morte le 7 septembre 1693, veuve de Pierre du Maitz, chevalier, maître d'hôtel ordinaire du roi (S. J. en G.).

— Charles, avocat du parlement, mort le 21 août 1699, inhumé le 23 (S. J. en G.).

— Pierre, ancien avocat en parlement et ancien bâtonnier, mort le 25 mai 1714 à quatre-vingts ans, inhumé le 26 (S. J. en G.),

— Geneviève-Marguerite, morte le 1ᵉʳ janvier 1736, veuve de messire Ambroise Cousinet, chevalier, seigneur de Boisroger, conseiller du roi, maître ordinaire en sa chambre des comptes (S. G.).

— Armand-Jean-Louis, né à la Martinique le 15 février 1760, et baptisé à Paris en 1769, fils de Jean-Baptiste, seigneur d'Ardigny et de Châteaugué, et de Marie-Jeanne-Emilie Jahain de Fontaines (S. R.).

Molé (Matthieu-Henri), inhumé le 31 mars 1755 à six ans, et Matthieu-Édouard-Louis, né le 7 juin 1750, mort le 26 février 1752, fils de Matthieu-François, et de Bonne-Félicité Bernard (S. S.).

— Marie-Louise, morte le 4 septembre 1761 à quatre-vingts ans, veuve d'Omer Talon, marquis du Boulay (S. J. du H. P.).

— Édouard-François-Matthieu, fils de Matthieu-François, marquis de Méry, comte de Champlâtreux, et de Bonne-Félicité Bernard, marié le 9 février 1779 à Marie-Louise-Élisabeth de Lamoignon, fille de Chrétien-François, seigneur de Bâville, et de Marie-Élisabeth Berryer, dont : Matthieu-Louis, né le 24 janvier 1781, Édouard-Chrétien-Matthieu, né le 8 août 1782, mort le 5 mars 1783, Louis-Matthieu-Auguste, né le 13 décembre 1783, mort le 14 octobre 1787, Marie-Louise-Félicité-Augustine, née le 7 décembre 1786, et Marie-Louise-Henriette-Charlotte, née le 10 février 1791 (S. S.).

— Marie-Félicité-Gabrielle, morte le 19 octobre 1790 à cinquante ans, veuve de Louis-Joseph-Timoléon, duc de Cossé-Brissac (S. S.).

— Élisabeth-Félicité, native de Paris, morte le 2 octobre 1834 à soixante-quatorze ans, veuve de Gabriel-François Reymond, rentier (X⁰ arr.).

Molinet (Pierre du), chevalier, seigneur de Loisye, inhumé le 27 janvier 1684 (S. A. des A.).

Molo (Louise-Charlotte de), née le 19 avril 1790, fille du baron Charles-Antoine-Jean, chevalier, et de Louise-Geneviève Bulto (S. E.).

Monbel de Champeron (Jules-Henri de), âgé de vingt-huit ans, fils de feu René, viguier de Conflans en Roussillon, et de Marie-Anne de la Tremblaye, marié le 9 avril 1715 à Suzanne de Gaulmyn, âgée de dix-neuf ans, fille de Jean, seigneur de Beauvois, trésorier en la généralité de Moulins, et d'Élisabeth-Thérèse de Culant (S. R.).

Monceaux d'Auxy (Louis de), né le 6 décembre 1634 et baptisé en 1638, fils de Louis, seigneur de la Commune, Blacour, etc., et de Madeleine Bolan (S. G.).

Moncel (Alexandre-Henri-Adéodat, comte du), né à Helleville le 6 décembre 1784, fils de Jean-François, mort à Martinvaast en décembre 1809, et de Marie-Anne de Mérigot de Saint-Fère, morte en juin 1820, veuf le 26 juin 1829 d'Amélie-Louise de Mangneville, remarié le 14 juin 1831 à Marie-Léonette-Julie de Revilliasc, née à Harcourt le 27 juin 1790, fille de Casimir-Balthasar-Hercule, mort à Fontaine en janvier 1828, et de Julie-Louise-Marie Derneville, et veuve le 5 août 1819 de François le Conte de Valmont (X⁰ arr.).

Monchy (Jeanne de), morte le 13 avril 1713 à quatre-vingt-cinq ans veuve de Louis de Mailly, marquis de Neelle (S. S.).

— François-Louis, clerc tonsuré, mort le 19 novembre 1723 à dix-neuf ans (S. S.).

Moncorps (Adélaïde-Ursule-Renée de), née le 13 janvier 1760, Charlotte-Françoise et Henriette-Thérèse-Joséphine, nées le 26 juillet 1761, filles de Jean-Baptiste-Lazare-René, chevalier, seigneur de Lévis, Chesnoy, etc., écuyer du comte de la Marche, gouverneur de Montluel, capitaine d'infanterie, et de Louise-Adélaïde-Armande Lobainson (S. S.).

— Charles-René, né le 20 novembre 1762, Jean-Baptiste-

Antoine, né le 29 juillet 1764, et Antoine-Ambroise-Prosper, né le 12 novembre 1769, fils du même et de Marguerite Baron (S. S.).

Mondran (Jeanne-Louise-Adélaïde de), morte le 23 juillet 1767 à deux ans, fille de Louis-Joseph, conseiller du roi, et de Charlotte-Louise de Masson (S. E.).

Monery de Caylus (Pierre-Marie-Honoré-Armand), né le 6 février 1788, fils d'Ignace-Honoré-Bernard, baron de Marchesan, et d'Armande-Louise de Bouillon (S. S.).

Monestay (Françoise-Amable de), demoiselle de Chazeron, morte le 28 décembre 1719 (S. S.).

— Amable-Charles-François-Henri, né le 27 janvier 1773, mort le 19 octobre 1774, Hélène-Françoise-Henriette, née le 22 juillet 1774 (S. R.), morte le 31 mars 1788 (S. S.), et Henriette-Pauline, née le 6 août 1776 (S. R.), enfants de François-Charles, vicomte de Chazeron, et de Diane-Henriette-Louise-Geoffrine de Baschi.

— Jacques-Marien, chevalier de Malte, capitaine de cavalerie, mort le 28 juillet 1775 à vingt-deux ans, fils d'Hugues-Marien, comte de Chazeron, et d'Hélène du Clerroy (S. R.).

— François-Charles, marquis de Chazeron, gouverneur de Verdun, mort le 8 avril 1776 à soixante-dix-neuf ans, veuf de Charlotte-Marie de Houdetot (S. R.).

— Marquis Claude-Julien, fils de François, baron des Forges, et d'Élisabeth de Fontanges, marié le 14 mai 1776 à Marie-Elisabeth de Clérembault, fille de Claude, conseiller du roi, et d'Élisabeth Bonin (S. S.).

— Marquis Claude-Julien, mort le 5 janvier 1778 à soixante ans (S. S.).

— François-Charles, vicomte de Chazeron, mort le 4 novembre 1779 à vingt-huit ans (S. S.).

Monet (Gabriel), baptisé le 24 décembre 1637, fils de Bertrand, écuyer, sieur de la Salle, et de Marguerite de Lattaigrant (S. G.).

Monginot (Jean-Baptiste), avocat au parlement, fils de François, avocat au parlement, et d'Anne Colliot, marié le 20 mai 1675 à Perrette Tabourot, fille d'Étienne, seigneur de la Tour de Saint-Apollinaire, écuyer, et de Catherine de Friancour (S. A. des A.).

— Marie-Rose-Aimée, née le 10 juin 1748, Antoine-Gabriel-Nicolas, né le 12 septembre 1753, Anne-Charlotte, née le 1ᵉʳ septembre 1755, Aimée-Henriette, née le 13 juin 1758, enfants d'Henri, avocat au parlement, et de Marie-Anne-Geneviève Léonard (S. R.).

— Frédéric-Pierre-Marie, né le 5 novembre 1774, Antoinette-Marie-Pauline, née le 9 août 1779, morte le 11 février 1790, Marie-Frédéric, né le 28 novembre 1785, enfants de Frédéric-Henri, écuyer, conseiller du roi, maître des comptes, et de Marie-Geneviève Barré (S. N. des Ch.).

Mongis (Geneviève-Henriette de), baptisée le 26 novembre 1637, fille d'André-Bertrand, marquis de Montcavrel, et de Madeleine de Laval (S. G.).

Monier (Françoise le), morte le 4 avril 1743 à quarante-un ans, épouse de Louis Chassepot de Beaumont (S. S.).

Monmonier (Gilles-Charles-Félix-Angélique de), né le 5 avril 1763 fils de Pierre-François-Joseph, seigneur de Stenbecq, et de Louise-Madeleine de Cressac (S. S.).

Monneins (Françoise-Madeleine de), morte le 9 novembre 1722 à vingt-cinq mois, fille d'Armand-Jean, comte de Forceville, et de Catherine-Renée Olier (S. S.).

Monpatour (Claudine-Constance de), née le 10 février 1789, fille du comte Claude-Louis, et de Louise-Aimée-Constance de Tilly (S. E.).

Monsigny (Catherine-Françoise-Maurice de), inhumée le 19 février 1754, fille du marquis Nicolas-Louis, et de Marguerite Marquet (S. M. M. la V. l'É.).

— Antoine-Louis-Marie-Henri, né le 26 octobre 1787, fils de Pierre-Alexandre, écuyer, maître d'hôtel du duc d'Orléans, et d'Amélie-Françoise-Marie-Adélaïde Chapelon de Villemagne (S. E.).

Monstiers (François-Armand des), mort le 27 juin 1700 à dix-huit mois, et François-Armand, né le 19 janvier 1706, fils de Gaspard, comte de Mérinville, et d'Armande-Marie-Madeleine du Cambout (S. S.).

— Charlotte, morte le 10 décembre 1724 à quarante-neuf ans, veuve d'Antoine Oudart du Biez, marquis de Savigny (S. S.).

— Gaspard, comte de Mérinville, mort le 29 décembre 1724, veuf d'Armande du Cambout de Coislin (S. S.).

— Anne, morte le 22 août 1739 à soixante-dix-huit ans, veuve de Pierre de Rogier (S. S.).

— Augustin-François-Marie, mestre de camp de cavalerie, fils de François-Louis-Martial, marquis de Mérinville, et de Marguerite-Françoise de Jaussen de la Perrière, marié le 6 mai 1776 à Athanasie-Alexandrine-Joséphine de Fabry, fille d'Henri-Jean-Baptiste, comte d'Autrey, mestre de camp de cavalerie et d'Angélique-Alexandrine-Émilie Costé de Saint-Suplix (S. S.).

— François-Louis-Augustin, natif du Nouic, mort le 25 novembre 1834 à soixante-quatorze ans (X[e] arr.), fils de François-Martial, vicomte de Mérinville, et de Charlotte-Élisabeth-Galluccio de l'Hospital, marié le 31 janvier 1785 à Hyacinthe-Charlotte-Julie-Marie-Jeanne de la Briffe, fille du comte Antoine-Henri, et de Julienne-Marie-Renée le Prestre de Châteaugiron (S. S.), dont : N. né le 12 décembre 1785 (S. M. M. la V. l'E.).

MONTAGU (Joachim-François-Xavier de), né le 2 décembre 1732, mort le 16 septembre 1733, Joachim-Charles-Laure, né le 18 août 1734, Anne-Joachim, né le 16 août 1737, fils de Joachim-Louis, marquis de Bouzolz, et de Laure de Fitz-James (S. S.).

— Joachim-Louis, vicomte de Beaune, mort le 29 avril 1747 à trente-trois ans et demi (S. S.).

— Charles, né le 21 octobre 1761, mort le 27 juillet 1762, Joachim, né le 26 octobre 1763, fils de Joachim-Charles-Laure, vicomte de Beaune, marquis de Bouzolz, et de Marie-Hélène-Charlotte de Caillebot la Salle (S. S.).

— Joachim-Henri, né le 5 et mort le 23 novembre 1777, Anne-Joachim-Charles, né le 19 décembre 1781, Joachim-Paul-Maurice, né le 18 octobre 1783, et Anne-Camille, née le 22 octobre 1784, enfants d'Anne-Joachim, marquis de Bouzolz, colonel du régiment de Lyonnais, et de Marie-Anne Charlotte d'Argout (S. S.).

— Marquis Joachim, natif de Paris, mort le 8 janvier 1834 à soixante-dix ans, époux d'Anne-Paule-Dominique de Noailles,

(X⁰ arr.), dont : Anne-Caroline, née le 1ᵉʳ juillet 1784, morte le 1ᵉʳ avril 1785 (S. S.), Adrienne-Marie-Noémi, née le 19 août 1787, et Anne-Louise-Clotilde, née le 15 octobre 1788, morte le 26 février 1790 (S. E.).

Montaignac (François-Antoine, marquis de), fils d'Antoine, seigneur de Sandoux, et de Jeanne-Antoinette de Lastic, marié le 23 novembre 1784 à Aglaé-Françoise-Emmanuelle de Chapt, fille de Jacques-Gabriel, comte de Rastignac, et d'Angélique-Rosalie d'Hautefort (S. S.).

Montaigu (Charles-François-Louis-Antoine-Geneviève de), né le 18 août 1741, fils du comte Pierre-François, et d'Anne-Françoise de la Chaise (S. S.).

— Louis-Christophe-Gabriel, mort le 21 septembre 1753 à cinquante-huit ans (S. S.).

— Comte Pierre-François, mort le 24 novembre 1764 à soixante-dix ans (S. S.).

— Marquis Charles-François-Louis-Antoine-Geneviève, fils du comte Pierre-François, et d'Anne-Françoise de la Chaise d'Aix, marié le 14 mai 1777 à Louise-Françoise-Joséphine de Sailly, fille du marquis Louis-Hector-Cyr, et de Gabrielle-Flore le Tellier de Souvré, dont : Louis-Gabriel-Sophie, né le 2 février 1780 (S. S.).

— François, mort le 24 janvier 1779 à quatorze ans, fils du baron Charles-Laurent, et de Marthe-Antoinette Darassus (S. S.).

Montalembert (Rose-Antoinette de), née le 2 décembre 1769, fille du marquis Gratien, et de Suzanne de Croismare (S. E.).

Montamant (Catherine-Claude de), morte le 21 juin 1782 à soixante-quatorze ans (S. E.).

Montauban (Louis-Marie de), baptisé le 1ᵉʳ janvier 1685, fils de Louis, et de Marie des Essarts (S. A. des A.).

Montaudouin (Anne-Marie de), née le 13 novembre 1778, Anne-Josèphe, née le 28 janvier 1780 (S. J. du H. P.), Élise-Françoise, née le 13 juillet 1782, et Claudine-Marie, née le 27 mars 1786 (S. N. des Ch.), filles de Thomas-Tobie, seigneur de Bonnetière, et de Claudine-Catherine-Thérèse Charpentier de Boisgibault.

Montaut (Gabrielle de), demoiselle de Navailles, morte le 16 juin 1727 à soixante-quatre ans, épouse de Léonard-Élie, marquis de Pompadour (S. S.).

— Marie-Anne-Louise, morte le 2 mai 1745 à cinquante ans, fille de Louis, marquis de Navailles Saint-Geniès, et de Marie-Anne Rolland (S. M. M. la V. l'É.).

— Marie-Joséphine-Louise, née le 3 août 1772, fille du comte Augustin-François, et de Marie-Cécile Simonet, issue elle-même de Jacques-Nicolas, sieur de Coulmiers (S. R.).

Montbel (Athanase-Charles-René-Louis de), né le 30 décembre 1775, fils du marquis Jules-Gilbert, et de Marie-Charlotte de Barrin (S. S.).

Montboissier (Anne-Élisabeth-Constance de), née le 2 avril 1714 (S. P.), Noël, mort le 17 juin 1739 à vingt-trois ans (S. S.), Henri-Philippe, né le 15 mars 1719, Marie-Hyacinthe-Joseph-Rhingarde, née le 8 février 1721, Marie-Adélaïde-Victoire, née le 22 mars 1722, et Denis-Maurice, né le 18 mars 1726, enfants de Philippe-Claude, comte de Beaufort, marquis de Canillac, et de Marie-Anne-Geneviève de Maillé (S. P.).

— Guillaume-Eustache, mort le 16 novembre 1719 (S. S.).

— Denis-Michel, marquis du Pont-du-Château, mort le 25 août 1760 à soixante-quinze ans, veuf de Marie-Geneviève Ferrand (S. M. M. la V. l'É.).

— Charlotte-Pauline-Christine, née le 11 août 1777, Antoinette-Philippine-Léonille, née le 28 août 1778, Camille-Eugénie-Charlotte-Rhingarde, née le 1er novembre 1780, Anne-Charlotte-Albertine, née le 15 octobre 1782, et Alexandrine-Héloïse-Laurette, née le 8 mars 1786, filles de Charles-Philippe-Simon, comte de Beaufort-Canillac, et de Françoise-Pauline de Lamoignon (S. R.).

— Louise-Agnès-Élisabeth, morte le 19 janvier 1792 à trente-six ans, épouse de Vincent de Souza, Cotinho, du conseil de S. M. T. F. (S. M. M. la V. l'É.).

Montbourcher (René-Amaury de), marquis du Bordage et de la Moussaye, mort le 19 mars 1744 à soixante-douze ans (S. M. M. la V. l'É.).

Montchal (Marie-Reine de), née le 26 juin 1684, Élisabeth, née le 14 juin 1685, Gabrielle, baptisée le 16 mars 1687, Marie-Catherine, née le 18 mai 1688 (S. A. des A.), morte le 8 avril 1777 (S. J. du H. P.), Jean-Pierre, né le 16 février 1690, autre Jean-Pierre, né le 21 avril 1695, enfants de Jean-Pierre, chevalier, seigneur de Noyen-sur-Seine, et de Reine-Élisabeth Hénin (S. A. des A.).

— Charles-Louis, conseiller du roi, mort le 23 mai 1686 (S. A. des A.).

— Marie, morte le 4 août 1691, veuve de Guillaume Lambert, conseiller du roi (S. A. des A.).

Montécler (Hyacinthe-Jeanne de), née le 21 juin 1750, fille du comte Hyacinthe-François-Georges, et de Marie-Charlotte de Montullé (S. S.).

— Henriette-Françoise, née le 22 octobre 1769, Agathe-Françoise, née le 10 septembre 1773, Amélie-Élisabeth, née le 4 avril 1775, morte le 24 mai 1785, Eugénie-Henriette, née le 1er avril 1782, filles du marquis René-Georges-Marie, et d'Hyacinthe-Jeanne de Montécler (S. S.).

— Marie-Joseph-Renée-Jeanne, morte le 12 février 1783 à quarante-neuf ans, fille du comte Georges-François, et de Jeanne-Thérèse-Antoine de la Roussardière (S. S.).

Monteil (Armand-Louis-François-Marie), né le 22 mars 1781, fils du vicomte François-Louis, et de Jeanne-Marie-Éléonore de Lévis-Mirepoix (S. S.).

Montenay (Marie de), baptisée le 26 mai 1638, fille de Charles, et de Marthe de Gastel (S. G.).

Montesquiou (Henriette-Jacqueline de), née le 12 décembre 1672, morte le 11 juin 1673, fille de Jacques, chevalier, seigneur de Montluc, marquis de Sainte-Colombe, et de Catherine Ballet (S. A. des A.).

— Louise-Madeleine, née le 20 novembre 1726, fille de Louis, et de Catherine de Sailly (S. S.).

— Joseph-Paul, né le 8 août 1727, Pierre, né le 24 janvier 1731, Louis, né le 30 novembre 1733, fils de Paul, comte d'Artagnan, mestre de camp d'infanterie, et d'Anne-Élisabeth Filleul (S. R.).

— Joseph, comte d'Artagnan, mort le 4 janvier 1729 à soixante-dix-neuf ans (S. S.).

— Louis, comte de Maupertuis, mort le 21 janvier 1737 à soixante-un ans (S. S.).

— Pierre, mort le 18 juillet 1754 à soixante-cinq ans (S. S.).

— Anne-Louise-Augustine-Hyacinthe, née le 28 août 1761, Anne-Marie-Pauline, née le 14 août 1762 (S. R.), Élisabeth-Pierre, né le 30 septembre 1764 (S. M. M. la V. l'É.), et Henri, baptisé le 3 janvier 1678 (S. S.), enfants du marquis Anne-Pierre, premier baron d'Armagnac, seigneur de Maupertuis et de Pont-Saint-Pierre, et de Jeanne-Marie Hocquart (S. S.).

— N..., lieutenant-colonel de cavalerie, mort le 15 janvier 1769 à soixante-onze ans (S. S.).

— Charles-Eugène, né le 15 août 1782, Ambroise-Anatole-Augustin, né le 8 août 1788, Alexandrine-Gertrude-Rose-Aimée, née le 20 octobre 1789, enfants d'Élisabeth-Pierre, comte de Fezensac, et de Louise-Charlotte-Françoise Le Tellier de Montmirail (S. S.).

— Raymond-Aimery-Philippe, baptisé le 26 février 1784 (S. S.), Alphonse-Marc-Antoine-Joseph, né le 24 juin 1786, tenu par sa tante maternelle Louise-Joséphine-Angélique de Lalive, épouse de Jean-Baptiste-Joseph-Hubert, comte de Vintimille, capitaine des vaisseaux du roi (S. E.), fils de Philippe-André-François, comte de Fezensac et de Louise-Joséphine de Lalive.

— Élodie-Marie-Joséphine, née le 10 novembre 1790 (S. S.), et Anne-Rose-Zoé, baptisée le 6 avril 1792 (S. Th. d'A.), filles d'Henri, vicomte de Fezensac, lieutenant-colonel d'infanterie, et d'Augustine-Françoise Dupleix de Bacquincourt.

Montesson (Marie de), morte le 9 mai 1768 à soixante-quatorze ans (S. S.).

— Marquis Jean-Baptiste, mort le 31 juillet 1769 à quatre-vingt-deux ans (S. S.).

Monteynard (Hector-Joseph de), né le 16 mars 1770, Louis-François-Raymond, chevalier de Malte, né le 12 août 1774, mort le 11 août 1784, Guy-Raoul-Amédée, né le 11 mars 1780 (S. S.), mort le 31 du même mois (S. M. M. la V. l'É.), Albert-Maurice-Emmanuel, né le 19 juin 1782, mort le 10 septembre 1783, enfants du comte François, maréchal des camps et armées du roi, gouverneur de Chalon-sur-Saône, et d'Henriette-Lucie-Madeleine de Baschi (S. S.).

— Louis-François, ancien ministre de la guerre, mort le 3 mai 1791 à soixante-dix-huit ans (S. Th. d'A.).

MONTFERRAND (Marie-Anne de), morte le 8 novembre 1789 à trente-six ans, épouse de Charles-Félix, baron de Gontaut (S. S.).

MONTFORT (Élisabeth-Charlotte de), née le 18 septembre 1780, fille de Philogone-Charles, seigneur de Sainte-Euphrasie, et d'Apolline-Marie-Charlotte-Henriette-Claire de Beaurepaire (S. S.).

MONTFORT-BROWN (Anne-Marie), née le 28 septembre 1755, fille de N... et d'Élisabeth-Louise Mynshull (S. S.).

MONTGLAS (Marie-Charles de), né le 1er juin 1767, fils de Joseph-Pierre-Antoine, conseiller du roi en ses conseils, et de Marie-Élisabeth-Charlotte de Rouzier (S. S.).

MONTGON (Marie-Michelle de), morte le 19 août 1774 à quatre-vingt-trois ans, veuve de François-Gaspard, comte de Montmorin (S. S.).

MONTGRAND DE MAZADE (Jean-François de), fils de messire Dominique, et de Marguerite de Bionneau d'Ayrague, né à Marseille le 26 mars 1706, et baptisé le lendemain 27 dans la paroisse de Saint-Ferréol, clerc tonsuré, mort le 15 septembre 1729 (S. S.).

MONTHOLON (Matthieu de), baptisé le 23 décembre 1588, inhumé le 1er août 1594, fils de Jacques, avocat au Parlement, et de Marguerite Clausse (S. A. des A.).

— Geneviève, baptisée le 26 mars 1589, fille de Jérôme, conseiller au Parlement, et de Madeleine de Bragelogne (S. A. des A.).

— François, garde des sceaux de France, inhumé le 5 mai 1594 (S. A. des A.).

— Marie, baptisée le 11 janvier 1637, fille de Raymond, écuyer, seigneur de Triennon, gentilhomme ordinaire de la grande fauconnerie du roi, et d'Anne le Juge (S. G.).

— Marie, née le 15 août 1649, Guillaume, né le 18 décembre 1650, et Françoise, née le 24 mars 1652, enfants de Guillaume, écuyer, conseiller du roi, et de Françoise de Bonnard (S. J. en G.).

— Matthieu, écuyer, conseiller du roi au Châtelet, fils des précédents, marié le 5 octobre 1673 à Marie Ravière, fille de feu noble homme Edme, secrétaire ordinaire de feu M. le Prince, et d'Agnès Tubœuf, dont : Jérôme, né le 8 octobre 1675 ; Marguerite-Charlotte, née le 27 décembre 1676, Matthieu, né le 16 mars 1678, Marie-Thérèse, née le 2 juin 1679, N..., née et morte le 15 mai 1681, François, né le 19 juin 1682, Matthieu, né le 14 avril 1684, Jean-Baptiste-Guillaume, né le 21 juin 1685 et Pierre, né le 27 octobre 1689 (S. A. des A.).

— François, chevalier, seigneur d'Aubervilliers, conseiller du roi en tous ses conseils, mort le 24 janvier 1679 (S. A. des A.).

— Marie-Anne, née le 6 septembre 1682, morte le 9 février 1685, Jean-François, inhumé le 11 mai 1683, Jean-François, né le 13 octobre 1683, Madeleine, née le 12 janvier 1685, Marguerite, née le 8 février 1687, Catherine-Gabrielle, née le 4 septembre 1688, Charles-François, né le 28 décembre 1689, mort le 26 janvier 1690, Charles-François, né le 26 mars 1691, enfants de Charles-François, chevalier, seigneur d'Aubervilliers, conseiller du roi, et de Marie-Anne de la Guillaumye (S. A. des A.).

— Richard, seigneur d'Aligray, maître d'hôtel de la reine Anne d'Autriche, mort le 12 avril 1691 (S. A. des A.).

— Antoine, seigneur de la Plisse, mort le 7 juillet 1694 (S. A. des A.).

— Marie, morte le 6 août 1719 à soixante-dix ans, veuve de Charles de la Salle de Puiseux (S. P).

— Charles-François, mort le 23 décembre 1736 à quinze mois, fils de Charles-François, et de Marie-Jeanne-Louise Le Couturier (S. S.).

— François, fils du comte Pierre, et de Marguerite Baron, marié le 20 juin 1774 à Françoise-Sophie Binot de Villiers, fille d'Antoine-Hyacinthe, commissaire de la gendarmerie, et de Françoise Dupasquier (S. Laurent).

— Charles-Tristan, né le 21 juillet 1783, fils du marquis Matthieu, et d'Angélique-Aimée de Rostaing (S. N. des Ch.).

— Matthieu, conseiller d'honneur au Parlement de Metz, mort le 3 novembre 1789 à soixante-quatorze ans, veuf de Marie-Louise Maurin (S. N. des Ch.).

— Louis-François-Alphonse, comte de Sémonville, né à Paris le 6 mars 1808, fils du marquis Louis-Désiré, et d'Élisabeth-Henriette-Marguerite de la Cour Pavant, marié le 9 juin 1831 à Marie-Jacqueline-Sidonie-Guigues de Moreton, née à Heilly le 26 janvier 1810, fille d'Aimé-Jacques-Marie-Constant, comte de Chabrillan, et d'Alexandrine-Françoise-Eugénie-Zéphirine-Olympe de Choiseul-Gouffier, morte à Paris en juillet 1828 (X^e arr.).

— Richard-François, né le 29 août 1809, fils de François, et d'Angélique-Élisabeth le Large (X^e arr.).

Monthomer (Marie-Anne de), morte le 14 février 1727 à soixante-quinze ans, veuve de Louis de Saint-Simon, marquis de Sandricourt (S. S.).

Monti (Antoine, marquis de), mort le 12 mars 1738 à cinquante-cinq ans et demi (S. S.).

Montigny (Auguste-Henri de), né le 31 août 1680, fils d'Henri, chevalier, seigneur et marquis de Congy, et d'Anne de Creil (S. N. des Ch.).

— Louis-Hercule, fils du feu comte Pierre, et de Louise-Hamone de la Gonnaye, marié le 4 mars 1694 à Joséphine-Charlotte de Langon, fille de feu Gabriel, marquis de Boissurier, et de Jeanne-Amédée-Charlotte Brulart de Sillery (S. A. des A.).

— Catherine-Françoise, née le 6 mai 1750, fille du marquis Nicolas-Louis, et de Marguerite Marquet (S. M. M. la V. l'É.).

— Claude-Augustin-Marie, mort le 12 octobre 1760 à sept ans, fils de Guillaume, et de Louise-Angélique du Bellay (S. M. M. la V. l'É.).

— Marie-Anne, morte le 10 mars 1767 à dix-neuf ans, épouse de Louis-Jean-Baptiste-Antonin Colbert, marquis de Seignelay (S. E.).

Montillet (Jean-François de), archevêque d'Auch, mort le 7 février 1776 à soixante-quatorze ans (S. S.).

Montjay (Claude-Geoffroy de), chevalier, conseiller du roi au Parlement et président à la Cour des aides, mort le 14 mars 1784 à vingt-six ans, époux d'Isabelle-Renée de Maistre, dont : Louis, né le 16 juillet 1782 (S. J. en G.).

Montléart (Jean-Pierre de), né à Nemours le 2 mars 1690 et baptisé à Paris en juillet 1691, fils de Pierre, seigneur de Puiselay, et de Jeanne Morel (S. A. des A.).

— Christian-Louis, marquis de Rumont, conseiller du roi, fils de Louis, et de Gabrielle-Françoise de Gavant, marié le 31 mai 1785 à Marie-Angélique-Julie de Violaine, fille de Charles-Denis, marquis de Saint-Vrain, et d'Henriette-Françoise de Mocet de Chillois (S. S.).

— Marie-Louis, fils du comte Louis-Jean, mousquetaire du roi, et de Marie-Jeanne de Butte, marié le 31 mai 1786 à Marie-Louise de Rouvroy, fille de Balthasar-Henri, comte de Saint-Simon, et de Blanche-Élisabeth de Rouvroy de Saint-Simon, dont : Jules-Maximilien-Thibaut, né le 8 février 1787 (S. S.).

— Armand-Pierre-Louis, né le 2 juillet 1791, fils du comte Marie-Louis, capitaine de chasseurs, et de Sara-Caroline Baker (S. N. des Ch.).

Montlezun (Claire-Catherine de), morte le 22 juillet 1684, fille de feu Charles, chevalier, marquis de Montcassin, seigneur de Lupiac, et d'Henriette-Marguerite de Foix de Candale (S. A. des A.).

— Marie-Marguerite-Adélaïde, née le 21 novembre 1756, fille du comte Philibert-Antoine, et de Madeleine-Françoise Grimian (S. S.).

— Louis-Élisabeth, né le 1ᵉʳ septembre 1767 (Sainte-Marguerite) et baptisé le 9 janvier 1768 (S. S.), fils du marquis Louis-Hercule, mestre de camp de cavalerie, et premier gentilhomme de la chambre du comte de Clermont, et de Françoise-Charlotte Mahé de la Bourdonnais.

— Marquis Louis-Hercule, mort le 17 avril 1782 à soixante-quinze ans (S. S.).

— Antoine-Philibert, comte de Pardiac, mort le 14 mars 1790 à quatre-vingt-quatre ans, époux de Madeleine-Françoise Grimauld (S. E.).

Montmagny. — « Le 2 septembre 1648 convoi général de madame de Montmagny (S. P.). »

Montmeboué (Catherine-Angélique), demoiselle de Grandval, morte le 15 février 1779 à soixante-dix-neuf ans (S. J. du H. P.).

— Claude-Louise, morte le 9 février 1790 à soixante-neuf ans, veuve de Claude Torelli, des comtes de Guastalla et Monteclair et des anciens souverains de Ferrare (S. N. des Ch.).

Montmorant (Maxime-Jean-Baptiste-François de), mort le 10 mars 1758 à neuf ans et demi ; Jeanne-Louise, morte le 16 juin 1759 à dix-sept ans, Marie-Françoise, morte le 12 septembre 1760 à vingt-un ans, et Marie-Françoise-Angélique, morte le 23 mars 1764 à seize ans trois mois (S. P.), enfants de Jean-Louis, chevalier, seigneur de Villegenon, bailli d'épée de l'artillerie, et de feue Jeanne-Françoise Pottier.

Montmorency (Charles-Marie de), fils de défunts Charles, et de Catherine de Muzard, marié le 11 août 1697 à Angélique-Marguerite de Bathefort de l'Aubespin, fille du comte Charles-Achille, et de Charlotte d'Haussonville, dont : Louis-Hyacinthe, né le 2 juin 1698 (S. A. des A.).

— Anne-François-Frédéric, mort le 20 septembre 1700 à deux ans, fils de Paul-Sigismond, comte de Luxembourg, et de Marie-Anne de la Trémoille (S. S.).

— Marie-Louise, née le 4 janvier 1704, et Marie-Anne, née le 29 janvier 1706, filles de Jean-Nicolas, chevalier, comte de Châteaubrun, et de Marie-Louise de Vachon (S. S.).

— Louis-Anne, né le 2 juillet 1704, fils d'Amaury-Louis, et d'Étiennette le Normand (S. S.).

— Marie-Charlotte, née le 8 février 1702, Anne-Julie, née le 16 septembre 1704, et Matthieu, né le 13 décembre 1706, enfants de Léon, et de Marie-Madeleine de l'Étoile de Montbriseul (S. S.).

— Henri, abbé de Génisson, mort le 6 novembre 1708 (S. A. des A.).

— Éléonore-Marie, née le 9 mars 1715, Joseph-Maurice-Annibal, né le 15 novembre 1717, François-Sigismond-Louis, né le 6 mars 1719, mort le 29 juin 1719 (S. R.), Marie-Louise-Cunégonde, née à Lille et baptisée à Paris le 17 juillet 1722, et Nicolas-Achille-Joseph, né le 3 août 1723, mort le 18 juin 1725, enfants de Christian-Louis, duc de Luxembourg, prince de Tingry, comte de Beaumont, et de Louise-Madeleine de Harlay (S. S.).

— Joseph-Auguste, né le 21 mars 1716, fils de Gabriel, comte de Laval, et d'Émilie-Marie-Adélaïde de Grimoard de Beauvoir du Roure (S. S.).

— Anne-Françoise, morte le 1ᵉʳ août 1719 à cinquante-neuf ans, épouse de Gilbert-Gaspard de Chabannes de Pionsat (S. S).

— Charles-Anne-Sigismond, né le 31 août 1721, Louis-Victoire, né le 6 février 1724, mort le 20 août 1725, Marie-Renée, née le 18 juin 1726, et Marie, morte le 5 octobre 1728 à dix-huit mois, enfants de Charles-Sigismond, duc d'Olonne, comte de Luxembourg, et d'Anne-Angélique d'Harlus de Vertilly (S. S.).

— Marie-Louise, née le 31 mars 1723, Guy-Claude-Louis, né le 29 mars 1724, Louis-Charles, né le 12 avril 1727, Joseph-Pierre, né le 28 mars 1729, Henriette-Louise, née le 29 juin 1733, Armand-Louis, né le 14 et mort le 18 juin 1739, enfants de Guy-Claude-Roland, comte de Laval, et de Marie-Élisabeth de Saint-Simon (S. S.).

— Anne-Louis-Alexandre, né le 25 janvier 1724, N. né le 11 novembre 1725, Madeleine-Françoise-Anne-Félicité-Isabelle, née le 20 mai 1727, enfants d'Anne-Auguste, prince de Robecq, et de Catherine-Félicité du Bellay (S. S.).

— Charles, marquis de Boutteville, mort le 8 août 1725 à soixante-deux ans (S. S.).

— Charles-Paul, né le 29 juin 1729, fils de Charles-Paul-Sigismond, duc de Châtillon et d'Olonne, et de Marie-Anne Denesmond (S. S.).

— Paul-Sigismond, duc de Châtillon, inhumé le 29 octobre 1731, âgé de soixante-sept ans un mois (S. S.).

— Louise-Pauline-Françoise, née le 16 janvier 1734, fille de Christian-Charles-François, comte de Luxe, et d'Anne-Sabine Olivier de Sénozan (S. R.).

— Marie-Louise, demoiselle de Laval, morte le 12 mars 1735 à soixante-seize ans six mois douze jours, épouse d'Antoine-Gaston-Jean-Baptiste, duc de Roquelaure (S. S.).

— Louis-Amaury, mort le 23 juillet 1742 à quatre-vingts ans (S. S.).

— Guyonne, morte le 25 août 1743, N....., mort le 25 août 1744 à vingt mois, Matthieu-Paul-Louis, né le 5 août 1748,

Hilaire-Louis-Emmanuel, né le 18 janvier 1750, mort le 12 août 1760, Guyonne-Marie-Hortense, née le 22 septembre 1751, Anne-Silvain, né le 22 novembre 1752, Guyonne-Élisabeth-Josèphe, née le 14 février 1755, enfants de Guy-André-Pierre, marquis, puis duc de Laval, et de Jacqueline-Hortense de Bullion de Fervaques (S. S.).

— N., né le 2 mars 1746, mort le 16 janvier 1749, et Anne-Sophie-Rosalie-Félicité, née le 6 septembre 1749, morte le 17 août 1753, enfants de Louis-Anne, prince de Robecq, et d'Anne-Marie de Montmorency-Luxembourg (S. S.).

— Christian-Louis, duc de Luxembourg, mort le 23 novembre 1746 à soixante-dix ans neuf mois quatorze jours (S. S.).

— Marie-Charlotte, morte le 3 juin 1749 à quarante-huit ans, veuve de Joachim-Louis de Montagu, vicomte de Beaune (S. S.).

— Claudine-Anne-Renée, née le 6 mars 1750, Guy-René-Marie, né le 23 juin 1751, N., né le 8 octobre 1752, enfants de Pierre-Joseph, comte de Laval, et d'Élisabeth-Renée de Maupeou (S. S.).

— Marie-Louise-Maurice-Élisabeth, née le 8 décembre 1750, fille de Joseph-Maurice-Annibal, comte de Luxembourg, et de Françoise-Thérèse-Martine le Peletier de Rosambo (S. S.).

— Anne-Léon, âgé de cinquante ans, veuf d'Anne-Marie-Barbe de Ville, remarié le 23 octobre 1752 à Marie-Madeleine-Gabrielle Charette de Montebert, âgée de quarante-trois ans, veuve en secondes noces d'Henri-François de Bretagne, comte de Vertus (S. S.).

— Éléonore-Marie, demoiselle de Luxembourg, morte le 3 juillet 1755 à quarante ans, épouse de Léon-Louis Potier de Gesvres, comte de Tresmes, marquis de Gandelu (S. R.).

— Alexandre-Joseph, comte de Luxembourg, mort le 10 mars 1765 à soixante-cinq ans (S. S.).

— Marie-Renée-Bonne, demoiselle de Luxembourg, morte le 22 décembre 1759 à soixante-trois ans, épouse de Louis-François-Anne de Neufville, duc de Villeroy (S. M. M. la V. l'É.).

— Anne-Maurice, inhumée le 5 juillet 1760 à trente-un ans, épouse de Louis-Anne-Alexandre, prince de Robecq (S. M. M. la V. l'É.).

— Anne-Marie, né le 17 septembre 1762, fils d'Anne-Léon, marquis de Fosseuse, et de Marie-Judith de Champagne (S. S).

— Marie-Louise-Cunégonde, demoiselle de Luxembourg, morte le 18 avril 1764 à quarante-sept ans huit mois, veuve de Louis-Ferdinand-Joseph de Croy, duc d'Havré (S. S.).

— Anne-Christian-Joseph-François, né le 22 mai 1766, et Anne-Christian, né le 15 juin 1767, fils de Charles-François-Christian, prince de Tingry, et d'Éléonore-Josèphe-Pulchérie des Laurents (S. M. M. la V. l'É.).

— Matthieu-Jean-Félicité, né le 10 juillet 1767, et Anne-Pierre, né le 15 avril 1769, fils de Matthieu-Paul-Louis, vicomte de Laval, et de Catherine-Jeanne Tavernier de Boullogne (S. S.).

— Guy-Marie-Anne-Louis, né le 25 août 1767, Anne-Pierre-Adrien, né le 29 octobre 1768, et Achille-Jean-Louis, né le 25 juin 1772, fils d'Anne-Alexandre-Marie-Sulpice-Joseph, duc de Laval, et de Marie-Louise-Élisabeth-Mauricette de Montmorency-Luxembourg (S. S.).

— Gillette-Françoise, morte le 20 mars 1763 à soixante-trois ans neuf mois, veuve de Louis de Pardaillan de Gondrin, duc d'Antin (S. S.).

— Anne-Charles-François, né le 13 juillet 1768, Anne-Joseph-Thibault, né le 17 mars 1773, Éléonore-Anne-Pulchérie, née le 1er novembre 1776, et Anne-Charles-Louis, né le 3 décembre 1782, enfants du duc Anne-Léon, et d'Anne-Françoise-Charlotte de Montmorency-Luxembourg (S. E.).

— Anne-Julie, morte le 29 novembre 1778 à soixante-quatorze ans, veuve d'Emmanuel de Rousselet, comte de Châteaurenault (S. S.).

— Joseph-Auguste, marquis de Laval, maréchal des camps et armées du roi, marié à Élisabeth-Jeanne le Noir, fille de Pierre-Jacques, seigneur de Sérigny, et de Jeanne-Angélique Chauvin, dont : Anne-Jeanne-Louise, née le 5 octobre 1780 et Joséphine-Perrette-Julie, née le 19 juillet 1782 (S. N. des Ch.).

— Marie-Jeanne, morte le 14 septembre 1782 à cinquante-six ans, veuve de Joseph-Philippe-Hyacinthe de Corswarem Looz (S. S.).

— Guy-Marie-Anne-Louis, fils d'Anne-Alexandre-Marie-Sulpice-

Joseph, duc de Laval, et de Marie-Louise-Élisabeth-Mauricette de Montmorency-Luxembourg, mort le 8 février 1786 à dix-huit ans et demi, marié le 28 avril 1784 à Pauline–Renée–Sophie de Voyer de Paulmy, fille de Marc-René, marquis d'Argenson, et de Marie-Constance de Mailly d'Haucourt, dont : Guyonne-Hortense-Joséphine-Hedwige, née le 24 octobre 1785 (S. S.).

— Claudine-Anne-Renée, morte le 21 juillet 1784 à trente-quatre ans, veuve d'André-Hercule-Alexandre de Rosset, marquis de Fleury, duc breveté de S. M. et mestre de camp de dragons (S. E.).

— Anne-Léon, mort le 26 août 1785 à quatre-vingts ans (S. S.).

— Charles-François-Christian, comte de Luxembourg, mort le 20 avril 1787 à soixante-quatorze ans (S. S.).

— Anne-Pierre–Adrien, fils d'Anne-Alexandre-Marie-Sulpice-Joseph, duc de Laval, et de Marie-Louise-Élisabeth-Mauricette de Montmorency-Luxembourg, marié le 19 mai 1788 à Bonne-Charlotte-Adélaïde–Renée de Montmorency, fille d'Anne-Charles-Sigismond, duc de Luxembourg, Piney, Châtillon-sur-Loing, etc., et de Madeleine-Renée-Suzanne-Adélaïde de Voyer de Paulmy d'Argenson (S. S.).

— Anne-Albertine-Joséphine–Marie, née le 21 décembre 1789 et Anne-Élie-Marie, née le 17 février 1791, filles d'Anne-Christian, prince de Luxembourg, et d'Armande-Louise-Marie de Becdelièvre de Cany (S. S.).

— Élisabeth-Hélène-Pierre, née le 18 août 1790, fille de Matthieu-Jean–Félicité, vicomte de Laval, et de Pauline–Hortense d'Albert de Luynes (S. S.).

— « Acte de décès du dix-neuf octobre mil huit cent douze à une heure après midi. Cejourd'hui à une heure du matin est décédé en sa demeure, rue de Grenelle n° 104, en cet arrondissement, M. Anne-Louis-Alexandre de Montmorency-Robecq, ancien lieutenant–général des armées, âgé de quatre-vingt-huit ans, né à Paris, marié en secondes noces à madame Alexandrine-Émilie de la Rochefoucauld. Constaté par moi Urbain-Firmin Piault, maire du dixième arrondissement de Paris, officier de la Légion d'honneur faisant les fonctions d'officier de l'état-civil, sur la déclaration de Claude-François Blanc, demeurant à Paris, rue du Bacq, n° 91, avocat, âgé de quarante-huit ans, et de Louis François, dit Saint-Amant, demeurant rue de Grenelle, n° 104, propriétaire, âgé de quarante-neuf ans, lesquels ont signé avec moi après lecture à eux faite de l'acte signé au registre : Blanc ; — L. François dit Saint-Amant ; — Piault. » (Xe arr., n° 424.)

— Élisabeth-Hélène-Pierre, native de Paris, morte le 27 juin 1834 à quarante-trois ans et demi, épouse de Louis-François-Sosthène, vicomte de la Rochefoucauld (Xe arr.).

Montmorillon (Laurent-François de), prieur du grand Fresnoy, du Montet aux Moines et de Cresset, mort le 27 août 1777 à soixante-huit ans (S. S.).

Montmorin (Joseph-Gaspard de), évêque d'Aire, mort le 7 novembre 1723 à soixante-quatre ans (S. S.).

— Calixte, né le 29 décembre 1739, mort le 24 mai 1745, Armand-Marc, né le 2 juillet 1741, Claire-Marie, née le 29 juillet 1742, Armand-Marc, né le 13 octobre 1746, Adélaïde-Marie, née le 17 juin 1748, et Marie-Claire-Louise, morte le 24 septembre 1753, enfants d'Armand-Gabriel, comte de Saint-Hérem, et de Marie-Catherine le Gendre de Colandre (S. S.).

— Angélique-Cécile, morte le 8 avril 1747 à quatre-vingt-quatre ans, veuve de François de Harville, marquis de Palaiseau (S. S.).

— Marie-Anne-Françoise, morte le 15 novembre 1753 à cinquante-sept ans, veuve de Pierre de Chambon, marquis d'Arbouville (S. S.).

— Jean-Baptiste-Armand, né le 10 avril 1759, fils de Jean-Baptiste-Calixte, marquis de Saint-Hérem, et d'Amable-Émilie-Gabrielle le Tellier de Souvré (S. S.).

— Marie-Victoire-Françoise, née le 10 août 1765 (S. S.), et N., mort le 20 septembre 1771 à vingt-deux mois, enfants d'Armand-Marc, comte de Saint-Hérem, et de Françoise-Gabrielle de Tana (S. R.).

— Gilbert, évêque de Langres, mort le 19 mai 1770 à quatre-vingts ans (S. S.).

— Marie-Louise-Alexandrine, morte le 22 septembre 1777 à cinquante-huit ans, épouse d'Antoine, comte de Tana (S. S.).

— N., né le 15 novembre 1785, fils du comte Louis-Victoire-

Hippolyte-Luce, et d'Anne-Pauline Chaspou de Verneuil (S. M. M. la V. l'E.).

Montpellier (Anne-Louise-Françoise de), morte le 3 avril 1735 à dix-neuf ans et demi, épouse de Jean Aymeret, seigneur de Gazeau (S. R.).

Montredon (Jeanne de), baptisée le 7 janvier 1637, fille de Jean, et de Marguerite Mérault (S. G.).

Montrichard (Antoinette-Laurent de), morte le 12 octobre 1739 à soixante ans, épouse de Jean-François Charron (S. S.).

— Gabrielle, morte le 5 octobre 1770 à quatre-vingt-trois ans (S. E).

Montsaulnin (Marie-Anne de), dame de Montal, morte le 10 février 1780 à soixante-huit ans, veuve de Charles-Paul, comte de la Rivière, seigneur de Thoste, baron de Courcelles, Saint-Brisson (S. M. M. la V. l'É.).

Monttessuy (Denis), écuyer, agent du roi de Prusse, banquier à Paris, mort le 14 janvier 1789 à cinquante ans, veuf de Marie-Thérèse Scapre (S. E.).

Montullé (Jean-Joseph de), fils de François, et de Marie Regnier, marié le 6 juin 1672 à Madeleine-Charlotte, fille de Claude, baron de Lougny, et d'Anne Aymeret (S. A. des A.).

— Auguste-Joseph, abbé de Notre-Dame de Licque, mort le 1ᵉʳ mai 1748 à soixante-dix ans (S. S.).

— Jean-Baptiste, mort le 9 juillet 1750 à soixante-six ans, veuf de Françoise Gluck, dont Jean-Joseph, né le 26 juillet 1715, mort le 12 mai 1722, Auguste-Joseph, né le 14 décembre 1716, mort le 2 janvier 1720, Marie-Charlotte, née le 24 juillet 1718, Jean-Baptiste-François, né le 3 février 1721, et Marguerite-Françoise, née le 15 décembre 1724 (S. S.).

— Jean-Charles-André, né le 29 juin 1751, N..., née et morte le 11 mars 1753, Jeanne-Élisabeth-Floride, née le 25 octobre 1754, Émilie-Sophie, née le 8 mai 1756, et Jean-Hyacinthe, né le 7 octobre 1757, enfants de Jean-Baptiste-François, et d'Élisabeth-Françoise Haudry (S. S.).

— Marie-Charlotte, morte le 1ᵉʳ mars 1781 à soixante-trois

ans, veuve d'Hyacinthe-François-Georges, comte de Montécler (S. S.).

— Jean-Hyacinthe, capitaine de cavalerie, fils de Jean-Baptiste-François, conseiller d'État, seigneur de Louvigny, et d'Élisabeth-Françoise Haudry, marié le 18 avril 1787 à Marie-Louise-Julienne Glaize, fille de Jean-Marie, sieur de Maisonseule, capitaine de dragons, et de Julienne-Félicité le Tort (S. S.).

— Jean-Baptiste-François, conseiller d'État, secrétaire honoraire des commandements de la Reine, mort le 26 août 1787 à soixante-six ans (S. E.).

Mony (Charles-Auguste de), né le IVe jour complémentaire an IV, fils de Dominique-Victor, et d'Adélaïde Rémond de Montmort.

Morant (Thomas-Marie-Louis-Geneviève de), âgé de vingt-trois ans, fils de Thomas-Charles, comte de Pensez, maréchal des camps et armées du roi, et d'Anne-Françoise de la Bonde d'Hyberville, marié le 14 mai 1781 à Thérèse-Hippolyte-Hélène Sanguin, âgée de dix-neuf ans, fille de François-Hippolyte, marquis de Livry, et de Thérèse-Bonne Gillain de Benouville (S. S.).

Morard (Catherine de), demoiselle de Galé, morte le 13 juillet 1764 à trente-neuf ans, épouse d'Hyacinthe-Joseph Ranc, écuyer (S. M. M. la V. l'É.).

— Marie-Joseph-Gabriel-Appollinaire, aide-major général de l'infanterie, fils du marquis Marc-Antoine, seigneur de Maisonfortes, et de Claire-Dominique Salière de Monlord, marié le 19 février 1787 à Angélique-Paule le Mairat, fille de Louis-Charles, marquis de Bruyères-le-Châtel et de Nogent-sur-Aube, et de Marie-Thérèse Pecquot (S. S.).

Mordant (Louise-Thérèse de), née le 9 novembre 1781 et Alexandre-Barbe-Adélaïde-Louis, né le 21 juillet 1791, enfants de Louis-Claude-René, marquis de Massiac, et d'Adélaïde de Bongars (S. E.).

Moré (Charlotte-Hermine de), née le 31 janvier 1752, fille de César, comte de Pontgibaud, et de Marie-Charlotte-Julie de Salaberry (S. R.).

— Albert-Victoire, né le 28 mars 1776, Alexandre-Dominique, né le 29 avril 1778, et Armand-Victoire, né le 13 août 1786, fils d'Albert-François, comte de Chalies et de Pontgibaud, et de Jeanne-Jacqueline-Victoire Pecquet (S. N. des Ch.).

— Charles-Albert, fils de César, comte de Pontgibaud, et de Marie-Charlotte-Julie de Salaberry, marié le 1ᵉʳ août 1789 à Adélaïde-Marie-Louise Jourda de Vaux, veuve de François-Marie de Fougières, maréchal des camps et armées du roi (S. S.).

Moreau (Marie-Joseph-Perrine), née le 28 juin 1756, Marie-Françoise, née le 14 décembre 1757, filles de François-Jean-Baptiste, chevalier, marquis de Plancy, baron de Saint-Just, seigneur d'Estrelle, Longueville, etc., et de Jeanne-Joseph Gillon de la Ribellerie (S. P.).

— Élisabeth, née le 11 mars 1758, fille de Jacques-Louis, écuyer, sieur de la Vigerie, et de Marie-Marguerite Treuffart (S. S.).

— Jean, seigneur de Séchelles, ministre d'État, mort le 31 décembre 1760 à soixante-onze ans (S. S.).

— François-Jean-Baptiste, marquis de Plancy, baron de Saint-Just, conseiller du roi, maître des requêtes, mort le 24 septembre 1762 à trente-cinq ans (S. P.).

— Pierre-Jacques, seigneur de Nassigny, conseiller d'honneur au parlement de Paris, mort le 27 mars 1768 à soixante-dix-neuf ans (S. E.).

— Anne-Marie-Louise-Ursule, née le 2 avril 1769, fille de Jacob-Nicolas, conseiller du roi, garde des archives des finances, et de Marie-Louise O'Neil (S. M. M. la V. l'É.).

— Jean-Pierre, mort le 15 octobre 1773, fils de Pierre-Louis, écuyer, conseiller du roi, et de Marie-Félicité la Motte (S. M. M. la V. l'É.).

— Marie-Jeanne-Catherine, demoiselle de Séchelles, morte le 8 juillet 1791 à soixante-dix ans, veuve de François-Marie Peirenc de Moras, ministre d'État (S. J. du H. P.).

Morel (Élisabeth), dame de Courbevoie, morte à l'hôpital des Incurables, le 16 mai 1777.

— Geneviève, dame de la Brosse, et de Courbevoie en partie, morte le 29 avril 1783.

Morel de Bournonville (Louis), écuyer, colonel de dragons, mort le 19 janvier 1760 à quatre-vingt-quatre ans (S. P.).

Morel de Vindé (Cécile-Louise de), née le 18 novembre 1782, fille de Charles-Gilbert, conseiller au parlement, et de Marie-Renée-Élisabeth Choppin (S. N. des Ch.).

Morell (Achille-Louis-Charles-Ardouin de), vicomte d'Aubigny, fils d'Achille-Ardouin, marquis d'Assy, et de Louise-Françoise de Ruffré, marié le 14 février 1776 à Agathe-Louise de Morell, fille de Charles-Alexandre, comte d'Aubigny, et de Marguerite de Goussé de la Rochalar (S. S.).

Moreton (Hippolyte-César-Guigues de), né le 16 novembre 1767, Pierre-Charles-Fortuné, né le 12 juillet 1771, Louis-Armand-François-Casimir-Marie, né le 13 mars 1776, mort le 9 septembre 1779, fils de Joseph-Dominique-Guigues, marquis de Chabrillan, et d'Innocente-Aglaé du Plessis de Richelieu d'Aiguillon (S. S.).

— Marie-Anne, hospitalière de Saint-Thomas de Villeneuve, morte le 30 janvier 1776 à quarante ans et demi (S. S.).

— Jacques-Henri-Sébastien-César, mestre de camp de cavalerie, fils de Jacques, comte de Chabrillan, maréchal des camps et armées du roi, et de Bathilde-Madeleine-Félicité de Verdeilhan, marié le 13 avril 1779 à Marie-Élisabeth-Olive Frotier, fille de Louis-Marie-Joseph, comte de la Coste-Messelière, et de Jacqueline-Éléonore de Reclesne de Digoine, dont : Aimé-Jacques-Marie-Constant, né le 14 juillet 1780, et Marie-Madeleine-Éléonore-Aglaé, née le 8 juin 1784 (S. S.).

— Hippolyte-César-Guigues, fils de Joseph-Dominique, marquis de Chabrillan, et d'Innocente-Aglaé du Plessis de Richelieu d'Aiguillon, marié le 18 février 1784 à Antoinette-Françoise-Marie de Caumont, fille de Bertrand-Nompar, marquis de la Force, comte de Mussidan, et d'Adélaïde-Luce-Madeleine de Galard de Béarn, dont : Joséphine-Marie-Zoé, née le 19 août 1788 (S. S.).

Moreuil (Augustin-Yves de), né le 3 juillet 1728, fils de Louis-Alexandre, seigneur de Clausenval, et de Jeanne-Augustine du Four (S. R.).

Morey (Émeric-Pierre de), mort le 23 décembre 1723 à vingt-cinq ans, fils de Claude, marquis de Vianges, et de Philiberte Chiquet (S. S.).

Morgan (Jean-Baptiste), capitaine au régiment de Touraine, mort le 4 avril 1770 à cinquante-huit ans (S. E.).

Morgues (Jean de), écuyer, seigneur de Saint-Germain-Laprade, mort le 23 février 1675 (S. A. des A.).

Morin (Jacques-Barthélemy, baron), maréchal de camp, né à Ville (Oise) le 23 août 1772, fils de Jacques, et de Catherine Frère, marié le 18 mars 1830 à Adolphine-Élise-Wilhelmine de Lusignan, née à Paris le 5 mars 1794, fille du marquis Jean, sous-inspecteur des eaux et forêts, et d'Anne–Gabrielle–Sophie–Agathe–Opportune de Caulaincourt (Ier arr.).

Morissus (Marie-Sophie de), morte le 19 juin 1779, fille du baron, mort sur mer, et de Marie de Molard (S. E.).

Mornay (Aloph de), né le 17 août 1711, fils du comte Léonor, et de Gabrielle du Gué (S. S.).

— Christophe, né le 21 octobre 1769, fils du marquis Claude-Henri-Gabriel, et de Louise-Jeanne-Marguerite Drouilhet (S. E.).

— Denise-Élisabeth, morte le 27 avril 1787 à soixante-dix-huit ans (S. R.).

Morogues (Jean-François de), seigneur de Sauvage, mort le 18 janvier 1720 à vingt-huit ans, fils de François, et de N., de Morogues (S. S.).

Morru (Miles de), baptisé le 17 janvier 1568, fils de noble homme Geoffroy, écuyer, seigneur de Bost et Saint-Martin, et de damoiselle Hélène de Pleurs (S. G.).

Mortefontaine. — « Le 6 avril 1619, convoi d'un enfant chez M. de Mortefontaine » (S. P.).

Mortemart de Boisse (Marc-Marie de), né le 6 juin 1756, et Henri-Amédée-Antoine, né le 20 mai 1757, fils de Pierre-Alexandre, ancien consul de France en Espagne, et de Jeanne-Louise de Marle de Coucy (S. S.). — Voy. Boisse.

Mothe-Houdancourt (Louise-Marie de la), née le 8 juin 1715, Élisabeth-Thérèse, née le 22 mai 1721, Jeanne-Gabrielle, née le 14 décembre 1723, et Louis-Geneviève, né le 5 décembre 1724, enfants du marquis Louis-Charles, et d'Élisabeth-Thérèse de la Rochecourbon (S. S.).

— Comte Charles, mort le 24 mars 1728 à quatre-vingt-six ans (S. S.).

— Comte Louis-Charles, mort le 3 novembre 1755 à soixante ans (S. S.).

Motte de Vilbres d'Apremont (Louis de la), abbé de Bretheuil, mort le 19 avril 1751 à quatre-vingt-douze ans (S. S.).

Motier (Joseph-Gabriel), chevalier de la Fayette, abbé de Saint-Genou, mort le 31 août 1740 à soixante-quinze ans (S. S.).

— Adrienne-Henriette-Catherine-Charlotte, née le 15 décembre 1775 (S. R.)., morte le 3 octobre 1777 (S. M. M. la V. l'É.)., Anastasie-Louise-Pauline, née le 1ᵉʳ juillet 1777 ; George-Louis-Gilbert, né le 24 décembre 1779, et Antoinette-Marie-Virginie, née le 17 septembre 1782, enfants de Marie-Paul-Joseph-Roch-Yves-Gilbert, marquis de la Fayette, et de Marie-Adrienne-Françoise de Noailles (S. R.).

Motte (François-Henri-Gilbert, comte de la), né à Murs le 27 août 1807, fils de François-Gilbert, mort à Murs en mai 1844, et de Pauline de Mallevaud, morte à Perrusson en septembre 1835, marié le 27 janvier 1845 à Elvire de Briche, née à Montpellier le 14 mai 1816, fille du vicomte Louis-André-Marie-Élisabeth, mort à Marseille en mai 1825, et de Julie Harty de Pierrebourg-Alios de Fleckenstein (Xᵉ arr.).

Motte-Ango (Anne-Charlotte de la), née le 7 mars 1745, Antoine-François, né le 21 avril 1746 (S. S.)., Louis-Charles, né le 12 juin 1754, Adélaïde et Agathe, nées le 9 juillet 1755, et Louis-Jean, né le 13 septembre 1756, enfants d'Ange-Hyacinthe, marquis de Flers, et de Marie-Madeleine-Charlotte Chertemps de Seuil (S. M. M. la V. l'É.).

Mouche. — « Le 10 juin 1619, réception de madame de la Mouche » (S. P.).

Moucheron (Jean de), mort le 12 mai 1687, et Claude-Gilles, né le 18 juillet 1687, fils de Gilles, écuyer, sieur de la Sourdière, et de Marguerite Roullière (S. A. des A.).

Mouchy (Anne de), morte le 14 janvier 1720, veuve de Jacques-Pierre de Borel, seigneur de Malherbe (S. R.).

Moufle (Marie-René), né le 6 septembre 1753, fils de Jean-Baptiste-René, conseiller du roi, et de Marie-Thérèse Quentin de Champcenetz (S. R.).

— Louis-Barthélemy, sieur de Georville, écuyer, trésorier général de la marine, mort le 20 janvier 1764 à cinquante-quatre ans (S. R.).

— Marie-Anne, demoiselle de la Thuillerie, morte le 21 janvier 1772 à cinquante-quatre ans, veuve d'Aymar-Félicien Boffin, chevalier, marquis de la Sone (S. R.).

Mouhy (Charles de), chevalier titré du roi, mort le 27 février 1784 à quatre-vingt-quatre ans (S. E.).

Moulin. — « Le 10 mai 1618, reception du corps de feu M. du Moulin, sieur de Passi et trésorier de France, beau-frère de MM. les Parfaits, de Saint-Gervais » (S. P.).

Mousseaux (Jeanne-Geneviève de), née le 3 août 1723, fille de Louis, seigneur de Brétigny, et de Marie Jacquemain (S. S.).

Moustier (Philippe-Xavier, marquis de), maréchal des camps et armées du roi, mort le 17 avril 1776 à soixante-neuf ans (S. E.).

Mouton (René-Nicolas le), fils de Nicolas, et de Marthe d'Alleaume, marié le 11 juillet 1713 à Anne-Clotilde de Boufflers, fille de François, et de Marie-Anne du Bien (S. A. des A.).

Mouy (Marie de), morte le 31 mars 1728 à soixante ans, veuve de François Bonvoust, marquis de Louvelle, seigneur de Prulay (S. S.).

Moy (Louis-Charles, comte de), mort le 5 mars 1787 à soixante-huit ans, veuf de Catherine-Julie-Charlotte de Motteville (S. R.).

Moyria (Auguste de), marquis de Châtillon, lieutenant général des armées du roi, mort le 3 mai 1723 à soixante-dix ans (S. S.).

— Adélaïde-Charlotte-Perrette, morte le 13 janvier 1786, fille du baron Louis-François, et d'Anne-Charlotte d'Avout (S. J. du H. P.).

Mucie (Marguerite de), morte le 4 novembre 1788 à quatre-vingt-quatre ans, veuve de Louis-François de Damas, marquis d'Anlezy (S. S.).

Mun (Adrienne-Claire-Julie de), née le 17 juillet 1779, fille d'Alexandre-François, comte d'Arblade, et de Charlotte Helvétius (S. M. M. la V. l'É.).

Murard (Hugues-Jérôme de), seigneur de Virlou, mort le 17 mai 1767 à quatre-vingt-huit ans (S. P.).

Murat (Hugues-François-Casimir de), fils de Victor, marquis de Lestang, et de Marie de Vallerno, marié le 16 juin 1788 à Aglaé-Charlotte-Marie de Broglie, fille du duc Victor-François, et de Louise-Augustine Salbigothon Crozat de Thiers (S. S.)., dont : Marie-Caroline, native de Dusseldorf, morte le 5 février 1811 à dix-sept ans, Maurice-Jean-Marie, natif de Paris, mort le 27 février 1811 à deux ans, Marie-Nathalie-Maclovie-Fortunée, native de Paris, morte le 31 mars 1811 à sept mois (X^e arr.).

— Marie-Claude, native du Mans, morte le 11 septembre 1834 à quatre-vingt-deux ans, veuve de Jean-Armand-Marie du Lau d'Allemans (X^e arr.).

Musnier (René le), seigneur de Nantouillet, conseiller du roi, mort le 18 juin 1720 à quatre-vingt-onze ans (S. S.).

Mutel de l'Isle (Alexis-Philippe-Denis) né le 8 mars 1788, fils de Philippe-Pierre-Jean, chevalier de Saint-Louis, et de Michelle-Julienne Riquet (S. J. du H. P.).

Mycielino (Jean, comte de), mort le 26 mai 1722 à vingt-deux ans, fils d'André Mycielski-Chorzy, du Palatinat de Posnanie (S. S.).

Myre (Alexandrine-Émilie et Pauline-Marie de la), nées le 28 août 1764, Claude-Gabriel-François, né le 8 août 1767, et Antoinette-Louise-Marie-Edèze, née le 1er novembre 1773, enfants de François-Jean, comte de Mory, et de Marie-Anne-Thérèse de Chamborant (S. S.).

— Ernestine-Marie-Louise, née le 8 juillet 1787, Albine-Françoise-Louise, née le 24 avril 1789 (S. N. des Ch.)., morte le 24 mai 1790, et Alfred-Joseph-Antoine, né le 12 octobre 1790 (S. S.), enfants d'André-Jérôme, vicomte de Mory, et de Bernarde-Françoise de Bertier.

— Claude-Marie-Louise, morte le 24 avril 1791 à trente-cinq ans, épouse de Jean-Dominique, comte de Cassini (S. J. du II. P.).

N

Naboul (Anne-Marthe-Louise), morte le 26 août 1779 à quatre-vingt-quatorze ans, veuve de Jean-Emmanuel de Crussol d'Uzès, marquis d'Amboise (S. S.).

Nagu (Alexandre-Joseph de), marquis de Varennes, gouverneur de Bouchain, mort le 6 juin 1724 à quatre-vingts ans (S. S.).

Nain (Anne-Bénigne-Marie le), baptisée le 18 juillet 1672, fille de Jean, conseiller du roi, et d'Anne Le Gras (S. A. des A.).

Narbonne (Marie-Élisabeth-Hélène-Hyacinthe de), demoiselle de Pelet, morte le 11 avril 1756, épouse de Pons-Simon-Frédéric de Pierre, marquis de Bernis (S. S.).

— Charles-Bernard, comte de Pelet, mort le 1er février 1779 à cinquante-huit ans (S. S.).

— Louis-Jean-Marie, né le 9 novembre 1782, bâtard de Louis-Marie-Jacques-Amalric, comte de Lara, et de Jeanne-Louise-Élisabeth Pitrot-Verteuil (S. E.).

— Louis-Marie-Jacques-Amalric, comte de Lara, âgé de vingt-six ans, chevalier d'honneur de Madame Adélaïde, fils du duc Jean-François, et de Françoise de Chalus, marié le 16 avril 1782 à Adélaïde-Marie de Montholon, âgée de quatorze ans, fille de Nicolas, conseiller du roi, et de Charlotte-Marie-Laurence-Marguerite Fournier de la Chapelle (S. S.) dont Amable-Riom-Françoise-Louise, née le 25 mai 1786 (S. E.).

— Michel-Claude-Gaspard-Félix-Jean-Raymond, né le 7 décembre 1783, fils de Jean-Pierre-Auguste, comte de Pelet, chevalier de Saint-Louis, et de Jeanne-Marguerite Caze de la Bove (S. M. M. la V. l'É.).

— Françoise-Marie-Félicité-Hermessinde, née le 15 janvier 1785; Albéric-François-Hippolyte-Paul-Raymond, né le 1er janvier 1786, et François-Raymond-Émeric, né le 25 décembre 1787, enfants de François-Bernard-Raymond-Joachim, comte de Pelet, mort le 25 janvier 1788, et d'Adélaïde-Marie-Thérèse le Conte de Nonant de Pierrecourt (S. S.).

— Marie-Angélique-Émilie-Hermessinde, née le 22 août 1832,

morte le 20 février 1834, fille de François-Raymond-Émeric, comte de Pelet, et de Stéphanie-Catherine-Amélie Gassot de la Vienne (X⁰ arr.).

Nargonne (Suzanne de), morte le 12 novembre 1722 à soixante-douze ans, veuve en premières noces de Jean du Roux, marquis de Lucaré, et en secondes d'Armand-Léonard, comte de Broc (S. S.).

Nassau (N... de), né le 14 février 1712, fils d'Emmanuel, prince de Sieghen, et de Charlotte de Mailly de Neelle (S. S.).

— Sophie, née le 22 septembre 1772, bâtarde de Charles-Henri-Nicolas-Othon, prince de Sieghen, et de Thérèse Eymer-Fleury (S. E.).

Nau (Charlotte-Françoise), morte le 11 juin 1765 à quarante-huit ans, épouse de Pierre-Charles de Bonnaire, seigneur de Marcé (S. P.).

Navia-Assorio-Belles (Alvaro-Balthasar-Joseph-Antoine), né le 13 mars 1728, baptisé à Madrid le 18 juillet 1735, fils d'Alvaro, marquis de Sainte-Croix de Marcenado, ambassadeur extraordinaire de S. M. C., et de Marie-Antonie Beillet et Valencie (S. S.).

— N., né le 2 juillet 1783, fils de don Alvaro, vicomte de la Herreria, et de Marie-Françoise-Xavière de Guemez Padilla (S. S.).

Nédonchel (Octave-Eugène-Adrien-Alexandre de), mort le 3 avril 1736 à dix-huit ans, fils du marquis Octave-Alexandre et de Thérèse-Louise-Antoinette de Hain (S. S.).

— Marie-Joséphine-Caroline-Amélie, née le 28 août 1840, fille du comte Georges-Alexandre-François, et d'Antoinette-Marie-Louise de Choiseul (X⁰ arr.).

Néel (Marie-Françoise-Adèle de), née le 6 avril 1788, fille du comte Arnaud-Jérôme-Aimé, chevalier, et d'Hélène-Augustine de Guillauden du Plessis (S. R.).

Neipperg (Maximilien-Frédéric de), né le 20 décembre 1783, fils du comte Léopold, et de Marie-Louise-Françoise-Jeanne-Walpurge de Hatzfeldt (S. R.).

Neiret de la Ravoye (Marie-Anne), morte le 26 février 1768 à soixante-douze ans, veuve de Jacques le Coigneux, marquis de Belabre, brigadier des armées du roi (S. P.).

Nellin de la Tournelle (Nicolas-Charles), né le 26 février 1729, mort le 8 mai 1731, fils de Charles-Arnoul, écuyer, secrétaire du roi à la conduite des ambassadeurs, et de Gabrielle-Françoise Péquet (S. S.).

— Charles-Arnoul, secrétaire ordinaire du roi à la conduite des ambassadeurs, mort le 5 avril 1741 à cinquante-sept ans (S. S.).

— Marie-Jacqueline, morte le 13 janvier 1768 à quarante-cinq ans (S. M. M. la V. l'É.).

— Geneviève-Gabrielle, morte le 13 décembre 1792 à soixante-quinze ans, veuve de Gabriel Androdia de Murol (S. R.).

Nérestan (Louis-Achille de), duc de Gadagne, mort le 7 février 1733 à cinquante-neuf ans (S. R.).

Nesle (Jeanne-Marguerite de), morte le 25 juin 1775 à soixante-quatre ans, épouse de Charles Hardouin de Beaumois (S. R.).

Nesmond (Marie-Louise-Catherine de), morte dans la nuit du 9 au 10 décembre 1726 à quarante ans, dame de la Roque, veuve de Louis-François d'Harcourt, comte de Sézanne, marquis de la Meilleraye (S. S. et S. R.).

— Ursule-Joseph-Arsène, née le 17 mars 1785 (S. R.) et Charles-Guillaume-Félix, né le 23 avril 1787 (S. M. M. la V. l'É.), enfants du comte Guillaume et de Jeanne-Madeleine Blanchet.

Nettancourt (Alexandre-César de), né le 13 mars 1765, fils de Charles-Jean, comte de Vaubecourt et de Haussonville, et d'Anne-Marie-Louise Vatboy du Metz (S. S.).

Neubourg (Marie de), baptisée le 18 janvier 1637, et Françoise, baptisée le 30 mars 1639, enfants de Roland, sieur de Sarcelles, conseiller du roi, et de Françoise Pébrochel (S. G.).

Neuf de Sourdeval (Nicole-Thérèse le), morte le 2 septembre 1760 à cinquante-trois ans, veuve de Pierre-Antoine de la Luzerne, marquis de Brévans (S. P.).

Neufchatel (Jacques-François de), baron de Gorgy, inhumé le 2 novembre 1678 (S. A. des A.).

Neufville (Nicolas de), duc de Villeroy, mort le 28 novembre 1685 à quatre-vingt-sept ans deux mois (S. S.).

— Françoise, morte le 11 mai 1701 à soixante-seize ans, veuve de Jean-Abel Vignier, marquis d'Hauterive (S. S.).

— François-Louis, fils de Louis-Nicolas, duc de Villeroy, et de Marguerite le Tellier, marié le 15 avril 1716 à Marie-Renée-Bonne de Montmorency, âgée de dix-neuf ans, fille de Charles-François-Frédéric, duc de Luxembourg, et de Marie-Gilonne de Gilliers (S. R.).

— François-Louis, duc de Villeroy, mort le 22 mars 1766 à soixante-dix ans (S. S.).

— Madeleine-Angélique, morte le 24 janvier 1787 à quatre-vingts ans, veuve de Joseph-Marie, duc de Boufflers, et en secondes noces de Charles-François de Montmorency, duc de Luxembourg (S. R.).

Neufville de l'Arboulerie (Claude-Antoine de), brigadier des armées du roi, mort le 27 octobre 1785 à cinquante-six ans (S. E.).

— Antoine-Claude, officier aux gardes-françaises, mort le 10 octobre 1790 à dix-neuf ans, fils d'Antoine-Claude, et de Marie-Geneviève Desponty (S. E.).

Nevet (Marie-Thérèse-Josèphe-Corentine de), morte le 18 août 1778 à soixante-un ans, veuve de Jean-Antoine-François de Franquetot, comte de Coigny, lieutenant-général des armées du roi (S. R.).

Nicolay (Scipion de), né le 3 février 1722, fils du marquis Joseph et de Louise de Saint-André de Saint-Just (S. S.).

— Jeanne-Aymardine, morte le 15 septembre 1756 à seize ans, et Aymar-Edme, mort le 13 septembre 1760 à seize ans trois mois, enfants d'Aymar-Jean, chevalier, marquis de Goussainville, et de Madeleine-Charlotte-Guillelmine-Léonine de Vintimille du Luc (S. P.).

— Marie-Élisabeth, morte le 18 septembre 1771 à soixante-quatre ans, veuve de Louis-Charles, marquis de la Châtre, comte de Nançay (S. P.).

— Antoine-Chrétien, maréchal de France, mort le 10 mars 1777 à soixante-quatre ans quatre mois (S. S.).

— Félicité-Louise, morte le 10 juin 1777 à trois ans et demi, fille du marquis Louis-Scipion-Guillaume-Jean, et de Félicité-Sextius-Marie-Élisabeth de Jarente d'Orgeval (S. S.).

— Amable-Rose-Félicité-Louise, née le 20 septembre 1779, bâtarde du marquis Amable-Charles-François, premier président du grand conseil, et de Marie-Rose-Angélique Bousse (S. N. des Ch.).

— Marie-Élisabeth, morte le 5 mars 1784 à soixante-dix-huit ans, veuve de Jules-Malo de Coëtquen, et en secondes noces de Louis de Rochechouart, duc de Mortemart (S. S.).

Nigot de Saint-Sauveur (Pierre-Jacques), chevalier, conseiller du roi, mort le 20 avril 1758 à vingt-sept ans (S. P.).

Noailles (Philippe de), né le 7 décembre 1715, et Marie-Anne-Maurice, née le 12 janvier 1719, enfants du duc Adrien-Maurice, et de Françoise-Amable d'Aubigné (S. R.).

— Marie-Émilie, morte le 7 mai 1723 à trente-trois ans, épouse d'Emmanuel de Rousselet, marquis de Châteaurenault (S. S.).

— Marie-Charlotte, morte le 7 juin 1723 à quarante-sept ans, épouse de Malo-Auguste, marquis de Coëtquen, comte de Combourg (S. S.).

— Marquis Jean-Emmanuel, mort le 16 décembre 1725 à trente-trois ans (S. R.).

— Jean-Paul-François, né le 26 octobre 1739 ; N., née le 24 décembre 1741 ; N., né le 12 décembre 1743 ; Philippine-Louise-Catherine, née le 14 septembre 1745, et N., mort-né le 9 juin 1748, enfants de Louis, duc d'Ayen, et de Catherine-Charlotte-Françoise de Cossé-Brissac (S. R.).

— Louise-Charlotte-Philippe-Henriette, née le 23 août 1745 ; Adrien-Charles, né le 1er avril 1747, mort le 7 novembre 1747 ; Louis-Philippe, né le 10 juillet 1748, mort le 6 mars 1751 ; Daniel-François-Marie, né le 21 octobre 1750, mort le 26 novembre 1752 ; Philippe-Louis-Marc-Antoine, né le 21 novembre 1752, baptisé à Versailles le 25 avril 1753, et Louis-Marie, né le 17 avril 1756, enfants de Philippe, duc de Mouchy, et d'Anne-Claude-Louise d'Arpajon (S. S.).

— Louise-Félicité, morte le 11 janvier 1745 à soixante-un ans, veuve de Victor-Marie, duc d'Estrées (S. S.).

— Marie-Christine, morte le 14 février 1748 à soixante-dix-sept ans, veuve d'Antoine, duc de Gramont (S. S.).

— Adrien-Paul-Louis, né le 17 septembre 1756, mort le 7 septembre 1757 ; Anne-Jeanne-Baptiste-Pauline-Adrienne-Louise-Catherine-Dominique, née le 11 novembre 1758 ; Marie-Adrienne-Françoise, née le 2 novembre 1759 ; N., née et morte le 11 décembre 1760 ; Françoise-Antoinette-Louise, née le 3 septembre 1763 ; Anne-Paule-Dominique, née le 22 juin 1766 ; Angélique-Françoise-Rosalie, née le 1er août 1767 ; Louis-Gabriel, né le 19 août 1768, mort le 26 juillet 1770, enfants de Jean-Paul-François, comte, puis duc d'Ayen, et d'Anne-Louise-Henriette Daguesseau (S. R.).

— Duc Adrien-Maurice, maréchal de France, mort le 24 juin 1766 à quatre-vingt-huit ans, veuf de Charlotte-Françoise-Amable d'Aubigné (S. R.).

— Arthur-Tristan-Jean-Charles-Languedoc, né le 14 février 1771, et Antonin-Claude-Dominique, né le 25 août 1777, fils de Philippe-Louis-Marc-Antoine, prince de Poix, et d'Anne-Louise-Marie de Beauvau (S. S.).

— Anne-Louise, morte le 19 mai 1773 à soixante-dix-sept ans neuf mois moins sept jours, veuve de François-Macé le Tellier, marquis de Louvois, et en secondes noces de Jacques-Hippolyte, marquis de Mancini (S. R.).

— Françoise-Adélaïde, morte le 24 janvier 1776 à soixante-onze ans, veuve de Charles de Lorraine, prince d'Armagnac (S. S.).

— Marie-Philippe-Adrien-Maurice, né le 10 mai 1777, et Achille-Charles-Victor, né le 25 février 1779, fils du marquis Emmanuel-Marie-Louis, mestre-de-camp de cavalerie, et de Charlotte-Françoise d'Hallencourt de Droménil (S. S.).

— Adrien-Maurice-Louis, né le 2 octobre 1776 ; Adrienne-Théodore-Philippine, née le 28 novembre 1778, morte le 19 avril 1781 ; Alexis-Louis-Joseph, né le 1er juin 1783 ; Alfred-Louis-Dominique-Vincent de Paul, né le 15 septembre 1784, et Adrienne-Marie-Euphémie-Cécile, née le 7 mai 1790, enfants du vicomte

Louis-Marie, et d'Anne-Jeanne-Baptiste-Pauline-Adrienne-Louise-Catherine-Dominique de Noailles (S. S.).

— Marie-Louise, morte le 23 mai 1782 à soixante-douze ans, veuve de Jacques-Nompar, duc de Caumont (S. S.).

— Marie-Thérèse, morte le 21 avril 1784 à quatre-vingt-dix-neuf ans sept mois, veuve de Charles-François de la Baume le Blanc, duc de la Vallière (S. R.).

— Françoise-Antoinette-Louise, morte le 3 août 1788 à vingt cinq ans, épouse de Jean-François-Bérenger, vicomte de Thésan (S. S.).

— Philippine-Louise-Catherine, morte le 22 décembre 1791 à quarante-six ans, épouse de Louis-Antoine-Armand de Gramont, duc de Lesparre (S. R.).

Noblet (Joseph-Charles-Claude de), né le 17 avril 1723, fils d'Étienne-Charles, marquis de Chenelette, et de Catherine de Bourassé (S. R.).

— Jean-François, sieur d'Hautvilliers, mort le 2 novembre 1724 à soixante-trois ans (Ste-Marguerite).

Nocey (Marie-Claude), morte le 22 mai 1742 à soixante-onze ans, veuve d'André d'Esson, seigneur du Torp, de la Chapelle-Bevel (S. M. M. la V. l'É.).

Noé (François-Thomas, vicomte de), né à Ceylan le 20 février 1806, fils du comte Louis-Pantaléon-Jude-Amédée, pair de France, et de Françoise-Caroline Halliday, marié le 3 janvier 1831 à Laurette-Marie-Mélanie Trousset, née à Lisbonne le 27 juin 1808, fille de Laurent-François, commissaire ordonnateur de l'armée française en Portugal, mort à Marienpol le 21 décembre 1812, et de Marie-Louise-Joséphine-Mélanie Juchereau de Saint-Denis (X^e arr.).

Noel du Payrat (Marie-Françoise), née le 23 février 1791, fille de Pierre-Théodore, substitut de M. le procureur général au Parlement de Paris, et d'Anne Chrestien (S. G. l'Aux.).

Nogué (Marie-Anne de), inhumée le 9 juin 1780 à dix-neuf ans six mois, épouse d'Anne-Louis Pinon, chevalier, président du Parlement (S. E.).

— Jeanne, morte le 8 février 1785 à trente-quatre ans, épouse de Guillaume-Joseph Dupleix de Bacquancourt, chevalier, conseiller d'État (S. E.).

Noillan (Louise-Charlotte de), née le 6 avril 1727, fille de Louis-Joseph, comte de Hannesan, et de Marie-Anne Dumont (S. S.).

Noir (Henriette-Gabrielle le), morte le 25 novembre 1756 à trente-cinq ans, épouse de Pierre Oursin, seigneur de Digoville (S. M. M. la V. l'É.).

— Victor-François de Paule, né le 29 décembre 1771, fils de Laurent-François, seigneur de Rouvray, Grandmaison, et d'Angélique-Rose d'Alesso d'Éragny (S. R.).

Nolivos (Pierre-René de), né le 10 mai 1724, fils de Pierre-Gédéon, chevalier de l'ordre de Saint-Louis, lieutenant du roi dans l'île de Saint-Domingue, et de Renée Giet (S. S.).

— Charlotte-Suzanne-Pauline, née le 12 juin 1782 (S. E.); N. né et mort le 22 novembre 1785, et Pierre-Gédéon-Armand-Louis-Anne, né le 3 octobre 1787 (S. R.), enfants du marquis Pierre, co-seigneur de Sauveterre, et de Louise-Pauline Thiry d'Holbach.

Nollent (Françoise-Marthe-Angélique de), morte le 29 décembre 1784 à quatre-vingts ans, veuve d'Henri-François de Paule d'Aguesseau, inhumée en présence d'Henri-Cardin-Jean-Baptiste Daguesseau, et de François-Jean, marquis de Chastellux (S. S.).

Nompère (Jean-Baptiste de), comte de Champagny, duc de Cadore, natif de Roanne, pair de France, contre-amiral, mort le 3 juillet 1834 à soixante-dix-huit ans, veuf de Victoire-Blandine Hue de Grosbois (X° arr.).

Nonant (Reine-Rose de), née le 7 janvier 1790, fille de Joseph-Antoine-Alexis, comte de Pierrecourt, et de Cécile-Rose le Conte de Pierrecourt (S. R.).

— Marie-Amélie, née le 28 mars 1791, fille d'Abel-Alexis, marquis de Pierrecourt, et de Catherine-Antoinette-Josèphe de Rothe (S. R.) [1].

Normant (Guillaume-Charles-Louis le), né le 26 décembre 1741,

---

[1] Ces deux alinéas ont été omis à l'article Conte (le).

et Jeanne-Alexandrine, morte le 15 juin 1754 à neuf ans dix mois cinq jours, enfants de Charles-Guillaume, écuyer, seigneur d'Étioles, et de Jeanne-Antoinette Poisson, marquise de Pompadour (S. R.).

— Jean-Baptiste, écuyer, seigneur de Bussy, mort le 12 juin 1762 (S. R.).

— Charles-François-Constant, né le 2 juin 1767, fils de Charles-Guillaume, écuyer, seigneur d'Étioles, et de Marie-Étiennette de Matha (S. E.).

— Madeleine-Charlotte-Catherine, morte le 18 janvier 1784 à soixante-sept ans, veuve de Louis-Henri-Auguste le Normand, seigneur de Champfleury (S. R.).

— Anne-Victoire, morte le 23 août 1786 à soixante-quatorze ans, veuve de François, comte de Baschi (S. S.).

Nos (Marie-Françoise-Xavière-Joséphine des), née le 19 janvier 1757, Madeleine-Marie, née le 27 mai 1758, N., née le 22 novembre 1761 (S. M. M. la V. l'É.), et Antoinette-Brigide-Sophie, née le 22 janvier 1768 (S. E.), et inhumée à...... le 21 janvier 1772, filles de Jacques, marquis de Kerjean, et de Jeanne de Carvailho.

— Marie-Françoise-Louise, morte le 11 mai 1777 à quatre-vingt-trois ans quatre mois moins deux jours, veuve de Charles-Louis de Kergorlay (S. S.).

Noue (Gabriel-François de la), mort le 9 janvier 1779 à soixante-quatre ans trois mois cinq jours (S. S.).

— Joseph-Louis-Charles, marquis de la Granche, maréchal des camps et armées du roi, mort le 5 décembre 1781 à cinquante-trois ans (S. E.).

Nougarède (Jean-Louis-Nicolas de la), mort le 11 février 1770, fils de Gabriel, comte de Lagarde, capitaine de cavalerie, et d'Anne-Joseph Delhomme (S. R.).

Noyel (Marie-Andrée de), née le 18 janvier 1756 ; André-Madeleine, né le 28 juillet 1758, Claude-Marie, né le 6 février 1761 ; Étienne-Louis, né le 7 septembre 1762, et Joseph-Marie, né le 19 septembre 1763, enfants de Jean-Baptiste-Mathieu, chevalier de

Saint-Louis, commissaire ordinaire et capitaine d'artillerie, sieur de Parange, et de Louise-Béatrix-Edmée Lebœuf (S. S.).

Noyer (Olympe-Catherine du), morte le 6 mars 1770 à soixante-dix-huit ans, veuve de Jean-Charles, baron de Winterfeldt (S. R.).

Noyers de Lorme (Amédée-Adélaïde des) née le 5 septembre 1725, fille de Jean-Amédée, seigneur de Montoire, et de Louise-Françoise Mallet de Graville de Valsemé (S. R.).

Nuchèze (Pierre de), seigneur de Monthomart, fils de feu Pierre, seigneur de Persac, et de Dorothée Barton de Monbas, marié le 16 septembre 1690 à Marie-Élisabeth Landernau, veuve de François Estourneau, marquis du Riz (S. A. des A.).

Nugent (Charles-Benoît de) né le 15 janvier 1748, fils de Charles, écuyer, et de Marie-Cécile de Barnewall (S. R.).

— Anne-Jeanne, morte le 9 juin 1762 à vingt-six ans, épouse d'Edmond Rothe, gentilhomme irlandais (S. R.).

— Louise-Pulchérie, visitandine depuis quarante-quatre ans, morte le 24 novembre 1779 à soixante-quinze ans (S. J. du H. P.).

Nussart (Marguerite de), née le 3 février 1677, fille d'Henri, sieur de Gastine, et d'Élisabeth Oustel (S. N. des Ch.).

O

O (Adélaïde-Geneviève-Félicité d') morte le 26 août 1735 à dix-neuf ans, épouse de Louis de Brancas, duc de Lauraguais (S. S.).

O'Brien (Charles), né le 1er octobre 1756, et Charles II, né le 18 octobre 1757, fils de Charles, comte de Thomond et de Clare, et de Marie-Geneviève de Chiffreville (S. S.).

— Laure, demoiselle de Clare, morte le 8 juin 1781 à quatre-vingt-quatre ans, veuve de Claude-Charles le Tonnelier de Breteuil (S. S.).

O'Brien O'Connor Phaly (Marie), morte le 28 octobre 1747, épouse de Joseph-Joachim, duc de Montaligre, marquis de Salascher (S. R.).

O'Connor de Kerry (Louise-Martine) morte le 17 juin 1779 à

quarante-un ans, veuve de Jean-Baptiste de Palvoisin de Monmony (S. E.).

O'Donnell (Colomban-Hyacinthe), capitaine irlandais, fils du comte Jean, et de Marie O'Falvey, marié le 2 mai 1783 à Marie-Anne de Cartigny, fille de Charles-Albert, et de Madeleine de Sauveton (S. S.).

O'Hegerty (François-Louis), né le 31 mai 1773, et Jacques-Isidor-Augustin-Patrice, né le 22 décembre 1780 ; fils de Louis, lieutenant-colonel d'infanterie, et de Marie-Louise Pirlot (S. E.).

O'Helly Farell (Jean-Jacques, comte), fils de Denis, baron de la Bastide-Montfort, et de Marie Dillon, marié le 26 novembre 1776 à Louise-Marie-Marguerite de Galard de Brassac, chanoinesse de Metz, fille de François-Alexandre, vicomte de Béarn, et d'Angélique-Gabrielle Joumard des Achards, dont : Jean-Henri-Denis, né le 28 octobre 1777, Gabrielle-Marie-Guillemine, née le 30 août 1779, et Angélique-Louise-Appoline, née le 16 mai 1781 (S. S.).

O'Ry Ordan (Louis-Charles-Georges-Patrice), né le 19 mai 1778, fils de Charles-Georges-Patrice, écuyer, et d'Henriette Kennedy (S. M. M. la V. l'É.).

Odun (Marie-Charles-Gaspard d'), né le 30 octobre 1719, fils de Charles-Gaspard, et de Marie-Anne Sachau (S. S.).

— Pierre, écuyer, mort le 22 octobre 1750 à soixante-dix-huit ans, époux de Claude-Suzanne-Jacques de Vitry (S. R.).

Ogier (Marguerite-Hermine), morte le 10 janvier 1773, veuve de Charles-François de Salaberry, président à la chambre des comptes de Paris (S. E.).

— Armand-Louis-Guyon, né le 2 juin 1786, et Achille-Géraud-Suzanne, né le 3 septembre 1788, fils de Jean-Louis, comte d'Ivry, et de Marie-Louise-Agathe Eynaud (S. J. du H. P.).

Ogilvy (Jacques-François-Édouard), né le 24 août 1724, et Jean-Chrétien, né le 10 octobre 1725, fils de Jacques, baron de Boyn, et de Marguerite Nicolas de Bunilet (S. S.).

Ollivier (Jacques), sieur de Villegrâce, commissaire d'artillerie, inhumé le 7 février 1685 (S. G.).

— Jean-François-Ferdinand, né le 16 février 1732, fils de François, seigneur de Sénozan, et de Jeanne-Anne-Madeleine de Grolée de Viriville (S. R.).

— François-Antoine, né le 13 novembre 1736, fils de Jean Antoine, seigneur de Sénozan, et d'Anne-Nicole de Lamoignon (S. R.).

— Étienne-David, né le 18 décembre 1741, fils de Jacques-David, écuyer, conseiller du roi, et d'Anne-Marguerite Lamouroux (S. R.).

— François-Antoine, conseiller du roi en ses conseils, seigneur de Sénozan, mort le 26 mars 1759 à vingt-trois ans (S. R.).

— Jean-François-Ferdinand, comte de Viriville, mort le 26 novembre 1769 à trente-sept ans, veuf de Claude-Louise de Vienne (S. R.).

— Jean-Antoine, conseiller d'État, seigneur de Sénozan, mort le 30 septembre 1778 à soixante-cinq ans, époux d'Anne-Nicole de Lamoignon (S. R.).

— Louise-Marie-Michelle-Florence, morte le 11 janvier 1779 à vingt-deux ans, épouse de Jacques-François-Vincent de Reviers, comte de Mauny (S. S.).

Oms (Marc d'), baron et vicomte d'Alais, mort le 30 mars 1787 à soixante-sept ans (S. E.).

Oraison (Marie-Barbe-Thérèse-Fulques d') morte le 19 novembre 1794 à soixante-cinq ans, épouse de Joseph Martini de Saint-Jean, conseiller honoraire à la cour du Parlement de Provence (S. R.).

Orceau (Frédéric-Louis d'), né le 12 janvier 1766, fils de François-Jean, chevalier, seigneur et baron de Fontette, maître des requêtes, et d'Édmée-Marguerite Daumesnil (S. S.).

— Aimée-Jacqueline-Léontine, né le 20 juin 1789, fille d'Aimé-François-Emmanuel, baron de Fontette, et d'Angélique-Narcisse-Bernardine-Modeste de la Freté (S. E.).

Orléans (Charles-Paris d'), né à l'Hôtel-de-Ville le 28 janvier 1649, fils d'Henri, duc de Longueville, et d'Anne de Bourbon, baptisé le 29 par Jean-Paul-François de Gondi, coadjuteur de Paris, et tenu par Jérôme le Féron, seigneur d'Orville, conseiller du roi, prévôt des Marchands, assisté de MM. Gabriel-Antoine-Fournier, président en l'élection de Paris, Pierre Héliot, conseiller de la ville, Pierre Hochette, conseiller du roi au Châtelet, Raymond Lescot, conseiller de la ville, représentant le corps de ville de Paris, et par Éléonore de Berghes, épouse de Frédéric-Maurice, duc de Bouillon (S. J. en G.).

— Marguerite-Louise, morte le 17 septembre 1721 à soixante-seize ans, portée le 19 chez les chanoinesses de Picpus, veuve de Côme III de Médicis, grand-duc de Toscane (S. P.).

— Louise-Élisabeth, morte le 16 juin 1742 à une heure du soir, inhumée le 21, veuve de Louis Ier, roi d'Espagne (S. S.).

— Charlotte-Aglaé, morte le 19 janvier 1761 à neuf heures du matin, portée le 23 au Val-de-Grâce, épouse de François d'Est, duc de Modène, âgée de soixante ans deux mois vingt-sept jours (S. S.).

— N., duc de Valois, né le 6 octobre 1773 à trois heures trois quarts du matin, ondoyé le même jour par André Gautier, docteur de Sorbonne, aumônier du duc d'Orléans ; N., duc de Montpensier, née le 3 juillet 1775 à sept heures douze minutes du soir ; N., Mademoiselle, née le 23 août 1777 à dix heures du soir ; N., demoiselle de Chartres, née une demi-heure après sa sœur, morte le 6 février 1782 (son corps fut porté le 8 au Val-de-Grâce et ses entrailles à Saint-Eustache), et N., comte de Beaujolais, né le 7 octobre 1779, ondoyés par Jean-Baptiste Talon, aumônier du duc d'Orléans, enfants de Louis-Philippe-Joseph, duc de Chartres, et de Louise-Marie-Adélaïde de Bourbon (S. E.).

— Michel, né le 6 et mort le 8 juillet 1741 ; tenu par Michel, marquis du Pont-Saint-Pierre, comte de Cisay, baron d'Escoris, et par Suzanne d'Orléans, veuve du comte de Clères; Charles-Alexandre, comte de Lavedan, né le 23 octobre 1742, ondoyé par Rigaud, vicaire, baptisé le 16 mai 1743 et tenu par Charles-Alexandre d'Orléans, abbé de Rothelin, et par Charlotte Romilyer de la Chesnelaye, épouse de Michel-Dorothée de Roncherolles, comte de Saint-Pierre, mort le 17 mars 1749, et inhumé le lendemain ; Marie-Henriette-Charlotte-Dorothée, née le 3 février 1744, baptisée le 5 septembre 1744 et tenue par Michel-Dorothée de Roncherolles, comte de Saint-Pierre, et par Marie-Henriette, marquise de Ferrolles, veuve de Joachim des Cazeaux, seigneur du Hallay ;

Alexandre-Claude-Sophie, né le 14 avril 1745, ondoyé le même jour, baptisé le 8 mai 1745, tenu par Claude-Thomas-Sibille-Gaspard-Nicolas-Dorothée de Roncherolles, chevalier de Saint-Pierre, et par Sophie de Courcillon, épouse d'Hercule-Mériadec, prince de Rohan, mort le 30 mai 1746 et inhumé le 31 ; Françoise-Dorothée, née à Moussy-le-Vieux le 28 septembre 1752, baptisée à Paris le 13 juin 1753, et tenue par Jacques-Tanneguy le Veneur, comte de Tillières, et par Françoise de Martel, épouse de Charles, comte de Fontaine-Martel, enfants d'Alexandre, marquis de Rothelin, et de Marie-Catherine-Dorothée de Roncherolles (S. S.).

— Charles, abbé de Rothelin, mort le 17 juillet 1744 à cinquante-trois ans, inhumé le 19 (S. S.).

— Suzanne, demoiselle de Rothelin, morte le 8 mars 1751 à soixante-treize ans, veuve de Charles Martel, comte de Clères, inhumée le 10 (S. S.).

— Alexandre, marquis de Rothelin, mort le 16 mai 1764 à soixante-seize ans, porté le 17 à Moussy-le-Vieux (S. S.).

— Marquis Pierre-Augustin, chevalier, seigneur de Villechauve, Chaon, Vienne, etc., major de cavalerie, mort le 16 mars 1781 à cinquante-deux ans (S. E.).

Ormes du Plessis (Jean-Baptiste-Henri des), né le 30 mars 1754, fils de Jean-Baptiste-Bernard, président-trésorier de France, et de Charlotte-Jeanne des Nos (S. P.).

Ornaison (Louis d'), comte de Chamarande, mort le 1er novembre 1737 à soixante-dix-sept ans (S. S.).

Ornano (Anne-Victoire-Françoise d'), née le 31 mai 1762, morte le 19 octobre 1768, fille du comte François-Marie, et d'Anne-Louise Capet, veuve de Marc-Tobie Lombart, conseiller du roi à Saint-Domingue (S. R.).

Orry (Marie-Gabrielle), morte le 8 août 1763 à soixante-seize ans, religieuse de la Visitation (S. J. du H. P.).

— Louis-Amable, écuyer, sieur d'Orainville, contrôleur des guerres, mort le 2 décembre 1783 à cinquante-sept ans (S. R.).

— Antoine-René-Marie, né le 8 octobre 1788, fils de Mathurin-René, conseiller du roi, et de Marie-Esther Musnier (S. R.).

Oryot (Louise-Jacqueline d'), morte le 29 novembre 1777 à vingt-un ans, fille d'Antoine-Melchior, comte d'Aspremont, vicomte d'Orthe, et de feue Claude Douet (S. S.).

— Henri-Ange, comte d'Aspremont, mort le 9 mai 1778 à quatre-vingt-sept ans huit mois (S. S.).

Ossun (Charles-Pierre-Hyacinthe d'), né le 2 février 1750 (S. R.), fils du marquis Pierre-Paul, et de Thérèse-Louise Hocquart, marié le 10 février 1766 à Geneviève de Gramont, fille du comte Antoine-Adrien-Charles, commandant en chef en Navarre et en Béarn, et de Marie-Louise-Sophie de Faoucq (S. J. du H. P.), dont : Charles-Pierre-Philibert, né le 1er septembre 1776 (S. S.).

— Marquis Pierre-Paul, mort le 20 février 1788 à soixante-quinze ans (S. S.).

— Catherine-Philiberte, morte le 7 mars 1790 à soixante-treize ans, religieuse de la communauté des filles Saint-Thomas (S. E.).

Ourches (Pierre-Louis-Léon-Pascal, comte d'), fille de Pierre, et de Marguerite-Madeleine le Goullon d'Hauconcourt, marié le 6 mai 1789 à Anne-Jacqueline de Dreux, fille de Joachim, marquis de Brézé, grand-maître des cérémonies, et de Louise-Jeanne-Marie de Courtarvel de Pezé (S. S.).

Ourika (Charlotte-Catherine-Benezet), négresse, née au Sénégal depuis environ cinq ans, amenée par M. le chevalier de Boufflers, maréchal des camps et armées du roi, et gouverneur du Sénégal, baptisée le 16 septembre 1786 et tenue par Charles-Juste de Beauvau, maréchal de France, prince du Saint-Empire, grand d'Espagne de première classe, chevalier des ordres du roi, ancien capitaine d'une compagnie de ses gardes du corps, gouverneur et lieutenant général du pays et comté de Provence, Marseille, Arles, etc., marquis de Craon, baron de Lorquin, Saint-Georges, etc., gouverneur et grand bailli de Lunéville et de Bar-le-Duc, l'un des quarante de l'Académie française, honoraire de l'Académie des inscriptions et belles-lettres; et par Marie-Catherine-Stanislas de Boufflers, épouse de Louis-Bruno, comte de Boisgelin, maréchal des camps et armées du roi, chevalier de ses ordres, maître de sa garde-robe (S. M. M. la V. l'É.).

Oursin (Jean-Baptiste-Louis), né le 1er mars 1748 ; Antoine-

Jean, né le 12 juillet 1749 (S. R.) ; Pierre-Gabriel, né le 3 mai 1751 ; Marie-Gabrielle, née le 30 juillet 1752 ; Bernard-Gabriel, né le 2 juin 1754, mort le 28 avril 1763 ; Gabriel-René, né le 1er avril 1756, enfants de Pierre, seigneur de Digoville, et d'Henriette-Gabrielle le Noir (S. M. M. la V. l'É.).

— Pierre, seigneur de Digoville, de Montcler, des Barres, etc., conseiller du roi, receveur général des finances de la généralité de Caen, mort le 29 janvier 1773 à soixante-six ans (S. M. M. la V. l'E.), transporté à S. E.

— Jean-Baptiste-Mathieu, sieur de Soligny, ancien maître d'hôtel du roi, mort le 16 février 1782 à quatre-vingt-trois ans (S. R.).

— Angélique-Charlotte, née le 5 mai 1785 (S. N. des Ch.), morte le 20 du même mois (S. E.) ; Angélique-Perrette, née le 23 novembre 1786, et Angélique-Marie, née le 11 novembre 1788, filles de Pierre-Étienne, chevalier, seigneur de Saint-Pierre-Montchevrel, et de Félicité-Geneviève Monmerqué (S. N. des Ch.).

P

Pajot (Charles-Christophe-Hippolyte), né le 28 janvier 1769, fils de Charles-François, seigneur de Juvisy, et d'Anne-Louise Portail (S. E.).

— Charles-Louis, né le 8 juin 1770, fils de Christophe-Louis, seigneur de Villiers, de la Brosse, et d'Anne-Françoise de Clermetz (S. S.).

— Anne-Charlotte-Louise, demoiselle de Villeperot, morte le 17 février 1778, épouse de Claude-Étienne Bidal, marquis d'Asfeld (S. S.).

— Augustin-Marie-Hippolyte, né le 14 mai 1782, fils de Christophe-François, sieur de Marcheval, et de Marie-Jeanne-Françoise de Guillauden du Plessis (S. M. M. la V. l'É.).

— Jean-Marie-Frédéric, baron d'Orgerus, né à Paris le 9 décembre 1783, fils de Charles-François, seigneur de Juvisy, et d'Anne-Louise Portail, marié le 21 février 1829 à Marie-Honorine de Vigny, née à Paris le 31 mars 1801, fille du marquis Anne-Claude, et de Marie-Rose-Élisabeth Fiquet de Normanville (Ier arr.).

Palaminy (Dominique-Louis-Aymar de), capitaine de dragons,

fils de Samuel-Aymar, conseiller à Toulouse, et de Louise-Françoise de Lévis-Léran, marié le 16 février 1779 à Marie de Pasquier, fille de Jean-Baptiste-Madeleine-Isidore-Charles-Laurent, marquis de Franclieu, baron de Busca, et de Marie-Jeanne-Étienne Derunel (S. S.).

Palerne (Simon-Zacharie), né le 2 novembre 1723 ; Marie-Anne-Antoinette, née le 7 avril 1725 ; Émilie-Hélène, née le 3 juin 1726, et Antoine-Joseph-Marie, né le 21 novembre 1729, enfants de Jean-Joseph, écuyer, conseiller secrétaire du roi, député de la ville de Lyon, et de Madeleine Clapeyron (S. R.).

Pallu (Alexandrine-Anne de la), née le 10 décembre 1786, fille du comte Charles-Joseph, et d'Anne-Marie Hue de Miromesnil (S. M. M. la V. l'É.).

Palluau (Pierre de), mort le 15 juillet 1700 à soixante-trois ans (S. S.).

— Marie-Anne, née le 22 juin 1714 ; Pierre-François, né le 28 juin 1717, et Marie-Thérèse, née le 1er avril 1722, enfants de Pierre, conseiller, et de Marie-Anne Rouillé (S. S.).

Pandin (Louis-Pharamond-Léonce), né le 29 pluviôse an VI, fils de Charles-Pharamond, comte de Narcillac, et d'Antoinette-Mélanie de la Briffe.

Parc (Jean-Baptiste du), né le 21 février 1678, fils de Jean-Baptiste, seigneur du Noyer, conseiller du roi, et de N... du Vernet de Roquefort (S. A. des A.).

— Marie-Thérèse, morte le 26 juillet 1724 à quatre-vingts ans, fille de Vincent, marquis de Locmaria (S. S.).

— Jeanne-Julienne, demoiselle de Locmaria, morte le 7 janvier 1753 à cinquante ans, épouse de Claude-Antoine de Sourdeval, écuyer, seigneur des Maurandes (S. R.).

— Auguste-Thomas, mort le 7 février 1759 à dix-sept ans, fils de François, comte de Locmaria, seigneur du Mesniloval de Bazville et de la Haye, et de Marie-Adélaïde d'Anycan d'Annebault (S. M. M. la V. l'É.).

— Constantin-Frédéric-Timoléon, fils des précédents, marié le 8 avril 1788 à Marie-Claudine-Élisabeth de Caillebot, morte en avril 1828, fille de Marie-Louis, marquis de la Salle, et de Marie-

Charlotte de Clermont-Chaste, dont : Adélaïde-Louise-Nathalie, née le 23 avril 1789 ; Marie-Charlotte-Élisabeth, née le 31 octobre 1790 (S. S.), et Louis-Paul-Maurice, né à Bayreuth le 16 août 1799, marié le 6 août 1831 à Marie-Constance-Pauline de Caillebot, née à Paris le 23 avril 1809, fille de Louis, marquis de la Salle, mort le 1ᵉʳ février 1831, et d'Anne-Renée-Marguerite-Henriette des Vergers-Sannois de Maupertuis, veuf le 14 avril 1837, remarié le 18 juin 1845 à Thérèse-Émilie-Geneviève-Isaure de Blocquel, née à Paris le 29 octobre 1818, fille d'Arnoul-Louis-Armand, vicomte de Wismes, et de Bonne-Thérèse-Louise-Hélène-Léonille de Polignac (Xᵉ arr.).

PARDAILLAN (Jean-Antoine de), comte de Gondrin, marquis de Montespan, mort le 21 mars 1687 à quatre-vingts ans (S. S.).

— Gabriel-Balthasar, comte de Gondrin, marquis de Bellegarde, mort le 5 décembre 1719 à trente ans (S. R.).

— Julie-Sophie-Gillette, née le 1ᵉʳ avril 1725 ; N., né le 15 février 1727 ; Marie-Françoise, née le 13 août 1728 ; Louise-Élisabeth, née le 20 et morte le 25 mars 1731, enfants de Louis-Antoine, duc d'Épernon, et de Gillette-Françoise de Montmorency-Luxembourg (S. R.).

— Louis-Antoine, marquis de Gondrin, duc d'Antin, mort le 2 novembre 1736 à soixante-onze ans, époux de Julie-Françoise de Crussol (S. R.).

— Marie-Françoise, morte le 1ᵉʳ juin 1764 à trente-cinq ans neuf mois, épouse de François-Émeric de Durfort, marquis de Civrac (S. S.).

— Victoire-Jeanne-Laurence, née le 29 novembre 1774, fille du comte Pierre, et de Madeleine-Laurence de Vézien (S. R.).

PARDIEU (N. de), né le 18 mai 1765 ; Louis-Joseph-Élisabeth-Centurion, né le 8 octobre 1767 ; Charles-Gabriel, né le 2 décembre 1768 ; Christophe-Valentin-Marie, né le 3 février 1770 ; Victor-Antoine-Élisabeth, né le 6 mai 1772, enfants du marquis Louis-Élisabeth, et d'Élisabeth d'Arquistade de Saint-Fulgent (S. R.).

PARDOUX (Étienne-Philippe), fils de Nicolas, marquis de Villaines, et de Marie Tixier du Cluseau, marié le 29 janvier 1770 à Marie-Geneviève Talon, fille de Jean, conseiller du roi, et de Marie-Charlotte Radix (S. N. des Ch.).

Parent des Tournelles (Marie-Catherine), née le 1ᵉʳ mars 1754, et Jean-Baptiste-Joseph-Nicolas, né le 26 mai 1756, enfants de Joseph-Pierre-Gilles, écuyer, conseiller du roi, auditeur à la Chambre des Comptes, et de Marie-Catherine Denis (S. P.).

Parfait. — Le 27 septembre 1619, convoi du fils de M. Parfait, conseiller en la cour de Parlement (S. P.).

— Timoléon-Guillaume, seigneur de Fontenay, mort le 6 mars 1755 à quatre-vingt-seize ans (S. M. M. la V. l'É.).

Paris (Armand-Louis-Joseph de), né le 25 mars 1748, fils de Jean, comte de Montmartel, Sampigny, seigneur de Brunoy, et de Marie-Armande de Béthune (S. R.).

— Anne-César-François, seigneur de la Brosse, marquis de Pontceaux, mort le 12 avril 1762 à soixante-neuf ans (S. P.).

— Anne-Élisabeth, morte le 15 février 1765 à trente ans, épouse de Jacques-Louis le Boulanger, seigneur de Campremy (S. P.).

Parisot (Marie-Louise de), née le 13 mai 1763, fille de Charles-Louis-Jean-Baptiste, chevalier de Saint-Louis, et de Catherine-Louise Pinard de Couldroy (S. S.).

Parlier des Rubelles (Alexandre-Louis), né le 19 mars 1751, fils d'Antoine-Henri, écuyer, seigneur de Goupillières, Fréville, etc., et de Françoise-Élisabeth André (S. J. en G.).

Parseval (Élisabeth-Françoise de), veuve de François de Bastard, conseiller d'État, née le 2 juin 1741, morte le 15 mars 1782, fille de Gilbert, conseiller du roi, et de Françoise-Élisabeth Ferrand (S. R.).

Pas (Antoine de), né le 30 mai 1728, fils d'Antoine-Charles, marquis de Feuquières, mestre de camp, et de Marguerite-Paul de Grivel d'Ouroy (S. S.).

— Jules, comte de Feuquières, mort le 10 octobre 1741 à quatre-vingt-six ans, époux de Catherine Mignard (S. M. M. la V. l'É.).

— Marie-Angélique-Louise, demoiselle de Feuquières, morte le 11 mars 1769 à soixante ans (S. M. M. la V. l'É.).

Pasquier (Marie), baptisée le 27 mars 1658, fille de François, chevalier, seigneur de Busty, maître d'hôtel ordinaire du roi, et de Marguerite Hébert (S. Victor).

— Marc, sieur de Vallegrand, capitaine du régiment d'Auvergne, mort le 23 juin 1678 (S. A. des A.).

— Louis, écuyer, député au conseil royal de commerce de Normandie; mort le 11 novembre 1754 à soixante-douze ans, veuf de Marie-Anne Godeheu (S. R.).

— Antoine, écuyer, veuf de Geneviève de Savigny, mort le 12 mai 1757 à quarante-trois ans (S. R.).

— Louis-Henri-Marie, né à Chantilly le 24 décembre 1763 et baptisé à Paris le 3 février 1767, fils de Jean-François-Anselme, écuyer, seigneur de Franclieu, commandant de l'équipage du prince de Condé, et de Catherine-Françoise de Belval (S. S.).

— Étienne-Denis, né le 21 avril 1767, et Jules-Paul, né le 25 janvier 1774, enfants d'Étienne, baron de Coulans, conseiller au Parlement, et d'Anne-Thérèse-Nicole Gautier (S. R.).

Passefeu (Paul), né à Champagnac le 27 mars 1811, fils de Louis, baron de Carbonat, et de Marie-Jeanne-Bernardine de Lentilhac de Sédières, morte en avril 1824, marié le 6 mai 1835 à Félicie-Joséphine-Hortense-Charlotte de la Bonninière, née à Paris le 28 mai 1812, fille de Marc-Antoine, comte de Beaumont, pair de France, et de Julie-Catherine-Charlotte-Françoise d'Avout (X^e arr.).

Passelaigue (Pierre de), écuyer, seigneur de Secretary, Savignac, Calviac, capitaine d'infanterie, natif de Notre-Dame de Saint-André en Agénois, mort le 28 août 1784 à soixante-quatre ans (S. E.).

Pastoret (Amédée-David de), né le 2 janvier 1791, fils de Claude-Emmanuel-Joseph-Pierre, et d'Adélaïde-Anne-Louise Piscatory (S. M. M. la V. l'É.).

Paton (Hercule-Mériadec), seigneur de Thionville, mort le 4 novembre 1760 à soixante-un ans (S. M. M. la V. l'É.).

Paulze (Jacques-Christian), né le 6 février 1788, fils de Christian-François-Joseph, écuyer, fermier-général, et de Sophie-Laure-Hélène Gaudin (S. R.).

Pavée (Marie), morte le 31 décembre 1766, fille de Guillaume, écuyer, seigneur de Provenchères, Vendeuvre, et de Pétronille d'Avignon (S. E.).

— Jeanne-Louise, morte à Versailles le 29 janvier 1779 à vingt-huit ans, et rapportée à Paris, épouse de Jean-Amédée-Honoré de Rochefort, comte d'Ailly, brigadier des armées du roi (S. R.).

— Julien, abbé de Sainte-Croix de la Villedangle, mort le 9 mars 1782 à soixante-sept ans (S. R.).

PAYRAT (François), secrétaire ordinaire de la chambre du roi, fiancé le 10 et marié le 12 juillet 1595 à Philippe le Ragois, fille de Bénigne, conseiller notaire et secrétaire du roi (S. A. des A.).

PAYS DE LA RIBOISIÈRE (Achille-Modeste-Gilles du), capitaine adjudant-major aux lanciers de la garde royale, né à Fougères le 17 avril 1789, fils de Gilles-François-Anne, mort à Saint-Aubin-les-Châteaux en juin 1816, et de Modeste-Jeanne-Marie Luette de la Pilorgerie, marié le 18 mars 1829 à Anne-Henriette-Louise-Sophie du Vergier, née à Avensan le 4 juin 1804, fille de Louis, marquis de la Rochejaquelein, mort le 4 juin 1815, et de Marie-Louise-Victoire de Donissan (X^e arr.).

PÉAN (Catherine-Cécile), morte le 27 janvier 1771 à cinquante-huit ans, veuve de Jacques-Mathurin Taboureau, seigneur d'Orval (S. E.).

— Charles-René, sieur de Mosnac, chevalier du roi, maître ordinaire en sa cour des comptes, mort le 15 novembre 1786 à soixante-quinze ans (S. E.).

— Anne-Marie, morte le 3 février 1790 à soixante-dix-neuf ans, veuve de François-Didier Mesnard, chevalier, seigneur de Chousy, conseiller du roi (S. E.).

PEAUDELOUP (Jeanne), morte le 16 février 1699 à soixante-sept ans, épouse de Pierre de Montesquiou d'Artagnan (S. S.).

PÉBROCHEL (François de), baptisé le 13 septembre 1639, fils de Charles, sieur de Granchamp, et de Marie Lione (S. G.).

PÉCHINÉE D'ESPERRIÈRES (Benoît-Joseph), né le 20 octobre 1784, fils de Gabriel, capitaine commandant au régiment royal Pologne, et d'Antoinette-Philippine-Catherine-Marie-Louise de Staal de Cayro (S. E.).

PECHPEYROU DE COMMINGES (Catherine-Émilie de), morte le 3 octobre 1725 à cinquante-deux ans, fille de Guillaume, comte de Guitaut, et d'Élisabeth-Antoinette de Verthamon (S. S.).

Pécoil. — « Le cinquiesme mars mil sept cent sept, a esté « batisée Catherine-Madelaine, née le même jour, fille de m^{re} Claude « Pécoil, chevalier, marquis de Septême, con^{er} du roy en ses con- « seils, maître des requestes ordinaire de son hostel, et de dame « Marie-Catherine le Gendre son épouse, demeurans rue des Saints- « Pères. Le parein, m^{re} Thomas le Gendre, chevalier, seig^r de « Gaillefontaine, colonel du régiment royal de Vepeaux, oncle « maternel; la mareine dame Madeleine le Tellier épouse de « m^{re} Cristophe-Germain de Thumery, chevalier, seigneur de Bois- « sière, con^{er} du roy en ses conseils, president en la deuxième des « enquestes » (S. S.). — La dite Catherine-Madeleine mourut le 1er mai 1770, veuve de Charles-Timoléon-Louis de Cossé, duc de Brissac (S. S.).

Peirenc de Saint-Priest (Alexandre-Louis), comte de Clinchamp, mort le 28 décembre 1767 à quarante-cinq ans (S. S.).

Pelagrue (Jérôme-Françoise-Anne-Amélie de), née le 18 août 1774, fille du marquis François, et d'Anne-Madeleine-Corentine de la Barbarie (S. E.).

— Comte Charles-Joseph, seigneur de Montagudet en Quercy, mort le 30 juin 1789 à soixante-quatorze ans (S. E.).

Pelet (Jean-Pierre-Auguste, comte de), mort le 1er mars 1788 à quarante-quatre ans (S. M. M. la V. l'É.).

Peletier (Marie le), baptisée le 16 octobre 1638, fille de Louis, conseiller, secrétaire du roi, trésorier de France en Dauphiné, et de Marie Leschassier (S. G.).

— Nicolas, chevalier, seigneur de la Houssaye, etc., maître des requêtes ordinaire, mort le 9 décembre 1674 (S. A. des A.).

— Claude, inhumé le 4 juillet 1685, fils de Claude, ministre d'État (S. G.).

— Paul, mort le 17 janvier 1722 à dix-neuf ans, fils de Claude- Henri, seigneur de la Houssaye, et d'Élisabeth de Gairy (S. S.).

— Charles-Félix, né le 22 mars 1722, mort le 4 janvier 1725; Madeleine-Louise-Charlotte, née le 7 mai 1723, Anne-Louise-Charlotte, née le 26 septembre 1724; Claude-Jacques, né le 26 janvier 1726, et Charles-Michel, né le 6 décembre 1729, enfants de Felix-Claude, chevalier, seigneur de la Houssaye et de Signy, conseiller d'État, et de Charlotte-Marie Lallemant (S. S.).

— Félix, seigneur de la Houssaye, mort le 20 septembre 1723 à soixante ans (S. S.).

— Charles-Louis-David, né le 26 octobre 1750 (S. S.), et Louise-Marie, morte le 27 février 1758 à cinq ans, enfants de Louis, président au Parlement, marquis de Rosambo, baron de Poussay, seigneur d'Esclavolles, mort le 9 août 1760 à quarante-deux ans, et de Marie-Claire-Aimée de Mesgrigny d'Aunay (S. J. du H. P.).

— Françoise-Thérèse-Marine, demoiselle de Rosambo, morte le 15 décembre 1750 à trente ans, épouse de Joseph-Maurice-Annibal de Montmorency, comte de Luxembourg (S. S.).

— Catherine-Louise-Julie, née le 2 janvier 1756, et Charles-Michel, né le 25 avril 1757, enfants de Michel-Étienne, seigneur de Saint-Fargeau, avocat général au Parlement, et de Louise-Suzanne le Peletier de Beaupré (S. S.).

— Jean-Baptiste, capitaine de cavalerie, brigadier de gendarmerie, mort le 23 novembre 1766 à soixante-six ans (S. P.).

— Louis, seigneur de Mortefontaine, veuf de Catherine-Charlotte du Cluzel, remarié le 20 septembre 1768 à Françoise-Élisabeth-Suzanne de la Cropte, fille de Jean-François, marquis de Bourzac, et de Marie-Henriette des Achards de Joumard (S. J. du H. P.) dont : Marie-Louise, née le 27 juin 1770 (S. M. M. la V. l'É.).

— Aline-Thérèse, née le 26 février 1771, et Louise-Madeleine, née le 7 janvier 1772, filles de Louis, marquis de Rosambo, et d'Antoinette-Marguerite-Thérèse de Lamoignon de Malesherbes (S. E.).

— Louis-Michel, seigneur de Montjeu, fils de Michel-Étienne, comte de Saint-Fargeau, et de Louise-Suzanne le Peletier de Beaupré, marié le 9 mai 1780 à Adélaïde-Marie-Louise Joly de Fleury, fille d'Omer, et de Marie Françoise le Maistre, dont : Suzanne-Louise, née le 1er mars 1782 (S. S.).

— Louis-Honoré-Félix, né le 10 avril 1782, fils de Charles-Louis-David, comte d'Aunay, baron d'Épiry, de Saint-Péreuse, de Grand-Ry, de Demain, de la Colancelle, seigneur de Cervon, de la Chaume, de Marcilly, de Surpalis, de Vermisy, et d'Élisabeth-Floris-Louise de Chastenet de Puységur (S. M. M. la V. l'É.).

— Claire-Élisabeth, demoiselle de la Houssaye, morte le 31 janvier 1785 à quatre-vingt-trois ans, veuve d'Alexandre-Edme le Riche, seigneur de Cheveigné, conseiller en la cour de parlement (S. J. du H. P.).

— Charles-Étienne, seigneur de Beaupré, mort le 17 avril 1785 à quatre-vingt-deux ans (S. S.).

— Madeleine-Zoé, née le 10 août 1792, fille d'Étienne-Ferdinand-Michel, seigneur des Forts, et de Pauline Terray (S. R.).

PELLERIN (Marc-Antoine-François le), né le 22 août 1741 (S. R.); Marguerite, née le 13 juin 1743 (S. M. M. la V. l'É.), et Adélaïde-Jeanne-Marie, née le 14 novembre 1748 (S. R.), enfants de Marc-Antoine-François, chevalier, marquis de la Chastre et de Gauville, et de Madeleine le Gendre.

— Louis-Joseph, mort le 20 mars 1776 à vingt-deux ans, fils de Joseph, seigneur de Plainville, et de Claire du Lac (S. M. M. la V. l'É.).

PELLETIER DE CHAMBURE (Alexandre-Louis-Claude), né le 20 janvier 1791, fils de Denis-Bonaventure, bourgeois de Paris, et de Françoise-Henriette-Thérèse Bérard (S. E.).

PELLETIER (Auguste-Marie-Balthasar-Charles de), comte de la Garde, pair de France, natif d'Aspremont, mort le 5 avril 1834 à cinquante-quatre ans, marié à Marie-Charlotte-Élisabeth-Urbaine-Antoinette-Henriette de Beaumont d'Autichamp (X⁰ arr.).

PELLOT (Étienne-Gérard), brigadier des armées du roi, mort le 25 juin 1726 à soixante-cinq ans (S. S.).

— Auguste-Louis-Denis, né le 18 février 1731, fils de Claude, chevalier, conseiller au parlement de Paris, comte de Trivières, et de Marie Mégret (S. S.).

PENAUZET DE KÉROUAL (Louise-Renée de), duchesse de Portsmouth et d'Aubigny, morte le 14 novembre 1734 à quatre-vingt-cinq ans deux mois, fille de Guillaume, et de Marie de Pleue (S. S.).

PENFENTENIO (Louis-Jean-Dominique de), officier de la marine, fils de François-Louis-Hyacinthe, marquis de Cheffontaines, et de Marie-Jeanne de Coëtlosquet, marié le 8 août 1780 à Marie-Anne-Émilie le Gat de Furcy, fille d'Antoine, et de Marie-Émilie Boissin de Camilly, dont : Alexandre-Marie, né le 9 septembre 1781 (S. S.), et Renée-Anne-Marie, née le 29 juin 1788 (S. J. du H. P.).

PÉNICHER (Marie-Anne), morte le 7 août 1768 à quatre-vingt-quatre ans, veuve de Joseph-Antoine le Ménestrel de Hanguel, seigneur de Saint-Germain de Laxis, d'Orsonville (S. J. du H. P.).

PÉNOT DE TOURNIÈRE DE LA COSSIÈRE (Charlotte-Émilie), morte le 27 mars 1746 à vingt-six ans, épouse de Pierre Marchal, écuyer, conseiller du roi, receveur général des domaines et bois de la généralité de Metz (S. R.).

— Charles, payeur des rentes, mort le 21 mai 1772 à cinquante-quatre ans (S. E.).

— Marie-Françoise, morte le 3 mars 1792 à soixante-seize ans, veuve de Gratien Drouilhet, receveur général des finances de la généralité de la Rochelle, et en secondes noces de Léon Picot de Chemeteau, capitaine de cavalerie (S. E.).

PÉRACHON (Louis-Guichard), chevalier, comte de Varax, brigadier des armées du roi, mort le 4 octobre 1786 à quatre-vingt-huit ans (S. E.).

PERCIN. — « Du vingt-sept mai mil huit cent dix-sept, à midi,
« acte de mariage de monsieur Jean-Baptiste-Augustin-Madeleine
« de Persin, marquis de Lavalette-Montgaillard, maréchal des
« camps, inspecteur des gardes nationales du département de la
« Haute-Garonne, né à Toulouse le dix-huit août mil sept cent
« soixante-sept, chevalier de l'ordre royal et militaire de Saint-
« Louis, domicilié à Toulouse, de présent à Paris, rue Louis-le-
« Grand, n° 23, fils majeur de défunts monsieur Charles-Bernard-
« Joseph de Persin de Lavalette-Montgaillard, et de dame Madeleine-
« Antoinette-Charlotte de Gontaut, son épouse, le futur veuf de
« dame Marie-Louise-Pierrette-Sara du Cluzel, décédée à Paris le
« cinq août mil huit cent onze, et de mademoiselle Gabrielle-José-

« phine-Simone de Chastellux, née à Versailles le unze février
« mil sept cent quatre-vingt-trois, demeur^t rue du faubourg
« St-Honoré, n° 85, fille majeure des défunts monsieur Henry-
« Georges-César de Chastellux, vicomte d'Avallon, et de dame
« Angélique-Victoire de Durfort, son épouse. Les actes préliminai-
« res sont la publication du présent mariage faite à Toulouze, les
« dimanches vingt-sept avril et quatre mai, et en celle de cet
« arrond^t les dimanches onze et dix-huit mai, les deux dites
« publications en la présente année à midi aux deux dites mairies
« et y affichées suivant la loi sans opposition, les actes de naissance
« des époux, ceux de décès de leurs pères et mères, et de la précé-
« dente femme de l'époux, de toutes lesquelles pièces paraphées
« aux termes de la loi et qui demeureront annexées aux registres il
« a été fait lecture ainsi que du chapitre du Code civil des Français
« concernant les droits et devoirs respectifs des époux. Les époux
« ont déclaré qu'ils ignorent les lieux de décès et le dernier domicile
« de leurs ayeuls et ayeules, et leurs témoins ci-après nommés qui
« ont dit les bien connaître, ont affirmé les ignorer également.
« Lesdits époux présents ont déclaré prendre en mariage l'un
« mademoiselle Gabrielle-Joséphine-Simone de Chastellux, l'autre
« monsieur Jean-Baptiste-Augustin-Magdeleine de Persin, mar-
« quis de Lavalette-Montgaillard, en présence de messieurs Charles-
« Michel de Gontaut-Biron de St Blancard, lieutenant-général des
« armées du roi, cordon rouge, âgé de soixante-deux ans, demeu-
« rant rue Louis-le-Grand, n° 23, Armand-Louis-Charles de Gontaut,
« comte de Biron, pair de France, âgé de quarante-cinq ans, demeu-
« rant rue Louis-le-Grand, n° 23, témoins de l'époux ; Joseph-
« Élisabeth, comte Roger de Damas, lieutenant général des armées
« du roi, gouverneur de la dix-neuvième division militaire, cordon
« rouge, âgé de cinquante-un ans, demeurant rue du faubourg
« St-Honoré, n° 85, César-Laurent, comte de Chastellux, frère
« de l'épouse, colonel de cavalerie, chevalier de l'ordre royal de la
« Légion-d'Honneur, âgé de trente-sept ans, demeur^t rue de la
« Ferme-des-Mathurins, n° 1, témoins de l'épouse. Après quoi nous
« Henri-Michel Paulmier, adjoint au maire du premier arrond^t
« de Paris, faisant les fonctions d'officier de l'État-civil, avons
« prononcé au nom de la loi que lesdits époux sont unis en mariage
« et ont les époux et les témoins signé avec nous après lecture
« faite. — Mis de la Valette Mongaillard. — G. de Chastellux.

« — Chastellux. — Vte de Gontaut-Biron. — Le Cte de Biron.
« — Cte Roger de Damas. — Chastellux Damas. — Durfort de
« Donissan. — Paulmier » (Ier arr. XXXIX. 183.)

Perempcois de Keroual (Henriette), morte le 12 novembre 1728 à soixante-neuf ans, épouse de Timoléon de Gouffier, marquis de Thoix (S. S.).

Perethon de la Mallerie (Lucie-Louise-Françoise), née le 7 janvier 1789, fille de Jean-Dominique, et d'Émilie Quatrefages (S. R.).

Pernon (Amélie-Octavie de), née le 7 janvier 1785, fille de Louis-Aymon, et d'Adélaïde-Marie-Octavie Lorimier de Chamilly (S. M. M. la V. l'É.).

Perreau (Louise), baptisée le 20 mars 1640, fille de François, trésorier à Soissons, et de Jeanne Pétau (S. G.).

Perreney de Grosbois (Anne-Marie-Jeanne), morte le 17 janvier 1777 à vingt-huit ans, veuve de Jean-Philippe Fyot de la Marche, premier président du parlement de Dijon (S. R.).

Perrinet. — « Le mardy premier jour de mars mil sept cent
« vingt-neuf, en vertu d'un bref de notre S. Père le pape Benoist,
« treizième du nom et de son Pontificat le cinq^e, donné à St-Pierre de
« Rome le treize du mois d'aoust dernier, expédié en cour de Rome
« par les soins de Me Cyprien Benezet, expéditionnaire en cour
« de Rome, dm^nt à Paris, portant dispense du deux au deuxième
« degré de consanguinité entre les parties cy après nommées, portant
« permission de contracter mariage ensemble, ledit bref fulminé
« en l'officialité de Paris par M. l'official de Paris, juge ordinaire et
« commissaire apostolique de droit en cette partie, en date du vingt-
« huit février de la présente année, duë, scellé et insinüé, ce jour-
« d'huy premier mars courant à l'officialité de Paris, signé Vivant
« et plus bas signé Frain, vu aussi l'acte qui est au dos, portant dis-
« pense accordée d'abondant par mondit s^r l'official, en vertu de
« son authorité d'official, et de vicaire général de son Eminence
« Mgr le Cardinal de Noailles, archevêque de Paris sur un empêche-
« ment du trois^e degré de consanguinité qui se trouve entre les
« mêmes parties dans leur même généalogie exposé dans ledit bref,
« lequel empêchement l'expéditionnaire en cour de Rome avait

« oublié de faire insérer dans ledit bref la dispense dudit trois^e de-
« gré étant en date de ce jour premier mars courant, signé Vivant,
« et plus bas signé Frain, le tout cy-dessus duement insinué et
« scellé, et pareillement en vertu d'une dispense de deux bans
« restants à publier, accordée par son Éminence mondit seigneur le
« Cardinal de Noailles archevêque de Paris, en datte du jour
« d'hier vingt-huit de février dernier signé J. Goulard vic. gén.
« et plus bas par mondit seig^r eminentissime, signé Assolant,
« sous-secrétaire, düe scellée et controllée le même jour vingt-huit,
« signé Frain, et ce en conséquence d'un ban publié en cette
« église le dimanche vingt-sept^e dudit mois de février dernier,
« comme aussi après les fiançailles célébrées le jour d'hier en cette
« église, ont été par nous prêtre vicaire de cette église soussigné
« après que nous avons pris leur consentement mutuel, et ont reçu
« de nous la bénédiction nuptiale, épousez sans aucune opposition,
« Me Pierre-David Perrinet du Pezeau, con^{er} du roi, receveur
« général des finances, âgé d'environ trente-deux ans, fils de s^r
« David Perrinet, bourgeois de Paris et de dame Jacqueline-Mar-
« guerite Perrinet, ses père et mère, absents et consentants d'une
« part, et demoiselle Louise-Jacqueline Perrinet, âgée d'environ vingt-
« cinq ans, fille d'Étienne Perrinet, écuyer, gentilhomme ordinaire
« de feu son A. R. Mgr le duc d'Orléans, et de feue dame Jacqueline
« Dargent, ses père et mère, dem^{nts} tous même maison, rue Mi-
« chel-le-Comte de cette paroisse d'autre part, et ce en présence et
« du consentement de mondit père de l'épouse, de Me Jean-Antoine
« de Rouvroy, procureur en la cour, dem^{nt} à l'hostel des Ursins,
« fondé, de procuration et de pouvoir spécial desdits sieurs David
« Perrinet et dame Jacqueline-Marguerite Perrinet, par leur pro-
« curation passée par devant Dionis et Doyen le jeune, notaires au
« Chastelet de Paris le 27 février dernier, le brevet original de
« laquelle est resté en nos mains, de Louis-Guillaume le Chene-
« tier, bourgeois de Paris, y dm^{nt}, susdite rue Michel-le-Comte, ami
« de mondit s^r époux, de Me Jacques-Antoine Millet, médecin-
« docteur, régent de la faculté de Paris, dem^{nt} rue du Chevalier-du-
« Guet, de Michel Regnier, m^d bourgeois de Paris, y dem^{nt}, tous
« deux amis de l'épouse, et ont tous signé : — Perrinet du Pezeau.
« — J. L. Perrinet. — Perrinet. — De Rouvroy. — Chenetier.
« — Millet. — Regnier. — Perrinet.—Rossignol vicaire » (S. Nic.
des Ch.).

— Étienne, écuyer, seigneur de Boucard, mort le 3 novembre 1751 à cinquante-trois ans (S. M. M la V. l'É.).

— Étienne, écuyer, seigneur de Jars, Boucard, etc., mort le 8 juillet 1762 à quatre-vingt-dix ans, époux de Louise-Marguerite le Maistre (S. M. M. la V. l'É.).

— Jean, seigneur de Châtelbon, bourgeois de Paris, mort le 13 mai 1770.

— David-Pierre, écuyer, conseiller du roi, receveur général, seigneur du Peseau, Courson, Migé, etc., etc., mort le 30 août 1767 à soixante-dix ans, époux de Jacqueline-Louise Perrinet (S. M. M. la V. l'É.).

— Pierre, conseiller secrétaire du roi, seigneur de Faugues, mort le 7 novembre 1773 à cinquante-huit ans (S. M. M. la V. l'É.).

— Louise, morte le 18 mai 1781 à vingt-trois ans, épouse de César-Louis-Marie-François-Ange, vicomte d'Houdetot (S. R.).

— « L'an mil sept cent quatre-vingt-huit, le treize octobre, a été inhumé dans le caveau de cette église le corps de dame Jacqueline-Louise Perrinet du Pezeau, veuve de messire David-Pierre Perrinet du Pezeau, écuyer, conseiller secrétaire du roy, maison couronne de France et de ses finances, receveur général de ses finances, receveur général des provinces de Flandre, Hainault et Artois, dame du comté de Courson, de Faulin, etc., âgée de quatre-vingt-neuf ans et demi, décédée d'avant-hier en son hôtel, Grand'rue du faubourg St-Honoré, en cette paroisse, en présence de haut et puissant seigneur Charles-Claude Andrault, marquis de Langeron, et de Maulévrier, lieutenant général des armées du roy et chevalier de ses ordres, gouverneur de Briançon, son gendre, et de haut et puissant seigneur Louis-Marie-François, prince de St-Mauris-Montbarrey, colonel du régiment de Monsieur infanterie, son petit-gendre, témoins soussignés » (S. M. M. la V. l'É.).

Perrochel (Étienne-Louis-François-Constance de), chevalier, seigneur de Combres, mort le 30 avril 1784 à cinquante-huit ans (S. E.).

Perrot (Charles), baptisé le 9 novembre 1637, fils de Louis-Charles, écuyer, sieur de Courcelles, et de Marie Martin (S. G.).

Personne (François de la), sieur de Champagnac, mort le 13 avril 1732 à vingt ans (S. R.).

Personne (Louise-Caroline), née le 10 juin 1785 ; Hector-François, né le 13 septembre 1786, et Clarisse-Antoinette, née le 13 février 1791, enfants de Louis-Marie, seigneur de Songeons, et d'Innocente-Catherine-Gabrielle-Françoise-Louise de Grasse (S. M. M. la V. l'É.).

Pérusse (Charles-François de), marquis des Cars, de Montal, de Roquebroc, mort le 24 janvier 1707 (S. A. des A.).

— Marie-Anne, morte le 27 mars 1748 à quarante ans, veuve : 1° de N. d'Hautefort, marquis de Saint-Chamans ; 2° de Jean de Caissac, marquis de Sédaiges (S. R.).

— N., née et morte le 27 août 1756, fille de Louis-Nicolas, marquis des Cars, et de Jeanne-Marie-Victoire d'Artaguiette (S. P.).

— François, vicomte des Cars, mort le 27 avril 1771 à soixante-un ans (S. S.).

— Alexandre-François-Marie-Louis, chevalier de Malte, mort le 1er janvier 1777 à neuf ans deux mois, fils de François-Marie, comte des Cars, et de Marie-Françoise de Polignac (S. S.).

— Amédée-Louis-Jacques, né le 4 septembre 1778 (S. M. M. la V. l'É.), mort le 22 août 1779 (S. S.), fils de Jacques-François-Marie, vicomte des Cars, et de Louise-Félicité-Pauline Butler.

— Louis-François, fils de François-Marie, marquis des Cars, et d'Émilie de Fitz-James, marié le 20 avril 1779 à Marie-Antoinette-Louise-Esprit-Juvénal-Claude d'Harville des Ursins de Trainel, veuve d'Eugène-Octave-Augustin, comte de Rosen (S. S.).

— François-Nicolas-René, fils de Louis-Nicolas, comte des Cars, et de Jeanne-Marie-Victoire de la Hette d'Artaguiette, marié le 6 juin 1780 à Étiennette-Charlotte-Émilie de Ligny, fille du comte Charles-Adrien, et d'Élisabeth-Jeanne de la Roche de Rambures, dont : Armand-Louis-Victor, né le 28 décembre 1784, mort le 20 avril 1787 ; Gabriel-Louis-François, né le 28 octobre 1786, mort le 29 décembre 1788 ; Antoinette-Éléonore, née le 6 octobre 1788, morte le 31 mars 1790 (S. S.).

— Euphrasie-Françoise-Joséphine, née le 12 décembre 1787, et N., née et morte le 3 décembre 1789, filles de Jean-François, baron des Cars, brigadier des armées du roi, et de Louise-Josèphe-Pauline de la Borde (S. E.).

Pérussy (Marie-Louis de), né le 8 mai 1722, abbé de Notre-Dame du Lieu restauré, mort le 20 avril 1752, fils du marquis Jacques-Joseph, et de Marie de Banne d'Avéjan (S. S.).

Péry (Marie-Charlotte de), morte le 10 décembre 1770 à soixante-neuf ans, épouse de Louis-Nicolas Groult de Flacourt, chevalier, gentilhomme ordinaire du roi (S. R.).

Petit (Marie-Urbine), née le 13 janvier 1723, Louise-Élisabeth, née le 10 ou le 16 juin 1728 ; Marie-Charlotte, née le 8 juin 1733 ; Antoine-Jules, né le 15 janvier 1736, enfants de Nicolas-Pascal, chevalier, seigneur de Boisdaunay et de Dracy, gentilhomme ordinaire du roi, et de Marie-Marthe Maussion (S. R.).

— Louis-François, seigneur de Limeil, mort le 5 février 1768 à soixante-treize ans, époux d'Anne-Geneviève du Châtelet (S. P.).

— Angélique, dame d'Étigny et de l'Eudeville, morte le 1er mars 1768 à quatre-vingts ans, veuve de François Petit, conseiller du roi, président en sa cour des aides (S. P.).

— Angélique-Marie, demoiselle de l'Eudeville, morte le 28 mars 1771 à quarante-trois ans, épouse de Pierre-François Ogier de Berville (S. P.).

— Lucie-Élisabeth, demoiselle du Petit-Val, morte le 19 juin 1781 à trente-un ans, veuve de Charles-Alexandre, comte de Culan (S. S.).

Peultre (Désiré-Gabriel-Charles-Marie le), né le 25 novembre 1771, fils de Louis, marquis de Marigny, et de Michelle-Sophie-Constance de Choiseul (S. S.).

Peyrat (Pierre-Paul-René de), né le 30 octobre 1676, fils de Jean, chevalier, seigneur de Montplaisir, capitaine d'infanterie, et de Catherine Collinot de Bois Regnault (S. A. des A.).

Peyronny (Marie-Jeanne-Josèphe de), née le 27 février 1755, fille de Jean, écuyer, et de Charlotte-Perrine Chateaumorin (S. P.).

Phélippeaux (Claude), inhumée le 13 mai 1682, veuve de Pierre de Hodic, chevalier, comte de Marly la Ville, conseiller du roy en la grande chambre de son Parlement (S. A. des A.).

— Charles, chevalier de Pontchartrain, abbé de Royaumont, mort le 24 juin 1734 à vingt-sept ans (S. R.).

— Jérôme, comte de Pontchartrain, secrétaire d'État, mort le 8 février 1747 à soixante-treize ans, veuf d'Éléonore-Christine de la Rochefoucauld de Roye, remarié à Hélène-Angélique-Rosalie de l'Aubespine de Verdronne (S. R.).

— Marie-Anne, demoiselle d'Herbault, morte le 9 septembre 1760 à soixante-quatre ans, veuve de Bertrand-Gabriel, comte du Guesclin, seigneur de Baucé (S. P.).

— Paul-Jérôme, marquis de Pontchartrain, mort le 12 avril 1775 à soixante-douze ans (S. S.).

— Louis, duc de la Vrillière, comte de Saint-Florentin, mort le 27 février 1777 à soixante-douze ans (S. M. M. la V. l'É.).

— Marie-Louise-Rosalie, demoiselle de Pontchartrain, morte le 8 novembre 1780 à soixante-six ans, veuve de Maximilien-Emmanuel de Watteville, baron de Châteauvillain (S. R.).

— Hélène-Angélique-Françoise, morte le 10 mars 1782 à soixante-sept ans, épouse de Louis-Jules-Barbon Mancini Mazarini, duc de Nivernais (S. S.).

— Georges-Louis, archevêque de Bourges, mort le 23 septembre 1787 à cinquante-neuf ans (S. S.).

Philippe (Ursule), morte le 7 décembre 1764 à vingt-un ans un mois, épouse de Bernard-René Jourdan de Launay, seigneur de la Bretonnière (S. R.).

Picard (Nicolas le), baptisé le 18 janvier 1572, fils de noble homme Étienne, sieur de la Grange, Nifvelon, et de noble damoiselle Louise de Longuecoue (S. G.).

— Geneviève, baptisée le 26 août 1583, fille de noble homme Bertrand, conseiller du roi et président au bureau des finances à Amiens, et de demoiselle Louise le Camus (S. G.).

— Claude-Prosper, né à Seignelay le 8 août 1645 et baptisé à Paris, fils de Prosper, seigneur de Beaulieu, baron de Seignelay, et de Louise de Neufcarré (S. J. en G.).

— François, écuyer, sieur d'Aubercourt, fils de François, écuyer, et de Marie Daguesseau, marié le 19 juin 1657 à Anne Bérard, fille de Jean, écuyer, sieur de la Forteresse, et de Marie Pasquier, dont : François-Antoine, né le 12 mai 1660 (S. Victor).

— Antoine, seigneur de Mosny, conseiller du roi, veuf d'Anne Boileau, remarié le 10 janvier 1679 à Marie-Anne de Lory, fille de Jacques, sieur de la Gardelle, et d'Anne Guérin (S. A. des A.).

Pichon de Montblain (Charlotte-Julie), morte le 2 mai 1791 à soixante-huit ans, veuve de M. de Testart, comte de la Guette, maréchal des camps et armées du roi, et remariée à Jacques de Ternet de Blercourt, capitaine de dragons (S. G. des Prés).

Picot (Jean-Baptiste-Alexandre et Jean Baptiste-Noël), nés le 24 juillet 1760, fils de Léon, écuyer, sieur de Chemeteau, mousquetaire aux gardes du roi, et de Marie-Françoise Pénot de la Tournière de Cossière (S. R.).

— Achille-Pierre-Henri, né le 19 août 1775 ; Anne-Émilie-Marie-Louise, née le 24 décembre 1777 ; Charles-Jacques-Pierre, né le 29 juin 1779, et Augustin-Louis, né le 15 septembre 1780, enfants d'Auguste-Marie-Henri, comte de Dampierre, et d'Anne-Françoise-Adélaïde Picot de Combreux (S. M. M. la V. l'É.).

— Jacques-Achille, marquis de Combreux, seigneur de Sury, mort le 4 novembre 1777 à cinquante-neuf ans, veuf de Jeanne-Geneviève-Françoise le Jau (S. R.).

— Pierre, marquis de Dampierre, mort le 19 janvier 1783 à soixante ans (S. M. M. la V. l'É.).

Picquefeu de Longpré (Françoise-Marie-Jeanne), morte le 17 février 1789 à soixante-deux ans, veuve de Jean-Louis Randon de Malboissier, et remariée à Étienne-Louis Dexmier, comte d'Archiac (S. R.).

Pierre de Bouzies (Hélène-Louise-Henriette de la), morte le 14 janvier 1768 à soixante ans, veuve de Jean-Henri-Louis Orry de Fulvy (S. S.).

Pierre (Ange-Pierre-Jean-Gabriel de), né le 23 octobre 1774, fils de Gabriel, comte de Bernis, et de Jeanne de Lascases (S. E.).

— François-Louis-Amédée, né le 14 mars 1791, fils de Ponce-

Simon, comte de Bernis, et de Marie-Victoire-Julie-Lucrèce du Puy-Montbrun (S. S.).

Pierrepont (Pierre de), mort le 21 avril 1754 à cinquante-neuf ans (S. S.).

— Alphonse-Didier, né le 16 septembre 1776 ; N., née et morte le 20 avril 1778, et Auguste-Anne-Pierre, né le 26 juillet 1779, enfants du comte Pierre, seigneur de Beauvergé, et de Louise-Marie-Rose Mesnard de Chousy (S. E.).

Piétrequin (Gabrielle-Marie-Charlotte de), née le 23 mai 1790, fille de Philibert-Charles, baron du Saint-Empire, et de Marie-Jeanne-Françoise Gilles de Moinville (S. N. des Ch.).

Pignatelli d'Aragon (N.), né le 29 décembre 1766, fils de Jean-Joachim-Athanase, duc de Solférino, et de Marie-Louise-Gonzaga de Caracciolo (S. S.).

— Casimir-Louis-Gonzague-Marie-Alphonse-Armand, né le 28 septembre 1770 ; Alphonse-Louis-Philippe, né le 2 octobre 1774, et Pierre-Paul-Constant, né le 31 mars 1778, enfants de Louis-Gonzague-Marie-Ildephonse-Vincent martyr et Ferrier-Joachim-Athanase-Ambroise-Balthasar-Melchior-Gaspard-Vinancio-François d'Assise, de Borgia, de Paule et Xavier-Joseph-Jean de la Croix, Baptiste et Évangéliste-Diègue-Benoît-Bernard-Sébastien et Fabien-Antoine de Padoue-Pacifique-Camille-Pierre d'Alcantara et apôtre-Pascal Baylon, prince de Gonzague, et d'Alphonse-Louise-Julie-Félix d'Egmont (S. R.).

Pillotte de Saint-Clément (Louis-Denis), ancien mousquetaire, mort le 25 décembre 1794 à soixante-neuf ans (S. Th. d'A.).

Pinault (Marie-Charlotte-Henriette), née le 4 juin 1760 (S. S.), fille de Charles-Adrien-Joseph, chevalier, comte de Ténelles, mort le 1er août 1764 à trente-six ans (S. P.), et de Marie-Madeleine-Henriette Dunoyer.

Pineau (Jacques), baptisé le 1er mai 1637, fils de Jean, sieur de la Fontaine, et de Rachel de Besançon (S. G.).

— Jacques, écuyer, seigneur de Viennay, avocat en Parlement, fils de Charles, et de Marie d'Aubusson, marié le 1er mars 1683 à

Marie de Lory, fille de Jacques, sieur de la Gardette, et d'Anne Guérin (S. A des A).

— Antoine-Marie, né le 4 février 1714, fils de Jacques, seigneur de Viennay, et de Marguerite de Gennes (S. A. des A.).

— Adélaïde-Jacquette, morte le 29 juin 1783 à vingt-neuf ans, épouse de François-Achard Joumard Tison, comte d'Argence (S. J. du II. P.).

Pinon (Anne-Geneviève), née le 16 janvier 1754, Anne-Louis, né le 15 février 1755, enfants d'Anne-Louis, chevalier, seigneur d'Abrechien, conseiller du roi, président au Parlement, et d'Agnès-Catherine le Boullanger (S. P.).

— Anne-Marie-Rose-Louise, née le 21 décembre 1779, fille d'Anne-Louis, conseiller au Parlement, et de Marie-Anne de Nogué (S. E.).

— Anne-Louis, chevalier, conseiller du roi en tous ses conseils, président au Parlement du roi, vicomte de Quincy, mort le 7 janvier 1787 à soixante-six ans (S. E.).

Pinterel (Antoinette-Catherine), morte le 22 janvier 1767 à quatre-vingt-cinq ans, veuve de Gabriel-François Hinselin, seigneur de la Croix (S. P.).

Piolenc-Oligny (Sophie-Françoise-Joséphine-Henriette-Mars), née le 27 mars 1786, fille de Charles-Bénigne, inspecteur des chasses, et de Clotilde-Geneviève Romain (S. N. des Ch.).

Piot (Marie), baptisée le 24 août 1638, fille d'Élie, conseiller et secrétaire du roi, receveur général des bois en Champagne, et de Catherine Coquerel (S. G.).

Pivart de Chastulé (Marie-Anne-Henriette), morte le 5 octobre 1767, épouse de François, marquis de Beauharnais (S. S).

Planche de Mortières (Jules de la), baron de Barinvilliers, mort le 12 février 1725 à cinquante-six ans (S. S.).

Plancy (Charlotte-Louise de), née le 27 avril 1677, fille d'Henri, maître d'hôtel ordinaire de Monsieur, et d'Anne-Marguerite Boudot (S. A. des A.).

Plas de Régis (Louis-Joseph des), fils de Guillaume, et de Louise-

Henriette de Gouy d'Arsy, marié le 15 janvier 1780 à Marie-Agnès Bressy, fille de Nicolas-Joseph, et d'Agnès Toussart (S. S.).

PLASSES (Antoine-Pierre des), seigneur de Montgobert, Soucy, etc., mort le 5 mars 1785 à soixante-un ans (S. J. du H. P.).

PLASTRIER DE LA CROIX (Élisabeth-Marguerite), morte le 24 octobre 1722 à cinquante-cinq ans, veuve de Nicolas de Bragelongne (S. P.).

PLAUTEROZE (Marie-Madeleine-Jeanne-Suzanne), morte le 10 janvier 1758 à soixante-sept ans, veuve de François-Philippe de Brevedern, seigneur de Berville (S. M. M. la V. l'É.).

PLESSIER (Louis du), chevalier, fils de Louis, chevalier, seigneur de Genouville, et de feue Marie Blanchard, marié le 1er mars 1673 à Anne Rogier, fille de feu François, seigneur de Crévy, conseiller au Parlement de Bretagne, et de Renée Foucault (S. A. des A.).

PLESSIER DE TOUCHETTE DE VILLE AUX BOIS (Charlotte-Odette-Scholastique du), née le 21 janvier 1754, fille de Louis-Joseph, capitaine d'artillerie, et de Madeleine-Scholastique Vannez (S. P.).

PLESSIS (Antoine du), né le 12 avril 1689, fils de Jacques, écuyer, et d'Anne-Charlotte Vorvet (S. A. des A.).

— Louise-Alexandrine, morte le 10 février 1761 à vingt-sept mois, fille de Roch-Eugène, seigneur d'Hattencourt, et de Louise-Suzanne de Poisder de Franck (S. P.).

— Marie-Renée, morte le 15 juin 1768 à quatre-vingts ans, veuve de Pierre-Nicolas de Bérulle (S. S.).

PLESSIS D'ARGENTRÉ (Élisabeth-Pauline du), morte le 22 mai 1779 à soixante-huit ans (S. J. du H. P.).

PLESSIS-CHATILLON (César-Antoine du), mort le 29 décembre 1713 (S. S.).

— Marquis Louis, mort le 23 février 1754 à soixante-seize ans (S. E.).

— Henri-Félix, mort le 26 août 1754 à vingt-sept ans (S. S.).

— Comte François-Félix, fils de François-Charles-Joseph, et de Françoise-Catherine-Julie Colas de Malmusse, marié le 17 mars 1789 à Marie-Charlotte de Cassagnes de Beaufort, fille de Jean-

Gaspard, marquis de Miramon, et de Marie-Anne de Bardonnin de Sansac (S. S.).

Plessis de Guénégaud (Marguerite-Madeleine du), morte le 7 février 1729 à soixante-un ans, veuve de Jean Mareuil de Villebois (S. S.).

Pleurre (Henri-Claude de), né le 2 décembre 1672, fils du marquis Pierre, chevalier, et de Marie Bonneau (S. N. des Ch.).

— Jean-Nicolas, né le 21 juillet 1678, fils de Jean, chevalier, seigneur de Romilly, et de Marguerite de Fontenay (S. N. des Ch.).

— Marie-Thérèse, née le 13 janvier 1719 ; Marie-Marguerite, née le 16 juin 1721 ; Françoise-Gabrielle, née le 24 décembre 1722 ; Jean-Nicolas, né le 20 octobre 1726, enfants de Jean-Nicolas, seigneur de Romilly, et de Marie-Thérèse Gaillard (S. S.).

Plumeaux (Jean), marchand tailleur, mort le 28 février 1763.

Plunkett (Robert), comte de Fingall, pair d'Irlande, mort le 9 février 1739 à quarante ans, veuf de Marie Maquenis (S. S.).

— « L'an mil huit cent quinze, le dix-neuvième jour du mois de décembre, trois heures de relevée, par devant nous maire et adjoint au onzième arrond[t], sont comparus Henry du Authier, chevalier de l'ordre de St-Jean de Jérusalem, âgé de soixante-trois ans, dem[t] à Paris, rue Garancière n° 6, quartier du Luxembourg, et Henry-Louis de Chastellux, propriétaire, âgé de vingt-neuf ans, dem[t] à Paris, rue de Grenelle-Saint-Germain, n° 83, dixième arrond[t], petit-neveu de la défunte, lesquels nous ont déclaré que le dix-huit de ce mois, huit heures du matin, Madame Marie-Brigitte-Charlotte-Joséphine, baronne de Plunkett, âgée de cinquante-six ans, native de Louvain (Flandre autrichienne), dem[t] à Paris, rue de Tournon n° 10, quartier du Luxembourg, est décédée en ladite demeure, dame d'honneur de Son Altesse Sérénissime madame la duchesse douairière d'Orléans, et veuve de messire François-Jean, marquis de Chastellux, maréchal des camps et armées du roi, chevalier de l'ordre royal et militaire de St-Louis et de l'ordre de St-Lazare, et ont les déclarants signé avec nous le présent acte de décès après qu'il leur en a été fait lecture, avec Guillaume Burard, docteur en médecine, qui a constaté le décès. — Henri-Louis de Chastellux, — Henri du Authier, — Burard, — Hua. » — (XIe arr. XXXVIII, 214).

Pocholles du Hamel (Jeanne-Agnès-Thérèse de), morte le 28 décembre 1723 à trente-cinq ans, épouse de Louis du Bouchet, marquis de Sourches, comte de Montsoreau (S. S.).

Pocquelin (Agnès-Marie), morte le 23 février 1789 à trente-un ans, veuve de Nicolas-Marie-Joseph Courtin de Neubourg (S. N. des Ch.).

Podenas (Théodora de), morte le 19 mai 1759 à quatre-vingt-dix ans, veuve de Gaston, comte de Foix (S. S.).

Poillane (Augustine de), née le 6 octobre 1775 ; Jules-Gabriel, né le 16 octobre 1777 (S. E.) et Abel, mort le 12 mai 1782 à dix-neuf jours (S. J. en G.), enfants de Jacques-Auguste, seigneur du Petit-Saint-Mars, et d'Antoinette-Julie de Chavannes.

Poilly de Millebourg (Élisabeth-Charlotte de), née le 11 septembre 1741, fille de Sébastien, seigneur de Chantereine, Briançon, Millancourt, conseiller du roi, et d'Élisabeth-Charlotte-Geneviève de Rollinde (S. R.).

Poilvilain (Marie-Madeleine de), née le 22 et morte le 25 juillet 1706, fille de François-Auguste, seigneur de Monchons, et de Marie-Anne de Siran (S. A. des A.).

— Madeleine-Cécile, morte le 8 juillet 1723 à onze ans, fille de François-Auguste, seigneur de Montchauveau, et de Marie-Anne de Cyresme (S. S.).

— Georges-Antoine-Gabriel-Thibault-Henri, né le 28 novembre 1767, et Louise-Thérèse-Victoire, née le 12 octobre 1769, enfants de Sébastien-Anne-Julien, comte de Crénay, et d'Antoinette-Jeanne-Philis-Victoire de la Tour du Pin (S. S.).

Poisson (Abel-François), marquis de Ménars et de Marigny, mort le 11 mai 1784 à cinquante-six ans (S. E.).

Poisson du Mesnil (Marie-Jeanne), morte le 2 septembre 1767 à quatre-vingt-cinq ans un mois, veuve de François, comte de Marcastel (S. J. du H. P.).

Poitiers (Éléonore-Henriette de), née le 17 mars 1702, fille du comte Jean-Ferdinand, et d'Éléonore de Mesgrigny (S. S.).

— Marie-Louise, née le 1er août 1704, fille de Claude, seigneur de Vandenesse, et de Françoise Brodeau (S. A. des A.).

— Élisabeth-Philippine, née le 23 décembre 1715, fille posthume du comte Ferdinand-Joseph, et de Marie-Geneviève-Henriette-Gertrude de Bourbon-Malause (S. S.).

— Marie-Josèphe, dame d'honneur de Madame, morte le 23 avril 1722 à soixante ans (S. R.).

Polastron (Jeanne-Françoise-Henriette de), née le 6 janvier 1747, et Yolande-Gabrielle-Martine, née le 8 septembre 1749, filles du comte Jean-François-Gabriel, et de Jeanne-Charlotte Hérault (S. S.).

— Michel, capitaine d'artillerie, mort le 3 janvier 1765 à soixante-douze ans (S. J. du H. P.).

— Anne-Henri-Louis, né le 19 octobre 1785, fils du vicomte Denis-Gabriel-Adhémar, et de Marie-Louise-Françoise d'Esparbès de Lussan (S. S.).

Poli (Françoise-Valérique de), née le 9 décembre 1744, et Thérèse-Narcisse, née le 13 mars 1753, filles du comte François-Gaspard, et de Marguerite-Thérèse-Narcisse de Durfort (S. S.).

— Pierre-Adrien, écuyer, chevalier de Saint-Louis, mort le 13 mars 1758 à soixante-deux ans, époux de Marie-Jeanne Barbichon (S. R.).

Polignac (Claude de), né le 7 juin 1655, et baptisé sous condition le 17 avril 1710, fils du comte François, seigneur de Fontaines, et de Marie de la Chétardie (S. S.).

— N., fils du comte, ondoyé le 9 octobre 1688 (S. A. des A.).

— Louis-Hercule-Melchior, né le 31 janvier 1717; François-Camille, né le 17 novembre 1718; Denis-Auguste, né le 31 octobre 1721; fils du vicomte Scipion-Sidoine-Apollinaire-Armand, et de Marie-Françoise de Mailly (S. S.).

— Claude, mort le 21 février 1727 à soixante-cinq ans (S. S.).

— Vicomte Scipion-Sidoine-Apollinaire-Armand-Gaspard, mort le 4 avril 1739 à soixante-dix-neuf ans (S. S.).

— Claude-Louise-Élisabeth-Sophie, née le 5 août 1740 (S. R.); Melchior-Philippe-Alexandre, né le 23 juillet 1741 (S. S.); N., né le 14 décembre 1742; N., née le 21 septembre 1744; Charlotte-Élisabeth, née le 12 octobre 1746, et N., née le 24 avril 1749, enfants du comte François-Alexandre, lieutenant des armées navales, et de Françoise-Élisabeth Feydherbe de Maudave (S. R.).

— Melchior, cardinal, mort le 20 novembre 1741 à quatre-vingts ans un mois un jour (S. S.).

— Diane-Françoise-Zéphirine, née le 19 octobre 1740 (S. S.), et N., née le 12 août 1742 (S. R.), filles du vicomte Louis-Héracle-Melchior, et de Diane-Adélaïde-Zéphirine Mazarini-Mancini.

— N., née le 6 novembre 1743 (S. S.), morte le 29 avril 1746, Camille-Louis-Apollinaire, né le 31 août 1745; Élisabeth-Augustine-Aimée, née le 12 décembre 1746, Henriette-Zéphirine, née le 6 février 1753, enfants de François-Camille, marquis de Monpipeau, et de Marie-Louise de la Garde (S. M. M. la V. l'É.).

— Alexandrine-Constance-Gabrielle, née le 2 mai 1768, fille de Louis-Marie-Alexandre, vicomte de Couserans, et de Constance-Gabrielle-Bonne le Viconte du Rumain (S. S.).

— Louise-Gabrielle-Aglaé, née le 7 mai 1768, Armand-Jules-Marie-Héraclius, né le 15 janvier 1771 et Auguste-Jules-Armand-Marie, né le 14 mai 1780, enfants d'Armand-Jules-François, marquis de Mancini, et d'Yolande-Gabrielle-Martine de Polastron (S. S.).

— François-Alexandre, lieutenant des armées navales, mort le 13 novembre 1785 à quatre-vingts ans, veuf de Françoise-Élisabeth Feydherbe de Maudave (S. S.).

— Marie-Françoise, morte le 10 décembre 1785 à quarante-un ans, veuve de François-Marie de Pérusse, marquis des Cars (S. S.).

POLLALION (Angélique-Charlotte de), née le 4 avril 1710, et Augustin-Gabriel, né le 5 mai 1712, enfants de Denis-Alexandre, seigneur de Montréal, et de Marie-Marguerite Gombon (S. S.).

POLLIER (Joseph-Albert-Gaston de), évêque de Thermes, abbé de Saint-Allyre, Vaux et Loc-Dieu, mort le 9 janvier 1784 à soixante-trois ans (S. R.).

POMEREU (Nicolas de), sieur de Gratereau, chevau-léger de la garde du roi, mort le 21 juin 1678 (S. A. des A.).

— Jean-André, né le 2 septembre 1687, fils de Jean-Baptiste, maître des requêtes, et de Marie-Michelle Bernard (S. G.).

— Catherine, morte le 11 août 1715 à quatre-vingts ans, veuve de Pierre Boutet, seigneur du Marivatz, chevalier des ordres de Notre-Dame du Mont-Carmel et de Saint-Lazare (S. R.).

— Françoise-Madeleine, morte le 11 mai 1725 à soixante-neuf ans, épouse de Guy-César de la Luzerne, comte de Beuzeville (S. S.).

— Marie, morte le 22 mars 1733 à soixante-dix-huit ans, épouse de Claude de Courcelles (S. R.).

— Élisabeth, morte le 5 décembre 1764 à vingt-neuf ans quatre mois, veuve d'Isidore-Louis le Boulanger, conseiller du roi, seigneur d'Hacqueville (S. P.).

— Clair-Marie-Joseph, sous-lieutenant aux gardes, mort le 3 août 1769 à vingt-huit ans (S. P.).

Pommeray (Madeleine), morte le 21 avril 1730 à soixante-sept ans, épouse de Jean de Fauvel, seigneur de Valleihles (S. R.).

Pommiers de Banne (Jean-Baptiste-Anne-Louis), né le 26 avril 1780, fils de Pierre-Louis, et de Louise-Victoire Guillot (S. M. M. la V. l'E.).

Pompadour (Marie-Françoise de), morte le 16 septembre 1726 à soixante-dix-sept ans, épouse de François-Marie, marquis d'Hautefort (S. S.).

— Françoise, morte le 7 juin 1777 à quatre-vingt-trois ans, veuve de Philippe-Égon, marquis de Courcillon (S. S.).

Poncet (Michel), baptisé le 22 novembre 1638, fils de Pierre, écuyer, sieur de Batilleau, et de Catherine de Ratignan (S. G.).

— Jeanne-Anne, née le 15 mars 1730 ; Paul-Pierre, né le 26 février 1732 ; Adélaïde-Louise, née le 27 avril 1733, enfants de Pierre, comte d'Ablis et de la Rivière, et de Louise-Françoise-Bonaventure de Lelay de Villemaré (S. R.).

Pons (Pierre de), natif d'Agen, mort le 30 novembre 1682 (S. A. des A.).

— Gilbert-Renaud-Constant, né le 29 janvier 1711 ; Marie et Charlotte, nées le 30 août 1712 ; Marie-Anne-Louise, née le 9 avril 1714 ; N..., née le 27 avril 1715 ; Louis, né le 6 février 1717 ; Pons, baptisé le 20 février 1719, mort le 5 mai 1721 ; Charles-Jacques, né le 6 novembre 1720, et Charlotte-Barbe, morte le

5 août 1724 à deux ans, enfants du comte Renaud-Constant, et de Charlotte de Gadagne d'Hostun (S. S.).

— Guyonne-Hyacinthe, née le 3 décembre 1743, fille du comte Charles-Philippe, et de Charlotte-Marie Lallemant (S. R.).

— Charles-Armand-Augustin, né le 30 juin 1744 et baptisé le 4 janvier 1757, et Antoinette-Rosalie, née le 11 mars 1751, enfants du vicomte Charles-Armand, et de Rosalie le Tonnelier de Breteuil (S. R.).

— Catherine-Élisabeth, demoiselle de Septpon, morte le 24 mars 1756 à soixante-un ans (S. P.).

— Louis, né à Hassel (pays de Liége) le 26 avril 1760 et baptisé à Paris le 9 mai 1767, et Félicité-Louise-Joséphine, née le 29 juin 1768, enfants de Louis, écuyer, seigneur de Grippel, lieutenant-colonel au régiment royal des Cravates, et de Marie-Élisabeth de Neujean (S. S.).

— Guyonne-Hyacinthe, morte le 22 janvier 1761 à dix-sept ans, femme de Charles-Rosalie, vicomte de Rohan-Chabot (S. R.).

— Marie-Félicité-Michelle, née le 7 septembre 1764 ; Pauline-Émilie, née le 22 décembre 1767; Auguste-Dominique et Charles-Casimir-Marie, mort le 4 avril 1772, nés le 7 juillet 1769, Adélaïde-Rosalie-Élie-Frédéric, né le 18 février 1772, et Amable-Hyacinthe-Marie-Élie, né le 7 janvier 1779, enfants du marquis Louis-Marie, et d'Emmanuelle-Marie-Anne de Cossé (S. R.).

— Charles-Paul-Armand, né le 10 octobre 1767, mort le 17 mai 1769, et Augustine-Éléonore, née le 18 février 1775, enfants du vicomte Charles-Armand-Augustin, et de Pulchérie-Éléonore de Lannion (S. S.).

— Comte Charles-Armand, mort le 21 mai 1770 à soixante-seize ans (S. S.).

— Comte Charles-Philippe, lieutenant-général des armées du roi, mort le 2 novembre 1771 à soixante-deux ans, époux de Charlotte-Marie Lallemant de Betz (S. R.).

— Marie-Claudine, morte le 15 janvier 1788 à treize ans et demi, fille du marquis Louis-Henri, et de Françoise-Agathe Dumorey (S. S.).

— Jeanne-Gabrielle, demoiselle de Bourneuf, morte le 15 novembre 1791 à quatre-vingt-quinze ans, veuve de Denis de Pillotte de Saint-Clément, capitaine de cavalerie (S. Th. d'A.).

Pons-Praslin (Marie-Gabrielle de), morte le 9 février 1779, veuve d'Henri-Anne de Flagny-Damas, comte de Rochechouart (S. G.).

Pontevès (Joseph-Léon de), mort le 24 décembre 1711, fils de N..., marquis de Maubousquet, et d'Anne d'Agoult (S. A. des A.).

Ponze (Marie-Anne-Agathe-Rose de), morte le 22 mai 1778 à soixante-cinq ans, veuve : 1° de Claude-Georges de Mazirot, 2° de Pierre, comte de Neuvron (S. S.).

Popinet (Claude de), sieur de Pinvol et gouverneur des machines de Versailles, veuf d'Anne Frigrest, remarié le 11 décembre 1677 à Françoise Ducel, veuve de Noël Thomas, et fille de Gabriel, écuyer, seigneur des Varaines, de Parpesay, et de Claude de Doue, (S. A. des A.).

Poret (Charlotte-Louise-Françoise de), née le 9 octobre 1760, fille de Jacques-René-Joseph-Hyacinthe-Charles, chevalier, seigneur du Buat, et de Marie-Françoise Guérin (S. R.).

— Auguste, mort le 1ᵉʳ janvier 1776 à quinze jours, fils de Bénigne, vicomte de Blosseville, et de Marie-Henriette de Civille (S. S.).

— Auguste, né le 21 juin 1790, fils du comte Joseph-François-Anselme, chef d'escadron au régiment des dragons-Chartres, et de Suzanne-Maurice de Lancry de Pronleroy.

Portail (Gabriel), né le 6 mars 1649, et Louise-Hélène, née le 1ᵉʳ août 1650, enfants de François, seigneur de Frasneau, et d'Hélène de Masparault (S. J. en G.).

— Claude-Françoise, baptisée le 19 juin 1672, Antoine, né le 18 mars 1674, et Jean-Charles, né le 19 novembre 1676, enfants d'Antoine, conseiller du roi, et de Marie-Madeleine Le Nain (S. A. des A.).

— Antoine, conseiller-secrétaire du roi, président en la Chambre des comptes, mort le 20 février 1677 (S. A. des A.).

— Françoise-Thérèse, née le 2 janvier 1719, Antoine-Nicolas, mort le 22 juin 1723 à vingt-un ans, enfants d'Antoine, chevalier, conseiller du roi et président à mortier, et de Rose-Madeleine Rozé (S. S.).

— Madeleine-Antoinette, morte le 27 janvier 1784 à quatre-vingt-trois ans, veuve de Victor-Pierre-François de Riquet, comte de Caraman (S. S.).

Porte (Marguerite-Françoise de la), morte le 15 avril 1713 à trente-deux ans, épouse de Jean-Nicolas de Pleurre (S. S.).

— Geneviève, morte le 12 juillet 1723 à quarante-deux ans, épouse de Luc de Comerfort, marquis d'Anglure (S. S.).

— René-Joseph, baptisé à Chalivoy-Milon le 31 août 1699, fils de Barthélemy-Joseph, baron d'Issertieux, et de Marguerite de Trépierre, marié le 12 mars 1737 à Marie-Madeleine-Étienne-Françoise de Faverolles, baptisée à l'Isle-sous-Montréal le 26 décembre 1706, fille d'Antoine-François, seigneur de Domecy-sur-le-Vault, et de Marie-Madeleine-Anne de Quesse de Valcourt, demeurant auparavant à l'Isle-sous-Montréal, témoins de l'époux ; Joseph-Antoine de Valjoint, conseiller honoraire au Parlement, ami ; Eugène de Cautel, comte d'Argilly, cousin ;—témoins de l'épouse : Antoine-François de Faverolles, son père ; Mre Jean-François de Quesse de Valcourt, seigneur de Marsilly et de Larchère, brigadier des armées du roi et mestre de camp des carabiniers, oncle maternel ; Mre Guillaume-Antoine de Chastellux, comte de Chastellux, maréchal des camps et armées du roi, signé : Delaporte, baron d'Issertieux. — De Faverolle. — De Faverolle. — Dequesse de Valcour. — Dargilly. — Daguesseau. — M. R. Goësbriand. — Chastellux. — Daguesseau de Chastellux. — M. M. Goësbriand. — J. Cadot (S. M. M. la V. l'É.).

— Antoinette-Françoise-Bibiane, née le 1er décembre 1746, Angélique-Thérèse, née le 14 octobre 1747 (S. R.); Andrinette-Félicité, née le 30 novembre 1757, et Augustin-François-Charles, né le 5 février 1760 (S. S.), enfants de Guy-François, marquis de Riantz, mestre de camp de cavalerie, et d'Henriette-Bibiane de Colbert.

Porte-Ruzé de Mazarin (Charlotte-Antoinette de la), morte le 7 septembre 1735 à dix-huit ans, épouse d'Emmanuel-Félicité de Durfort de Duras, duc de Durfort (S. M. M. la V. l'É.).

Potier de Courcy (Armand-Jean-Alexandre-Moïse), né à la Martinique le 17 juillet 1760, baptisé à Paris le 7 janvier 1765, fils du baron Alexandre, et de Françoise Houc (S. R.).

— Marie-Charlotte, née le 19 janvier 1766, fille de Jean-Charles, et de Marie-Joseph Giraud de Prévallier (S. M. M. la V. l'É.).

Potier de Gesvres (Bernard-François), duc de Tresmes, mort le 12 avril 1739 à quatre-vingt-trois ans neuf mois neuf jours, veuf de Marie-Geneviève-Madeleine-Louise de Seillière de Boisfranc (S. R.).

— Léon, archevêque de Bourges, mort le 12 novembre 1744 à quatre-vingt-huit ans (S. S.).

— Louise-Julie, morte le 31 décembre 1751 à quatre-vingt-deux ans sept mois, veuve de Charles-Amédée de Broglie, comte de Revel (S. R.).

— François-Joachim, duc de Gesvres, marquis de Gandelu, mort le 19 septembre 1757 à soixante-cinq ans (S. R.).

— Étienne-René, cardinal, ancien évêque de Beauvais, vidame de Gerberoy, abbé de Notre-Dame d'Ourscamps, de Saint-Étienne de Caen, de Saint-Vincent de Laon et de Notre-Dame de Liesse, mort le 24 juillet 1774 à soixante-dix-huit ans (S. R.).

— Léon-Louis, duc de Tresmes, mort le 28 décembre 1774 à soixante-dix-neuf ans cinq mois, veuf d'Éléonore-Marie de Montmorency-Luxembourg (S. R.).

Potier de Novion (Antoinette), morte le 19 mai 1726 à trente-huit ans, épouse de Charles-Adolphe de Lionse, écuyer, comte d'Espaux (S. S.).

— Anne, morte le 24 mai 1726 à quarante ans, veuve de François de Montholon, conseiller du roi, intendant de Saint-Domingue (S. S.).

Potocki (Alfred-Joseph-Séverin-Georges), né le 3 mars 1786 (S. E.), et Ladislas-Théodore-Isabeau, né le 24 mars 1787 (S. M. M. la V. l'É.), fils du comte Jean, et de Julie Lubomirska.

Pottelsberghe (Jacques-François-Bernard de), né le 16 mai 1720, fils du baron Bernard-François-Théodore, et de Marie-Thérèse-Ximénès Manrique de Lara (S. S.).

Pottin (Louis-Philippe), comte de Vauvineux et de Saint-Martin d'Albois, veuf d'Élisabeth-Geneviève Ladvocat, remarié le 22 juin 1790 à Angélique-Philiberte Martin d'Ormoy, fille de Claude, et de

Charlotte Chaumat, dont : Armand-Coranthin-Félicité-Philippe, né le 10 juin 1791 (S. S.).

Pouget (François-Pierre-Joseph du), mort le 2 octobre 1747 à treize mois et demi (S. G.), et Auguste-Félicité, morte le 17 janvier 1756 à trois ans un mois (S. P.), enfants de Jean-François, comte de Nadaillac, exempt des gardes du corps, et d'Adélaïde-Françoise-Claude du Pille.

— Jean-François-Albert, né à Londres le 16 juillet 1818, fils d'Arnoul-François-Léopold-Odile-Sigismond, marquis de Nadaillac, mort à Paris le 23 avril 1837, et de Catherine-Marie Mitchell, morte à Mayfair (Middlesex), le 4 juillet 1844, marié le 19 avril 1845 à Marie-Édith Roussel, née à Orléans le 16 décembre 1825, fille de Pierre-Louis, comte de Courcy, et de Louise-Julie-Adèle de Neverlée (X^e arr.).

Poullain (Michel-Louis), gentilhomme du comte d'Artois, fils de Nicolas, contrôleur des rentes de l'Hôtel-de-Ville, et de Louise-Catherine Petit, marié le 17 août 1776 à Étiennette-Louise-Félicité Rouault, fille de Nicolas-Alphonse-Félicité, comte d'Egreville, et de Louise Régis (Auteuil).

Poullard (Louise-Rose), morte le 14 janvier 1769 à trente-trois ans, épouse de Jean-Hyacinthe-Emmanuel Hocquart, seigneur de Montfermeil (S. E.).

Poulletier (Pierre), conseiller d'État, mort le 8 août 1765 à quatre-vingt-cinq ans (S. P.).

— Angélique-Françoise-Josèphe, née le 13 décembre 1767 ; Louise-Modeste, née le 29 janvier 1769, et Geneviève-Françoise-Sophie, née le 22 avril 1770, filles de Pierre-Claude, seigneur de Périgny, et de Marie-Françoise d'Arlus de Tailly (S. E,).

— Jean-Marie-Alexis-Gustave, comte de Suzenet, né à Dijon le 22 février 1804, fils de Claude-Louis-Marguerite, ancien magistrat, mort à Dijon en juin 1821, et de Marie-Claudine-Olympe Duport de Loriol, morte à Dijon en janvier 1828, petit-fils de M. de Suzenet, mort en novembre 1816, et de Mme de Suzenet, morte à Dijon en mars 1830, et de M. de Loriol, mort en juillet 1807, et de madame de Loriol, morte à Pontdevaux en mai 1814, marié le 9 juillet 1832 à Marie-Caroline-Béatrix Hurault, née à Paris le 15 avril 1808, fille d'Anatole-Maximilien, comte de Vibraye, et d'Angélique-Armande-Camille de la Luzerne (X⁰ arr.).

Poupault (François-Louis), fils de Louis, sieur de Volembert, contrôleur des fermes du roi, et de Marguerite de Sertine, marié le 13 février 1790 à Marie-Thérèse-Adélaïde de Vidal, veuve de Charles-Antoine de Ricouard, comte d'Hérouville (S. S.).

Pourcheresse (Marie-Claude-Louis de), né le 9 novembre 1762, fils de Claude-Pierre, chevalier, seigneur de Vertières, conseiller du roi, et de Marie-Louise Le Brun de Saint-Vallery (S. R.).

Poussepin (Jean), baptisé le 24 octobre 1572, fils de noble homme maître Pierre, et de demoiselle Marie Le Court (S. G.).

— Jean, baptisé le 4 février 1604, et Marie, baptisée le 13 mai 1605, enfants de noble homme Nicolas, seigneur de Belair, conseiller du roi en la Prévôté de Paris, et de demoiselle Isabelle Scarron (*alias* Faron) (S. G.).

— Charlotte, baptisée le 20 mai 1637, et Jean-Baptiste, baptisé le 3 décembre 1638, enfants de noble homme Nicolas, écuyer, sieur de Montbrun, et d'Agnès Pébrochel (S. G.).

— Élisabeth, baptisée le 23 septembre 1637; fille de Dreux, conseiller du roi, et de Madeleine du Hamel (S. G.).

Poute (Ange-Félix-Arnould-Pons), mort le 15 janvier 1790 à trois ans, fils d'Augustin-Marie, vicomte de Nieuil, et d'Anne-Françoise de la Luzerne (S. M. M. la V. l'É.).

Pracomtal (Arnoul, comte de), mort le 22 mai 1754 à trente ans (S. S.).

— Marquis Léonor-Claude, mort le 7 décembre 1776 à vingt-trois ans (S. S.).

— Charles-Antoine-Olive, mort le 16 juin 1786 à dix ans, fils de feu le marquis Léonor-Claude, et de Claude-Gabrielle de Perthuis (S. S.).

— Edmond-Marie-Gabriel, sous-lieutenant de hussards, né à Paris le 13 novembre 1804, fils du marquis Léonor-Anne-Gabriel, colonel d'infanterie, et d'Amélie-Marie-Louise de Gramont, marié le 18 mai 1829 à Françoise-Antoinette-Claire, née à Paris le 15 février 1806, fille de Félix-Philippe-Charles-Vogt, comte d'Hunolstein, et de Marie-Henriette-Claire de Bourdeilles, morte à Metz en avril 1814 (X⁰ arr.).

PRAT (Antoine-Louis de), marquis de Barbançon, mort le 4 décembre 1775 à soixante ans vingt-quatre jours (S. S.).

PRÉ DE SAINT-MAUR (Marie-Anne du) née le 3 juillet 1731, morte le 6 mars 1754, Jean-Louis, mort le 21 février 1734 à un mois deux jours, enfants de Pierre, chevalier, conseiller au Parlement, et commissaire aux requêtes du palais, et de Marie-Madeleine Bellenger (S. S.).

— Agathe-Madeleine, née le 8 mars 1775 ; Hippolyte-Antoine-François, né le 11 octobre 1776, enfants d'Antoine-Louis, et de Jeanne-Geneviève-Henriette Billard de Lorière (S. S.).

— Antoine-Pierre, fils de Pierre, et de Marie-Madeleine Bellenger, marié le 2 août 1775 à Marie-Louise-Françoise Riqueur des Gasseaux, fille de Jacques, seigneur de Malestable, et de Marie-Françoise Frotté (S. J. du H. P.).

PRÉAUX (Hector de), mort le 6 août 1687 à dix-sept ans, fils du marquis Hector, seigneur de Châtillon, et de Bénigne de Saint-Gelais de Lusignan (S. S.).

PREISSAC (Charles-Élisabeth de), né le 17 décembre 1775, fils de Charles-Madeleine, vicomte d'Esclignac, et de Marie-Charlotte de Varogue (S. M. M la V. l'É.).

— Charles-Louis, comte d'Esclignac, mort le 13 avril 1777 à quatre-vingts ans (S. M. M. la V. l'É.).

— Charles-Madeleine, vicomte d'Esclignac, mort le 30 juin 1783 à soixante-deux ans (S. M. M. la V. l'É.).

— Amable-Charles-Marie-Catherine, fils de Charles-Louis, vicomte de Fezensac, et de Marie-Marguerite-Concorde Chols de Torpanne, marié le 18 mai 1784 à Marie-Charlotte-Clotilde d'Usson, maréchal des camps et armées du roi, et de Constance-Paule-Flore-Émilie-Gabrielle le Vicomte du Rumain (S. S.).

— Xavière-Charles-Élisabeth, née le 18 novembre 1788, fille d'Henri-Thomas-Charles, comte de Fezensac, et d'Élisabeth-Ursule-Anne-Cordule-Xavière de Saxe (S. S.).

PRESLE DE MERLIN (Marc de), chevalier de Saint-Louis, colonel de cavalerie au régiment de Vaudemont, mort le 19 juin 1716 à trente-huit ans (S. R.).

Presse (Marguerite de la), morte le 29 janvier 1725 à soixante-cinq ans, veuve de Guy de la Tribouille, seigneur de Bessons (S. S.).

Prestre (Auguste-Pierre-Paul-Jean le), né le 10 juin 1772, fils d'Auguste-Félicité, sieur de Châteaugiron, conseiller du roi et président à mortier du Parlement de Paris, et de Jeanne-Charlotte Floyd de Tréguibé (S. N. des Ch.).

— Philippe-Simon-Éric, né le 26 novembre 1783, et Hyacinthe-Simone-Félicité-Georgine, née le 16 octobre 1786, enfants de Jacques-Anne-Joseph, comte de Vauban, chambellan du duc d'Orléans, et d'Henriette-Françoise de Puget de Barbentane (S. E.).

Prevost (Marguerite), baptisée le 19 mars 1604, fille de noble homme Auguste, secrétaire de la Chambre du roi, et de demoiselle Marie Le Faure (S. G.).

Prévost d'Arlincourt (Charles-Antoine), né le 5 mai 1778, fils de Louis-Adrien, fermier-général, et d'Antoinette-Juste Constant (S. E.).

— Charles-Marie-Alexandre, né le 31 janvier 1787, fils de Louis-Adrien, écuyer, seigneur de Merantais, Merancy, et de Jeanne Gourgon de Précy (S. R.).

Prie (Louis, comte de), marquis de Planes, Courbépine, Échamfray, seigneur du Moulin-Chapel en Normandie, de Test-Milon en Bourgogne, gouverneur de Bourbon-Lancy, veuf de Louise-Camille-Victoire de Villette, remarié le 18 juin 1771 à Madeleine-Antoinette-Julie de Manville, veuve de Guillaume, comte de Shirley, lieutenant-général des armées britanniques (S. E.).

Prieur de Merville (Alexandrine-Marie-Justine le), née le 25 mars 1787, et Alexandre-Marie-Justin, né le 6 décembre 1788, enfants de Pierre-Alexandre, lieutenant-colonel d'infanterie, et d'Henriette-Louise Rouillard (S. J. du H. P.).

Priézac (Jean-Marc de), écuyer, seigneur de l'Aumônerie, mort le 18 septembre 1675 (S. A. des A.).

Princey (Anne-Angélique de), née le 11 juillet 1715, Crépin-Louis, né le 11 octobre 1718, Charles-Léon, né le 23 septembre

1727, et Louis-François, né le 4 juin 1730, enfants de François-Louis, chevalier, comte de Poilly, seigneur de la Nocherie, et de Anne-Élisabeth Burteaux (S. R.).

Priou (Antoinette de), née le 20 février 1790, fille de Louis-Balthasar, seigneur de Destouches, et de Louise-Suzanne-Edmée des Mazis (S. M. M. la V. l'É.).

Prondre (Élisabeth-Françoise), morte le 15 octobre 1771 à soixante-douze ans, veuve de Louis de Malide, brigadier d'infanterie (S. R.).

— Emmanuel-Paulin-Louis, né le 24 juillet 1775, Aglaé-Élisabeth, née le 7 avril 1779, et Augustine-Louise, née le 9 septembre 1782, enfants d'Emmanuel-Maurice, comte de Fleurange, seigneur de Guermante, et de Louise-Marthe de Tissart de Rouvre (S. N. des Ch.).

Prunelé (Élisabeth de), morte le 9 août 1674, veuve de Jean Le Bouteiller de Senlis, comte de Moussy (S. A. des A.).

— Marie-Anne-Adélaïde, née le 12 décembre 1724, et Louise-Françoise-Parfaite, née le 27 novembre 1725, filles de Parfait, et de Marie des Acres de l'Aigle (S. S.).

— Julienne-Émilie, née le 19 février 1779, et Blanche-Charlotte, née le 11 décembre 1780, filles du comte Jules-Antoine-Emmanuel, et de Blanche-Adélaïde Le Moine de Belle-Isle (S. E.).

Pucelle (Pierre), conseiller au Parlement, fils de feu Claude, conseiller d'État, et de Françoise Catinat, marié le 9 janvier 1679 à Anne Roujault, fille d'Étienne, conseiller du roi, et de Claude Frogier (S. A. des A.).

— Renée-Élisabeth, morte le 1er janvier 1756, veuve de Nicolas de Frémont, marquis de Rosay, seigneur d'Auneuil (S. R.).

— Marie-Denise-Élisabeth, morte le 14 juin 1761 à cinquante-trois ans, épouse de Louis-François de Galiffet (S. S.).

Puget (Jacques), baptisé le 10 janvier 1605, fils de noble homme Étienne, conseiller du roi, et son conseiller et trésorier de son épargne, seigneur de Poureuse et de Cheu, et de Louise Prévost (S. G.).

Puget (François-Emmanuel du), né le 26 février 1732, fils de

Pierre, seigneur de Montauron et de la Marche, et d'Edmée-Jeanne-Charlotte du Mesnil (S. S.).

— Hilarion-Paul-François-Bienvenu, né le 8 mars 1754, fils de Joseph-Pierre-Balthasar-Hilarion, marquis de Barbentane, et de Charlotte-Françoise-Élisabeth-Catherine de Mesnildot (S. S.).

— Louise-Élisabeth-Sophie-Sylvestrine, née le 31 décembre 1770, et Marie-Marguerite-Joséphine-Charlotte, née le 15 mars 1773, filles du comte Denis-Nicolas, et de Marie-Marguerite de Bourbon (S. S.).

— Jeanne-Charlotte-Angadrème, morte le 12 juillet 1775 à cinquante ans, épouse de Charles-Alexandre-Gabriel, marquis de Lambertye (S. S.).

— Auguste-Philippine-Hilarion, né le 14 décembre 1789, fils d'Hilarion-Paul-François-Bienvenu, comte de Barbentane, et d'Adélaïde-Joséphine Girardin (S. E.).

Puis (Amédée-Charles-Pierre du), conseiller du roi, mort le 23 décembre 1747 à vingt-sept ans (S. R.).

Puysaye (Josèphe de), née le 1ᵉʳ mai 1741, fille de Jean-Louis, écuyer, capitaine au régiment de Soissonnais, et de Marie-Anne Stingre (S. R.).

— André-François-Marie, vicomte de la Ferrière, capitaine au corps royal d'artillerie, mort le 5 avril 1786 à trente-six ans (S. E.).

Pujol (Marie-Louise-Alexandrine de), morte le 9 janvier 1779 à quarante-un ans (S. J. en G.).

Puy-Montbrun (Jean-François-Alexandre du), maréchal des camps et armées du roi, député du Loiret, mort le 31 mars 1792 à quarante-cinq ans, époux de Marie-Louise Granié (S. E.).

Q

Quarré (Charles-Joseph-Dieudonné de), baron d'Omalun, seigneur de la Haye, natif de Namur, mort le 11 juin 1762 à trente-trois ans (S. R.).

Quatrefages de la Roquette (André-Gabriel-Rodolphe), né le 18 octobre 1790 (S. R.), et Anne-Claude-Anatole, né le 16 ventôse an V, fils de Jean-Rodolphe, conseiller au Parlement de Paris, et de Bonne-Marie-Charlotte de Meulan d'Ablois.

QUATRESOUS DE LA MOTTE (N.,) née le 8 janvier 1787, et Amélie-Jeanne-Marie, née le 1ᵉʳ août 1788, filles d'Antoine-Pierre-Crépin, écuyer, conseiller-secrétaire du roi, seigneur de Chesnay, et d'Adélaïde-Jeanne-Louise Angot (S. S.).

QUÉLEN (Marguerite de), morte le 12 avril 1722 à soixante-quinze ans, veuve de Claude, comte de Bailleul (S. S.).

— Madeleine-Armande, née le 18 août 1736 (S. R.), morte le 26 janvier 1748, et Paul-François, né le 30 juillet 1746 (S. M. M. la V. l'É.), enfants d'Antoine-Paul-Jacques, dit Stuart de Caussade, comte de la Vauguyon, prince de Carency, marquis de Saint-Mégrin, et de Marie-Françoise de Béthune-Charost.

— François-Louis, né le 5 novembre 1750, et Louis-Henri, né le 15 mai 1752, fils de Marc-Antoine, et de Louise-Henriette Boulard (S. S.).

— N., né le 20 juin 1768, N., née le 5 février 1771, et Pauline-Antoinette-Bénédictine-Marie, née le 14 mai 1783, enfants de Paul-François, duc de Saint-Mégrin et de la Vauguyon, gouverneur de Cognac, et d'Antoinette-Rosalie de Pons (S. S.).

— Antoinette-Éléonore, née le 29 octobre 1770, Louis-Prudent, né le 11 décembre 1771, mort le 4 décembre 1775 ; Amable-Gilles-Anne, né le 30 juin 1773 ; Auguste-Marie-Louis, né le 30 septembre 1774 ; Antoine-Jean-Hervé, né le 16 mai 1777; Hyacinthe-Louis, né le 8 octobre 1778 ; Antoine-Victoire-Alphonse, né le 31 janvier 1786, enfants du comte Jean-Claude-Louis, et d'Antoinette-Marie-Adélaïde Hocquart (S. R.).

— Marc-Antoine, mort le 14 janvier 1778 à soixante-treize ans (S. S.).

— Paul-Antoine-Maximilien-Casimir, prince de Carency, fils de Paul-François, duc de la Vauguyon, et d'Antoinette-Rosalie de Pons, marié le 14 septembre 1789 à Florence-Constance de Rochechouart, fille d'Aimery-Louis-Roger, marquis de Faudoas, et de Mélanie-Henriette Barberie de Courteilles (S. S.).

QUENCY (Joseph-Sévin, comte de), mort le 22 juin 1749 à soixante-douze ans, veuf en secondes noces de Madeleine d'Oisy (S. R.).

Quentin (Marie-Louis), baron de Champlost, mort le 29 août 1776 à soixante-sept ans (S. E.).

Querrhoent (François-Toussaint de), comte de Coetenfao, lieutenant général des armées du roi, mort le 25 février 1721 à soixante-trois ans (S. S.).

— Louis-Joseph, âgé de trente-deux ans, fils de René, comte de Locmaria, et de Marie-Thérèse de Rameru, marié le 14 juin 1752 à Félicité de Lopriac, âgée de dix-sept ans, fille de Guy-Marie, marquis de Donge, et de Marie-Louise de la Rochefoucauld (S. S.).

Queuille (Agathe-Louise de la), née le 25 mai 1777 ; Anne-Louise, née le 13 juillet 1779 ; Aimée, née le 28 septembre 1783, et Gabrielle, née le 24 décembre 1785, enfants du marquis Jean-Claude-Marie, et d'Émilie d'Escorailles (S. S.).

Quillet (Louis-François-Gabriel), député de la Somme, mort le 29 février 1792 à quarante ans (S. R.).

Quinemont (Albert-Ours-Charles de), né le 5 novembre 1772, et Auguste-Charles-Louis, né le 6 mai 1780, fils de Jean-Charles-Ours, seigneur de Varenne, et d'Albertine-Charlotte-Sixtine Marion de la Saudraye (S. R.).

Quinot (Marie-Louise), morte le 24 mai 1778 à soixante-quinze ans, veuve d'Hugues-Jérôme de Murard, seigneur de Virseloup (S. J. du H. P.).

Quiqueran (Marie-Anne et Catherine-Marguerite de), nées le 1er février 1725, filles de François, marquis de Beaujeu, et de Marie-Marguerite le Mellier (S. R.).

— Adrien-Hippolyte, marquis de Beaujeu, né à Carpentras le 12 novembre 1797, fils d'Antoine-François-Hippolyte, capitaine de vaisseau, mort à Pernes en mai 1823, et d'Anne-Rose Duchargé de la Brachetière, marié le 7 novembre 1832 à Joséphine-Désirée de Beauharnais, née à Paris le 11 décembre 1803, fille de Claude, pair de France, mort en janvier 1819, et de Suzanne-Élisabeth-Sophie Fortin (Xe arr.).

Quoiquebœuf (François), écuyer, sieur de Roisy, chevalier de Saint-Louis, brigadier des armées du roi, âgé de cinquante-un ans, fils de défunt Jacques, écuyer, conseiller, secrétaire du roi, et de Marie Nolin, marié le 20 février 1715 à Marguerite-Françoise Morel, veuve d'André Arquet, sieur du Mesnil (S. R.).

R

RABAN (Auguste-Marie-Victor), né le 25 novembre 1776, fils de Marie-Jean-Népomucène-François-Louis, comte d'Helmstatt, et de Charlotte-Amédée-Salbigothon de Broglie (S. S.).

RABEAU (François de), chevalier, seigneur de Launay, marié le 27 décembre 1678 à Madeleine Balthazar, veuve d'Étienne Passery (S. A. des A.).

— Marie, morte le 29 avril 1689, fille de Claude, marquis de Givry (S. A. des A.).

RABIOT (Victor-Pierre-François de), chevalier, seigneur de Meslé, Laizy, Chaseu, capitaine de cavalerie, mort le 23 juillet 1763 à vingt-sept ans, époux de Marie-Anne-Élisabeth-Françoise-Louise de Schilder, dont : Charles-Anselme-François-Alexandre-Louis-Victor, né le 23 août 1762, et Louis-Marie-François, né le 7 décembre 1763 (S. S.).

—Marguerite-Victoire, demoiselle de Meslé, hospitalière de Saint-Thomas de Villeneuve, morte le 12 octobre 1762 à trente-six ans (S. S.).

RABUTIN (Marie-Thérèse de), morte le 18 avril 1729 à soixante-seize ans, veuve de Louis de Madaillan, marquis de Lesparre (S. S.).

— Michel-Celse-Roger, évêque de Luçon, mort le 3 novembre 1736 à soixante-sept ans (S. S.).

RABY (Louise), morte le 24 octobre 1772 à dix-sept ans, épouse de Charles-Antoine-Étienne, marquis de Choiseul-Beaupré (S. S.).

RACHAIS (Antoine-Étienne de), lieutenant aux gardes-françaises, fils du marquis Hugues, et de Françoise-Gasparde de Cleyret de Gaillard, marié le 19 août 1783 à Catherine-Henriette de Dreux, fille de Joachim, marquis de Brézé, grand-maître des cérémonies, et de Louise-Jeanne-Marie de Courtarvel de Pezé (S. S.).

RACHEL (Louis de), né le 30 juin 1683, et Pauline, née le 29 octobre 1684, enfants de Claude, écuyer, sieur de Montalan, et d'Anne-Marie Aliamet (S. A. des A.).

Racine (Anne), née le 29 juillet 1682, fille de Jean, trésorier de France, et de Catherine de Romanet (S. A. des A.).

— Marguerite-Michelle, morte le 7 mai 1768 à quarante-sept ans neuf mois, épouse de Bernard-Louis-Mathurin Grout, seigneur de Saint-Paër (S. E.).

Radix (Marie-Charlotte), morte le 5 décembre 1791 à cinquante-huit ans, veuve de Jean Talon, conseiller au Parlement de Paris (S. R.).

Rafélis Saint-Sauveur (Charles-Joseph-Marius de), évêque de Tulle, mort le 28 avril 1791 à soixante-six ans (S. Th. d'A.).

Raffard (Perpétue-Félicité), née le 30 décembre 1757, fille de Jean, sieur de Marcilly, et de Françoise de Pavé (S. S.).

— Françoise-Eulalie-Thérèse, née le 9 août 1772; Thérèse-Angélique-Sophie-Louise, née le 19 mars 1774, et Émilie-Adélaïde-Élisabeth-Félicité, née le 24 octobre 1775, enfants de Joseph-François, écuyer, sieur de Marcilly, et de Jeanne-Louise Desjardins (S. E.).

Raffy de Bazancourt (François-Nicolas), conseiller du roi, mort le 26 juin 1760 à soixante-onze ans (S. J. du H. P.).

Ragois (Angélique-Félicité-Bénigne le), née le 6 septembre 1722, morte le 15 mars 1729 ; Madeleine-Henriette, née le 7 avril 1724, et Claudine-Augustine, née le 13 juin 1726, filles de Bénigne, chevalier, marquis de Bretonvilliers, et de Félicité de Milan de Cornillon (S. S.).

Ragué (Madeleine-Félicité-Antoinette), née le 26 novembre 1786, fille de Joseph-Louis de Gonzague, capitaine d'infanterie au service de l'évêché de Bâle, et d'Anne-Charlotte Verstraeten (S. M. M. la V. l'É.).

Raigecourt (Anne-Bernard-Antoine de), fils de Joseph, marquis de Gournay, et de Louise-Adrienne, comtesse de Bressey, marié le 28 juin 1784 à Louise-Marie de Vincens de Mauléon, fille de Jean-Joseph, marquis de Causans, comte d'Ampuries, et de Marie-Françoise Louvel de Glisy (S. S.).

Rancher (François-Guillaume de), né le 3 mars 1756, et Auguste-Charles-Marie, né le 21 novembre 1760, fils d'Antoine, chevalier, seigneur de Maudétour, conseiller honoraire au Parlement, et de Marguerite-Guillemette Testu de Balincourt ; Charles-Louis, frère des précédens, marié le 26 avril 1786 à Élisabeth-Marie-Perrette le Viconte, fille de Pierre-Constantin, comte de Blangy, et d'Anne-Marie-Perrette de Bouthillier, dont : Charlotte-Amélie-Sophie-Gilberte, née le 17 mai 1787, et Caroline-Marie-Perrette, née le 17 juin 1788 (S. S.).

Randon (Pierre-Louis-Paul), né le 6 septembre 1743, fils d'Élie, écuyer, seigneur de Massano, etc., et de Marie-Louise de Pons (S. R.).

Randon de Chateauneuf (Joseph), comte d'Apchier, baron de Thoyras, mort le 26 janvier 1770 à soixante-quatorze ans, veuf d'Antoinette de la Rochefoucauld (S. R.).

Ratabon (Martin), évêque de Viviers, abbé de Mortemer et de St-Barthélemy, mort le 9 juin 1728 à soixante-treize ans (S. S.).

Ravel (Armand-Marie-Pierre), né le 9 novembre 1760 ; Louise-Madeleine, née le 5 novembre 1762, et Jean-Baptiste, né le 25 novembre 1763, enfants de Pierre, chevalier, seigneur de Martel, capitaine de dragons, et de Marie-Claude le Franc de Jettonville (S. S.).

Raveneau (Félix), baptisé le 22 novembre 1639, fils de Thomas, ancien receveur des gabelles, et de Marthe de Monthères (S. G.).

Raymond (Denise), morte le 15 octobre 1720 à quatre-vingt-seize ans, veuve de Louis de Lyonne, marquis de Berny (S. S.).

Raymond de Cahusac (Louis-Marie-Adolphe de), né à Toulouse le 14 juillet 1804, fils de Bernard-Claire-Marie, et de Paule-Claire-Joséphine Lacoste-Belcastel, marié le 24 janvier 1831 à Amélie de Guilhermy, née à Londres le 10 septembre 1810, fille du baron Jean-François-César, mort à Paris en mai 1829, et d'Adélaïde-Mélanie-Marie-Angélique-Félicité de Lambertye (X^e arr.).

Raymond de Modène (François-Angélique de), chevalier de Pommerol, chevalier de Malte, lieutenant-colonel, mort le 14 avril 1768 à quarante-neuf ans (S. R.).

— Charles-François-Dominique-Marie, chevalier de Malte, capitaine de vaisseau, mort le 16 janvier 1772 à quarante-six ans (S. S.).

— Charles-Louis-François-Gabriel, né le 17 octobre 1774 ; Antoinette-Charlotte-Jeanne, née le 19 janvier 1776 ; Amédée-Hippolyte-Joseph-Charles-Chrysanthe, né le 5 avril 1777 (S. N. des Ch.), et Arnaud-Jean-Baptiste-Ernest, né le 12 décembre 1779 (S. S.), enfants de François-Charles, comte de Modène, et de Philippine-Louise-Christophe de Lieuray.

Raxy (Louis-Engelbert de), né le 29 avril 1721, et Charlotte, née le 4 juin 1723, enfants de Joseph-Charles-Hyacinthe, comte de Flassans, et de Marie Laumônier du Quesne (S. S.).

Réal (Gaspard de), âgé de trente-six ans, fils de François, seigneur de Curban, et de Lucrèce de Laidet, marié le 1er décembre 1718 à Marguerite-Geneviève de Grieu, âgée de vingt-six ans, fille de feu Jérôme-Gaston, seigneur de Saint-Aubin, et d'Élisabeth de Grieu (S. R.).

Réaulx (Pierre-Marie-Philippe des), né le 1er août 1756, fils du marquis François-Louis, et d'Anne-Françoise-Louise de Mesgrigny (S. J. en G.).

— Anne-Louis-Maximilien, son frère, marié le 11 mars 1780 à Armande-Victoire de la Guarrigue-Savigny, fille de Charles, comte de Raucourt, et de Marie-Victoire de la Ville, dont : Armande-Victoire-Louise, née le 16 août 1781 ; Alexandrine-Nicole-Françoise-Louise, née le 5 septembre 1784, et Adolphe-Charles-Maximilien, né le 10 mai 1790 (S. S.).

Rebours (Michelle-Marguerite le), née le 11 septembre 1722 ; Marie-Élisabeth, née le 15 mars 1725 ; Louise-Madeleine, née le 20 février 1727, morte le 23 mai 1729, filles de Jean-Baptiste-Auguste, conseiller au Parlement, et de Marie-Louise Chuberé (S. S.).

— Marie-Louise-Geneviève, morte le 9 novembre 1779 à dix mois deux jours, fille de Denis-Baptiste-Auguste, et de Marie-Geneviève Clément de Barville (S. J. du H. P.).

Redde du Breuil (Antoinette-Madeleine le), morte le 27 mars 1765 à quatre-vingt-cinq ans, veuve de Claude de Languedoue de la Villeneuve (S. P.).

Reffuge (Madeleine de), née le 10 juillet 1680, fille de Pomponne, chevalier, seigneur de Courcelles, et d'Anne-Françoise d'Elbenne (S. N. des Ch.).

— Marie-Charlotte, morte le 5 février 1756 à soixante-huit ans, veuve de Gaspard-Hubert-Madelon de Vintimille, des comtes de Marseille, marquis du Luc, de Savigny-sur-Orge, etc. (S. P.).

Regnard (Germain-Octave-Louis-Maurice), né le 5 juillet 1730, fils de Germain-Octave, écuyer, seigneur des Cormières, gendarme de la garde ordinaire du roi, et d'Anne-Louise Larbrouillard du Plessis (S. S.).

Regnaud (Jean-Baptiste de), seigneur du Gayet, mort le 23 décembre 1723 à vingt-neuf ans (S. R.).

Regnault de la Vigne (Jean-François), né le 24 octobre 1741, fils de Jean-Jacques-Honoré, écuyer, et de Madeleine-Thérèse Herluison (S. R.).

Regnault (Geneviève-Christine), morte le 22 février 1771 à soixante-dix-sept ans, veuve de Charles le Tonnelier de Breteuil, baron d'Ecouchée (S. S.).

Regnier (Charlotte et Pierre), baptisés le 13 décembre 1637, enfants de Jean, sieur des Maretz, et de Marie Faure (S. G.).

— Anne-Louise-Gabrielle, née le 25 novembre 1741, morte le 9 novembre 1749; Henri-Louis, né le 23 juin 1743, inhumé le 20 février 1745; Félix-Victoire-Françoise, née le 26 novembre 1745, morte le 30 décembre 1759; Antoinette-Marie, née le 6 juillet 1748; Angélique-Louise, née le 9 janvier 1752, morte le 22 juin 1756; et Anne-Louis, né le 3 février 1755, enfants de Claude-Louis-François, marquis de Guerchy, ambassadeur en Angleterre, mort le 17 septembre 1767 à cinquante-deux ans un mois dix-sept jours, et de Gabrielle-Lydie d'Harcourt (S. S.).

— Antoine-Julien-Geneviève, né le 18 mars 1773, fils d'Antoine, écuyer, conseiller secrétaire du roi, et de Sophie-Charlotte-Marie Thillays de Belcourt (S. E.).

— Ambroise-Gabrielle-Lydie, née le 3 mai 1781, et Anne-Claude-Avoie, née le 1er décembre 1782, filles d'Anne-Louis, marquis de Guerchy, Nangis, etc., et de Marie-Françoise du Roux de Sigy (S. S.).

— Antoine-Frédéric-Louis, leur frère, marquis de Guerchy, natif de Montrouge, mort le 9 mai 1832 à quarante-huit ans, contrôleur des bâtiments de l'hôtel de Invalides (X⁰ arr.).

Regnonval de Rochy (Luce-Madeleine de), née le 3 octobre 1756, fille de Pierre, écuyer, seigneur en partie de Frémicourt, et de Claude-Élisabeth Marin (S. J. en G.).

Reigner de Boisseleau (Catherine-Pauline du), morte le 9 novembre 1723 à trente-un ans, épouse d'Henri-Richard Lucas, seigneur de Saint-Germain de Bonval (S. R.).

Remback (Laurent de), mort le 18 août 1717 à neuf ans, fils de Ferdinand, seigneur de Paradis, et de Marie-Madeleine de Filtz (S. R.).

Remigny (François-Angélique de), né à Nevers (paroisse Saint-Étienne), le 5 juillet 1710, et baptisé à Paris le 9 octobre 1720, fils de Paul-Louis-Jean-Baptiste, chevalier, seigneur et marquis de Joux, Dumphlun, Sainte-Franchy, Billy etc., et de Louise-Françoise le Thuillier (S. S.).

— Angélique-Joseph-Suzanne-Charles-François, né le 6 janvier 1782, filleul de Suzanne-Thérèse Séguier, épouse de Jean-Baptiste-François-Angélique de Remigny, marquis de Joux, et Antoine-Marie-Aimé-François, né le 17 juin 1783, fils d'Angélique-Louis-Marie, marquis de Joux, et de Françoise-Guigues de Moreton de Chabrillan (S. S.).

— Paule-Louise-Jeanne-Baptiste-Élisabeth-Geneviève, native de Dumphlun, morte le 27 décembre 1811 à soixante-seize ans, veuve de Claude-Marie de Feillens (Xᵉ arr.).

Rémond (Élisabeth-Geneviève), née le 9 mai 1727, et Alexis-Jacques, né le 4 mars 1729, enfants de Georges-Alexis-Bertrand, chevalier, seigneur de Mareuil, du Bezil, de Lecour, etc., et d'Élisabeth-Martine-Radegonde Aubineau de Montbrun (S. S.).

— Louis-Jean, né le 28 novembre 1749, fils de François, marquis de Montmort, et de Marie-Geneviève Vidot du Dognon (S. S.).

— Angélique-Françoise, morte le 7 mai 1731 à soixante-onze ans, veuve d'Henri d'Estampes, comte de Valençay (S. S.).

— Ferdinand, né le 4 mars 1773 ; Marie-Geneviève-Bénigne, née le 20 janvier 1774 ; Auguste, né le 14 février 1775 ; Adélaïde, née le 12 novembre 1776, et Marie-Eugénie, née le 5 juillet 1786, enfants de Louis-Jean, marquis de Montmort, mestre-de-camp de cavalerie, et de Marie-Renée Joly de Fleury (S. S.).

— Adélaïde-Geneviève-Jeanne, née le 30 juillet 1785 ; Armand-François-Louis, né le 26 février 1787, et Marc, née le 29 mars 1788, enfants d'Armand, marquis de Montmort, comte de Dognon, et de Marie-Marc de Pechpeyrou de Comminges de Guitaut (S. M. M. la V. l'É.).

Remy (Michelle-Pélagie de), morte le 16 février 1722 à quarante-sept ans, fille de Daniel, seigneur de Courcelles, lieutenant général des armées, et de Marie-Anne d'Abancourt (S. R.).

Renault (Thomas), baptisé le 22 août 1637, fils de Toussaint, sieur de Saint-Vincent, et de Marguerite du Bin (S. G.).

Reneaulme (Frédéric-Bon-Louis de), mort le 17 avril 1780 à deux ans sept mois trois jours, fils de Paul-Louis, marquis de Thorigné, et de Bonne de Cosne (S. E.).

Renty (Alphonsine de), née le 14 janvier 1639, fille du vicomte Gaston, et d'Élisabeth de Balzac (S. G.).

— Michel, religieux à Saint-Waast d'Arras, mort le 6 juin 1771 à quarante-quatre ans (S. S.).

— Marquis Jean-Michel, gouverneur d'Auxerre, mort le 29 juin 1779 à soixante-dix-sept ans (S. S.).

— Jeanne-Angélique, morte le 21 avril 1781 à soixante-quatorze ans, veuve de Jean-Michel, marquis de Renty (S. S.).

Repaire de Mézières (Marguerite-Adélaïde du), née le 8 juillet 1751, fille de Joseph-Frédéric, et de Jeanne-Floriane Rouault de Livourday (S. M. M. la V. l'É.).

Requeleyne-Grassin (Marguerite-Octavie de), dame de Mormant, morte le 12 juillet 1769 à soixante-douze ans, veuve de François Dupuy de Digny (S. E.).

Requiston (Geneviève de), morte le 29 août 1752 à quatre-vingts ans, veuve de messire Olivier de Wall, gentilhomme irlandais (S. R.).

— Antoine-Elzéar, seigneur d'Alons, mort le 30 novembre 1754 à soixante-douze ans (S. R.).

Revanger de Percenat (Nicolas-Joseph), marquis de Bompré, brigadier des armées du roi, chef de brigade des gardes-du-corps du roi Stanislas, mort le 14 octobre 1790 à soixante-cinq ans, époux de Thérèse-Louise de Lombelon des Essarts (S. E.).

Reviers de Mauny (Louis de), mort le 26 août 1765 à soixante-sept ans (S. S.).

Rey (Marie de), morte le 11 août 1778 à quatre-vingt-cinq ans, veuve de Jean-Hercule de Rosset, duc de Fleury (S. M. M. la V. l'É.).

Reyns (Marie-Claude de), morte le 22 mars 1774 à quarante-six ans, épouse de Jean-François, comte de Braquemont, capitaine de vaisseau à Brest (S. R.).

Ribaucourt (Jacques), baptisé le 26 janvier 1637, fils de Jean, et de Geneviève Dupont (S. G.).

Ribeaucourt (Alexis-Étienne-Joseph de), capitaine titulaire invalide, né à Amiens le 24 septembre 1758, fils de Firmin, décédé en septembre 1774, et de Marie-Josèphe Mille-Dubois, décédée en pluviôse an VII, divorcé le 28 ventôse an V d'avec Marie-Rose-Victoire Buteux, remarié le 29 avril 1835 à Théodore-Christine-Marie Onguous, née à Parme le 18 juillet 1782, fille de Paul, et de Thérèse Ferrari (X^e arr.).

Ricard (Jean-Baptiste-Dominique de), chevalier de Malte, mort le 21 juin 1726 à seize ans, fils du marquis Joseph-Paul, et d'Anne de Julhans (S. S.).

— Dominique, chevalier de Malte non profès, mort le 12 décembre 1734 à cinquante-trois ans (S. R.).

— Sextien, chevalier de Malte, commandeur d'Astros et de la Villedieu, mort le 17 août 1756 (S. P.).

— Philiberthe-Blanche, morte le 19 août 1779 à soixante-douze ans, veuve de Jacques-François de Bérulle (S. S.).

Riccé (Gabriel-Marie de), préfet du Loiret, né à Bagé-la-Ville (Ain) le 12 juillet 1758, fils du comte Charles-Marie, grand-chambellan du duc de Parme, et de Marie-Gabrielle de Jaucourt, veuf le 8 juillet 1809 d'Henriette-Louise-Wilhelmine de Hompesch, remarié le 3 avril 1830 à Marie-Louise-Dauphine-Henriette

Fleury de la Bruère, née à Buzançais le 12 février 1773, veuve le 6 décembre 1828 de Philippe-Claude Arthuys, baron de Charnisac (Ier arr.).

Richard de Fondville (Louise-Perrine), morte le 28 décembre 1762 à vingt-un ans, épouse de André-Claude, marquis de Chamboran (S. M. M. la V. l'É.).

Riche (Marie-Madeleine-Élisabeth le), née le 14 juillet 1731, fille d'Alexandre Edme, chevalier, seigneur de Cheveigné, et de Claire-Élisabeth Le Pelletier de la Houssaye (S. S.).

— Charlotte-Perrine, née le 28 août 1731, fille de Pierre, chevalier, seigneur de Vandy, et de Jeanne-Charlotte Ycard (S. S.).

— Hyacinthe-Julien, abbé de Saint-Prix, mort le 6 mars 1768 à soixante-six ans (S. J. du H. P.).

— Alexandre-Edme, seigneur de Cheveigné, de la Frelatte, etc,, mort le 12 décembre 1768 à soixante-onze ans (S. J. du H. P.).

Richer (Pierre), écuyer, sieur de Senneville, fils de feu Jean, écuyer, et de Gabrielle Renault, marié le 24 octobre 1674 à Charlotte Le Maire, veuve de Nicolas Briçonnet, chevalier, seigneur des Piffonds (S. A. des A.).

Richerie (Sibylle de), morte le 19 juillet 1788 à cinquante-huit ans, épouse de Jean-Baptiste de la Roue, conseiller en la Cour des monnaies de Lyon (S. N. des Ch.).

Ricouart (Antoinette-Avoie du), morte le 30 mai 1765 à vingt-six ans, épouse d'Augustin-Jean-François Chaillou de Jonville, maître des requêtes (S. P.).

— Antoine-Charles, fils de Charles-Ascension, comte d'Hérouville, et de Madeleine-Julie Pantin de Landemont, marié le 15 décembre 1776 à Marie-Thérèse-Adélaïde de Vidal, fille de Charles-Louis, seigneur de Lion, et de Geneviève-Thérèse Le Clerc de Fleurigny (S. S.).

— Antoine, comte d'Hérouville et de Claye, mort le 29 août 1782 à soixante-neuf ans (S. M. M. la V. l'É.).

Riencourt (Augustin-Charles de), né le 28 juin 1718, et Marie-Catherine-Adélaïde, née le 29 novembre 1720, enfants de Charles-

François, marquis d'Orival, et de Marie-Élisabeth-Catherine-Louise d'Angennes S. S.).

— Alphonse-Théodoric, comte d'Orival, mort le 17 avril 1778 à quatre-vingt-douze ans (S. S.).

— Jean, mestre-de-camp de cavalerie, âgé de quarante-six ans, fils du comte Louis-Ferdinand, et de Marguerite de Ternisien de Fresnois, marié le 19 novembre 1781 à Marie-Sophie Tercier, âgée de vingt-neuf ans, fille de Jean-Pierre, membre des académies de Nancy et de La Rochelle, et de Marie-Marthe Baize (S. S.).

Rieux (Anne-Louise de), née le 4 juin 1678, fille de Bernard, conseiller du roi en ses conseils, et maître d'hôtel ordinaire de S. M., et de Claude-Madeleine Habert (S. N. des Ch.).

— Louis-François, né le 11 septembre 1750; Jean-Félix-Cyr, mort le 25 décembre 1752, et Louis-René, né le 23 mars 1757, fils du marquis Louis-Auguste-Cyr, et de Jeanne-Louise-Claude d'Illiers d'Entragues (S. S.).

— Louis-Auguste-Cyr, mort le 1er mars 1767 à soixante-douze ans (S. S.).

— Louis-Charles-Marie, né le 11 septembre 1768, et Alain-François-Dominique, né le 6 octobre 1770, mort le 15 juin 1780, fils du comte Louis-François-Cyr, et de Marie-Anne de Saulx-Tavannes (S. S.).

Rigaud (Marie-Josèphe de), née le 3 juin 1743, fille de Joseph-Hyacinthe, marquis de Vaudreuil, et de Marie-Claire Guyot de Lamirande (S. R.).

— Jean-Louis, né le 1er octobre 1760; Jean-Louis, né le 14 février 1763, fils de Jean, vicomte de Vaudreuil, et de Louise-Thérèse Le Clerc de Fleurigny (S. S.).

— Louise-Élisabeth, demoiselle de Vaudreuil, morte le 10 novembre 1760 à cinquante-un ans (S. S.).

— Joseph-Hyacinthe, marquis de Vaudreuil, mort le 1er novembre 1764 à cinquante-huit ans (S. S.).

— Jean, vicomte de Vaudreuil, mort le 10 octobre 1780 à quatre-vingt-cinq ans neuf mois (S. S.).

— Jean-Louis, capitaine de dragons, âgé de dix-neuf ans, fils de Jean, vicomte de Vaudreuil, gouverneur de Gravelines, et de Louise-Thérèse Le Clerc de Fleurigny, marié le 1ᵉʳ mai 1784 à Victoire de Riquet, âgée de seize ans, fille de Victor-Maurice, comte de Caraman, lieutenant-général des armées du roi, et de Marie-Anne-Gabrielle-Josèphe-Françoise-Xavière d'Alsace (S. S.).

— Marie-Josèphe, morte le 23 novembre 1784 à trente-huit ans, épouse de Charles-Fidèle-Armand de Durfort, comte de Duras (S. M. M. la V. l'É.).

— Joseph-Hyacinthe-François de Paule, comte de Vaudreuil, chevalier des ordres du roi, grand fauconnier, pair de France, lieutenant-général des armées de S. M. et gouverneur du Louvre, natif de Saint-Domingue, mort le 17 janvier 1817 à soixante-seize ans, époux de Victoire-Joséphine-Marie de Rigaud de Vaudreuil (Xᵉ arr.).

Rigoley (Claude-Élisabeth), né le 23 avril 1767, et Denis-François-Marie, mort le 2 mars 1769, fils de Claude-Jean, baron d'Ogny, comte d'Auteuil, et d'Élisabeth d'Alencé (S. R.).

— Claude-François-Marie, comte d'Ogny, mort le 3 octobre 1790 à trente-quatre ans, époux de Françoise-Louise-Flore Ménage de Pressigny, dont : Claude-François-Élisabeth-Edmond, né le 28 mars 1791 (S. E.).

Rillard (Armand-Louis-Charles), né le 15 juillet 1724, et Hubert, né le 12 juin 1728, fils de Louis-Hubert, écuyer, seigneur de Fontenay, receveur-général des finances, et de Marie-Geneviève-Charlotte Sandrier de Mihy (S. R.).

Rimberg (Marie-Marguerite de), morte le 18 décembre 1755 à vingt-deux ans, fille de François, écuyer, et de Charlotte d'Herboton (S. M. M. la V. l'É.).

Rioult (Nicolas-Marie-Séraphin), marquis de Curzay, seigneur de la Gontois, mort le 27 mai 1766 à soixante ans (S. R.).

— Cécile-Élisabeth, demoiselle de Curzay, morte le 10 février 1780 à soixante-sept ans, veuve de François Berthelot, baron de Baye (S. M. M. la V. l'É.).

— Marie, demoiselle de Curzay, morte le 26 août 1784 à soixante-douze ans, veuve de François, marquis de Polignac, dame d'honneur de la duchesse d'Orléans et de la duchesse de Chartres (S. E.).

— Claire-Thérèse, demoiselle de Curzay, morte le 24 janvier 1787 à quatre-vingts ans, veuve d'Étienne-Louis-Antoine Guinot, marquis de Mauconseil, lieutenant-général des armées du roi (S. E.).

Rioult de Douilly (Marie-Geneviève), morte le 18 juin 1751 à soixante-dix-huit ans, veuve de Charles-Louis de Montmorin, marquis de Saint-Hérem (S. S.).

Ripet de Monclar (Jean-Elzéar de), abbé d'Ivry et de Sainte-Alix, diocèses d'Évreux et de Clermont, mort le 17 mars 1774 à quarante-six ans (S. R.).

Riquet (Adélaïde-Madeleine-Victoire), née le 11 janvier 1724, fille de Victoire-Pierre-François, comte de Caraman, et de Madeleine-Antoinette Portail (S. S.).

— Gabrielle-Françoise, née le 28 juin 1755; Marie-Anne-Antoinette, née le 5 septembre 1757; Victor-Louis-Charles, né le 24 décembre 1762; Victoire, née le 7 mai 1764; Émilie-Rose-Marguerite, née le 10 avril 1767; Cécile-Agathe-Adélaïde, née le 28 octobre 1768, et François-Joseph-Philippe, né le 20 novembre 1771, enfants de Victor-Maurice, comte de Caraman, et de Marie-Anne-Gabrielle-Josèphe-Françoise-Xavière d'Alsace d'Hénin-Liétard (S. S.).

— Madeleine-Charlotte, née le 7 août 1764; Agathe-Ange-Marie, née le 17 septembre 1765; Pélagie-Edme-Marie, née le 12 octobre 1769; Christine-Marie-Françoise, née le 23 mai 1774, filles de Marie-Jean-Louis, marquis de Caraman, seigneur en partie du canal de Languedoc, de Nuas, du Pâquier, de Paimblanc, et de Marie-Charlotte-Eugénie de Bernard de Montessus de Rully (S. S.).

— Victor-Marie-Joseph-Louis, né le 6 octobre 1786; Maurice-Charles-François-Joseph, né le 4 octobre 1788, et Georges-Joseph-Victor, né le 1er novembre 1790, fils de Victor-Louis-Charles, vicomte de Caraman, et de Joséphine-Léopoldine-Ghislaine de Mérode (S. S.).

— Élisabeth-Victorine-Charlotte-Henriette, née le 25 octobre

1790, fille de Maurice-Gabriel-Joseph, comte de Caraman, et d'Antoinette-Élisabeth-Rose-Joséphine-Hugues de la Garde (S. S.).

— Joseph, comte de Caraman, né à Paris le 20 août 1808, fils de François-Joseph-Philippe, prince de Chimay, et de Marie-Jeanne-Ignace-Thérèse de Cabairus, marié le 30 août 1830 à Émilie-Louise-Marie-Joséphine de Pellapra, née à Lyon (Pays-Bas) le 11 novembre 1806, veuve à Bourbonne-les-Bains le 22 septembre 1827 de Louis-Marie-Joseph, comte de Brigode, et fille de Leu-Henri-Alain, receveur général des finances, et de Françoise-Marie Leroy (Ier arr.).

— Victoire, native de Paris, morte le 7 décembre 1834 à soixante-dix ans sept mois, veuve de Jean-Louis Rigaud, comte de Vaudreuil, lieutenant général (X^e arr.).

Riquetti (André-Boniface-Louis de), né le 30 novembre 1754, et Victoire-Françoise, morte le 12 mai 1754 à quatre ans, enfants de Victor, marquis de Mirabeau, et de Marie-Geneviève de Vassan (S. S.).

— Catherine-Edme, demoiselle de Mirabeau, morte le 6 mars 1765 à soixante-quinze ans, veuve de François-Emmanuel Royer, marquis de Saint-Micaud (S. S.).

— Victor-Claude-Dymas, né le 24 mars 1789, fils d'André-Boniface-Louis, vicomte de Mirabeau, et de Marie-Louise-Adélaïde-Jacquette de Robien (S. S.).

— Gabriel-Honoré, comte de Mirabeau, député à l'Assemblée Nationale, mort le 2 avril 1791 à quarante-deux ans, époux de Marie-Marguerite-Émilie de Coral de Marignane (S. E.).

Ris (Paul-François de), né le 26 décembre 1787, fils de Dominique Clément, écuyer, seigneur de Bouret, et de Catherine-Marie-Olive Chevreul du Mesnil (S. R.).

Rivau (François-Paul du), né le 25 juillet 1667, baptisé le 18 mars 1687, fils de François-Jean-Paul, chevalier, seigneur du Plessis-Milon, et de Madeleine Mareschal (S. A. des A.).

Rivière (Charles-Joseph-Louis), né à Crevelt en Prusse le 13 juillet 1758, baptisé à Paris en février 1759, fils de Charles-François, comte de Corsac, brigadier des armées du roi, et de Caroline-Godefride d'Isselbourg (S. S.).

— Charles, né le 3 juillet 1770, et Agnès-Marie, née le 10 octobre 1773, enfants de Charles-Jean, vicomte de Riffardeau, et d'Agnès-Élisabeth Cailleteau de la Chasseloire (S. J. du H. P.).

— Charles-Jean, vicomte de Riffardeau, seigneur de Saint-Georges, Belair, Lazenat, la Beuvrière, la Ferté-Paudi, mort le 17 février 1786 à soixante-neuf ans (S. J. du H. P.).

RIVIÈRE (Antoine de la), écuyer du roi, sieur de Cheny, marié le 15 décembre 1594 à Marie Hurault, fille de Robert, conseiller du roi en son conseil privé et chancelier de la duchesse de Savoie, et d'Olympe Du Faur (S. A. des A.).

— Louis, âgé de quarante-six ans, écuyer, sieur de Rinfort, fils de feu Charles, chevalier, seigneur de Vertot, de Fenobre et de la Pommeraye, et de Marguerite Le Doré, marié le 5 février 1715 à Élisabeth de Princey, âgée de cinquante ans, fille de feu Charles, chevalier, seigneur de la Rochery, et de Louise de Polley (S. R.).

— Louise-Julie-Blandine, née le 24 décembre 1730 ; Marie-Charlotte-Sophie, morte le 21 janvier 1736 à treize ans, filles de Charles-Yves-Thibault, marquis de Paulmy, et de Julie de Barberin de Reignac (S. S.).

— Marquis Charles-Jean-François, mort le 13 décembre 1735 à cinquante ans, époux de Marie de Becdelièvre (S. S.).

— Charlotte-Céleste-Thérèse, morte le 18 janvier 1743 à trois mois, fille du marquis Joseph-Yves, et de Julie-Louise-Céleste de la Rivière (S. S.).

— Julie-Louise-Céleste, morte le 7 octobre 1753 à trente-cinq ans, épouse de Joseph-Yves-Thibault-Hyacinthe, marquis de la Rivière (S. S.).

— Marie-Anne-Louise-Céleste, morte le 13 juillet 1754 à soixante-un ans, veuve de Claude-Adrien de la Fons, et remariée à Charles-Jean de Rivière, seigneur de Riffardeau (S. S.).

— Henri-Charles-Marie, né le 25 avril 1769 (S. R.), et Marc-René-Charles, né le 19 mai 1776 (S. M. M. la V. l'É.), fils de Charles-Gabriel, vicomte de Tonnerre et de Quincy, et de Marie-Marguerite Chevalier.

— Marie-Louise-Julie, morte le 3 avril 1770 à trente-trois ans, veuve de Michel Motier, comte de La Fayette (S. S.).

— Marquis Joseph-Yves-Thibault-Hyacinthe, mort le 12 avril 1770 à soixante-quinze ans (S. S.).

— Marie-Henriette-Françoise-Charlotte, née le 7 novembre 1773, et Adélaïde-Charlotte, morte le 13 février 1775 à deux ans huit mois, filles du marquis Pierre-Charles, et de Marie-Henriette-Élisabeth-Gabrielle de Rosset de Fleury (S. S.).

— Comte Charles-Yves-Thibault, mort le 21 avril 1781 à quatre-vingt-dix ans (S. S.).

Rivoire (Marc-Étienne-Gabriel de), né le 23 mars 1781, et Étienne-Alexis, né le 28 août 1782, fils de Pierre, écuyer, et de Marie Roland (S. S.).

Rivoire (Jeanne de la), morte le 12 janvier 1811 à soixante-dix-huit ans, native de Paris, fille de Denis-Henri, et de Françoise de Flers (X^e arr.).

Robbé (Jean-Baptiste-Louis), né le 18 mai 1757, fils de Pierre, bourgeois de Paris, et de Françoise Chavois, baptisé le 19, et tenu par Jean-Baptiste-Louis, marquis de la Tournelle, guidon des gendarmes, et par Claire-Thérèse Daguesseau, épouse de messire Jean de Chastellux, maréchal de France (*sic*) (S. M. M. la V. l'É.).

Robert (Catherine), baptisée le 4 mai 1637, et François, baptisé le 25 août 1638, enfants de noble homme Nicolas, écuyer, sieur de Ray et de la Tournelle, et de Suzanne Choart (S. G.).

— Jean, écuyer, avocat au Parlement, fils de Jacques, sieur de Chalard, et d'Anne de Monbel, marié le 26 juillet 1682 à Anne Herbelin, fille de feu Adrien, procureur en la Cour, et d'Anne Le Sueur (S. A. des A.).

— Marie, morte le 24 février 1755 à soixante-douze ans, veuve de François Dauvet des Marets, grand fauconnier de France (S. R.).

— Charles-Joseph, comte de Lignerac, mort le 5 décembre 1741 à trente-un ans trois mois (S. S.).

— Charles-Guillaume-Marie, mort le 1er mars 1752 à dix-huit ans six mois, fils du précédent et de Marie-Françoise de Broglie (S. S.).

— Marie-Josèphe-Vincent, née le 3 décembre 1760, et Joseph-

Louis, né le 29 janvier 1764, enfants d'Achille-Joseph, marquis de Lignerac, et de Marie-Odette de Lévis (S. S.).

— Achille-Joseph, marquis de Lignerac, duc de Caylus, mort le 23 octobre 1783 à cinquante ans (S. M. M. la V. l'É.).

— Joseph-Louis, fils du précédent et de Marie-Odette de Lévis-Châteaumorand, marié le 11 mai 1784 à Adélaïde - Hortense-Gabrielle de Mailly, fille du vicomte Alexandre-Louis, et d'Adélaïde-Marie de la Croix de Castries, dont: Eugène-François-Joseph, né le 20 février 1786, mort le 12 juin 1788, et Gabrielle-Hortense-Marie, née le 23 février 1788 (S. S.).

Robethon de Bethonvilliers (Anne-Charles), mort le 25 septembre 1778 à quatorze mois, fils de Charles-Pierre, seigneur de Précigny, et de Marie-Louise-Thérèse-Victoire Le Tellier (S. J. du H. P.),

Robiano (Louis-Jean-Antoine-Marie-Joseph de), né à Tervueren le 16 août 1807, fils du comte François-Xavier-Jean-Marie-Joseph, chambellan du roi des Pays-Bas, et de Marie-Christine-Josèphe de Saint-Gilles, marié le 29 avril 1829 à Marie-Louise-Ida de Beauffort, née à Tournay le 22 juin 1810, fille du marquis Philippe-Ernest, et de Jeanne-Joséphine-Catherine de Wignacourt (X[e] arr.).

Robin (Jean-Baptiste de), comte de Saint-Challier, conseiller, secrétaire du roi, seigneur de Courtavenel, mort le 2 mai 1732 à soixante-huit ans, époux de Barbe Renault (S. R.).

Robin-Cliquet (Marie-Victor), né le 26 novembre 1727, fils de Edmond-Claude, écuyer, seigneur de Montigny, capitaine d'infanterie, et de Claude-Geneviève Duflos (S. S.).

Robin-Duval (Marie-Louise), morte le 27 mai 1773, épouse de Antoine Liénard, ancien éperonnier privilégié du roi, bourgeois de Paris.

Robinet de Fontenette (Agathe-Louise), née le 2 février 1773, fille de François, écuyer, et d'Henriette-Louise Dulin de la Ponneraye (S. M. M. la V. l'É.),

Rochard (Adélaïde-Marie-Jeanne de), née le 24 avril 1775, et Joséphine-Anne-Louise, née le 21 juin 1776, filles de Louis-Léon, et d'Adélaïde Brunet (S. E.).

Roche (Louis de la), né le 17 septembre 1711, fils de Louis-

Gaston-Joachim, comte de Fontenilles, et de Marie-Claire de Durand (S. S.).

— Françoise-Marguerite-Renée, née le 28 juillet 1727, morte le 5 juin 1728, fille de Louis-Antoine, marquis de Rambures, et de Marguerite-Bénigne Bossuet (S. S.).

— Marguerite-Charlotte, morte le 3 février 1734 à vingt-sept ans, épouse de Simon-Joseph de Raousset de Vintimille (S. S.).

— César-Louis, né le 11 décembre 1736, Élisabeth-Jeanne, née le 5 mars 1738 ; Eulalie-Antoinette-Rosalie, née le 28 septembre 1740, Adélaïde-Antoinette, née le 21 janvier 1742, et Antoine-César, mort le 3 mai 1764 à dix-sept ans et demi, enfants de Louis-Antoine, marquis de Rambures, et d'Élisabeth-Marguerite de Saint-Georges de Vérac (S. S.).

— Jean-Antoine, comte de Fontenilles, âgé de cinquante ans, veuf de Marie-Anne Duché, remarié le 3 janvier 1752 à Jeanne Bullier, âgée de trente-deux ans, veuve d'Alexandre-Édouard d'Ogilvy (S. S.).

— Louis-Antoine, marquis de Fontenilles et de Rambures, mort le 28 mai 1755 à quarante-neuf ans (S. S.).

— Jean-Antoine, comte de Fontenilles, mort le 28 avril 1777 à soixante-seize ans (S. S.).

— Antoinette-Marguerite-Césarine-Aimée, née le 11 juin 1781 ; Jean-Georges-Joseph, né le 3 août 1783, mort le 3 juillet 1785 ; Apollinaire-César-Victor-Magloire-Prosper, né le 3 octobre 1785, Adélaïde-Honoré-César, né le 22 novembre 1786, enfants de Pierre-Paul-Louis, marquis de Fontenilles, et de Marie-Claudine-Alexandrine de Murard (S. M. M, la V. l'É.).

— Jacques, âgé de vingt-quatre ans huit mois, fils de Gilles-Gervais, marquis de Gensac, et d'Anne-Thérèse de Chastenet de Puységur, marié le 22 septembre 1752 à Anne-Jeanne-Amable de Caulet, âgée de dix-huit ans, fille de Jean-Georges, marquis de Grammont, et de Marie-Marguerite-Louise Lamamye de Clairac (S. S.).

Roche-Aymon (Guillaume-Marie de la), né le 27 juillet 1753, fils d'Antoine-Louis-François, marquis de Mainsat, comte de Châtelus, et de Françoise-Charlotte Bidal d'Asfeld (S. S.).

— Antoine-Charles-Guillaume, capitaine de cavalerie, frère du précédent, marié le 15 janvier 1771 à Colette-Marie-Paule-Hortense-Bernardine de Beauvillier, fille de Paul-Louis, comte de Buzançois, et d'Auguste-Léonine-Olympe-Nicole de Bullion (S. N. des Ch.), dont : Antoinette-Hippolyte-Pauline, née le 9 septembre 1773 (S. S.).

— Charles-Antoine, cardinal, grand-aumônier, mort le 27 octobre 1777 (S. S.).

Roche-Milay (N. fils du comte de la), né le 6 juillet 1689 (S. A. des A.).

Roche-Negly (Agathe-Josèphe de la), née le 24 mars 1786, morte le 14 juin 1789, fille de Félix, vicomte du Chayla, baron de Chambon, mort le 7 juin 1786 à cinquante-huit ans, et de Marie-Anne-Ursule de la Fayger (S. J. du H. P.).

Roche-Saint-Hippolyte (Auguste-Louis-Marie-Thérèse de la), né le 7 février 1779 ; Angélique-Thérèse-Joséphine, née le 16 juillet 1780, et Antoine-Louis-Joseph, né le 22 janvier 1783, enfants de Louis-Joseph, chevalier, capitaine d'infanterie, et d'Anne-Thérèse d'Estimouville (S. S.).

Rochechouart (Adeline-Céleste de), née le 17 mars 1701, morte le 11 novembre 1737, fille d'Alexandre, chevalier, et de Marie-Anne de Loyac (S. S.).

— Louis, né le 8 février 1708, mort le 24 janvier 1725, Marie-Anne-Madeleine, née le 22 août 1710, et Jean-Victor, né le 30 octobre 1712, enfants de Jean-Baptiste, duc de Mortemart, et de Madeleine Colbert de Blainville (S. S.).

— Paul-Louis, né le 24 octobre 1711 ; Charles-Augustin, né le 10 octobre 1714, et Marie-Thérèse, née le 28 août 1715, enfants de Louis, duc de Mortemart, et de Marie-Henriette de Beauvillier (S. S.).

— Louise-Alexandrine-Julie, née le 7 janvier 1730, et François-Alexandre, né le 25 octobre 1734, mort clerc tonsuré le 5 mai 1750, enfants du vicomte Bertrand, seigneur de Chaillat, et de Julie-Sophie de Rochechouart de Jars (S. S.).

— Gabriel-Charles, mort le 2 mai 1734 à quatre ans et demi ; Antoine-Charles, né le 4 novembre 1730, mort le 11 mars 1737 ;

Diane-Adélaïde, née le 11 octobre 1732 ; Zéphirine-Félicité, née le 20 mars 1734 ; Charlotte-Gabrielle, née le 6 novembre 1735, et Emery-Louis-Roger, né le 15 novembre 1744, enfants de François-Charles, comte de Faudoas, et de Marie-Françoise de Conflans (S. S.).

— Victor-Gabriel, né le 21 mars 1734 ; Louis-Gabriel, né le 20 novembre 1736 ; Charles-Maximilien, né le 7 novembre 1738, Augustin-François, né le 21 juin 1741, enfants de Louis-Victor, comte de Mortemart, et d'Éléonore-Gabrielle-Louise-Françoise de Crux (S. S.).

— Nicolas-Stanislas, mort le 29 août 1741 à cinquante-cinq ans (S. S.).

— Louis-François-Charles-Augustin, mort le 21 décembre 1743 à trois ans, fils de Charles-Auguste, duc de Mortemart, et d'Augustine de Coëtquen (S. S.).

— Marthe-Suzanne, morte le 19 mars 1747 à soixante-neuf ans, veuve de François-René de Bellay (S. S.).

— Victurnien-Jean-Baptiste-Marie, né le 8 février 1752 ; Victurnien-Léonard-Élisabeth, né le 1er février 1755, Victurnien-Henri-Elzéar, né le 11 juillet 1756, Victurnienne-Delphine-Nathalie, née le 24 janvier 1759, enfants de Jean-Victor, duc de Mortemart, pair de France, et de Charlotte-Nathalie de Manneville (S. S.).

— Jean-François, abbé de Bonnefonds, mort le 27 décembre 1755 à quarante-quatre ans (S. S.).

— Mélanie-Charlotte, née le 14 octobre 1765 ; Diane-Adélaïde, née le 11 octobre 1767, morte le 6 juillet 1776 ; Alexandrine-Rosalie, née le 13 décembre 1768, et Florence-Constance, née le 4 mars 1771, filles d'Aimery-Louis-Roger, marquis de Faudoas, et de Madeleine-Mélanie-Henriette Barberie de Courteilles (S. S.).

— Jean-Victor, duc de Mortemart, mort le 31 juillet 1771 à soixante ans, veuf, 1° d'Éléonore-Gabrielle-Louise-Françoise de Crux ; 2° de Marie-Thérèse-Sophie de Rouvroy, remarié à Charlotte-Nathalie de Manneville (S. S.).

— Sophie-Julie, demoiselle de Jars, morte le 2 mai 1775 à soixante-cinq ans, veuve de Bertrand de Rochechouart, vicomte de Pontville (S. R.).

— Marquis Jean-Louis-Roger, mort le 13 mai 1776 à cinquante-neuf ans (S. S.).

— Zéphirine-Félicité, morte le 18 novembre 1776 à quarante-deux ans, épouse de Jacques-François de Damas, marquis d'Antigny (S. S.).

† — Jean-François-Joseph, évêque de Laon, mort le 20 mars 1777 à soixante-neuf ans (S. S.).

— Anne-Victurnienne-Henriette, née le 7 mai 1773 ; Nathalie-Henriette-Victurnienne, née le 23 juin 1774 ; Catherine-Victurnienne, née le 4 juin 1776, et Aimé-Amable-Victurnien, mort le 19 avril 1778 à seize jours, enfants de Victurnien-Jean-Baptiste-Marie, duc de Mortemart, et d'Anne-Catherine-Gabrielle d'Harcourt-Lillebonne. Ledit duc de Mortemart se remaria le 28 décembre 1782 à Adélaïde-Pauline-Rosalie de Cossé, fille de Louis-Hercule-Timoléon, duc de Brissac, et d'Adélaïde-Diane-Hortense-Délie Mazarini Mancini de Nevers, dont : Aimery-Jules-Victurnien, né le 30 janvier 1785, mort le 14 février 1785, et Casimir-Louis-Victurnien, né le 20 mars 1787 (S. S.).

— Victurnien-Bonaventure-Victor, marquis de Mortemart, fils de Jean-Victor, duc de Mortemart, et de Charlotte-Nathalie de Manneville, marié le 14 avril 1779 à Adélaïde-Marie-Céleste de Nagu, fille du marquis Charles-Gabriel, seigneur de la Meilleraye, et d'Adélaïde-Louise du Hamel, dont : Françoise-Zoé-Victurnienne, née le 10 juin 1787 (S. S.).

— Louis-François-Marie-Honorine, vicomte de Pontville, et de Bridiers, seigneur de Chaillat, etc., enseigne des mousquetaires du roi, mort le 25 octobre 1779 à quarante-six ans, époux de Marie-Victoire Boucher, dont : Armand-Constant, né le 23 mars 1761 ; Michel-Marie-Constance, né le 26 juillet 1762 ; Marguerite-Céleste, née le 19 février 1764, morte le 6 mars 1764 ; Blanche-Marie-Guillemette, née le 17 août 1768, morte le 22 mars 1771 ; et Antoinette-Agathe-Aimée, morte le 13 avril 1779 à sept ans (S. S.).

— Louis-François, né le 4 novembre 1782 (S. M. M. la V. l'É.), Marie-Louise-Cornélie, née le 31 mars 1787 ; Louis-Victor, né le 14 septembre 1788, enfants du comte Louis-Pierre-Jules-César, et d'Anne-Françoise-Élisabeth-Armide Durey (S. S.).

— Marie-Anne-Claude, morte le 5 décembre 1788 à cinquante ans, veuve de Jean-Antoine, marquis du Cheylar (S. S.).

— Mélanie-Charlotte, morte le 23 avril 1790 à vingt-quatre ans, épouse de Louis-Marie-Céleste d'Aumont, duc de Piennes (S. S.).

— Anne-Victurnien-René-Roger, né à Paris le 10 mars 1804, fils de Victor-Louis-Victurnien, marquis de Mortemart, et d'Anne-Éléonore-Pulchérie de Montmorency, marié le 16 février 1829 à Gabrielle-Bonne de Laurencin, née à Lyon le 13 février 1808, fille du comte François-Aimé, et de Nicole-Louise-Henriette de Virieu (Ier arr.).

— Anne-Henri-Victurnien, né à Paris le 27 février 1806, frère du précédent, marié le 23 janvier 1832 à Marie-Louise-Anne-Agnès Borghèse, née à Paris le 11 août 1812, fille de François, prince Aldobrandini, et d'Adèle-Françoise-Constance de la Rochefoucauld (X^e arr.).

Rochecourbon (Eustelle-Thérèse de la), morte le 9 janvier 1773 à soixante-seize ans, veuve de Louis-Charles, comte de la Mothe-Houdancourt (S. S.).

Rochedragon (Louis-Fortuné de la), né le 18 juillet 1775 ; Adélaïde-Flore-Éléonore, née le 31 octobre 1776 ; Adélaïde-Félicité-Pétronille, née le 27 décembre 1780, et Anselme-François-Marie-Henri, né le 15 juillet 1783, enfants du marquis Jean-François, chevalier de Malte, et d'Adélaïde-Félicité de Sailly (S. S.).

Rochefort (Charlotte-Félicie de), née le 22 décembre 1675 ; Pierre-Henri, inhumé le 30 mai 1677, et Emmanuelle-Benoîte, née le 14 avril 1678, enfants de Jean-Baptiste, comte d'Ailly, de Saint-Point et de Montferrand, et de Marie-Catherine Brulart de Sillery (S. A. des A.).

— Jean-Baptiste, comte de Saint-Point, mort le 13 mars 1681 (S. A. des A.).

— Nicole-Marie, morte le 11 mai 1721 à soixante-trois ans (S. S.).

— Marie-Marguerite, morte le 18 septembre 1764 à quinze ans, fille de Jacques, comte d'Ailly et de Saint-Vidal, et de Claire-Françoise de Grassi (S. S.).

— Roger-Gabriel, comte d'Ailly et de Saint-Point, mort le 5 janvier 1766 à soixante-sept ans (S. S.).

— Marquis François-Louis, seigneur de Brosses, mort le 16 décembre 1767 à soixante-deux ans (S. P.).

— Aglaé, née le 4 mars 1770 ; Amédée, né le 21 septembre 1773, enfants de Jean-Amédée-Honoré, comte d'Ailly, et de Jeanne-Louise Pavée (S. R.).

— Anne-Claudine, demoiselle d'Ailly et de Saint-Point, morte le 10 septembre 1772 à quarante-six ans, épouse de Charles-Louis Testu, comte de Balincourt (S. S.).

ROCHEFOUCAULD (Marie-Anne de la), baptisée le 29 octobre 1683, fille de Louis-Charles, et d'Anne Pisson (S. A. des A.).

— François, mort le 29 juillet 1699 à dix-huit ans, et Aimery, mort le 1er novembre 1699 à huit ans, fils de François, duc de la Roche-Guyon, et de Madeleine-Charlotte Le Tellier (S. S.).

— Jean-François, né le 8 septembre 1706, Louis, né le 29 janvier 1708, mort le 16 août 1708, et Matthieu, né le 28 novembre 1714, fils de Matthieu, marquis de Bayers, et de Marie-Anne de Turménies (S. S.).

— François-Jean-Baptiste-Jérôme, né le 14 août 1706 ; Élisabeth-Marthe, née le 1er octobre 1707 ; Jean-Baptiste-Frédéric-Louis, né le 17 août 1709 ; Marie-Charlotte, née le 10 décembre 1713, baptisée le 4 juin 1726, François-Paulin, né le 12 avril 1718, mort le 19 novembre 1719, enfants de Louis, marquis de Roye, et de Marthe de Baudry du Casse (S. S.).

— Suzanne-Charlotte, née le 24 janvier 1708 (S. A. des A) et Charles-François, mort le 25 octobre 1719 à quatorze ans (S. S.), enfants de François, comte de Surgères, et d'Anne-Angélique Lée.

— Louise-Élisabeth, née le 26 septembre 1716, François, né le 31 décembre 1717 ; Marie, née le 6 janvier 1719, François, né le 21 octobre 1720, mort le 19 avril 1721 ; Adélaïde, née le 20 janvier 1722 ; N. née et morte le 12 septembre 1725 ; enfants d'Alexandre, duc de la Roche-Guyon, et d'Élisabeth-Marie-Louise-Nicole de Bermond de Thoyras d'Amboise d'Aubijoux (S. S.).

— Louise-Marguerite, née le 22 février 1717, fille de Barthélemy, comte de Roye, et de Marguerite-Pauline Prondre (S. S.).

— François, né le 29 septembre 1717 ; Élisabeth-Marthe, née le 13 décembre 1720 ; Pauline-Françoise, née le 2 mars 1723 ; Marie-Élisabeth-Éléonore, née le 23 août 1725, morte le 20 mai 1726, enfants de François, comte de Roye, et d'Élisabeth-Marguerite Huguet (S. S.).

— Henriette, morte le 3 novembre 1721 à quatre-vingt-trois ans, fille du duc François, et d'Andrée de Vivonne (S. S.).

— François, comte de Roye, Roucy, lieutenant général des armées du roi, mort le 29 novembre 1721 à soixante-trois ans (S. S.).

— Alexandre, abbé de Molesmes et de Beauport, mort le 16 mai 1722 à soixante-sept ans (S. S.).

— Barthélemy, marquis de Roye, mort le 3 novembre 1724 à quarante-neuf ans (S. S.).

— Lucie, demoiselle de Mondion et de Montendre, morte le 11 janvier 1725 à quatre-vingt-douze ans (S. S.).

— François, chevalier de Roye, brigadier des armées du roi, mort le 25 février 1725 à trente cinq ans (S. S.).

— Duc François, mort le 22 avril 1728 à soixante-cinq ans (S. S.).

— Agnès-Marie, née le 17 février 1732, et Alexandre-François, né le 29 août 1733, mort le 12 octobre 1742, enfants de Louis-Christophe, marquis d'Urfé, et de Jeanne Le Camus de Pontcarré (S. S.).

— Anne-Élisabeth, née et morte le 4 février 1738 ; Élisabeth-Louise, née le 17 juin 1740 ; Louis-Alexandre, né le 11 juillet 1743 ; Adélaïde-Émilie, morte le 7 avril 1765 à dix-neuf ans et demi, enfants de Jean-Baptiste-Louis-Frédéric, comte de Roye, duc d'Anville, et de Louise-Élisabeth de la Rochefoucauld (S. S.).

— Alexandrine-Félicité, née le 22 mai 1740, morte le 12 janvier 1742, et N. né le 11 et mort le 19 décembre 1743, enfants de Louis-Bernard-François, duc d'Estissac, et de Marie de la Rochefoucauld (S. S.).

— Louis, marquis de Montendre, mort le 11 mai 1742, à soixante-quatorze ans (S. S.).

— Geneviève-Armande, demoiselle de Roye, morte le 24 octobre

1745 à cinquante-trois ans deux mois, épouse de Philippe-Aymard, comte de Clermont-Tonnerre (S. P.).

— Matthieu, marquis de Bayers, mort le 22 mai 1749 à trente-cinq ans (S. S.).

— Marie-Louise, demoiselle de Roye, morte le 30 mai 1750 à cinquante-trois ans, épouse de Guy-Marie de Lopriac, comte de Donge (S. S.).

— Louis, marquis de Roye, mort le 6 mai 1751 à quatre-vingts ans huit mois (S. S.).

— Jean-François, âgé de dix-huit ans, fils d'Alexandre-Nicolas, marquis de Surgères, et de Jeanne-Thérèse Fleuriau de Morville, marié le 17 avril 1752 à Anne-Sabine-Rosalie Chauvelin, âgée de vingt ans, fille de Germain-Louis, ministre d'État, et d'Anne-Cahouet de Beauvais, dont : Anne-Alexandrine, née le 13 août 1753 ; Louis-Charles, né le 7 octobre 1754, mort le 9 mai 1757 ; Alexandrine-Espérance-Aglaé, née le 19 novembre 1759, morte le 10 novembre 1760 ; Alexandre-Louis-Eugène, né le 21 octobre 1760, mort le 23 juin 1764 ; Anne-Dominique, né le 30 octobre 1761, mort le 29 avril 1764 ; Ambroise-Polycarpe, né le 2 avril 1765 (S. S.).

— Agnès-Marie, inhumée le 3 juillet 1756 à vingt-quatre ans trois mois, épouse de Paul-Édouard d'Estouteville (S. S.).

— Frédéric-Jérôme, cardinal de Roye, mort le 29 avril 1757 à cinquante-six ans (S. S.).

— Duc Alexandre, mort le 4 mars 1762 à soixante-onze ans (S. S.).

— François, né le 8 septembre 1765 ; Alexandre-François, né le 26 août 1767 ; Aglaé-Émilie-Joséphine, née le 28 mai 1774, morte le 15 janvier 1789 ; Frédéric-Gaëtan, né le 5 fevrier 1779, enfants de François-Alexandre-Frédéric, duc de Liancourt, et de Félicité-Sophie de Lannion (S. S.).

— Alexandre-Armand-Louis-Henri, né le 24 mai 1767, fils d'Henri-François, comte de Cousages, et de Louise-Françoise de Rochechouart (S. S.).

— Joseph-Jean-Baptiste, comte de Rochebaron, mort le 30 juillet 1770 à quatre-vingts ans (S. S.).

— Louise-Marguerite, demoiselle de Roye, morte le 10 novembre 1773 à cinquante-sept ans, veuve d'Alexandre-Maximilien-Balthasard de Gand de Mérode de Montmorency (S. S.).

— Armand-Alexandre-Roger, comte de Durtal, mort le 17 mars 1774 à vingt-cinq ans (S. S.).

— Duc Louis-Alexandre, veuf de Louise-Pauline de Gand de Mérode de Montmorency, née princesse de Manimes, remarié le 28 mars 1780 à Alexandrine-Charlotte-Sophie de Rohan-Chabot, fille de Louis-Antoine-Auguste, duc de Rohan, et d'Élisabeth-Louise de la Rochefoucauld (S. S.).

— Françoise-Charlotte-Ernestine, née le 20 décembre 1781 ; Louis-François-Sosthène, né le 19 février 1785, enfants d'Ambroise-Polycarpe, duc de Doudeauville, et de Bénigne-Augustine-Françoise Le Tellier de Montmirail (S. S.).

— Louis-Armand-François, duc d'Estissac, mort le 28 mai 1783 à quatre-vingt-huit ans (S. S.).

— Henri-François, comte de Cousages, mort le 10 mars 1784 à soixante-dix ans (S. S.).

— Élisabeth-Marthe, morte le 2 juillet 1784 à soixante-treize ans, veuve de François-Joseph de Béthune, duc d'Ancenis (S. M. M. la V. l'É.).

— Alexandre-François, comte de Bayers, mort le 7 janvier 1786 à cinquante-quatre ans (S. S.).

— Élisabeth-Louise, morte le 12 décembre 1786 à quarante-sept ans, épouse de Louis-Antoine-Auguste de Rohan-Chabot, duc de Rohan (S. S.).

— Jean-François, comte de Surgères, mort le 24 mars 1789 à cinquante-cinq ans, époux d'Anne-Sabine-Rosalie de Chauvelin (S. S.).

— Marie-Louise-Françoise, morte le 30 décembre 1791 à soixante-dix-huit ans, veuve de Gabriel-Léopold Le Prudhomme de Fontenoy (S. S.).

— Alexandrine-Julie-Clémentine, morte le 4 septembre 1792 à quinze jours, fille d'Alexandre-Frédéric, et d'Adélaïde-Marie-Françoise Pivart de Chastulé (S. E.).

« Acte de décès du trente janvier mil huit cent quatorze à neuf heures du matin. Le jour d'hier à neuf heures du matin est décédée en son domicile, rue de Grenelle n° 104, en cet arrondissement, dame Alexandrine-Émilie Delarochefoucauld, âgée de soixante-onze ans, née à Paris, veuve de m^re Anne-Louis-Alexandre de Montmorency de Robecq. Constaté par moi Claude-Denis Monnaye, adjoint au maire du dixième arrondissement de Paris, faisant les fonctions d'officier de l'état-civil, sur la déclaration de MM. Claude-François Blanc, demeurant à Paris rue du Bac n° 91, avocat, âgé de quarante-neuf ans, et de Louis François, dit Saint-Amand, demeurant à Paris rue de Grenelle n° 104, propriétaire, âgé de cinquante ans, lesquels ont signé avec moi après lecture à eux faite de l'acte. Signé au registre : Blanc. — Lefrançois, dit Saint-Amand. — Monnaye (X^e arr., n° 322).

— Louis-Marie-Augustin-Ernest, né le 21 septembre 1826, mort le 2 juillet 1834, fils du vicomte Louis-François-Sosthène, et d'Élisabeth-Hélène-Pierre de Montmorency-Laval (X^e arr.).

— Jean, baron de Bayers, natif de la Bolivière, mort le 1er février 1834 à soixante-seize ans, époux de Denise-Jeanne-Catherine de Mauroy (X^e arr.).

Rochelambert (Joseph, comte de la), fils d'Henri-Gilbert, comte de la Valette, et de Louise-Catherine-Marthe d'Auteroche, marié le 28 avril 1778 à Marie-Anne-Élisabeth-Joséphine de Bonvoust, fille de François-Philibert, marquis de Prulay, et de Marie-Louise-Françoise Durey de Noinville, dont : Alphonse-Michel, né le 9 octobre 1785 (S. S.).

— Marquis Gabriel-Armand-Benoît, mort le 27 avril 1785 à cinquante-deux ans (S. S.).

— Gabriel-René-François, capitaine de dragons, fils du comte Laurent-François-Scipion, et de Michelle-Anne Douart de Pleurance, marié le 20 février 1788 à Charlotte-Marie de Dreux, fille de Joachim, marquis de Brézé, grand maître des cérémonies de France, et de Louise-Jeanne-Marie de Courtarvel, dont : Gabrielle-Louise-Laurence, née le 5 janvier 1789, et Henri-Michel-Scipion, né le 30 décembre 1789 (S. S.).

— Anne-Joséphine, religieuse hospitalière de Saint-Thomas de Villeneuve, morte le 15 mai 1788 à cinquante-trois ans (S. S.).

— Jean-Paul, ecclésiastique, mort le 27 août 1792 à soixante-huit ans (S. Th. d'A.).

— Jean-Joseph, natif de Cahors, ancien chanoine de Beauvais, mort le 16 mai 1811 à quatre-vingt-cinq ans (X^e arr.).

Rochon de Beauséjour (Marie-Anne), morte le 2 avril 1771 à quarante-cinq ans, veuve de Pierre de Rochemont de Thianges (S. S).

Rogres (Louis-Charles de), fils de feu Charles, seigneur de Chevrinvilliers, et de Marie de Ténance, marié le 20 janvier 1694 à Marie-Anne Le Charon (S. A. des A.).

Rohan (Anne de), morte le 29 octobre 1684 à quarante-quatre ans, épouse de Louis-Charles d'Albert, duc de Luynes (S. S.).

— Marie-Anne, née le 8 avril 1690, fille de Charles, prince de Guéménée, duc de Montbazon, et de Charlotte-Élisabeth de Cochefilet (S. S.).

— Louis-Henri, mort le 30 juillet 1693 (S. P.).

— François-Armand, prince de Montbazon, mort le 26 juin 1717 à trente-quatre ans (S. R.).

— Charlotte-Louise, née le 21 mars 1722 ; Gabrielle-Adélaïde, née le 20 septembre 1723, morte le 5 avril 1724 ; Germaine-Armande-Élisabeth, née le 18 novembre 1724 ; Jules-Hercule, né le 25 mars 1726 ; Gabrielle-Marie-Adélaïde, née le 14 avril 1728 ; Louis-Armand-Constantin, né le 18 avril 1731, enfants d'Hercule-Mériadec, duc de Montbazon, et de Gabrielle-Julie-Louise de Rohan (S. P.).

— Éléonore-Louise-Charlotte-Bretagne, née le 15 janvier 1728, fille de Charles, prince de Montauban, et d'Éléonore-Eugénie de Béthisy (S. S.).

— Hercule-Mériadec, prince de Soubise, duc de Rohan-Rohan, mort le 26 janvier 1749 à soixante-dix-neuf ans (S. J. en G.).

— Charlotte-Godefride-Élisabeth, morte le 4 mars 1760 à vingt-deux ans, inhumée le 7 chez les Carmélites du faubourg Saint-Jacques, épouse de Louis-Joseph de Bourbon, prince de Condé (S. S.).

— Charles-Mériadec, né le 16 novembre 1763, mort le 21 octobre

1764 ; Charles-Louis-Gaspard, né le 1ᵉʳ novembre 1765; Charlotte-Louise-Dorothée, née le 25 octobre 1767; Louis-Camille-Jules, né le 17 avril 1770; enfants de Charles-Jules-Armand, prince de Rochefort, et de Marie-Henriette-Charlotte-Dorothée d'Orléans-Rothelin (S. S.).

— Charles, prince de Montauban, mort le 25 février 1766 à soixante-douze ans, veuf de Louise-Éléonore-Eugénie de Béthisy (S. M. M. la V. l'É.).

— Louis - Constantin, cardinal-évêque de Strasbourg, mort le 11 mars 1779 à quatre-vingt-deux ans (S. S.).

— Charles-Alain-Gabriel, duc de Montbazon, fils d'Henri-Louis-Marie, prince de Guémenée, et d'Armande-Victoire-Joseph de Rohan-Soubise, marié le 29 mai 1781 à Louise-Aglaé de Conflans, fille de Louis-Gabriel, marquis d'Armentières, et d'Antoinette-Madeleine-Jeanne Portail, dame du Vaudreuil (S. S.).

— Charles, prince de Soubise, mort le 2 juillet 1787 à soixante-douze ans (S. M. M. la V. l'É.).

Roland (François de), seigneur des Troches, mort le 17 juin 1685 (S. A. des A.).

Roll (François-Joseph-Georges-Ignace, baron de), brigadier des armées du roi, mort le 16 novembre 1757 à cinquante-un ans (S. R.).

Rolland (Louise-Opportune), morte le 11 juillet 1778 à soixante-quinze ans, veuve d'Édouard de Lantages, écuyer, seigneur de Trésigny (S. S.).

— Jacques, comte de Lorenzy, chevalier de Saint-Étienne de Toscane, colonel à la suite du régiment royal italien, mort le 5 avril 1784 à soixante-douze ans (S. E.).

Romance (Marie-Jeanne de), née le 7 décembre 1769, fille du comte Godefroy, et de Jeanne-Marie-Bernarde Mercier (S. S.).

— Angélique-Marie, née le 28 décembre 1782, fille du marquis Godefroy, et d'Angélique Le Roy de Senneville (S. M. M. la V. l'É.).

Romanet (Catherine de), née le 13 mai 1682 ; Nicolas et Jeanne-Marguerite, nés le 16 juillet 1684, et Jacques, né le 13 mai 1689, enfants de Claude, écuyer, conseiller du roi, trésorier de France à Orléans, et de Marie-Charlotte Vicart (S. A. des A.).

— Charlotte-Rosalie, morte le 2 juin 1753, épouse de François-Martial, comte de Choiseul-Beaupré (S. M. M. la V. l'É.).

Romé (Louis-Pierre de), âgé de quarante-sept ans, fils de Louis, chevalier, marquis de Vernouillet, et de Françoise de Bretel de Gremouville, marié le 30 mars 1719 à Marie-Anne-Charlotte de Salaberry, âgée de dix-sept ans, fille de Charles, et d'Anne-Françoise d'Arbou du Bellou, dont : Marie-Anne-Louise, née le 22 août 1720, et Marie-Anne-Françoise, née le 23 novembre 1724 (S. R.).

Romecourt (Christophe-François de), fils de défunts Antoine, seigneur du Plessis, et de Catherine le Fèvre, marié le 27 août 1696 à Claude de Jourdain, fille de Bertrand, seigneur de Villiers, et de Catherine Berfon (S. A. des A.).

Romfort (Aglaé-Marie-Thérèse de), née le 17 août 1770, fille de Philippe-Charles, et de Jeanne-Thérèse de Gourbeaux (S. J. du H. P.).

Romilly (Adolphe-Charles de), marquis de la Chesnelaye, mort le 8 juillet 1767 à quatre-vingt-trois ans (S. E.).

Roncherolles (Anne-Marguerite-Thérèse de), née le 5 novembre 1725, fille du marquis Charles-Michel-François-Anne-Thomas-Sibylle, et d'Angélique-Marguerite de Jassaud (S. R.).

— Claude-Thomas-Sibylle-Gaspard-Nicolas-Dorothée, âgé de quarante-huit ans, fils de Michel, marquis de Pont-Saint-Pierre, et de Marie-Anne-Dorothée Évrard-Legrix-Eschaufour, marié le 6 mars 1752 à Marie-Louise Amelot, âgée de dix-huit ans, fille de Jean-Jacques, marquis de Chaillou, et de Marie-Anne de Vougny, dont : Anne-Dorothée, née le 18 mai 1753 ; Antoine-Gaspard-Dorothée-Michel, né le 22 avril 1755, et Anne-Michel-Louis, né le 28 septembre 1757 (S. S.).

— Michel-Charles-Dorothée, marquis de Pont-Saint-Pierre, mort le 7 janvier 1777 à soixante-quatorze ans (S. S.).

— Marie-Catherine-Dorothée, morte le 12 avril 1779, à soixante-douze ans, veuve d'Alexandre d'Orléans, marquis de Rothelin; portée à Moucy-le-Vieux, diocèse de Meaux (S. S.).

— Anne-Michel-Louis, capitaine de cavalerie, fils du marquis Claude-Thomas-Sibylle-Gaspard-Nicolas-Dorothée, et de Marie-Louise Amelot, marié le 17 juin 1783 à Sophie-Élisabeth Daine, fille de Marius-Jean-Baptiste-Nicolas, conseiller du roi, et d'Anne-Madeleine Geoffroy, dont : Théodore-Gaspard-Louis, né le 20 mars 1784 (S. S.).

— Claude-Thomas-Sibylle-Gaspard-Nicolas-Dorothée, mort le 22 avril 1789 à quatre-vingt-quatre ans, époux de Marie-Louise Amelot (S. S.).

Rondet (Marie) morte le 24 septembre 1772 à cinquante ans, veuve de Jean-Silvain Frémyn, seigneur du Coudray, conseiller du roi (S. R.).

Roque de Varengeville (Marie-Charlotte), morte le 5 mai 1727 à quarante-six ans, veuve de Claude de Longueil, marquis de Maisons (S. S.).

Roquefeuil (Marie-Gilberte de), morte le 1er février 1699 à soixante-quatre ans, veuve en secondes noces de Claude-Yves d'Aligre (S. S.).

Roquelaure (Antoine-Gaston-Jean-Baptiste, duc de), mort le 6 mai 1738 à quatre-vingt-un ans six mois six jours (S. S.).

— Marquis Jean-Baptiste-Pierre-Angélique, mort le 5 janvier 1782 à vingt-huit ans quatre mois vingt-trois jours (S. S.).

Roquette (Henri-Emmanuel de), mort le 4 mars 1725 à soixante-neuf ans, abbé de Saint-Gildas de Rhuis, membre de l'Académie française (S. S.).

Rosen (Constant-Octave-Eugène de), né le 9 janvier 1761 ; Louis-Antoine-Octave, né le 9 octobre 1762, et Sophie, née le 16 mars 1764, enfants du comte Fulgence (*alias* Eugène) Octave-Augustin, mestre de camp du régiment de Wurtemberg, et de Marie-Antoinette-Louise-Esprit-Juvénal-Claude de Harville des Ursins de Trainel (S. S.).

Roslin (Joseph-Alexandre), né le 2 février 1772, fils d'Alexandre, peintre du roi, et de Marie-Suzanne Giroust (S. R.).

— Jean-Baptiste-Paulin-Hector-Edme, fermier général, seigneur d'Hénouville, mort le 17 juin 1790 à soixante-neuf ans (S. M. M. la V. l'É.).

Roslin de Fourolles (Alexandre-Cyr-Hyacinthe), capitaine d'infanterie, mort le 15 septembre 1765 à quarante-neuf ans (S. P.).

Rosmadec (Sébastien, marquis de), mort le 3 novembre 1700 à quarante-deux ans (S. S.).

— Anne-Hyacinthe, mort le 4 septembre 1769 à quatre-vingts ans neuf mois quatre jours (S. S.).

— Comte Michel-Anne-Sébastien, marquis de Goulaine, dernier du nom, mort le 18 février 1784 à quatre-vingt-huit ans (S. S.).

Rosnyvinen (Bonne-Louise de), née le 17 avril 1722, et Jean-Aristide, né le 28 mai 1723, enfants du marquis Joachim-Amaury-Gaston, et de Bertine-Louise de Fosse (S. S.).

Rossel (Félicité de), morte le 4 février 1778 à deux ans quatre mois, fille de Pierre, capitaine de vaisseau, et de Catherine-Françoise-Antoinette Delcambre (S. E.).

Rosset (Anne-Françoise de), née le 19 mai 1741, fille de messire Antoine-Philippe, conseiller du roi en tous ses conseils, et d'Anne-Claire-Nicole Millet (S. R.).

Rosset de Ceilhes (Henri de), abbé de Saint-Sernin de Toulouse, mort le 20 février 1748 à soixante-deux ans (S. S.).

Rosset de Fleury (Marie-Madeleine de), née le 27 janvier 1744; Marie-Victoire, née le 10 novembre 1745; Anne-Madeleine-Françoise-Augustine, née le 18 novembre 1747, morte le 12 octobre 1752; Marie-Henriette-Élisabeth, née le 24 février 1749; André-Hercule-Alexandre, né le 30 mars 1750; Élisabeth-Françoise-Thérèse, née le 30 mai 1752, filleule de T. H. et P. S. Mre Pons-François de Rosset de Fleury, chevalier de l'ordre de Saint-Jean de Jérusalem, commandeur de Salins, et de H. et P. D. Élisabeth-Olympe Jubert du Thil, veuve de T. H. et T. P. François, comte de Chastellux; Henriette-Adélaïde-Thérèse, née le 30 avril 1755, morte le 25 avril 1761; Marie-François-Hercule, né le 12 septembre 1756, mort le 2 mars 1762, et André-Joseph-Arsène, né le 8 avril 1761, enfants de très-haut et très-puissant seigneur monseigneur

André-Hercule, duc de Fleury, pair de France, premier gentilhomme de la chambre du roi, lieutenant-général des armées de S. M., gouverneur et lieutenant-général de la Lorraine et du Barrois, gouverneur particulier des ville et citadelle de Nancy, gouverneur et viguier des villes et vigueries d'Aigues-Mortes, sénéchal de Carcassonne, Béziers et Limoux, capitaine du château de Giroussem, et de T. H. et T. P. D. Madame Anne-Madeleine-Françoise de Monceaux d'Auxy (S. S.).

— André-Hercule-Marie-Louis, né le 25 avril 1770, et Marie-Maximilien-Hercule, né le 4 juillet 1771, fils d'André-Hercule-Alexandre, marquis de Fleury, et de Claudine-Anne-Renée de Montmorency-Laval (S. S.).

— Pons-François, ambassadeur extraordinaire de l'ordre de Malte, mort le 16 octobre 1774 à quarante-sept ans (S. M. M. la V. l'É.).

— Jean-André-Hercule, chevalier non profès de Malte, mort le 21 octobre 1781 à cinquante-six ans deux mois moins trois jours (S. M. M. la V. l'É.).

— André-Hercule, duc de Fleury, mort le 13 avril 1788 à soixante-douze ans et demi (S. S.).

Rossignol de Balagny (Charles-Louis), seigneur des Bergeries, mort le 24 août 1769 à soixante-treize ans (S. E.).

Rostaing (Antoine-Louis-Alphonse-Marie, comte de), capitaine de dragons, âgé de trente-neuf ans, fils de Jean-François, et de Marie-Françoise de Rivoire de la Tourrette, marié le 25 avril 1782 à Denise-Madeleine de la Fagerdie, âgée de dix-sept ans, fille de Pierre, marquis de Laval, et d'Anne-Françoise-Madeleine le Jay de Creuilly, dont : Antoine-Pierre-Tristan-Yolande, né le 27 avril 1783 (S. S.).

Rotalier (Angélique-Marie-Jeanne-Baptiste de), née le 10 février 1792, fille de Pierre-Alexis, lieutenant-colonel d'artillerie, et de Marie-Charlotte-Lucie de Jarry (S. J. du H. P.).

Rothe (Antoine-Edmond-Joseph de), né le 16 juin 1765 ; Antoinette-Catherine, née le 24 juin 1766 ; Marguerite-Josèphe, née le 31 mai 1767 ; Edmond-Joseph, né le 1er juillet 1768, enfants d'Édmond, chevalier, et de Jeanne-Catherine-Joseph de Lavaulx (S. R.).

— Jeanne, née le 2 mai 1767 ; Françoise, née le 26 juin 1768 ; Amélie, née le 25 septembre 1771, enfants de François, écuyer, et de Jeanne-Anne Hay (S. R.).

Rottembourg (Conrad-Alexandre, comte de), mort le 4 avril 1735 à cinquante-un ans (S. S.).

Rouault (Louise-Henriette) morte le 18 avril 1687 à cinquante-neuf ans, veuve de François de Bullion, marquis de Montloué (S. S.).

— Constance-Simone-Flore-Gabrielle, née le 22 mars 1725, Charles-Joachim, né le 19 octobre 1729 ; Nicolas-Aloph-Félicité, né le 16 janvier 1731, enfants de Jean-Joachim, comte de Cayeu, mestre de camp de cavalerie, brigadier des armées, et de Catherine-Constance-Émilie Arnauld de Pomponne (S. S.).

— Anne-Marie-Geneviève, demoiselle de Gamaches, morte le 7 mars 1727 à quarante-cinq ans, veuve d'Antoine-Philibert de Torcy (S. S.).

— Charles-Gabriel-Armand-Louis-Fortuné, né le 6 mai 1756, et Félicité-Flore-Françoise, née le 4 novembre 1757, enfants de Louis-Denis, marquis d'Assy, et de Marie-Thérèse du Bénéfice de Montargues (S. S.).

— Charles-Marie-Ferdinand-Fortuné, né le 21 mai 1767 (S. S.), mort le 14 août 1771 (S. E.), fils du vicomte Anne-Émilie-Jean-Baptiste, et de Marie-Catherine-Ferdinande de Maugiron.

— Félicité-Madeleine-Honorée-Gabrielle, née le 20 octobre 1781, fille de Joachim-Valery-Thérèse-Louis, comte de Lignières, et de Marie-Catherine-Hyacinthe de Choiseul-Beaupré (S. M. M. la V. l'É.).

Rougé (Marie-Anne-Louise de), née le 19 juin 1726, fille de Louis, marquis du Plessis-Bellière, et de Marie-Anne-Thérèse d'Albert de Chaulnes (S. S.).

— Antoinette, morte le 16 janvier 1766 à cinquante ans, épouse de Christophe-Louis, comte de Bullion, capitaine de dragons (S. J. du H. P.).

— Bonabe-Catherine-Jean-Alexis, fils du marquis Pierre-François, lieutenant-général des armées du roi, et de Marie-Claude-Jeanne-Julie de Coëtmen, marié le 7 janvier 1777 à Victurnienne-Delphine-Nathalie de Rochechouart, fille de Jean-Victor, duc de Mortemart, et de Charlotte-Nathalie de Manneville, dont : Félix-Catherine-Victurnien, né le 18 novembre 1779, mort le 5 janvier 1781 (S. S.).

— François-Pierre-Olivier, comte du Plessis-Bellière, frère du précédent, marié le 12 avril 1779 à Marie-Joseph-Vincent Robert, fille d'Achille-Joseph, marquis de Lignerac, duc de Caylus, et de Marie-Odette de Lévis-Châteaumorand, dont : Catherine-Innocente, née le 11 septembre 1780 ; Adolphe-François-Joseph, né le 28 avril 1782 ; Augustin-Charles-Camille, né le 27 octobre 1783 ; Agathe-Herminie-Louise-Joséphine-Mélanie, née le 3 décembre 1785 (S. S.).

Rouillé (Marguerite-Thérèse), morte le 27 octobre 1729 à soixante-neuf ans, veuve d'Armand-Jean du Plessis, duc de Richelieu (S. S.).

— Charles-Nicolas, né le 12 octobre 1736!, fils de Jean-Louis, seigneur d'Orfeuil, conseiller du roi, et de Madeleine-Henriette de Caze (S. R.).

— Élisabeth, morte le 9 février 1740 à soixante-quinze ans, veuve de Jean-Étienne Bouchu, marquis de Sancergues, et en secondes noces de Paul-Sigismond de Montmorency-Luxembourg (S. S.).

— Hilaire-Jean, mort le 15 janvier 1758, fils d'Hilaire, marquis du Coudray, brigadier des armées du roi, et de Marie d'Abbadie (S. P.).

Gaspard-Marie-Louis, né le 3 décembre 1777 ; Charlotte-Claudine-Célénie, baptisée le 28 décembre 1778 ; Antoine-Angélique-Balthasar, né le 21 avril 1780 ; Agathe-Claudine, et Amélie-Charlotte, baptisées le 4 décembre 1786, enfants d'Antoine-Louis, conseiller du roi en ses conseils, et de Marie-Thérèse Radix de Chevillon (S. M. M. la V. l'É.).

— Auguste-Hilaire, né le 8 mars 1780, fils de Louis-François, brigadier des armées du roi, et de Marie-Antoine-Angélique-Joseph Pollard d'Horimez (S. R.).

— Marie-Cécile, morte le 3 mars 1781 à trente ans, épouse de Louis-Jean-Baptiste Chapelle, vicomte de Jumilhac (S. R.).

— Marie-Jules, né à Paris le 25 janvier 1799, fils de Gaspard-Marie-Louis, comte d'Orfeuil, et d'Amélie-Antoinette-Marguerite-Maurice Chaumont de Rivray, marié le 28 janvier 1830 à Émilie-Jeanne-Hippolyte de Toulongeon, née à Paris le 1er février 1806, fille du vicomte François-Emmanuel, maréchal-de-camp, et de Luce-Antoinette-Émilie Berteaux (1er arr.).

ROUJAULT (Nicolas-Étienne), maître des requêtes, mort le 6 mai 1723 à soixante-un ans (S. S.).

— Vincent-Ernest, marquis de Chefboutonne, âgé de cinquante-cinq ans, fils de Nicolas-Étienne, conseiller du roi, et de Barbe-Madeleine Magnon, marié le 10 juin 1752 à Hélène-Angélique-Rosalie de l'Aubépine, âgée de soixante ans, veuve de Jérôme Phélyppeaux de Pontchartrain (S. S.).

ROULLIN (Charles), seigneur de Launay, secrétaire d'ambassade, mort le 2 avril 1728 à quatre-vingt-cinq ans (S. R.).

ROUSSE (Claude-Louis de), né le 21 janvier 1728, fils de Jean-Baptiste, écuyer, capitaine de cavalerie, et de Claude-Louise Chambellan (S. R.).

ROUSSEAU (Pierre-Jacques), né le 19 mai 1705, fils de Louis, écuyer, seigneur de Chamoy, et d'Angélique-Charlotte Ralus (S. S.).

— Louis-François, né le 1er juin 1748, et Anne-Louise, née le 3 novembre 1749, enfants de Jacques, marquis de Chamoy, et d'Anne-Marguerite le Clerc de Lesseville (S. S.).

— N., née et morte le 15 août 1775; Hippolyte et Alexandre-Louis, nés le 11 novembre 1780, enfants d'Anne-Claude, marquis de Chamoy, chevalier, seigneur d'Auxon, et de Marguerite-Rose Sauvage (S. S.).

— Pierre-Jacques, marquis de Chamoy, mort le 28 septembre 1781 à soixante-seize ans (S. S.).

— Élisabeth-Nicole, morte le 18 mai 1789 à cinquante-trois ans, épouse d'Étienne-Denis de Pampelune, marquis de Genouilly, gouverneur de Vézelay, seigneur de Fulvy, Châtel-Gérard (S. N. des Ch.).

— Anne-Louise, née le 20 juillet 1789 (S. S.), et Charles-Ernest, né le 2 décembre 1791 (S. Th. d'A.), enfants d'Anne-Claude, marquis de Chamoy, baron de Vaucemain, Sommeval, seigneur d'Auxon, Vert, Roncenay, Montigny, etc., colonel au 3ᵉ cavalerie, et d'Henriette-Charlotte-Françoise le Febvre du Quesnoy.

— Amélie, née le 21 août 1789, et Blanche-Bonne, née le 15 décembre 1790, filles de Louis-Jacques, baron de Chamoy, et de Marguerite Dupuy (S. S.).

Rousseau de Saint-Aignan (Gabriel-Edmond), sous-préfet d'Ancenis, né à Paris le 23 avril 1804, fils de Nicolas-Auguste-Marie, et d'Amicie-Augustine de Caulaincourt, marié le 7 mai 1831 à Cécile-Rose Collot, née à Paris le 19 novembre 1808, fille de Jean-Pierre, directeur de la Monnaie, et d'Anne-Victoire-Claudine Lajard (Xᵉ arr.).

Roussel (Michel-François), né le 13 avril 1729, fils de Jacques-Louis-François, conseiller au parlement, chevalier, seigneur de Bouillancourt, et de Charlotte-Françoise Maillet de Batilly (S. R.).

Roussel d'Epourdon (Jacques-François), né le 18 novembre 1757 ; Louis-Marie, né le 31 juillet 1759 ; Michel-Louis, né le 7 mai 1764 ; Marie-Jean-Baptiste, né le 16 mai 1765 ; Marie-Marguerite-Georgette, née le 13 janvier 1767 ; Marie-Françoise, née le 18 mars 1768, enfants de François-Michel, marquis de Courcy, et de Marguerite-Georgette Roussel (S. M. M. la V. l'É.).

— Élisabeth, dame de Villeparisis, morte le 28 août 1769 à soixante-dix-sept ans, veuve de Pierre Dedelay de la Garde (S. E.).

Rousselet — « Le vingt-uniesme aoust mil six cens trente-trois fut baptisée Élisabeth, fille de noble hoe Mᵉ Ambroise Rousselet, conʳ du roy et son procureur général des requestes de l'hostel et chancellerie de France, et de damˡᵉ Catherine le Tonnellier, sa femme. Le parein, Mᵉ Guillaume Rousselet, conʳ du roy et controolleur général de son domaine en la généralité de Paris ; la mareine, dame Élisabeth Briçonnet, femme de Mᵉ de Flécelles, conʳ du roy en ses conseils et président en sa chambre des comptes à Paris (S. J. en G. fº 128).

— Ambroise, mort le 12 août 1659, à soixante-dix-huit ans, conseiller du roi en ses conseils et son procureur général aux requêtes de l'hôtel et chancellerie de France (S. J. en G.).

— Catherine, morte le 16 mars 1660 (S. N. des Ch.).

— Georges, fils de Charles, et de Jeanne Prémiat, marié le 23 octobre 1684 à Marie-Angélique Alix, fille de Nicolas, et de Marie Oudard (S. A. des A.).

— Élisabeth-Catherine, morte le 1er mai 1694 entre midi et une heure, enterrée le lendemain en la cave qui est dessous la chapelle de MM. Briçonnet, épouse de Robert Cousinet, conseiller du roi et correcteur ordinaire en sa chambre des comptes (S. J. en G.).

— Marie-Sophie, née le 27 mars 1725 ; Marie-Anne, née le 20 octobre 1726, et Marie-Charlotte, née le 20 septembre 1728, filles d'Emmanuel, marquis de Châteaurenault, et d'Anne-Julie de Montmorency (S. S.).

— Emmanuel, marquis de Châteaurenault, mort le 1er mai 1739 à quarante-quatre ans (S. S.).

— Marie-Charlotte, morte le 6 janvier 1765 à trente-quatre ans trois mois dix-sept jours, épouse de François de Varaigne, marquis de Belestat (S. S.).

Rouveroy (Marguerite de), morte le 10 novembre 1687, fille de Louis, écuyer, seigneur de la Lande (S. A. des A.).

— Nicolas, mort le 17 juin 1752 à soixante-trois ans (S. S.).

Rouville (Claude de), morte le 9 janvier 1720 à soixante-dix-neuf ans, veuve de Robert de Mouchy, marquis de Nepveu, lieutenant-général des armées (S. S.).

Rouvroy (Adélaïde-Jeanne-Françoise de), née le 16 mars 1730, morte le 16 mars 1732, fille du comte Jean-Auguste, et de Marie-Anne Guiraud (S. R.).

— Marie-Thérèse-Sophie, morte le 21 février 1750 à vingt-deux ans, épouse de Jean-Victor de Rochechouart, comte de Mortemart (S. S.).

— Adélaïde-Blanche-Marie, née le 8 octobre 1759 ; Claude-Henri, né le 17 octobre 1760 ; Claude-Henri-René, né le 16 mars 1762, mort le 18 janvier 1763 ; Marie-Louise, née le 12 octobre

1763 ; Eudes-Claude-Henri, chevalier de Malte, mort le 5 juin 1785 à dix-neuf ans dix mois ; Adrienne-Émilie-Josèphe, née le 14 novembre 1767 ; André-Louis, né le 27 mai 1771 ; enfants de Balthazar-Henri, comte de Saint-Simon, et de Blanche-Élisabeth de Rouvroy de Saint-Simon (S. S.).

— Marie-Élisabeth, demoiselle de Saint-Simon, morte le 5 janvier 1762 à soixante-quatre ans, veuve de Guy-Claude-Robert de Montmorency, comte de Laval (S. S.).

— Charlotte, demoiselle de Saint-Simon, morte le 29 septembre 1763 à soixante-huit ans, veuve de Charles-Louis-Antoine d'Alsace (S. S.).

— Balthasar-Henri, comte de Saint-Simon, mort le 23 février 1783 à soixante-un ans trois mois (S. S.).

Roux (Louis le), chevalier, fils de feu Louis, chevalier, seigneur de la Lande, et de feue Claude de Rouvroy, marié le 3 juin 1677 à Marie-Clémence de Clainville, veuve de François Billon, bourgeois de Paris (S. A. des A.).

— Françoise-Eugénie, née le 16 juillet 1727, fille de Pierre-Joseph, chevalier, comte d'Esneval, et de Marie-Madeleine Anquetil (S. S.).

— François-Louis, né le 25 septembre 1758, fils de Louis-François, seigneur de Bienville, et d'Angélique-Louise-Suzanne Guyhou de Montleveaux (S. R.).

— Catherine-Hélène-Alexandrine, née le 13 janvier 1787, fille d'Alexandre-Louis-Auguste, comte du Breuil, et de Marie-Renée-Thérèse-Émilie de Belsunce (S. N. des Ch.).

— Pierre-Jean, seigneur de Kerninon, veuf de Marie-Jeanne du Coëtlosquet, remarié le 1er juillet 1789 à Marie-Madeleine Hastier de la Presle, veuve de Paul-Amable-Jean-Baptiste Panay du Deffand (S. S.).

— Charles-Édouard, receveur des finances, fils du précédent, mort à Saint-Pancras, Middlesex, le 3 février 1795, et de Marie-Jeanne du Coëtlosquet, morte à Ploulech le 8 novembre 1786, né à Morlaix le 11 avril 1784, veuf à Rennes le 26 janvier 1824 d'Edmonde-Céleste-Marie-Félix de la Celle de Châteaubourg, remarié le 8 juin 1829 à Henriette de Ségur, née à Bordeaux le 19 octobre

1800, fille de Jean-François, comte de Boizac, mort à Périgueux le 6 avril 1814, et de Philippe-Henri-Victor-Marie-Anne-Thérèse Depuch (X⁰ arr.).

Rouxel-David de Grancey (Marie-Louise de), morte le 9 mai 1728 à quatre-vingts ans deux mois trois jours, veuve de Joseph de Rouxel de Mesnard, comte de Marcy (S. S.).

Rouxel de Médavy (Louis-François de), né le 18 juin 1721, fils de Louis-François, comte de Grancey, et de Marie-Catherine Aubert (S. R.).

— Marguerite, morte le 24 juin 1743 à soixante-quinze ans, veuve de Joseph de Fouilleuse (S. S.).

Roy (Guillaume-Marie le), comte de Mondreville, capitaine de dragons, fils de Pierre-Antoine, seigneur d'Olibon, et de Claude Favereau, marié le 10 octobre 1778 à Pauline-Victoire-Gabrielle-Michelle de l'Isle, fille de Louis-Paul, et d'Élisabeth de Monceaux, dont : Guillaume-Marie-Louis-Claude, né le 14 juillet 1779, et Constance-Pauline-Zoé, née le 19 septembre 1780 (S. S.).

— François-Léonard, mestre de camp de cavalerie, fils de Claude-François, marquis de Valanglart, et de Marie-Françoise-Charlotte-Joseph de Vandernoot, marié le 25 septembre 1770 à Françoise-Marie de Fougières, fille du comte François-Marie, maréchal des camps et armées, et de Marie-Françoise Tribolet, inhumée le 17 décembre 1768 (S. N. des Ch.), dont : François-Marie-Joseph-Raoul, né le 16 octobre 1771 ; Marie-Amable, né le 23 mai 1773 ; Alphonse-Marie, né le 14 décembre 1775 ; Alfred-Marie-Charles, né le 11 décembre 1783 (S. E.).

— Jean-Antoine, comte de Valanglart, mort le 5 février 1772 à quarante-cinq ans (S. R.).

Roy de Freteuil (Claude-Louis le), mort le 15 janvier 1770 à cinquante-neuf ans (S. R.).

Roy de Vassy (Louise-Marguerite le), morte le 27 janvier 1788 à quatre-vingt-un ans (S. G.).

Roye (Marie), baptisée le 19 novembre 1637, fille de Pierre, sieur de Billeray, exempt des gardes du corps du roi, et de Marie le Juge (S. G.).

Royer (Bonne), inhumée le 6 février 1685, veuve de Jean-Louis de Faucon, seigneur de Ris, marquis de Charleval (S. G.).

— François-Martial, comte de Fontenay, fils de Louis-Jean-Baptiste-François-Charles-Gaston, baron de Montarby, et d'Angélique-Gilles de Moinville, marié le 11 avril 1782 à Louise-Armande-Angélique de la Fare-Lopès, veuve de Louis-Nicolas-Marie du Hommëel, dont : Marie-Jeanne-Élisabeth, née le 15 avril 1781 (S. S.).

Rozan (Armande-Fidèle de), née le 19 juin 1783, morte le 11 novembre 1786, fille de Charles-Fidèle, écuyer, et de Julie-Jeanne de la Broye (S. M. M. la V. l'É.).

Roze (Rose-Madeleine), morte le 21 mai 1766 à quatre-vingt-quatre ans, veuve d'Antoine Portail, premier président au parlement (S. S.).

Ruau (Charles), sieur du Tronchet, mort le 20 juillet 1729 à soixante-quinze ans, époux de Marie-Anne Lépinau (S. R.).

Ruault (Auguste-Alexandre-Joachim), né le 2 novembre 1787, fils du comte Jean-Pierre-Bonaventure, et d'Anne-Marguerite-Constance Dumolard (S. S.).

Rue (Pierre de la), abbé de l'Isle-Dieu, mort le 19 avril 1779 à quatre-vingt-onze ans (S. S.).

— Jean-Baptiste, abbé de Lannoy, mort le 7 avril 1781 à soixante-six ans (S. S.).

Rue-Ducan (Marie-Louise de la), morte le 14 avril 1753 à trente-six ans, épouse de Louis-Antoine du Fos, chevalier, marquis de Méry, grand-bailli d'épée d'Amiens (S. J. en G.).

Rue-Launoi (Jacques-François, comte de la), mort le 9 janvier 1777 à soixante-quatorze ans (S. S.).

Ruis-Embito de Mondion (Antoine-Claude-Léon de), chevalier, commissaire général de la marine, mort le 31 mai 1779 à soixante-huit ans (S. E.).

Rulhière (Claude-Carloman), mort le 30 janvier 1791 à cinquante-six ans et demi, capitaine de cavalerie, chevalier de Saint-

Louis, secrétaire ordinaire de Monsieur, l'un des quarante de l'Académie française (S. R.).

Rumigny (Marie-Franchy de), morte le 26 juin 1694, épouse de Christophe de Poix de Mazancourt, comte de Courval (S. A. des A.).

Ruolz (Jean-Joseph de), chevalier de Malte, mort le 16 juillet 1690 (S. A. des A.).

Rustaing de Saint-Jory (Pierre-Frédéric de), né le 28 mars 1732, fils de Louis, écuyer, et de Frédérique-Armande Moreau (S. S.).

Rutant (Charles-Joseph de), comte de Marainville, veuf de Marguerite-Maline de Loquet de Granville, remarié le 3 mai 1777 à Clotilde-Louise Saguier, fille d'Antoine-Louis-René, marquis de Luigné, et de Marie-Josèphe-Charlotte de Lavaulx (S. S.).

— Jean-Edme, fils de Pierre, seigneur de Dillon, et de Marie-Claude de Rutant, marié le 20 mars 1790 à Alexandrine-Marie-Joséphine de Bellocq, fille de Jean, seigneur de Vau le Grand, et de Catherine-Reine de Feuquière (S. S.).

Rye (Félicité-Thérèse de la), née le 24 juillet 1720, fille de Godefroy-Maurice, seigneur de Saint-Martin, et d'Élisabeth-Thérèse Pothouyn (S. R.).

Rzewuska (Isabelle-Marie-Françoise, comtesse), née à Podhorcé le 29 novembre 1783, et baptisée à Paris en 1786, fille de Séverin, duc de Glesko, et de Constance Lubomirska (S. E.).

S

Sabarros de Saint-Laurent (Antoine de), mort le 29 mai 1773 à soixante-cinq ans (S. E.).

Sabatier de Cabres (Auguste-Honoré-Michel), né le 13 septembre 1785, fils d'Honoré-Auguste, et de Marie-Sophie de la Ponce de Pontchardon (S. S.).

Sabran (N. de), née le 11 novembre 1715 ; Hélène-Madeleine-Louise, née le 18 août 1721, morte le 23 février 1722 (S. S.);

Marie-Anne, née le 13 novembre 1722 (S. R.), filles du comte Honoré, et de Louise-Charlotte de Foix.

— Angélique-Antoinette, née le 31 janvier 1724, fille du comte André, et d'Henriette Melline (S. R.).

— Louise-Delphine-Éléonore-Mélanie, née le 18 mars 1770 (S. R.); Louis-Marie-Elzéar, né le 18 mai 1774 (S. S.), enfants du comte Joseph, et de Françoise-Éléonore Dejean.

— Comte Joseph, mort le 10 juin 1775 à soixante-treize ans (S. S.).

— Louise-Marie-Delphine, morte le 7 juin 1782 à quatre ans, fille du comte Auguste-Louis-Elzéar, et de Marie-Antoinette-Élisabeth Coste de Champeron (S. R.).

— Thérèse-Henriette, née le 27 décembre 1782, bâtarde du comte Louis, et de Madeleine Hundelay (S. E.).

— Vicomte André-Antoine, mort le 18 décembre 1786 à quatre-vingts ans six semaines (S. S.).

Sacquespée (Jean-François de), né le 22 août 1677, fils de Jean, et d'Hélène de Livremor (S. A. des A.).

Sacriste (Louis-Guy de), comte de Montpouillant, marquis de Tombebœuf, mort le 8 juin 1771 à cinquante-cinq ans (S. S.).

— Bénigne-Césarine-Marie, née le 15 août 1776, et Marie-Antoinette-Armande, née le 17 décembre 1779, filles de Bénigne-Henri, marquis de Tombebœuf, et de Geneviève-Françoise-Charlotte de Bombelles (S. S.).

Sade (Donatien-Alphonse-François de), né le 2 juin 1740, fils du comte Jean-Baptiste-François, et de Marie-Éléonore de Maillé (S. S.).

— Louis-Marie, né le 27 août 1767 (S. M. M. la V. l'É.), baptisé le 25 janvier 1768 (S. S.); Donatien-Claude-Armand, né le 27 juin 1769 (S. M. M. la V. l'É.), fils du marquis Donatien-Alphonse-François, chevalier, lieutenant-général pour le roi des pays de la haute et basse Bresse, Bugey, Valromey et Gex, et de Renée-Pélagie Cordier de Montreuil.

— Henri-Joseph-Véran, fils du marquis Joseph, lieutenant-colonel d'infanterie, et de Rose de Colin de Bus, marié le 17 janvier 1776 à Marie-Éléonore-Claudine de Vincens de Mauléon, fille de Jean-Joseph, marquis de Causans, et de Marie-Françoise-Madeleine de Louvel de Glisy (S. S.).

Sage (Françoise le), baptisée le 11 novembre 1638, fille de Nicolas, écuyer, sieur de Berville, exempt des gardes du corps, et de Françoise Nicolas (S. G.).

Sage d'Hauteroche (Joseph-Maurice le), né à Béziers le 1er janvier 1805, fils de Marie-Jean-André-Maurice-Hyacinthe, comte d'Hulst, et de Jacquette-Émilie-Élisabeth du Bourg, morte à Toulouse en janvier 1813, marié le 25 mars 1829 à Antoinette-Denise de Grimoard de Beauvoir, née à Paris le 21 février 1807, fille d'Auguste-François-Louis-Scipion, marquis du Roure, et d'Elisabeth-Olive-Félicité le Clerc de Juigné (X^e arr.).

Saguier de Luigné (Charlotte-Marie-Joseph), morte le 19 septembre 1777 à vingt-deux ans, épouse de Jean-Charles d'Oryot, comte d'Aspremont (S. S.).

— Joachim-Auguste-Marie-Joseph, fils du marquis Antoine-Louis-René, et de Marie-Josèphe-Charlotte de Lavaux, marié le 25 novembre 1788 à Catherine-Marie-Marguerite Jembert, fille de René, et de Catherine Cordier (S. J. du H. P.), dont : Victoire-Geneviève, née le 22 février 1779 (S. R.), et Joséphine-Narcisse, née le 11 avril 1780 (S. E.).

Sahuguet (Gédéon-Anne-Jean de), né le 1er septembre 1720, fils de Jean-Baptiste, marquis de Thermes, et d'Élisabeth-Renée de Berier (S. S.).

Sahuguet d'Amarzit (Marie-Anne-Guillemette de), demoiselle de Vialard, morte le 6 juin 1779 à cinquante-sept ans (S. M. M. la V. l'É.).

— Charles-Antoine-Léonard, baron d'Espagnac, sous-lieutenant aux gardes françaises, fils de Jean-Joseph, baron de Cuzillac, et de Suzanne-Élisabeth-Josèphe, baronne de Beyer, marié le 12 juin 1783 à Jeanne-Ursule-Élisabeth de la Toison-Rocheblanche, fille de Louis, écuyer, et d'Ursule de Caradeuc (S. S.), dont : Clémentine-Ursule, née le 24 avril 1786, Agathe-Louise-Renée, née le 25 mai 1787, et Amable-Jean-Joseph-Charles, né le 22 décembre 1788 (S. M. M. la V. l'É.).

SAILLANFEST (Antoine-Bonaventure et Antoine-Marie-Principe), nés le 14 juillet 1728, fils d'Antoine, seigneur de Fontenelle, et de Marie-Anne Principe (S. S.).

SAILLANS (Antoine, marquis de), chevalier de Creully, mort le 31 juillet 1678 (S. A. des A.).

SAILLANT (Louis du), capitaine de dragons, mort le 11 avril 1732 à vingt-huit ans (S. R.).

SAILLY (Louis-Hector de), né le 3 janvier 1721, fils du marquis Louis-Cyr, et de Françoise-Adélaïde de Sainte-Hermine (S. S.).

— Marquis Aymar-Louis-Cyr, mort le 11 décembre 1725 à soixante-dix ans (S. S.).

— Adolphe-Félicité-Louis, né le 1er mars 1759, fils du marquis Louis-Hector-Cyr, et de Gabrielle-Flore le Tellier de Souvré de Rébenac (S. S.).

— Louis-Hector, mort le 26 juin 1779 à cinquante-huit ans (S. S.).

SAINT-ALBIN (Charles de), bâtard du Régent, archevêque de Cambrai, mort le 10 mai 1764, inhumé le 11, dans le chœur (S. S.).

SAINT-ANTOINE DE SAINT-ANDRÉ (Agathe-Louise de), morte le 6 septembre 1774 à vingt ans, épouse de René-Jean de la Tour du Pin, marquis de la Charce (S. S.).

SAINT-AUBIN DE SALIGNY (Gabriel-César de), abbé des Préaux, mort le 6 octobre 1773 à soixante-quatre ans (S. S.).

SAINT-CHAMANS (Judith de), née le 17 septembre 1688, filleule de César-Philippe, comte de Chastellux, et de Marie de Liony, veuve d'Antoine de Saint-Chamans, et Arnaud-César, né le 8 décembre 1691, filleul d'Arnaud de la Briffe, conseiller du roi, et de Marie-Madeleine Mangot, veuve de Paul Barillon d'Amoncourt : enfants de François, marquis de Méry-sur-Oise, et de Bonne de Chastellux (S. G.).

— Marie-Marguerite, née le 15 janvier 1714; Bonne-Gabrielle, baptisée le 6 février 1716, filleule de Pierre Larcher, chevalier, conseiller du roi en tous ses conseils, président en sa chambre des comptes, grand bailli d'épée du Vermandois, et de Bonne de Chastellux, veuve de François, comte de Saint-Chamans, marquis de Méry ; Louis-Antoine, né le 6 janvier 1719, mort le 16 juillet 1719 ; Louise-Antoinette, née le 6 juin 1720 ; Antoine-César, né le 5 juillet 1722 ; Alexandre-Louis, né le 31 janvier 1726, et Antoine-Marie-Hippolyte, né le 6 février 1730, enfants d'Antoine, brigadier des armées du roi, enseigne des gardes-du-corps de S. M., et de Marie-Louise Larcher (S. P.).

— Marquis Antoine-Galiot, mort le 18 juin 1731 à soixante-trois ans (S. P.).

— Louis-Étienne, né le 3 septembre 1751, fils de Louis, et de Louise-Françoise de Malézieu (S. S.).

— Adélaïde-Félicité-Gabrielle, née le 23 mai 1752, morte le 25 mars 1759 ; Armand, né le 6 mai 1754 ; Angélique-Gabrielle, née le 1er décembre 1756, et Auguste-Gabriel-Louis, né le 29 octobre 1761, enfants du marquis Alexandre-Louis, et de Françoise-Aglaé-Silvie le Tellier de Louvois de Souvré (S. S.).

— N., né le 1er et mort le 24 juin 1767 ; N., né le 6 juillet 1769 ; Marie-Françoise-Geneviève, née le 31 juillet 1774 ; et N., né le 24 avril 1776, enfants du comte Antoine-Marie-Hippolyte, capitaine lieutenant des gendarmes de la reine, maréchal des camps et armées du roi, et de Marie-Françoise de Fougières (S. S.).

— Auguste-Louis-Philippe, né le 1er mai 1777, et Louis-Marie-Joseph, né le 17 janvier 1779, fils du vicomte Joseph-Louis, colonel commandant d'infanterie, et de Céleste-Augustine-Françoise Pinel du Manoir (S. E.).

— Marquis Louis, baron du Pescher, mestre de camp de cavalerie, mort le 27 avril 1779 à quatre-vingt-cinq ans (S. E.).

— Louis-Gaëtan-Marie, chef d'escadron, né à Loches le 13 mars 1792, fils du comte Marie-Georges, mort à Tours en octobre 1818, et d'Henriette-Victoire-Gaëtane de Thiennes, marié le 2 avril 1830 à Éléonore-Julienne Dembkowska, chanoinesse de Sainte-Anne en Bavière, née à Klotzk le 20 février 1795, veuve le 1er juin 1825 d'Artus-Augustin, comte de Gouvello, et fille de Stanislas, mort à Klotzk en août 1809, et de Marguerite de Jscierviezovi (X^e arr.).

SAINT-CYR. — « Le dix-sept décembre mil sept cent soixante-quinze a été inhumé dans le cimetière de cette p^sse le corps de Louise-Claude de St Cyr, fille majeure, décédée hier rue des Fossés M^r le Prince, âgée de soixante-seize ans. Ont été présents Guillaume Marchand, m^e charron, rue et p^sse susd. et Antoine-Emmanuel Morin, commis rue susd^e, p^sse St-Sulpice, qui ont signé avec nous : Marchand. — Morin. — Girard v. (St Côme).

Saint-Cyran (Élisabeth-Françoise de), née le 6 octobre 1773, fille naturelle de François, et de Jeanne-Thérèse Girardet (S. E.).

Saint-Fal (Louis-Marie de), né le 15 janvier 1752, fils de Jean-Baptiste-Louis, écuyer, lieutenant de vaisseau, et de Marie-Madeleine de la Marche (S. S.).

Saint-Ferréol de Chevriers (Georges de), natif de Pont-de-Barret en Dauphiné, brigadier des armées du roi, mort le 29 octobre 1789 à quatre-vingt-six ans (S. E.).

Saint-Geniès (Louis-César de), marquis de Navailles, mort le 25 juillet 1754 à quatre-vingt-huit ans (S. M. M. la V. l'É.).

Saint-Georges (Élisabeth-Olive de), demoiselle de Vérac, inhumée le 24 avril 1756 à quatre-vingt-six ans, veuve de Benjamin Frotier de la Coste (S. S.).

— Charles-François-Marie-Joseph, né le 31 octobre 1761, mort le 19 juin 1763 ; Anne-Louis-Joseph-César-Olivier, né le 22 juillet 1763 ; Alphonse-Christian-Théodoric-Joseph-Olivier, né le 16 février 1765 ; Anne-Justine-Élisabeth, née le 13 avril 1767 ; Armand-Maximilien-François-Joseph-Olivier, né le 1er août 1768, enfants de Charles-Olivier, marquis de Couhé, Vérac, colonel de grenadiers, et de Marie-Charlotte-Joséphine-Sabine de Croÿ d'Havré (S. S.).

— Élisabeth-Marguerite, demoiselle de Vérac, morte le 27 octobre 1769 à cinquante-six ans, veuve de Louis-Antoine de la Roche, marquis de Rambures (S. S.).

— Anne-Louis-Joseph-César-Olivier, fils de Charles-Olivier, marquis de Vérac, Couhé, et de Marie-Charlotte-Joséphine-Sabine de Croÿ d'Havré, marié le 24 octobre 1785 à Antoinette-Marie-Gabrielle-Eustochie de Vintimille, fille de Charles-François-Gaspard-Fidèle, seigneur de Vidauban, et de Marie-Madeleine-Sophie Talbot de Tyrconnel (S. S.).

Saint-Germain (Louise-Charlotte-Gabrielle de), morte le 8 mars 1776 à quinze ans et demi, fille de Pierre-Louis, et de Jeanne-Josèphe-Denise Daguesseau (S. S.).

— Marie-Renée-Henriette, morte le 18 novembre 1776, veuve de Claude-René Robin de la Tremblaye, marquis d'Alligny (S. J. du H. P.).

— Antoine-Henri, né le 27 septembre 1779, et Antoinette-Marie, née le 5 août 1781, enfants d'Antoine-Louis-Claude, marquis d'Apchon, et de Marie-Michelle-Henriette Péricard (S. N. des Ch.).

Saint-Gilles (Louis-Marguerite de), né le 5 janvier 1724, fils du comte Jean-Guy, seigneur de Fontenay, et de Marie-Élisabeth de Rich d'Ancre (S. S.).

Saint-Hyacinthe de Belais (Suzanne-Charlotte-Pauline de), morte le 24 février 1782 à soixante ans, veuve de François-Léon de Dreux, marquis de Nancré (S. S.).

Saint-Just (Bénigne-Françoise de), morte le 6 janvier 1755, fille de François, écuyer, capitaine d'infanterie, et de Bénigne-Gabrielle le Duc (S. R.).

Saint-Mars (Anne-Catherine-Charlotte de), née le 11 février 1773, fille de Marc-René-Philippe, et d'Anne-Pétronille d'Usson de Bonnac (S. E.).

Saint-Mauris (Stanislas-Adélaïde-Marie de), mort le 15 septembre 1756 à deux ans (S. P.), et Anne-Françoise-Maximilienne, née le 2 novembre 1759 (S. S.), enfants d'Alexandre-Éléonor, comte de Montbarrey, et de Françoise-Parfaite-Thaïs de Mailly.

— François-Maurice, né le 19 octobre 1789, bâtard du prince de Montbarrey et de Louise-Adrienne Cantagrèle (S. E.).

— Charles-Emmanuel-Marie-Édouard, né au Colombier le 13 mars 1808, fils du marquis Christophe-Marie-Charles-Emmanuel-Auguste, et de Ferdinande-Françoise-Nicole de Villerslafaye, marié le 18 mai 1829 à Adélaïde-Caroline-Antide de Moustier, née à Paris le 31 mars 1809, fille de Clément-Édouard, et de Marie-Caroline-Antoinette de la Forest (X^e arr.).

Saint-Phal (Louise de), morte le 24 février 1711, épouse de Charles de Rouveroy, écuyer (S. A. des A.).

Saint-Phalle (Michel de), chevalier de Montgoublin, mort le 21 juillet 1720 à quinze ans (S. S.).

— Anne, chanoinesse de Remiremont, morte le 26 mars 1736 à soixante-douze ans, fille de Claude, marquis de Villefranche, et d'Élisabeth de Chastellux (S. S.).

— Marie-Jeanne, religieuse, morte le 24 décembre 1745 (S. S.).

— Bathilde-Pauline, née le 5 août 1773, fille du marquis Phal, seigneur de Munois, et de Catherine-Ursuline-Pauline le Vaillant de Savoisy. Marraine : Marie-Marthe-Bathilde de Feu, épouse de François-Louis-Marcoul, comte de Saint-Phalle, seigneur de Villefranche (S. R.).

— Jean-Vincent, capitaine de dragons, fils de Claude-Lié, baron de Cudot, seigneur de Champagne en Nivernais, et de Louise Bardin, marié le 13 avril 1790 à Charlotte-Hermine Bourgeois, fille de Pierre-Étienne, comte de Boynes, et de Charlotte-Louise des Gots (S. S.).

Saint-Pierre (Marie-Madeleine-Cécile de), morte le 27 mai 1763 à trente-neuf ans, épouse d'Amaury de Goyon (S. S.).

— Marie, morte le 11 janvier 1768 à quatre-vingt-quatre ans, veuve de Barthélemy Thoynard, écuyer, fermier général (S. E.).

Saint-Pol (Nicolas-François de), chevalier, fils de François, comte de Male, seigneur de la Soublière, et de Marie-Anne-Henriette de Védy, marié le 20 février 1776 à Anne-Charlotte Rousseau, fille de Pierre-Jacques, seigneur de Chamoy, baron de Vaulcemain, et d'Anne-Marguerite le Clerc de Lesseville, dont : Anne-Renée, née le 11 mars 1777 (S. S.).

Saint-Priest (Jean-François de), marquis de Fontanez, mort le 8 mai 1774 à soixante-quatorze ans (S. S.).

Saint-Privé (Bon-Alexandre de), écuyer, seigneur de Richebourg, mort le 7 novembre 1759 à trente-cinq ans, veuf de Marie-Suzanne Bouillier de Champdevaux (S. R.).

Saint-Quentin (Françoise-Marie de), née le 29 janvier 1726 ; Marie-Françoise-Alexandre, née le 7 décembre 1726, morte le 23 janvier 1729 ; Alexandre-Marie, né le 17 juillet 1728 ; Philippe-Louis, né le 27 décembre 1729 ; Louise-Marie et Suzanne-Jeanne, nées le 23 août 1731, enfants du marquis Alexandre, comte de Blé, seigneur de Villeneuve, mestre de camp de cavalerie, et de Marie Peirenc (S. S.).

— Louise-Marie, morte le 10 juin 1763 à vingt-deux ans, épouse de César-Pierre-Thibaut de la Brousse, marquis de Verteillac (S. S.).

Saint-Remy (Marguerite-Julie de), née le 12 octobre 1752, fille de Jean, et de Marguerite Laurent (S. S.).

Saint-Romain (Amand-Pierre-Louis de), né le 7 janvier 1774, fils de Louis-François, seigneur de Nevreu, et de Marie-Marguerite-Antoinette de Mescart (S. E.).

Saint-Saulieu de Sainte-Colombe (Jean-Baptiste de), mousquetaire de la première compagnie du roi, lieutenant des maréchaux de France, mort le 4 avril 1779 à quarante-six ans (S. E.).

Saint-Séverin d'Aragon (Blanche-Alphonsine-Octavie-Marie-Françoise de), morte le 20 janvier 1753 à dix-sept ans, épouse de Casimir d'Egmont, marquis de Pignatelli (S. R.).

Saint-Simon (Claude-Antoine de), né à Courtomer le 26 octobre 1694, et baptisé à Paris le 6 avril 1718 avec ses sœurs Louise-Henriette, née le 28 juillet 1693, et Marie-Marthe, née le 27 mars 1695, enfants de Claude-Antoine, marquis de Courtomer, et de Jeanne de Caumont la Force. — Jean-Philippe, leur frère, mort le 3 janvier 1728 à trente ans (S. S.).

— (Françoise-Élisabeth de), née le 23 novembre 1707, fille du marquis Titus-Eustache, et de Claire-Eugénie d'Autrive (S. S.).

— Louis, comte de Sandricourt, mort le 1er juin 1718 à soixante-dix-huit ans (S. P.).

— Jacques-Étienne, né le 27 avril 1721; Étienne-Éléonor-Antoine, né le 1er août 1722; Adélaïde-Marthe-Henriette, née le 25 juillet 1723; Jean-Antoine-François, né le 6 avril 1729, enfants de Raoul-Antoine, comte de Courtomer, et de Marguerite de Ferrand de Saint-Disant (S. S.).

— Marie-Christine-Chrétienne, née le 7 mai 1728, fille de Jacques-Louis, duc de Ruffec, et de Catherine-Charlotte-Thérèse de Gramont (S. S.).

— Jacques-Antoine, comte de Courtomer, mort le 29 octobre 1728 à soixante-dix ans (S. S.).

— Marie-Louise, morte le 7 septembre 1741 à quatre-vingt-six ans, veuve de Jean-Jacques de Sainte-Marie, marquis d'Agneaux (S. S.).

— Marie-Marthe, morte le 15 février 1743 à quarante-sept ans et demi, épouse d'Alexandre de Mauléon, seigneur de Beaupré (S. S.).

— Antoinette-Olive, née le 11 octobre 1744 ; Jacques-Matthieu-Olivier, né le 3 septembre 1746 ; Adélaïde-Olive, née le 10 août 1748 ; Antoine-Olivier, né le 25 septembre 1749, mort le 18 juillet 1754 ; Antoinette-Louise-Olive, née le 25 août 1753, enfants de Jacques, comte de Courtomer, et d'Olive-Élisabeth Bernard (S. S.).

— Duc Louis, mort le 2 mars 1755 à quatre-vingts ans (S. S.).

— Marie-Christine-Chrétienne, morte le 4 juillet 1774 à quarante-six ans, épouse de Charles-Maurice Grimaldi de Monaco (S. S.).

— Jean-Baptiste-Jacques-Charles-Jules, né le 4 novembre 1775, mort le 6 mars 1776, et Françoise-Régis-Marie-Joséphine-Balbine, née le 27 avril 1777, enfants du marquis Claude-Anne, brigadier des armées du roi, et de Françoise-Louise Thomas de Pange (S. S.).

— Antoine-Léon, fils de Philippe-Antoine-Nicolas, marquis de Courtomer, seigneur de Montgoubert, et de Louise-Rose de Thiboutot, marié le 27 mars 1784 à Angélique-Benjamine-Jeanne Frotier, fille de Louis-Marie-Joseph, comte de la Coste-Messelière, et de Jacqueline-Éléonore de Reclesne de Digoine, dont : Antoinette-Ernestine-Léontine-Éléonore, née le 5 novembre 1788 (S. S.).

— Alexandre-Pierre-Thomas, né le 28 septembre 1784, fils de Pierre-Barthélemy, écuyer, seigneur de Saint-Simon, officier de dragons, et de Marie-Anne-Thérèse Besnier (S. N. des Ch.).

— Marie-Victoire, morte le 12 octobre 1790 à quarante ans (S. S.).

Saint-Phal (Adélaïde de), née le 12 mars 1741, fille de Louis, écuyer, et d'Adélaïde-Victoire de Croissy (S. S.).

Saint-Yon (Louise de), morte le 14 août 1774 à soixante-seize ans (S. J. du H. P.).

SAINTE-ALDEGONDE (Pierre-François-Balthasar, comte de), fils de François-Balthasar-Joseph-Ghislain, et de Marie-Albertine-Amélie Bady de Pons, marié le 4 janvier 1785 à Anne-Louise-Joséphine du Bouchet de Sourches, fille de Louis-François, marquis de Tourzel, et de Louise-Élisabeth-Félicité-Françoise-Armánde-Anne-Marie-Jeanne-Joséphine de Croÿ, dont : Charles-Camille-Joseph-Balthasar, né le 6 juin 1787, et Amélie-Virginie-Joséphine, née le 30 août 1789 (S. S.).

— Louis-Charles, fils de Charles-Philippe-Albert-Joseph, comte de Noircarme d'Hulst, marquis de Colomberg, baron de Bourth, seigneur des Allègues, et d'Anne-Louise-Marie-Madeleine-Gabrielle d'Isque, marié le 15 mai 1788 à Joséphine-Marie-Madeleine du Bouchet de Sourches, sœur de la précédente, dont : Albertine-Constance-Philippine-Joséphine, née le 26 février 1789 (S. S.).

— Gaston-Charles-Balthasar-Constant, officier au 4ᵉ chasseurs à cheval, né à Paris le 12 mai 1806, fils du comte Charles-Séraphin-Joseph, mort à Villequier-Aumont en novembre 1822, et de Jeanne-Louise-Constance-Guillemette-Henriette d'Aumont, marié le 13 avril 1830 à Joséphine-Henriette-Valérie de Sainte-Aldegonde, née à Villequier-Aumont le 26 décembre 1807, fille du comte Alexandre-Louis-Joseph, et de Louise-Antoinette-Aglaé d'Aumont (Xᵉ arr.).

SAINTE-BEUVE (Catherine de), inhumée le 28 mars 1684 (S. A. des A.).

SAINTE-HERMINE (Henri-Louis, marquis de), mort le 28 mai 1700 à quarante-un ans (S. S.).

— Madeleine-Silvie, morte le 31 octobre 1725, épouse d'André Drummond de Melfort (S. S.).

— Madeleine-Geneviève, morte le 17 février 1775 à soixante-seize ans, veuve de Joseph, marquis d'Aligre (S. S.).

— Charlotte-Antoinette, née le 14 janvier 1779 et baptisée en 1791, et Adèle-Henriette-Louise, née le 22 octobre 1780, filles du marquis René-Louis, et d'Élisabeth-Augustine-Aimée de Polignac (S. M. M. la V. l'É.).

— Louise-Joséphine-Adélaïde-Edmée, née le 2 mars 1785, fille du vicomte Louis-René, et de Catherine-Adélaïde-Victoire de Crès de Vervans (S. S.).

Sainte-Marie (Achille-Marie de), né le 7 janvier 1769, fils d'Achille-Edme, et de Marie-Françoise de Villeneuve (S. M. M. la V. l'É.).

— André-Antoine-Thomas, fils d'André-Thomas, et de Marie-Madeleine de la Gombaude, marié le 16 août 1770 à Élisabeth-Clotilde Sauvage de Saint-Preuil, veuve de Nicolas Pelletier, bourgeois, inhumé le 26 mai 1769 (S. N. des Ch.).

— Marie-Amable-Rose, morte le 25 mars 1785, fille du marquis Jean-Jacques-René, et de Louise-Françoise de Pestalozzy (S. J. en G.).

— Antoinette-Adélaïde-Émilie, née le 17 juillet 1785, fille du comte Antoine, et d'Adélaïde-Élisabeth de Fiennes le Carlier (S. S.).

Sainte-Maure (Julie-Michelle de), demoiselle de Jonzac, morte le 6 octobre 1726 à soixante-cinq ans, épouse de Pierre-Bouchard d'Esparbès de Lussan, comte d'Aubeterre (S. S.).

— Louis-Marie-Cécile, baron de Ruère, seigneur de Pré, Coutarnoux, Sainte-Colombe, Saint-Léger de Fourcheret, mousquetaire du roi, capitaine de cavalerie, fils de Louis, seigneur d'Origny, et de Marie de Guérin, marié le 6 février 1771 à Françoise-Victoire Sauvage, fille d'André-Jean, conseiller du roi, grand-audiencier de France, et de Marie-Victoire de la Fontaine, dont : Alexandre-André-Marie, né le 6 janvier 1772, Louis-Auguste-Marie-César, né le 7 mai 1774 ; André, né le 1er décembre 1775, filleul de Denise-Anne-Thérèse de Crécia, épouse d'Edme-César, comte de Fresne, seigneur de Sully, Beauvillier, Montjalin ; Isabelle, née le 7 février 1779 (S. N. des Ch.).

Saisseval (Claude-Louis, comte de), fils de Claude-Jean-Baptiste, seigneur de Feuquières, et d'Henriette-Philiberte de Brocard de Barillon, marié le 5 juin 1780 à Marie-Louise-Sophie de Grimoard de Beauvoir, fille de Denis-Auguste, comte du Roure, et de Françoise-Sophie-Scolastique de Baglion (S. S.).

— Aline-Claudine-Marie-Pauline, née le 4 mars 1784, Françoise-Claudine-Félicité, née le 25 septembre 1785 ; Claudine-Charlotte-Éléonore-Séraphine, née le 6 janvier 1790 (S. S.), morte le 29 juin 1834, veuve d'André-Emmanuel-Jean-Baptiste, marquis de Leusse (X° arr.), filles du comte Claude-Jean-Henri, et de Charlotte-Hélène de Lastic.

Salaberry (Charlotte-Hermine-Françoise de), née le 19 janvier 1729 ; Marie-Charlotte-Julie, née le 29 mars 1730, Charles-Victoire-François, né le 22 septembre 1732, enfants de Charles-François, président en la chambre des comptes, et d'Hermine-Marguerite Ogier (S. R.).

— Charles-François, conseiller du roi, président en sa chambre des comptes, mort le 2 juillet 1750 à cinquante-huit ans, époux d'Hermine-Marguerite Ogier (S. R.).

— Charlotte-Hermine-Françoise, morte le 13 août 1750 à vingt-un ans, épouse de Dominique d'Hariague, conseiller du roi (S. R.).

— Louis-Charles-Vincent, sous-diacre, abbé de Notre-Dame de Coulons et de Sainte-Croix de Bordeaux, et prieur de Buzet, mort le 21 janvier 1761 à soixante-trois ans (S. R.).

— Charles-Louis, ministre du roi près le Cercle de Franconie, lieutenant-colonel d'infanterie, mort le 26 juin 1777 à soixante-dix-sept ans (S. R.).

Sales (Marie-Louise-Françoise de), née le 6 décembre 1752, fille du comte Louis, et de Marie-Thérèse de Lana-Vermillon (S. S.).

— Comte Louis, mort le 20 février 1767 à soixante-cinq ans (S. S.).

Salignac (Henri-Joseph de), chevalier de Fénelon, mort le 10 mai 1721 à vingt-six ans (S. R.).

— Henri-Joseph, comte de Fénelon, mort le 2 mars 1735 à soixante-seize ans (S. S).

— Barthelemy-François, évêque de Pamiers, mort le 16 juin 1741 à quarante-neuf ans (S. S.).

— Anne, morte le 15 décembre 1778 à soixante-dix-huit ans, veuve de François, marquis de Bonneguise (S. S.).

— Jean-Raymond, comte de Fénelon, veuf de Marie de Rocquard, remarié le 15 juin 1790 à Marie-Marthe-Christine Dincourt, fille de Pierre-François, seigneur d'Hangard, et de Marie-Jeanne Boistel (S. J. du H. P.).

— Charles-Pierre-Louis, né à Paris le 2 avril 1799, fils de Louis-François-Charles, marquis de la Mothe-Fénelon, mort à Paris en germinal an XI, et de Marie-Catherine Moulin, marié le 24 janvier 1829 à Berthe-Marie-Camille-Louise de Roncherolles, née à Paris le 7 février 1807, fille du comte Théodore-Gaspard-Louis, et d'Adélaïde-Céleste-Delphine de Lévis-Mirepoix (X° arr.).

Saligné (René-François de), marquis de la Chaise, mort le 16 janvier 1687 (S. S.).

— Marie-Charlotte demoiselle de la Chaise, morte le 26 avril 1728 à quarante-huit ans, épouse de Jean-Baptiste Charron, marquis de Ménars (S. R.).

Salle (Henri de la), inhumé le 26 janvier 1684 à onze ans, fils de Charles, seigneur de Puisieux, et de Marie-Thérèse de Montholon (S. A. des A.).

— Françoise-Charlotte, demoiselle de Puisieux, morte le 19 juin 1693 (S. A. des A.).

— Aimé, né le 4 juin 1770, fils d'Adrien-Nicolas, comte d'Offémont, seigneur des Carrières, et d'Anne-Suzanne-Françoise Gobelin d'Offémont (S. N. des Ch.).

— Catherine-Olive, morte le 26 mai 1789 à soixante-douze ans, veuve : 1° de Charles de Poussemothe de l'Étoile, 2° de Jean-Georges-Julie de Talleyrand, vicomte de Périgord (S. S.).

Sallengre (Marguerite-Rufine de), morte le 18 novembre 1771 à soixante-dix ans, épouse de Frédéric-Louis de Lécluse, sieur de la Chaussée (S. R.).

Sallonyer (Jules-Joseph-Gaspard), né le 18 novembre 1786, et Auguste-Joseph-Charles, né le 2 décembre 1787, enfants de Jean-Joseph-Pierre, comte de Tamnay, seigneur d'Avrilly, Faye, etc., mousquetaire de la première compagnie servant à la garde de S. M., et grand bailli d'épée du Nivernais ès bailliage royal et présidial de Saint-Pierre le Moutier, et de Charlotte-Jeanne de Prévost de Germancy, chanoinesse de Leigneux en Forez (S. M. M. la V. l'É.).

Salm (Louis-Victor de), mort le 20 novembre 1753 à un an dix jours ; Marie-Louise-Joséphine-Ferdinande-Marguerite, née le 18 novembre 1753 ; Élisabeth-Claude, baptisée le 9 janvier 1756, morte le 29 avril 1757 ; Charles-Henri, né le 7 mars 1757 (S. S.), mort le 9 mai 1761 (S. J. du H. P.) ; Émilie-Zéphirine, née le 6 mars 1760 (S. S.) ; Maurice-Gustave-Adolphe, né le 28 septembre 1764 (S. J. du H. P.), enfants de Philippe, prince de Kirbourg, et de Marie-Thérèse-Josèphe de Hornes.

— Philippe-Joseph, prince de Kirbourg, mort le 7 juin 1779 à soixante-neuf ans dix mois seize jours (S. S.).

— Frédéric-Pierre-Félicité-Zéphirin, né le 23 janvier 1781, fils de Frédéric, prince de Kirbourg, et de mère inconnue (S. E.).

— Philippine-Frédérique-Wilhelmine-Amélie, morte le 4 décembre 1784, à seize mois ; Frédéric-Henri-Othon-Charles-Florentin-Maximilien, né le 7 avril 1785, mort le 17 novembre 1786 ; Frédéric-Emmanuel-Othon-Louis-Philippe-Concor, né le 9 octobre 1786, mort le 7 novembre 1786, et Frédéric-Ernest-Othon-Philippe-Antoine-Furnibert, né le 14 décembre 1789, enfants de Frédéric, prince de Kirbourg, et de Jeanne-Françoise-Fidèle-Antoinette-Monique de Hohenzollern-Sigmaringen (S. S.).

Salmon (François-Jacques de), seigneur du Châtellier, mort le 26 septembre 1763 à trente-cinq ans (S. S.).

Salperwick (Armand de), colonel du 8ᵉ de ligne, natif de Vieil-Hesdin, mort le 24 juin 1834 à quarante-cinq ans, marié à Adélaïde-Huguette-Louise-Armande Prévost de Chantemesle (Xᵉ arr.).

Sampigny (François-Charles, comte de), capitaine de cavalerie, mort le 8 juin 1750 à cinquante-un ans, époux de Marie-Louise d'Assigny (S. R.).

— Alexandrine-Louise-Bénigne, née le 26 août 1784, et Éléonore-Henriette-Angélique-Louise, née le 30 novembre 1782, filles du comte Louis-Charles, et d'Angélique-Marie-Joséphine le Juge (S. N. des Ch.).

Sanctyon (Louise-Angélique de), née le 30 décembre 1682, fille de Pierre-François, seigneur de Griseau, et de Marie-Thérèse Lescot (S. A. des A.).

Sandrier de Mitry (Marie-Geneviève-Charlotte), morte le 29 octobre 1760 à soixante-quatorze ans, veuve de Louis-Hubert Rillard de Fontenay (S. M. M. la V. l'É.).

Sanguin (Jean), baptisé le 11 mars 1637, fils de Jean, sieur de Montalot, et de Marguerite Cosset (S. G.).

— Charles-Henri, baptisé le 22 mars 1637, fils de Claude, écuyer, sieur de la Clergerie, et de Marie Dutens (S. G.).

— Paul-Hippolyte, marquis de Livry, maréchal des camps et armées, chevalier de Malte, mort le 4 octobre 1720 à trente-sept ans (S. S.).

— Louise-Marie-Madeleine-Ursule, née le 5 octobre 1720, et Louis, né le 27 juillet 1723, enfants de Louis, comte de Livry, et de Marie-Madeleine Robert (S. S.).

— François, abbé de Livry, de Saint-Sernin, de Fontenay, de Beaulieu, mort le 15 février 1729 à cinquante ans quatre mois (S. S.).

— Françoise-Hippolyte, née le 26 juin 1753, et Jean-Joseph, né le 5 février 1756, enfants de François-Hippolyte, chevalier non-profès de Malte, et de Marie-Françoise de Vallois (S. J. en G.).

— Marie-Charlotte-Armande-Fortunée, née le 29 novembre 1769, fille de François-Hippolyte, marquis de Livry, et de Thérèse-Bonne Gillain de Benouville (S. J. du H. P.).

— Ange-Pierre-Hippolyte, né le 6 février 1790, bâtard d'Antoine-Aglaé-Hippolyte, marquis de Livry, et de Marie-Josèphe-Adélaïde Saunier-Binot (S. E.).

Santo-Domingo (Madeleine-Louise de), née le 4 août 1752, fille de Louis, et de Madeleine Merger (S. R.).

Sanzay (Guillaume-Marie, comte de), abbé de Saint-Riquier, mort le 2 février 1767 à soixante-un ans (S. S.).

Sapte (Henri-Bernard-Catherine de), seigneur de Puget, veuf de Claire-Françoise de Sénaux, fille de Dominique, remarié le 3 avril 1783 à Catherine-Marguerite Bourrée, fille de Pierre-Daniel, baron de Corberon, et de Jacqueline-Ursule Thiroux de Gerseuil (S. J. du H. P.).

Sarcus (Charles-Maximilien, comte), capitaine de grenadiers, mort le 5 août 1771 à quarante-quatre ans (S. E.).

— César-Léonor, brigadier des armées du roi, commandeur de l'ordre de Saint-Lazare, mort le 15 mai 1787 à soixante ans (S. E.).

Sarron (Marie-François de), né le 27 juillet 1722, fils d'Emmanuel, comte de Civrieux, et de Madeleine-Aimée de Santeuil (S. S.).

— François, prieur de Tarare, mort le 2 février 1723 à vingt-un ans, fils de Claude, comte de Forges, et de Madeleine du Puis de Saint-Just (S. S.).

Sartiges (Antoine-Marguerite de), comte de Lavandis, mort le 15 mars 1779 à trente-deux ans (S. E.).

Sartine (Charles-Marie-Antoine de), né le 27 octobre 1760, fils d'Antoine-Raymond-Jean-Gualbert-Gabriel, comte d'Alby, et de Marie-Anne Hardy-Duplessis (S. R.).

Sassenage (Élisabeth de), morte le 14 février 1736 à deux ans, et Marie-Thérèse, morte le 10 mai 1737 à dix-huit mois, filles d'Élisabeth-Camille, et de Charlotte-Camille de Sassenage (S. S.).

Saucière (François-Antoine de), âgé de trente-quatre ans, fils de feu Edme, chevalier, baron de Ténance, seigneur de Sérigny, et de Marie-Élisabeth Fauvelet du Toc, marié le 1er juin 1716 à Marguerite Rolland, âgée de vingt-trois ans, fille de feu Barthélemy, écuyer, et de Marguerite de Rouet, dont : Antoine-Nicolas, né le 6 mars 1717 (S. R.).

Saulx (Charles-Henri de), né le 7 décembre 1686 ; Marie-Anne, née le 23 mars 1689, et Nicolas, né le 19 septembre 1690, enfants de Charles-Marie, comte de Tavannes, et de Marie-Catherine Daguesseau (S. G.).

— Louis-Henri, né le 27 juin 1705 à Saint-Barthélemy de la Marche, et baptisé à Paris le 22 janvier 1711, fils d'Armand-Louis-Marie, comte de Tavannes, et de Catherine de Choiseul (S. S.).

— Charles-Gaspard-Michel, né le 31 octobre 1713 ; Henriette-Marie-Pélagie, née le 14 juillet 1716 ; Françoise-Marie-Ursule, née le 5 mars 1718 ; Nicolas-Henri, né le 31 janvier 1721 ; Charles-Henri-Paulin, né le 15 avril 1723, enfants de Charles-Henri, comte de Tavannes, et de Marie-Ursule Amelot (S. S.).

— Henri, comte de Tavannes, mort le 13 août 1731 à soixante-treize ans deux mois, veuf de Marie de Grimouville (S. S.).

— Nicolas, cardinal-archevêque de Rouen, mort le 10 mars 1759 à soixante-huit ans (S. S.).

— Gabrielle-Charlotte-Éléonore, née le 8 mars 1764 ; Gaspard-Vincent-Joseph, né le 6 juin 1766, mort le 28 mai 1768 ; Catherine-Charlotte-Eugénie, née le 24 octobre 1767 ; Charles-Marie-Casimir, né le 5 novembre 1769, enfants de Charles-François-comte de Tavannes, colonel d'infanterie, et de Marie-Éléonore-Eugénie de Lévis de Châteaumorand (S. S.).

— Charles-Henri, marquis de Tavannes, mort le 21 juillet 1768 à soixante-dix ans (S. S.).

— Marie-Anne, morte le 6 avril 1771 à vingt-un ans, épouse de Louis-François-Cyr, comte de Rieux (S. S.).

— Charles-Joseph-Dominique, né le 4 août 1772 (S. R.), mort le 2 février 1783 (S. M. M. la V. l'É.) ; Aglaé-Caroline-Justine, née le 25 décembre 1773 (S. R.) ; Gaspard–Louis-Henri, né le 6 décembre 1777 (S. S.), enfants de Charles-Dominique-Sulpice, vicomte de Tavannes, colonel commandant du régiment de la reine infanterie, et d'Antoinette-Catherine-Pauline Feydeau de Brou.

— Charles-Gaspard-Michel, comte de Tavannes, lieutenant général des armées du roi, veuf de Marie-Françoise-Casimire de Froulay de Tessé, remarié le 1er avril 1783 à Marie-Suzanne le Maître de Laage, chanoinesse et comtesse du chapitre de Saint-Martin de Salles, fille de Gabriel, seigneur du Mas, et de Marie-Suzanne de May (S. S.).

— Charles-Gaspard-Michel, comte de Tavannes, mort le 2 février 1784 à soixante-douze ans (S. S.).

Saureau (Élisabeth-Charlotte, morte le 18 mai 1762 à soixante-deux ans, épouse de Jean-Jacques, comte de Ligniville (S. R.).

Sauvaget des Clos (Marie-Anne-Jeanne-Françoise de), morte le 25 mai 1785 à quatre-vingt-sept ans, veuve de Charles-François, comte de Froulay (S. S.).

Sauvan (Pascal-Jean), né le 31 août 1679 ; Madeleine-Françoise, née le 4 octobre 1680 ; Suzanne, née le 11 février 1683 ; Anne-

Claude, née le 4 avril 1684 ; Philippe-Claude, né le 13 mai 1685 ; Charles, né le 18 juin 1686 ; Dominique-François, né le 6 septembre 1687, enfants de Jean-Philippe, écuyer, sieur d'Aramon, et de Louise-Anne Carlot (S. A. des A.).

— Camille-Élisabeth, né le 5 mars 1787, fils de Pierre-Philippe-Auguste-Antoine, marquis d'Aramon, baron de Valabrègues, et de Marguerite-Mélanie-Stéphanie de Fayolle de Mellet (S. M. M. la V. l'É.).

Sauzay (Jean-Baptiste-Nicolas du), né le 14 août 1759 ; Charles-François, mort le 28 janvier 1759 à dix-huit mois ; Joseph-Louis-Henri, né le 6 septembre 1760 ; Jules-Armand-François, né le 4 octobre 1762 ; Madeleine-Charlotte, née le 9 janvier 1764 ; Marguerite, morte le 12 janvier 1764 à sept ans quatre mois (S. R.) ; Madeleine-Bernardine, née le 26 juin 1767 ; Anne-Marguerite, morte le 30 mai 1773 à sept ans (S. E.), enfants de Jean-Baptiste, marquis d'Amplepluis, colonel d'infanterie, et de Marguerite de Blottefière de Vauchelles.

Sauzay-Rochefort (Louise-Suzanne de), née le 25 avril 1716, fille de Philippe, et de Geneviève Laboureur (S. S.).

Savalette (Marie-Joseph), né le 15 juillet 1727 ; Anastasie-Jeanne-Thérèse, née le 15 septembre 1732, enfants de Charles, écuyer, seigneur de Magnanville, et d'Anne-Geneviève Gilbert de Nozières (S. R.).

— Charlotte-Émilie-Olympe, née le 25 décembre 1747 ; Jean-Baptiste-François, né le 14 mai 1753, mort le 23 juin 1757, enfants de Charles-Pierre, conseiller d'État, seigneur de Magnanville, et de Marie-Émilie Joly de Choin (S. R.).

— Charlotte-Émilie-Olympe, morte le 27 décembre 1779 à trente-deux ans, épouse de Marc-Antoine-Charles Dupleix, écuyer, seigneur de Pernon (S. R.).

Savalu de Beaumont (Henri-Robert de), mort le 20 avril 1770 à quatre-vingt-six ans (S. S.).

Savary (Henriette-Charlotte de), née le 7 février 1716, fille de Pierre-Philémon, grand-maître des eaux et forêts de Normandie, et de Marie-Angélique le Cordier du Troncq (S. R.).

— Marie-Madeleine-Reine, née le 10 septembre 1730, et Bonne-Louise-Madeleine, morte le 30 juillet 1764 à trente-six ans, filles de Camille, chevalier, seigneur et marquis de Brèves, et de Marie-Madeleine de Chollet (S. S.).

— Pierre-Philémon, seigneur de Saint-Just, mort le 3 avril 1734 à cinquante-neuf ans, époux de Marie-Angélique le Cordier du Troncq (S. R.).

— Marie-Renée-Bonne-Félicité, demoiselle de Brèves et de Jarzé, morte le 30 avril 1768 à vingt-six ans, épouse de Charles-René, comte de Maillé (S. S.).

Savoie (Benoît-Jean de), né le 7 mars 1677, et Anne-Jeanne, née le 29 mai 1680, enfants de Benoît, écuyer, sieur d'Esnay, Nanteau, Formaville, etc., et d'Anne Parfait (S. N. des Ch.).

— Amédée-Marie-Anne-Victoire, née le 28 novembre 1730; Amédée-Philibert, né le 23 décembre 1731, et Catherine, née le 28 avril 1733, dits de Raconis, enfants d'Amédée, prince de Carignan, et de Marie Tauzast (S. R.).

— Victoire-Marie-Anne, morte le 8 juillet 1766 à soixante-seize ans quatre mois, veuve de Victor-Amédée de Savoie, prince de Carignan (S. S.).

Scarron (Anne), baptisée le 15 novembre 1572, fille de noble homme maître Jean, conseiller du roi en sa cour de parlement, et de damoiselle Marie Boyer (S. G.).

— « Le 27 août 1618 bout de l'an de feue Mlle Scaron. » (S. P.)

— « Le 24 mai 1619 convoi général d'un appelé M. Scarron. » (S. P.).

— « Le 30 septembre 1619 convoi général de M. Scarron, conseiller de la grand'chambre. » (S. P.).

Scépeaux (Madeleine-François-Bertrand de), mort le 7 février 1752 à sept ans cinq mois quinze jours, fils de Jacques-Bertrand, et d'Élisabeth-Louise Duché (S. S.).

— François-Gabriel, abbé d'Hambie et de Fenay, mort le 24 avril 1771 à cinquante-deux ans (S. S.).

— Anonyme, morte le 24 octobre 1773 à soixante-treize ans (S. S.).

— René-Paul, maréchal des camps et armées du roi, mort le 27 mai 1776 à soixante ans (S. E.).

— Jacques-Bertrand, marquis de Beaupréau, mort le 10 janvier 1778 à quatre-vingts ans (S. S.).

Schabot (Pierre-Joseph) bourgeois de Paris, âgé de trente-cinq ans, fils de François-Roger, secrétaire, et de Marie-Élisabeth Fourcroy, marié le 15 mai 1752 à Marie-Anne Cœurderoy, âgée de trente-quatre ans, fille de Jacques-Philippe, et de Charlotte Bisoir de Verray (S. S.).

Schallenberg (François-Christophe-Guillaume de), mort le 20 juin 1700 à vingt-un ans, fils du comte Georges-Christophe, et de Constantine-Élisabeth de Courlande (S. S.).

Schawembourg (Antoine-François-Melchior de), né le 27 avril 1781, fils du baron François-Antoine-Melchior, colonel d'infanterie, et de Marie-Éléonore Boucheron de Corteuil (S. N. des Ch.).

Scorion. — « Le mardy vingt-septième novembre de l'année mil sept cent quarante-deux, après la publication d'un ban faite en cette église, le dimanche vingt-cinquième du courant, et la dispense des deux autres bans restans à publier, portant permission de fiancer et marier en même tems *summo mane*, le tout accordée par Mgr l'Archevêque de Paris en datte du vingt-six^e suivant, signé Thierry, vicaire général, bien et duement scellé, insinué et controllé, ont été fiancés et épousés en même tems par nous vicaire de cette église soussigné, m^{re} Louis de Scorion, chevalier, seigneur d'Honnevin et Bodolet, fils majeur de deff^{ts} m^{re} Pierre-Antoine de Scorion, trésorier de la ville de Douay et de d^e Catherine Deponts, ses père et mère d'une part, et dame Madelaine-Margueritte Forestier, veuve de m^{re} Jean-Baptiste de Faverolles Darras, con^{er} du roy, correcteur ordinaire en sa chambre des comptes, demeurants tous deux rue des Enfants Rouges de cette paroisse, d'autre part, et en présence de m^e Simon Hutrelle, écuier, conseiller du roy, notaire au Châtelet de Paris, demeurant rue de la Verrerie, paroisse St Merry, d'Alexandre-Vincent de Lespinasse du Prat, écuier, ancien lieutenant de cavalerie, demeurant rue Montmartre, amis dudit sieur époux, de m^e Siméon Tardif clerc tonsuré de ce diocèse, prieur du prieuré de Notre-Dame Davesnescourt, demeurant rue des Enfants Rouges, de Jean-Etienne Girval, intéressé dans les fermes du roy, dnt rue des Vieux Augustins, amis de la d° épouse qui ont tous signé (S. N. des Ch.).

— Louis, chevalier, seigneur d'Honnevin, mort le 13 novembre 1772 ((S. E.).

Scott de Martinville (Michel), né le 18 avril 1774, fils d'Auguste-Toussaint, baron de Balvery, et de Marie-Catherine-Perrette Chappuis de Maubou (S. R.).

Secondat (Charles de), baron de Montesquieu, mort le 10 février 1755 à soixante-cinq ans (S. S.).

Séguier (Jean), inhumé le 27 avril 1588, fils de Pierre, chevalier, conseiller du roi, et de Marie du Tillet (S. A. des A.).

— Pierre, baptisé le 28 mai 1588, fils de Jean, conseiller du roi, et de Marie de Tudart (S. A. des A.).

— Madeleine, morte le 13 juillet 1589, femme de Claude Hennequin, maître des requêtes (S. A. des A.).

— Pierre, mort le 15 septembre 1591 à vingt ans (S. A. des A.).

— Jean, conseiller du roi, enterré le 10 avril 1596 (S. A. des A.).

— Barbe, née le 25 janvier 1711 et inhumée le 18 mars 1711, fille de Jean-Baptiste, seigneur de Saint-Brisson, et d'Antoinette Rigaud (S. S.).

— Antoine-Jean-Matthieu, né le 21 septembre 1768, et Armand-Louis-Maurice, né le 3 mars 1770, fils d'Antoine-Louis, et de Marguerite-Henriette de Vassal (S. E.).

Séguiran (Rosalie-Thérèse-Pauline de), née le 16 juin 1773, fille de François-Joseph-Thérèse, et d'Anne-Pauline le Breton (S. S.).

Ségur (Philippine-Charlotte de), née le 12 juillet 1719 ; Henriette-Élisabeth, née le 20 septembre 1722 ; Philippe-Henri et Philippe-Angélique, nés le 20 janvier 1724, enfants du comte Henri-François, et de Philippe-Angélique de Froissy (S. R.).

— Marie-Thérèse-Élisabeth-Eugénie, née à Bordeaux le 10 juin 1722 et baptisée à Paris en avril 1735 (S. R.) ; Joseph, mort le 24 janvier 1731 à trois ans et demi (S. S.) ; Jean-François-Paul-

Alexandre, né le 15 décembre 1732, mort le 28 juin 1743, et Marie-Antoinette-Victoire, née le 19 juillet 1735, enfants de Nicolas-Alexandre, et de Charlotte-Émilie le Fèvre de Caumartin (S. R.).

— Marie-Anne-Henriette, née le 27 mars 1734 ; Henri-Marie, né le 20 avril 1737 ; Alexandre-Joseph, né le 5 janvier 1742 ; Joseph-Marie, né le 5 février 1744 ; Henri-Gabriel, né le 24 septembre 1746, enfants de Jean, et de Marie-Louise le Maître du Marais (S. S.).

— Comte Henri-François, mort le 19 juin 1751 à soixante-deux ans (S. S.).

— Nicolas-Alexandre, seigneur de Frans, Lafitte, Ablon-sur-Seine, mort le 25 mars 1755 à cinquante-sept ans, époux de Charlotte-Émilie le Fèvre de Caumartin (S. R.).

— Louis-Philippe, né le 10 septembre 1753, et Joseph-Alexandre, né le 14 avril 1756, fils du marquis Philippe-Henri, et de Louise-Anne-Madeleine de Vernon (S. S.).

— Marie-Antoinette-Victoire, morte le 26 janvier 1774 à trente-neuf ans, épouse de Nicolas-Thomas Hue, comte de Miromesnil, brigadier des armées du roi (S. R.).

— Louis-Philippe, ambassadeur, fils du marquis Philippe-Henri, et de Louise-Anne-Madeleine de Vernon, marié le 30 avril 1777 à Antoinette-Élisabeth-Marie Daguesseau, fille de Jean-Baptiste-Paulin, comte de Maligny, et de Marie-Geneviève-Rosalie le Bret (S. S.), dont : Louise-Antoinette-Pauline-Laure, née le 11 avril 1778 ; Octave-Gabriel-Henri, né le 30 juin 1779 ; Philippe-Paul, né le 4 novembre 1780, filleul de sa bisaïeule Philippe-Angélique de Froissy, et Olivier-Alexandre-Louis, né le 3 octobre 1790 (S. M. M. la V. l'É.), mort le 4 mai 1791 (S. Th. d'A.).

— Alexandre-Félix, né le 30 avril 1781, fils du vicomte Joseph-Alexandre, et de Louise-Julie Carreau (S. E.).

Seiglières de Belleforière (Françoise-Camille de), née le 25 juin 1757 ; N., né le 18 juillet 1758 ; Adolphe-François-Joachim, né le 8 septembre 1760 ; Pauline-Élisabeth, née le 15 novembre 1763, enfants de Joachim-Charles, chevalier, comte de Soyecourt, et de Marie-Silvine de Bérenger (S. S.).

— Henriette, née le 16 septembre 1784, fille de Louis-Armand, marquis de Soyecourt, et d'Henriette de Nassau-Saarbruck (S. S.).

— Antoine-Adolphe, fils de Joachim-Adolphe, comte de Soyecourt, marquis de Pas de Feuquières, et de Pauline de Pas de Feuquières, marié le 11 octobre 1790 à Anne-Marie-Thérèse de Pelser, fille de Jean-Frédéric, baron de Berensberg, et de Catherine-Thérèse de Thimès (S. S.).

— Louis-Armand, marquis de Soyecourt, maréchal des camps et armées, mort le 5 septembre 1791 à soixante-dix ans (S. Th. d'A.).

Seigneuret (Jacques), écuyer, sieur de la Borde, marié le 28 avril 1596 à Sara Spifane (S. A. des A.).

Selle (Marcellin-François-Zacharie de), écuyer, conseiller du roi en ses conseils et son secrétaire, mort le 15 octobre 1759 à cinquante-sept ans, époux de Louise-Constance Eynard de Ravannes, dont : Adélaïde-Constance, née le 31 janvier 1746 ; Marie-Françoise, née le 25 juillet 1747 ; Joachim-Louise, née le 17 septembre 1749 ; Charles-Antoine, né le 7 novembre 1750 ; Félicité-Victoire, née le 18 juin 1752 (S. R.).

— Anne-Madeleine-Marceline, morte le 23 mai 1770 à quarante-un ans, épouse de Claude-Guillaume Joseph-Balthazar de Faudran, marquis de Taillade (S. R.).

— Albert-Joseph, né le 25 février 1775, fils de Joseph-Maurice, sieur de Beauchamp, et d'Albertine-Aldegonde Tarteron de Montiers (S. E.).

— Félicité-Victoire, morte le 18 juillet 1779 à vingt-sept ans, épouse de François-Antoine-Melchior, baron de Schawembourg, colonel d'infanterie (S. E.).

— Madeleine-Marguerite-Renée, morte le 20 janvier 1790 à quatre-vingt-douze ans, veuve d'Henri d'Illiers, comte d'Entragues seigneur de Beaumont, Pieddebœuf, capitaine des vaisseaux du roi (S. E.).

Selle (François-Charles-Marie de la), comte de Châteaubourg, mort le 15 octobre 1777 à vingt-huit ans (S. M. M. la V. l'É.).

Selve (Amable-François-Louis-Éléonor de), né le 25 février 1770, fils de Pierre, seigneur d'Audeville, et d'Angélique-Élisabeth Lamamye de Clairac (S. S.).

— Marquis Pierre, seigneur d'Audeville, capitaine de dragons, veuf d'Angélique-Élisabeth de Mervie (*sic*), remarié le 31 janvier 1788 à Elisabeth-Charlotte de Jouffroy, fille de Jean-Eugène, marquis d'Abbans, et de Jeanne-Henriette de Pons-Rennepont (S. S.).

— Pierre, capitaine de cavalerie, propriétaire des terres d'Audeville et d'Étouches, inhumé le 21 septembre 1791, marié 1° à Perrine-Renée de Gohier, 2° à Angélique-Élisabeth de Lamamye de Clairac, décédée en avril 1785, 3° à Élisabeth-Charlotte de Jouffroy (S. R.).

Sénac (Jean de), lecteur du roi, fermier général, mort le 10 septembre 1783 à soixante ans (S. E.).

Senectère (Henri-Charles de), né le 3 juillet 1714, fils du comte Jean-Charles, et de Marie-Marthe de Saint-Pierre de Julien (S. S.).

— Le même, mort le 9 mars 1785 à soixante-dix ans, époux de Marie-Louise-Victoire de Crussol d'Uzès, dont : Marie-Charlotte, née le 15 novembre 1750, et Charles-Emmanuel, né le 19 octobre 1752 (S. S.).

Seneschal (Amélie-Catherine le), née le 4 mai 1770, et Marguerite-Sophie, née le 24 juillet 1773, filles de Jacques-Charles, conseiller du roi, et de Marguerite Dartois (S. N. des Ch.).

— Jacques-Alexandre-Innocent, fils de Joseph-Innocent, comte de Carcado, capitaine de dragons, et de Marie-Madeleine-Geneviève Cottin de Saint-Léger, marié le 19 février 1787 à Catherine-Charlotte-Eugénie de Saulx, fille de Charles-François-Casimir, duc de Tavannes, maréchal des camps et armées du roi, et de Marie-Éléonore-Eugénie de Lévis, dont : Adèle-Alexandrine-Éléonore-Prudence, née le 13 août 1788, et Charlotte-Marie-Eugénie-Raymonde, née le 9 juillet 1789 (S. S.).

Séqueville (Marie-Joséphine de), morte le 3 avril 1766, fille de François-Pierre, écuyer, secrétaire du roi, et de Marie-Cécile de la Lande (S. R.).

Serane (Joseph-François), député de l'Hérault, mort le 24 août 1792 à quarante-trois ans (S. R.).

Séran (Jean-Baptiste-François, vicomte de), capitaine de cavalerie, fils de Gilles-François, marquis d'Andrieu, et de Marie-Agathe de Coriolis, marié le 4 juin 1787 à Eugénie-Philippine Fyot, fille de Jean, marquis de la Marche, seigneur de Dracy, et de Judith Joly de la Borde, dont : Agathe-Geneviève-Augustine-Aglaé, née le 3 janvier 1790 (S. S.).

Sercey (Charlotte-Félicité de), née le 14 mai 1770, fille de Jean-Baptiste, seigneur du Jeu, de Champcery, Saint-Léger, etc., et de Marthe-Louise de la Buissonnière (S. R.).

— Marquis Louis-Charles-Amélie-Félicité, colonel d'infanterie, mort le 21 août 1775 à quarante-deux ans (S. E.).

Seré de Rieux (Marie-Julie), née le 24 mai 1741, fille de Pierre-François, chevalier, seigneur du Harler, lieutenant au régiment des gardes-françaises, et de Thérèse de Chéron (S. R.).

Sérent (Louis de), marquis de Kerfily, mort le 10 novembre 1741 à trente-deux ans (S. S.).

— Jacques-Marie, seigneur du Châtellier, mort le 5 décembre 1745 à trente-deux ans (S. M. M. la V. l'É.).

— Armand-Sigismond-Félicité-Marie, né le 1er septembre 1762 ; Armand-Léon-Bernardin, né le 11 octobre 1764, Anne-Angélique-Marie-Émilie, née le 13 septembre 1770, et Anne-Simone-Félicité, née le 15 janvier 1772, enfants du marquis Armand-Louis, pair de Bretagne, et de Bonne-Marie-Félicité de Montmorency-Luxembourg (S. S.).

— Armand-Sigismond-Félicité-Marie, précité, marié le 10 janvier 1785 à Charlotte-Ferdinande-Marie de Choiseul, née à Turin le 14 février 1767, fille du baron Louis-Marie-Gabriel-César, et de Marie-Jeanne-Françoise de Girard de Vannes, dont : Armandine-Marie-Georgine, née le 2 août 1790 (S. S.).

Serre (Etienne), chevalier, comte de Sirville, baron de Saillans, mort le 11 avril 1781 à quatre-vingt-trois ans (S. S.).

Serre de Saint-Roman (Charles-Étienne-Jacques), né le 6 juillet 1768, mort le 17 janvier 1771 ; Alexis-Jacques, né le 13 mai

1770 (S. E.); Charlotte-Sophie, morte le 14 juin 1771 (S. J. du H. P.), enfants du comte Jacques, seigneur de Villejuif, et d'Hélène-Françoise de Murard.

— Pierre, chevalier, comte de Frageville, capitaine de dragons, mort le 9 avril 1785 à vingt-sept ans et demi (S. E.).

Sesmaisons (Louis-Julie de), né le 4 septembre 1712, fils du marquis Charles, et de Julie de Pennec (S. S.).

— Claude-Louis-Gabriel-Donatien, né le 3 et mort le 5 février 1780, fils du comte Claude-François-Jean-Baptiste-Donatien, colonel en second du régiment royal Roussillon-Infanterie, et de Renée-Modeste de Goyon de Vaudurand (S. S.).

Sévérac (Marie-Esther-Émilie de), morte le 2 mai 1784 à cinquante-huit ans, épouse de François-Louis-Hector, marquis de Simiane (S. S.).

Severt (Jeanne), morte le 14 mars 1734 à cinquante-cinq ans, veuve de Pierre Poncet de la Rivière, comte d'Ablis (S. R.).

Sevin (Antoine-Louis), né le 10 décembre 1673, fils de Louis, chevalier, marquis de Bandeville, colonel d'infanterie, et de Marie-Madeleine Guérapin de Vauréal (S. A. des A.).

Sézille (Nicolas), écuyer, conseiller du roi, secrétaire du roi, maison, couronne de France et de ses finances, trésorier général des bonnes œuvres de S. M., mort le 9 février 1746 à soixante-six ans, époux d'Anne-Angélique Baudet de Morlet (S. R.).

Sibour (Jeanne-Antoinette), morte le 13 juin 1748 à soixante-six ans, veuve de Louis-Paterne Lheureux, seigneur de Folleville (S. R.).

Silly de Louvigny (François-Olivier de), doyen de Saint-Wulfran d'Abbeville, mort le 17 juin 1751 à soixante-douze ans (S. J. en G.).

Simiane (Marie-Françoise-Pauline de), née le 14 avril 1715, et N., mort le 12 janvier 1718 à six mois, enfants du comte Nicolas-François, chevalier de Saint-Louis, et de Marie-Suzanne Guilhon (S. R.).

— Anne-Marie-Thérèse, demoiselle de Moncha, chanoinesse de Bouxières, morte le 17 avril 1721 (S. S.).

— Anne-Marie-Christine, morte le 8 août 1722 à trente-neuf ans épouse d'Emmanuel-Théodose de la Tour-d'Auvergne, duc de Bouillon (S. S.).

— Anne-Marie-Thérèse, demoiselle de Gordes, morte le 2 février 1740 à quatre-vingts ans, veuve 1° d'Edme-Claude-François-Louis de Simiane, 2° de Charles Pot, marquis de Rhodes (S. S.).

— Alexis-Charles-Alexandre, né le 20 mai 1755; Catherine-Marie, née le 2 juillet 1756, et François-Louis-Joseph, né le 17 janvier 1759, enfants d'Antoine-Charles-Augustin-Joseph, marquis d'Esparron, et de Louise-Marie de Saint-Quentin de Blé (S. S.).

SIMONET (Claude-François-Marie-Cécile de), né le 22 juin 1775, fils de Claude-François-Marie, seigneur de Coulmiers, et de Claire-Marie-Colombe Viot (S. R.).

SIMONY (Jean-Baptiste de), lieutenant dans la garde nationale, mort le 12 octobre 1789, époux de Louise-Marie Lemonnier (S. N. des Ch.).

SINETY (Charles-Guillaume de), né le 27 octobre 1752, mort le 29 mai 1753, fils d'André, et de Marie-Anne Ravenel (S. M. M. la V. l'É.).

— André-Louis-Marie-Théogène, né le 6 juillet 1788, fils du marquis André-Marie, et d'Antoinette-Constance-Louise-Candide de Brancas (S. S.).

SIREN (Louis-Aimé-Marie-Stanislas de), né le 6 janvier 1775, fils de Gabriel, marquis de Cavanac, mestre de camp de dragons, et d'Anne de Copier (S. N. des Ch.).

SOHIER (Pierre), né le 22 janvier 1728, et Louis, né le 5 mars 1719, fils de Pierre, chevalier, seigneur de la Verrière, et de Montagny, conseiller du roi, et de Marie-Geneviève Hébert (S. R.).

SOLAGES DE ROBAL (Marie-Claude de), morte le 20 décembre 1723 à cinquante-six ans, épouse de Jules de la Planche de Mortières (S. S.).

SOLANET DE LAVAL (Marie-Françoise-Henriette de), morte le 20 août 1751 à soixante-six ans, fille de Barthélemy, aide-major de chevau-légers et de Marie-Jeanne de Lévis (S. M. M. la V. l'E.).

— Marie-Jeanne, morte le 1ᵉʳ octobre 1754 à soixante-dix-sept ans (S. M. M. la V. l'É.).

Solar (Maximilien-Casimir de), né le 25 septembre 1709, et Honorine-Louise, née le 3 avril 1714, enfants d'Augustin-Ferdinand, comte de Monasterol, et de Marie-Claire-Colette de Bérard de Villebreuil (S. S.).

Sommièvre (Jean-Baptiste-Laure de), né le 12 septembre 1749, fils de Jean-Augustin, marquis d'Ampilly, et de Catherine-Louise Fautriers (S. S.).

— Marie-Thérèse, morte le 2 août 1779 à vingt-huit ans, épouse de Louis-Marie, marquis de Lescure (S. S.).

Sorhouet de Bougy (Adélaïde-Julie de), née le 16 mai 1757, fille de Jacques-Pierre, conseiller du roi en son grand conseil, et de Madeleine-Julie Pichot de Poidevinière (S. P.).

Soubiran (Alexandre-Henri de), né le 31 janvier 1710, fils d'Henri, seigneur d'Arifat, et de Brunette de Pineton de Chambrun (S. S.).

Soudeilles (Marie-Jacques-François de Paule-Bonaventure, comte de), mestre de camp, fils de Louis-François de Paule, et de Jeanne-Geneviève Coste de Champeron, marié le 12 novembre 1771 à Marie-Anne de Rouen, fille d'Adrien-Hector, comte de Bermonville, et de Marie-Marguerite-Suzanne Lesdos de Valiquerville, dont : Amable-Geneviève, née le 21 et morte le 29 avril 1774 (S. E.).

— Marie-Catherine-Agathe-Geneviève, morte le 24 novembre 1777 à trente-quatre ans, épouse d'Alexandre-Philippe-François Mérigot, marquis de Sainte-Fère (S. S.).

Soufflot (Michel), baptisé le 29 août 1638, fils de Germain, avocat au Parlement, et substitut de M. le procureur du roi au Châtelet, et de Denise Janot (S. G.).

— Jean-Baptiste, sieur de Montigny, exempt de M. le chevalier du guet, fils de Jean, fermier de M. l'abbé de Pontigny, et de Brigitte Brémont, marié le 13 juin 1705 (S. A. des A.).

— Marie, morte le 22 mai 1726 à soixante-cinq ans, veuve d'Annibal du Merle, seigneur de Blancbuisson (S. S.).

— Madeleine-Geneviève, morte le 22 septembre 1761 à quarante ans, épouse de Jean-Baptiste Larabit, marchand de fer (S. S.).

Soussay (Alfred de), né à Paris le 15 octobre 1802, fils du vicomte César, et d'Agathe du Cambout de Coislin, marié le 12 mars 1831 à Augustine-Marie-Louise le Caron de Chocqueuse, née à Amiens le 29 juin 1820, fille d'Antoine-Marie-Pierre, et de Pauline du Croquet de Guyencourt (X° arr.).

Souvré (Anne de), morte le 2 décembre 1715 à soixante-dix-neuf ans, veuve de François-Michel le Tellier, marquis de Louvois (S. R.).

Souy de Boisfranc (Gaspard-Pierre), secrétaire du roi, mort le 24 mars 1746 à soixante-sept ans, époux d'Angélique-Catherine Perrin (S. R.).

Spada (Charles-Jules-Aimé de), né le 6 février 1789, fils naturel du comte Jules, et de Françoise-Théodorine Guitier (S. E.).

Sparre (Claude-César de), né le 23 août 1709, fils du baron Axel, et de Marie-Anne de Bedancon (S. S.).

— Comte Laurent-Magnus, lieutenant-colonel du régiment d'infanterie allemande de Sparre, mort le 7 avril 1725 à soixante-un ans, fils du comte Pierre-Magnus, grand-maître de l'artillerie de Suède et ambassadeur extraordinaire en France (1672), et d'Ebba-Marguareta, comtesse de la Gardie, nièce de la comtesse de la Gardie, reine de Suède, et épouse de Gustave-Adolphe (S. S.).

— Alexandre-Séraphin-Joseph, colonel du régiment royal Suédois, baptisé à Lille le 6 septembre 1736, fils du comte Joseph-Ignace, maréchal des camps et armées du roi, et de Marie-Antoinette du Chambge, marié le 1er février 1763 à Anne-Adélaïde Camuset, baptisée le 20 décembre 1743 (S. G.)., fille de Dominique-Jean, écuyer, conseiller, secrétaire du roi, et de Marie-Louise Capet (S. Laurent).

— Marie-Stanislas-Josèphe, née le 18 septembre 1764 ; N., née et morte le 11 septembre 1765 ; Charles-Ernest-Sigel, né le 20 juin

1769 ; Achille-Louis-Ernest-Joseph, né le 19 octobre 1776 ; Casimir-Ernest-Louis-Joseph, né le 30 novembre 1777, mort le 10 mars 1780 ; Louis-Ernest-Joseph, né le 8 juillet 1780 ; Adélaïde-Charlotte-Ernestine, née le 3 mai 1785, enfants de Louis-Ernest-Joseph, comte de Cronneberg, colonel d'infanterie, et d'Adélaïde-Thérèse Hardouin de Beaumois (S. R.).

— Marie-Claude-Auguste-Gustave, fils de Joseph-Ignace, baron de Cronneberg, et de Marie-Antoinette du Chambge, marié le 31 mai 1787 à Louise-Amable de la Toison Rocheblanche, fille de Louis, et d'Ursule de Caradeuc, dont : Louise-Ursule-Ernestine-Herminie, née le 9 mars 1788 et Amable-Louis-Ursule-Gustave-Achille, né le 24 décembre 1790 (S. S.).

Spifame (François-Théodore), baptisé le 22 février 1637, fils de Jean, chevalier, seigneur des Bisseaux, et de Madeleine Durier (S. G.).

Spinola (Augustin-Marie-Henri-François), né le 1er juillet 1781, Amélie-Gabrielle-Thérèse-Joséphine, née le 24 avril 1783, et Henriette-Augustine-Louise, née le 19 janvier 1785, enfants du marquis Christophe-Dominique-Marie-Vincent, et de Gabrielle-Marguerite-Françoise de Lévis (S. S.).

Starhemberg (N. de), ondoyé le 12 mars 1762, fils du comte Georges-Adrien, et de Françoise de Salm (S. S.).

Stiby (Antoine de), baptisé le 9 décembre 1637, fils d'Henri, seigneur du Plessis, et d'Antoinette de Faurye (S. G.).

Stoppa (Pierre-Abraham de), abbé de Notre-Dame des Vaux, mort le 11 avril 1728 à cinquante-huit ans (S. R.).

Stoupy (Edme-Sébastien de), abbé de Saint-Pierre-d'Aisrenne et de Saint-Pierre de Châlons, mort le 13 octobre 1785 à soixante-treize ans (S. E.).

Stuart de Farquerson (Marie-Anne-Charles), née le 28 novembre 1752 et Jean-Baptiste, mort le 12 mai 1771 à quatorze ans et demi, enfants de Jean-Charles, et de Marie-Élisabeth Vanière (S. S.).

Sublet (Marie), née le 17 décembre 1679, et Anne-Françoise,

née le 26 mars 1681, filles de Michel, chevalier, seigneur de Noyers, et d'Anne de Beauvins (S. N. dés Ch.).

— Alexandrine-Charlotte, née le 22 mars 1721, fille de Pons-Auguste, marquis d'Heudicourt, et de Julie d'Hautefort (S. S.).

Subtil de Boisemont (Marie-Gabrielle le), morte le 9 novembre 1779 à quarante-cinq ans, épouse de Simon-Zacharie de Palerne (S. M. M. la V. l'E.).

Sueur (Nicolas le), chevalier, seigneur d'Osny, d'Hébécourt, etc., conseiller du roi en son conseil d'État, inhumé le 25 décembre 1656 (S. Merry.).

— « Le dix-huit janvier mil six cent cinquante-neuf, fut faict le convoy g^{al} de deffunte haulte et puissante Dame Marie-Magdeleine le Sueur, épouse de hault et puissant seigneur Cæsar, conte de Chasteleux, vicomte d'Avallon, baron de Caré, seigneur de Marigny, Oni, Hébécour, et autres lieux, premier chanoine heredittaire de l'église de St-Étienne, cathédrale d'Auxerre, le jour suivant service et portée le même jour à Osny proche Pontoise, lieu de sa sépulture, décédée à l'hôtel de Villemareul, rue des Barrez proche l'Ave Maria » (S. P. f° 74).

— Marguerite-Hélène, supérieure des Orphelines, morte le 14 mai 1721 à soixante-trois ans (S. S.).

Suffren (Pierre-Marie de), né le 20 février 1753, fils de Joseph-Jean-Baptiste, et de Louise-Pulchérie-Gabrielle de Goësbriand (S. S.).

— André-Pierre-Gabriel, né le 18 novembre 1785, fils de Pierre-Marie, comte de Saint-Tropez, et de Justine-Amélie-Élisabeth de Choiseul (S. S.).

— Emmanuel, natif de Salon, chevalier de Malte, lieutenant des vaisseaux du roi, mort le 22 mars 1788 à vingt-cinq ans (S. E.).

— Pierre-André, vice-amiral de France, mort le 8 décembre 1788 à cinquante-neuf ans quatre mois (S. M. M. la V. l'É.).

— Pierre-Marie, marquis de Saint-Tropez, pair de France, mort le 8 mars 1824 à soixante-huit ans, veuf d'Anne-Justine-Élisabeth-Joséphine-Amélie de Choiseul-Meuse (1er arr.).

Surbeck (Marie-Suzanne de), née le 10 janvier 1759, fille de Louis-Auguste-Bénédict, capitaine aux gardes suisses, seigneur de Garlande-sous-Bagneux, et de Marie-Louise-Charlotte le Noir (S. S.).

Surineau (Augustin-Marie-Charles de), fils d'Antoine-Augustin-Henri, seigneur de la Ménollière, et de Marie-Hélène-Josèphe de Ghaisne, marié le 22 juin 1789 à Marie-Flore-Athénaïs de Coutances, fille du marquis Louis, et d'Anne-Blanche-Victoire Cochon de Maurepas (S. S.).

Sutton (Jean-Édouard), né le 17 août 1789, fils de Jean, comte de Clonard, et de Françoise-Anastasie Preux (S. M. M. la V. l'É.)

T

Taille (Jules-Hector de la), né le 21 novembre 1758, fils de Jacques-Hector, sieur des Essarts, et de Julie-Henriette Thierry (S. S.).

Taillepied (Charles-Claude), né le 15 septembre 1767 ; Marie-Adélaïde, née le 1er août 1769, et Aglaé-Marie, née le 28 novembre 1771, enfants de Jean-Baptiste-Marie, sieur de Bondy, receveur général à Auch, et de Marie-Catherine de Foissy (S. E.).

— François-Marie, né à Paris le 23 avril 1802, fils de Pierre-Marie, comte de Bondy, préfet de la Seine, et d'Anne-Sophie Hamelin, marié le 18 juin 1831 à Alexandrine-Stéphanie de Cardevac, née à Havrincour le 17 août 1808, fille d'Anaclet-Henri, marquis d'Havrincour, mort en novembre 1827, et de Marie-Charlotte-Aline de Tascher (X^e arr.).

Taisnes de Remonval (Marie-Catherine-Philippine), morte le 19 juin 1779 à trente-six ans, épouse de David-Louis, baron de Constant-Rebecque, colonel (S. E.).

Talaru (Louis-François de), né le 8 mai 1729, Marie-Angélique, née le 16 février 1731, et François-Zacharie, né le 6 juillet 1732, enfants de Louis, marquis de Chalmazel, et de Marthe-Françoise de Bonneval (S. S.).

— Louis-Justin-Marie, né le 1ᵉʳ septembre 1769 (S. E.), mort le 22 mai 1850 (Xᵉ arr.), et Césarine-Marie-Louise, née le 9 juillet 1779 (S. E,), enfants du comte Louis-François, et d'Henriette-Jeanne-Élie de Becdelièvre de Cany.

— Eulalie-Xavière, morte le 1ᵉʳ mai 1774 à vingt-deux ans, épouse de Louis-Étienne-François, comte de Damas-Crux (S. R.).

— Comte Louis-François, seigneur de Montpeyroux, mort le 30 septembre 1782 à cinquante-trois ans, époux d'Henriette-Jeanne-Élie de Becdelièvre de Cany (S. R.).

TALLEYRAND (Philippe-Élisabeth de), né le 22 septembre 1724, fils de Jean-Charles, comte de Périgord, prince de Chalais, et de Marie-Françoise de Rochechouart-Mortemart (S. S.).

— Louis, né le 10 août 1735 ; Alexandre-Angélique, né le 16 octobre 1736 ; Louis-Marie-Anne, né le 11 octobre 1738 ; Pierre-Joseph, né le 12 juillet 1741 ; Antoine-Louis, né le 15 novembre 1742 ; Alexandre-Philippe, né le 11 décembre 1744, enfants du marquis Daniel-Marie-Anne, et de Marie-Élisabeth de Chamillard (S. S.).

— Gabriel-Marie, né le 14 janvier 1747, fils de Jean-Georges-Julie, et de Catherine-Olive de la Salle (S. S.).

— Alexandre-François, né le 18 janvier 1752 ; Charles-Maurice, né le 2 février 1754, Archambaud-Joseph, né le 1ᵉʳ septembre 1762 ; Boson-Jacques, né le 3 avril 1764, filleul de Jacqueline-Madeleine de Damas de Ruffey, chanoinesse de Neuville, demeurant à Panthemont, et Louise, née le 25 et morte le 26 août 1771, enfants de Charles-Daniel, comte de Périgord, et d'Alexandrine-Victoire-Éléonore de Damas d'Antigny (S. S.).

— Augustin-Louis, né le 19 février 1770 ; Anatole-Marie-Jacques, né le 7 juin 1772, et Alexandre-Daniel, né le 22 février 1776, fils de Louis-Marie-Anne, baron de Périgord, mestre de camp de cavalerie, et de Louise-Fidèle de Saint-Eugène de Montigny (S. S.).

— Henriette-Élisabeth-Sabine, née le 15 avril 1780, morte le 18 juillet 1785 ; Anne-Charlotte-Judith, née le 3 août 1781, morte le 5 septembre 1783 ; Angélique-Éléonore-Ursule, née le 19 novembre 1782 ; Archambaud-Marie-Louis, né le 10 avril 1784 ; Françoise-Xavière-Mélanie-Honorine, née le 18 septembre 1785, et Alexandre-

Edmond, né le 1ᵉʳ août 1787, enfants d'Archambaud-Joseph, comte de Périgord, et de Madeleine-Henriette-Sabine Olivier de Sénozan de Viriville (S. S.).

— Arthur-Louise-Denise-Jeanne-Augustine-Septimanie, née le 19 février 1786, morte le 29 novembre 1789; Augustin-Marie-Élie-Charles, né le 8 janvier 1788, et Alexandre-Diane-Adélaïde-Paul-Roger-Charles-Léopold, né le 24 octobre 1789, enfants d'Élie-Charles, prince de Chalais, et de Marie-Caroline-Rosalie de Baylens de Poyanne (S. S.).

— Jean-Georges-Julie, vicomte de Périgord, mort le 21 décembre 1786 à soixante-dix-huit ans (S. S.).

— Louis, comte de Périgord, fils du marquis Daniel-Marie-Anne, et de Marie-Élisabeth de Chamillart, marié le 29 mai 1787 à Marie-Charlotte-Justine de Messey, veuve de Charles-Joseph de Bussy, marquis de Castelnau, lieutenant-général des armées du roi (S. S.).

— Charles-Daniel, comte de Périgord, mort le 4 novembre 1788 à cinquante-quatre ans, époux d'Alexandrine-Victoire-Éléonore de Damas d'Antigny (S. S.).

— Marie-Jeanne, morte le 19 janvier 1792 à quarante-quatre ans, épouse de Louis-Marie, duc de Mailly, maréchal des camps et armées du roi (S. Th. d'A.).

— Napoléon-Louis, comte de Périgord, duc de Valençay, né à Paris le 12 mars 1811, fils d'Alexandre-Edmond, duc de Dino, et de Dorothée de Courlande, marié le 26 février 1829 à Anne-Louise-Charlotte-Alix de Montmorency, née à Paris le 13 octobre 1810, fille du duc Anne-Charles-François, et d'Anne-Louise-Caroline de Goyon (Xᵉ arr.).

— Ernest, né à Orléans le 17 mars 1807, fils d'Augustin-Louis, comte de Périgord, et de Caroline-Jeanne-Julienne d'Argy, marié le 13 octobre 1830 à Suzanne-Françoise-Aglaé-Louise-Marie le Peletier, née à Paris le 8 août 1811, fille de Léon-François-Louis, comte de Mortefontaine, mort à Saint-Fargeau le 10 septembre 1814, et de Suzanne-Louise le Peletier de Saint-Fargeau, morte à Saint-Fargeau en septembre 1829 (Iᵉʳ arr.).

— Élie-Roger-Louis, prince de Chalais, né à Paris le 23 novembre 1809, fils d'Augustin-Marie-Élie-Charles, duc de Périgord, et d'Apolline-Marie-Nicolette de Choiseul, marié le 28 février 1832 à Élodie-Pauline-Victurnienne de Beauvillier, née à Paris le 4 avril 1811, fille de Raymond-François, duc de Saint-Aignan, mort à Paris le 3 mai 1811, et d'Emma-Victurnienne-Natalie de Rochechouart, morte à Neauphle-le-Vieux en août 1824 (Xᵉ arr.).

— Alexandre, né et mort le 5 octobre 1840, fils d'Alexandre-Edmond, duc de Dino, et de Marie-Valentine-Joséphine de Sainte-Aldegonde (Xᵉ arr.).

Talon (Marie), inhumée le 2 octobre 1677, veuve de N. Moreau, conseiller du roi (S. A. des A.).

— Jean-Omer, conseiller du roi et trésorier de France, fils de feu François, conseiller du roi, et de Marie Lepage, alors femme de François Bazin, conseiller du roi, marié le 12 août 1678 à Marguerite Lestandart, fille de feu Antoine, sieur de Gruchy, et d'Angélique-Suzanne de Janville (S. A. des A.).

— Angélique-Jeanne-Louise, née le 27 janvier 1727, Omer-Louis-François, né le 4 octobre 1728, Françoise-Madeleine, née le 2 décembre 1730, enfants de messire Louis-Denis, chevalier, marquis du Boulay, conseiller ordinaire du roi, et de Françoise-Madeleine Chauvelin (S. S.).

— Louis-Denis, président à mortier, mort le 1ᵉʳ mars 1744 à quarante-trois ans (S. S.).

— François-Thomas, chevalier, seigneur de Chalembert, mort le 26 février 1755 à quatre-vingts ans (S. J. en G.).

— Françoise-Madeleine, morte le 9 décembre 1767 à trente-sept ans, épouse d'Étienne-François d'Aligre (S. M. M. la V. l'É.).

— Antoine-Omer, fils de Jean, marquis du Boulay, et de Marie-Charlotte Radix, marié le 2 août 1780 à Jeanne-Agnès-Gabrielle de Pestre, fille de Julien-Ghislain, comte de Sénefle, et d'Isabelle-Claire Cogels (S. J. du H. P.), dont : Omer-Joseph, né le 16 avril 1782, et Denis-Mathieu-Claire, né le 20 novembre 1783 (S. N. des Ch.).

Tambonneau — « Le 15 avril 1618, jour de Pâques, convoi d'un « enfant de M. le président Tambonneau » (S. P.).

— « Le 30 mai 1618, convoi général de Mme la présidente Tambonneau » (S. P.).

— « Le 6 novembre 1618, convoi d'un des enfants de M. Tam-« bonneau, président des comptes » (S. P.).

Tane (Antoine, comte de), mort le 20 décembre 1785 à soixante-quinze ans (S. S.).

Tarade (Anne-Marguerite-Andrée), née le 28 juillet 1741, Marie-Anne-Odile, née le 5 novembre 1742, et Louis-Marie, né le 18 juin 1747, enfants de Jacques, écuyer, gentilhomme ordinaire du roi, chevalier du Mont-Carmel et de Saint-Lazare, et de Marie Dupont du Vivier (S. R.).

— François-Gabriel, chevalier, comte de Corbeilles, seigneur du Mesnel, lieutenant-colonel de cavalerie, mort le 23 février 1787 à soixante-quatorze ans (S. E.).

Tardieu (Jacques-François), comte de Maleissye, mort le 10 juin 1738 à quarante-cinq ans (S. S.).

— Charles-Gabriel, chevalier, marquis de Maleissye, mort le 27 juin 1756 à soixante-huit ans (S. J. en G.).

— Charles-Philibert, comte de Maleissye, mort le 15 février 1778 à quarante-sept ans (S. E.).

— Louise-Florence-Pétronille, demoiselle d'Esclavelles, morte le 15 avril 1783 à cinquante-sept ans, veuve de Denis-Joseph de Lalive, seigneur d'Épinay (S. M. M. la V. l'É.).

Tarneau (Angélique-Aimée-Romaine-Julie), morte le 14 juin 1788 à quatre-vingts ans, veuve de Pierre, marquis de Lur-Saluces (S. E.).

Tartanac de Nérac (François-Joseph de), mort le 30 décembre 1750, fils de Joseph, et de Françoise-Claude Jouvin de Rochefort (S. R.).

Tarteron de Montiers (Albertine-Aldegonde), morte le 27 janvier 1784 à quarante-deux ans, veuve de Joseph-Maurice de Selle de Beauchamp (S. E.).

Tascher (Louis-Samuel de), prieur de Sainte-Gauburge, mort le 31 juillet 1782 à cinquante-huit ans (S. E.).

Tavernier de Boullongne (Charles), écuyer, seigneur de Sainte-Croix, fermier général des États de Bretagne, mort le 2 février 1760 à soixante-seize ans (S. P.).

— Henri-François, fils de Pierre-Léonor, seigneur de Lorière, et de Catherine-Cécile-Antoinette de Rabodange, marié le 5 juin 1764 à Louise Langlois, fille d'André-François, conseiller du roi, et de Marguerite-Julie Derbais (S. G. du H. P.).

— Auguste-Philippe-Louis-Joseph, né le 5 février 1774, Herminie-Félicienne-Joseph, née le 26 mai 1775 (S. E.), et Julie-Louise-Perrette-Joséphine, née le 19 mars 1778 (S. M. M. la V. l'É.), enfants de Jean-Baptiste, chevalier, seigneur de Magnanville, et de Louise-Jeanne-Josèphe Walckiers-Boullongne.

Telles d'Acosta (Marie-Thérèse), morte le 21 octobre 1781 à soixante-trois ans, veuve d'Étienne-Michel Bouret, écuyer, secrétaire de la chambre et du cabinet du roi (S. E.).

Tellier (Michel le), chancelier de France, commandeur des ordres du roi, mort le 30 octobre 1685 (S. G.).

— François-Macé, marquis de Louvois, colonel des Cent-Suisses, fils de Michel-François, marquis de Courtenvaux, et de Marie-Anne-Catherine d'Estrées, marié le 11 mars 1716 à Anne-Louise de Noailles, fille du duc Anne-Jules, et de Marie-Françoise de Bournonville, dont : François-César, né le 18 février 1718, et Élisabeth-Rosalie, née le 15 octobre 1719 (S. R.).

— Louise-Françoise-Angélique, demoiselle de Barbézieux, morte le 8 juillet 1719 à vingt-un ans, épouse d'Emmanuel-Théodose de la Tour-d'Auvergne (S. S.).

— Catherine-Flore, née le 24 octobre 1724, fille de François-Louis, marquis de Louvois, et de Françoise-Gabrielle de Brancas (S. R.).

— Amable-Émilie-Gabrielle, née le 15 juin 1732, fille de François-Louis, comte de Rébenac, marquis de Souvré et de Louvois, et de Jeanne-Françoise Dauvet des Marets (S. S.).

— Charles-François-César, né le 11 septembre 1734, et Félicité-Louise, née le 23 septembre 1736, enfants de François-César, marquis de Montmirail, et de Louise-Antonine de Gontaut (S. R.).

— Marie-Madeleine, demoiselle de Louvois, morte le 10 mars 1735 à trente-huit ans, épouse de François, duc d'Harcourt (S. S.).

— Madeleine-Charlotte, demoiselle de Louvois, morte le 19 novembre 1735 à soixante-dix ans, veuve de François, duc de la Rochefoucauld (S. S.).

— François-César, né le 9 avril 1739, fils de François-Louis, marquis de Rébenac et de Souvré, et de Félicité de Sailly (S. S.).

— Claude-François, brigadier des armées du roi, mort le 8 mai 1757 à soixante-douze ans, veuf d'Antoinette-Marie-Angélique Morel (S. R.).

— Marie-Gabrielle-Émilie, demoiselle de Souvré, morte le 19 septembre 1759 à vingt-sept ans, épouse de Jean-Baptiste-Calixte de Montmorin, marquis de Saint-Hérem (S. S.).

— Charles-François-César, marquis de Montmirail, mort le 13 décembre 1764 à trente ans, époux de Charlotte-Bénigne le Ragois de Bretonvilliers, dont : Bénigne-Augustine-Françoise, née le 4 juin 1764, et Louise-Charlotte-Françoise, née le 26 juin 1765 (S. R.).

— François-Louis, comte de Rébenac, marquis de Louvois, mort le 25 novembre 1767 à soixante-quatre ans (S. E.).

— Félicité-Louise, morte le 14 juin 1768 à trente-un ans huit mois vingt-un jours, épouse de Louis-Alexandre-Céleste d'Aumont, duc de Villequier (S. S.).

— Françoise-Aglaé-Silvie, demoiselle de Souvré, morte le 3 mai 1778 à cinquante ans, épouse d'Alexandre-Louis, marquis de Saint-Chamans, lieutenant-général des armées du roi (S. E.).

— François-César, marquis de Courtenvaux, duc de Doudeauville, baron d'Ancy-le-Franc et de Montmirail, mort le 7 juillet 1781 à soixante-trois ans, veuf de Louise-Antonine de Gontaut (S. R.).

— Louis-Sophie, marquis de Louvois et de Souvré, comte de Tonnerre, veuf d'Hermanna-Cornélia Wriesen, remarié le 14 janvier 1782 à Marie-Jeanne-Henriette-Victoire de Bombelles, veuve de Constantin, landgrave de Hesse-Rheinfels-Rothenbourg, prince de

Hersfeld, comte de Reichenberg (S. S.), dont : Auguste-Michel-Félicité, né le 3 décembre 1783 (S. M. M. la V. l'É.).

— Charlotte-Félicité, demoiselle de Souvré, morte le 21 mars 1783 à soixante-quinze ans, veuve de Louis-Philogène Brulart, marquis de Puisieux (S. S.).

— Louis-Sophie, marquis de Louvois et de Souvré, mort le 5 août 1785 à quarante-cinq ans quatre mois dix-huit jours (S. M. M. la V. l'É.).

— Gabrielle-Flore, demoiselle de Souvré, morte le 12 juin 1790 à soixante-deux ans, veuve de Louis-Hector de Sailly (S. S.).

Temple (Louis-Charles du), né à Chartres le 26 décembre 1797, fils de Louis-René, député, et de Louise-Hortense Prévo, marié le 6 septembre 1830 à Désirée-Thérèse Merlin d'Estreux, née à Valenciennes le 19 septembre 1810, fille de Louis-François, baron de Maingoval, et d'Aimée-Françoise-Louise-Josèphe Perdry (Ier arr.).

Ténare de Montmain (Simon de), mort le 5 novembre 1724 à cinquante-un ans (S. P.).

Terray (Anne-Félicité), née le 9 juin 1747, fille de Pierre, maître des requêtes, et de Renée-Félicité Le Nain (S. R.).

— François, mort le 28 décembre 1753 à quatre-vingt-huit ans cinq mois (S. E.).

— Antoine-Jean, conseiller du roi, fils de Pierre, et de Renée-Félicité Le Nain, marié le 11 février 1771 à Marie-Nicole Perreney, fille de Jean-Claude-Nicolas, seigneur de Grosbois, et d'Anne-Philippine-Louise Fyot de Mimeure (S. E.).

— Joseph-Marie, abbé de Molesmes, ministre d'État, mort le 22 février 1778 à soixante-deux ans (S. S.).

Terrisse (Marie-Françoise-de-Sales), supérieure de la Visitation du faubourg Saint-Jacques, morte le 8 mars 1776 à soixante-treize ans, après cinquante-six ans de profession (S. J du H. P.).

Testot (Laurent), sieur de Nanteuil, originaire d'Arnay-le-Duc, gouverneur des pages du prince de la Roche-sur-Yon, fils de Jean, sieur de Morigny, et de Claude Meunier, marié le 23 janvier 1685 à Marie-Anne Doublet, fille de Nicolas, et de Geneviève Petit (S. A. des A.).

Testu (Louis-Timoléon), mort le 17 novembre 1701 à dix-sept ans, et Joseph, mort le 20 octobre 1722 à trente-neuf ans, fils d'Henri, comte de Balincourt, baron de Bouloire, et de Marie-Suzanne de Masparault (S. S.).

— Timoléon, chevalier de Balincourt, mort le 26 août 1727 à soixante-dix ans (S. P.).

— Barnabé-Guillaume-Charles, né le 16 août 1760 (S. S.), mort le 2 août 1775 (S. M. M. la V. l'É.), fils de Charles-Louis, chevalier, comte de Balincourt, mestre de camp de cavalerie, et d'Anne-Claudine de Rochefort d'Ailly de Saint-Point.

— Claude-Guillaume, marquis de Balincourt, mort le 12 mai 1770 à quatre-vingt-dix ans (S. S.).

— Armand-Pierre-Claude-Emmanuel, fils d'Emmanuel-Placide-Claude-François, comte de Balincourt, baron de Chars, et d'Anne-Marie-Armande de Sailly, marié le 23 mai 1786 à Marie-Charlotte-Olympiade Boutin, fille de Charles-Robert, conseiller d'État, et de Jeanne-Gabrielle-Delphine-Victoire Chauvelin, dont : Marie-Emmanuel-Jean-François-Ignace-Xavier, né le 11 juin 1787, et Alexandrine-Marie-Charlotte, née le 1er décembre 1788 (S. S.).

— Marie-Louise-Claude-Clémentine, née le 27 septembre 1786, fille de Charles-Louis, comte de Balincourt, et d'Anne-Alexandrine de Bernard de Champigny (S. S.).

Texier (Catherine), baptisée le 28 avril 1638, fille de Germain, écuyer, seigneur châtelain de Hautefeuille et de Malicorne, conseiller du roi en sa cour de parlement, et commissaire aux requêtes du palais, et de Marie Perrot (S. G.).

— Jean-Henri, né le 27 février 1673, fils de Germain, chevalier de l'ordre du roi, seigneur de Malicorne, de Saint-Martin-sur-Ouanne, et de Marguerite-Catherine de Courtarvel (S. A. des A.).

— Gabriel, fils de feu Gabriel, écuyer, seigneur de la Touche et de Balurière, et d'Anne Martin, marié le 24 juillet 1673 à Anne

Baltasar, fille de feu Nicolas, écuyer, sieur de Grandmaison, et de Marie Guer (S. A. des A.).

— Marie-Françoise, née le 19 juin 1706, fille de Gabriel-Étienne-Louis, marquis d'Hautefeuille, et de Marie-Françoise-Élisabeth de Rouxel de Grancey (S. S.).

— Claude-Anne, morte le 10 décembre 1768 à soixante-dix ans, veuve d'Henri-Louis Échalard, marquis de la Mark (S. M. M. la V. l'É.).

— Marie-Françoise, morte le 27 décembre 1768 à trente-cinq ans, épouse de Louis, comte de Durfort (S. R.).

Teyssier des Forges (Auguste-Marie-Jacques), né le 1er avril 1779, fils de Jean-Joseph-Hyacinthe, écuyer, et de Marie-Angélique Charlier (S. S.).

Theil de Telmont (Charles-Philippe-Alexandre-Emmanuel-Louis-Marie-Alphonse du), né le 21 novembre 1791, fils de Nicolas-François, et d'Edmée-Euphémie Bonneville de Sainte-Anne (S. M. M. la V. l'É.).

Thésan (Pons-Louis-Bérenger-Paul-Joseph de), né le 1er octobre 1785; Louise-Jeanne, née le 14 janvier 1787, et Pons-Joseph-Érasme, né le 25 juillet 1788, mort le 19 décembre 1788, enfants du vicomte Jean-François-Béranger, et de Françoise-Antoinette-Louise de Noailles (S. S.).

Thésigny (Armand-François de), né le 1er février 1727, fils de Louis-Auguste, écuyer, et de Françoise de Gerponville (S. R.).

Thésut (Edme de), écuyer, avocat général, fils de François, écuyer, conseiller du roi, et de Jeanne Niquenard, marié le 11 août 1676 à Marie-Cécile Lambert, fille de Simon, architecte des bâtiments du roi, et de Jeanne Tillot, dont : Jean-Simon, né le 13 juin 1677; Marie-Madeleine, née le 11 février 1679 ; Louis, né le 15 février 1683 (S. A. des A.).

— Louis, conseiller d'État, abbé de Saint-Père-en-Vallée, de Saint-Martin de Pontoise et de Moutier Saint-Jean, mort le 28 décembre 1729 à soixante-sept ans (S. S.).

— Jean-Siméon, mort le 14 octobre 1738 à soixante-cinq ans (S. S).

Thévenin (Marie-Thérèse), inhumée le 30 août 1672, femme de François Holman de Morfontaine, chevalier, conseiller du roi, seigneur de Villiers-Saint-Georges (S. A. des A.).

— François, né le 10 avril 1673, fils de Jean, lieutenant de cavalerie, et de Jeanne le Febvre (S. A. des A.).

— Jean, né le 15 mars 1741 ; Catherine, née le 8 février 1742 ; Jean-Charles, né le 16 février 1743 ; Pierre, né le 7 juillet 1744 ; Étienne-Jean-Benoît, né le 18 juillet 1749, enfants de Jean, chevalier, seigneur de Tanlay, Bernaud, baron de Thorey, etc., et de Catherine Jolly (S. R.).

— Nicolas-Claude, seigneur de Margency, mort le 22 mars 1772 à soixante-cinq ans, époux de Geneviève Martin (S. R.).

— Apolline-Marie, née le 22 mars 1772 ; Adélaïde-Geneviève, née le 23 mars 1774, et Abel-Hector, né le 10 mai 1775 (S. R.), et Amaranthe-Thérèse, née le 19 mars 1779 (S. E.), enfants de Jean-Jacques, écuyer, seigneur de Margency, fermier général, et de Marguerite-Adélaïde Andouillé.

Thevet de Marsac (André-Jean-François), né à Philippeville le 3 juillet 1775 et baptisé à Paris en avril 1787, fils d'André, seigneur de Lugeat, et de Marie-Louise-Armande d'Yzarn de Villefort (S. J. du H. P.).

Thiard (Anne-Louis de), né le 8 mai 1715 (S. R.), et Françoise-Angélique-Josèphe, née le 3 février 1720 (S. S.), enfants d'Anne-Claude de Thiard, marquis de Bissy, brigadier des armées du roi, et d'Angélique-Henriette-Thérèse Chauvelin.

— Claude, né le 13 octobre 1721, et Henri-Charles, né le 7 janvier 1723, enfants de Claude, comte de Bissy, et de Silvie-Angélique Andrault de Langeron (S. S.).

— Claude, comte de Bissy, sous-lieutenant de gendarmerie, mort le 2 juillet 1723 à trente-cinq ans (S. S.).

— Henri-Pons, cardinal de Bissy, évêque de Meaux, mort le 26 juillet 1737 (S. S.).

— Joseph, comte de Bissy, inhumé le 11 avril 1747 à quatre-vingt-deux ans (S. S.).

— Claude, comte de Bissy, mort le 27 mai 1754 à quatre-vingt-onze ans (S. S.).

Thiballier (Louise de), morte le 6 février 1672, veuve de Théodore Bochard, chevalier, seigneur du Ménillet, vice-amiral (S. A. des A.).

Thibaud de la Rochethulon (Louise-Charlotte de), morte le 30 juin 1786 à quatre-vingt-un ans, veuve de Louis-René de Courtarvel, marquis de Rezé (S. S).

Thibault (François-Silvie), née le 10 juin 1719, et François, né le 1er janvier 1723, enfants de Jean-François, chevalier, seigneur de Boisgnorel, et de Jeanne-Marthe Biet (S. S.).

— Gabriel, chevalier, seigneur de la Carte, colonel de dragons, mort le 21 avril 1749 à quatre-vingt-cinq ans (S. R.).

— Henri-François, fils de Louis-Philippe, seigneur de la Carte, marquis de la Ferté-Senecterre, et de Marie-Anne de Rabodanges. marié le 24 avril 1780 à Jeanne-Marie Amelot, fille d'Antoine-Jean, marquis de Chaillou, et de Françoise-Marie le Gendre, dont : Antoinette-Henriette-Adèle, née le 20 février 1781 ; Ariane-Rosalie-Françoise, née le 4 août 1782, et Marie-Pauline-Aurélie, née le 19 mars 1788 (S. S.).

— François, comte de la Garde, fils de N., seigneur de Saint-Angel, et d'Anne-Marie de Beignats, marié le 4 janvier 1791 à Amélie-Joséphine-Françoise de Bourdeilles, fille d'Henri-Joseph, mestre de camp de cavalerie, et de Marguerite-Henriette Dexmiers d'Archiac Saint-Simon (S. S.).

Thibert des Martrais (Marie-Madeleine), morte le 2 mai 1780 à soixante-trois ans, veuve d'Henri-Claude, comte d'Harcourt (S. S.).

Thiboust (Marie-Louise de), née le 5 juillet 1770, fille de Jacques, comte de Durcet, et de Marie-Louise Pegné (S. S.).

Thiers (Jean-André de), né le 21 novembre 1724, fils de Jean-André, et de Marguerite Pottier (S. S.).

Thiersault (Hilaire-Ursule de), morte le 26 octobre 1767 à soixante-seize ans, veuve de Louis-François du Bouchet, comte de Sourches (S. S.).

Thimonet des Gaudières (Charles-Louis de), sous-lieutenant aux gardes françaises, fils de Charles-Désiré, seigneur d'Amblond, et d'Anne-Agnès Lombard, marié le 19 avril 1787 à Anne-Perrette Guillaume de Chavaudon, fille de Pierre, comte de Sainte-Maure, seigneur de Charley, et de Catherine-Renée Chaillou de Jonville (S. S.), dont : Alexis-Louis-Charles-René, né le 17 janvier 1788 (S. E.).

Thiroux (Amable-Marie-Bonne), née le 13 mars 1750, fille de Philibert, chevalier, seigneur de Chammeville, et de Geneviève-Thérèse de Colabeau (S. J. en G.).

— Catherine, morte le 2 juillet 1759 à quarante-huit ans, épouse de Charles-François Huguet de Sémonville, chevalier, seigneur de Dardenay (S. P.).

— Adélaïde-Louise-Geneviève, née le 5 mars 1768, fille d'André-Claude, seigneur de Gervilliers, et d'Adélaïde-Thérèse Savalette (S. R.).

— Jacqueline-Ursule, demoiselle de Gerseuil, morte le 9 février 1782 à cinquante-cinq ans, épouse de Pierre-Daniel Bourrée de Corberon, conseiller du roi (S. J. en G.).

— Adèle-Pierre-Marie, né le 26 et mort le 28 février 1784, fils de Claude-Philibert, seigneur de Montigny et d'Ouarville, et de Marie-Françoise du Buc (S. M. M. la V. l'E.).

— Marie-Perrette, née le 3 février 1786, et Constance-Marie-Herminie, née le 11 septembre 1787, filles de François-Charles-Claude, comte de Médavy, et d'Antoinette-Henriette de Gaignon de Vilennes (S. S.).

— Denis-Philibert, seigneur de Montsauge, de la Bretesche, mort le 3 octobre 1786 à soixante-onze ans (S. M. M. la V. l'E.).

— Pierre-Marie, seigneur de Villemesle, mort le 7 mars 1789 à soixante-quinze ans, veuf d'Anne-Philiberte Thiroux de Lailly (S. N. des Ch.).

— Madeleine, demoiselle de Monregard, native de Paris, morte le 12 mai 1811 à soixante-quatorze ans, veuve de François-Martial de Choiseul-Beaupré, lieutenant général (X[e] arr.).

Thiry d'Holbach (Amélie-Suzanne), née le 13 janvier 1759, et Louise-Pauline, née le 19 décembre 1759, filles de Paul, baron de Heere, et de Charlotte-Suzanne d'Aine (S. R.).

THOLOZAN (Marie-Benoîte de), native de Lyon, morte le 14 mars 1811 à cinquante-deux ans, épouse de Léon-Edme–François le Gendre d'Onsembray (X⁰ arr.).

THOMAS (Marie-Louise de), née le 3 août 1748 ; François–Louis–Clair, né le 13 février 1750 ; Louis-Jean-Baptiste, né le 27 octobre 1753, enfants de Joseph-François, marquis de la Valette, et de Marie d'Alencé (S. R.).

— Gaspard, chevalier de la Valette, ancien évêque d'Autun, abbé de Figeac, de Cahors, mort le 10 juillet 1748 (S. R.).

— Jean-Baptiste, fils de Jean-Baptiste-Louis–Benoît, seigneur de Pange, et de Françoise de Thumery, marié le 14 février 1752 à Marie-Adélaïde Chambon, âgée de vingt–sept ans, fille de Pierre, marquis d'Arbouville, et de Marie-Anne-Françoise de Montmorin de Saint-Hérem (S. S.).

— Françoise-Louise, née le 11 décembre 1757, et Jean-Baptiste-Philippe, mort le 18 février 1758, enfants de Jean-Baptiste, chevalier, seigneur de Pange, trésorier général, et de Jacques-Philippe–René d'Épinoy (S. P.).

— Joseph-François, marquis de la Valette, mort le 16 novembre 1765 à trente-six ans, veuf de Marie d'Alencé (S. R.).

— Anne-Louise-Adélaïde, demoiselle de Pange, morte le 3 juin 1777 à vingt-cinq ans, épouse de François-Antoine, comte de Berchény (S. S.).

— Jean-Baptiste, marquis de Pange, mort le 16 août 1780 à soixante-trois ans, veuf de Jacques-Philippe–Renée d'Épinoy (S. S.).

—Antoine-Henri-Camille, né le 18 février 1782, fils de Louis-Clair, marquis de la Valette, et d'Anne-Louise de Galléan de Gadagne (S. E.).

— Marie-Louis, fils de Jean-Baptiste, marquis de Pange, et de Jacques-Philippe-Renée d'Épinoy, marié le 24 août 1784 à Marie-Félicité-Victorine-Joséphine de Valicourt, fille du comte Marie-Maximilien, et de Marie-Madeleine–Josèphe de Calonne (S. S.).

— Anne-Marie-Jacques-Pauline, demoiselle de Domangeville, morte le 8 août 1789 à vingt ans huit mois, épouse de

Jean-Baptiste Chastel de Boinville, chevalier, receveur général des finances (S. S.).

Thomassin (Edmond), avocat du roi, fils d'Edmond, et de Perrette Mancel, marié le 9 novembre 1677 (S. A. des A.).

— Henriette-Marie-Josèphe, née le 12 octobre 1757, fille de Joseph-Étienne, marquis de Saint-Paul, et de Louise-Josèphe de Marbœuf (S. S.).

Thory (Pierre de), chevalier, seigneur d'Estefay et Billancourt, fils de Pierre, chevalier, et de Louise de Réli, marié le 29 août 1680 à Marguerite Hardy, fille de François, écuyer, et de Marguerite Duval (S. A. des A.).

Thou (Christophe-Auguste de), grand maître des eaux et forêts de l'Isle de France, inhumé le 29 février 1588 (S. A. des A.).

— Jean-Auguste, inhumé le 22 avril 1590, fils de Christophe-Auguste, grand maître des eaux et forêts de France, sieur du Plessis (S. A. des A.).

— Louis-Auguste, comte de Meslay, inhumé le 7 octobre 1672, fils de Jacques-Auguste, président au parlement de Paris et ambassadeur en Hollande, et de Marie Picardet (S. A. des A.).

— Jacques-Auguste, conseiller du roi, président au Parlement, ambassadeur en Hollande, mort le 26 septembre 1677 et inhumé le 27 avec son fils Charles-Gabriel-Auguste, rapporté de Saint-Sulpice (S. A. des A.).

— Jacques-Auguste, mort le 26 octobre 1677 à soixante-huit ans (S. S.).

— Marie-Charlotte, morte le 13 avril 1738 à quatre-vingt-six ans six mois, fille de Jacques-Auguste, et de Marie Picardet (S. S.).

— Jacques-Auguste, abbé de Samers, mort le 17 avril 1746 à quatre-vingt-onze ans un mois quinze jours (S. S.).

Thoynard (Madeleine), morte le 17 décembre 1766 à quarante-sept ans, veuve de Louis-Arnaud de la Briffe (S. S.).

Thoynet (Joséphine-Françoise-Marie), née le 9 février 1773, fille de François, trésorier-général des ponts et chaussées de France, et de Marie-Françoise Regnault (S. E.).

Trubières de Caylus (Gabriel de), abbé de Loc-Dieu, mort le 20 mars 1677 à soixante-cinq ans (S. S.).

Thumery (René de), sieur de Boissise, chevalier, mort le 11 avril 1747 à soixante-douze ans trois mois (S. J. en G.).

— Madeleine, morte le 10 janvier 1762 à quatre-vingt-cinq ans, veuve de Jean-Baptiste de Flecelles, seigneur et comte de Brégy (S. P.).

Tiercelin de Brosse (Angélique-Henriette-Marie), morte le 6 mars 1766 à cinquante-quatre ans, épouse de Louis-Henri de Pons, marquis de Sarcus (S. S.).

Tillet (Marie du), inhumée le 6 mai 1588, fille d'Hélie, conseiller du roi, sieur de Goy (S. A. des A.).

— Françoise, baptisée le 6 et inhumée le 10 septembre 1590, fille de Pierre, marchand, et de Marie Deviau (S. A. des A.).

— François, chevalier, seigneur de Bellefaye-la-Forêt, conseiller du roi, mort le 3 janvier 1673 (S. A. des A.).

— Jean, seigneur et baron de la Bussière, conseiller du roi, inhumé le 13 novembre 1677 (S. A. des A.).

— Charlotte-Henriette, née le 25 octobre 1755, fille de Charles-Jean-Baptiste, chevalier, marquis de Villarceaux, comte de Sérigny, et d'Henriette-Louise d'Illiers (S. P.).

— Charles-Claude, colonel d'infanterie, fils du marquis Charles-Claude, et de Marie-Marguerite de Cœuret, marié le 21 juin 1763 à Charlotte-Geneviève Pellard de Sebbeval, fille de Crescent-Antoine-Pierre, conseiller du roi, et de Charlotte-Frédérique-Catherine Grisot (S. Laurent) dont : Charles-Antoine-Claude, né le 1er avril 1764, mort le 2 juin 1765 ; Geneviève-Frédérique-Charlotte, née le 6 juin 1765; Marie-Charlotte-Henriette-Joséphine, née le 29 avril 1767 ; Charles-Louis-Alphonse, né le 7 septembre 1768, et Innocent-Antoine-Guillaume, né le 16 janvier 1774 (S. M. M. la V. l'É.).

— Marquis Charles-Claude-François, mort le 21 novembre 1783 à cinquante-sept ans (S. M. M. la V. l'É.).

Tillier (Marie-Gabrielle le), morte le 5 mai 1718 à soixante-douze ans, veuve d'Agésilas de Grossolles, comte de Flamarens (S. R.).

Tilly (Rose-Marthe de), morte le 10 janvier 1723 à vingt-quatre ans, fille de Charles, marquis de Blaru, et de Catherine-Élisabeth Menneville (S. S.).

— Marie-Élisabeth, née le 30 septembre 1727, fille de François-Bonaventure, chevalier, marquis de Blaru, et de Marie-Anne Le Nain (S. S.).

— N., né le 30 septembre 1787, fils du vicomte Charles-Louis-Auguste-Casimir Marie, et de Marie-Jeanne-Adélaïde Hamelin (S. M. M. la V. l'É.).

Timbrune-Thiembrone (Jean-Cyrus-Marie-Adélaïde de), mestre de camp, fils de Vincent-Sylvestre, comte de Valence, marquis de Ferrières, et de Marie-Louise de Losse, marié le 3 juin 1784 à Edme-Nicole-Pulchérie Brulart, fille de Charles-Alexis, comte de Genlis, brigadier des armées du roi, et d'Étiennette-Félicité du Crest (S. S.) dont : Charles-Emmanuel-Silvestre, né le 27 décembre 1785, mort le 21 janvier 1786 ; N., née le 29 juin 1787, et N., née le 7 octobre 1789 (S. E.).

Tissard (Catherine-Louise de), morte le 29 août 1752 à vingt-huit mois, fille de N., marquis de Rouen, et de Catherine-Marthe de Gourgues (S. R.).

Tissot de la Barre (Jean-François-Xavier), conseiller du roi, fils de Pierre-François, seigneur de Mérona, et d'Ursule-Françoise de Boissard, marié le 5 mai 1778 à Sophie-Angadrême du Hamel, fille de François-Pierre, et de Catherine-Thérèse Desvignes, dont : Albert-Joseph-François, né le 24 octobre 1781, et Albert-Louis-François-Xavier, né le 6 avril 1783 (S. S.).

Titon (Louis-Maximilien), écuyer, seigneur d'Ognon, de Ville-genou, mort le 17 mai 1758 à soixante-dix-sept ans (S. P.).

— Daniel-Jacques, maître des comptes, mort le 9 juin 1783 (S. L. en l'Ile).

Toison de Rocheblanche (Charlotte-Laurence-Ursule de la), née à Saint-Domingue le 13 janvier 1773 et baptisée à Paris en 1774, et Jean-Baptiste-Ursule-Auguste, né le 3 janvier 1774, enfants de Louis, et d'Ursule de Caradeuc (S. E.).

Tolède (Charles-Gabriel de), âgé de soixante-seize ans, fils de Charles, seigneur de Launay, et de Marie-Henriette Dufaur, marié le 25 janvier 1777 à Marie-Jeanne-Charlotte Pasquier, veuve de Mathurin-René Duvy des Varannes, receveur des tailles (S. S.).

Tomé (Louise-Philippine), morte le 18 mai 1724 à trente-cinq ans, épouse de Louis-Thomas du Bois de Fiennes, marquis de Leuville, maréchal des camps et armées du roi (S. S.).

Tonnelier (Jean le), baptisé le 1 janvier 1572, et Jeanne, baptisée le 20 mars 1576, enfants d'Antoine, avocat, et de Geneviève Prévost (S. N. des Ch.).

— « Le quinziesme jour de septembre mil cinq centz quatre-vingtz-dix-neuf, fut baptizée Catherine, fille de noble homme M° Estienne Tonnellier, conseiller du roy en son grand conseil, et de damoiselle Marie Brissonnet, sa femme. Parrein, noble M° Jean Amelot, conseiller du roy et président en sa cour de Parlement. Marreines : damoiselle Catherine de Paluau veufve de feu M° Pierre Pithou, advocat, et Louise Pithou sa fille (S. Benoît).

— Marie-Anne, née le 18 octobre 1655, fille de Louis, seigneur de Breteuil, et de Chrétienne le Court (S. J. en G.).

— Catherine, morte le 16 février 1664 à soixante-quatre ans cinq mois, veuve d'Ambroise Rousselet, conseiller du roi en ses conseils et son procureur général aux requêtes de l'hôtel (S. J. en G.).

— Étienne, conseiller du roi, inhumé le 4 février 1698 (S. Victor).

— Marie-Élisabeth, morte le 4 juin 1702 à neuf mois, et Étienne-Pierre, mort le 24 octobre 1709, enfants de Pierre-Étienne, et de Marie-Gabrielle Le Gras (S. Victor).

— Marie-Anne-Charlotte-Sophie, morte le 25 mars 1727 à deux ans deux mois, fille de Claude-Charles, seigneur de Breteuil, et de Laure O'Brien (S. P.).

— Pierre-Étienne, mort le 7 août 1732 à soixante-douze ans (S. Victor).

— Élisabeth-Jeanne, morte le 23 octobre 1741 à trente-trois ans (S. Victor).

— Charlotte-Laure-Olympe, née le 12 octobre 1779, Achille-Charles-Stanislas-Émile, né le 29 mars 1781 (S. R.) et Louis-Élisabeth, né le 21 avril 1783 (S. M. M. la V. l'É), enfants de Claude-Stanislas, vicomte de Breteuil, et d'Olympe-Marguerite-Geneviève de Siry de Marigny (S. R.).

— Élisabeth-Théodore, grand'croix de Malte, abbé de la Charité, de Saint-Éloi de Noyon et de Notre-Dame de Livry, mort le 22 juillet 1781 à soixante-huit ans (S. R.).

— Jacques-Laure, chevalier de Breteuil, grand'croix de Malte, mort le 25 août 1785 à soixante-deux ans (S. M. M. la V. l'É.).

— Gabrielle-Rosalie, morte le 16 juillet 1792 à soixante-cinq ans, épouse de Louis-Armand-Constantin de Rohan-Montbazon, vice-amiral (S. Th. d'A.).

Tonquedec (Claire-Marie-Mathilde de), native de Morlaix, morte le 18 septembre 1834 à dix-neuf mois, fille de Pierre-Marie-René, marquis de Crenolle, et de Claire-Nicole de la Gonde (X^e arr.).

Torcy (Jean-Éléonore-Victoire, comte de) mort le 29 avril 1770 à cinquante-neuf ans (S. E.).

Tot (Jean-Alexandre du), comte de Varneville, mort le 15 juin 1755 à cinquante-sept ans (S. M. M. la V. l'É.).

Toulongeon (Catherine-Charlotte de), née le 28 octobre 1746, morte le 4 juillet 1750, fille du comte Jean-François-Joseph, et d'Anne-Prosper Cordier de Launay (S. M. M. la V. l'É.).

— Edme-Joseph-Hippolyte, né le 15 mars 1779 (S. E.), et Emmanuel-Louis, né le 25 février 1788 (S. M. M. la V. l'É.), enfants du comte Anne-Edme-Alexandre (*alias*-Emmanuel-Louis), capitaine de dragons, et d'Edmée-Antoinette-Marie de Duffort.

— Marie-Marguerite, morte le 6 décembre 1783 à seize ans (S. M. M. la V. l'É.).

Toulouse (Bernard de), comte de Lautrec, capitaine au régiment des gardes-françaises, mort le 28 février 1768 à soixante-douze ans (S. J. du H. P.).

Tour (Henri-Auguste de la), marquis d'Ayzenay, mort le 14 mai 1759 à soixante-un ans (S. R.).

Tour (Joseph-Amédée du), né le 6 mars 1787, fils du vicomte Joseph, et de Marie-Joseph-Aimée de Sauvage.

Tour d'Auvergne (Louis de la), chevalier de Malte, mort le 21 mai 1687 à douze ans, fils de Frédéric-Maurice, et de Henriette-Françoise de Hohenzollern (S. S.).

— Marie-Madeleine, morte le 25 septembre 1699 ; N., né le 28 et mort le 30 décembre 1699 ; Godefroi-Maurice, né le 4 mai 1701, et Charles-Godefroy, né le 11 juillet 1706, enfants d'Emmanuel-Théodose, duc d'Albret, et de Marie-Victoire de la Trémoille (S. S.).

— Louis-Claude-Maurice, né le 28 mai 1719 ; Nicolas-François-Julie, né le 10 août 1720 ; Anne-Marie-Étienne, née le 28 mars 1723, morte le 30 mars 1730, enfants du comte Jean-Maurice, et de Claude-Catherine de Sainctot (S. S.).

— Godefroy-Géraud, né le 2 juillet 1719, fils d'Emmanuel-Théodose, et de Louise-Françoise-Angélique le Tellier (S. S.).

— Godefroy-Jules, né le 19 décembre 1720, mort le 11 avril 1725 ; Marie-Adélaïde, née le 5 décembre 1721, morte dans la nuit du 5 au 6 janvier 1727 ; Godefroy-Charles-Alexandre, né le 22 août 1725, mort le 16 mai 1733, enfants de Frédéric-Jules, et de Catherine-Olive de Trent (S. S.).

— Godefroy-Maurice, duc de Bouillon, mort le 25 juillet 1721 à quatre-vingt un ans (S. S.).

— Anne-Marie-Louise, née le 3 août 1722, fille d'Emmanuel-Théodose, duc de Bouillon, et d'Anne-Marie-Christine de Simiane de Gordes (S. S.).

— Marie-Louise-Henriette-Jeanne, née le 12 août 1725 ; N. né le 27 janvier 1728, enfants de Charles-Godefroy, prince de Bouillon, et de Marie-Charlotte Sobieska (S. S.).

— Élisabeth, morte le 24 décembre 1725 à cinquante-neuf ans (S. S.).

— Emmanuel-Théodose, duc de Bouillon, mort le 16 mai 1730 à soixante-trois ans, époux de Louise-Henriette-Françoise de Lorraine, dont : N., née à Arcueil le 21 décembre 1728, et baptisée à Paris en 1738.

— Frédéric-Jules, mort le 28 juin 1733 à soixante-deux ans trois mois, époux de Catherine-Olive de Trent (S. S.).

— Frédéric-François, né le 22 juin 1744, fils de Frédéric, et de Marguerite de Rouvroy (S. M. M. la V. l'É.).

— Henri-Oswald, mort le 24 avril 1747 à soixante-dix-sept ans (S. S.).

— N., né le 15 janvier 1746; Charles-Godefroy-Louis, né le 22 septembre 1749; Louis-Henri, né le 20 février 1753, mort le 7 mars 1753; N., née et morte le 3 avril 1756; enfants de Godefroy-Charles-Henri, prince de Turenne, et de Louise-Henriette-Gabrielle de Lorraine (S. S.).

— Louise-Julie, morte le 1er novembre 1750, veuve de François-Armand de Rohan, prince de Montbazon (S. M. M. la V. l'É.).

— Louis, comte d'Évreux, mort le 20 janvier 1753 à soixante-dix-huit ans (S. M. M. la V. l'É.).

— Charlotte-Marie-Louise, née le 10 novembre 1763 (S. S.); Marie-Louise, morte le 18 février 1765 à deux ans trois mois (S. P.); Charles-Marie, né le 15 février 1765 (S. S.), enfants naturels de Godefroy-Charles-Henri, et de Marie Blouin.

— Godefroy-Maurice-Marie-Joseph, né le 20 novembre 1770; Jacques-Marie-Henri, mort le 2 avril 1774 à dix-huit mois; François-Joseph-Henri, né le 27 février 1774, mort le 21 février 1775, et Françoise-Honorine-Adélaïde, née le 14 avril 1776, enfants de Nicolas-François-Julie, comte d'Apchier et de Montsuc, et d'Élisabeth-Louise-Adélaïde de Scépeaux de Beaupréau (S. S.).

— Jacques-Léopold-Gaspard, mort le 29 octobre 1779 à trois ans quatre mois, fils de Jacques-Léopold-Charles-Godefroy, et de Marthe Serson (S. S.).

— Thomas-Louis, chevalier de Corret, mort le 5 février 1784 à trente-six ans (S. R.).

Tour du Pin (Charles-Frédéric de la), né le 7 novembre 1694 (S. E.). et baptisé le 12 novembre 1709 (S. S.) fils de Charles-Barthélemy, marquis de Gouvernet, et d'Émilie de la Rochalar (S. S.).

— Jean-René, comte de Montauban, marié le 21 février 1708 à

Marie-Louise de Rochon de la Motte, dont : N., né le 26 septembre 1709 (S. S.).

— René-Jean-Mans, né le 26 juillet 1750, fils de Philippe-Antoine-Gabriel-Charles-Victor, marquis de la Charce, et de Jeanne-Madeleine Bertin (S. J. en G.).

— Cécile-Suzanne, née le 24 février 1756, Renée-Pauline, née le 14 juin 1757, et Frédéric-Séraphin, né le 6 janvier 1759, enfants de Jean-Frédéric, comte de Paulin, marquis de la Roche-Chalais et de Gouvernet, et de Cécile-Marguerite-Séraphine Guinot de Mauconseil (S. S.).

— Marie-Anne, demoiselle de Montauban, morte le 11 novembre 1760 à quarante-neuf ans (S. S.).

— N., mort le 23 avril 1762 à quinze ans (S. P.).

— Charles-Frédéric, marquis de Gouvernet, mort le 20 avril 1775 à quatre-vingts ans, époux de Suzanne-Catherine Gravet de Livry (S. S.).

— Adélaïde-Suzanne-Charlotte, née le 30 mai 1777, et Antoine-Victor-Louis-René, né le 25 juin 1778, enfants de Jean-Frédéric, vicomte de la Charce, et de Adélaïde-Marguerite Pajot (S. N. des Ch.)

— René-Jean-Mans, marquis de la Charce, colonel d'infanterie, veuf de Louise-Agathe de Saint-Antoine de Saint-André, remarié le 26 mars 1778 à Louise-Charlotte de Béthune-Pologne, fille de Joachim-Casimir-Léon, comte des Bordes, et d'Antoinette-Louise-Marie Crozat de Thiers (S. S.), dont : René-Louis-Victor, né le 22 août 1779 (S. M. M. la V. l'É.).

— René-Amable-Louis, né le 15 mars 1780, et Alexandre-Louis-Henri, né le 13 avril 1783, fils de René-Charles-François, comte de Chambly, et d'Angélique-Louise-Nicole de Bérulle (S. E.).

— Alexandrine-Lucrèce, morte le 20 avril 1780 à vingt-trois ans, épouse de Joseph-Pierre, comte de Révilliasc (S. E.).

— Alexandre-César, fils de Jean-Alexandre, marquis de Vissec, et de Louise de Broche, marié le 10 décembre 1783 à Charlotte-Françoise-Félicité-Odile de Rancher, fille de François-Michel-Antoine, marquis de la Ferrière, et de Thérèse-Hélène-Odile Testu de Balincourt (S. S.).

— Arthur-Frédéric-Humbert, né le 19 mai 1790, fils de Frédéric, comte de Gouvernet, et d'Henriette-Lucie de Dillon (S. E.).

Tour des Bains Saint-Vidal (Christophe-Ignace de la), comte de Choisinet, mort le 13 février 1762 à soixante ans (S. P.).

Tour la Voivre (Emmanuel-Dieudonné, comte de la), capitaine de grenadiers, fils de François-Hyacinthe, seigneur de Boncourt, et de Louise-Charlotte, comtesse de Nay et de Richecourt, marié le 16 février 1779 à Éléonore-Raymonde de Seiglières de Belleforière, fille de Joachim-Charles, comte de Soyecourt, et de Marie-Silvine de Bérenger (S. S.).

Tour-Taxis (Henri-François de la), mort le 4 décembre 1700 à dix-huit ans, fils du prince Eugène-Alexandre, et d'Anne-Adélaïde de Furstenberg (S. S.).

Tourlaville (Jean-Baptiste de), mort le 19 avril 1680 à deux ans et demi, fils de Philippe, et d'Anne Fardouel (S. S.).

Tournelle (Gilles de la), prieur de Notre-Dame de Talvier près de Lyon, mort le 20 février 1699 à cinquante-sept ans (S. S.).

— Marquis Roger, seigneur de Chaumard et Corancy, lieutenant, capitaine au régiment des gardes-françaises, gouverneur des villes de Marsal, Gravelines, Bourbourg, fils de Charles, chevalier, seigneur de la Tournelle, Maisoncomte, Beauregard, etc., et de Marie Brachet, mort le 6 octobre 1700 à soixante-un ans, marié le 31 juillet 1685 à Anne-Polyxène de Harville des Ursins, fille de François, marquis de Palaiseau et de Trainel, gouverneur de Charleville et du Mont-Olympe, et d'Anne de Comans, dont : Charles, né le 26 février 1687, et N., née le 31 octobre 1694 (S. S.), morte le 2 juin 1695 (S. P.)

— Nicolas-François, chevalier, seigneur d'Auger et de la Salle, mestre d'un régiment de cavalerie, frère du précédent, mort le 3 mai 1701 à cinquante ans, marié le 3 février 1701 à Marie d'Abos, veuve de François le Boucher, seigneur de la Chauvilloire, grand-maître des eaux et forêts de Touraine, Anjou et Maine, et fille de Léonor, seigneur de Fréminville, et de Catherine de Frédet (S. S.).

— Henriette-Armande, morte le 27 avril 1713 à soixante-huit

ans, veuve de Charles le Brun, seigneur du Breuil, gouverneur des ville et prévôté de Donchery (S. S.).

— Roger-Charles, chanoine de la Sainte-Chapelle royale de Dijon, prieur de Saint-Christophe de Château-Chinon, mort le 15 septembre 1720 (S. Étienne-du-Mont).

— Comte Antoine-François-Charles, seigneur de Leugny, Auger, Sénan, capitaine dans le régiment royal étranger cavalerie, fils de Nicolas-François, marquis de la Tournelle, et d'Anne-Marie-Louise le Vayer, marié le 1 juillet 1728 à Thérèse Baillon, fille de François, seigneur de Blampignon, chevalier de l'ordre de Saint-Michel, et de Gillette Perrigny (Passy), dont : Louise-Françoise, née le 14 mars 1730 (S. P.), morte le 5 août 1734, et Jeanne-Charlotte, née le 13 avril 1732 (S. S.).

— Marquis Jean-Baptiste-Louis, seigneur de Corancy et de Chaumard, capitaine dans le régiment Royal-Étranger, fils de Roger, et de Jeanne-Charlotte du Deffand de la Lande, mort le 23 novembre 1740 à vingt-deux ans, marié le 19 juin 1734 à Marie-Anne de Mailly, fille de Louis, marquis de Nesle, prince d'Orange, chevalier des ordres du roi, et d'Armande-Félicie de la Porte-Mazarin de la Meilleraye (S. S.).

— Marie-Louise-Françoise, sœur du précédent, morte le 20 janvier 1745 à vingt-cinq ans moins onze jours (S. P.).

— « Du quatre frimaire l'an second de la République française une et indivisible, acte de divorce de Jean-Baptiste-Louis la Tournelle, âgé de soixante ans, né à Leugny, domicilié à Paris, fils de deffunts Antoine-François-Charles la Tournelle, et de Thérèse Baillon son épouse, et Marie-Anne-Judith Chastelux, âgée de soixante-un ans, née à ....., domiciliée à Paris, fille de deffunts Guillaume-Antoine Chastelux, et de Claire-Thérèse Daguesseau, son épouse. — Les actes préliminaires sont : trois procès-verbaux d'assemblée en datte du dix-sept mai, dix-neuf juillet dernier, et premier jour de la première décade du second mois dernier, reçus par un officier municipal et duement signiffiés, desquels il résulte la preuve que les époux n'ont pu être conciliés, précédés des citations y dattées et suivie d'une à ce jour et heure, à l'effet de voir prononcer le divorce. Ledit acte de divorce prononcé aux termes de la loi par l'officier public qui a signé au registre avec la partie et les témoins. (Reg. VIII, n° 14.)

Tournon (Jean-Baptiste-Marc-Antoine de), fils de Marc, marquis de Claveyson, et d'Anne-Catherine de Baudinet de Romanet, marié le 23 mars 1782 à Rose-Marie-Hélène de Tournon, veuve de Jean-Baptiste, vicomte du Barry, et fille du comte Hugues-François, et de Jeanne-Marie de Trélemont (S. S.).

Tourrette (Henri-François de la), né le 8 octobre 1710, fils de Jean-François, et de Marie-Anne Poulain (S. A. des A.).

Tourteau de Septeuil (Achille-Jean-Louis) né le 17 avril 1787, Antoinette-Caroline-Euphrasie, née le 23 avril 1788 (S. E.), et Constance-Stéphanie, née le 6 juin 1791 (S. R.), enfants de Jean-Baptiste, et d'Angélique-Euphrasie Pignon.

Tousard (Thérèse), morte le 17 avril 1755 à cinquante-trois ans, épouse de Léonard du Cluzel, chevalier, seigneur de Chabrerie (S. R.).

Toustain (François de), seigneur d'Escrennes, veuf d'Anne-Catherine Rolier, remarié le 15 février 1713 à Marie-Jeanne de Mailly, fille de Jean, seigneur de Trouville, et de Marguerite d'Havart d'Autel (S. A. des A.).

— N., né et mort le 8 mai 1767 (S. R.); Victor-Louis-Alexandre, né le 28 février 1774, et Aglaé-Marie-Anne, née le 12 mars 1779 (S. E.), enfants du marquis Claude-Alexandre, seigneur d'Escrennes, et de Marie-Anne-Françoise Ollivier.

Touwianski (Christophe, comte de), grand chambellan du roi de Pologne, mort le 10 septembre 1764 à cent quatre ans (S. M. M. la V. l'É.).

Touzet (Gilbert), mestre de camp d'infanterie, chevalier de Saint-Louis, mort le 2 janvier 1792 à soixante-trois ans (S. R.).

Tramecourt (Victor-Marie-Léonard de), né à Lille le 26 février 1807, fils du comte Marie-Albert-Eugène-Régis, et de Marie-Louise-Françoise de Brandt de Galametz, marié le 29 juin 1835 à Aline-Marie-Cécile de Tramecourt, née à Douai le 22 novembre 1808, fille du comte Marie-Alexandre-Joseph-Léonard, mort à Givenchy en décembre 1809, et de Marie-Claire-Hortense de Brandt (X⁰ arr.).

Tranchet (François du), sieur de Larjasse, mort le 26 septembre 1690 (S. A. des A.).

Traqueau (Marie-Charlotte-Suzanne), née le 23 juin 1660 et baptisée sous condition le 6 septembre 1688, fille de Jacques, marquis de la Jarrie, et de Jacqueline de Maurienne (S. A. des A.).

Travers (Jean-Victor, baron de), mort le 3 septembre 1776 à cinquante-cinq ans (S. S.).

Traversier (Suzanne-Pauline-Élisabeth de), née le 27 janvier 1775, fille de Jean-Antoine, marquis de la Pujade, et de Louise-Geneviève-Françoise Verdeaux (S. S.).

Tremblaye (Marie-Anne de la), morte le 6 mai 1725 à soixante-sept ans, veuve de René de Montbel, seigneur de Champeron (S. S.).

Tremeolles de Barges (Charlotte-Suzanne de), morte le 1 février 1753 à soixante-quatorze ans (S. J. en G.).

— Marie, morte le 16 octobre 1779 à quatre-vingt-quinze ans (S. J. en G.).

Trémoille (N. de la), duc de Thouars, mort le 10 mai 1687 à vingt-huit mois, fils du duc, et de Madeleine de Créqui (S. S.).

— Marie-Victoire-Armande, morte le 5 mars 1717 à trente-neuf ans, épouse d'Emmanuel-Théodose de la Tour d'Auvergne, duc d'Albret (S. R.).

— Duc Charles-Bretagne, mort le 9 octobre 1719 à trente-sept ans (S. P.).

— Antoine-François, duc de Noirmoutier, mort le 18 juin 1733 à quatre-vingt-un ans (S. S.).

— Jean-Bretagne-Charles-Godefroy, né le 4 février 1737; Marie-Charlotte-Geneviève, née le 5 mars 1740, morte le 22 mars 1744, enfants du duc Charles-Armand-René, et de Marie-Victoire-Hortense de la Tour d'Auvergne (S. R.).

— Duc Charles-Armand-René, mort le 23 mai 1741 à trente-trois ans quatre mois neuf jours (S. S.).

— Louis-Stanislas, mort le 17 septembre 1749 à quinze ans et demi, fils d'Anne-Charles-Frédéric, comte de Taillebourg, et de Marie-Louise Jablonowska (S. S.).

— Anne-Charles-Frédéric, comte de Taillebourg, mort le 20 novembre 1759 à quarante-huit ans (S. S.).

— Jean-Bretagne-Charles-Godefroy, duc de Thouars, veuf de Marie-Jeanne-Geneviève de Durfort, remarié le 20 juin 1763 à Marie-Maximilienne-Louise-Emmanuelle-Geneviève-Sophie de Salm, fille de Philippe, prince de Kirbourg, et de Marie-Thérèse-Josèphe de Hornes, dont : 1° Charles-Bretagne-Marie-Joseph, prince de Tarente, né le 24 mars 1764 (S. J. du H. P.); marié le 10 juillet 1781 à Louise-Emmanuelle de Châtillon, âgée de dix-huit ans, fille du duc Louis-Gaucher, et d'Adrienne-Émilie-Félicité de la Baume le Blanc de la Vallière, dont : Adrienne-Caroline-Félicie, née le 26 octobre 1788, morte le 15 février 1791 (S. S.); 2° Antoine-Philippe, prince de Talmont, marié le 26 janvier 1785 à Henriette-Louise-Françoise d'Argouges, fille du comte Michel-Pierre-François, et d'Henriette-Charlotte-Marie de Courtarvel, dont : Charles-Léopold Henri, né le 2 novembre 1786 (S. S.), mort le 7 novembre 1815, époux de Claire-Louise-Augustine-Félicie-Maclovie de Durfort de Duras (X° arr.).

Trémolette (Jean-Joseph-Paul-Antoine de), duc de Montpezat, mort le 24 mars 1785 à soixante-dix ans (S. S.).

Trémolières (Jean-Pierre de), écuyer, capitaine de vaisseau de la Compagnie des Indes, mort le 22 décembre 1766, époux de Marie-Élisabeth de Fay de Louvigny (S. R.).

Trémouille (Catherine-Geneviève de la), morte le 24 août 1785 à soixante-cinq ans, veuve 1° de François-Nicolas Dagneau, 2° de Sébastien Rollin, et remariée à Louis-Gaspard de Coudreau (S. S.).

Trémoye (Marie-Louise-Diane-Victoire de), née le 13 décembre 1758, fille d'Emmanuel-Marie-Christian-Louis, sieur de Tertu et de Tournay, et de Victoire le Restre (S. S.).

Tremstestoun de Barnewale (Aline), religieuse hospitalière de Saint-Gervais, morte le 10 janvier 1789 (S. G.).

Trévelec (Alexandre-Gabriel, marquis de), né le 19 octobre 1799.

TROLLIÈRE (Jean de la), fils de Mathias, comte de Gonnière, et de Marie-Anne de Courtais, marié le 16 avril 1787 à Suzanne de Longaunay de Montabois, fille du comte Alexandre, et de Marie Julliet de Franconville (S. J. du H. P.) dont : Marie-Anne-Colette, née le 29 mars 1790 (S. N. des Ch.).

TRONCHAY (Louis du), écuyer, seigneur de Mergoyé, inhumé le 20 mai 1677 (S. A des A.).

TROUSSEBOIS (Arnaud-Ferdinand de), chevalier de Saint-Louis, mort le 14 janvier 1784 à l'âge de soixante-dix-huit ans (S. J. en G.).

TROVISSET D'OBSONVILLE (Angélique-Gabrielle-Euphrasie du), née le 22 avril 1790, fille de Charles-Louis, et de Claudine-Catherine-Marie Rolland (S. E.).

TRUCHY (Charles-Joseph-Marie-Étienne de), fils de Benoît-Charles, comte de Lays, capitaine de dragons, et de Marie-Antoine-Josèphe de Pirez de Liebenstein, marié le 31 mai 1787 à Marie-Madeleine-Françoise de la Toison-Rocheblanche, fille de Louis, et d'Ursule de Caradeuc (S. S.).

TRUDAINE (Nicole), baptisée le 4 août 1584, fille de noble homme François, capitaine de la marine, seigneur de Monceaux, et de demoiselle Marguerite Forger (S. G.).

— François-Firmin, évêque de Senlis, abbé de Notre-Dame-de-la-Victoire lès-Senlis et de Saint-Étienne-de-Femy, mort le 4 janvier 1754 à soixante-quinze ans (S. R.).

— Charles-Louis, marquis de Montigny, fils de Jean-Charles-Philibert, intendant des finances, et d'Anne-Marie-Rosalie Bouvard de Fourqueux, marié le 16 juin 1789 à Marie-Josèphe-Louise Micault de Courbeton, fille de Jean-Vivant, président à mortier au parlement de Dijon, et de Marie-Françoise Trudaine (S. S.).

TRUSSY (Joseph, comte de), envoyé extraordinaire du duc de Mantoue, mort le 27 décembre 1726 à soixante ans (S. R.).

TRYON (Louis-François-Joseph-Bonaventure de), né le 18 octobre 1758, et Pierre-Étienne-Philippe, né le 19 novembre 1765, enfants de Pierre-Claude-François, marquis de Montalembert, et de Marie-Anne Thibault (S. S.).

Tubeuf (Simon-Claude de), mort le 11 mars 1786 à dix ans, fils de Simon-Claude-Amable, seigneur de Ver, Morancé, et d'Élisabeth-Louise Richard (S. J. en G.).

Turenne (Charlotte-Pauline de), née le 14 mars 1775, morte le 28 mai 1775, fille du comte Marie-Joseph-René, et de Gabrielle-Pauline de Baschi (S. S.).

Turgis (Charles-Constantin de), né à Bourges le 28 mai 1670 et baptisé à Paris en 1678, fils de Pierre, conseiller secrétaire du roi, et de Barbe Guillaume (S. N. des Ch.).

— Catherine-Barbe, demoiselle de Cantleu, morte le 8 juin 1723 à vingt-cinq ans, épouse de Bon-Hervé Castel, marquis de Saint-Pierre (S. E.).

Turgot (Louis de), fils de feu Gabriel, et d'Élisabeth de Bérault, marié le 5 février 1691 à Olympe de Soucelles, fille de feu Henri, et de Catherine de Thory (S. A. des A.).

— Catherine, demoiselle de Saint-Clair, morte le 12 mai 1737 à soixante-huit ans, épouse de Claude Hatte de Chevilly (S. M. M. la V. l'É.).

— Marie-Thérèse, demoiselle des Tourailles, morte le 21 janvier 1768, veuve de Pierre de Neufville, marquis de Cléray, et remariée à Joseph, marquis d'Osmond (S. S.).

— Louis-Félix-Étienne, capitaine adjudant-major aux cuirassiers, né à Bons le 26 septembre 1796, fils du comte Anne-Étienne-Michel, et d'Anne-Louise Le Trésor d'Élon, marié le 14 février 1830 à Louise-Napoléone Mouton, née à Paris le 20 mars 1811, fille de Georges, comte de Lobau, et de Félicité-Honorine-Caroline d'Arberg (X^e arr.).

Turménies (Marie-Anne de), religieuse professe aux Nouvelles-Catholiques, morte le 28 novembre 1776 à vingt-sept ans (S. R.).

Turpin (Marie-Augustine-Constance de), née le 23 janvier 1763, morte le 21 février 1766 ; Lancelot-Henri-Benoît-Joseph, né le 8 mai 1764, et Angélique-Rose-Madeleine-Adélaïde, née le 6 mai 1765, enfants de Lancelot, comte de Crissé, et de Marie-Élisabeth-Constance de Lowendal (S. S.).

— Lancelot-Jean-Baptiste-Alexandre, né le 13 octobre 1775,

mort le 2 juillet 1780 ; Lancelot-Théodore, né le 9 juillet 1782 (S. S.), et Aline-Louise-Élisabeth, née le 14 août 1788 (S. M. M. la V. l'É.), enfants de Henri-Roland-Lancelot, marquis de Crissé, et d'Émilie-Sophie de Montullé.

Tyrel de Launay (Antoine-Denis), né le 5 mai 1719, fils de Pierre-Thomas, avocat, et de Marguerite-Geneviève Jubar (S. S.).

U

Urbain (Pierre), chevalier, seigneur de Mundre, Gillon, Vatronville, maître d'hôtel de la reine, mort le 10 mars 1746 à cinquante-deux ans, époux de Marie-Louise Le Guet (S. E.).

Ursel (Jean-Claude-Marie-Léon d'), né à Hingene le 4 octobre 1805, fils du duc Charles-Joseph, et de Louise-Victoire-Marie-Josèphe-Françoise de Masserano, marié le 30 juillet 1832 à Madeleine-Marie-Sophie d'Harcourt, née à Paris le 4 février 1812, fille du comte François-Eugène-Gabriel, et d'Aglaé Terray (X^e arr.).

Urtubié (Élisabeth-Françoise), morte le 22 février 1746 à six ans et demi, fille du vicomte Jean, et de Marie-Catherine Azon (S. R.).

Ussel (Léonard d'), fils du marquis Marc-Antoine, et de Claire-Catherine de Salvert de Montrognon, marié le 24 février 1784 à Joséphine-Marie-Honorée-Souveraine de la Rochefoucauld, fille d'Henri-François, comte de Cousages, et de Louise-Françoise de Rochechouart (S. S.).

Usson (François d'), marquis de Bonrepos, mort le 12 août 1719 (S. S.).

— Constance-Françoise, née le 23 août 1725 ; François-Félicité, né le 16 avril 1727 ; Jean-Barthélemy, mort le 25 avril 1738 à deux ans et demi ; Salomon-Victor, mort le 6 juillet 1738 à six ans dix mois, enfants de Jean-Louis, marquis de Bonnac, et de Françoise-Madeleine de Gontaut-Biron (S. S.).

— Jean-Louis, marquis de Bonnac, mort le 1er septembre 1738 à soixante-cinq ans (S. S.).

— N..., né le 21 février 1777, et N... sa sœur jumelle, enfants de Matthieu-Louis-Armand, marquis de Bonnac, colonel d'infanterie, et de Constance-Paule-Flore-Émilie-Gabrielle Le Viconte du Rumain (S. S.).

— Jean-Louis, ancien évêque d'Agen, mort le 11 mars 1821 à quatre-vingt-sept ans (1er arr.).

V

VACHER DE BEAULIEU (Marguerite le), morte le 15 septembre 1696, épouse de messire François Guyet, chevalier, seigneur de la Sourdière, écuyer ordinaire de feue madame la Dauphine (S. R.).

VACHER DES GASTINES (Toussaint-Antoine-Roch le), chevalier, gendarme de la garde ordinaire du roi, mort le 10 avril 1773 à quarante-deux ans (S. E.).

VAILLANT DU CHATELET (Maximilien-Louis-Joseph le), né à Champigneulles-les-Grandes le 30 juin 1787, fils de Marc-Antoine, mort à Saint-Pancras, Middlesex, le 14 août 1801, et de Marie-Joseph-Françoise-Constance-Gertrude de Gosson, veuf à Hyères le 1er septembre 1828 de Marguerite-Louise-Françoise-Élisabeth Sheldon, remarié le 7 juin 1830 à Marie-Louise-Philippine-Adèle de la Forge, chanoinesse de Sainte-Anne, née à Guise le 19 juillet 1804, fille de Charles-Ghislain, officier d'infanterie, et de Marie-Josèphe-Louise-Philippine de Fariaux (Xe arr.).

VAILLANT DE DAMERY (Antoinette-Marie-Catherine le), née le 15 janvier 1764, fille de Jean-Antoine, écuyer, et de Catherine le Rat de Chavanne (S. S.).

VAL (Galliot du), fils d'Edme, seigneur d'Episy et du Val Saint-Étienne, et d'Élisabeth de Pontbreau, marié le 1er février 1698 à Geneviève du Tertre, fille de François, et de Françoise Roussel (S. A. des A.).

VALBELLE (André-Geoffroy de), né à Aix en Provence le 18 octobre 1701, et baptisé à Paris le 14 mars 1715, fils de Côme, marquis de Riau, et de Marie-Thérèse d'Oraison (S. S.).

— Madeleine, née le 10 octobre 1732, fille d'André-Geoffroy, marquis de Meyrargues, et de Marguerite-Delphine de Valbelle-Tourrés (S. S.).

— Joseph-Alphonse-Omer, comte d'Oraison, maréchal des camps et armées du roi, mort le 18 novembre 1778 à cinquante ans (S. R.).

Valette de Rochevert (Antoine), chevalier, seigneur de Bosredon, mort le 3 décembre 1752 à trente-cinq ans, veuf de Marie-Anne Rangot (S. R.).

Vallée de Rarécourt (Charles-Louis-Honoré de la), baptisé le 26 février 1763; Armand-Charles, né le 5 mars 1764; Marie-Charlotte-Hyacinthe, née le 10 février 1765; Charlotte-Félicité-Victoire, née le 22 janvier 1766; Adélaïde-Charles-Joseph, né le 3 avril 1768; Charles-Marie-Angélique, né le 14 avril 1769, enfants de Charles-Jean, marquis de Pimodan, mestre de camp de cavalerie, et de Charlotte-Sidonie-Rose de Gouffier de Thoix (S. S.).

— Charlotte-Emmanuelle-Célestine, née le 21 juillet 1787, morte le 28 juillet 1791, fille de Charles-Louis-Honoré, comte de Pimodan, gentilhomme d'honneur de Monsieur, frère du roi, major en second du régiment de Barrois, et de Pauline-Émilie de Pons (S. R.).

Valles (Antoine de), chevalier, seigneur de Loupière et de Grivery, mort le 19 avril 1672 (S. A. des A.).

Vallet de Villeneuve (François-René), né le 7 juin 1777, et Louis-Auguste-Claude, né le 4 août 1779, fils de Pierre-Armand, écuyer, conseiller du roi, et de Madeleine-Suzanne Dupin de Francueil (S. E.).

Vallière (Marguerite de), morte le 11 avril 1788 à soixante-dix ans, veuve de Charles Pénot de Tournière, écuyer, membre de l'Académie des Sciences (S. E.).

Vallin (Jean-François), écuyer, secrétaire du roi, mort le 16 septembre 1723 à cinquante-cinq ans, époux d'Anne-Madeleine Bonnet (S. S.).

— N..., né et mort le 24 février 1764, fils de Nicolas-Jean-François, sieur du Sableau, et de Marie-Louise Bachois (S. S.).

Vallin (Louise-Henriette de), née le 30 août 1840, fille du comte Léonard-Antoine, et de Bernardine-Clotilde-Marie de Laguiche (Xᵉ arr.).

Vallou de Villeneuve (Marie-Joséphine), née le 16 juillet 1771, fille de Claude-Antoine, et de Marie-Madeleine-Catherine Leroy (S. E.).

Valois (Louis-René de), seigneur d'Ecouille, mort le 1ᵉʳ mai 1695 (S. A. des A.).

— Antoine-Charles-Louis, chevalier d'Angoulême, premier gentilhomme de la chambre du prince de Conti, mort le 25 septembre 1701, inhumé le lendemain (S. A. des A.).

Valori (Paul-Frédéric-Charles de), mort le 20 juillet 1770 à quatre-vingt-huit ans, vicaire général de l'archevêché de Sens, abbé de Saint-Pierre de Sauve (S. J. du II. P.).

— Antoinette-Thérèse-Joséphine, née le 31 juillet 1780 (S. M. M. la V. l'E.); Hélène-Marie-Henriette-Thérèse, née le 12 novembre 1782; Clotilde-Antoinette-Henriette-Thérèse, née le 13 juillet 1784, morte le 22 avril 1786, et Célestine-Henriette, née le 17 juin 1787 (S. E.), filles de Charles-Jean-Marie, marquis de Cély, mestre de camp de Bourbon-Infanterie, et d'Adélaïde-Louise-Jeanne-Joséphine Dupleix.

— Louis-François-Gabriel, né le 18 mai 1784, fils de Louis-Marc-Antoine, et de Marie-Joséphine-Henriette de Thomassin de Saint-Paul (S. M. M. la V. l'É.).

— Jeanne-Louise-Caroline, morte le 26 mars 1788 à soixante-quatre ans (S. R.).

Vandenesse (Jean-Baptiste de), écuyer, conseiller secrétaire du roi, maison, couronne de France et de ses finances, trésorier du marc d'or de sa compagnie, seigneur de Suines, mort le 29 mars 1751 à soixante-quinze ans (S. J. en G.).

— Jean, né le 6 octobre 1751, et Marie-Henriette, née le 20 avril 1754, enfants de Jean-Baptiste-François, conseiller du roi, maître ordinaire en sa chambre des comptes, seigneur de Suines, et d'Henriette-Charlotte Salmon (S. J. en G.).

— Jean-Baptiste-François, seigneur de Suines, conseiller du roi, maître ordinaire en sa chambre des comptes, mort le 23 novembre 1755 à trente-quatre ans (S. J. en G.).

Vandeuil (Antoine de), seigneur de Tilfays, veuf de Louise de Laloy, remarié le 26 février 1688 à Louise-Françoise de Languedoue, fille de François, seigneur de Poussay, et d'Hélène de Compans (S. A. des A.).

Vanssay (Louise de), morte le 14 octobre 1732 à vingt-un ans, épouse d'Ange-René Guerry, seigneur de Marquoy et de la Guillaumière (S. R.).

Vapy (Anne-Pierre-Étienne de), né le 4 août 1684, fils d'Étienne, écuyer, seigneur de Pange, et d'Anne Malerbe (S. A. des A.).

Varaigne (François de), âgé de vingt-six ans, fils de Jean-Charles, marquis de Hardouche, et de Marie-Thomase de Julliard, marié le 14 juin 1752 à Marie-Charlotte de Rousselet, âgée de vingt-quatre ans, fille d'Emmanuel, comte de Châteauregnault, et d'Anne-Julie de Montmorency (S. S.).

Vareilles (Françoise de), morte le 20 août 1753 à quatre-vingt-quatorze ans, veuve de Jean Follope (S. E.).

Varenne (Marie-Madeleine de la), morte le 4 juillet 1728 à soixante-cinq ans, épouse d'Edme-Rauan de Vieilbourg, marquis de Myennes (S. S.).

Varennes (Charlemagne-Sébastien-Augustin de), né le 12 décembre 1728, mort le 5 janvier 1729 ; Vincent-Jean-Augustin, Sébastien-François, et François-Pierre, nés le 14 novembre 1729, enfants de Jean-Baptiste-Augustin, chevalier, seigneur de Mondasse, colonel d'infanterie, et de Catherine le Tellier (S. R.).

— Henriette-Jeanne-Françoise, née le 20 février 1768 ; Claude-Bertrand, né le 25 janvier 1769 ; Marie-Pierre-Frédéric, né le 5 juin 1770 ; Claude-Adélaïde-Catherine-Philippine, née le 7 janvier 1772 ; Adélaïde-Luce-Marie, née le 31 octobre 1773, enfants de François-Frédéric, seigneur de Kergozon, marquis de Bourron, et de Nicole-Dominique de Casaubon (S. M. M. la V. l'É.).

— Marie-Nicole, morte le 3 juin 1792 à quinze ans, fille de feu Jean-François, et de Marie-Jeanne de Varennes (S. R.).

Varye-Dufort (Jean-Mathieu), écuyer, mort le 31 août 1775 à soixante-un ans (S. M. M. la V. l'É.).

Vasconcellos (Antonia de), morte le 31 décembre 1858 à quatre semaines, fille d'Antoine-Auguste, gentilhomme de la maison du roi de Portugal, et de Julia de Landauer (Auteuil).

Vassal (Jean de), écuyer, mort le 7 février 1770 à soixante-six ans (S. E.).

— Jean-Baptiste, comte de Montviel, brigadier des armées du roi, veuf d'Alexis le Roy du Gué, remarié le 16 janvier 1782 à Marguerite-Alberte de Saincton, âgée de vingt-huit ans, fille de Claude, capitaine de cavalerie, et de Marie-Anne de Vassé (S. S.).

Vassan (Marie-Marguerite de), née le 10 février 1719, morte le 1ᵉʳ juin 1723; Hubert, né le 14 août 1720; Alexandre, mort le 26 août 1722 à deux ans, et Marie-Geneviève, née le 3 décembre 1725, enfants du marquis Charles, baron de Pierre-Buffière, brigadier des armées du roi, et de Marie-Thérèse de Ferrières de Sauvebœuf (S. S.).

— Jean-Baptiste-François-Marie, capitaine de cavalerie, fils du marquis Antoine-Eustache, et de Marie-Françoise Léger, marié le 8 novembre 1770 à Anne-Camille de Neufville, fille de parents inconnus (S. E.).

— Louis-Zacharie, veuf de Geneviève-Jeanne-Émilie Fourché de Quelihac, remarié le 12 août 1776 à Marie-Françoise-Louise le Gendre, fille de Léon-François, comte d'Onsembray, et de Marie-Edmée le Mairat (S. S.).

— Marie-Nicole, morte le 12 avril 1781 à soixante-douze ans (S. J. en G.).

— Alphonse-Armand-Augustin-Marie, née le 3 septembre 1786, fils du comte Gabriel-Michel, et de Louise-Armande-Pauline d'Alphonse (S. E.).

Vassé (Mathurine-Armande de), née le 15 février 1767, fille du marquis Armand-Mathurin, vidame du Mans, et de Louise-Aimée Macqueron (S. S.).

— Marquis Armand-Mathurin, mort le 23 juillet 1782 à soixante-quinze ans (S. E.).

— Armande, née le 26 décembre 1783, fille du marquis Étienne-Alexis-Bruno, et d'Augustine-Charlotte de Broglie (S. S.).

— Armande, morte le 20 avril 1785 à quatre-vingt-dix ans, veuve de Jacques-Étienne de Heudey, marquis de Pommainville (S. S.).

Vasseur de Villebranche (Auguste-Monique-Hermine), née le 12 juillet 1787, fille de René-Armand, et de Charlotte-Madeleine-Louise de Pernet (S. S.).

Vassinhac (Marie-Louis-Charles de), vicomte d'Imécourt, mort le 3 mars 1786 à trente-neuf ans, époux de Charlotte-Ferdinande de Chauvelin, dont : Charles-Gédéon-Théodore, né le 1er janvier 1784 ; Françoise-Henriette-Marie-Louise, née le 15 août 1783, et Charles-Ferdinand-Théodore, né le 16 juillet 1785 (S. M. M. la V. l'É.).

Vassy (Amédée-Louis-Marie de), né le 8 juillet 1782, fils du comte Claude-Marie-Alexandre, et de Sophie-Victoire-Alexandrine de Girardin (S. R.).

Vatboy (Claude-Suzanne-Joachim), né le 12 mars 1727 ; Anne-Élisabeth-Rose, née le 10 novembre 1729, enfants de Louis-Joseph, écuyer, sieur du Metz, et de Louise-Françoise Heuse de Vologer (S. R.).

— Françoise-Maurice, né le 2 janvier 1750, et Adam-Henri, né le 8 mai 1751, enfants d'Anne-Marie, seigneur du Metz, colonel de cavalerie, et d'Anne-Élisabeth Marquet (S. M. M. la V. l'É.).

— Adélaïde-Louise, née le 29 juin 1756, et Charles-Victoire, né le 6 avril 1759, enfants d'Adam-Louis, comte du Metz, marquis de Ferrières, et de Marie-Françoise-Herminie Nigot de Saint-Sauveur (S. S.).

— Anne-Marie, chevalier, seigneur du Metz, mort le 17 juin 1773 à cinquante-cinq ans, veuf d'Anne-Élisabeth Marquet (S. R.).

VATIGNY (Charles-François de), chevalier, baron de Dinette, marié le 30 décembre 1680 à Françoise d'Urban, veuve de Louis Domaigné (S. A. des A.).

VAUBOREL (Adrien-Pierre de), né le 17 décembre 1722, fils de Philippe-Gabriel, marquis de Digouville, et de Louise Lhuillier (S. S.).

VAUCEL (Cécile-Louise-Marie du), morte le 20 décembre 1769 à huit mois, fille de Louis-Jules, marquis de Castelnau, seigneur de Thun et de Vermond, et de Marie-Thérèse de Bréget (S. E.).

—· Antoinette-Sophie-Laure, née le 19 décembre 1789, fille de Louis-Philippe, chevalier, fermier général, et de Marie-Anne Loquet (S. E.).

VAUCELLE (Louis de), écuyer, seigneur de Berville, paroissien de Saint-Denis-d'Évreux, veuf de Marthe Behotte, remarié le 13 avril 1684 à Marie Chevalier, veuve de René Filleul, écuyer, sieur de la Bretesche (S. A. des A.).

VAUCOULEURS (Pierre-George de), comte de Lanjamet, veuf d'Anne-Renée-Sophie-Nicolas de Claye, remarié le 25 janvier 1762 à Albertine-Thérèse de Partz, fille de François-Joseph, marquis de Pressy, et de Jeanne-Isabelle de Beauffort (S. J. du H. P.).

VAUDIN (Adam-François), écuyer, fils de Simon, écuyer, seigneur de Frémont et d'Anne Bizel, marié le 29 février 1680 à Marie-Charlotte de Massol, veuve de Pierre de Sabrenois, chevalier seigneur du Boissard (S. A. des A.).

VAUDREY (Claude-Henri-Eugène de), mort le 10 septembre 1741 à quinze ans, fils du comte Claude-Antoine-Eugène, et de Marie-Gabrielle-Françoise de Blitercick (S. S.).

VAUDRIMEY (Jean-Charles-François de), capitaine d'infanterie, mort le 8 juin 1766 à soixante-six ans (S. P.).

VAUGRIGNEUSE (Arnaud-Alphonse-Joseph de), né le 5 octobre 1765, et Josserand-Melchior-Geoffroy, né le 2 septembre 1766, fils de Melchior, ancien consul de France en Levant, et d'Anne du Teil de Forcalquier (S. R.).

VAUJOURS DE CHATILLON (Charlotte-Geneviève-Émilie de), née le

10 mars 1778, fille de Charles-Michel, seigneur d'Harpouville, et de Marie-Geneviève Picquet de Dourriers (S. E.).

Vaulchier (Louise-Darie-Simone de), native de Dôle, morte le 19 avril 1834 à cinquante-cinq ans, chanoinesse de Sainte-Anne de Munich, fille de Georges-Simon, marquis de Deschaux, et de Charlotte-Félicie Terrier de Monciel (X⁰ arr.).

Vaulx (Honorée-Nicole-Gabrielle-Augustine de), née le 6 novembre 1786, fille du vicomte Claude-Joseph-Gabriel, et d'Élisabeth-Nicole Bontemps (S. S.).

— François-Eugène, lieutenant-général des armées du roi, natif de Lure, mort le 13 octobre 1790 à soixante-douze ans (S. E.).

Vaulx (Cécile du), morte le 9 novembre 1757, veuve de Philippe-Jean-Baptiste de la Vieuville, écuyer, secrétaire du roi, et en premières noces de François-Étienne Issaly, procureur au parlement (S. P.).

Vauréal (N. de), mort le 6 mars 1729 (S. S.).

Vaution (Jean de), baptisé le 10 février 1638, et Isaac, baptisé le 11 janvier 1639, fils de Barthélemy, et de Renée de Champagne (S. G.).

Vaux (Alexandrine-Charlotte-Sophie de), née le 25 mai 1776, fille de Jean, écuyer, contrôleur des guerres, seigneur de Champlost, et de Joséphine-Cécile de Gramont (S. E.).

Vayer (Jacques le), chevalier, seigneur de Sables, conseiller du roi, fils de François, lieutenant-général en la sénéchaussée du Maine, et de Renée le Boindre, marié le 23 février 1677 à Renée-Françoise le Boindre, fille de Jean, seigneur de Gros-Chesnay, et de François Borchefer (S. A. des A.).

— Charles, seigneur de Vanteuil, conseiller du roi, et président à mortier au parlement de Metz, inhumé le 26 avril 1681 (S. A. des A.).

— Anne-Françoise, née le 10 novembre 1710; Jacques-François, né le 23 juin 1716; Marie-Thérèse, née le 14 septembre 1721; Louise-Françoise, née le 6 janvier 1724; Anne-Marthe, née le 5 avril 1727, enfants de Jean-Jacques, chevalier, seigneur de Marsilly, la Godrière, et d'Anne-Louise Dupin (S. S.).

— Roland-Guillaume, mort le 4 juillet 1726 à trente-deux ans (S. P.).

— Marie-Françoise, morte le 7 mars 1739 à vingt-un ans, épouse de Jacques-François de Moreau, marquis d'Arreles (S. S.).

— Jean-Jacques, mort le 8 septembre 1740 à soixante-deux ans, époux d'Anne-Louise Dupin (S. S.).

Veckbois de Villers (Marguerite-Josèphe de), morte le 9 septembre 1773 à soixante ans, veuve en premières noces de Domitien le Hardy, chevalier, seigneur de la Hoge, et en secondes de Philippe-Jacques Boyer de Saint-Georges (S. M. M. la V. l'É.).

Velard de Pandi (Louise-Charlotte-Godefroy de), morte le 19 juin 1778 à quatre-vingt-quatre ans, épouse de Jacques-Louis-Aymon le Prêtre d'Omerville (S. E.).

Vendeuil (Marie de), née le 10 et morte le 22 septembre 1706, fille de Charles-François, et de Lucie de Sallonne (S. A. des A.).

Vendôme (S. A. S. frère Philippe de), grand'croix de l'ordre de Saint-Jean-de-Jérusalem, généralissime des armées du roi en Lombardie, mort le 24 janvier 1727 à soixante-onze ans, porté le 25 au Temple en présence de messire Nicolas Labouret, religieux conventuel de l'ordre de Malte, et de messire Claude Bertrand, religieux du même ordre (S. S.).

Veneur (François le), comte de Tillières, mort le 15 avril 1687 à quarante-cinq ans (S. S.).

— Jacques-Tanneguy, comte de Tillières, mort le 3 novembre 1748 à soixante-dix-huit ans (S. S.).

— Madeleine-Jacqueline, née le 17 décembre 1764; Anne-Aymardine-Marie, née le 2 février 1768, morte le 9 août 1768, filles du comte François-Jacques-Tanneguy, et d'Aymardine-Marie-Antoinette de Nicolay (S. S.).

— Jacques-Tanneguy, comte de Tillières, mort le 8 janvier 1777 à soixante-seize ans (S. S.).

— Alexis-Paul-Michel, fils de Jacques-Tanneguy, marquis de Tillières et de Carrouges, et de Michelle-Julie-Françoise Bouchard d'Esparbès de Lussan de Jonzac, marié le 15 juin 1778 à Henriette-Charlotte de Verdelin, fille du marquis Bernard, et de Marie-Louise-

Madeleine de Brémond d'Ars, dont : Alexis-Louis-Jacques-Tanneguy, né le 23 mai 1779 ; Alexis-Michel-Charles-Hubert, chevalier de Malte, né le 22 juillet 1781, mort le 24 octobre 1786 ; Aymardine-Henriette-Adeline, née le 18 mars 1784 ; Arnaud-Charles-Hector-Henri, né le 16 novembre 1786, et Alban-Francois-Julien, né le 27 mars 1789 (S. S.).

— Anne-Gabrielle, morte le 3 janvier 1781 à quatre-vingt-un ans, veuve d'Alexis-Madeleine-Rosalie, duc de Châtillon (S. S.).

— François-Jacques-Tanneguy, comte de Tillières, natif de Paris, mort le 24 mai 1811, époux d'Aymardine-Marie-Antoinette de Nicolay (X° arr.).

Venoix (Jacques de), fils de feu Gilles, seigneur d'Anfreville, et de Françoise de Soulongne, marié le 26 septembre 1675 à Marie-Anne de Montault, veuve de François Lhuillier, gouverneur de Châtillon-les-Dombes (S. A. des A.).

— Marquis Jean-François, fils de Jean, comte d'Anfreville, et de Marie-Anne-Félicité le Normand de Victot, marié le 6 mars 1777 à Léopoldine-Marie-Thérèse de Giovanni, fille de Jean-Joseph-Thomas, comte de Verclos, et de Léopoldine de Bavière, princesse de Lewensteim-Wertheim (S. S.).

Verd de Saint-Julien (Marie-Sabine-Éléonore), née le 27 décembre 1787 ; Jean-Henri-Georges, né le 5 mars 1789, et Sophie-Jeanne-Françoise, née le 3 avril 1790, enfants de Jean-Charles, écuyer, et de Sophie Chabot de Valville (S. J. du H. P.).

Verdeilhan (Bathilde-Madeleine-Félicité de), née le 30 janvier 1732, et N., né le 6 juillet 1734, enfants de Jacques, seigneur de Fourniels, et de Marie-Madeleine Morin (S. R.).

Verdelin (Marie de), morte le 30 mai 1780 à vingt-cinq ans, épouse de Sophie-Jacques, marquis de Courbon (S. M. M. la V. l'É.).

Verdun (Jean-Jacques-Marie), fermier général, fils de Justinien, bourgeois de Lyon, et de Nicole-Cécile Legras, marié le 11 mars 1777 à Anne-Catherine le Preudhomme, fille de Nicolas-François, comte de Chatenoy, et de Charlotte-Thérèse-Marie-Françoise de Barbarat de Mazirot (S. S.).

Vergès (Élisabeth-Louise-Sophie de), baptisée le 22 décembre 1767, fille de Jacques-Marie, et d'Élisabeth Delaplace (S. E.).

— Jacques, mort le 24 février 1782 (S. M. M. la V. l'É.).

— Adolphe-Florimond, conseiller à la cour royale, né à Paris le 16 septembre 1795, fils de Jacques-Claude, et d'Eugénie Choppin d'Arnouville, marié le 30 septembre 1829 à Anne-Athanase-Caroline Brochant de Villiers, née à Paris le 2 février 1806, fille d'André-Jean-Marie, inspecteur des mines, et d'Anne-Flore Desavenelle (X^e arr.).

Vergne (Élisabeth de la), morte le 6 décembre 1741 à cent ans, veuve de Charles, comte de la Motte-Houdancourt (S. S.).

— François, marquis de Tressan, mort le 17 mars 1750 à quatre-vingt-trois ans, veuf de Louise-Madeleine Brulart (S. S.).

Vernette Saint-Maurice (Anne-François-Léon), né le 19 avril 1785, fils d'Abel-Michel-Bernard, et de Marie-Augustine de Chappuis de Rozières (S. S.).

Vernon (Louise-Anne-Madeleine de), morte le 12 mai 1778 à quarante-neuf ans, épouse de Philippe-Henri, marquis de Ségur (S. M. M. la V. l'É.).

Versigny (Charles de), baptisé le 29 avril 1637, fils de Mathieu, et de Claude le Roys (S. G.).

Verthamon (Jean-Baptiste-François de), mort le 28 mai 1753 à vingt-trois ans neuf mois (S. S.).

— Marie, morte le 13 décembre 1771 à cinquante-quatre ans, veuve de Martial de Verthamon (S. S.).

Vertus (François de), baptisé le 15 février 1637 à quatre mois ; Marie, baptisée le 9 août 1638 à deux mois, et Élie, baptisé le 24 mars 1640, enfants de Claude, écuyer, seigneur de Macogny, et d'Anne du Fresne (S. G.).

— N., ondoyée le 15 mars 1677, fille de Jean, sieur de Fontenay, capitaine du château de Carhan, et d'Anne du Thiron (S. N. des Ch.).

Veteris de Revest (Marie-Catherine-Françoise de), morte le 4 février 1777 à quatre-vingt-quatre ans, veuve de Charles-Élisabeth, marquis de Coëtlogon (S. S.).

VIART (Adrien-Nicolas de), comte de la Potterie, capitaine de dragons, fils de Jacques, et de Marie-Catherine Dechassée, marié le 30 octobre 1779 à Marie-Anne Maurel, fille d'Honoré, consul, et de Barbe Jaume (S. S.).

— Marie-Victoire, morte le 6 janvier 1783 à quarante-neuf ans quatre mois, épouse de Jean-Baptiste Darnay, écuyer, seigneur de Stains, secrétaire du roi (S. R.).

VIAU (Jean-Baptiste-Étienne), né le 5 mai 1721, fils de Marc-Antoine, seigneur de la Chetelaise, et de Marie-Thérèse de Santeuil (S. S.).

VICHY DE CHAMROND (Marie de), morte le 23 septembre 1780 à quatre-vingt-quatre ans, veuve de Jean-Baptiste-Jacques du Deffand, marquis de Lalande (S. S.).

VICONTE (Constance-Paule-Flore-Émilie-Gabrielle le), née le 1ᵉʳ décembre 1749; Charlotte-Catherine-Émilie-Flore-Gabrielle, née le 11 juillet 1751, enfants de Charles-Yves, comte du Rumain et de Coëtanfao, et de Constance-Simone-Flore-Gabrielle Rouault de Gamaches (S. S.).

— Élisabeth-Marie-Perrette, née le 4 juillet 1768 ; Anne-Charlotte, née le 13 octobre 1771 ; Adrien-François-Henri-Pierre, né le 29 septembre 1773 ; Bon-Henri-Pierre, né le 27 octobre 1775 ; Gabriel-Pierre-Maximilien, né le 7 juin 1777, enfants de Pierre-Constantin, comte de Blangy, et d'Anne-Marie-Perrette de Bouthillier (S. E.).

— Constance-Gabrielle-Bonne, morte le 16 janvier 1783 à trente-six ans, veuve de Louis-Marie-Alexandre, comte de Polignac (S. E.).

— N., né le 17 décembre 1784 ; Maximilien-Pierre-Bon, né le 7 juin 1787, et Alphonse-Roger-Marie, né le 13 septembre 1789, fils de Pierre-Henri-Marie, vicomte de Blangy, et de Claudine-Louise d'Estampes (S. R.).

VICOSSE (Marguerite de), morte le 5 juillet 1684, veuve de Nompar de Caumont, marquis de Castelmoron (S. A. des A.).

Viefville (Louis-René-Charles de la), né le 3 avril 1755, fils du marquis Louis-Alexandre, seigneur de Plainval, et de Claire-Marie-Choppin (S. P.).

Vieilbourg (Élisabeth-Marie de), morte le 27 juillet 1686, fille de feu René, comte de Myennes en Nivernais (S. A. des A.).

Viel (Antoinette-Louise-Marie-Reine), née le 21 novembre 1752; Louis-Jean-Jacques-Léonard, né le 18 juin 1758, mort le 5 mars 1759; Antoine-Pierre, né le 21 juin 1760; Antoine-Louis-François, né le 15 mai 1761, enfants de Louis-Daniel-Antoine-Jean, baron du Pouget, seigneur de Lunas, Foullaie, Serremejanne, Saint-Martin, Cazillac, Caunas, Nize, Vendemiau, Bauzille, Poujot, Saint-Arnant, Lestaut, etc., et de Marie-Reine de Boullenc de Saint-Remy (S. M. M. la V. l'É.).

— Antoine-Théodore, né le 25 avril 1803, fils d'Antoine-Louis-François, marquis d'Espeuilles, et de Julie-Marie-Suzanne-Françoise-Gabrielle de Roquefeuil, marié le 30 avril 1829 à Antoinette-Pauline le Peletier, née à Paris le 26 mai 1807, fille de Louis, marquis de Rosambo, et d'Henriette-Geneviève d'Andlau (1er arr.).

Viénot de Vaublanc (Jean-Baptiste), né le 30 janvier 1768, fils de Jean-Bernard, et d'Adélaïde Payneau (S. S.).

— Charles-Pierre, né à Beaune le 16 novembre 1802, fils de Jacques-Henri-Étienne, mort à Messimy en janvier 1810, et de Françoise-Joséphine Léviste de Montbrian, marié le 2 juin 1830 à Alix-Marie-Pauline du Bouays de la Bégassière, née à Paris le 20 février 1810, fille d'Anne-Maurice-Armand, mort à Guingamp en juillet 1816, et de Louise-Pauline de Bouthillier, morte en mars 1810, et petite-fille du marquis de Bouthillier, mort à Gommerville en décembre 1818, et de la marquise, morte à Paris en frimaire an XI (X^e arr.).

Vienne (Claude de), président au présidial de Dijon, mort le 12 juin 1726 à cinquante-un ans (S. P.).

— Charlotte-Élisabeth, morte le 20 décembre 1761 à soixante-quatorze ans, veuve de Jean-Baptiste Fleuriau, comte de Morville (S. S.).

— Claude-Louise, morte le 5 novembre 1769 à vingt-sept ans,

épouse de Jean-François-Ferdinand Ollivier de Sénozan, comte de Viriville (S. R.).

— François-Geneviève-Charlemagne-Camille, né le 24 février 1790, fils de Cyr, et de Constance-Suzanne de Longaunay (S. S.).

Vienne-Maillart (Jean-Baptiste de), marquis de Landreville, mestre de camp de cavalerie, mort le 24 janvier 1777 à quarante-sept ans (S. E.).

Vieuville (René-François, marquis de la), mort le 9 juin 1719 à soixante-sept ans (S. P.).

— Comte Charles-Emmanuel, mort le 17 janvier 1720 à soixante-quatre ans (S. P.).

— Charles-Nicolas-Toussaint, mort le 24 août 1732, à deux ans neuf mois vingt-quatre jours, fils de Charles-Louis-Joseph, et de Geneviève Gouyn (S. P.).

— Alexandre-Guillaume, mort le 28 février 1733 à cinquante-un ans, veuf de Marie-Marguerite Neyret (S. R.).

— Pierre-Guillaume, évêque de Bayonne, mort le 30 juin 1734 à cinquante-deux ans (S. R.).

— Pantaléon-Charles-Louis, né le 27 juillet 1749 ; Antoine-Louis, né le 11 août 1750, enfants de Charles-Louis-Auguste, marquis de Saint-Chamond, et de Madeleine Erny (S. R.).

— Marie-Madeleine, morte le 14 août 1755 à soixante-trois ans, veuve de César-Alexandre de Baudéan, comte de Parabère (S. R.).

— Marquis René-Jean-Baptiste, mort le 27 novembre 1761 à soixante-dix ans (S. S.).

— Comte Charles, mort le 16 décembre 1771 à soixante-quatorze ans, époux d'Anne-Geneviève de la Vieuville (S. S.).

Vieuxpont (Charlotte-Henriette de), née le 23 novembre 1709, fille du marquis Guillaume-Alexandre, et de Jeanne-Charlotte-Armande d'Argouges (S. S.).

Vigier (Pierre-Armand-Claude du), âgé de trente-sept ans, fils de Jacques-Armand, baron de Saint-Martin, et de Suzanne du Vigier, marié le 10 janvier 1752 à Hiéronyme-Rosalie-Félicité Phélippeaux, âgée de dix-neuf ans, fille de Georges, seigneur d'Herbault, et de Marie-Anne-Louise de Kérouartz (S. S.).

Vignerod du Plessis (Armand-Louis), comte d'Agénois, âgé de trente-cinq ans, fils de Louis-Armand, marquis de Richelieu, duc d'Aiguillon, et de Marie de Mazarin, marié le 22 août 1718 à Anne-Charlotte de Crussol, âgée de dix-huit ans, fille de Louis, marquis de Florensac, et de Marie-Thérèse-Louise de Senecterre (S. R.), dont : Armand-Jean, né le 9 juin 1719, mort le 28 août 1719 ; Emmanuel-Armand, né le 31 juillet 1720 ; Marie-Anne-Julie, née le 28 avril 1723, morte le 16 mai 1728 ; Armande-Charlotte-Élisabeth, née le 5 juin 1725 ; Armand-Louis, né le 1ᵉʳ mai 1729 ; Armand-Jules-Charles, né le 5 décembre 1730, mort le 3 janvier 1736 (S. S.).

— Armand-Louis, duc d'Aiguillon, mort le 4 février 1750 à soixante-six ans (S. S.).

— Armande-Élisabeth, née le 10 février 1746, morte le 3 juillet 1759 ; Armande-Amélie, née le 24 juin 1752, morte le 14 octobre 1755 ; Louise-Sophie, née le 26 octobre 1757 ; Armand-Désiré, né le 31 octobre 1761 ; Agathe-Rosalie, née le 13 avril 1764, morte le 14 mai 1770, enfants d'Emmanuel-Armand, duc d'Aiguillon, et de Louise-Félicité de Bréhan de Plélo (S. S.).

— Armand-Sophie-Aimé-Camille, marquis de Pontcourlay, né le 27 février 1765, mort le 11 juin 1767, et Armand-Emmanuel-Sophie-Septimanie, né le 24 septembre 1766, fils de Louis-Sophie-Antoine, duc de Fronsac, et d'Adélaïde-Gabrielle d'Hautefort (S. R.).

— Armand, mort le 8 avril 1771 à cinq ans, fils naturel de Louis-François-Armand, duc de Richelieu, maréchal de France, et de Marie Lablon (S. R.).

— Louis-Sophie-Antoine, duc de Fronsac, veuf d'Adélaïde-Gabrielle d'Hautefort, remarié le 20 avril 1776 à Marie-Antoinette de Galiffet, fille de Philippe-Christophe-Amateur, baron de Dampierre, et de Marie de Lévis (S. S.), dont : Armande-Marie-Antoinette, née le 27 juin 1777, et Simplicie-Gabrielle-Armande, née le 2 novembre 1778 (S. R.).

— Armand-Emmanuel-Sophie-Septimanie, comte de Chinon, fils de Louis-Sophie-Antoine, duc de Fronsac, et d'Adélaïde-Gabrielle d'Hautefort, marié le 4 mai 1782 à Alexandrine-Rosalie de Rochechouart, âgée de treize ans, fille d'Émery-Louis-Roger, marquis de Faudoas, et de Mélanie-Charlotte-Henriette Barberie de Courteilles (S. S.).

— Louis-François-Armand, duc de Richelieu, maréchal de France, veuf d'Anne-Catherine de Noailles, et en secondes noces d'Élisabeth-Sophie de Lorraine, et remarié à Jeanne-Catherine-Joseph de Lavaulx, mort le 8 août 1788 à quatre-vingt-douze ans (S. R.).

— Emmanuel-Armand, duc d'Aiguillon, mort le 1er septembre 1788 à soixante-huit ans un mois un jour (S. S.).

— Armand-Emmanuel-Louis, né le 11 octobre 1788, fils d'Armand-Désiré, duc d'Aiguillon, et de Jeanne-Victoire-Henriette de Navailles (S. S.).

— Louis-Sophie-Antoine, duc de Richelieu, mort le 4 février 1791 à cinquante-quatre ans, veuf d'Adélaïde-Gabrielle d'Hautefort, et remarié à Marie-Antoinette de Galiffet (S. M. M. la V. l'É.).

— « Du vingt mai mil huit cent vingt-deux à l'heure de midi, acte de décès de S. E. Monseigneur Armand-Emmanuel-Sophie-Septimanie Duplessis, duc de Richelieu, pair et grand veneur de France, ministre d'État, chevalier des ordres du roi, décédé à l'hôtel de la grande Vénerie, place Vendôme n° 9, âgé de cinquante-six ans, le dix-sept du mois courant à une heure du soir ; marié à dame Alexandrine-Rosalie de Rochechouart. Constaté par nous Frédéric-Pierre, baron Le Cordier, maire du premier arrondissement de Paris, officier de la Légion d'honneur, chevalier de l'ordre de St Michel, sur la déclaration des sieurs Stanislas-Joseph Laurent, secrétaire de M. le comte de Rochechouart, commandant de Paris, âgé de cinquante-deux ans, demeurant rue Neuve des Petits-Champs n° 61, Jean-Eustache Montaud, notaire royal à Paris, âgé de soixante-un ans, demeurant rue Louis le Grand n° 7, lesquels ont signé avec nous après lecture faite : — Laurent — Montaud — Lecordier (1er arr.).

VIGNIER (Claude), baptisé le 21 mai 1637, et Jean-Abel, baptisé le 1ᵉʳ septembre 1638, enfants de Nicolas, sieur de Rissé, conseiller du roi, et d'Anne Flescelles (S. G.).

Vigny (Jean de), seigneur de Charny, mort le 11 juin 1766 à soixante-seize ans (S. P.).

— Mathurin-Claude, mort le 13 août 1766 à trois ans, fils de Claude-Jacques, marquis de Courquetaine, et de Guillemine-Marie Quichard (S. P.).

— Charles-Henri, fils d'Henri-Claude, seigneur de Merville, et de Louise-Françoise Marcadé, marié le 25 juin 1776 à Angélique-Jeanne de Beaurains, fille d'Antoine, comte de Montmort, et de Marie Anjorrant (S. J. du H. P.).

Vigoureux de la Villebague (Amante-Lydie-Henriette), née le 28 décembre 1783, fille de François-Henri, écuyer et de Lydie-Edgcumbe de la Villebague (S. M. M. la V. l'É.).

Vigouroux (Jean de), écuyer, fils de feu François, sieur de la Gouzonnie, et de feue Jeanne Foulquier, marié le 28 mai 1682 à Marie Damorezan, veuve de Pierre de Guignard, sieur d'Arbonne (S. A. des A.).

Vilers (Pierre de), curé de Vincelles-sur-Yonne, Prémontré, mort le 1ᵉʳ décembre 1726 à quarante-huit ans (S. P.).

Village (Alphonse-Gabriel-Jean-Baptiste de), mort le 13 juillet 1792 à treize ans, fils d'Arnaud-Alphonse-Jean-Baptiste, et de Pauline-Roselyne-Perpétue de Coriolis d'Espinouse (S. G. des P.).

Villaines (Omer-Charles-Antoine de), né le 17 juin 1780, fils du marquis Étienne-Philippe, mestre-de-camp de cavalerie, et de Marie-Geneviève Talon (S. N. des Ch.).

Villars (Angélique-Amable de), née le 19 mars 1723, fille du marquis Honoré-Armand, et d'Amable-Gabrielle de Noailles (S. S.).

— Marie-Louise, morte le 23 janvier 1736 à soixante-dix-huit ans, veuve de François-Éléonor de Choiseul, comte de Traves (S. S.).

Villebois (Jean-Jacques de), né le 27 octobre 1638, et Marie-Madeleine, baptisée le 26 mars 1640, enfants de Jacques, conseiller du roi, receveur des tailles de Sens, et de Judith le Riche (S. G.).

Villecoq (Jean-Claude), mort le 16 janvier 1746 à trois ans, fils d'Antoine-Nicolas, sieur de la Brière, et de Marie-Catherine Honfaille (S. R.).

Villegaignon (Nicolas de), baptisé le 27 décembre 1639, fils de Nicolas, écuyer, et d'Élisabeth Dantiste de Mansan (S. G.).

Villelaon (Péronnelle-Angélique de la), morte le 22 décembre 1729, veuve de René-Hyacinthe, marquis de Coëtlogon, et en secondes noces de Jean du Parc, seigneur de Keyradou (S. S.).

Villelume de Parmontet (Marie-Anne), dame de Châteaubrun et de la Roche de Freissange, morte le 6 mars 1757 à quatre-vingts ans (S. P.).

Villeneuve (Louise de), morte le 22 février 1725 à quatre-vingt-dix ans (S. R.).

— Louis, chevalier de Trans, diacre, mort le 6 avril 1736 à vingt-cinq ans (S. S.).

— Siffroy-Louis-Charles-Antoine, écuyer, de Carpentras, mort le 3 octobre 1761 à trente ans (S. R.).

— Marquis Joseph, mort le 3 janvier 1767 à soixante-onze ans (S. S.).

— Claudine-Thérèse, demoiselle de Vence, morte le 2 mars 1780 à soixante-dix-huit ans et demi, veuve d'Antoine-Joseph d'Arcy, marquis de la Varenne (S. S.).

— Clément-Louis-Hélion, né le 11 février 1783, fils de Pierre-Paul-Ours-Hélion, baron de Vence, et de Marie-Clémentine-Thérèse de Laage (S. R.).

— Pierre, capitaine d'infanterie, chevalier de Malte, mort le 10 juin 1785 à quatre-vingt-quatre ans (S. E.).

— Sabine-Rosalie-Oursine-Léontine, née le 28 mai 1786, fille de Joseph-Guichard-Romée, comte de Tourrette, et de Madeleine-Alexandrine-Julie de Villeneuve-Vence (S. S.).

— Adélaïde-Joséphine, née le 2 octobre 1787, fille de Charles-Henri-Ignace, et de Louise Durand d'Herville (S. R.).

— Alexandre-Gaspard-Balthasar, fils de Joseph-André-Ours, marquis de Flayosc, et de Pauline de Villeneuve de Vence, marié le 22 avril 1788 à Aglaé-Charlotte-Mélanie de Forbin, chanoinesse de Neuville, fille du marquis Jean-Claude-Palamède, et de Clotilde-Adélaïde de Félix de la Ferrotière (S. S.).

— Guillaume, prêtre des Arcs (Var), mort le 17 septembre 1792 (S. J. du II. P.).

— Clément-Louis-Hélion, marquis de Vence, pair de France, natif de Paris, mort le 9 février 1834 à cinquante-un ans, époux d'Aymardine-Marie-Juliette d'Harcourt (X^e arr.).

Villéon (Jean-Toussaint-Achille de la), né le 14 mars 1789, fils de Toussaint-Léonard, écuyer de Madame Victoire, et de Jeanne-Martiale de Garisson (S. R.).

Villéon de Kergeon (Jean-Baptiste-René de la), abbé de Notre-Dame de Lanvaux, mort le 11 novembre 1783 à cinquante ans (S. E.).

Villers-au-Tertre (Charles-Louis de), né le 13 mars 1751, et Jean-Hector, né le 8 mai 1752, enfants de Pierre, chevalier, seigneur d'Hélissart, et de Marie-Jacqueline le Paige (S. R.).

Villers de Berchères (Robert de), abbé de Saint-Jacques de Doué, mort le 6 juillet 1753 à soixante-quinze ans (S. M. M. la V. l'É.).

Villerslafaye (Marie-Anne-Sophie de la), chanoinesse de Poulangy, morte le 23 janvier 1791 à vingt-sept ans (S. S.).

Villette (Louise-Camille-Victoire de), morte le 19 décembre 1758 à dix-huit ans, épouse de Louis, comte de Prie (S. M. M. la V. l'É.).

— François-Félix-Simon, écuyer, seigneur patron d'Avenay, mort le 23 décembre 1762 à soixante-onze ans (S. R.).

— Renée-Prosper-Charlotte, née le 13 juin 1781, morte le 7 juillet 1784 ; Charles-Juste-Marie-François, né le 6 juillet 1784, mort le 5 juillet 1785 ; Amable-Prosper-Charlotte-Philiberte-Marie, née le 23 novembre 1786, enfants du marquis Charles-Michel, et de Reine-Philiberte Rouph de Varicourt (S. S.).

— Charles, frère des précédents, né à Paris le 4 novembre 1792, marié le 21 octobre 1830 à Caliste-Adélaïde-Pauline Margerin de Longtiers, née à Paris le 22 octobre 1801, fille de Bonaventure-Charles-Marie, et d'Adélaïde-Julie Samson (Ier arr.).

VILLOUTREYS (Jean-François-Louis-Ernest de), né à Limoges le 4 février 1800, fils du comte Léonard-Charles, colonel de cavalerie, et de Louise-Joseph-Rose de Villoutreys de Faye, marié le 22 avril 1830 à Georges-Zénobie-Félicité-Marthe Debrie, née à Lésigny le 22 octobre 1808, fille du vicomte Joseph-Melchior, et de Louise-Marie-Joséphine Debrosse (X^e arr.).

VILVAULT (Louis-Guillaume de), chevalier, conseiller du roi, mort le 17 mai 1786 à soixante-neuf ans (S. E.).

VIMEUR (Antoinette-Charlotte-Lucie de), née le 13 décembre 1750, et Donatien-Marie-Joseph, né le 7 avril 1755, enfants de Jean-Baptiste-Donatien, chevalier, comte de Rochambeau, colonel du régiment de la Marche, et de Jeanne-Thérèse Telles d'Acosta (S. J. en G.).

— Augustine-Éléonore, née le 8 décembre 1783 ; Constance-Thérèse, née le 27 novembre 1784, et Philippe-Donatien, né le 26 janvier 1787, enfants de Donatien-Marie-Joseph, vicomte de Rochambeau, et de Marie-Françoise-Éléonore de Harville (S. S.).

VINCÉ (Jeanne de), morte le 23 mars 1717 à soixante-treize ans, épouse d'Henri Fradet, sieur du Bedat (S. R.).

VINCENS DE MAULÉON (Louis-Antoine de), mort le 7 mars 1753 à vingt-trois ans cinq mois (S. S.).

— Louise-Marie, née le 17 août 1758 ; Joseph, mort le 30 mars 1766 à neuf ans trois mois ; Marie-Joseph-Eutrope, né le 16 février 1768 ; Marie-Françoise, née le 16 août 1773 (S. S.) ; Marie-Thérèse, morte le 3 mars 1783 à dix ans (S. E.), enfants de Jean-Joseph, marquis de Causans, comte d'Ampuries, colonel du régiment de la Marche, et de Marie-Françoise-Madeleine de Louvel de Glisy.

— Vital-Dominique-Louis, mort le 18 juin 1776 à onze ans sept mois, fils de Louis, marquis de Mauléon, et de Marie Savy-Gautier (S. S.).

— N..., né le 11 novembre 1781 ; Marie-Joséphine-Charlotte, née le 14 juillet 1783 ; Amélie–Robertine–Éléonore, née le 10 octobre 1784, enfants de Jacques, marquis de Causans, et de Marie-Élisabeth-Jeanne de la Noue (S. S.).

Vincent (Catherine), morte le 4 novembre 1711, veuve de maître Antoine Guyet, conseiller du roi, maître ordinaire en sa chambre des comptes (Saint-Séverin).

— Marie-Françoise-Gertrude, morte le 17 mai 1759 à vingt-trois ans, épouse de Louis-Hercule, marquis de Montlezun (S. M. M. la V. l'É.).

— Jacques-Claude-Marie, marquis de Gournay, conseiller honoraire du grand conseil, mort le 27 juin 1759 à quarante-sept ans, époux de Clotilde de Verdue (S. R.).

Vintimille (Madeleine-Charlotte-Guillelmine-Léonine de), née à Soleure en Suisse le 15 mars 1715, baptisée à Paris en avril 1727, et Marie-Charlotte-Madeleine, morte le 14 mars 1753 à trente-six ans, filles de Gaspard-Hubert-Madeleine, marquis du Luc, et de Marie-Charlotte de Refuge (S. S.).

— Pierre-François-Hyacinthe, comte d'Ollioules, mort le 18 mai 1727 à cinquante-neuf ans (S. S.).

— Gaspard-Hubert-Madelon, comte du Luc, gouverneur des Isles de Porerol, lieutenant-général des armées de S. M., mort le 17 mars 1748, époux de Marie-Madeleine-Charlotte de Refuge (S. R.).

— Charlotte-Marie-Madeleine-Sophie, née le 21 décembre 1765 ; N..., née le 30 septembre 1774, et Gabriel-Philibert-Marie-Gaspard, mort le 9 août 1779 à un an, enfants du marquis Charles-Fidèle, et de Marie-Madeleine-Sophie Talbot de Tyrconnel (S. S.)

— Adélaïde-Pauline-Constantine, née le 4 janvier 1767, et Candide-Dorothée-Louise, née le 14 décembre 1767, filles de Charles-Emmanuel-Marie-Madelon, marquis du Luc, et de Marie-Marguerite-Madeleine-Adélaïde de Castellane (S. E.).

— Madeleine-Charlotte-Guillelmine-Léonine, morte le 13 août 1767 à cinquante-deux ans, épouse d'Aynard-Jean de Nicolay, président de la chambre des comptes (S. P.).

— Jean-Baptiste-Hubert-Félix, comte du Luc, mort le 10 septembre 1777 à cinquante-sept ans (S. R.).

— Anne-Charlotte, née le 12 juin 1785; Marie-Françoise-Célestine, née le 26 juin 1787; Fidèle-Henriette-Joséphine, née le 16 janvier 1789, filles de Charles-Félix-René, comte du Luc, et de Marie-Gabrielle-Artois de Lévis (S. M. M. la V. l'É.).

Vion (Jean-François de), seigneur de Tessancourt, du Coudray, de Thionville et d'Orzeaux, mort le 10 septembre 1685 (S. A. des A.).

Virieu (Louis-François-René de), âgé de vingt ans, fils du marquis François, et de Marguerite-Jeanne-Louise-Lucrèce de la Tour du Pin, marié le 10 octobre 1752 à Armande-Ursule du Bouchet, fille de Louis, marquis de Sourches, et de Charlotte-Antonine de Gontaut, dont : François-Henri, mestre de camp en second du régiment d'infanterie de Monsieur, marié à vingt-six ans le 30 janvier 1781 à Élisabeth Digeon, âgée de vingt ans, fille de Jean-Jacques, baron de Monteton, et de Suzanne de Narbonne-Pelet, dont : Paul-Émile-Louis-Henri, né le 7 janvier 1782, mort le 20 juillet 1783, et Marie-Émilie-Nathalie, née le 25 décembre 1786 (S. S.).

— Vicomte Nicolas-Alexandre, mort le 2 mars 1811 à soixante-dix-huit ans, époux de Claudine de Malteste (IIe arr.), dont : Nicole-Louise-Henriette, née le 15 février 1774; Jeanne-Marie-Louise, née le 17 avril 1775; Françoise-Bonne, née le 29 mars 1776; Joseph-Marie-Alexandre, né le 17 novembre 1777 (S. R.), et Loup-Gustave-Alexandre, né le 4 novembre 1779 (S. S.)

Vissec de Latude de Ganges (Marie-Jeanne de), native de Villefranche de l'Aveyron, ancienne abbesse du Trésor, morte le 8 septembre 1811 à soixante-dix-sept ans (X^e arr.).

Vitard (N.), seigneur de Passy, inhumé le 9 juillet 1683 (S. A. des A.).

Vitry (Monsieur de), mort sur Saint-Paul, inhumé le 19 novembre 1664 (Sainte-Marguerite).

— Catherine, inhumée le 29 mai 1678, et Marie, inhumée le 11 septembre 1684, filles de François, et de Marie Morliand ou Morlière (S. G.).

— Louis-Jacques, sieur de Mallassize, mort le 9 juillet 1753 à soixante-quatre ans (S. J. en G.).

— Claude-Suzanne-Jacques, morte le 23 janvier 1768 à soixante-seize ans, veuve de Pierre Dodun, écuyer, receveur général des finances de Bordeaux (S. R.).

— Caroline-Élisabeth-Désirée, née le 1er février 1781, fille de Jean-Nicolas, avocat au parlement, et d'Armande-Élisabeth Audebert (S. S.).

Vivans (Isaac de), capitaine d'infanterie, mort le 20 octobre 1720 à vingt-deux ans, fils de Guy, seigneur de la Salle, et de Marguerite de Sanzard (S. S.).

— Suzanne-Marie, morte le 1er mai 1772 à soixante-dix ans, épouse de Pierre-Antoine, marquis de Jaucourt, inhumée en présence de ses fils, Louis-Pierre, comte de Jaucourt, maréchal des camps et armées du roi, d'Étienne-Vivant, vicomte de Jaucourt, colonel du régiment de la marine-infanterie, et d'Armand-Henri, chevalier de Jaucourt, lieutenant des vaisseaux du roi (S. S.).

Vivien de Chateaubrun (Jean-Baptiste), membre de l'Académie française, mort le 16 février 1775 à quatre-vingt-douze ans (S. E.).

Vivier de Lansac (Pierre-Hippolyte du), abbé de Belecq, mort le 19 août 1784 à quatre-vingt-sept ans (S. J. du H. P.).

Vogüé (Charlotte-Henriette de), née le 27 janvier 1764, fille de Cérice-François-Melchior, mestre de camp de cavalerie, et de Jeanne-Madeleine-Thérèse du Bouchet de Sourches (S. S.).

Voisin (Daniel-François), chancelier de France, mort le 2 février 1717 à soixante-deux ans (S. G.).

— Marie-Anne, morte le 1er août 1721 à soixante-dix ans, veuve de Denis Feydeau de Brou, président au grand conseil (S. S.).

— Marie-Madeleine, morte le 10 janvier 1722 à trente-deux ans, épouse de Charles-Guillaume, marquis de Broglie (S. S.).

— Charlotte-Vautrude, morte le 13 août 1723 à trente-un ans, épouse d'Alexis-Madeleine-Rosalie, comte de Châtillon (S. S.).

— Marie-Jeanne, morte le 1er septembre 1727 à soixante-treize ans, veuve de Chrétien-François de Lamoignon, seigneur de Bâville (S. P.).

— Madeleine-Charlotte, morte le 16 mars 1729 à quarante-trois ans, épouse de Louis le Goux de la Berchère, comte de la Rochepot, marquis de Santenay, baron de Thoisy (S. S.).

Vouges (Jeanne-Louise de), née le 27 septembre 1756, fille d'Augustin-Alexandre, écuyer, et de Jeanne-Agnès Hervé de la Folleville (S. R.).

Vougny (Anne-Marie-Louis de), né le 17 février 1758 ; Marie-Charlotte, morte le 19 avril 1760 à quatre ans ; Anne-Marie, née le 22 mars 1761, et Anne-Barthélemy-Louis, né le 8 octobre 1763, enfants de Barthélemy, chevalier de Saint-Louis, capitaine de cavalerie, seigneur de Boquestan, et de Marie-Louise-Antoinette-Anne Pelée de Varennes (S. R.).

— Marie-Jacqueline-Victoire, née le 15 avril 1761, fille naturelle de Jacques-Marie, chevalier, seigneur de Vitry-sur-Seine, mousquetaire de la première compagnie, et de Marie-Madeleine Dubois (S. S.)

— Charles-Laurent-Marie, baptisé le 19 février 1767, fils du même et d'Adélaïde-Flore-Sophie Frémyn de Sy (S. S.).

— Anne-Jean-Marie, né le 21 mars 1790, fils d'Anne-Marie-Louis, marquis de Boquestan, et de Constance-Marie-Thérèse Pochet (S. E.).

— Jacques-Marie, comte de Boquestan, mort le 19 janvier 1792 à cinquante-huit ans, époux d'Adélaïde-Flore Frémyn de Sy (S. R.).

Voyer de Paulmy (Marie-Catherine de), morte le 27 novembre 1735 à quarante-deux ans, épouse de Thomas le Gendre de Collande (S. S.).

— Marie-Marc, née le 14 juillet 1764 (S. R.) ; Pauline-Renée-Sophie, née le 15 mai 1767, et Marc-René-Marie, né le 19 septembre 1771 (S. E.), enfants de Marc-René, marquis d'Argenson, et de Marie-Constance de Mailly.

— Marie-Joséphine-Constance, morte le 24 février 1784 à dix-huit ans dix mois, épouse de Jean-Frédéric de Chabannes, comte de Curton (S. S.).

— Pauline-Renée-Sophie, morte le 6 juin 1791 à vingt-quatre ans, veuve de Guy-Anne-Louis de Montmorency-Laval (S. Th. d'A.).

Vullocq de Mursey (Marthe-Marguerite de), morte le 15 avril 1729 à cinquante-sept ans, veuve de Jean-Anne de Thubières de Grimoard, comte de Caylus (S. S.).

Vutiers de Champcour (Nicolas), ancien curé de Fouronnes au diocèse d'Auxerre, mort le 21 mars 1767 à soixante-dix-huit ans (S. J. du H. P.).

W

Wagner (Jean-Chrétien-Auguste), né à Weisenfels le 13 octobre 1777, fils de Jean-Georges-Gotthelf, mort en avril 1800, et de Rosine Wilhelmine Mund, morte en décembre 1824, veuf le 6 janvier 1839 de Marie-Hélène Desle, remarié le 12 mai 1845 à Anne-Renée-Constance de Pons, chanoinesse, née à Fougères-les-Mines le 6 juin 1805, fille de Jean-Marie, mort à Clermont-Ferrand en février 1811, et de Madeleine Bergoin (X^e arr.).

Wall (Balthazar-François, comte de), marquis de Ballynakilly, seigneur des terres et seigneuries de Sautour, Soumaintrain, gouverneur de Ham, mort le 23 août 1754 à cinquante-trois ans, époux de Jeanne-Gabrielle-Catherine de Vaudrey, dont : Antoine-Benoît, né le 21 mars 1749, mort le 10 août 1754 (S. R.).

— Joseph-Marie-Richard-Patrice, né le 16 mai 1764 ; Antoinette-Ferdinande, née le 31 août 1765, et Thérèse-Eugénie, née le 21 juin 1771, enfants du comte Patrice, seigneur de Sainte-Sabine, et de Jeanne-Gabrielle-Catherine de Vaudrey, dame de Sautour, Sormery, Beugnon, Soumaintrain (S. S.).

— Joseph-Marie-Richard-Patrice, précité, marié le 22 avril 1787 à Marie-Agathe-Adélaïde-Jeanne de Chabot, fille de Louis, seigneur de Marigny, et d'Agathe le François des Courtis (S. S.).

Wallet (Euphémie), morte le 6 mars 1743 à quatre-vingt-six ans, veuve de Jean Drummond, duc de Melfort (S. S.).

Walsh (N.), né le 6 mars 1767 ; Charles-Philippe-François-Marie, né le 31 juillet 1768, mort le 13 octobre 1770 ; Sophie-Mélanie-Françoise-Charlotte-Marie, née le 12 juillet 1769; Alix-Charlotte-Adélaïde, née le 18 septembre 1770; Edouard-Gautier-Philippe-Gabriel-François-Marie, né le 15 décembre 1771, enfants d'Antoine-Joseph-Philippe, comte de Serrant, et de Renée-Anne-Honorée de Choiseul (S. S.).

— Charles-Joseph-Augustin, capitaine d'infanterie, fils de Jacques-François, comte de Serrant, et de Marie Harper, marié le 26 février 1771 à Julie-Félicité Pasquet, fille de Jean, sieur de Lugé, et d'Anne Chevalier (S. N. des Ch.).

— Isidore-Marie-Félicité-Joseph, né le 19 octobre 1785 (S. M. M. la V. l'É.)., et Alfred-Isidore-Philippe, né le 28 mars 1788 (S. S.), enfants du comte Philippe-François-Joseph, et d'Isidore-Félicité Lottin de Lagérie.

— Marie-Dorothée-Anne-Josèphe, morte le 1er septembre 1787 à dix-huit ans, fille d'Antoine-Jean-Baptiste-Paulin, comte et pair d'Irlande, et de feue Marie-Anne-Josèphe Walsh (S. E.).

— Robert-Pierre-Philippe, né le 12 décembre 1840, fils du comte François-Alfred, et de Sophie-Louise le Grand (X^e arr.).

WAQUETTE DE GRIBEAUVAL (Jean-Baptiste), mort le 9 mai 1789 à soixante-treize ans (S. R.).

WARSZICKI (Agnès-Émérentienne), morte le 31 mars 1773 à quatre-vingts ans, veuve d'Alexandre-Joseph, comte de Montmorency-Bours, et en premières noces de Louis Pocicy, comte de Rosanka, palatin de Wilna (S. S.).

WATEVILLE (Jean-Christian de), marquis de Conflans, mort le 7 mars 1725 à soixante-cinq ans (S. S.).

— Charles-Emmanuel-François, mort le 25 mars 1726 à seize ans, fils de Charles-Emmanuel, marquis de Conflans, et de Marie-Élisabeth de Mérode (S. S.).

— Marie-Geneviève, morte le 20 février 1764 à quarante-six ans, épouse de Marie-Marguerite-François-Firmin des Friches, comte Doria (S. P.).

WAUCHOPE (Anne-Françoise), morte le 23 mai 1767 à soixante-six ans, veuve d'Antoine de Boufflers-Rouverel, brigadier des armées de S. M. C., après cinq semaines de profession à la Visitation sous le nom de sœur Anne-Joséphine (S. J. du II. P.).

Waurans (Gabriel-François-César de), né le 10 mars 1728; Achille-Antoine-Marie, né le 24 avril 1729 ; Antoine-Alexandre, né le 11 novembre 1736, enfants de Charles-François, marquis de Boursin, et d'Angélique-Jacquette de Gombault de Benunge (S. R.).

— Angélique-Françoise-Joséphine-Jeanne, née le 28 avril 1773, fille de Gabriel-François-César, marquis de Boursin, et de Marie-Jeanne-Claude de Lange (S. J. du H. P.).

Waurin (Albert-Honoré-Marie de), né le 7 janvier 1784; Paul-Marie-Antoine-René, né le 15 décembre 1785, et Louis-Honoré-Albéric, né le 26 octobre 1788, fils d'Albert-Honoré-Marie-Joseph-Cornil-Ghislain, marquis de Villers au Tertre, et de Françoise-Pélagie Cordier de Montreuil (S. M. M. la V. l'É.).

Wendel (Jean de), mort le 24 avril 1722 à vingt-un ans, fils de Jean-Martin, seigneur de Hayange, et d'Anne-Marguerite Mayer (S. S.).

Wignacourt (Marie-Louise-Antoinette-Françoise-Charlotte-Constance de), morte le 22 mai 1778 à vingt-sept ans, épouse de Hugues-Hyacinthe-Timoléon, comte de Cossé-Brissac (S. R.).

Wimpffen (Pierre-Christian, baron de), mort le 15 novembre 1781 à cinquante-six ans quatre mois, maréchal des camps et armées du roi, veuf de Marie-Élisabeth Boyarteau (S. R.).

Wismes (Alexandrine-Reine de), née le 6 octobre 1782 (S. E.); Charles-Auguste, né le 29 janvier 1791 (S. R.) et Charles-Alexandre-Eugène, mort le 8 janvier 1792 à cinq ans et demi (S. M. M. la V. l'É.), enfants de Joseph-Jacques-Martin, et de Marie-Françoise Simon.

Wismes de Saint-Alphonse (Alphonse-Denis-Marie de), fermier-général, mort le 19 mai 1792 à quarante-six ans (S. R.).

Witt (N. de), né le 17 octobre 1781, fils de Joseph, et de Sophie Czilitzi (S. E.).

Wœstine (Charles-Ghislain-Antoine-François-de-Paule-Armand de la), mestre de camp en second du régiment Chartres-dragons, capitaine des gardes du duc de Chartres, fils du marquis François-

Maximilien, et de Marie-Éléonore de Coblentz, chanoinesse de Prague, marié le 18 avril 1780 à Charlotte-Jeanne-Séraphine Brulart, fille de Charles-Alexis, comte de Genlis, et d'Étiennette-Félicité du Crest de Saint-Aubin (S. S.) dont : Adèle-Caroline-Stéphanie, née le 20 et morte le 24 avril 1784 (S. E.).

Wuittmer (André-Gilbert), né le 9 novembre 1715, fils d'André, écuyer, capitaine-commandant au bataillon suisse, chevalier de Saint-Louis, et d'Anne-Thérèse Alexandre (S. R.).

Wurtemberg (Louis de), mort le 24 août 1734 à huit ans huit mois, fils de Georges-Léopold, prince de Montbéliard, et d'Éléonore-Charlotte de Sandersleben (S. S.).

— Antoine-François-Léopold, né le 29 juillet 1743; Frédérique-Adélaïde, née le 13 juin 1746 ; N. né le 16 juin 1748, mort le 16 janvier 1756, enfants de Charles-Léopold, prince de Montbéliard, et de Marie-Josèphe de Fuentès de Tolède de Castille (S. R.).

— Sophie-Antoinette, morte le 19 mai 1775 à douze ans, fille du duc Louis-Eugène, et de Sophie de Beichlingen (S. S.).

Y

Yvonnet (Louise), baptisée le 14 juillet 1637, fille de noble Jean, trésorier provincial, et de Madeleine de Saint-Étienne (S. G.).

Yzarn (Antoine), né le 25 janvier 1728; François-Pierre, né le 27 décembre 1729; Jean-François-Narcisse, mort le 3 mars 1729 à trois ans, enfants de François, écuyer, conseiller du roi, commissaire ordinaire des guerres, et de Marie-Françoise-Narcisse Hennet (S. R.).

Yzarn de Montjeu de Villefort (Louis-Antoine), abbé de Notre-Dame-d'Isle, mort le 1 octobre 1740 à quarante-six ans (S. S.).

— Louis-Anne, né le 21 février 1756, fils de Louis-François, marquis de Villefort, et d'Anne-Bénédictine Goujon de Gasville (S. J. en G.).

— Geneviève-Marguerite-Sophie, née le 18 septembre 1776, fille de Marie-Barbe-Alexandrine, et de père inconnu (S. E.).

— Charles-Auguste-Parfait, né le 18 août 1762, fils de Pierre, comte de Villefort, et de Marie-Louise-Antoinette de Maichangé (S. S.).

— Jacques-Godefroy-Charles-Sébastien-Xavier-Jean-Joseph, comte de Fraissinet, fils de Louis-Joseph-Charles-Philippe, comte de Valady, et de Marie-Anne-Jeanne-Brigitte de Furquet, marié le 16 octobre 1783 à Louise-Élisabeth-Charlotte-Marie de Rigaud, fille de Louis-Philippe, marquis de Vaudreuil, lieutenant-général des armées navales, et de Madeleine-Pétronille de Roquefort de Marquein (S. S.).

ADDITIONS.

Béthune (Hippolyte de), né le 25 juillet 1682, baptisé en 1705, fils de Louis, et d'Élisabeth du Grippon (S. S.).

Bourbon (N. de), fils de Louis-Armand, prince de Conti, et de Louise-Élisabeth de Bourbon, né et ondoyé le 5 février 1722 (S. S.).

Chabot (Louise-Armande-Julie de), demoiselle de Rohan-Chabot, morte le 11 mars 1784 à soixante-douze ans, veuve de Daniel-François de Gelas d'Ambres, comte de Lautrec, maréchal de France.

Huguet d'Étaules — « Du vendredi onze juin mil huit cent quarante-un, onze heures du matin, acte de décès de Jean-Baptiste-Gabriel Huguet d'Étaules, âgé de soixante-deux ans, né à Escables (Pas-de-Calais), décédé hier à six heures de relevée à son domicile, rue d'Anjou, n° 4, propriétaire, fils de Louis-Gabriel Huguet d'Étaules, décédé, âgé d'environ soixante-quatorze ans, et de Marie-Julie-Pétronille Jublin, son épouse décédée, et époux de Marie-Julie Prévost de Vernois, âgée de soixante-un ans, rentière, domiciliée à Avallon (Yonne). Aucun autre renseignement n'a été fourni, sur les déclarations à nous faites par Simon-Pierre-Nicolas Prévost de Vernois, âgé de soixante-trois ans, commandeur de la Légion d'honneur, lieutenant-général, domicilié Marché d'Aguesseau, n° 6, beau-frère du défunt, et par Marc-César Huguet d'Étaules, âgé de trente ans, avocat, domicilié à Avallon (Yonne) et momentanément logé rue d'Anjou. n° 4, fils du défunt. Constaté par nous maire du septième arrondissement de Paris et nous avons, ainsi que les témoins, signé le présent acte après lecture. — Prévost de Vernois, d'Étaules. »

MONGRAND « Le vingt-trois avril mil sept cent vingt-sept a été fait le convoi et enterrement de messire Charles-Louis de Mongrand, âgé d'environ soixante et trois ans, maréchal des logis de la première compagnie des mousquetaires du Roy, mort hier à l'hôtel des Mousquetaires, rue du Bacq, et y ont assisté Jean-Baptiste Dillion, garde de la manche du Roy, nepveu, messire Louis de Bannes, comte Davéjan, sous-lieutenant de la première compagnie des mousquetaires, amis dudit défunt, qui ont signé :

« Signé : DILLION et BANNES DAVÉJAN. »

www.ingramcontent.com/pod-product-compliance
Lightning Source LLC
Chambersburg PA
CBHW071154230426
43668CB00009B/945